中國對外貿易概論

主　編◎劉　敏、顧　磊
副主編◎姜玉梅、王　珏

序

　　跨入21世紀以來，中國對外貿易獲得了長足的進展，中國對外貿易的理論思想、發展戰略和政策措施發生了重大轉變。與此同時，中國發展對外貿易的國內條件和國際環境更加錯綜複雜。一方面，伴隨著以去產能、去庫存、去槓桿、降成本和補短板為任務的供給側改革的深入推進，中國的傳統競爭優勢被明顯削弱，而新的競爭優勢尚未形成，進出口面臨嚴峻的「雙降」形勢；另一方面，全球貿易持續低迷，國際投資貿易規則體系加快重構，區域性高標準自由貿易體制使多邊貿易體制受到挑戰，世界貿易保護強化，中國面臨的貿易摩擦不斷加劇。在此背景之下，西南財經大學國際商學院十幾位教授、副教授在長期研究、廣泛借鑒、反覆討論的基礎上，數易其稿，編著了《中國對外貿易概論》一書，以新的視角、新的體系和新的內容，得出了一些新的結論。

　　第一，該教材以中國對外貿易與中國特色社會主義市場經濟制度的基本關係為切入點，以中共十八大以來中國特色對外貿易理論的發展創新為指導，按照「理論→戰略→體制→政策與措施→實踐」的內在邏輯逐層推進，內容既包括對中國對外貿易發展的戰略、體制、制度與政策等宏觀管理層面的分析，也涵蓋了對中國貿易格局、貨物貿易、服務貿易、技術貿易和貿易摩擦等具體問題的闡釋。由此，不僅明晰了中國發展對外貿易的制度基礎和制度保障，而且構建了嚴密而新穎的內容體系，確立了分析中國對外貿易的新脈絡。

　　第二，在回答中國「為什麼發展對外貿易」「怎樣發展對外貿易」「貿易開放的經濟效應」等基本問題的同時，該教材有機地融合了市場決定資源配置、全面提高開放經濟水平、構建開放型經濟新體制等內容，這使該教材能夠合理包含貿易便利化舉措、對外貿易與國際直接投資、對外貿易與金融發展及中國的貿易強國之路等富有新意的論題，能夠對新形勢下中國對外貿易戰略轉型等進行深入討論，進而能夠對中國對外貿易結構優化、對外貿易全球價值鏈地位、人民幣國際化與貿易競爭力、貿易發展方式的轉型、區域性自由貿易區建設、構建開放型經濟新體制與對外貿易體制創新、貿易政策合規工作等熱點和前沿問題做出有新意的解釋，提出新的觀點。

　　該教材既強調經濟貿易學科的基礎理論知識和基本技能技巧，又注意在理論和實踐結合上開拓創新，拓展學生的視野，激發和培養學生的創新思維能力。此外，為了凸顯新穎性、實踐性和應用性的特點，教材不僅大量採用了最新數據，各章還包含了

內容簡介、關鍵詞、學習目標、案例導讀、內容小結、思考題和章末案例分析。因此，該教材不僅能夠為國際經濟與貿易專業及其他一些經濟類專業的教師和學生提供有效的教學資料和學習藍本，而且能夠為研究生和相關專業學者提供一些有借鑑意義的研究論題。

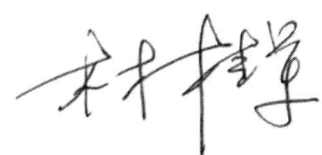

前 言

「中國對外貿易概論」是中國高校國際經濟與貿易專業及其他經濟類專業的必修或選修課程。課程的基本目標在於幫助學生瞭解中國的對外貿易理論、戰略、體制、法律、政策措施及實踐發展情況，進而培養學生應用專業知識研究中國對外貿易理論與實踐的能力，以期為實現人才培養目標奠定重要基礎。

中國對外貿易概論所涉內容極具中國特色，同時又與國際經濟貿易形勢和國際貿易規則密切相關。鑒於此，本教材的編寫緊緊圍繞「中國特色」，緊貼中國對外貿易理論和實踐的最新發展，緊扣國際經濟貿易和貿易制度國際協調的發展趨勢，以中國特色社會主義制度為綱，以中國特色社會主義市場經濟制度建設歷程為主線，循著計劃經濟制度、建立社會主義有計劃商品經濟制度與發展外向型經濟、建立社會主義市場經濟制度與發展開放型經濟、完善社會主義市場經濟制度、履行加入 WTO 承諾與全面提高開放型經濟水平、構建開放型經濟新體制幾個階段，按照「理論→戰略→體制→法律→政策與措施→實踐」的內在邏輯逐層推進，重點闡述改革開放各階段中國的對外貿易理論思想、戰略、體制、法律、政策與措施、實踐等方面的發展情況和特徵，分析馬克思主義和中國特色社會主義理論體系在中國對外貿易理論和實踐發展中的重要作用，闡釋中共十八大以來中國對外貿易思想的創新和戰略轉變，探索在世界經濟貿易格局正發生重大變化、國際投資貿易規則體系加快重構、多邊貿易體制受到區域性高標準自由貿易體制挑戰以及中國經濟發展進入新常態背景下，中國致力於以「一帶一路」建設為統領，豐富對外開放內涵，開創對外開放新局面，加快建設貿易強國的路徑。

在章節內容的具體安排方面，本教材分為「上篇——制度與政策」和「下篇——實踐與展望」兩個部分。其中，上篇包括中國對外貿易與中國特色社會主義制度、中國特色的對外貿易理論及中國的對外貿易戰略、對外貿易體制、對外貿易法律制度、對外貿易政策、貿易便利化舉措七章，下篇包括中國的對外貿易發展格局、貨物貿易、服務貿易、技術貿易及中國對外貿易與國際直接投資、中國對外貿易與金融發展、中國對外貿易摩擦、中國的貿易強國之路八章。由此，本教材本著從一般到具體，再從具體上升到一般的原則，在保證邏輯嚴密、結構合理的同時，還在視角、內容、結論等方面體現出一些特色和新意。

首先，本教材以中國對外貿易與中國特色社會主義制度的基本關係為切入點，通過分析中國特色社會主義制度對中國對外貿易發展方向、宗旨、總體戰略及其管理體制、經營模式和利益分配模式等方面的決定作用及對外貿易對完善中國特色社會主義

制度的促進作用，通過分析中國特色社會主義市場經濟制度對中國對外貿易制度特徵等方面的影響及對外貿易在完善中國特色社會主義市場經濟制度中的地位和作用，明晰了中國發展對外貿易的制度基礎和制度保障，確立了分析中國對外貿易思想、戰略、體制、法律、政策措施及實踐情況和發展趨勢的脈絡。

　　其次，本教材在梳理中國特色對外貿易思想演進歷程的基礎上，揭示中國特色的對外貿易理論依據，運用馬克思主義關於國際貿易的基本理論和中國特色社會主義理論體系回答中國「為什麼發展對外貿易」「怎樣發展對外貿易」等基本問題，揭示對外貿易與中國經濟社會和諧發展的內在聯繫，從而確立了分析中國特色對外貿易戰略、體制、法律、政策措施及實踐情況和發展趨勢的理論依據。

　　以上述兩方面為基礎，本教材將市場決定資源配置、全面提高經濟開放水平、構建開放型經濟新體制等內容有機融合到中國對外貿易戰略、制度與實踐發展情況等問題的分析中，這使本教材在體系上能夠合理包含貿易便利化舉措、對外貿易與國際直接投資、對外貿易與金融發展等富有新意的論題，能夠對新形勢下中國對外貿易戰略轉型等進行深入討論，進而對中國特色社會主義市場經濟制度、中國對外貿易戰略地位、對外貿易制度特徵、對外貿易戰略的屬性、全面提高開放型經濟水平背景下的戰略調整、中國的服務貿易戰略、自由貿易區戰略、構建開放型經濟新體制與對外貿易體制創新、貿易政策合規工作等做出有新意的解釋。

　　此外，為了便於教師教學和學生學習，本教材各章均有內容簡介、關鍵詞、學習目標、案例導讀、內容小結、思考題和篇末案例分析，這增強了教材的適用性。

　　本教材的創新，是十幾位教授、副教授集體智慧的結晶。教材編寫工作的分擔情況是：鄧敏、顧磊任主編，姜玉梅、王珏任副主編，鄧敏負責教材的統纂和部分章節的改寫；教材一、二、三章由鄧敏編著，第四章由黃載曦、何奕編著，第五章由姜玉梅、鄧敏編著，第六章由姚萍、李長青編著，第七章由謝鳳燕、李娟編著，八、九、十四章由顧磊編著，第十章由姚星編著，第十一章由徐永安、姚星編著，第十二章由顧磊、王珏編著，第十三章由逯建編著，第十五章由陳麗麗編著。在定稿的過程中，姚星、逯建對完善教材內容提出了寶貴建議。

編者

目 錄

上篇　制度與政策

第一章　中國對外貿易與中國特色社會主義制度 …………………（3）
第二章　中國特色的對外貿易理論 …………………………………（25）
第三章　中國對外貿易戰略 …………………………………………（49）
第四章　中國對外貿易體制 …………………………………………（76）
第五章　中國對外貿易法律制度 ……………………………………（107）
第六章　中國對外貿易政策 …………………………………………（134）
第七章　中國的貿易便利化舉措 ……………………………………（163）

下篇　實踐與展望

第八章　中國對外貿易發展格局 ……………………………………（197）
第九章　中國貨物貿易 ………………………………………………（228）
第十章　中國服務貿易 ………………………………………………（254）
第十一章　中國技術貿易 ……………………………………………（287）
第十二章　中國對外貿易與國際直接投資 …………………………（311）
第十三章　中國對外貿易與金融發展 ………………………………（334）
第十四章　中國對外貿易摩擦 ………………………………………（357）
第十五章　中國的貿易強國之路 ……………………………………（383）
參考文獻 ………………………………………………………………（425）

上篇　制度與政策

第一章　中國對外貿易與中國特色社會主義制度

內容簡介

　　本章分析中國特色社會主義制度的層次性和各層次制度之間的內在聯繫，界定中國特色社會主義制度自我完善的內涵，進而分析中國特色社會主義制度對中國對外貿易發展的方向、宗旨、總體戰略及中國對外貿易體制的決定作用，闡釋中國對外貿易對完善中國特色社會主義制度的促進作用；回顧中國特色社會主義市場經濟制度確立與發展的歷程，界定中國特色社會主義市場經濟制度的內涵與特徵，分析中國特色社會主義市場經濟制度對中國對外貿易制度特徵、對外貿易制度成本、對外貿易主體結構、對外貿易領域的資源配置效率和對外貿易競爭力的影響，論述對外貿易在市場決定資源配置條件下的戰略地位和在完善中國特色社會主義市場經濟制度中的重要作用。

關鍵詞

　　中國特色社會主義制度；中國特色社會主義市場經濟制度；中國對外貿易

學習目標

　　1. 正確理解中國特色社會主義制度及其自我完善的內涵；
　　2. 掌握中國特色社會主義制度與中國對外貿易的相互作用；
　　3. 瞭解中國特色社會主義市場經濟制度確立與不斷完善的歷程，正確理解市場在資源配置中的決定性作用；
　　4. 掌握中國特色社會主義市場經濟制度與中國對外貿易的相互作用。

案例導讀

　　市場決定資源配置有利於構建開放型經濟新體制。國內改革和對外開放相輔相成、相互促進，是35年來中國的一條成功經驗。對外開放不僅使中國得以充分利用國際市場和國外資源有力地推動國內發展，而且為國內改革提供了發展市場經濟的經驗、規則借鑑，成為促進改革的重要動力和活力源泉。中國和其他新興市場經濟體是經濟全球化和貿易投資自由化的很大受益者。自發生國際金融危機以來，世界經濟深度調整，各個領域包括貿易投資規則的競爭更趨激烈。主要發達國家正在推動新一輪貿易投資自由化談判，涵蓋環境保護、競爭中立、政府採購、電子商務、勞工標準等所謂「21世紀新議題」，具有領域廣、標準高、影響大等特點。正在開展的中美投資協定談判，焦點問題是要求中國改變現行的外商投資逐案審批制和產業指導目錄方式，實行准入

前國民待遇和負面清單管理方式。這些既涉及市場准入，又涉及體制改革，要求我們加快改革投資管理模式和制度創新，建立統一、公平、透明的投資准入體制，使微觀主體獲得更大的自主投資權限，使政府部門從項目審批向反壟斷和安全審查等宏觀管理職能轉變。從對外開放範圍看，中國與世界主要經濟體的差距，主要在服務業領域的開放度上。據世界銀行研究，中國服務業開放水平在103個參與排名的國家中僅列第77位。服務業是中國經濟的短板，也是今后中國經濟發展的重要潛力所在。推進金融、教育、文化、醫療等服務業領域有序開放，放開相關領域投資准入限制，將有利於引入競爭，加快中國服務業發展。總之，使市場在資源配置中起決定性作用，才能適應新一輪國際貿易投資自由化形勢的要求，構建開放型經濟新體制，推動中國更高質量、更高水平的對外開放，在廣度和深度上進一步融入經濟全球化。

（資料來源：林兆木. 使市場在資源配置中起決定性作用［N］. 光明日報，2013-11-29）

對外貿易是一個國家或地區與其他國家或地區之間的商品和服務的交換活動。作為國際貿易的組成部分，各個國家或地區的對外貿易都與一定的社會經濟制度密切相關。在貿易國際協調的框架下，這種社會經濟制度包括國家的社會經濟制度和國際的相關規則，特別是世界貿易組織和區域貿易安排的相關規則。在這兩類制度中，國家的社會經濟制度與一國對外貿易直接相關，國際制度則主要通過政府對本國制度的適應性改革影響一國對外貿易的發展。因此，在分析對外貿易與制度的關係時，首要的任務是分析一國的社會經濟制度與其對外貿易的關聯性。就中國對外貿易與中國特色社會主義制度的相互關係來看，它不僅包含了貿易與制度的一般關係，更體現了中國對外貿易在制度基礎、根本任務、功能作用等方面的特殊性。由於這些兼具共性與個性的關係從根本上體現了中國發展對外貿易的原因和方向，這就決定了將其作為分析中國對外貿易的起點的必然性。

第一節　中國對外貿易與中國特色社會主義制度的基本關係

中國對外貿易是中國與其他國家和地區之間的商品、服務和技術的交換活動。在中國特色社會主義制度逐步確立與完善的過程中，中國對外貿易植根於中國特色的社會經濟制度，同時又對中國特色社會主義制度的發展和完善起著重要的促進作用。

一、中國特色社會主義制度的確立與自我完善

（一）中國特色社會主義制度的內涵

中國特色社會主義制度是包括政治、經濟、文化、社會等各領域制度的內容豐富且科學嚴密的制度體系。在這一體系中，既有根本政治制度和基本政治制度、基本經濟制度以及中國特色社會主義法律體系，又有建立在其基礎之上的經濟體制、政治體

制、文化體制、社會體制等各項具體制度。中共十八大報告指出，中國特色社會主義制度，就是人民代表大會制度為根本政治制度，中國共產黨領導的多黨合作和政治協商制度、民族區域自治制度以及基層群眾自治制度等基本政治制度，中國特色社會主義法律體系，公有制為主體、多種所有制經濟共同發展的基本經濟制度，以及建立在這些制度基礎上的經濟體制、政治體制、文化體制、社會體制等各項具體制度。

1. 根本政治制度和基本政治制度

根本政治制度是一國社會制度體系的基礎、核心和主要標誌，體現了制度體系的本質。作為中國的根本政治制度，人民代表大會制度是中國人民民主專政的政權組織形式，是中國特色社會主義制度的根本。人民代表大會制度堅持中華人民共和國的一切權力屬於人民，人民依照法律規定管理國家事務、經濟文化事業和社會事務，是中國人民當家做主的重要途徑和最高實現形式，是中國社會主義政治文明重要的制度載體。

中國的基本政治制度體現為中國共產黨領導的多黨合作和政治協商制度、民族區域自治制度及基層群眾自治制度，它在中國特色社會主義制度體系中處於基礎地位，是發展社會主義民主政治的制度保障，對中國社會經濟的發展具有極為重大的意義。

2. 中國特色社會主義法律體系

中國特色社會主義法律體系是以憲法為統帥，以法律為主幹，以行政法規、地方性法規為重要組成部分，由憲法相關法、民法商法、行政法、經濟法、社會法、刑法、訴訟與非訴訟程序法等組成的有機統一的整體。中國特色社會主義法律體系體現了中國特色社會主義制度的本質要求，是發展中國特色社會主義事業的法制保障。

3. 基本經濟制度

基本經濟制度主要表現為一國根據其社會性質和基本國情對所有制做出的安排。憲法規定：中華人民共和國的社會主義經濟制度的基礎是生產資料的社會主義公有制，即全民所有制和勞動群眾集體所有制；社會主義公有制消滅了人剝削人的制度，實行各盡所能、按勞分配的原則；國家在社會主義初級階段堅持公有制為主體、多種所有制經濟共同發展的基本經濟制度，堅持按勞分配為主體、多種分配方式並存的分配製度。中共十八屆三中全會指出：公有制為主體、多種所有制經濟共同發展的基本經濟制度，是中國特色社會主義制度的重要支柱，也是社會主義市場經濟體制的根基。

4. 各項具體制度

中國特色社會主義制度包括的經濟體制、政治體制、文化體制、社會體制等各項具體制度是根本政治制度和各項基本政治制度的具體化，體現了實現各項基本政治制度的體制和機制，這些體制和機制的科學性及其積極作用的發揮，是中國特色社會主義制度得以完善和發展的關鍵。

根本制度、基本制度和具體制度體現了中國特色社會主義制度的層次性和各層次制度之間的內在聯繫，體現了中國的國情和時代的要求，是社會主義的中國特色的重要表現。習近平指出：中國特色社會主義制度，堅持把根本政治制度、基本政治制度同基本經濟制度以及各方面體制機制等具體制度有機結合起來，堅持把國家層面民主制度同基層民主制度有機結合起來，堅持把黨的領導、人民當家做主、依法治國有機

結合起來，既堅持了社會主義的根本性質，又借鑑了古今中外制度建設的有益成果，集中體現了中國特色社會主義的特點和優勢，是中國發展進步的根本制度保障。①

（二）中國特色社會主義制度的確立

中國特色社會主義制度是中國社會主義實踐長期發展的成果。2011年7月1日，胡錦濤在慶祝中國共產黨成立90周年的講話中提出中國特色社會主義制度並明確指出，經過90年的奮鬥、創造、累積，黨和人民必須倍加珍惜、長期堅持、不斷發展的成就是：開闢了中國特色社會主義道路，形成了中國特色社會主義理論體系，確立了中國特色社會主義制度。②

在一以貫之的探索中，中國特色社會主義制度的確立經歷了確立社會主義基本制度、建設中國社會主義和開創與發展中國特色社會主義、確立中國特色社會主義制度兩大階段。

1. 社會主義基本制度的確立及中國的社會主義建設

社會主義基本制度的確立及中國的社會主義建設經歷了曲折的歷程。在這段歷史中，中國共產黨領導中國人民建立了人民民主政權，開啓了建設社會主義新中國的篇章。

新中國成立後，中國建立了人民民主專政制度和人民代表大會制度，逐步形成了中央集權型的政治體制。同時，通過對農業、手工業和資本主義工商業的社會主義改造，中國確立了全民所有制和集體所有制為基礎的社會主義經濟制度，逐步形成了高度集中的計劃經濟體制。相應的，在文化制度建設方面，通過完成從新民主主義到社會主義的過渡，中國逐步建立了集中統一的思想文化管理體制。

1957—1966年是中國全面建設社會主義的歷史時期。在這段時期，中國對社會主義的體制機制做了一些變革和調整，但總體上講，中國在這段時期的社會主義制度具有突出的「蘇聯模式」特徵。隨後，在「文化大革命」期間，中國的社會主義建設事業處於畸形發展狀態，中國的經濟體制、政治體制、社會體制等制度建設受到極大破壞。

社會主義基本制度的確立及社會主義建設的實踐經驗，為中國特色社會主義制度建設奠定了重要的基礎，即使是「以階級鬥爭為綱」的指導思想和頻繁的政治運動對社會主義建設的妨礙，集中統一、高度集權的體制機制對生產力的束縛，也為中國特色社會主義制度建設提供了歷史的鏡鑒。中共十八大報告指出，以毛澤東為核心的黨的第一代中央領導集體帶領全黨全國各族人民完成了新民主主義革命，進行了社會主義改造，確立了社會主義基本制度，成功實現了中國歷史上最深刻最偉大的社會變革，為當代中國一切發展進步奠定了根本政治前提和制度基礎。

2. 開創中國特色社會主義及確立中國特色社會主義制度

在總結社會主義建設正反兩方面經驗的基礎上，中國開啓了改革開放的徵程。在

---

① 中共中央宣傳部. 習近平總書記系列重要講話讀本 [M]. 北京：學習出版社，人民出版社，2014：12-13.
② 胡錦濤. 在慶祝中國共產黨成立90周年大會上的講話 [R]. 北京：人民出版社，2011.

中共十一屆三中全會重新確立馬克思主義的思想路線、政治路線和組織路線之後，中國開始了建設社會主義的新探索。隨著對「什麼是社會主義」「如何建設社會主義」這個基本問題的深入思考，鄧小平充分肯定了社會主義制度，同時提出「走自己的路，建設有中國特色的社會主義」。在此基礎上，以鄧小平為核心的中國共產黨第二代中央領導集體深刻揭示了社會主義的本質，科學回答了建設中國特色社會主義的一系列基本問題，成功開創了中國特色社會主義。

中共十三大以後，社會主義在世界範圍內遭遇了嚴重的危機。東歐的劇變、蘇聯的解體，以及中國在改革開放中遇到的新的困難，都表明了社會主義面臨的空前挑戰。在世界社會主義出現嚴重曲折、面臨嚴峻考驗的形勢下，以江澤民為核心的中國共產黨第三代中央領導集體捍衛了中國特色社會主義，確立了社會主義市場經濟體制的改革目標和基本框架，提出要堅持和完善社會主義的基本政治制度，堅持和完善社會主義公有制為主體、多種所有制經濟共同發展的基本經濟制度，堅持和完善按勞分配為主體、多種分配方式並存的分配製度，進而確立了社會主義初級階段的基本經濟制度和分配製度，開創了全面改革開放的新局面，成功地把中國特色社會主義推向了 21 世紀。

進入 21 世紀後，中國在全面建設小康社會進程中推進了實踐創新、理論創新和制度創新。在中國共產黨十六大以後，以胡錦濤為核心的中央領導集體順應新的形勢，用新的思想觀點回答了「什麼是社會主義」「怎樣建設社會主義」這個基本問題，強調堅持以人為本、全面協調可持續發展，提出構建社會主義和諧社會，加快生態文明建設，建立社會主義核心價值體系，正確認識和處理中國特色社會主義事業中的重大關係，努力實現科學發展、和平發展、和諧發展，形成了中國特色社會主義事業的總體佈局，成功地在新的歷史起點上堅持和發展了中國特色社會主義。

在改革開放 30 多年的接力探索中，中國堅定不移地高舉中國特色社會主義偉大旗幟，確立和發展了中國特色社會主義制度，開創了中國特色社會主義事業新局面。改革開放 30 多年的建設歷程，也是中國特色社會主義制度不斷完善和發展的歷程。中國特色社會主義，是由道路、理論體系、制度「三位一體」構成的。中國特色社會主義道路是實現途徑，中國特色社會主義理論體系是行動指南，中國特色社會主義制度是根本保障；中國特色社會主義，特就特在其道路、理論體系、制度上，特就特在其實現途徑、行動指南、根本保障的內在聯繫上，特就特在這三者統一於中國特色社會主義偉大實踐上。[1]

(三) 中國特色社會主義制度的自我完善

1. 中國特色社會主義制度自我完善的內涵

中國特色社會主義制度的自我完善是指其基本制度、具體制度等各領域、各層次制度在社會主義條件下的發展，是社會主義制度符合客觀經濟規律的自我揚棄。這種自我揚棄包含了原則、動因、目標、手段、形式與內容的有機統一。

---

[1] 中共中央宣傳部. 習近平總書記系列重要講話讀本 [M]. 北京：學習出版社，人民出版社，2014：11.

中國特色社會主義制度的自我完善體現了社會主義制度的基本特徵，以堅持社會主義道路為基本原則。社會主義具有根據基本矛盾運動實現自我創新的功能，這體現為生產關係與生產力、上層建築與經濟基礎的矛盾運動對完善中國特色社會主義制度的推動作用。在這對矛盾中，生產力是最根本的決定因素。隨著生產力的不斷發展，生產關係和上層建築對生產力的不適應會動態地表現出來，這決定了完善和發展中國特色社會主義制度的必要性、動態性和持續性。

中國特色社會主義制度體系具有層次性，這決定了中國特色社會主義制度自我完善的目標是形成一整套相互銜接、相互聯繫的制度體系，並保持制度體系與時俱進，不斷完善，進而不斷推進生產力發展。同時，由於「改革是社會主義制度的自我完善」①，而不是根本制度和基本制度的改變，因此，改革在形式上表現為體制改革和制度創新，在內容上涉及經濟、政治、文化、社會等各領域的體制和機制改革。根據中共十八大及十八屆三中全會的有關精神，這些體制和機制改革主要包括：堅持和完善人民代表大會制度，推動人民代表大會制度與時俱進；堅持和完善基本政治制度，推進社會主義民主政治制度化、規範化、程序化；完善中國特色社會主義法律體系，實現國家各項工作法治化；堅持和完善基本經濟制度，以經濟體制改革為全面深化改革的重點；完善按勞分配為主體、多種分配方式並存的分配製度；完善文化管理體制和文化生產經營機制；形成科學有效的社會管理體制，完善社會保障體系，健全基層公共服務和社會管理網路；建立生態文明制度，健全國土空間開發、資源節約、生態環境保護的體制機制。

2. 中國特色社會主義制度自我完善的意義和可行性

生產關係與生產力、上層建築與經濟基礎的矛盾及其運動規律，是推動中國特色社會主義制度自我完善的動因，也是推動一切社會形態自我發展的動因，因此是決定中國特色社會主義制度自我完善必要性和可能性的基本原因。從中國特色社會主義制度自我完善的特殊意義以及自我完善從可能性變為現實性的根源來講，分析社會主義的本質及社會主義性質與其制度實現形式的差異性至關重要。

鄧小平指出：「社會主義的本質是解放生產力，發展生產力，消滅剝削，消滅兩極分化，最終達到共同富裕。」② 這是關於社會主義的普遍適用的本質特徵的經典概括，體現了社會主義根本任務和宗旨的有機統一。因為，解放和發展生產力是實現共同富裕的根本途徑，而實現共同富裕，則是激發各方面積極性、推動生產力不斷發展的動力源。因此，社會主義的本質及其所包含的社會主義根本任務和宗旨的一致性，在根本上決定了中國特色社會主義制度自我完善的重要性和可行性。

一方面，中國特色社會主義制度自我完善的核心內容是不斷改革束縛生產力發展的體制和機制，為生產力的發展提供制度保障，不斷注入生機和活力，這表明完善和發展中國特色社會主義制度是發展生產力、實現社會主義宗旨的關鍵。所以，中共十八大明確提出要堅決破除一切妨礙科學發展的體制和機制弊端，構建系統完備、科學

---

① 鄧小平文選：第三卷 [M]. 北京：人民出版社，1993：142.
② 鄧小平文選：第三卷 [M]. 北京：人民出版社，1993：373.

規範、運行有效的制度體系，十八屆三中全會更是將完善和發展中國特色社會主義制度直接納入了全面深化改革的總目標。

另一方面，中國特色社會主義的基本矛盾雖然是生產關係與生產力、上層建築與經濟基礎的矛盾，但消滅剝削、實現共同富裕這個宗旨賦予了基本矛盾在社會主義條件下的非對抗性質，從而決定了在非對抗性矛盾條件下實現制度自我完善的可行性。同時，由於社會主義性質和社會主義實現形式的區別，社會主義制度並不等於建設社會主義的具體做法，這就決定了在堅持基本制度的同時採取多樣化的制度實現形式的可行性，表明了通過改革、創新制度的實現形式完善和發展中國特色社會主義制度的現實性。從基本經濟制度的層面看，公有制決定了社會主義社會的性質，因此必須堅持以公有制為主體，但公有制的實現形式具有多樣性，這又決定了完善基本經濟制度的可行性。中共十七大報告指出，公有制實現形式可以而且應當多樣化，要努力尋找能夠極大促進生產力發展的公有制實現形式。十八屆三中全會強調：公有制經濟和非公有制經濟都是中國經濟社會發展的重要基礎。在符合公有制本質要求的前提下採取靈活多樣的形式，實現多種所有制經濟共同發展，實行按勞分配為主體、多種分配方式並存的分配製度，是中國特色社會主義的生機和活力的重要源泉。

因此，總體而論，社會主義的本質以及它的經濟基礎和上層建築，決定了中國特色社會主義制度必須適應生產力發展、共同富裕目標的要求，不斷進行改革和完善，決定了社會主義社會能夠依靠自身的力量和機制，通過自覺的改革，正確解決生產關係和生產力、上層建築和經濟基礎的矛盾及其他社會矛盾，實現制度創新，使自身不斷適應先進生產力發展的要求，充分發揮制度的優越性。

二、中國特色社會主義制度對中國對外貿易的決定作用

對外貿易服從於國家的社會經濟制度，這是各國對外貿易的共性。基於這種共性，當代中國對外貿易的個性特徵在於：中國特色社會主義制度決定了中國對外貿易發展的方向、宗旨、總體戰略、制度保障、社會經濟基礎、管理體制、經營模式和利益分配模式。由於中國特色社會主義制度體系的層次性，中國特色社會主義制度對中國對外貿易的決定作用也具有層次性。在較本源的層次上，這種決定作用表現為：中國特色社會主義道路決定了中國對外貿易發展的方向、宗旨和總體戰略，中國特色的根本制度及基本制度決定了中國對外貿易的制度基礎、制度保障和社會經濟基礎。從具體制度的層面講，這種決定作用由裡及表地體現為中國特色的體制、機制，尤其是經濟體制對中國對外貿易管理體制、經營模式和利益分配模式的影響。

（一）中國特色社會主義道路與中國對外貿易發展的方向、宗旨及總體戰略

中國特色社會主義道路，就是在中國共產黨領導下，立足於基本國情，以經濟建設為中心，堅持四項基本原則，堅持改革開放，解放和發展社會生產力，鞏固和完善社會主義制度，建設社會主義市場經濟、社會主義民主政治、社會主義先進文化、社會主義和諧社會，建設富強民主文明和諧的社會主義現代化國家。中國特色社會主義道路決定了中國社會經濟發展包括對外貿易發展所必須堅持的社會主義道路和制度

基礎。

中國特色社會主義道路，既體現了社會主義的本質特徵，又體現了社會主義的中國特色。社會主義本質特徵是社會主義一切特徵在最高層次的抽象，是普遍的原則，在不同國家、不同發展階段都具有適用性。在社會主義本質特徵的基礎上所派生出來的特徵，逐層體現為基本制度、運行體制、實現形式、運作和管理方法等方面的特徵。在不同的國家、不同的發展階段，這些派生的特徵往往具有差異性，這些差異性使社會主義在不同國家或同一國家的不同發展階段表現出不同的特色。社會主義特徵的層次性及共性與個性，體現了生產關係與生產力、上層建築與經濟基礎的關係在社會主義制度下、在不同的社會主義國家、在社會主義國家的不同發展階段的具體狀況。

就中國特色社會主義的本質特徵來講，解放和發展生產力是為了不斷滿足人民群眾日益增長的物質文化需要，實現共同富裕。因此，基於中國特色社會主義制度的內在要求，中國的一切社會經濟活動都必須服從於和服務於生產力的發展和共同富裕目標，這就決定了中國發展對外貿易的宗旨是促進生產力的發展，為實現共同富裕創造條件。這個根本目標表明了確定中國對外貿易發展戰略、管理體制、經營模式、利益分配模式的根基和出發點。

發展戰略是為實現一定的社會經濟目標所做的規劃。中國對外貿易的總體戰略是服從於中國特色社會主義本質特徵、為實現中國對外貿易根本目標而做出的戰略規劃。這種規劃隨著中國社會經濟發展的總體佈局的動態變化而變化。在建設中國特色社會主義的「五位一體」總體佈局下，中國對外貿易的總體戰略必須體現這個總攬國內外大局的「五位一體」戰略部署的要求，融合經濟建設、政治建設、文化建設、社會建設、生態文明建設協調發展的精神實質。

(二) 中國特色社會主義制度與中國對外貿易的制度保障和社會經濟基礎

中國特色社會主義制度是中國發展對外貿易的制度保障。因為，中國特色社會主義制度從根本上體現了社會主義的本質要求，符合中國的國情和時代潮流，有利於保持黨和國家的活力，有利於調動廣大人民群眾和社會各方面的積極性、主動性和創造性，有利於解放和發展社會生產力、推動經濟社會全面發展，有利於維護和促進社會公平正義、實現全體人民共同富裕，有利於集中力量辦大事、有效應對前進道路上的各種風險和挑戰，有利於維護民族團結、社會穩定、國家統一。因此，中國特色社會主義制度集中體現了中國特色社會主義的特點和優勢，是中國發展進步的根本制度保障。

在具體層面上，中國特色社會主義的根本政治制度和基本政治制度，體現了中國發展對外貿易的社會政治基礎；中國特色社會主義法律體系，是中國發展對外貿易的法制保障；中國特色的基本經濟制度，決定了中國發展對外貿易的社會經濟基礎。在一般意義上，不同所有制是國際貿易產生的社會經濟基礎，只有在商品分屬於不同所有者的條件下，才有交換的必要；同時，公有制也是產生國際貿易的社會基礎。因此，從中國對外貿易的角度講，公有制為主體、多種所有制經濟共同發展的基本經濟制度決定了不同所有制條件下微觀經濟主體不同的財產權和利益，決定了公有制經濟財產

權和非公有制經濟財產權的不可侵犯性，從而決定了中國國內貿易和對外貿易的社會經濟基礎。

(三) 中國特色社會主義制度與中國對外貿易體制

中國特色社會主義制度對中國對外貿易體制的決定作用，主要體現為各項具體制度特別是經濟體制對中國對外貿易的管理體制、經營體制和利益分配製度的決定作用。經濟體制的基本模式決定了對外貿易體制的總體架構，對外貿易體制是經濟體制的組成部分。因此，無論是中國對外貿易的組織形式、機構設置、管理權限，還是經營分工、利益分配，都與中國特色社會主義制度直接相關。從根本制度、基本制度和具體制度的相互關係來看，根本制度和基本制度是中國對外貿易體制的制度基礎，而中國對外貿易體制則是根本制度、基本制度在對外貿易管理方面的具體體現。隨著中國特色社會主義制度的不斷完善和發展，各項體制和機制將更加符合生產力發展的要求，中國對外貿易體制也將更加完善，中國特色社會主義制度對中國對外貿易的促進作用將更加充分地顯現。

三、中國對外貿易對完善中國特色社會主義制度的促進作用

中國對外貿易對完善中國特色社會主義制度的促進作用，既體現為對外貿易對體制機制進而對基本制度的作用，也體現為對外貿易對完善和發展中國特色社會主義制度的條件的影響。綜合歸類，這些作用可以概括為對外貿易對完善和發展中國特色社會主義制度的直接作用和間接作用。

(一) 中國對外貿易對完善中國特色社會主義制度的直接作用

中國的對外貿易制度是中國特色社會主義制度的組成部分，這決定了對外貿易對完善和發展中國特色社會主義制度的直接作用。在傳遞路徑上，這種作用主要體現在兩個方面。

一方面，對外貿易是引進國外先進制度的重要途徑，同時又受到貿易制度國際協調的約束，這會直接推動中國對外貿易制度及其他相關制度的改革和創新，進而推動中國特色社會主義制度的完善和發展。在世界貿易組織框架下，中國針對世界貿易組織規則的要求進行適用性改革，是中國對外貿易制度改革進而是中國經濟體制改革的重要內容。

另一方面，基於競爭和發展的需要，微觀交易主體會對其內部制度進行積極主動的改革，從而促進微觀層面的管理制度和營運模式的創新，這種創新是完善和發展中國特色社會主義制度的重要基礎。同時，對外貿易交易主體的利益訴求，會直接影響政府對對外貿易制度及其他相關制度的改革，直接影響政府在貿易制度國際協調中的談判立場和主張。這些影響通過對體制機制的影響而直接作用於中國特色社會主義制度的完善和發展。

(二) 中國對外貿易對完善中國特色社會主義制度的間接作用

對外貿易通過影響經濟發展、國內環境和國際關係，可以為中國特色社會主義制

度的完善和發展創造有利條件，這是對外貿易對完善中國特色社會主義制度的間接作用。

　　一方面，對外貿易的發展不僅可以促進對外貿易部門的發展，也可以通過對外貿易部門的傳遞作用促進社會經濟的發展，這是對外貿易的基本功能。從中國對外貿易的角度來看，由於中國發展對外貿易的根本目標是促進生產力的發展和共同富裕目標的實現，對外貿易的總體發展戰略服務於「五位一體」的戰略部署，因此，中國對外貿易的發展不僅可以促進經濟發展，而且可以從經濟建設、政治建設、文化建設、社會建設、生態文明建設各方面促進社會經濟的協調發展。這既為中國特色社會主義制度的完善和發展奠定了物質基礎，也為其創造了有利的國內環境。

　　另一方面，對外貿易是中國對外經濟關係的重要內容。在對外貿易中，中國一貫堅持平等互利的原則，在擴大市場開放方面兼重對最不發達國家的開放，承諾擴大對已建交最不發達國家的給惠範圍，這可以為中國與其他國家和地區之間建立互利共贏的經濟關係提供重要的保障。同時，經濟關係與政治外交聯繫密切，經濟關係的發展可以促進政治外交關係的發展。通過在對外經濟關係和政治外交中弘揚平等互信、包容互鑒、合作共贏的精神，既可以促進中國對外經濟和政治外交各領域關係的良性互動，又有利於維護和促進世界和平，促進共同發展，從而為中國特色社會主義制度的完善和發展創造和平的國際環境。所以，中共十八大強調，中國始終不渝地奉行互利共贏的開放戰略，堅持開放的發展、合作的發展、共贏的發展，通過爭取和平的國際環境發展自己，又以自身發展維護和促進世界和平，推動建設持久和平、共同繁榮的和諧世界。

第二節　中國特色社會主義市場經濟制度對中國對外貿易的決定作用

　　中國特色社會主義市場經濟制度植根於中國特色社會主義制度，並隨著中國特色社會主義制度的發展而發展。在這個過程中，市場在中國特色社會主義建設中的資源配置作用逐漸強化，中國特色社會主義市場經濟制度的內涵隨之豐富。在中共十八屆三中全會明確市場對資源配置的決定性作用後，中國特色社會主義市場經濟制度被賦予了新的內涵，這決定了進一步定義中國特色社會主義市場經濟制度並據此分析其對中國對外貿易的決定作用的重要性。

一、中國特色社會主義市場經濟制度的確立與發展

　　中國的市場化改革取向，是在經歷了從高度集中的計劃經濟制度到有計劃的商品經濟制度的摸索之后逐步明確的。隨著市場化改革的推進，中國建立並完善了富有中國特色的社會主義市場經濟制度。

（一）高度集中的計劃經濟制度的建立和調整（1949—1978 年）

　　計劃經濟制度是以國家計劃配置資源的制度體系。計劃經濟制度的基本特徵是實

行生產資料公有制和按勞分配。在新中國成立後，中國依據斯大林著作和蘇聯教科書的觀點，模仿蘇聯的經濟管理體制，建立了計劃經濟的制度框架，逐步形成了高度集中的計劃經濟體制。對中國的這段歷史，一般將其分為三個階段。

1. 恢復國民經濟與開始社會主義建設時期（1949—1957年）

在這段時期，新中國面對瀕臨絕境的國民經濟和充滿敵視的國際環境，開展了恢復國民經濟的各項工作，開始了建設中國社會主義的歷程。

新中國通過沒收官僚資本、建立國營企業，開始建立社會主義公有制，初步確定了實行全國財政經濟統一管理的方針。中共七屆三中全會以後，中國著手在全國範圍內創造有計劃地進行經濟建設的有利條件，對高度集中統一管理的方針做了一些調整。從1953年起，中國開始進入第一個五年計劃時期。在「一五」時期，中國完成了社會主義改造的基本任務，具體劃分了中央和地方的管理職權，形成了公有制經濟占絕對優勢的格局。

2. 「大躍進」和國民經濟調整時期（1958—1965年）

1958年，中國提出了「大躍進」的口號，開展了以實行大集體所有制為主要內容的「人民公社化」運動，對土地、財產實行平均主義、物資無償調撥的「一平二調」，在分配方面則實行供給制。由於主客觀原因，1959—1962年中國陷入「三年困難時期」。其間，中國從1961年開始實行「調整、鞏固、充實、提高」的方針，1962年提出了「農、輕、重」排序的建設方針，但同時又提出階級鬥爭要「年年講，月月講，天天講」。此後，「四清」「整黨內走資本主義道路當權派」等運動便接踵而至。違背客觀經濟規律的唯意志論極大地損害了中國的社會經濟建設。

3. 「文化大革命」和開始撥亂反正時期（1966—1978年）

1966年開始，中國陷入了災難性的「文化大革命」群眾運動，特別是1967—1968年的「武鬥」，使中國一度呈現出無政府狀態。1975年，鄧小平復出，中國開展了較全面的整頓工作，但隨即便在1976年掀起了「反擊右傾翻案風」和「批鄧」運動。「文革」結束後，中國開始進入糾正冤假錯案、撥亂反正時期。但是，截至1978年年底，中國不但沒能從根本上改變原有的錯誤思想，反而出現了短暫的「洋冒進」。

總體而論，在高度集中的計劃經濟時期，中國經濟體制的主要弊端在於「一大二公」的所有制，平均主義的分配形式，指令性計劃和行政手段主導的資源配置，政企職責不分、條塊分割的行政管理，高度集中的經濟決策。所有這些都在一定程度上偏離了公有制、按勞分配等計劃經濟制度的特質，使經濟體制陷入了不適應社會生產力發展要求的僵化模式，並進而造成企業缺乏自主權，職工吃企業「大鍋飯」、企業吃國家「大鍋飯」的局面，嚴重壓抑了企業和廣大職工群眾的積極性、主動性和創造性，使本來應該生機盎然的社會主義經濟在很大程度上失去了活力。

針對經濟體制的弊端，中國在「一五」計劃後期就認識到了體制改革的必要性，但局限於「體制下放」的改革不僅沒有解決體制問題，反而由於擴大地方政府經濟管理權而加劇了國民經濟的條塊分割和混亂，以至於不得不重新上收企業管理權限。就這樣，幾經反覆，在20世紀六七十年代，中國始終沒有觸及經濟體制和資源配置方式的深層次矛盾，卻使經濟管理體制陷入了「一統就死，一死就放，一放就亂，一亂又

統」的怪圈。

(二) 建立有計劃商品經濟制度的探索 (1979—1992 年)

在總結正反兩方面經驗的基礎上，中國各界對計劃經濟和商品經濟的認識發生了重大變化。中共十一屆三中全會做出了「把工作重點轉到經濟建設上、實行經濟體制改革」的決定，明確了「按經濟規律辦事，重視價值規律作用」的意義。以十一屆三中全會為標誌，中國開啓了改革開放歷史新時期。

在改革開放初始階段，中國在繼續開展撥亂反正工作的同時，以計劃經濟體制最薄弱環節的農村經濟體制的改革為起點，邁出了「摸著石頭過河」的腳步。在不斷的爭論中，農村家庭聯產承包責任制迅速發展，商品經濟和市場經濟的作用也初露端倪。在完成指導思想上的撥亂反正、實現歷史性轉折的基礎上，中共十二大提出了有系統地進行經濟體制改革的任務，指出要以計劃經濟為主，市場調節為輔，要「發揮市場在資源配置中的輔助性作用」。1983 年，中共中央一號文件《當前農村經濟政策若幹問題》充分肯定了家庭聯產承包責任制。1984 年，在總結把全民所有同國家機構直接經營企業混為一談的教訓的基礎上，《中共中央關於經濟體制改革的決定》指出，必須要確立國家和全民所有制企業之間的正確關係，擴大企業自主權，使企業真正成為相對獨立的經濟實體，成為自主經營、自負盈虧的社會主義商品生產者和經營者。隨後，中國經濟體制改革的重點由農村轉向城市，增強企業活力特別是增強全民所有制大中型企業活力成為經濟體制改革的中心環節。

伴隨著從農村改革到城市改革，從經濟體制改革到各方面體制改革，從對內搞活到對外開放的進程，中國邁出了恢復關貿總協定締約國地位的堅實步伐，逐漸明確了建立社會主義有計劃商品經濟體制的目標。中共十二屆三中全會指出，商品經濟是社會主義經濟發展不可逾越的階段，中國社會主義經濟是公有制基礎上的有計劃的商品經濟。中共十三大提出，社會主義有計劃商品經濟的體制應該是計劃與市場內在統一的體制。中共十三屆四中全會后，中國進一步提出了建立適應有計劃商品經濟發展的計劃經濟與市場調節相結合的經濟體制和運行機制。

在不斷推進有計劃商品經濟制度發展的過程中，市場的作用逐漸加強，改革的市場化取向逐漸明朗。1992 年，中共十四大正式明確了社會主義市場經濟的改革方向，確立了在堅持公有制和按勞分配為主體、其他經濟成分和分配方式為補充的基礎上建立和完善社會主義市場經濟體制的改革目標。

(三) 建立社會主義市場經濟制度的改革實踐 (1993—2001 年)

1993 年，中共十四屆三中全會《關於建立社會主義市場經濟體制若幹問題的決定》指出，社會主義市場經濟體制是同社會主義基本制度結合在一起的；建立社會主義市場經濟體制，就是要使市場在國家宏觀調控下對資源配置起基礎性作用。為了實現這個目標，就必須堅持以公有制為主體、多種經濟成分共同發展的方針，進一步轉換國有企業經營機制，建立現代企業制度，轉變政府管理經濟的職能，建立以間接手段為主的完善的宏觀調控體系，建立以按勞分配為主體，效率優先、兼顧公平的收入分配製度。隨后，中國圍繞建立社會主義市場經濟體制加大了改革力度。1997 年，中

共十五大進一步強調，建設有中國特色的社會主義經濟，就是在社會主義條件下發展市場經濟。

隨著對社會主義市場經濟制度認識的深化，隨著復關及世界貿易組織成立後加入WTO工作的推進，中國全面推動了各項改革。通過不懈的努力，中共第三代中央領導集體創建了社會主義市場經濟體制，開創了全面開放新局面。2001年，中國正式加入世界貿易組織，這標誌著中國經濟進入了與國際經濟快速接軌的時期。

(四）社會主義市場經濟制度的不斷完善（2002—2013年）

2002年，中共十六大正式做出社會主義市場經濟體制初步建立的結論，並將建成完善的社會主義市場經濟體制定位為全面建設小康社會的目標之一，強調要堅持社會主義市場經濟的改革方向，在更大程度上發揮市場在資源配置中的基礎性作用，要堅持和完善基本經濟制度，深化分配製度改革，健全社會保障體系。2003年，中共十六屆三中全會《關於完善市場經濟體制若幹問題的決定》進一步明確了完善社會主義市場經濟體制的目標、任務、原則和指導思想。根據有關精神，中國全面推進了完善社會主義市場經濟體制的各項工作。在此基礎上，中共十七大提出要創建社會主義市場經濟新體制，從制度上更好地發揮市場在資源配置中的基礎性作用；十八大進一步強調要在更大程度更廣範圍發揮市場在資源配置中的基礎性作用，十八屆三中全會重新定位了市場的地位和作用。

2013年，《中共中央關於全面深化改革若幹重大問題的決定》明確指出，全面深化改革的總目標是完善和發展中國特色社會主義制度，推進國家治理體系和治理能力現代化，重點是全面深化經濟體制改革，核心問題是處理好政府和市場的關係，使市場在資源配置中起決定性作用和更好地發揮政府的作用。從此，中國進入了加快完善和發展社會主義市場經濟體制，加快完善和發展中國特色社會主義制度的改革開放新時期。

二、市場決定作用與中國特色社會主義市場經濟制度

(一）市場在資源配置中的決定性作用

市場在資源配置中的決定性作用，是指市場在資源配置中處於主體地位，由市場機制決定社會生產各領域、各環節的資源分配、組合與利用。與之相對應，政府在資源配置中起決定性作用，是指政府在資源配置中處於主體地位，由政府通過計劃、行政手段直接決定資源分配。

在一般意義上，市場機制是市場經濟體系中價格、供求、競爭等各種要素之間的有機聯繫和相互作用及其對資源配置的作用機理。因此，從普遍適用於各類市場的角度看，市場機制主要包括價格機制、供求機制、競爭機制。市場在資源配置中的決定性作用具體表現為價格、供求、競爭等要素對資源配置的決定作用，通過市場決定價格、價格調節供求等作用機制的相互傳遞，資源的價格決定、投向、組合利用等，都主要依靠競爭和市場交換完成。

市場決定資源配置的顯著特徵在於：經濟運行機制具有突出的市場主導特點，經

濟增長表現為以競爭為基礎、以需求為導向、以社會資本為主體的增長，經濟波動、經濟風險的防範和化解機制建立在市場決定的基礎上；市場主體在市場機制導向下平等使用資源，自主配置資源，公開公平公正地參與市場競爭，受到法律的同等保護；政府職能主要體現為在市場競爭基礎上實施宏觀調控，提供公共服務，維護市場秩序，彌補市場失靈，推動社會經濟持續發展。

(二) 中國特色社會主義市場經濟制度的內涵與特徵

1. 中國特色社會主義市場經濟制度的內涵

中國特色社會主義市場經濟制度是市場經濟與中國特色社會主義的有機結合。這個定義，高度概括了中國特色社會主義市場經濟制度的本質特徵，即是社會主義條件下的市場經濟制度，是市場經濟與社會主義基本制度的結合。因此，科學詮釋中國特色社會主義市場經濟制度必須把握兩個原則：一是堅持社會主義基本制度，強調通過社會主義市場經濟體制體現和發揮中國特色社會主義制度的優越性；二是堅持市場經濟的一般規律，強調社會主義市場經濟體制對市場經濟本質和優勢的充分體現。

回顧1978年以來中國經濟發展的歷程，市場在資源配置中的地位經歷了從「輔助作用」到「基礎性作用」的演進。在市場基礎性作用得到確立的背景下，市場經濟被定義為「市場對資源配置起基礎性作用的經濟體制」，社會主義市場經濟制度則被解釋為同社會主義基本制度結合在一起的，市場在國家宏觀調控下對資源配置起基礎性作用的經濟體制。很顯然，這個定義具有與時俱進的特點，但需要根據市場在資源配置中的決定性作用豐富其內涵實質。因為，市場決定資源配置是市場經濟的一般規律，市場經濟本質上就是市場決定資源配置的經濟。[①] 基於「市場決定性作用」定義中國特色社會主義市場經濟制度，符合社會主義基本制度和市場經濟的根本特性。鑒於此，中國特色社會主義市場經濟制度可以表述為：與中國特色社會主義基本制度相結合的，市場在資源配置中起決定性作用的經濟體制。

2. 中國特色社會主義市場經濟制度的特徵

市場經濟是一種資源配置方式。市場主體的自主性，其營運活動的競爭性、趨利性，市場關係的平等性，市場環境的開放性，市場經濟規則的客觀性，是市場經濟的共性。作為市場經濟的制度體現，市場經濟體制主要由自由的企業制度、完善的市場體系、完備的市場法規、靈活有效的宏觀調控制度、完善的社會保障制度和國際化、開放化的運行機制組成。這些制度和機制，構成了現代市場經濟體制的一般框架，也是中國特色社會主義市場經濟制度具有的、體現市場經濟共性的基本特徵。

同時，市場經濟總是和國家的歷史條件和基本制度相結合的，這又使不同國家或同一國家不同歷史階段的市場經濟具有不同的個性。因此，作為中國特色社會主義制度特徵的具體表現，中國特色的基本經濟制度，是中國特色社會主義市場經濟體制的根基，建設社會主義市場經濟，是中國特色社會主義道路的重要內容。以此為基礎，中國特色社會主義市場經濟制度的個性特徵主要有三個：

---

① 習近平. 關於《中共中央關於全面深化改革若干重大問題的決定》的說明 [N]. 人民日報，2013-11-16.

第一，公有制為主體、多種所有制經濟共同發展，按勞分配為主體、多種分配方式並存，是中國特色社會主義市場經濟制度不變的所有制和分配製度特徵。第二，中國特色社會主義市場經濟條件下的宏觀調控具有自覺性。宏觀調控的宗旨是把社會主義基本經濟制度的優勢同市場經濟的優勢結合起來，充分發揮市場在資源配置中的決定性作用，同時克服市場經濟的盲目性和自發性，兼顧局部利益與整體利益、眼前利益與長遠利益，促進生產力發展，促進共同富裕和人的全面發展。第三，在動態發展的層面，中國特色社會主義市場經濟制度具有自我完善的特徵，這體現了中國特色社會主義制度自我完善和發展的根本要求。在全面深化改革的背景下，完善中國特色社會主義市場經濟制度的關鍵是處理好政府和市場的關係，也就是處理好「在資源配置中市場起決定性作用還是政府起決定性作用這個問題」①，著力解決市場體系不完善、政府干預過多和監管不到位的問題，實現科學的宏觀調控，有效發揮政府在保持宏觀經濟穩定、加強和優化公共服務、保障公平競爭、加強市場監管、維護市場秩序、推動可持續發展、促進共同富裕、彌補市場失靈方面的作用。

三、中國特色社會主義市場經濟制度與中國對外貿易

(一) 中國特色社會主義市場經濟制度與中國對外貿易制度特徵

中國對外貿易體制與中國特色社會主義制度的一般關係，在經濟制度層面具體表現為中國特色社會主義市場經濟制度對中國對外貿易制度特徵的影響。總體而論，中國特色社會主義市場經濟制度是中國對外貿易制度的基礎，決定了中國對外貿易戰略、對外貿易體制和對外貿易政策的基本類型。中國市場化改革的進程、中國特色社會主義市場經濟制度的建立和完善，是決定中國對外貿易制度改革方向和進程的基本因素。

從市場經濟共性特徵的角度講，市場經濟必然是自由化的經濟，經濟的自由化與經濟的市場化在程度上具有同向變動的關係，經濟市場化程度越高，經濟的自由化程度就越高。因此，在市場起決定性作用的條件下，自由的企業制度，市場主體自主經營、公開公平公正參與市場競爭，決定了中國對外貿易制度應該是自由貿易制度。同時，從中國特色社會主義的角度來看，中國的市場經濟是社會主義制度下的市場經濟，因此具有不同於一般市場經濟制度的個性特徵。一般而言，在不同類型的市場經濟條件下，對外貿易制度具有不同的特徵。而且，無論在怎樣的市場經濟條件下，對外貿易制度都包含了不同程度的政府干預。重商主義市場經濟條件下的貿易體制強調政府對貿易的支持和干預，亞當·斯密的自由市場經濟時期的貿易體制雖然具有較多的靈活性，但也存在政府對貿易的干預和保護；在凱恩斯主義的市場經濟時期，隨著跨國公司的崛起和國際經濟協調機構作用的發揮，各國的對外貿易體制更加分權化，企業成為真正的市場主體，但對外貿易依然包含了政府干預。因此，在中國特色社會主義市場經濟條件下，在市場經濟一般特性和市場經濟中國特色緊密結合的條件下，中國對外貿易制度的顯著特徵是中國特色社會主義自由貿易制度。

---

① 習近平. 關於《中共中央關於全面深化改革若干重大問題的決定》的說明 [N]. 人民日報, 2013-11-16.

具體分析，中國特色社會主義自由貿易制度肩負著雙重任務：一是使中國貿易制度依據市場經濟基本規律與國際貿易規則和慣例相一致，二是遵從公有制和按勞分配為主體的基本要求，服務於中國特色社會主義制度的根本任務。實現這兩方面任務目標的關鍵在於創新中國對外貿易制度，正確處理政府和市場在調節對外貿易中的關係，發揮市場機制的決定作用，適度提高對外貿易制度的自由化程度。

（二）中國特色社會主義市場經濟制度對中國對外貿易的促進作用

中國特色社會主義市場經濟制度對中國對外貿易的促進作用，根源於中國特色社會主義制度對中國對外貿易的促進作用，是市場機制與中國特色社會主義基本制度結合作用的結果。

1. 降低對外貿易制度成本

中國特色社會主義市場經濟制度及其決定的中國特色社會主義的自由貿易制度，是基於市場在資源配置中的決定性作用而設計的，既體現了中國社會主義的特色，又反應了市場經濟的一般規律。因此，中國特色社會主義市場經濟制度為中國按照市場經濟規則發展對外貿易提供了制度保障，為中國對外貿易制度與國際貿易規則接軌、根本解決「非市場經濟」問題創造了條件。這可以降低中國對外貿易的制度成本，有利於中國獲得公平的「市場經濟待遇」，減少貿易摩擦。

2. 優化貿易主體結構

中國特色社會主義市場經濟重視公有制經濟、非公有制經濟、混合所有制經濟等多種所有制經濟的發展，註重增強大中型企業的核心競爭力並支持小微企業發展，這有利於推動中國外貿主體多元化，意味著各類貿易主體在開展對外貿易活動時都可以受到同等的法律保護，公平參與市場競爭，同時也表明各類貿易主體都必須通過多方創新提升自身的競爭力。這種既富有推動力又充滿壓力的環境，將激勵貿易主體的發展，優化貿易主體結構，激發各類貿易主體的活力和創造力。

3. 提高資源配置效率和對外貿易競爭力

中國特色社會主義市場經濟制度對提高對外貿易資源配置效率和競爭力的作用，主要體現在三個方面：一是通過市場決定資源配置，合理減少政府在對外貿易領域對資源的直接配置，充分發揮市場機制的作用，提高資源配置的效率和公平性，提升對外貿易競爭力。二是借助統一開放、競爭有序、平等交換的現代市場體系，公平開放透明的市場規則，可以為貿易主體提供良好的市場環境，減少市場壁壘的影響，激發競爭優勢。三是通過政府簡政放權，減少事前的行政審批，加強事後的監管，可以克服市場失靈，保持良好的市場秩序，保證貿易主體的自主性，調動貿易主體的主動性、積極性、增強其活力、創造力和競爭力。

第三節　對外貿易在完善中國特色社會主義市場經濟制度中的地位和作用

中國特色社會主義市場經濟制度對中國對外貿易的促進作用，是中國特色社會主

義市場經濟制度與中國對外貿易相互作用的一個方面。在另一個方面，中國對外貿易在中國特色社會主義市場經濟制度條件下也具有重要的戰略地位，對中國特色社會主義市場經濟制度的完善和發展具有重要的推動作用。

一、對外貿易在中國特色社會主義市場經濟制度條件下的戰略地位

在改革開放前的高度集中的計劃經濟體制下，中國經濟在相當程度上屬於民族經濟的自我循環，對外貿易處於輔助地位，主要發揮調劑餘缺的作用。發展對外貿易的主要目的是促進工業體系的建立和完善，增強自力更生能力。出口的重要目的是為進口創造條件，尤其是為進口掙取外匯。進口的目的是獲取實物資源，滿足國內經濟建設的物質需要，彌補某些物資的供給缺口。在以餘換缺的宗旨下，中國對外貿易的基本做法是出口長線產品，進口短線產品，包括進口機械設備、技術、原材料、化肥、農藥、糧食等。這在改善國民經濟的實物構成、加速中國工業化的基礎建設、擴大社會再生產、緩解市場供應的緊張狀態等方面發揮了重要作用。但是，當時的對外貿易實現的主要是產品使用價值的轉換，很少體現國際貿易的價值增值作用，更少體現參與國際分工的意義。

改革開放后，對外貿易在中國特色社會主義建設中的作用不斷加強。在中國特色社會主義市場經濟制度條件下，市場在資源配置中的決定性作用、專業化分工、市場主體特徵、市場經濟的開放性，決定了對外貿易的戰略地位。

（一）市場決定作用與對外貿易戰略地位

市場經濟是發達的商品經濟，這是市場經濟的基本屬性。這個屬性表明，對外貿易是市場經濟條件下商品交換的有機組成部分。發展對外貿易是發展社會主義市場經濟的直接體現。

在資源配置的層面，市場決定性作用的發揮必須以統一開放、競爭有序的市場體系為基礎。這樣的市場體系，在內容上包括商品市場和生產要素市場組成的、全方位的、相互依存的、開放的市場系統，因此必然包括國內和國際市場的有機聯繫，進而決定了對外貿易的戰略地位。

實際上，市場決定資源配置的本質在於，以完整、統一、開放的市場體系為平臺，通過價格、供求、競爭等要素的相互作用，使資源在國際國內市場充分流動，合理配置。市場決定資源配置，既包括國內市場機制的作用，也包括國際市場機制的作用。而對外貿易，正是國際市場機制對一國資源配置發揮作用的重要途徑。通過對外貿易，可以使國際國內的價格體系、市場供求、競爭關係緊密聯繫，使國際國內市場機制共同作用，從而實現資源在國際國內各部門間的有效配置。因此，發展對外貿易是發揮市場在資源配置中的決定作用，提高資源配置效率的重要條件。

（二）專業化分工和市場主體特徵與對外貿易戰略地位

市場經濟是社會化大生產基礎上的商品經濟，專業化分工水平較高，市場主體具有獨立性，是獨立的所有者、商品生產者和經營者，具有獨立的經濟利益。市場主體的經營活動決定於市場機制，利潤最大化是市場主體的基本目標。專業化分工和市場

主體的基本特徵，決定了市場經濟條件下商品交換的高度發達，表明對外貿易對市場主體實現利潤目標具有重要作用，進而決定了對外貿易對市場主體發展壯大的重要意義。由於市場主體的發展對社會經濟的發展具有決定作用，因此，對外貿易對市場主體的作用表明，對外貿易在市場經濟條件下具有重要地位和作用。

具體從社會主義市場經濟來看，作為市場經濟的共性特徵，社會化大生產和專業化分工也是社會主義市場經濟的基本特徵。基於社會主義基本經濟制度的特徵，社會主義市場經濟條件下的市場主體是獨立的或相對獨立的商品生產者和經營者，利潤目標仍然是其重要目標。因此，在社會主義市場經濟條件下，從專業化分工和市場主體特徵的角度講，對外貿易仍然具有重要地位。

(三) 市場經濟的開放性特徵與對外貿易戰略地位

市場經濟是開放的經濟。對外開放在市場經濟發展中具有重要地位，這符合市場經濟的基本規律。從內涵來看，對外開放被定義為與閉關鎖國相對而言的範疇。在社會主義市場經濟條件下，對外開放具體指在堅持社會主義制度和共產黨領導的基礎上，在獨立自主、平等互利的前提下，根據生產社會化、國際化和社會主義市場經濟發展的客觀要求，利用國際分工的好處，積極發展與世界各國的經濟貿易往來，以及加強科學、技術、教育等方面的交流與合作，以促進社會主義物質文明的建設和發展。這個定義表明，對外開放體現了市場經濟的客觀要求，對發展社會主義市場經濟具有重要促進作用。同時，這個定義也表明，對外貿易在對外開放中具有戰略地位。因此，儘管對外開放不局限於對外經濟貿易方面的交流與合作，但經濟是基礎，從這個角度講，對外開放的重要內涵是：大力發展和不斷加強對外經濟技術交流，積極參加國際交換和國際競爭，由封閉型經濟轉變為開放型經濟，以促進社會主義市場經濟加速發展。

可見，由於對外貿易在對外開放中具有戰略地位，而對外開放在市場經濟發展中又具有重要地位，這就從根本上決定了對外貿易在社會主義市場經濟條件下的戰略地位。

二、對外貿易對完善中國特色社會主義市場經濟制度的作用

在較間接的層面，發展對外貿易可以為完善中國特色社會主義市場經濟制度創造物質條件，這是對外貿易對完善中國特色社會主義制度的間接作用在經濟制度層面的基本體現。從更直接的層面講，發展對外貿易必須遵循建立在市場經濟基礎上的國際貿易規範，這是對外貿易對完善中國特色社會主義市場經濟制度產生促進作用的關鍵。具體分析，這種促進作用主要表現在三個方面，即促進市場主體和企業制度的發展、促進市場體系和市場機制的完善、促進市場化改革和宏觀調控體系的完善。

(一) 促進建立現代企業制度，培育市場主體

國有企業轉變經營機制，建立完善的現代企業制度，是堅持和完善中國特色社會主義基本經濟制度的主要內容。依據國際貿易規範開展對外貿易，積極參與國際交換活動，要求貿易企業必須具有體現市場經濟規則的經營機制。因此，在市場化、國際

化的形勢下，發展對外貿易必然會形成一種外部壓力，促進中國對外貿易企業特別是國有企業進一步同市場經濟相融合，改革經營機制，完善現代企業制度。隨著內部機制向著符合市場經濟要求的方向不斷發展，貿易企業將逐漸成為成熟的市場主體。

同時，作為跨越國界的商品和服務的交換，對外貿易比國內貿易更加複雜。國際市場的瞬息萬變和激烈競爭，貿易夥伴國的貿易制度及國際貿易慣例的盤根錯節，使對外貿易的風險更大。為了應對對外貿易中的各種風險，貿易企業必定會不斷完善、創新內部制度，不斷磨煉自身的適應能力、應變能力和競爭能力，註重借鑒國際市場上先進的競爭模式和經營管理理念。這既可以促進現代企業制度的建立和完善，也有助於企業成為有優勢的市場競爭主體。

(二) 促進建立市場體系，完善市場機制

發展對外貿易意味著中國市場的開放，也意味著國際市場對中國開放，這可以擴大中國的國際市場範圍，加速國內外市場一體化的進程。同時，發展對外貿易可以促進中國建立健全並開放金融市場、技術市場、信息市場、勞務市場等各領域市場，在內容上拓展中國的國內市場體系，加深中國市場開放的程度，推動中國市場與世界市場相互銜接。此外，通過對外貿易可以加強部門之間的相互聯繫，這也有利於國內統一市場的形成。

隨著市場體系在形式和內容上的擴展，市場機制發揮作用的條件更加充分，一些具體的市場機制將逐步建立並趨於完善。同時，在對外貿易推動國內外市場彼此連接的過程中，國內外市場的價格、供求、競爭等要素緊密聯繫，尤其是國內外價格密切相關、日趨一致，這可以使中國加速形成市場決定價格的機制，同時促進其他市場機制的建立和完善。此外，通過對外貿易，中國可以學習、引進國外的價格機制、供求機制和競爭機制，以此促進中國建立和完善各項市場機制。實際上，中國市場同國際市場逐步銜接的過程，就是中國引進國外市場機制並加速建設國內市場機制的過程。

(三) 推動市場化改革進程，完善宏觀調控體系

對外貿易對市場化改革和宏觀調控體系建設的促進作用，主要通過企業行為和政府行為兩個渠道發揮。從企業層面來看，遵循國際貿易規則推動的貿易企業內部制度改革，以及貿易企業對科學的國內貿易制度的需求，是推動市場化改革的重要力量。在政府層面，基於中國國情同時又必須遵循國際規則的對外開放，是推動中國市場化改革的重要因素。兩相比較，對外開放比企業層面的改革具有更直接的推動作用，是市場化改革的主要推動力量。以開放促改革，就是對包括對外貿易在內的對外開放在推動市場化改革進程、完善中國特色社會主義市場經濟制度中的重要地位的精準概括。

一方面，為了促進中國對外經濟貿易交往的發展，在擴大對外開放的過程中，政府根據市場經濟規律積極主動的改革貿易制度，這是市場化改革的組成部分；另一方面，在國際經濟與貿易規則國際協調發揮重要作用的情況下，對外開放作為一種倒逼機制，將一如既往地推動中國的市場化改革進程。以世界貿易組織的制度約束為例。作為世界貿易組織成員，中國需要在符合世界貿易組織規則的前提下管理、促進對外貿易，這就要求中國根據世界貿易組織規則改革貿易制度，就如根據中國加入世界貿

易組織法律文件關於逐步放開貿易權的規定，如期取消貿易權審批制、實行備案登記制一樣。世界貿易組織的各項規則是以市場經濟為基礎的，推動貿易自由化是世界貿易組織的目標。因此，在世界貿易組織框架下發展對外貿易，不僅在很大程度上決定了中國市場化改革的方向和時間表，也決定了中國的貿易制度必須體現自由貿易的要求。在具體的政策措施方面，中國需要逐步取消非關稅措施，取消出口補貼。可見，在一定程度上，世界貿易組織對貿易制度的協調，決定了中國貿易制度類型和市場化改革的進程，是推動中國加速市場化改革並由政策性開放轉向制度性開放的重要力量。

在對外經濟貿易活動推動中國經濟與世界經濟全面接軌、市場化改革不斷深入的過程中，中國調節國民經濟運行的行政手段逐漸減少，法律手段、經濟手段逐漸強化，宏觀調控體系的市場經濟特徵不斷顯現。從對外貿易調控體系的角度看，計劃經濟時代依靠單一的指令性計劃和國內外差價補貼調控中國經濟同世界經濟聯繫的做法已經改變，中國政府已經放棄對外貿易指令性計劃和政府補貼。這些改變在促進中國的對外貿易管理更加符合國際規範要求的同時，直接推動了中國的宏觀調控體系建設。此外，通過對外經濟與貿易活動，中國不斷學習、引進其他國家按照市場經濟規律調節宏觀經濟運行的法律、法規和政策措施，學習應用價格、信貸、稅收等經濟槓桿和採取必要的行政手段管理市場經濟運行，這也是推動中國建立健全符合中國特色社會主義市場經濟要求的宏觀調控體系，保障社會經濟秩序的重要因素。

本章小結

1. 中國特色社會主義制度是包括政治、經濟、文化、社會等各領域制度的內容豐富且科學嚴密的制度體系。中國特色社會主義制度是中國社會主義實踐長期發展的成果。在確立社會主義基本制度、建設中國社會主義和開創與發展中國特色社會主義的進程中，中國特色社會主義制度得以確立，並通過基本制度、具體制度等各領域、各層次制度在社會主義條件下的不斷發展體現出符合客觀經濟規律的自我完善特質。

2. 中國特色社會主義制度決定了中國對外貿易發展的方向、宗旨、總體戰略、制度保障、社會經濟基礎、管理體制、經營模式和利益分配模式。這具體表現在：中國特色社會主義道路決定了中國對外貿易發展的方向、宗旨和總體戰略，中國特色的根本制度及基本制度決定了中國對外貿易的制度基礎、制度保障和社會經濟基礎。從具體制度的層面講，這種決定作用體現為中國特色的體制、機制尤其是經濟體制對中國對外貿易管理體制、經營模式和利益分配模式的決定作用。

3. 中國對外貿易對完善中國特色社會主義制度的促進作用，既體現為對外貿易對體制機制進而對基本制度的作用，也體現為對外貿易對完善和發展中國特色社會主義制度的條件的影響。綜合歸類，這些作用可以概括為對外貿易對完善和發展中國特色社會主義制度的直接作用和間接作用。一方面，中國的對外貿易制度是中國特色社會主義制度的組成部分，這決定了對外貿易將通過引進國外先進制度及微觀交易主體對其內部制度的改革創新等途徑直接促進中國特色社會主義制度的完善和發展；另一方

面，對外貿易通過影響經濟發展、國內環境和國際關係，可以為中國特色社會主義制度的完善和發展創造有利條件，這是對外貿易對完善中國特色社會主義制度的間接作用。

4. 中國特色社會主義市場經濟制度是在經歷了從高度集中的計劃經濟制度到有計劃的商品經濟制度的摸索之後逐步確立並隨市場化改革的深入不斷完善的。作為與中國特色社會主義基本制度相結合的、市場在資源配置中起決定性作用的經濟體制，中國特色社會主義市場經濟制度具有公有制為主體、多種所有制經濟共同發展的所有制特徵和按勞分配為主體、多種分配方式並存的分配製度特徵。

5. 中國特色社會主義市場經濟制度是中國對外貿易制度的基礎，決定了中國對外貿易戰略、對外貿易體制和對外貿易政策的基本類型。中國市場化改革的進程、中國特色社會主義市場經濟制度的建立和完善，是決定中國對外貿易制度改革方向和進程的基本因素。在更具體的層面，中國特色社會主義市場經濟制度可以降低對外貿易的制度成本，優化對外貿易主體結構，提高資源配置效率和對外貿易競爭力。

6. 對外貿易在中國特色社會主義市場經濟制度條件下具有重要的戰略地位，對中國特色社會主義市場經濟制度的完善和發展具有重要的推動作用。市場在資源配置中的決定作用、市場經濟的專業化分工和開放性特徵及市場經濟條件下的市場主體特徵，都決定了對外貿易在中國特色社會主義市場經濟制度條件下的戰略地位。對外貿易不僅可以促進建立現代企業制度，培育市場主體，促進建立市場體系，完善市場機制，而且能夠推動市場化改革進程，完善宏觀調控體系，為政府作用的有效發揮創造條件。

思考題

1. 簡析中國特色社會主義制度的自我完善。
2. 中國特色社會主義制度對中國對外貿易的決定作用表現在哪些方面？
3. 分析中國對外貿易對完善中國特色社會主義制度的促進作用。
4. 簡述市場決定資源配置的內涵，分析中國特色社會主義市場經濟制度對中國對外貿易的決定作用。
5. 分析對外貿易在完善中國特色社會主義市場經濟制度中的地位和作用。

案例分析

中國與發達國家在中國市場經濟地位問題上的爭論由來已久。儘管中國在改革開放和市場經濟建設中取得了有目共睹的巨大成就，但歐盟、美國等世界經濟巨頭一直未承認中國的市場經濟地位。

1998年，歐盟對華貿易政策開始出現一些變化，它宣布將中國從「非市場經濟國家」名單中取消，但仍將中國視為「市場轉型經濟國家」，從而允許中國企業在個案中「抗辯」市場經濟地位，「逐個」獲得市場經濟待遇。實際上，中國的市場經濟地位仍未被歐盟認可。因此，歐盟在判定中國商品是否以低於成本價在其境內傾銷時，不是

以某類產品在中國國內的價格為參照，而是以其他類似國家的同類產品價格為參照。由於選取的「第三國」與中國具體情況之間存在很大的不可比性，因此歐盟在對中國的「反傾銷」調查中具有較大的隨意性和不公平性。這大大影響了中國公司在應付反傾銷指控時的自衛能力。

舉個簡單的例子：中國彩電在1993年之前年出口歐盟100萬臺以上，但1993年歐盟開始對中國彩電進行「反傾銷調查」，在調查過程中歐盟選取的「參照國」是新加坡，而新加坡的勞動力成本是中國的20倍以上。在「不公平」的參照之下，中國彩電被判定為「傾銷」。幾年之後，中國彩電在歐盟的市場份額喪失殆盡。專家指出，「市場經濟地位」問題成了中國企業應付反傾銷指控的「攔路虎」。

近年來，中歐貿易關係迅速拉近。目前，中歐貿易總額已經超過1,000億歐元，歐盟已成為中國的第二大貿易夥伴。今年5月1日擴為25國之後，歐盟將躍升為中國的第一大貿易夥伴。但與此同時，中國也成為歐盟反傾銷的「重災區」。據商務部提供的數字，自1979年中國遭遇第一起反傾銷案以來，至今歐盟對中國共提起近百起反傾銷調查，對中國產品立案總數僅次於美國位列第二，影響中國出口金額約40億美元，涉案產品基本涵蓋對歐出口的所有領域。

（資料來源：楊麗明. 歐盟何時認可中國的市場經濟地位？［N］. 中國青年報，2004-04-20）

問題：

1. 什麼是「非市場經濟國家」？
2. 中國的市場經濟地位問題對中國對外貿易有什麼影響？
3. 結合本案例分析完善社會主義市場經濟制度對中國發展對外貿易的重要意義。

第二章　中國特色的對外貿易理論

內容簡介

本章在回顧中國特色對外貿易思想演進歷程的基礎上，分析馬克思主義理論在指導中國對外貿易中的理論基礎地位，應用國際分工及世界市場理論、社會再生產理論、國際價值理論闡釋中國發展對外貿易的利益、原則及方法；探討中國特色社會主義理論體系在指導中國對外貿易中的思想基礎地位，從社會主義根本任務、社會主義初級階段、對外開放基本國策等視角分析中國發展對外貿易的戰略意義及利益、原則、方式和目的；解釋全面提高開放型經濟水平的內涵與意義，分析開放型經濟條件下中國對外貿易在經濟社會協調發展中的作用。

關鍵詞

中國特色對外貿易理論；馬克思主義國際貿易理論；中國特色社會主義理論體系

學習目標

1. 瞭解中國特色對外貿易思想的演進歷程；
2. 掌握馬克思主義國際貿易理論，並能用於分析中國發展對外貿易的意義、原則和方法；
3. 掌握中國特色社會主義理論體系，並能用於分析中國發展對外貿易的意義、原則和方法；
4. 正確理解全面提高開放型經濟水平的內涵與意義，深刻認識開放型經濟條件下對外貿易對中國經濟社會發展的作用和影響。

案例導讀

對外貿易是中國開放型經濟體制的重要組成部分，在中國經濟社會發展和改革開放進程中發揮著不可取代的重要作用。改革開放30多年來，對外貿易的發展為推動中國國民經濟發展和加強與世界經濟的融合做出了巨大貢獻。一是推動了經濟增長。外貿對經濟增長的年均貢獻率達18%左右，有力地推動了中國開放型經濟建設和國民經濟協調發展，是拉動國民經濟增長的「三駕馬車」之一。二是擴大了就業。外貿直接和間接帶動就業人數1.8億左右，使多餘勞動力轉化為人口紅利，創造了國民福利，有力地促進了社會穩定和城鄉統籌發展。三是緩解了資源制約。進口不僅保障了國內市場供應，也緩解了國民經濟發展的資源瓶頸。據測算，中國進口農產品相當於節約了10億畝即6,670億平方米耕地。四是充實了財政收入。關稅、海關代徵增值稅與外

貿直接相關，當前外貿創造了18%的全國稅收。五是推動了產業升級。通過參與國際分工，利用兩個市場、兩種資源，推進進口消化吸收再創新，促進了技術進步和產業升級，使中國逐步發展成為世界第一大工業品製造國，部分產品和領域的製造、設計水平躋身世界一流。六是加快了體制機制創新。加入世界貿易組織後，中國認真履行承諾，不斷深化外貿體制改革，完善外貿法律法規體系，理順政府與市場的關係，促進了創新，激發了市場活力。七是加強了與世界經濟的融合。外貿作為推動雙邊關係的「壓艙石」和「推進器」，對發展與各國的經貿合作、形成中國對外關係新格局和助推大國地位發揮了重要作用。

（資料來源：商務部解讀《關於加快培育外貿競爭新優勢的若幹意見》[OL]. http://www.byboc.gov.cn/Article_Show.asp?ArticleID=1237）

中國特色社會主義制度及其制度框架下的中國特色社會主義市場經濟制度，決定了中國對外貿易的戰略地位、制度基礎及發展的方向、目標與基本模式，這是對外貿易的中國特色。基於這種特色，對中國對外貿易的原因、利益及發展模式做出科學的解釋，是中國特色對外貿易理論的基本任務，也是確定中國特色對外貿易理論內涵與外延的基本依據。

回溯中國社會主義建設歷程，關於中國特色社會主義制度下對外貿易的重要性及其發展模式的認識是在對「什麼是社會主義」「怎樣發展社會主義」的實踐及理論探索中逐漸明確、不斷發展的。在這個過程中，中國發展對外貿易的理論依據經歷了堅持馬克思主義政治經濟學、否定西方國際貿易理論，到科學認識馬克思主義、合理借鑑西方經濟學思想的轉變過程。在堅持馬克思主義、廣泛汲取國外經濟理論發展成果的基礎上，結合中國社會主義建設實踐和世界經濟發展情況，中國逐漸形成了中國特色社會主義理論體系，科學詮釋了中國特色社會主義的本質、根本目標和發展道路，從理論上回答了中國「為什麼」以及「怎樣」發展對外貿易這個根本問題。

第一節　中國特色對外貿易思想的演進

在從計劃經濟時代到改革開放不斷深化的歷程中，中國經歷了統制貿易、發展外向型經濟到推動對外貿易營運模式市場化、發展開放型經濟的實踐，逐步確立了全面提高開放型經濟水平、構建開放型經濟新體制論題，這標誌著中國對外貿易指導思想實現了從調劑餘缺論到科學發展觀的根本轉變。

一、高度集中計劃經濟制度與調劑餘缺論

改革開放前，中國以馬克思主義政治經濟學為發展對外貿易的理論指導，但實際上卻形成了背離馬克思主義國際貿易理論的對外貿易指導思想，即調劑餘缺論。調劑餘缺論認為，社會主義對外貿易僅僅是為了改進國民經濟的實物構成，彌補某些物資的不足，調節經濟的比例關係。在性質上，這是片面強調對外貿易實物交換功能的封

閉的自然經濟思想。在根源上，這種思想首先源於對計劃經濟和市場經濟的片面認識，以至於在理論上否定商品生產和商品交換，否定國際分工，錯誤理解國際價值規律，忽視對外貿易的價值增值作用和對社會經濟發展的促進作用，只是從轉換實物形態的層面審視對外貿易，把對外貿易當成調劑餘缺的輔助手段。歷史因素、新中國成立初期的客觀環境及之後產生的「左傾」錯誤，也是形成調劑餘缺思想的重要原因。

從具體歷程來看，早在 1949 年 9 月，《中國人民政治協商會議共同綱領》第五十七條就明確規定，中華人民共和國可以在平等互利的基礎上恢復並發展與各國政府和人民的通商貿易關係。這反應了中國對構建平等的對外經貿關係的初步設想。但是，由於自然經濟思想和中國對外貿易長期受到西方列強控制等歷史原因的影響，加上新中國成立初期眾多國家對中國實行全面的封鎖、禁運，以及受「兩個平行的國際市場」理論影響，中國實行了向社會主義陣營「一邊倒」的對外經貿戰略，中國的對外經貿活動被置於以資本主義國家為主的國際分工之外，主要局限於社會主義陣營內。1958 年，中國提出了「自力更生為主，爭取外援為輔」的經濟發展方針。然而，由於片面強調自力更生，經濟運行表現出閉關自守、自給自足的特徵。隨著中蘇關係破裂，中國在社會主義陣營的經濟貿易活動受到極大衝擊。在還清對蘇聯的債款後，「既無外債，又無內債」被看成是中國社會主義事業欣欣向榮的表現。「文革」爆發後，自力更生思想更是遭到極度歪曲，出口和進口分別被冠以「賣國主義」「崇洋媚外」，技術引進被指責為「爬行主義」「洋奴哲學」，利用外資則被斥為「向資本主義國家乞討」。

在各種因素的交織作用下，中國的對外經濟貿易在形式上主要限於商品進出口和對外援助，利用外資等對外經濟活動被視為禁區，在營運模式上體現為國家統制——根據國家對外貿易方針、政策和法令，有領導、有計劃、有組織地開展對外貿易活動，在指導思想上表現出濃厚的實用主義色彩，互通有無、調節國民經濟實物構成是這種思想的核心內容。調劑餘缺論成為 20 世紀 80 年代以前中國理論界的代表性觀點。

二、社會主義有計劃商品經濟制度與發展外向型經濟

發展外向型經濟是在建立社會主義有計劃商品經濟制度的實踐中逐漸推進的。從本質上講，外向型經濟是以出口導向為主、以擴大創匯為目的的政策性開放經濟。因此，發展外向型經濟體現了中國對外貿易指導思想的變化。在根本上，這種變化決定於關於計劃經濟、商品經濟及市場經濟的認識。

在改革開放初期，中共第二代中央領導集體在繼承第一代中央領導集體關於建設社會主義先進思想的基礎上，通過對什麼是馬克思主義、如何堅持馬克思主義，什麼是社會主義、怎樣在經濟文化比較落後的中國建設社會主義等問題的理論探討，開始了馬克思主義中國化的新進程。在對外經濟貿易領域，中國依據中共十一屆三中全會關於自力更生基礎上積極發展同世界各國平等互利經濟合作關係的有關精神，大力開展對外經濟與貿易活動，並在實踐中不斷總結經驗，將其昇華為思想認識。1981 年 11 月，五屆人大四次會議政府工作報告中明確指出，實行對外開放，加強國際經濟技術交流是中國「堅定不移的方針」。1982 年 9 月，鄧小平在中共十二大開幕詞中明確提出要走自己的道路，建設有中國特色的社會主義；同年 12 月，對外開放政策寫入國家憲

法，被正式確立為基本國策。

隨著對中國特色社會主義條件下經濟社會發展模式的不斷探索，中國對計劃經濟和商品經濟的認識發生了深刻變化。1984年10月，中共十二屆三中全會指出，要按照把馬克思主義基本原理同中國實際結合起來、建設有中國特色社會主義的總體要求，突破把計劃經濟同商品經濟對立起來的傳統觀念，充分認識社會主義計劃經濟自覺遵守和運用價值規律的客觀必然性，在公有制基礎上積極發展商品經濟。同時，十二屆三中全會強調，社會主義的根本任務是發展社會生產力，是否有利於發展社會生產力是檢驗一切改革得失成敗的最主要標準。與「有計劃商品經濟」和「生產力標準」的逐步確立相伴隨，中國的對外貿易思想朝著既堅持自力更生又重視國際分工的方向邁進。十二屆三中全會指出，要進一步貫徹執行對內搞活經濟、對外實行開放的方針，在獨立自主、自力更生、平等互利、互守信用的基礎上，積極發展對外經濟合作和技術交流，充分利用國內和國外兩種資源，開拓國內和國外兩個市場，學會組織國內建設和發展對外經濟關係兩套本領。

在思想意識和實踐進程的相互促進下，中國特色的社會主義事業持續發展，理論不斷深化。1987年，中共十三大在肯定改革和開放衝破了僵化的經濟體制、社會主義商品經濟以不可阻擋之勢蓬勃發展的基礎上，進一步強調在落後基礎上建設社會主義尤其要發展對外經濟技術交流和合作，進一步擴大對外開放的廣度和深度，著重發展外向型經濟。同時，十三大特別指出，出口創匯能力的大小在很大程度上決定著中國對外開放的程度和範圍，影響著中國經濟建設的規模和進程，必須根據國際市場的需要和中國的優勢，積極發展出口產業，爭取出口貿易較快地持續增長，積極發展旅遊業，發展勞務出口和技術出口，努力增加非貿易外匯收入。此外，十三大還系統闡述了社會主義初級階段理論，確立了社會主義初級階段的基本路線，強調必須從社會主義初級階段這個實際出發，在實踐中開闢有中國特色的社會主義道路。在此基礎上，十三大報告把開闢中國特色社會主義道路過程中提出的若幹理論觀點概括為12條，這些觀點構成了中國特色社會主義理論的輪廓，標誌著中國特色社會主義理論體系的初步形成。

1989年6月，中共十三屆四中全會形成了以江澤民為核心的第三代中央領導集體。在新一代領導集體的領導下，中國繼續探索中國特色的社會主義發展道路。1992年春天，鄧小平對計劃與市場是姓「社」還是姓「資」這個羈絆中國改革的歷史性難題做出了新的詮釋。根據鄧小平關於「社會主義也可以搞市場經濟」的有關論述，江澤民肯定、論述了社會主義市場經濟體制。隨後，中共十四大明確指出，鄧小平的精闢論斷「從根本上解除了把計劃經濟和市場經濟看作屬於社會基本制度範疇的思想束縛」，強調不要被一些姓「社」姓「資」的抽象爭論束縛了思想和手腳，中國經濟體制改革的目標，就是要建立社會主義市場經濟體制。至此，中國明確了改革的市場化方向，這意味著中國對外貿易逐步擺脫了統制貿易的束縛，中國的對外貿易營運模式將沿著市場化路徑改革創新，中國的對外開放將形成新的格局。根據十四大的規劃，在中國必須努力完成的十個關係全局的主要任務中，對外開放的任務是形成多層次、多渠道、全方位的開放格局，更多更好地利用國外資金、資源、技術和管理經驗，積極開拓國

際市場，促進對外貿易多元化，發展外向型經濟。

鄧小平建設有中國特色社會主義理論的確立與中國特色社會主義理論體系的初步形成，為中國社會經濟包括對外貿易的發展提供了理論指導。對外向型經濟的認識，體現了中國對比較優勢的重視和強調出口創匯及國際收支平衡的對外貿易思想，表明中國正逐步接受、重視西方國際貿易理論的合理成分。在不斷進步的理論指導下，發展外向型經濟的各項舉措成為有計劃商品經濟制度的有機組成部分，並在擴大出口、增加外匯收入等方面發揮了十分重要的作用。實踐的發展，檢驗了改革開放戰略及有關理論的科學性。

三、建立社會主義市場經濟制度與發展開放型經濟

1993年11月，中共十四屆三中全會通過《中共中央關於建立社會主義市場經濟體制若幹問題的決定》，進一步闡述了中國特色社會主義市場經濟制度的架構和內容，強調建立社會主義市場經濟體制是建設有中國特色社會主義理論的重要組成部分。隨著社會主義市場經濟制度內涵與實質的進一步明確，中國關於對外經濟貿易的思想得到了創新性發展。在強調堅定不移地實行對外開放政策，加快對外開放步伐，積極參與國際競爭與國際經濟合作，充分利用國際國內兩個市場、兩種資源，優化資源配置，發揮中國經濟比較優勢的基礎上，中共十四屆三中全會的決定明確提出要發展開放型經濟，同時強調要依照中國國情和國際經濟活動的一般準則，規範對外經濟活動，正確處理對外經濟關係，不斷提高國際競爭能力。這些論斷表明，中國的改革開放邁進了建立社會主義市場經濟制度、發展開放型經濟的新時期。發展開放型經濟，體現了中國對外開放思想的深化及中國對西方國際貿易理論的借鑑與應用，意味著中國的對外開放從政策性開放轉向制度性的、全方位的開放，意味著中國參與國際分工的深度和廣度的擴展。

在推動市場化改革和發展開放型經濟的進程中，中國關於社會主義市場經濟的理論深入發展。1997年，中共十五大在進一步論述社會主義市場經濟的基礎上，明確指出建設有中國特色社會主義的經濟，就是在社會主義條件下發展市場經濟，不斷解放和發展生產力。同時，十五大在進一步總結鄧小平建設中國特色社會主義理論的基礎上，將其正式命名為「鄧小平理論」，並作為指導思想載入黨章。此外，十五大強調，對外開放是一項長期的基本國策，面對經濟、科技全球化趨勢，必須要以更加積極的姿態走向世界，完善全方位、多層次、寬領域的對外開放格局，努力提高對外開放水平，發展開放型經濟。這樣，發展開放型經濟和建立社會主義市場經濟體制更加緊密地聯繫起來。在此基礎上，十五屆五中全會通過的《中共中央關於制定國民經濟和社會發展第十個五年計劃的建議》明確地把發展開放型經濟確定為中國的發展目標，並列入了必須著重研究和解決的十六個重大戰略性、政策性問題之一。

隨著對社會主義制度和社會主義市場經濟認識的加深，在準確把握世情、國情、黨情的基礎上，以江澤民為核心的第三代領導集體豐富和發展了中國特色的社會主義理論和對外開放思想，明確提出了「三個代表」重要思想，並進一步發展、形成了「三個代表」重要思想科學體系，推動中國成功加入了世界貿易組織。

四、完善社會主義市場經濟制度與提高對外開放水平

以加入世界貿易組織為標誌，中國的改革開放開始由單方面的自主開放，轉向與世界貿易組織成員之間的雙向開放，由被動接受規則，轉向主動參與國際經貿規則的制定，由依靠雙邊機制協調經貿關係，轉向雙邊機制與多邊機制的結合運用。這一系列的轉變，意味著全方位、多層次、寬領域的制度性開放必定深入發展，同時也對理論發展提出了新的要求，創造了新的條件。2002年，中共十六大闡明了貫徹「三個代表」重要思想的根本要求，並將「三個代表」重要思想同馬克思列寧主義、毛澤東思想、鄧小平理論一道確立為中共必須長期堅持的指導思想。同時，為了適應加入世界貿易組織和經濟全球化的新形勢，依據鄧小平理論和「三個代表」重要思想，結合社會主義市場經濟體制初步建立的實際情況，十六大將建成「完善的社會主義市場經濟體制和更具活力、更加開放的經濟體系」定位為全面建設小康社會的目標之一，並將對外開放提到了「以開放促改革促發展」的高度，指出要堅持「引進來」和「走出去」相結合，進一步擴大商品和服務貿易，全面提高對外開放水平。在此基礎上，中共十六屆三中全會通過的《中共中央關於完善市場經濟體制若幹問題的決定》進一步明確了完善社會主義市場經濟體制的目標、任務、原則和指導思想，強調要深化涉外經濟體制改革。

在貫徹十六大精神的過程中，以胡錦濤為總書記的中共領導集體根據中國和世界形勢的新特點，在繼承鄧小平理論、「三個代表」重要思想的基礎上，進一步發展了中國特色社會主義理論，用新的思想觀點回答了「什麼是社會主義」「怎樣建設社會主義」這個基本問題，圍繞「發展」這個中心，對什麼是發展、為什麼發展、發展為了誰、發展依靠誰、發展成果由誰享有等重大問題進行了富有創造性的探索，開拓了馬克思主義中國化的新境界，形成和貫徹了科學發展觀，確立了「發展中國特色社會主義」這一新目標。這標誌著中國實現了從「建設中國特色社會主義」到「發展中國特色社會主義」的理念轉變，標誌著中國進入了科學發展的新時代。

在深刻闡述科學發展觀的歷史地位、時代背景、科學內涵、精神實質和根本要求的基礎上，中共十七大把鄧小平理論、「三個代表」重要思想、科學發展觀等重大戰略思想，統一概括為中國特色社會主義理論體系。這標誌著中國特色社會主義理論體系的正式確立，標誌著以馬克思主義理論為基礎，蘊涵於中國特色社會主義理論體系的中國特色對外貿易理論的正式確立。依據中國特色社會主義理論體系，十七大在強調發展中國特色社會主義的必由之路是改革開放、戰略思想是科學發展觀的基礎上，對促進國民經濟又好又快發展、實現全面建設小康社會奮鬥目標做了規劃，指出要加快轉變經濟發展方式、完善社會主義市場經濟體制，深化對社會主義市場經濟規律的認識。為了促進國民經濟又好又快發展，十七大在對開放型經濟已經進入新階段做出明確判斷的基礎上，強調要堅持對外開放的基本國策，拓展對外開放的廣度和深度，把「引進來」和「走出去」更好地結合起來，提出要提高開放型經濟水平，完善內外聯動、互利共贏、安全高效的開放型經濟體系，形成經濟全球化條件下參與國際經濟合作和競爭的新優勢；要加快轉變外貿增長方式，立足於以質取勝，調整進出口結構，

促進加工貿易轉型升級，大力發展服務貿易。

根據中共十七大對改革開放的部署，中國圍繞全面建設小康社會的目標推進了深化改革和開放的各項工作，有效應對了國際金融危機和其他外部經濟風險的衝擊，保持了經濟平穩較快發展，大幅度提升了綜合國力。與此同時，中國社會經濟發展中也存在一些不平衡、不協調、不可持續的問題，包括進出口平衡發展的問題、利用外資與對外投資的問題、開放模式與開放結構的問題，等等。面對中國經濟社會發展的客觀現實和經濟全球化的新形勢，中共十八大提出「要加快完善社會主義市場經濟體制」，並在肯定「開放型經濟達到了新水平」的基礎上，依據中國特色社會主義理論體系，確立了全面提高開放型經濟水平論題，強調要加快轉變對外經濟發展方式。為了全面提高開放型經濟水平，中共十八屆三中全會在強調以馬克思列寧主義、毛澤東思想、鄧小平理論、「三個代表」重要思想、科學發展觀為指導的基礎上，確立了構建開放型經濟新體制論題。全面提高開放型經濟水平、構建開放型經濟新體制論題的確立，不僅表明了中國特色對外開放思想的發展，而且標誌著中國對外經濟貿易進入了依據市場決定作用創新營運模式、轉變發展方式的新階段，標誌著中國對外貿易思想實現了從調劑餘缺論到科學發展觀的根本轉變。可以肯定，中共十八大以來，以習近平為總書記的黨中央毫不動搖地堅持和發展中國特色社會主義，勇於實踐、善於創新，深化對共產黨執政規律、社會主義建設規律、人類社會發展規律的認識，形成了一系列治國理政新理念新思想新戰略，為中國在新的歷史條件下深化改革開放、加快推進社會主義現代化提供了科學理論指導和行動指南。①

中國對外貿易思想演進、發展的歷史表明，就中國對外貿易理論和實踐的發展而言，馬克思主義理論具有基礎性作用，西方國際貿易理論具有重要借鑑意義，而中國特色社會主義理論體系則包含了中國特色對外貿易思想的發展成果。因此，要科學分析中國特色社會主義制度下發展對外貿易的原因和模式，就必須以馬克思主義理論為基本依據，以中國特色社會主義理論體系為指導思想。馬克思主義關於國際貿易的基本理論、中國特色社會主義理論體系，集中體現了中國特色對外貿易理論基礎和基本思想，是中國特色的對外貿易理論依據。

第二節　馬克思主義理論與中國對外貿易

馬克思主義理論研究了國際貿易產生的社會經濟條件，闡釋了國際分工和世界市場的重要作用，揭示了社會化大生產協調發展和國際價格形成的規律，分析了國際貿易政策和開拓世界市場的方法。這些理論為分析中國發展對外貿易的必要性及途徑奠定了基礎。

---

① 中華人民共和國國民經濟和社會發展第十三個五年規劃綱要［OL］. http: //sh. xinhuanet. com/2016-03/18/c_ 135200400. htm.

一、馬克思主義理論在指導中國對外貿易中的理論基礎地位

馬克思主義理論是中國共產黨立黨立國的指導思想，無論對中國特色社會主義道路的確立，還是對中國特色社會主義理論體系的形成與發展，都具有理論基礎的作用。中共十三大指出，馬克思主義同中國實踐的結合有兩次歷史性飛躍，發生在新民主主義革命時期的第一次飛躍使中國找到了有中國特色的革命道路，發生在十一屆三中全會以後的第二次飛躍使中國開始找到一條有中國特色的社會主義建設道路。中共十五大指出，馬克思列寧主義同中國實際相結合的兩次歷史性飛躍產生了兩大理論成果：第一次飛躍的理論成果是毛澤東思想，第二次飛躍的理論成果是鄧小平理論。中共十七大強調，中國特色社會主義理論體系堅持和發展了馬克思列寧主義、毛澤東思想，是馬克思主義中國化的最新成果。

中國特色對外貿易理論蘊含於中國特色社會主義理論體系中，對外開放則是發展中國特色社會主義的必由之路。因此，馬克思主義理論對中國特色社會主義理論和建設事業的推動作用，決定了馬克思主義理論在中國對外貿易理論發展中的基礎地位，是指導中國發展對外經濟貿易的基礎理論。

一方面，馬克思主義理論為中國對外貿易理論的發展奠定了思想基礎。在長期的理論研究中，馬克思主義的國際分工理論和國際價值理論一直是中國解釋國際貿易成因、國際價格形成、貿易方式和利益分配的主要理論依據；另一方面，馬克思主義理論不僅為分析中國發展對外經濟貿易的原因和路徑提供了依據，而且為分析中國發展對外貿易的原則和立場奠定了理論基礎，這是馬克思主義理論作為中國特色的對外貿易理論依據的重要標誌。

此外，馬克思主義的研究方法為研究國際貿易和中國對外經濟貿易提供了科學的方法論體系。馬克思主義理論研究的主要方法是唯物辯證法，此外還包括科學抽象法、邏輯和歷史相統一、分析和綜合相結合、歸納和演繹相結合、定性分析和定量分析相結合的方法，以及區別物質內容和社會形式的方法。[1] 應用馬克思主義理論研究的方法論體系，有利於通過矛盾分析和從具體到抽象、由抽象到具體的方法，從特殊現象中抽取共性要素，透過現象把握國際貿易的本質和客觀邏輯，探索中國對外貿易的發展規律，推動中國對外開放理論和中國對外經濟貿易實踐相互促進，不斷發展。

二、馬克思主義理論與中國發展對外貿易的意義

（一）國際分工及世界市場理論與中國發展對外貿易的必然性

根據馬克思的論述，國際貿易的產生取決於幾個社會經濟條件：分工、所有制、國家和交通通信。其中，國際分工是產生國際貿易的物質基礎，也是一國發展對外貿易的基本依據。在國際分工的條件下，不同的國家從事不同的商品生產，這在根本上決定了國家之間相互貿易的需要和可能。從生產力的角度分析，國際分工的產生、發

---

[1] 鄧敏．通貨緊縮國際傳導：基於國際經濟視角的研究 [M]．成都：西南財經大學出版社，2006：46．

展具有客觀必然性。馬克思主義國際分工理論指出，國際分工是客觀的經濟範疇，是人類生產力發展到一定階段的必然產物，是一國內部的社會分工超越國界的必然結果。國際分工的形式決定國際貿易的形式，以國際分工為基礎的專業化生產規模決定國際貿易的規模。因此，無論是中國還是其他國家和地區，參與國際分工、發展對外貿易，都具有必然性，尊重、認識、利用國際分工，是符合客觀經濟規律的必然選擇。

此外，馬克思主義國際分工理論表明，國際分工是生產力進步的標誌，同時也是生產力進一步發展的必要條件。國際分工使國際貿易成為必然，國際貿易又具有促進國際分工和一國內部社會分工發展的功能或作用。關於這一點，國際分工和國際貿易交互發展的歷史已經充分證明。根據國際分工產生發展的歷史及馬克思的論述，18世紀后期的大機器生產使資本主義社會化大生產最終形成，大機器生產的不斷發展又把一系列國家和地區納入國際分工和國際貿易，使國際分工體系和生產國際化開始形成。19世紀末20世紀初，第二次產業革命使國際分工進一步發展，形成了統一的世界市場。第二次世界大戰結束后，第三次科技革命使生產力進一步發展，國際分工和生產國際化進一步加強，世界各國、各地區的相互依賴程度空前提高。生產力、國際分工、國際貿易彼此間相互促進的作用關係表明，參與國際分工、發展對外貿易，是中國發展社會生產力、發展經濟社會的必由之路。

再結合馬克思主義的世界市場理論來看，由於世界市場使資源在全球配置，使一切國家的生產和消費都成了世界性的，「過去那種地方的和民族的自給自足和閉關自守狀態，被各民族的各方面的互相往來和各方面的相互依賴所代替」[①]，而且，世界市場使商業、航海業和陸路交通得到巨大發展，這種發展又反過來促進了工業的發展，而大工業造成的新的世界市場關係也引起產品的精致和多樣化。因此，中國發展對外貿易，不僅可以利用世界市場優化資源配置，還可以借助對外貿易的產業帶動作用，促進中國工業及社會經濟的發展。

(二) 社會再生產理論與中國發展對外貿易的必要性

馬克思的社會再生產理論強調社會生產兩大部類——生產生產資料的第一部類和生產消費資料的第二部類之間，以及兩大部類內部的比例關係，這種比例關係體現為價值形態和實物形態的平衡，這種平衡是社會總產品順利實現和社會再生產順利發展的條件。在擴大再生產的條件下，保持各部類之間及各部類內部比例關係的條件是：第Ⅰ部類向第Ⅱ部類提供的生產資料，與第Ⅱ部類對生產資料的需求相適應；第Ⅱ部類向第Ⅰ部類提供的消費資料，與第Ⅰ部類對消費資料的需求相適應；生產資料生產的總量與兩大部類對生產資料的總體需求相適應；消費資料生產的總量與兩大部類對消費資料的總體需求相適應。

但是，由於資源稟賦和經濟發展水平、經濟結構等因素的影響，一國社會總產品的實物構成往往與擴大再生產要求的實物構成有差距，其價值形態也難以僅僅依靠國內交換得到實現。因此，「如果一個國家自己不能把資本累積所需要的那個數量的機器

---

① 馬克思恩格斯選集 [M]. 北京：人民出版社，1956：255.

生產出來，它就要從國外購買。如果它自己不能把所需數量的生活資料和原材料生產出來，情況也會如此」①。這樣，通過對外貿易，可以促進商品的價值實現，並在世界範圍內實現商品的物質形態轉換，為保持各部門的比例關係創造更好的條件。

中國的擴大再生產是在生產國際化、國際依賴不斷加強的背景下進行的，因此，根據馬克思主義社會再生產理論，中國必須大力發展對外貿易。通過對外貿易，中國可以充分利用國際國內市場和資源，形成超越國內實力的擴大再生產規模和國民經濟綜合平衡，提高資源配置效率，推動社會再生產協調發展。

(三) 國際價值理論與中國發展對外貿易的利益

馬克思主義國際價值理論為分析貿易利益提供了依據。馬克思主義國際價值理論指出，同一商品具有國內價值和國際價值兩種價值尺度，商品的國內交換以國內價值為衡量尺度，國際交換以國際價值為衡量尺度。從質上講，這兩種價值尺度是相同的，都是無差別人類勞動的凝結。從量上講，這二者是不同的。國別價值是由一國的社會必要勞動時間——「在現有社會正常的生產條件下，在社會平均的勞動熟練程度和勞動強度下，製造某種使用價值所需要的勞動時間」——決定的，而國際價值是由國際社會必要勞動時間決定的，「它的計量單位是世界勞動的平均單位」。在世界市場上，由於各國的勞動強度和勞動生產率不同，不同國家在相同勞動時間所生產的同種商品的量不同，所具有的國際價值也不同，這決定了兩種價值尺度之間的比較差異，這是價值規律發揮作用的結果。利用這個比較差異，貿易雙方都可能獲得貿易利益。在交換的兩國各有一種商品的國內價值低於國際價值的情況下，兩國分別生產並出口各自的優勢產品，進口劣勢產品，兩國都能以較少的國內社會必要勞動時間換取較多的國際社會必要勞動時間，實現互利。如果交換雙方中一國的兩種產品的國內價值在不同程度上都低於國際價值，另一國的兩種產品的國內價值在不同程度上都高於國際價值，那麼，前者生產本國最具優勢的產品，後者生產本國具有相對優勢的產品，通過國際交換，兩國也可以獲得貿易利益。

因此，根據馬克思主義國際價值理論，在正常、平等的貿易條件下，中國可以通過對外貿易獲得比較利益。馬克思指出，經濟技術比較落後、勞動生產率比較低的國家，在國際交換中所付出的實物形態的物化勞動多於它所得到的，但是它由此得到的商品卻比它自己所能生產的更便宜。因此，中國雖然是一個發展中國家，但是，通過積極發展對外貿易，生產和出口國內價值低或相對較低的商品，進口國內價值高或相對價值較高的商品，也能夠以較少的勞動耗費換取較多的勞動產品，實現社會勞動的節約和國內價值總量的增加，進而提高經濟效益。

三、馬克思主義國際貿易理論與中國發展對外貿易的原則及方法

(一) 馬克思主義國際貿易理論與中國發展對外貿易的原則

馬克思主義國際貿易理論表明了中國發展對外貿易的必然性和必要性，也為中國

---

① 馬克思恩格斯全集：第26卷 [M]. 北京：人民出版社，1973：560.

確立對外貿易原則奠定了理論基礎。從國際分工的角度看，馬克思主義認為，資本主義國際分工一開始就具有兩重性，作為生產力發展的結果和條件，國際分工具有進步性、科學性，是推動社會經濟發展的重要力量。由於資本主義國際分工是建立在資本主義生產關係基礎上的，它的產生帶有強制、畸形、不平等的特徵，帝國主義國家和殖民地半殖民地國家之間相互分工、互為市場的依賴關係，具有控制與被控制、剝削與被剝削的性質。因此，在當前資本主義國際分工仍然佔有主導地位的國際環境下，中國參與國際分工、發展對外貿易，必須堅持獨立自主、自力更生、平等互利、符合國情的原則，從中國實際出發，在立足於國內資源和市場的基礎上，利用國際分工和對外貿易，加速建立和壯大中國獨立完整的國民經濟體系，推動中國的技術進步和產業結構優化，提升中國經濟社會發展水平。

從國際價值規律——價值規律在國際上的應用來講，在相同勞動時間內，不同國家可能創造不同量的國際價值，在不同勞動時間內，不同國家也可能創造相同數量的國際價值，「一個國家的三個工作日可能同另一個國家的一個工作日交換」，「比較富有的國家剝削比較貧困的國家」，但是，暫時落後的國家通過對外貿易「得到的商品比它自己所能生產的更便宜」①，而且，生產效率較高的國家只要沒有因為競爭而被迫把它們的商品的出售價格降低到和商品的價值相等的程度，其國民勞動在世界市場上也被算成強度較大的勞動。因此，作為經濟文化比較落後的中國，在發展對外貿易的過程中，必須堅持獨立自主、自力更生的原則，同時要通過不斷提高社會生產率為平等參與國際分工創造條件，力爭在對外經濟貿易中實現互利共贏。

(二) 馬克思主義國際貿易理論與中國發展對外貿易的方法

為了體現中國對外貿易基本原則的要求，把自由貿易和保護貿易適度結合起來具有重要意義。從關稅的角度講，鑒於關稅的正負效應和歷史經驗，馬克思主義理論主張建立完善的關稅制度，確定適度的關稅水平。基於建立工業體系的需要，恩格斯強調要有一套完善的、適用於一切受到外國競爭威脅的部門而且經常隨著工業狀況而改變自己形式的保護關稅制度，認為自由貿易是指「適度」的關稅率；具體到產品層面，馬克思和恩格斯都主張把原材料關稅和製成品關稅區別開來，強調減輕或廢止原材料關稅對發展工業的重要意義，正如馬克思所指出的，「廢除或減輕原料關稅，對工業具有很大的意義」，「讓原材料盡可能自由輸入，已經成了合理地建立起來的保護關稅制度的重要原則」②。馬克思主義的這些觀點，為中國建立科學的貿易制度、確定合理的關稅結構和關稅水平，提供了理論依據。

從發展對外貿易的基本模式講，根據馬克思主義國際貿易理論，中國應該出口國內價值低於國際價值的商品，進口國內價值高於國際價值的商品，這是實現國內價值增值的最佳途徑。當然，對於國內價值高於國際價值的商品，中國也可以通過出口劣勢程度相對較小、進口劣勢程度相對較大的商品，在獲得比較利益的同時，促進弱勢

---

① 馬克思恩格斯全集. 第25卷 [M]. 北京：人民出版社，1975：265.
② 馬克思恩格斯全集. 第25卷 [M]. 北京：人民出版社，1975：123.

產業的發展。

在具體方法上，馬克思主義國際貿易理論從擴大需求、運用價格手段、促進資本輸出等方面做了論述。馬克思指出，需求創造貿易，是貿易的物質內容，擴大需求是建立世界市場的條件，而傾銷則使英國和美國把自己的工業品大量銷售到中國的太平洋沿岸地區。列寧指出，資本輸出是鼓勵商品輸出的手段；卡特爾和金融資本有一套傾銷價格輸出的做法。這些論述表明，注重世界市場需求、採取適當的對外貿易策略並發揮對外投資的帶動作用，是發展中國對外貿易的重要途徑。

第三節　中國特色社會主義理論體系與中國對外貿易

中國特色社會主義理論體系集中體現了中國對外經濟貿易實踐中積澱的理論思想，從根本上回答了中國發展對外貿易的一系列基本問題，為中國對外貿易理論和實踐的發展奠定了思想基礎。

一、中國特色社會主義理論體系的思想基礎地位

中國特色社會主義理論體系是包括鄧小平理論、「三個代表」重要思想及科學發展觀等重大戰略思想在內的科學理論體系。這個理論體系是由經濟、政治、文化、社會、國防、外交、統一戰線、黨的建設等領域的理論思想構成的統一、科學的有機整體。中共十七大把中國特色社會主義理論體系寫入黨章，明確指出中國特色社會主義理論體系是「黨最可寶貴的政治和精神財富」，是「各族人民團結奮鬥的共同思想基礎」。這是對中國特色社會主義理論體系歷史地位和指導意義的高度概括，表明了中國特色社會主義理論體系在中國對外經濟貿易理論和實踐發展中的思想基礎地位。

首先，中國特色社會主義理論體系決定了中國對外貿易理論和實踐發展的理論基礎和方法論基礎。中國特色社會主義理論體系與馬克思列寧主義一脈相承，是馬克思主義理論發展的新境界。作為當代中國的馬克思主義，中國特色社會主義理論體系驗證了馬克思主義理論的基礎地位，也決定了中國特色社會主義理論體系在中國對外貿易理論和實踐發展中的理論基礎地位。同時，中國特色社會主義理論體系堅持了辯證唯物主義、歷史唯物主義的世界觀和方法論，為中國對外貿易理論和實踐發展奠定了科學的方法論基礎。

其次，中國特色社會主義理論體系決定了中國對外貿易理論和實踐發展的思想路線。中國特色社會主義理論體系的精髓是中國特色社會主義的思想路線，即解放思想、實事求是、與時俱進，一切從實際出發，理論聯繫實際，在實踐中檢驗真理和發展真理。這個思想路線是貫穿鄧小平理論、「三個代表」重要思想和科學發展觀的靈魂，體現了中國特色社會主義理論體系與時俱進、不斷創新的馬克思主義理論品質。堅持這個思想路線，意味著中國將以求真務實的精神，立足於國際貿易和中國對外貿易發展的客觀實際，不斷研究實踐發展中的新現象，探索國際貿易和中國對外貿易發展的規律性，努力做到在思想上不斷有新解放、理論上不斷有新發展、實踐上不斷有新創造。

因此，中國特色社會主義的思想路線，從根本上決定了中國對外貿易理論和實踐不斷創新發展的客觀必然性和原則及方向。

再次，中國特色社會主義理論體系通過闡釋社會主義的發展道路、發展階段、根本任務、發展動力、發展戰略、依靠力量、領導力量等重大問題，系統回答了社會主義的本質及如何鞏固和發展社會主義等基本問題，科學詮釋了中國發展對外貿易的動因，為中國確定、完善對外貿易發展目標、戰略、原則和方式提供了理論依據和指導思想。

最後，中國特色社會主義理論體系決定了吸收和借鑑西方國際貿易思想對中國對外貿易理論和實踐發展的重要意義。中共十七大指出：中國特色社會主義理論體系是不斷發展的、開放的理論體系。這種開放性特徵和與時俱進的品質表明，中國特色社會主義理論體系具有吸收和借鑑人類社會創造的一切文明成果，包括吸收和借鑑資本主義發達國家反應現代社會化生產規律的理論和思想，使自身在研究方法和理論內容上得到創新發展的屬性。這個屬性在中國特色社會主義理論體系形成、發展的歷程中已經得到充分證明。具體從中國對外貿易思想的演進歷程來看，改革開放後，中國在堅持、發展馬克思主義國際貿易理論的基礎上，科學吸收、借鑑和應用西方國際貿易理論，按照比較優勢原則有效促進了中國對外貿易的發展，使出口貿易結構比較真實地反應了中國的比較優勢，進口產品也大體符合中國的比較劣勢狀況。實踐證明，吸收、借鑑西方國際貿易理論，是促進中國對外貿易理論和實踐發展的重要途徑。事實上，馬克思主義國際貿易理論也是在批判地繼承前人研究成果的基礎上發展起來的。

因此，在當前強調培育參與國際競爭與合作新優勢的背景下，中國需要在遵循馬克思主義國際貿易理論和中國特色社會主義理論體系的基礎上，廣泛吸收、綜合運用國外的經濟學思想，科學地看待比較優勢和競爭優勢，以推動中國對外貿易理論和實踐的不斷發展。

二、中國特色社會主義理論體系與中國對外貿易戰略意義

基於中國特色社會主義制度和市場經濟制度的分析，揭示了對外貿易在中國社會經濟發展中的戰略地位。在此基礎上，應用中國特色社會主義理論體系，可以從理論上對中國發展對外貿易的重要性和必然性做出符合客觀實際的解釋。具體分析，中國特色社會主義理論體系從兩大主線詮釋了對外貿易在中國經濟社會發展中的戰略意義：一是從社會主義的根本任務和社會主義的中國特色出發，闡釋社會主義初級階段實行對外開放、發展對外貿易的重要性和必然性；二是從世界發展趨勢的角度，分析在開放的世界環境和對外開放基本國策下，中國發展對外貿易的重要意義。

（一）社會主義根本任務、社會主義初級階段與中國對外貿易戰略意義

關於社會主義的根本任務，馬克思主義經典作家曾有不同程度的論述。在《共產黨宣言》中，馬克思、恩格斯明確提出，無產階級奪取政權後應該「盡可能快地增加生產力的總量」。俄國十月革命勝利後，列寧反覆強調蘇維埃的「根本任務」是在經濟上趕超先進國家。新中國成立後，毛澤東也一再強調，社會主義社會的根本任務是發

展社會生產力。馬克思主義經典作家的表述不一，但都包含了一個相同的思想：社會主義的根本任務是發展生產力。

實行改革開放後，鄧小平在繼承馬克思主義的基礎上論述了社會主義的本質和社會主義的中國特色，創建了社會主義初級階段理論。根據鄧小平理論，中國是社會主義國家，但中國的社會主義社會還處於初級階段。社會主義初級階段不是泛指任何國家進入社會主義都會經歷的起始階段，而是特指中國在生產力落後、商品經濟不發達條件下建設社會主義必然要經歷的特定階段。中國將長期處於社會主義初級階段，這是中國完善社會主義制度和發展社會經濟面臨的時代特徵。在這樣的背景下，中國社會的主要矛盾依然是人民日益增長的物質文化需要同落後的社會生產之間的矛盾，因此必須把發展生產力擺在首要位置。鄧小平強調，中國特色社會主義的「首要任務」「第一個任務」「主要任務」「根本任務」是解放和發展生產力。解放和發展生產力是社會主義制度優越性的體現，發展先進生產力是中國共產黨作為執政黨的根本使命和根本職責，中國共產黨始終代表著先進生產力的發展要求。

對外貿易是引進國外先進科學技術的重要途徑，而「科學技術是第一生產力」。同時，對外貿易也是學習國外利用市場經濟規律開展商品生產和經營活動的先進方法的重要途徑。因此，為了解放和發展生產力，發展商品經濟，擺脫貧窮落後，中國必須以經濟建設為中心，實行對外開放，積極發展對外貿易。鄧小平反覆強調，中國進行現代化建設，需要利用兩種資源、打開兩個市場、學會兩套本領，而這一切，都離不開對外貿易。

(二) 世界發展趨勢、對外開放基本國策與對外貿易戰略意義

「現在的世界是開放的世界。」[①] 經濟全球化和區域經濟一體化是當今世界發展的顯著趨勢。商品、技術、資金在全球範圍內的流動和配置，使各國經濟相互聯繫、彼此依賴，對外開放成為世界各國發展經濟的重要條件。在這樣的背景下，「中國的發展離不開世界」；「要發展生產力，就要實行改革和開放政策」[②]。因此，中國將對外開放政策寫入憲法，確立為基本國策。此後，中國一再重申，對外開放政策是中國長期堅持的基本國策。中共十八大指出：「改革開放是堅持和發展中國特色社會主義的必由之路」。十八屆三中全會強調：「改革開放是決定當代中國命運的關鍵抉擇，是黨和人民事業大踏步趕上時代的重要法寶」，「改革開放永無止境」，為了適應經濟全球化的新形勢，必須「擴大內陸沿邊開放」，必須「推動對內對外開放相互促進、引進來和走出去更好結合，以開放促改革」。

從基本內容來看，對外開放包括大力發展對外貿易，積極引進先進技術和設備，積極有效利用外資，積極開展對外工程承包和勞務合作，發展對外技術援助和多種形式的互利合作，設立經濟特區和開放沿海城市，帶動內地開放。其中，發展對外貿易、利用外資和引進先進技術設備，是對外開放的主要內容。在這三項內容中，發展對外

[①] 鄧小平文選：第三卷 [M]. 北京：人民出版社，1993：64.
[②] 鄧小平文選：第三卷 [M]. 北京：人民出版社，1993：78、265.

貿易是最根本的內容，是對外開放的物質基礎，決定著對外開放的程度和範圍。無論是利用外資、引進先進技術，還是對外經濟援助與其他國際交流活動，都與對外貿易密切相關，甚至都要通過對外貿易來實現。

因此，從世界發展趨勢和對外開放基本國策的角度講，積極發展對外貿易是中國順應經濟全球化、參與國際經濟合作的必然選擇，是促進對外開放、推動改革和發展的必由之路，是中國實現社會主義現代化的必要條件。

三、中國特色社會主義理論體系與中國發展對外貿易的利益、原則、方式和目的

在繼承和發展馬克思主義理論的基礎上，中國特色社會主義理論體系從時代主題和科學發展觀等角度，為分析中國發展對外貿易的利益、原則、方式和目的提供了理論依據。

（一）時代主題與中國發展對外貿易的利益與原則

時代主題是由世界主要矛盾決定的，是世界歷史發展進程中需要解決的最重要的問題，是國際社會在較長的時期裡所面臨的主要任務。在「無產階級革命和帝國主義戰爭」年代，世界面臨的主要任務是「戰爭與革命」。進入 20 世紀下半期後，國際政治、世界經濟和科學技術發生了顯著變化，「革命與戰爭」不再是世界的主要問題。面對新的國際形勢，以鄧小平為核心的中共第二代中央領導集體對當代世界的主題做出了科學論斷。鄧小平指出：「和平和發展是當代世界的兩大問題」，是「帶全球性的戰略問題」。1987 年，中共十三大報告提出：和平與發展是當代世界的兩大主題。此後，隨著國際形勢的發展變化，中共歷次全國代表大會報告都在對「世界主題依然是和平與發展」做出判斷的基礎上，結合國際經濟、政治等領域的新問題，對時代主題做了更深入的闡釋。其間，中共十四大報告將關於和平與發展是當代世界兩大主題的有關思想納入建設有中國特色社會主義理論的內容體系，並明確指出兩極格局已經終結，各種力量重新分化組合，世界正朝著多極化方向發展，強調發展需要和平，和平離不開發展。在此基礎上，中共十五大報告指出：要和平、求合作、促發展已經成為時代的主流；中共十六大報告指出：世界多極化和經濟全球化趨勢的發展，給世界的和平與發展帶來了機遇和有利條件；中共十七大報告強調：求和平、謀發展、促合作已經成為不可阻擋的時代潮流。隨著經濟全球化在國際經濟、政治、安全、社會和文化等領域廣泛發揮作用，隨著科技革命和信息化的深入發展，中共十八大報告指出：和平與發展仍然是時代主題，世界多極化、經濟全球化深入發展，文化多樣化、社會信息化持續推進，科技革命孕育新突破，全球合作向多層次全方位拓展，新興市場國家和發展中國家整體實力增強，國際力量對比朝著有利於維護世界和平的方向發展，保持國際形勢總體穩定具備更多有利條件。

隨著對時代主題的認識不斷加深，中國特色的對外開放理論不斷發展。基於對時代主題的判斷，中國一再強調「將始終不渝奉行互利共贏的開放戰略」，主張在國際關係中弘揚平等互信、包容互鑒、合作共贏的精神。這既體現了中國開展國際經濟貿易的利益所在，也表明了中國對外開放和處理國際關係的原則與立場。

一方面，在和平與發展的時代背景下，合作、發展已經成為共識，通過合作促進發展也成為國際交往的主導模式。具體到國際經濟與貿易領域，合作中的競爭與競爭中的合作已經成為顯著特徵，作為國際經濟交往中最活躍的環節和各國經濟發展不可或缺的組成部分，國際貿易日益表現出自由貿易的趨向，等價交換、自由競爭及平等互利得到較充分的體現。國際貿易的發展及貿易自由化的推進，為中國發展對外經濟貿易提供了良好的機遇，同時也表明中國通過對外經濟貿易不僅可以獲得比較利益，還可以借鑑人類創造的各種文明成果，提升中國在經濟全球化條件下參與國際分工和競爭的優勢，擴大中國的國際合作。

另一方面，當今世界正在發生深刻複雜的變化，傳統的和非傳統的安全威脅因素相互交織，世界多極化的過程充滿了矛盾和鬥爭。在國際經濟領域，競爭日趨激烈，許多發展中國家經濟環境更加惡化，南北差距進一步擴大，不公正、不合理的國際經濟舊秩序還在損害著發展中國家的利益，發展中國家更容易受到外部經濟波動的衝擊。中共十八大指出，國際金融危機影響深遠，世界經濟增長不穩定不確定因素增多，全球發展不平衡加劇，霸權主義、強權政治和新干涉主義有所上升，局部動盪頻繁發生，糧食安全、能源資源安全、網路安全等全球性問題更加突出。在這樣的國際環境下，中國的和平崛起面臨許多難題，中國對外貿易面臨不少挑戰。

基於中國作為社會主義國家的一貫立場，再結合時代特徵及中國的切身利益，中國的對外政策一直堅持維護世界和平、促進共同發展的宗旨，堅持獨立自主、互利共贏的原則。在發展對外經濟貿易的過程中，獨立自主在任何時候都是立足點，但同時中國又依據互利共贏的原則同世界各國、各地區廣泛開展貿易往來、經濟技術合作和科學文化交流，以實現經濟上的相互合作、優勢互補。此外，中國按照通行的國際經貿規則，擴大市場准入，依法保護合作者權益，積極參與全球經濟治理，支持完善國際貿易和金融體制，推動貿易和投資自由化、便利化，反對各種形式的保護主義，通過磋商協作妥善處理經貿摩擦，建立更加平等均衡的全球發展夥伴關係，共同推動經濟全球化朝著均衡、普惠、共贏的方向發展。

(二) 科學發展觀與中國發展對外貿易的方式與目的

科學發展觀是對中共三代中央領導集體關於發展的重要思想的繼承和發展，是馬克思主義關於發展的世界觀和方法論的集中體現。科學發展觀，第一要義是發展，核心是以人為本，基本要求是全面協調可持續，根本方法是統籌兼顧。科學發展觀，首先強調發展的重要性。發展不僅是時代的主題，也是中國特色社會主義理論體系的主題。發展是硬道理，是解決中國一切問題的關鍵。因此，中國必須聚精會神搞建設，一心一意謀發展。具體到對外經濟貿易領域，中國必須將對外開放納入執政興國的第一要義，大力發展對外貿易。

科學發展觀詮釋了發展的基本模式。科學發展觀強調，發展不僅僅指經濟發展，更不同於經濟增長，而是指中國經濟社會的科學發展，即全面協調可持續發展。中國必須堅持科學發展、和諧發展、和平發展，走生產發展、生活富裕、生態良好的文明發展道路。因此，在發展對外貿易的過程中，中國必須堅持對外貿易全面、協調、可

持續發展模式，根據統籌城鄉發展、區域發展、經濟社會發展、人與自然和諧發展、國內發展和對外開放的基本要求，處理好發展對外貿易與節約資源、保護環境的關係，兼顧局部利益和整體利益、眼前利益和長遠利益，統籌國內國際兩個市場，樹立全局眼光，加強戰略思維，註重從國際經濟與貿易形勢的發展變化中把握發展機遇、應對風險與挑戰，充分調動各方面的積極性，推動對外貿易科學發展，有效發揮對外貿易在促進社會主義現代化建設各個環節、各個方面協調，促進生產關係與生產力、上層建築與經濟基礎協調，實現經濟社會永續發展中的積極作用。

科學發展觀強調以人為本，要求把實現好、維護好、發展好最廣大人民的根本利益作為一切工作的出發點和落腳點，尊重人民主體地位，發揮人民首創精神，保障人民各項權益，走共同富裕道路，促進人的全面發展，做到發展為了人民、發展依靠人民、發展成果由人民共享。科學發展觀體現了發展方式與發展目的的內在統一，即通過全面協調可持續發展，促進經濟社會和人的全面發展。由此，科學發展在社會主義本質所體現的社會主義根本任務和宗旨有機統一的基礎上，根據社會主義實踐探索的發展將以人為本納入社會主義的根本目的，從而賦予了社會主義宗旨新的內涵。人是發展的根本目的，也是發展的動力。中國特色社會主義的宗旨，包括人的全面發展。服務於中國特色社會主義的宗旨和根本目的，中國發展對外貿易的目的是通過推動對外貿易全面協調可持續發展，促進生產力發展，增加社會財富，提高人們的物質文化生活水平，促進人的全面發展。是否有利於發展社會主義社會的生產力，是否有利於增強社會主義國家的綜合國力，是否有利於提高人民的生活水平，是衡量一切工作是非得失的標準，也是檢驗中國對外貿易是否充分發揮積極作用的尺度。

第四節　開放型經濟條件下中國對外貿易在經濟社會協調發展中的作用

在傳統的觀點中，開放經濟是指包含國際貿易的經濟，開放程度是指一國進出口在國民經濟中的地位，定量計算中以進出口總額與國內生產總值的比值來測度。中國的開放型經濟是在開放經濟發展水平不斷提高的過程中提出的概念，包含了多元的對外經濟聯繫方式和具有中國特色的制度特徵，全面提高開放型經濟水平需要相應的制度基礎，強調對外經濟活動的協調發展。因此，在開放型經濟條件下，開放程度不僅取決於對外貿易，對外貿易對經濟社會持續發展的作用也不只表現在進出口方面，而是通過商品進出口、服務貿易、技術貿易及其協調發展，通過對外貿易和引進外資、對外投資等涉外經濟活動的協調發展，從多方面、多層次體現出來。

一、開放型經濟的實質與特點

中國的開放型經濟是以自身的改革開放實踐為基礎的。中共十八屆三中全會指出，實踐發展永無止境，解放思想永無止境，改革開放永無止境。因此，開放型經濟的內涵是動態發展的。在這個過程中，不僅對商品出口、利用外資的認識不斷深化，對商

品進口、服務貿易、對外投資等對外經濟活動，對各種開放、合作方式的認識也不斷加深。在此基礎上，開放的廣度和深度不斷拓展，開放型經濟的內涵不斷豐富。特別是加入世界貿易組織後，由於中國承諾遵守世界貿易組織規則、開放市場，並根據有關承諾推進了有關法律法規的「廢、改、立」工作，這加速了中國的對外開放從政策性開放向制度性開放轉變的進程。根據開放型經濟發展狀況和未來完善的方向，中共十八大將十七大提出的「提高開放型經濟水平，完善內外聯動、互利共贏、安全高效的開放型經濟體系」，調整為「全面提高開放型經濟水平，完善互利共贏、多元平衡、安全高效的開放型經濟體系」，從而賦予了開放型經濟新的內涵，表明開放型經濟不僅體現了比外向型經濟更深化、更高級的開放水平，而且具有不同的性質特徵。

作為政策性的開放經濟，外向型經濟往往基於出口導向和創匯目標，通過政策引導、推動開放程度逐步提高和開放領域逐步擴大，並因偏重對外部市場和外部資源的利用而使對外經濟運行方式具有突出的「兩頭在外」特徵和商品、資本、人員單向流動的特徵。從政策層面來看，在外向型經濟條件下，由於經濟體制的封閉性和開放的具體政策缺乏制度約束，加之開放在不同的地區、產業、企業之間存在明顯的政策傾斜，行政性、特殊性、非普遍性和一定程度的不穩定、不統一、不透明，便成為相關領域開放政策的突出特點。與外向型經濟不同，開放型經濟不變的內涵性質在於，它是植根於中國特色社會主義市場經濟體制的制度性的開放經濟。作為經濟制度的體現，開放是經濟體制本身所具有的本質特徵，是市場經濟運行的內在機制。

開放型經濟的特點，首先表現為根據市場經濟規律和國際規則開展制度建設。這種制度建設是開放型經濟的重要內容，也是發展開放型經濟的基本條件。在體制與政策層面，開放型經濟包括邊境開放和境內開放。這二者都與接受世界貿易組織規則和兌現中國的入世承諾緊密相關。從具體內容來看，邊境開放主要體現為改革對外貿易體制和法規，削減關稅與非關稅措施；境內開放主要體現為人民幣匯率、外匯管理、知識產權保護、環境保護及產業、勞工、競爭等方面的政策與國際規則接軌，減少其他國家或地區的商品、服務進入中國市場後可能遇到的體制和政策障礙。

其次，開放型經濟是高水平、全方位、多領域的開放經濟。從空間佈局來看，開放型經濟具有全地域性。在國外層面，開放型經濟是面向全世界的；在國內層面，開放型經濟與以沿海地區為主的高度傾斜的對外開放不同，它包含了沿海、沿邊和內陸地區，是沿海、沿邊、沿江和內陸聯動的對外開放。從開放的部門和領域來看，開放型經濟包括商品、服務和各類生產要素跨越邊境的流動，商品進出口、服務貿易、資本流動和技術交易是開放型經濟的重要組成部分。這些對外經濟聯繫方式具有雙向性，體現為中國與其他國家和地區之間相互、雙向、多維度的經濟貿易活動。因此，開放型經濟強調商品出口與進口並重、貨物貿易與服務貿易並重、引進外資和對外投資並重，強調把國內經濟和整個國際市場聯繫起來，通過雙邊經貿關係、多邊經貿關係、區域合作關係、區域經濟一體化等開放方式，加強雙邊、多邊、區域次區域開放合作，充分參與國際分工。

二、全面提高開放型經濟水平的內涵與意義

開放型經濟的內涵實質表明，中國的對外開放思想和對外貿易理論有了重大轉變，在更加科學地評價出口貿易和利用外資的基礎上，中國對進口貿易在增加有效供給、促進產業升級和制度創新等方面的重要作用及發揮作用的機制方面有了更加充分的認識，對「走出去」的內涵和戰略意義有了更加深刻的理解。因此，中國強調要全面提高開放型經濟水平。

根據開放型經濟作為經濟體制模式的基本特徵，全面提高開放型經濟水平必定以制度建設為重要內容和基本條件，其實質是制度性的「頂層設計」，其根本是實行更加積極主動的開放戰略，完善互利共贏、多元平衡、安全高效的開放型經濟體系，不斷擴大對外開放，以開放促改革促發展。因此，全面提高開放型經濟水平是一個系統工程，包括制度建設、開放模式、開放領域、開放地區、對外經濟規模、對外經濟質量與效益等多維度的度量標準。

在制度建設層面，深化改革與全面提高開放型經濟水平互為因果。全面提高開放型經濟水平需要相應的制度基礎，包括完善的市場機制、法律法規、涉外經濟制度、風險防範機制等。要全面提高開放型經濟水平就必須全面深化改革，構建開放型經濟新體制。同時，全面提高開放型經濟水平是深化改革、完善社會主義市場經濟制度的組成部分。中共十八大明確將全面提高開放型經濟水平作為「加快完善社會主義市場經濟體制和加快轉變經濟發展方式」的重要領域之一提出，就從根本上表明了制度建設和制度的科學化是全面提高開放型經濟水平的核心內容。具體從涉外經濟制度來講，對外貿易制度、引進外資和對外投資制度等領域的改革和制度創新，直接決定著開放的程度，是全面提高開放型經濟水平的重要體現。

從開放的領域、區域等方面來看，全面提高開放型經濟水平不僅體現在規模的擴大，更體現在對外經濟活動的協調發展和質量、效應的提升。綜合考慮各項因素，全面提高開放型經濟水平的關鍵在於轉變對外經濟發展方式，創新開放模式，推動開放朝著優化結構、拓展深度、提高效益的方向轉變；積極主動參與全球經濟治理，促進中國由被動接受、適應國際經濟規則到參與國際經濟規則制定、充分發揮負責任大國作用的角色轉變。因此，全面提高開放型經濟水平不僅有利於中國促進沿海內陸沿邊開放優勢互補，形成引領國際經濟合作和競爭的開放區域，培育帶動區域發展的開放高地，增強企業國際化經營的能力，培育具有世界水平的跨國公司，實現改革創新與擴大開放良性互動，對外開放與對內開放良性互動，擴大國內市場准入與開拓國際市場良性互動，深度參與全球化與防範經濟風險良性互動，鞏固傳統優勢與培育新的競爭優勢良性互動，促進中國經濟社會持續發展，而且有利於提高中國的國際地位，為中國和平崛起創造條件。

三、對外貿易在中國經濟社會協調發展中的作用

全面提高開放型經濟水平的重要作用，是各領域對外經濟活動各自發揮優勢又彼此聯繫、共同發展的結果，所以全面提高開放型經濟水平要強調開放型經濟發展的平

衡性、協調性、可持續性，要強調發展的質量與效益。這進一步明確了衡量開放效應的依據。具體就對外貿易來講，全面提高開放型經濟水平強調商品貿易與服務貿易協調發展，進口貿易與出口貿易協調發展，對外貿易與利用外資、對外投資等對外經濟活動協調發展。對對外貿易在推動經濟社會發展中的作用，不僅要從需求層面還要從供給層面考慮，不僅要從貨物貿易還要從對外貿易整體協調發展及對外貿易與其他對外經濟活動互聯互動的角度去分析。

（一）促進經濟增長，增加國民收入

經濟增長在物質形態上表現為一國在一定時期內生產的商品和服務的總量增加，在價值形態上體現為一國在一定時期內的國民收入的增加。在國民收入的構成中，消費、投資和淨出口的作用重要而又直觀。通常情況下，出口與投資、消費並稱為拉動經濟增長的「三駕馬車」。的確，出口貿易可以為中國商品、服務提供更廣闊的市場，創造更大的有效需求，使中國能夠獲得國際貿易中的比較利益，這些都是拉動中國經濟發展，增加國民收入的重要因素。但是，進口貿易對中國經濟發展的推動作用也不可小視，尤其是資源性產品、高新技術產品的進口，有助於突破中國的資源和技術瓶頸，為國民經濟的發展提供優質的物質資料。實際上，通過發展出口貿易和進口貿易，可以直接促進對外貿易部門的發展，同時通過部門間的聯繫和一系列動態轉換過程，可以促進國民經濟全面增長。正是由於這種經濟增長傳遞效應，對外貿易可以拓展中國參與國際分工和交換的深度及廣度，增加國家財政收入、外匯收入及企業和勞動者個人的收入，增強中國經濟的實力和抗風險能力。因此，在衡量對外貿易對中國經濟增長的貢獻時，除了考慮對外貿易依存度、出口貢獻度、淨出口貢獻度，還要結合進口貢獻度進行全面分析。

（二）促進供求平衡，推動再生產協調發展

在開放型經濟條件下，進口和出口分別形成總供給與總需求的構成要素，這表明發展進口和出口貿易對中國的供求平衡和擴大再生產的順利進行有重要意義。一方面，通過出口貿易可以擴大商品和服務流通的範圍及銷售規模，為實現供求平衡和擴大再生產順利進行創造有利條件。同時，由於商品和服務在國內市場和國際市場的交換比率不同，在國際交換價值高於國內交換價值的情況下，出口可以提高交換比率，使商品和服務在完成使用價值形態轉換的同時實現更高的交換價值，從而促進商品和服務的價值實現並獲取更大的利益，這也是擴大再生產順利進行的重要條件。另一方面，通過進口貿易，可以在世界市場選擇物美價廉的原材料、能源、消費品、技術設備和服務，增加生產要素和生活資料的供給，降低生產成本，為擴大再生產協調發展創造有利的物質條件。可見，對外貿易既可以促進商品和服務在使用價值形態上的實現，也可以通過商品和服務在國際國內市場的交換比率差異來實現價值增值。因此，對外貿易能夠節約社會勞動，提高生產能力，擴大生產規模，實現規模效益，促進供求平衡和社會主義擴大再生產順利進行。

（三）優化經濟發展方式，增強綜合競爭能力

基於國際市場競爭、國際貿易規則及中國實際，全面提高開放型經濟水平要求立

足於質量標準、優化進出口結構、促進加工貿易轉型升級、大力發展服務貿易，鞏固傳統競爭優勢，形成以技術、品牌、質量、服務為核心的出口競爭新優勢。因此，在開放型經濟條件下，國際貿易的運行機制和中國的對外開放，可以促進對外貿易發展方式的轉變，並以對外貿易與國民經濟的聯動機制促進對外經濟發展方式和國民經濟發展方式的轉變，增強綜合競爭能力。

在更為具體的層面，擴大具有技術、品牌、質量、服務優勢的商品出口，限制不利於淘汰落後、過剩產能的商品如「兩高一資」產品的出口，加強優質資源、先進理念、人才、體制機制的引進，對優化經濟結構、完善市場經濟體制、優化經濟發展方式、提高經濟運行質量具有重要意義。同時，由於以國際分工為基礎的國際經濟活動之間原本就存在千絲萬縷的聯繫，尤其是在貿易投資一體化趨勢下，跨國公司在全球範圍內的資源配置和生產經營活動加深了國際經濟活動之間的融合，因此，對外貿易與其他對外經濟活動之間必然存在聯動效應，這是國際經濟發展規律的客觀體現。基於對客觀規律的認識和開放型經濟發展目標，中國日益強調對外貿易制度、利用外資與對外投資制度等各項涉外經濟制度的銜接和協調，這是推動對外貿易與利用外資、對外投資等對外經濟活動協調發展的重要力量。在多種因素的共同作用下，各項對外經濟活動互補共存，貿易、投資的有機結合，引資、引技、引智的有機結合，「引進來」「走出去」的有機結合必定形成合力，推動經濟發展方式不斷優化、經濟運行綜合效益和綜合優勢持續提升。

(四) 促進結構調整，推動產業升級

目前，中國正處於經濟增長的換擋期、結構調整的關鍵期。在經濟全球化趨勢下，中國調整國民經濟結構既要立足於中國實際，又要依託國際經濟，力求中國經濟結構能夠反應國際市場的動態變化，體現國際分工的發展趨勢，這樣才能保持中國經濟結構在國際上的相對先進性。對外貿易是連接中國經濟和國際經濟的紐帶，對外貿易的發展需要以商品和服務的適銷對路為條件，這表明對外貿易可以及時反饋國際市場信息，為中國經濟結構的調整和優化發揮積極能動的導向作用。

從產業結構的層面講，作為既往經濟增長的結果和未來經濟增長的基礎，產業結構決定和制約著對外貿易，同時對外貿易對產業結構的調整和升級又有巨大的反作用。作為國際因素影響中國產業結構的橋樑，對外貿易通過及時傳遞國際市場的需求結構變化情況、改變中國市場的供求狀態，為中國產業結構的調整和優化提供方向。具體而言，出口貿易可以創造有效需求，出口競爭可以提升產業質量，出口產業的發展可以帶動相關產業發展；進口貿易可以增加市場供給，引進先進技術和設備，為國內產品更新換代和結構優化創造條件。可見，正是通過進出口貿易的共同作用，對外貿易可以在促進產業升級和國民經濟結構合理化的基礎上推動經濟發展。

(五) 改善資源供求狀況，優化資源配置

資源配置的過程是新增資源或原有資源通過市場信號的引導，在不同部門之間流動，或在部門內改變其組合方式的過程，也是市場主體為追求利潤而進行資源重新組合、配置的過程。在這個過程中，對外貿易的作用首先表現在通過增強資源配置的市

場化程度，調節資源的供求狀況，提高資源配置的公平性和效率。其次，對外貿易使資源配置的範圍從中國市場擴展到國際市場，把國內外資源有機結合起來，這有利於擴大優質資源和要素的流入，改善中國的資源供求狀況，提高中國資源配置的國際化程度和效率。此外，通過對外貿易，中國可以加強專業化分工，充分利用商品和要素國際流動產生的比較利益，優化資源配置，提高資源配置效率。

(六) 促進技術改造，推動創新發展

對外貿易的激烈競爭是推動企業改造創新的重要力量，尤其是在出口貿易中，為了降低生產和經營成本，提高商品質量，增強價格優勢和品質競爭力，企業必須不斷改進技術，加強創新。同時，對外貿易特別是先進技術、先進設備的進口，可以增強技術改造的物質基礎，填補某些技術空白，縮短技術創新的過程。在使用技術設備的過程中，伴隨著技術諮詢服務、技術人才培訓、組織管理技能的滲透和擴散，企業可以在獲得技術效應、學習效應的同時加強技術開發和創新機制的動態培育，通過不斷吸收、消化和創新，推動技術進步。

(七) 提升人力資本素質，增加就業機會

對外貿易對就業具有多方面的促進作用。一方面，對外貿易推動企業創新發展的過程，也是勞動者學習、提高的過程。在開展對外貿易的過程中，勞動者可以學到先進的理念、管理經驗、技術知識，提升自身的業務技能和綜合素質，增強就業能力。另一方面，對外貿易規模的擴大可以產生就業擴大效應。出口通過擴大有效需求、拉動經濟增長，進口通過創造物質條件擴大社會生產規模，都可以增加就業機會。此外，對外貿易結構的變化會產生就業結構效應。勞動密集型產品出口對擴大就業有重要推動作用，深加工、精加工產品出口可以增加高技能勞動者的就業機會，先進設備、技術、先進適用的教育消費品等商品的進口有利於提升勞動者的素質，使其具有更廣闊的就業領域。

(八) 提高居民生活水平，促進社會和諧發展

就業是民生之本，是提高居民生活水平的重要條件。社會就業比較充分、家庭財產普遍增加、人民過上更加富足的生活是構建社會主義和諧社會的重要目標。因此，對外貿易對提升人力資本素質和擴大就業的作用，直觀地反應了對外貿易對促進人的全面發展、提高居民收入和生活水平、推動社會和諧發展的重要性。同時，由於出口和進口貿易對生產發展的推動可以豐富國產商品的種類和供給，進口可以直接豐富消費品市場，因此，對外貿易可以通過增加供給使人們日益增長的物質文化生活需要得到更好的滿足，進而促進社會和諧發展。

可見，對外貿易既關係著社會主義擴大再生產的發展，也關係著廣大群眾的就業和生活，因此是影響中國經濟社會穩定和發展的極為重要的因素。在經濟全球化不斷加深、中國經濟與世界經濟的融合縱深發展的背景下，對外貿易在中國經濟社會發展中具有空前重要的戰略地位。然而，正是這樣的戰略地位，決定了對外貿易發展不足或發展不當以及對世界經濟波動的傳導，會對中國經濟發展和社會穩定產生負面效應。

為了防止這種衝擊，中國必須在不斷完善中國特色的社會主義制度和市場經濟制度的總體架構下，不斷完善對外貿易制度，科學選擇對外貿易戰略，在對外貿易領域處理好政府和市場的關係，在保持良好的對外貿易秩序的同時加快培育參與和引領國際經濟合作競爭的新優勢，推動國民經濟又好又快發展，為全面建成小康社會創造有利條件。

本章小結

1. 中國對外貿易指導思想經歷了從調劑餘缺論到科學發展觀的根本轉變。調劑餘缺論認為，社會主義對外貿易的作用僅僅是改進國民經濟的實物構成，彌補某些物資的不足，調節經濟的比例關係。這種片面強調對外貿易實物交換功能的封閉的自然經濟思想極大地束縛了中國對外貿易的發展。隨著對社會主義市場經濟認識的加深，中國逐漸形成了富有特色的對外貿易理論基礎和指導思想。

2. 馬克思主義理論研究了國際貿易產生的社會經濟條件，闡釋了國際分工和世界市場的重要作用，揭示了社會化大生產協調發展和國際價格形成的規律，分析了國際貿易政策和開拓世界市場的方法，在指導中國對外貿易中具有理論基礎地位。應用馬克思主義的國際分工及世界市場理論、社會再生產理論、國際價值理論能夠科學地詮釋中國發展對外貿易的必要性及堅持獨立自主、自力更生、平等互利、符合國情的對外貿易原則的重要性。

3. 中國特色社會主義理論體系是中國對外經濟貿易理論和實踐發展的思想基礎。通過闡釋社會主義的發展道路、發展階段、根本任務、發展動力、發展戰略、依靠力量、領導力量等重大問題，中國特色社會主義理論體系科學地詮釋了中國發展對外貿易的動因，為中國確定、完善對外貿易發展目標、戰略、原則和方式提供了理論依據和指導思想。

4. 全面提高開放型經濟水平強調商品貿易與服務貿易協調發展，進口貿易與出口貿易協調發展，對外貿易與利用外資、對外投資等對外經濟活動協調發展。因此，在開放型經濟條件下，對外貿易在推動中國經濟社會發展中的作用既體現在需求層面，也體現在供給層面。通過對外貿易整體的協調發展及對外貿易與其他對外經濟活動的互動發展，對外貿易可以促進經濟增長，增加國民收入；促進供求平衡，推動社會再生產協調發展；優化經濟發展方式，增強綜合競爭能力；促進結構調整，推動產業升級；改善資源供求狀況，優化資源配置；促進技術改造，推動創新發展；提升人力資本素質，增加就業機會；提高居民生活水平，促進社會和諧發展。

思考題

1. 簡述中國特色對外貿易思想的發展歷程。
2. 應用馬克思主義國際貿易理論分析中國發展對外貿易的原則和方法。

3. 為什麼說中國特色社會主義理論體系在中國對外貿易理論和實踐發展中具有思想基礎地位？

4. 簡述全面提高開放型經濟水平的內涵和意義。

5. 在開放型經濟條件下，對外貿易對中國經濟社會協調發展的作用表現在哪些方面？

案例分析

1952—1978 年，受封閉經濟及計劃經濟體制的影響，中國對外貿易水平很低。該階段中國進出口依存度很低，最高僅達到 5% 左右的水平，而對應的外貿依存度最高也在 10% 上下。此外，從淨出口占 GDP 的比重看，這一比率較小，幾乎接近於 0。自改革開放以來到 20 世紀 90 年代初，在經濟體制逐步由計劃經濟向市場經濟轉型的過程中，中國的開放程度在提高，外部因素作用於中國對外貿易的廣度和深度在提高，進出口依存度迅速上升並超過 15% 的水平，而外貿依存度也於 20 世紀 90 年代初達到並超過了 30% 的水平。縱觀這一時期淨出口與 GDP 的比重，表現出時正時負的特點，說明出口對國內經濟促進作用具有階段性差異。

自 1992 年以來，中國進出口依存度及外貿依存度進一步提高，最高分別達到了 35% 和 60% 左右的水平。此外，淨出口與 GDP 的比例明顯為正，最高達到了接近 8% 的水平，出口對國內商品流通的正向促進作用明顯。但同時，外部因素對國內經濟特別是國內需求的影響越來越大，尤其是 1997 年的東南亞金融危機和 2008 年的國際金融危機對中國貿易的衝擊作用明顯，具體表現為進出口及外貿依存度的劇烈波動。這一時期進出口占 GDP 比重的下降，也反應了外部因素對國內需求和商品流通的衝擊和影響。這使得《華爾街日報》在 2014 年 7 月 6 日發表的標題為《中國出口影響下降》的文章中稱，在全球金融危機之後，中國發誓要擺脫出口導向型增長模式。畢竟，誰會希望依賴美國和歐洲消費者的一時興起？此外，對整體經濟而言，出口增長不會像以前那樣帶來巨大的影響，因為中國的經濟規模遠遠大於過去。

[資料來源：中國出口信用保險公司. 外部因素對中國商品流通影響的長期性分析（上）[R] //中國出口信用保險公司國內貿易行業分析. 2012-04-25；楊寧昱. 美報：中國出口在經濟增長中影響力下降 [OL]. 參考消息網，2014-07-13]

問題：

1. 結合案例分析出口貿易對中國經濟社會發展的作用。

2. 結合案例分析國際經濟波動通過對外貿易影響中國經濟發展的主要途徑。

3. 在全面深化改革的新時期，中國應該怎樣評價對外貿易在經濟社會發展中的作用？

第三章　中國對外貿易戰略

內容簡介

本章在介紹對外貿易戰略的內涵、類型與特徵以及對外貿易戰略選擇問題的基礎上，回顧並分析了中國對外貿易總體戰略、貨物貿易戰略、服務貿易戰略的發展歷程及重大轉變，探討了改革開放新時期中國對外貿易戰略屬性的變化趨勢及戰略調整方向。結合當前國內外環境變化，本章進一步分析了區域經濟一體化和中國自由貿易區建設的現狀、動因和影響，探討了中國加快實施自由貿易區戰略的目標和原則。

關鍵詞

對外貿易戰略；對外貿易總體戰略；貨物貿易戰略；服務貿易戰略；區域經濟一體化；自由貿易區戰略

學習目標

1. 瞭解對外貿易戰略的內涵，熟悉對外貿易戰略的類型及特徵；
2. 熟悉並掌握中國對外貿易的總體戰略、貨物貿易戰略和服務貿易戰略；
3. 結合當今國際國內背景，深入理解中國自由貿易區戰略的內涵及新時期中國對外貿易戰略的調整。

案例導讀

1978年12月18日召開的中國共產黨十一屆三中全會，在中國歷史上被稱為改革開放的起點。從那時起，中國共產黨領導全國各族人民，不斷解放思想，不斷創新理論，探索出中國特色對外開放的道路。對外開放30年來，中國建立了5個經濟特區，開放了14個沿海港口城市，開放開發了上海浦東新區，建立了15個保稅區、32個經濟技術開發區、52個高新技術開發區、38個出口加工區，相繼開放了13個沿邊、6個沿江和18個內陸省會城市，已形成全方位、多層次的開放格局。

從試辦經濟特區到開放沿海開放城市，再到建立長三角、珠三角、環渤海地區經濟開放區以及開放沿邊、沿江和內陸省會城市，進而形成全範圍、多領域的對外開放格局，中國的對外開放經歷了從政策性開放到制度性開放的重大轉變。在加入WTO以前的20多年裡，中國通過實施漸進式的對外開放戰略，採取先試驗、取得成功經驗後再推廣的方法，充分考慮國內經濟發展的需要和經濟社會的承受能力，走出了一條成功的具有政策性開放特點的漸進式對外開放之路。加入WTO後，中國對外開放就由政策性開放向制度性開放轉變。這是一種高層次的對外開放，具有以下特點：①由過去

有限範圍和有限領域的市場開放，轉變為全方位的市場開放；②由過去單方面為主的自我開放，轉變為中國與WTO成員之間雙向的相互開放；③由過去以試點為主的政策性開放，轉變為在法律框架下的可預見的開放。

（資料來源：常健．中國對外開放的歷史進程［OL］．中國科學院網站，2008-09-28）

第一節　對外貿易戰略的內涵與類別

一、對外貿易戰略的內涵與特徵

（一）對外貿易戰略的含義

對外貿易戰略是一個國家或地區關於對外貿易發展的全局性、長期性、根本性的構想和規劃，是一個國家或地區經濟發展戰略在對外貿易領域的體現，是關於經濟發展的基本戰略。在開放型經濟條件下，對外貿易戰略是影響一個國家或地區資源配置效率、國際競爭能力和經濟發展水平的重要因素，根據國際國內情況的變化選擇正確的對外貿易發展戰略具有重要的意義。

對外貿易戰略包括三個基本的組成部分：一是制定對外貿易戰略的依據，包括客觀實際和理論依據，這涉及對外貿易地位和作用的認識，決定著發展對外貿易的方針和原則。二是一定時期內發展對外貿易要實現的戰略目標、戰略重點和貿易利益。其中，戰略目標主要包括一定時期內對外貿易發展要達到的規模、速度、效應等內容。按層次不同，對外貿易戰略目標分為總體目標和具體目標；按時間跨度不同，可以分為長期目標、中期目標和短期目標。戰略重點主要指對外貿易的部門發展偏向。貿易利益包括靜態貿易利益，也包括與貿易相關的動態利益和政治利益。三是實現對外貿易戰略目標和戰略重點的途徑及手段，包括實施步驟、體制和政策保障。在一定程度上，對外貿易戰略體現為一個國家或地區通過對參與國際分工方式和程度的選擇而制定的關於對外貿易發展全局和長遠規劃的對外貿易制度。

（二）對外貿易戰略的特徵

對外貿易戰略具有全局性、整體性及相對穩定性特徵。其中，對外貿易戰略的全局性是指對外貿易戰略的制定要著眼於國際分工體系，充分考慮本國的資源條件和經濟發展目標，所制定的各種制度和政策不僅要對貿易發展，而且要對經濟發展發揮指導作用。對外貿易戰略的整體性來源於對外貿易戰略各組成部分之間的關係，體現為對外貿易戰略的指導思想、制定原則、進出口戰略與貿易體制、貿易政策之間相互聯繫、彼此協調，從整體上發揮促進貿易和經濟發展的作用。對外貿易戰略的穩定性是保證對外貿易安全有序發展的重要條件。

對外貿易戰略規定了對外貿易發展的方向、方式和目標，要在較長時期內發揮指導作用，這在客觀上要求保持對外貿易戰略的穩定。在客觀條件發生變化的時候，適

時調整對外貿易戰略是必需的，但戰略調整的基本原則是在保持對外貿易戰略基礎部分和基本要求必要的穩定性的條件下，合理調整對外貿易戰略的具體指標和要求。

二、對外貿易戰略與對外貿易的體制及政策

對外貿易戰略與對外貿易體制、對外貿易政策之間存在內在的邏輯聯繫，是對外貿易制度從總體到具體的表現形式，體現了對外貿易目標與其實現途徑和實現手段的關係。對外貿易體制和對外貿易政策與對外貿易戰略的相互銜接，是對外貿易制度科學合理的重要標誌，是保證對外貿易戰略有效實施的重要條件。

(一) 對外貿易戰略與對外貿易體制的關係

對外貿易體制與一國的對外貿易戰略同屬於上層建築的範疇，是根據經濟基礎的要求建立起來的對外貿易制度體系的重要內容。比較而言，對外貿易戰略更為宏觀，對外貿易體制更為具體，是對外貿易戰略得以實現的保證條件和重要載體。對外貿易體制主要通過決策機制、信息機制和動力機制實現對外貿易戰略的目標和任務，通過收集、處理信息推進對外貿易戰略的實施，並為糾正對外貿易戰略實施過程中出現的偏差創造條件，進而有效調節對外貿易中的利益分配關係。

(二) 對外貿易戰略與對外貿易政策的關係

對外貿易政策包括總體政策、具體政策和國別政策。總體政策是對外貿易政策的立足點，體現了一國對外貿易政策的基本類別。具體政策是在對外貿易總體政策的基礎上，根據經濟結構和一國及國際市場的供求狀況等因素制定的，主要包括商品進出口等方面的配套政策。國別政策體現了一國的政治利益，制定的主要依據是國家之間的關係。作為上層建築的範疇，對外貿易政策服務於一國的對外貿易戰略，是實現對外貿易戰略的手段。對外貿易政策隨對外貿易戰略的調整而調整，對外貿易戰略體現著對外貿易政策變化的總體趨勢。同時，對外貿易政策受到對外貿易體制的約束，在對外貿易體制發生變化時，對外貿易政策將隨之而調整。此外，對外貿易政策是對外貿易戰略和對外貿易體制實現結合的保證，對外貿易政策需要兼顧對外貿易戰略和對外貿易體制的特殊性，保證對外貿易戰略目標實現的連續性。

三、對外貿易戰略的類別

(一) 對外貿易戰略的主要類別

從理論上講，對外貿易戰略有自由貿易與保護貿易的性質之分。就實際情況而言，對外貿易戰略通常具有不同程度的保護貿易屬性，自由貿易戰略只是體現為貿易自由度逐步提高的過程和趨勢。因此，從性質上講，對外貿易戰略可以分為保護貿易性質的對外貿易戰略和貿易自由化性質的對外貿易戰略。一般情況下，經濟發展水平越高的國家，越傾向於自由貿易戰略，也更容易從自由貿易中獲得貿易利益；經濟發展水平越低的國家，越傾向於保護貿易戰略。

依據作用層次和所涉領域的不同，對外貿易戰略分為總體戰略和基礎戰略。對外

貿易總體戰略是體現對外貿易戰略性質的、關於對外貿易全局的規劃，對外貿易基礎戰略是對外貿易總體戰略框架下的具體領域的貿易發展戰略，主要包括貨物貿易戰略、服務貿易戰略等。在實踐中，對外貿易的總體戰略和基礎戰略會隨著形勢的變化而發展變化，這使對外貿易戰略呈現出類別多樣化趨勢。從發展中國家的對外貿易戰略類別來看，根據世界銀行的劃分，其總體戰略主要包括外向型戰略和內向型戰略。① 在此基礎上，世界銀行進一步將內向型貿易戰略和外向型貿易戰略細分為堅定的外向型戰略、一般的外向型戰略、一般的內向型戰略和堅定的內向型戰略。從學者們的觀點來看，對發展中國家對外貿易戰略類別的劃分，目前並沒形成統一的結論。② 較為一致的觀點認為，發展中國家的對外貿易戰略主要包括進口替代戰略和出口導向戰略。在此基礎上，中國學者在 20 世紀 80 年代提出了混合發展戰略。

(二) 進口替代戰略

進口替代戰略又稱內向型的發展戰略，其實質是封閉型的貿易戰略，具有突出的保護貿易特性。進口替代戰略的核心是以本國產品替代進口產品，基本模式是通過建立和發展本國的工業，實現對進口工業製成品的替代，以達到減少進口、節約外匯、發展本國工業、實現經濟自立的目的。進口替代戰略的成功實施一般要經過兩個階段。第一階段是建立和發展一般的最終消費品工業，實現有關產品的進口替代。在這個階段，發展中國家一般都能實現戰略目標。第二個階段的戰略重點是在對消費品的進口替代發展到一定程度後，集中力量建立和發展生產資本品、中間產品的工業部門，這對資金、技術、人才和市場等條件要求較高，許多發展中國家都難以成功地實現這個階段的戰略目標。

進口替代戰略是建立在政府干預基礎上的，在市場經濟不發達、經濟結構單一、工業發展水平低下的條件下，通過政府干預割斷國內外市場的聯繫，實施進口替代戰略，可以保護本國的幼稚產業和民族工業，有利於本國建立獨立的工業體系，解決就業問題。但是，隨著經濟的發展和市場機制作用的擴大，進口替代戰略的局限性將越發明顯。

首先，進口替代戰略的成功在相當程度上決定於本國市場，市場容量制約著進口替代產業的發展潛力。因此，在進口替代戰略模式下，一國不僅難以獲得規模經濟效應，在本國市場達到飽和時，還可能出現經濟倒退。其次，實行進口替代的國家一般是依靠農產品、資源型初級產品的出口換取外匯，用於進口國內經濟發展所需的機器設備。初級產品換匯能力低，而進口所需外匯量大，長此以往容易導致貿易條件惡化和國際收支失衡。此外，由於進口替代戰略是違背市場經濟規律的，市場機制的作用難以發揮，本國受到保護而獲得發展的行業容易失去競爭意識，產業結構容易畸形發

---

① 世界銀行認為，外向型戰略的貿易和工業政策不歧視內銷的生產或供出口的生產，也不歧視購買本國商品或外國商品。這種無歧視性的戰略往往被視為促進出口的戰略。內向型戰略對工業和貿易的獎勵制度有偏向，重視內銷產品的生產，輕視供出口產品的生產。

② 關於發展中國家的對外貿易戰略，錢納里等人將其劃分為出口促進戰略、進口替代戰略和平衡發展戰略，克魯格將其劃分為出口促進戰略、進口替代戰略和溫和的進口替代戰略。

展，經濟的良性發展會因此受到影響。實踐中，採用進口替代戰略的發展中國家和地區基本都遇到過經濟停滯不前的難題。

(二) 出口導向戰略

出口導向戰略也稱為外向型發展戰略，其核心是基於對出口在經濟發展中的積極作用的認識，主張通過擴大製成品出口來實現加強工業基礎的目的。作為一種鼓勵出口的對外貿易戰略，出口導向戰略的戰略目標是依託國際市場，根據國際分工的比較優勢原則，依據資源稟賦參與國際分工和合作，促進產業升級，改善出口產品結構，實現國際收支平衡，提高工業經濟效率。實施出口導向戰略有利於突破發展中國家市場狹小的限制，將本國市場和國際市場聯繫起來，擴大市場容量，形成規模經濟，促進本國經濟的工業化和現代化。為了加強本國市場與國際市場的聯繫，有效發揮內需和外需的作用，出口導向戰略需要適當的自由貿易政策來配套，並以擴大市場機制的作用為條件。實踐中，亞洲「四小龍」通過出口導向戰略實現了經濟騰飛，其他一些東南亞國家也通過大力引進市場機制，削減貿易保護措施，促進了出口和經濟發展。

但是，出口導向戰略雖然成就了「東亞奇跡」，亞洲金融危機卻暴露了其局限性。與進口替代戰略的封閉性、受限於本國市場相反，出口導向戰略容易因為急速的貿易自由化而使本國產業面臨過大的競爭壓力，並出現過度依賴國際市場的狀況。在這種情況下，一旦國際經濟發生波動，貿易保護抬頭，本國經濟發展將受到極大的衝擊。此外，在實施出口導向戰略的情況下，往往容易因為過分強調出口而導致出口產業過度膨脹、內需產業相對萎縮，進而影響產業的協調發展。

(三) 混合發展戰略

由於進口替代戰略和出口導向戰略各有優劣，試圖將二者結合應用的構思便應運而生，由此形成了混合發展戰略。在具體思路上，混合發展戰略的運作模式主要有三種：一是實行進口替代戰略和出口導向戰略的地域性結合，在一國的不同地區實行不同的戰略；二是將進口替代戰略和出口導向戰略按部門進行組合，在相對成熟、較具競爭力的部門實行出口導向戰略，對一些幼稚產業或新興產業實行進口替代戰略；三是實行進口替代戰略和出口導向戰略的全面融合，鼓勵進口替代部門增加外向型經濟成分，同時促進出口導向部門提高競爭能力。可見，混合發展戰略的理想境界是實現進口替代戰略和出口導向戰略的有機融合，通過取長補短，既利用進口替代迅速形成能滿足國內需求的獨立工業體系，又積極利用國際分工擴大出口。在戰略措施上，混合發展戰略強調既實行較嚴格的貿易保護政策，又通過財政、金融等領域的措施扶持出口。

然而，受限於各種因素，要實現進口替代戰略和出口導向戰略的成功結合併不容易。有觀點甚至認為，進口替代戰略要求較高的貿易保護，出口導向戰略卻需要自由貿易政策配套，這兩種貿易戰略是相互矛盾、難以融合的。從一些發展中國家應用混合發展戰略的實際情況來看，實施效果存在極大的差異。巴西從 20 世紀 60 年代中期開始混合使用進口替代戰略和出口導向戰略，一度創造了經濟快速發展的奇跡。印度從 20 世紀 70 年代初開始嘗試混合發展戰略，卻由於開放程度不足和對其工業的過度保

護，沒有取得預想的效果。

第二節　中國對外貿易總體戰略的演進與發展

中國的社會主義對外貿易制度是在結束半殖民地對外貿易歷史之後逐步建立、在進入改革開放後迅速發展完善的。在此過程中，中國的對外貿易戰略經歷了從單一到多元的變化歷程，並呈現出貿易自由化特徵和創新性不斷加強的趨勢。

中國的對外貿易總體戰略是根據經濟發展規劃從宏觀角度提出的關於對外貿易發展的全局性抉擇。服務於社會主義的建設目標，中國的對外貿易總體戰略在社會主義制度建設特別是在經濟體制改革的不同階段，呈現出不同的特徵，展現了由進口替代戰略到混合發展戰略、出口導向戰略、「大經貿」戰略、互利共贏戰略的類別演進軌跡。在這個過程中，對外貿易總體戰略的中國特色逐漸形成，多種對外貿易戰略先進元素融合互補的趨勢逐漸加強，特別是自「大經貿」戰略提出之後，中國對外貿易總體戰略的創新性日益顯著。

一、計劃經濟時期的進口替代戰略（1949—1978年）

在高度集中的計劃經濟制度下，中國的對外貿易戰略是典型的封閉型進口替代戰略。實施這一戰略的依據在於當時的客觀環境和一些主觀因素。

新中國成立初期，為了擺脫經濟制度中的殖民主義色彩，實現經濟發展的獨立自主，中國急需開展工業建設。然而，面對百廢待興的國內經濟局面，加上資本主義陣營和社會主義陣營的對立，中國不具備實行對外開放、參與國際分工的條件，中國的工業建設只能依靠自己的力量，走自力更生的道路。在主觀上，中國對參與國際分工的意義缺乏正確的認識，在四大平衡①中，對外貿易只是作為物資平衡的組成部分，被置於「互通有無，調劑餘缺」的地位。在缺乏主客觀條件的情況下，中國選擇了對外貿易統制模式，實施了進口替代戰略。

與亞洲和拉美一些發展中國家的進口替代戰略相比，中國的進口替代戰略有所不同。在一些東南亞國家和地區，進口替代戰略的特點是立足於比較優勢，從非耐用品的進口替代著手，以鼓勵出口為最終目的。中國實施進口替代戰略的主要目標是滿足本國工業化的物質需要，在優先發展重工業的指導思想下，進口替代部門偏重於資本密集型行業。這種背離進口替代戰略一般進程和中國比較優勢的替代模式，曾經對促進國際收支平衡、促進建立工業體系、推動經濟發展發揮了積極作用，但排斥進口、不重視出口、違背商品交換規律的做法，割斷了中國與世界市場的聯繫，損害了中國的貿易利益，加劇了資金短缺、勞動力過剩和結構失衡問題，影響了經濟發展和人民的生活水平。

---

① 當時的四大平衡包括財政平衡、信貸平衡、物資平衡和綜合平衡。

二、有計劃商品經濟制度建設時期的混合發展戰略（1979—1992年）

在改革開放初期，中國的對外貿易戰略依然具有明顯的內向型特徵。隨著對外向型經濟的認識逐漸加深，中國才開始探索、實踐開放條件下的進口替代戰略。這種嘗試為中國經濟從封閉走向開放奠定了基礎，為中國實施選擇性的進口替代戰略並進一步發揮對外貿易在完善工業體系、增強工業實力中的積極作用創造了條件。但是，隨著經濟體制由高度集中的計劃經濟體制向有計劃商品經濟體制轉變，隨著復關工作的逐步推進，有限開放的進口替代戰略失去了賴以存在的經濟體制基礎，同時也與關貿總協定所倡導的自由貿易原則不相符合。

為了適應改革開放和經濟發展的需要，中國開始將進口替代戰略和出口導向戰略結合運用，並在20世紀80年代末形成了開放條件下的混合發展戰略。通過在沿海經濟特區發展「大進大出、兩頭在外」的產業，從沿海到中西部地區實施梯度開放戰略，對缺乏比較優勢和競爭力的重化工業實行開放式的進口替代戰略，中國形成了進口替代工業和出口導向工業並存、內地進口替代和沿海出口導向並存的外向型經濟格局，在進行選擇性保護的同時積極發展出口導向產業。但是，中國的混合發展戰略也存在一些不足，尤其是政策性開放所致的地區差異造成了地區間的不公平競爭，使各地為了地區利益競相爭奪資源，人為分割國內市場，進而影響了整體經濟的發展。

三、建立社會主義市場經濟制度時期的「大經貿」戰略（1993—2001年）

在建立社會主義市場經濟制度時期，中國逐步實現了從發展外向型經濟到發展開放型經濟的轉變。在這個過程中，中國順應國際貨物貿易、服務貿易、技術貿易和國際投資融合發展的趨勢，在繼續完善混合發展戰略的同時，開始探索對外經濟貿易結合發展的模式。1994年5月，中國正式提出了「大經貿」戰略。

「大經貿」戰略是以進出口貿易為基礎，商品、資金、技術、服務相互滲透，外經貿、生產、科研、金融等部門共同參與的對外經貿發展戰略。這一戰略要求中國的外貿、外資、外匯、外債、外援等領域，以及國內各產業部門相互融通、緊密配合、優勢互補、協調發展。

「大經貿」戰略主要包含三個方面的內容：一是擴大開放，即通過拓展對外經濟貿易的廣度和深度，形成對內對外全方位、多領域、多渠道開放的格局，全面開拓國際市場；二是融合發展，這主要包括加快實現各項對外經貿業務的融合，實現商品、技術和服務貿易一體化協調發展，在維護全球多邊貿易體制的前提下，努力實現雙邊、區域和多邊經貿合作；三是轉變功能，即在擴大對外貿易規模、提高對外貿易貢獻度的同時，著力發揮對外貿易在促進產業結構調整、加快技術進步、提高經濟效益方面的積極作用，提升對外經濟貿易整體的綜合競爭能力。

對外貿易和各項對外經濟活動融合發展，是「大經貿」戰略的重要目標。隨著「走出去」戰略的提出，對外貿易與對外投資的結合發展進一步拓展了對外經濟貿易融合發展的內容。《國民經濟和社會發展第十個五年計劃綱要》指出，要鼓勵能夠發揮中國比較優勢的對外投資，擴大國際經濟技術合作的領域、途徑和方式，繼續發展對外

承包工程和勞務合作，鼓勵有競爭優勢的企業開發境外加工貿易，帶動產品、服務和技術出口。

對外經濟貿易融合發展的戰略構想，為中國完善對外經濟貿易領域的宏觀調節和管理，解決對外經濟貿易發展面臨的一系列深層次問題，進一步打破國內市場與國際市場之間的阻隔及國內各部門、各地區間的界限，促進專業化協作和產業結構升級，推動經濟持續發展創造了有利條件。

四、完善社會主義市場經濟制度背景下的互利共贏戰略（2002—2013年）

在完善社會主義市場經濟制度和履行入世承諾的背景下，中國的對外貿易總體戰略類別更加多元化。一方面，在繼續貫徹「大經貿」戰略和「走出去」戰略的同時，中國形成了事實上的出口導向戰略，這主要體現為進口替代產業隨著市場開放的擴大而減少，支持出口的措施進一步完善，國內產業配套、生產能力、物流體系基本以出口為目標；另一方面，在中國特色對外開放理論的指導下，中國發展了平等互利的對外開放原則，並在中共十六屆五中全會提出了互利共贏的開放戰略。在社會主義市場經濟制度不斷完善、市場機制作用不斷加強的背景下，中國從「十一五」開始將五年一個跨度的國民經濟和社會發展戰略部署由「計劃」改為「規劃」。根據完善市場經濟體制、促進國民經濟平穩運行、增強可持續發展能力等經濟社會發展目標，「十一五」規劃對實施互利共贏的開放戰略做了具體部署。在對外貿易方面，中國強調要轉變對外貿易增長方式，按照發揮比較優勢、彌補資源不足、擴大發展空間、提高附加值的要求，積極發展對外貿易，促進對外貿易由數量增加為主向質量提高為主轉變，在優化出口結構的基礎上，積極擴大進口，實現進出口基本平衡。

隨著實踐的推進，根據國際形勢的變化和全面建設小康社會的要求，中共十七大報告以「內外聯動、互利共贏、安全高效」概括了開放型經濟體系的基本特點，強調要把「引進來」和「走出去」更好地結合起來，要加快轉變對外貿易增長方式，立足於以質取勝，調整進出口結構，促進加工貿易轉型升級，大力發展服務貿易。十七大報告的論述表明，互利共贏戰略的主要內容是：統籌國內發展與對外開放，注重內外聯動；兼顧本國利益和他國利益，注重互利共贏；轉變對外貿易增長方式，注重以質取勝。在此基礎上，中國根據國際金融危機衝擊下世情國情的深刻變化，在「十二五」規劃中確定了經濟平穩較快發展、進一步形成互利共贏的對外開放格局等經濟社會目標。根據這些目標，「十二五」規劃指出，適應中國對外開放由出口和吸收外資為主轉向進口和出口、吸收外資和對外投資並重的新形勢，必須實行更加積極主動的開放戰略，不斷拓展新的開放領域和空間，擴大和深化同各方利益的匯合點，完善更加適應發展開放型經濟要求的體制機制，有效防範風險，以開放促發展、促改革、促創新；優化對外貿易結構，繼續穩定和拓展外需，加快轉變對外貿易發展方式，推動對外貿易發展從規模擴張向質量效益提高轉變、從成本優勢向綜合競爭優勢轉變；統籌「引進來」與「走出去」，加快實施「走出去」戰略。中共十八大報告在重申將始終不渝奉行互利共贏開放戰略的基礎上，調整了關於開放型經濟體系的定位，強調要完善互利共贏、多元平衡、安全高效的開放型經濟體系，加快轉變對外經濟發展方式，推動

對外貿易平衡發展，加快實施自由貿易區戰略，加快「走出去」步伐，提高抵禦國際經濟風險的能力。十八屆三中全會強調，要擴大同各國各地區的利益匯合點。

「十二五」規劃及中共十八大和十八屆三中全會的有關論述，從目標和手段兩個層面豐富了互利共贏戰略的內涵。首先，關於擴大和深化同各國各地區利益匯合點的思想，體現了互利共贏戰略的實質和目標，表明了中國努力推動自身發展與世界和諧發展相互促進、實現共同發展的原則和立場。其次，關於實行更加積極主動的開放戰略，加快轉變對外貿易及對外經濟發展方式的思想，體現了實現互利共贏戰略目標的路徑，標誌著中國從強調對外貿易增長到強調對外貿易發展的戰略轉變，凸顯了對外貿易質量目標和效益目標在對外貿易戰略目標中的地位。《關於加快轉變外貿發展方式的指導意見》指出，加快轉變對外貿易發展方式，是加快轉變經濟發展方式的需要，是在國際金融危機影響深遠、國際貿易環境更加複雜的背景下主動轉變對外貿易發展模式、適應國際經貿格局變革的必然要求，是推動貿易強國進程的戰略舉措；在今後一段時期，中國對外貿易發展的目標是鞏固貿易大國地位，推進貿易強國進程，總體原則是堅持出口與進口協調發展，促進貿易平衡，堅持貨物貿易與服務貿易協調發展，提高規模效益，堅持外貿與外資、外經協調發展，增強互動作用，堅持外貿與內貿協調發展，實現有效互補，堅持多種所有制主體協調發展，發揮各自優勢，堅持東部與中西部協調發展，實現外貿全方位發展。

互利共贏、協調發展，是中國長期改革開放實踐經驗的思想昇華，是中國特色對外貿易理論創新發展的體現，是融合「大經貿」戰略、「引進來」「走出去」戰略、互利共贏戰略等富有中國特色的對外經濟貿易發展戰略中的對外開放目標和原則。在未來的改革開放進程中，中國的對外貿易戰略將在堅持互利共贏、協調發展的前提下，根據發展環境、條件、任務、目標的變化做適時調整。

五、改革開放新時期中國對外貿易總體戰略發展趨勢

當前，中國特色社會主義建設已經進入全面深化改革開放的新時期。在這個歷史時期，和平與發展仍然是時代的主題，而經濟發展新常態則包含了重大的戰略機遇和諸多矛盾相互疊加帶來的嚴峻挑戰。在這樣的背景下，根據全面深化改革開放的戰略部署，圍繞使市場在資源配置中起決定性作用和全面提高開放型經濟水平，正確把握對外經濟貿易戰略的性質及調整方向，是抓住機遇、應對挑戰，提升對外經濟貿易發展質量和效益的關鍵。

(一) *市場起決定性作用與中國對外貿易戰略屬性*

從市場決定資源配置的角度講，中國對外貿易戰略的基本屬性應該是自由貿易戰略。從實踐發展的歷程分析，在進口替代戰略到「大經貿」戰略、「引進來」「走出去」戰略、互利共贏戰略結合應用的發展進程中，對外貿易戰略自由化屬性的加強為市場機制在資源配置中發揮基礎性作用和對外貿易在經濟社會發展中發揮積極作用創造了極為重要的條件。因此，基於改革開放實踐奠定的基礎，根據全面深化改革開放、充分發揮市場在資源配置中的決定性作用的要求，中國的對外貿易戰略將沿著自由貿

易戰略的方向發展。

從中國經濟社會發展目標來看，中國特色社會主義事業的總體佈局是經濟建設、政治建設、文化建設、社會建設、生態文明建設「五位一體」。在「五位一體」總體佈局下，中國要確保到2020年實現全面建成小康社會的宏偉目標。為了使對外貿易服務於「五位一體」總體佈局和全面建成小康社會的各項目標，充分發揮對外貿易在中國特色社會主義事業發展中的推動作用，政府需要在對外貿易領域實施必要的管理和調節，並在貿易制度國際協調的框架下進行適度的貿易保護，這是中國特色社會主義市場經濟制度決定的中國特色社會主義自由貿易制度的一大特徵。因此，綜合考慮市場決定資源配置和中國特色社會主義建設兩方面的因素，中國對外貿易戰略必定是貿易自由化的對外貿易戰略。在這個屬性之下，全面提高開放型經濟水平的基本要求，決定著中國對外貿易戰略調整的基本原則。

(二) 全面提高開放型經濟水平與中國對外貿易總體戰略調整

全面提高開放型經濟水平的關鍵在於不斷擴大對外開放，實現改革創新與擴大開放、對外開放與對內開放、擴大國內市場准入與開拓國際市場、深度參與全球化與防範經濟風險、鞏固傳統優勢與培育新優勢的良性互動。為了實現這些目標，中國必須實行更加積極主動的開放戰略，完善互利共贏、多元平衡、安全高效的開放型經濟體系，構建開放型經濟新體制，加快轉變對外經濟發展方式，創新開放模式，積極參與全球經濟治理。因此，具體就對外貿易總體戰略的調整來看，在綜合應用「引進來」「走出去」、互利共贏等戰略的過程中，中國需要根據轉變對外經濟發展方式的要求，從轉變對外貿易發展方式的角度，把握對外貿易總體戰略的調整方向。

從根本上講，轉變對外貿易發展方式的基本方向是加快實現追求數量、規模、速度的粗放型的增長方式向數量與質量並重、擴大規模與優化結構並重、速度適宜與效益提升並重的全面、協調、可持續的發展方式轉變。為了實現這個轉變，中國調整對外貿易總體戰略的基本原則是以鄧小平理論、「三個代表」重要思想為指導，深入貫徹落實科學發展觀，以科學發展為主題，按照「五位一體」總體佈局及全面建成小康社會的要求確定對外貿易的戰略目標，鞏固貿易大國地位，推進貿易強國進程，促進對外貿易、對外經濟及經濟社會整體平衡、協調、可持續發展，著力推進四個方面的重大轉變：

一是調整「獎出限進」「寬出嚴進」的工作思路和政策體系，從偏重出口向出口與進口並重轉變，從偏重貨物貿易向貨物貿易與服務貿易並重轉變，推動對外貿易平衡、高效發展，增強對外貿易在擴大需求、增加供給中的積極作用。

二是推動加工貿易轉型升級，鼓勵中國本土企業進入加工貿易產業鏈和供應鏈，推動來料加工企業轉型、嚴格控制高污染、高耗能、低附加值加工貿易發展，促進勞動密集型產品加工、委託加工向技術含量較高的產品加工、設計加工等領域轉變，引導加工貿易向產業鏈高端延伸、向中西部轉移和向海關特殊監管區域集中，提高科技含量和附加值。

三是註重對外經濟協調均衡發展，從割裂對外貿易與外資、外經的聯繫向註重對

外經濟貿易融合互動轉變，特別是要通過從偏重引進外資向引進外資與對外投資並重轉變，推動引資、引技、引智及對外貿易與對外投資有機結合，充分發揮「走出去」對貿易發展的帶動作用。

四是著力提升對外貿易發展的傳統優勢，培育以技術、品牌、質量、服務為核心競爭力的對外貿易新優勢，推動對外貿易發展從主要依靠土地及勞動力等要素的稟賦優勢向培育國際競爭新優勢轉變，提高對外貿易發展質量和水平，提升對外貿易、對外經濟及經濟社會綜合競爭優勢。

第三節　中國貨物貿易戰略和服務貿易戰略的演進與調整

在對外貿易總體戰略創新發展的進程中，中國的對外貿易基礎戰略發生了極大轉變。改革開放前，中國對外貿易經歷了向社會主義陣營「一邊倒」戰略到地理方向多元化戰略的變化歷程，對外貿易商品戰略也有所調整，貿易的商品結構有較大改善。但是，從總體上看，出口以初級產品為主、進口以工業製成品為主的格局始終沒有改變。改革開放後，中國的貨物貿易戰略呈現出類別多元化的特徵，服務貿易戰略也逐漸得到重視，貨物貿易戰略和服務貿易戰略在對外貿易發展中的引領作用逐漸加強。

一、中國貨物貿易戰略的演進與調整

(一) 出口貿易戰略的演進與調整

1. 出口商品戰略

中國的對外貿易商品戰略主要反應在各個歷史時期制定的國民經濟和社會發展五年計劃（規劃）中。其中，出口商品戰略是根據資源稟賦、經濟發展水平和國際市場的供需狀況等因素對出口商品的種類、結構、數量等內容所做的規劃。

在「六五」時期，中國的出口商品戰略強調發揮資源豐富的優勢，大力推進礦產品、農產品、土特產品出口；發揮傳統技藝精湛的優勢，發展工藝品和傳統輕紡織品出口；發揮勞動力眾多的優勢，發展來料加工；發揮已有工業基礎的作用，發展機電產品、稀有金屬加工產品的出口。這種偏重資源型初級產品、勞動密集型輕紡產品的出口商品結構安排，與中國當時落後的產業結構和生產技術狀況密切相關。

經過五年的發展，中國在「七五」計劃中提出了兩個轉變，一是逐步實現由主要出口初級產品向主要出口工業製成品轉變，二是由主要出口粗加工製成品向主要出口精加工製成品轉變。到「七五」計劃末，中國基本實現了第一個轉變，因此「八五」計劃強調要逐步實現由粗加工產品出口為主向以精加工產品出口為主的轉變，努力增加附加值高的機電產品、輕紡織品和高技術產品的出口，鼓勵那些在國際市場上有發展前景、競爭力強的「拳頭產品」的出口。根據這個規劃，中國在「八五」期間確立了以機電產品為主導，以輕紡產品為骨幹，以高技術產品為發展方向，同時繼續保持某些礦產品和農副產品出口的目標。

「八五」計劃末，機電產品取代輕紡織品在中國出口貿易中的地位成為大宗出口商品，但是，以勞動密集型產品為主的出口商品結構仍然沒有改變。針對這種狀況，中國提出要努力實現出口增長由數量型向效益型轉變。《國民經濟和社會發展「九五」計劃和 2010 年遠景目標綱要》指出，要進一步優化出口商品結構，著重提高輕紡產品的質量、檔次，加快產品升級換代，擴大花色品種，創立名牌，提高產品附加值，進一步擴大機電產品特別是成套設備的出口，發展附加值高和綜合利用農業資源的創匯農業。

進入 21 世紀后，世界經濟格局發生了巨大變化，傳統勞動密集型產品市場份額不斷縮小，以技術為核心的高新技術產品的市場佔有率日益提高，尤其是電子產品、生物產品等成為世界市場上最具活力和競爭力的產品，中國缺乏具有國際競爭力的高新技術產品的問題更加凸顯。在這個背景下，中國在「十五」時期圍繞轉變對外貿易增長方式加大了優化出口商品結構的工作力度。在此基礎上，「十一五」「十二五」規劃進一步提出要提升勞動密集型產品的質量和檔次，擴大機電產品和高新技術產品出口。此外，「十二五」規劃還提出要嚴格控制高耗能、高污染、資源性產品出口，培育出口競爭新優勢。

2. 以質取勝戰略、出口市場多元化戰略和科技興貿戰略

在 20 世紀 90 年代初，中國提出了全面提高產品質量和全民質量意識的構想。在《國民經濟和社會發展「九五」計劃和 2010 年遠景目標綱要》中，中國明確了提高產品質量、工程質量和服務質量總體水平的重要性，強調在對外貿易中要貫徹以質取勝戰略。在《質量發展綱要（2011—2020）》中，中國提出要把以質取勝作為質量發展的核心理念，發揮質量的戰略性、基礎性和支撐性作用，依靠質量創造市場競爭優勢，增強中國產品、企業、產業的核心競爭力；到 2020 年，中國要在建設質量強國方面取得明顯成效，形成一批擁有國際知名品牌和核心競爭力的優勢企業。

在強調以質取勝的同時，中國提出了出口市場多元化戰略。出口市場多元化戰略是關於出口貿易市場格局的規劃。早在「二五」計劃時期，中國就提出要發展與社會制度不同的國家特別是亞非各國的經濟合作、貿易往來、文化和技術交流，這是中國關於市場多元化戰略的早期構想。在「八五」時期，中國正式啟動出口市場多元化戰略的主要目的是通過有重點、有計劃地調整出口產品市場結構，解決出口貿易過於集中在主要發達國家市場的問題。因此，從總體上講，實施出口市場多元化戰略，要求中國在繼續鞏固、擴大發達國家市場的同時，重視開拓發展中國家特別是周邊國家和地區市場，逐步形成以新興市場為重點、以周邊國家為支撐、發達國家和發展中國家市場合理分佈的市場格局。

繼以質取勝戰略、市場多元化戰略之後，中國在 1999 年初提出了科技興貿戰略。科技興貿戰略是中共「十五大」提出的科教興國戰略在對外貿易領域的具體體現。為了更好地實施科技興貿戰略，中國在 2001 年發布了《科技興貿「十五」計劃綱要》，對「十五」期間實施科技興貿戰略的主要目標、重要任務和保證措施做了規劃，強調要促進高新技術產品出口和用高新技術改造傳統出口產業，提高出口產品的技術含量和附加值。在「十一五」時期，中國對擴大高新技術產品出口、完善高新技術產品出

口體系、增強企業自主創新能力等做了明確規劃。在「十二五」時期，中國圍繞培育出口競爭新優勢細化了科技興貿的戰略目標，強調要依託對外貿易轉型升級示範基地、科技興貿創新基地、船舶汽車出口基地，打造重點出口產業集聚區，同時強調要推進戰略性新興產業國際化，引導加工貿易繼續向產業鏈高端延伸。

以質取勝戰略、出口市場多元化戰略和科技興貿戰略，是中國長期實踐經驗積澱的成果。根據《關於加快轉變外貿發展方式的指導意見》的有關精神，要轉變對外貿易發展方式，就要深入實施科技興貿、以質取勝、市場多元化和「走出去」等重大戰略。可以預見，在全面深化改革開放新時期，中國的出口貿易戰略將圍繞提升出口貿易傳統優勢、培育競爭新優勢，進一步向著科學化、多元化的方向發展，並通過深入實施科技興貿、「走出去」等戰略，推動企業自主創新，推動「走出去」帶動出口，進而實現優化出口商品結構、提高出口貿易發展質量和水平、促進傳統產業升級和新興出口產業發展及戰略性新興產業國際化等戰略目標。

(二) 進口貿易戰略的演進與調整

中國制定進口貿易戰略的主要依據是生產需求和消費需求，重點在於進口的商品結構和市場結構安排。在進口貿易戰略不斷發展的過程中，中國提出了進口促進戰略。

1. 中國的進口商品戰略

進口商品戰略是對進口商品的構成、數量等內容所做的規劃。在20世紀50年代，中國的進口商品戰略是大力組織國家經濟建設所必需的機器設備、工業器材和原料以及其他重要物資的進口。這對打破中國面對的禁運封鎖，恢復和發展國民經濟，增強生產能力，改善人民生活，穩定市場價格有重要作用。在20世紀60年代，根據當時的特殊情況，中國將糧食排在急需物資進口的首位，其后依次是化肥、農藥、油脂、工業原料、設備等。在20世紀70年代，中國調整了進口商品戰略，但由於「文革」的影響，進口商品戰略目標沒能全面實現。

「六五」至「九五」時期，中國的進口原則沒有明顯變化，進口結構相對比較穩定，先進技術、關鍵設備和國內生產建設所需物資尤其是短缺物資的進口，始終是進口商品戰略的重點。在此前提下，「六五」時期強調「以進養出」物資的進口，對中國能夠製造和供應的設備，特別是日用消費品，主張不盲目進口；「七五」時期強調引進軟件；「八五」時期強調農用物資的進口，同時強調要防止盲目引進和不必要的引進，主張發展進口替代產品的生產，減少國內能夠生產供應的原材料和機電設備的進口，嚴格控制奢侈品、高檔消費品和菸酒等產品的進口；「九五」時期強調要提高先進技術、高科技、設備及原材料的進口比例。

隨著產業結構的調整，國內供需平衡狀況變化加劇。同時，隨著市場化改革和對外開放的推進，特別是入世過渡期後，中國的市場准入度和貿易自由化程度大幅度提高，按市場需求規劃進口的方式逐步取代了國家統一制定進口計劃的做法。在這樣的背景下，中國在「十五」時期強調要引進先進技術和設備，保證重要能源、資源和加工貿易物資的進口，要根據市場開放承諾擴大消費品進口；在「十一五」時期強調要擴大先進技術、關鍵設備及零部件和國內短缺能源、原材料進口，促進資源進口多元

化。其間，受 2008 年全球金融危機的影響，中國根據世界總體需求大幅下降等情況調整了進口貿易戰略。到「十二五」時期，中國提出要提升進口綜合效益，優化進口商品結構，積極擴大先進技術、關鍵零部件、國內短缺資源和節能環保產品進口，適度擴大消費品進口。2012 年，國務院《關於加強進口促進對外貿易平衡發展的指導意見》強調要穩定和引導大宗商品進口，鼓勵開展直接貿易，增強穩定進口的能力。

進口商品戰略的調整，有助於繁榮中國的國內市場，補充國內供給不足的生產、生活必需品，改善人民生活，促進社會穩定和經濟增長。在未來的進口商品戰略調整中，中國將根據促進產業結構調整和優化升級及解決資源約束等問題的需要，繼續鼓勵先進技術設備和關鍵零部件等產品的進口，穩定資源型產品進口，合理增加一般消費品進口；通過推動「走出去」帶動進口，特別是要通過支持國內企業與有關國家（地區）開展能源礦產、農業開發、海洋資源等方面的互利合作，建立穩定的境外能源資源供應渠道，鼓勵在產地開展能源資源產品的初級加工後再進口，促進當地就業，改善與有關國家（地區）的貿易結構和經貿關係，實現互利共贏戰略目標。

2. 進口市場多元化戰略

進口市場多元化戰略是指在安排商品進口特別是大宗商品進口時，要考慮從更多的國家和地區進口，避免長期集中在某一個或少數市場。在「十五」計劃中，中國就明確提出要努力實現大宗產品和重要資源進口來源多元化。「十二五」規劃指出，要發揮巨大市場規模的吸引力和影響力，促進進口來源地多元化。《關於加強進口促進對外貿易平衡發展的指導意見》強調，要進一步優化進口國別和地區結構，在符合多邊貿易規則的條件下，鼓勵從最不發達國家進口、擴大從發展中國家進口、拓展從發達國家進口。

可見，實施進口市場多元化戰略的直觀意義在於改善進口市場結構，穩定進口來源。在更廣泛的層面，實施進口市場多元化戰略有利於中國與世界各國、各地區發展經濟貿易關係，促進中國與多數國家和地區的貿易平衡，減少貿易摩擦；有利於中國利用不同出口國家之間的價格競爭和買方市場的有利地位，提高進口貿易效益；有利於配合中國的外交戰略，推動中國的外交工作，改善中國的國際環境，為中國和平崛起創造條件。

3. 進口促進戰略

隨著資源環境約束日益強化、人民生活水平不斷提高和對進口的積極作用認識不斷加深，中國關於促進進口的思想逐漸形成。「十五」時期，中國提出要擴大消費品進口。「十一五」時期中國提出要積極擴大進口，發揮進口貿易在國內經濟發展和產業結構調整中的帶動作用，提升產業競爭力，以促進出口貿易新優勢的培育和提升。「十二五」時期，中國強調要發揮進口對宏觀經濟平衡和結構調整的重要作用，優化貿易收支結構。根據《關於加強進口促進對外貿易平衡發展的指導意見》的有關精神，加強進口，促進對外貿易平衡發展，對於統籌利用國內外兩個市場、兩種資源，緩解資源環境瓶頸壓力，加快科技進步和創新，改善居民消費水平，減少貿易摩擦，具有重要的戰略意義，是實現對外貿易科學發展、轉變經濟發展方式的必然要求。在促進進口的過程中，要遵循的基本原則是堅持進口與出口協調發展，促進對外貿易基本平衡，

保持進出口穩定增長；堅持進口與國內產業協調發展，促進產業升級，維護產業安全；堅持進口與擴大內需相結合，推動內外貿一體化，促進擴大消費；堅持進口與「走出去」相結合，拓寬進口渠道，保障穩定供應；堅持市場機制與政策引導相結合，充分發揮市場主體作用，完善促進公平競爭的制度和政策。

中共十八大以來，為了全面提高開放型經濟水平，促進國內經濟轉型和產業結構升級，中國一再重申進出口協調發展的重要性。2014 年 11 月，《國務院辦公廳關於加強進口的若干意見》明確提出要實施積極的進口促進戰略，指出加強技術、產品和服務進口，有利於增加有效供給、滿足國內生產生活需求，提高產品質量，推進創業創新和經濟結構優化升級；有利於用好外匯儲備，促進國際收支平衡，提升開放合作水平。強調要繼續鼓勵先進技術設備和關鍵零部件等產品的進口，穩定資源性產品進口，合理增加一般消費品進口，大力發展服務貿易進口。

進口促進戰略的提出和實施，標誌著中國的進口貿易戰略及對外貿易戰略進入了新的階段。這不僅對中國對外經濟貿易發展方式的轉變及中國經濟社會的和諧發展有重大意義，還為中國的貿易夥伴提供了重要機遇，有利於推動國際貿易自由化和世界經濟發展。

二、中國服務貿易戰略的演進與調整

在中國對外貿易戰略中，服務貿易戰略長期缺位。1994 年，「大經貿」戰略將商品、資金、技術、服務相互滲透、協調發展作為重要目標，這標誌著中國從對外貿易戰略的角度明確了發展服務貿易的重要性。在「九五」時期，中國提出要有步驟地開放金融、商業、旅遊等服務領域。

入世以後，根據服務部門開放承諾和中國服務業開放水平不高、競爭力不強、服務貿易逆差較大的發展狀況，「十五」時期圍繞加快發展服務業、努力擴大服務出口、逐步縮小服務貿易逆差推進了服務貿易工作。在此基礎上，國家「十一五」規劃綱要明確指出要擴大工程承包、設計諮詢、技術轉讓、金融保險、國際運輸、教育培訓、信息技術、民族文化等服務出口，鼓勵外資參與軟件開發、跨境外包、物流服務，建設若干服務業外包基地，有序承接國際服務業轉移，積極穩妥地擴大服務業開放，建立服務貿易監管體制和促進體系。國家「十二五」規劃綱要提出要促進服務出口，提高服務貿易在對外貿易中的比重，強調在穩定和拓展旅遊、運輸、勞務等傳統服務出口的同時，努力擴大文化、中醫藥、軟件和信息服務、商貿流通、金融保險等新興服務出口，大力發展服務外包，擴大金融、物流等服務業對外開放，穩步開放教育、醫療、體育等領域，引進優質資源，提高服務業國際化水平。

依據國家「十二五」規劃綱要，中國制定了《服務貿易發展「十二五」規劃綱要》（以下簡稱《綱要》），強調要確立服務貿易的戰略地位，把發展服務貿易作為經濟工作的重要戰略任務，以科學發展為主題，以加快轉變經濟發展方式為主線，以國際市場需求為導向，以有效利用兩個市場、兩種資源為目標，科學合理規劃服務貿易發展，夯實服務貿易發展基礎。根據《綱要》的有關精神，發展服務貿易的主要任務是推動重點行業服務出口，有序擴大服務貿易領域的對外開放，加快服務貿易企業

「走出去」的步伐，培育具有較強國際競爭力的服務貿易企業，推進服務貿易領域自主創新，促進服務貿易區域協調發展，加快發展與戰略性新興產業相配套的服務貿易。需要註重的原則是堅持市場調節與政府引導相結合，遵循服務貿易發展規律，充分發揮市場在服務貿易領域資源配置中的基礎性作用；堅持服務貿易發展與服務業發展相結合，以國內產業特別是服務業發展為依託，大力發展服務貿易，努力擴大服務出口，實現服務貿易與服務業有機融合、互動發展；堅持服務貿易和貨物貿易協同發展的戰略思想，發揮服務貿易高附加值優勢，提高貨物貿易技術含量和附加值，延長貨物貿易價值鏈，同時發揮貨物貿易總量優勢，帶動服務貿易協調發展，提高服務貿易在對外貿易中的比重；堅持總量增長與結構優化相結合，正確處理環境保護與經濟發展和社會進步的關係，發揮服務貿易在建設資源節約型和環境友好型社會、促進經濟發展方式轉變中的積極作用，推進服務貿易各行業全面發展，實現服務貿易總量穩步增長，進出口基本平衡，重點發展現代服務貿易，規範提升傳統服務貿易，實現服務貿易結構優化。

除了明確闡述發展服務貿易的指導思想、基本原則、主要任務外，《綱要》還闡述了服務貿易發展中需要重點培育的領域和發展服務貿易的保障措施，指出要選擇中國具有比較優勢的傳統服務貿易領域，鞏固優勢；選擇符合國際服務貿易發展趨勢的新興服務貿易領域，重點培育。至此，中國形成了較為系統的服務貿易發展戰略，使開放及服務貿易和貨物貿易協同發展、服務出口與服務進口基本平衡成為中國服務貿易發展的戰略重點。在此基礎上，中國根據客觀情況的變化，進一步明確了服務貿易進口的重要意義。2014 年，《國務院辦公廳關於加強進口的若干意見》指出，要大力發展服務貿易進口，積極擴大國內急需的諮詢、研發設計、節能環保、環境服務等知識、技術密集型生產性服務進口和旅遊進口。

2015 年，中國根據經濟新常態進一步闡述了發展服務貿易的戰略意義和主要目標。《關於加快發展服務貿易的若干意見》指出，大力發展服務貿易有利於穩定和增加就業、調整經濟結構、提高發展質量和效率、培育新的增長點，是擴大開放、拓展發展空間的重要著力點；強調要適應經濟新常態，加快發展服務貿易，創新服務貿易發展模式，加快服務貿易自由化和便利化，擴大服務貿易規模，優化服務貿易結構，增強服務出口能力，大力推動服務業對外投資，培育「中國服務」的國際競爭力，進一步提升服務貿易占對外貿易的比重，逐年提高服務貿易的全球占比，逐年提高新興服務領域的占比，逐步實現國際市場佈局均衡，穩步提升「一帶一路」沿線國家在服務出口中的占比，到 2020 年，力爭服務進出口額超過 1 萬億美元。

可見，中國在制定服務貿易戰略方面起步較晚，但發展較快。在關於服務貿易的規劃中，不僅有明確的數量目標，還有相應的質量目標以及均衡市場佈局、擴大服務業對外投資等方面的初步規劃，這進一步體現出中國對外貿易戰略的多元化特徵和戰略重點的調整。在全面深化改革的進程中，中國將根據「五位一體」總體佈局和全面建成小康社會的各項目標，適時調整服務貿易戰略，進一步完善服務貿易市場規劃和服務業對外投資戰略，改革和完善服務貿易管理制度，充分發揮市場在服務貿易領域資源配置中的決定性作用，推動服務貿易協調、持續發展。

第四節　區域經濟一體化與中國的自由貿易區戰略

中共十七大報告首次提出自由貿易區戰略。中國商務部、海關總署《關於規範「自由貿易區」表述的函》指出，根據世界貿易組織的有關解釋，自由貿易區是指兩個或兩個以上的主權國家或單獨關稅區通過簽署協定，在世界貿易組織最惠國待遇基礎上，相互進一步開放市場，分階段取消絕大部分貨物的關稅和非關稅壁壘，改善服務和投資的市場准入條件，從而形成的實現貿易和投資自由化的特定區域；自由貿易區所涵蓋的範圍是簽署自由貿易協定的所有成員的全部關稅領土，而非其中的某一部分。①

自由貿易區是世界貿易組織最惠國待遇的一種例外，是區域經濟一體化的重要組織形式。實踐中，區域經濟一體化通常從建立自由貿易區開始。當前，全球區域經濟一體化格局正加速調整，區域性自由貿易協定已經成為區域經濟一體化的重要載體。在這種形勢下，加快實施自由貿易區戰略具有重大意義。

一、區域經濟一體化的發展狀況及影響

區域經濟一體化是指兩個或兩個以上的國家或地區為了實現共贏的目標，通過協商並締結經濟條約或協議，實行從減少或取消貿易壁壘到實施統一經濟政策的不同程度的經濟聯合的過程和狀態。按照自由化程度從低到高排序，區域經濟一體化的組織形式分為優惠貿易安排、自由貿易區、關稅同盟、共同市場、經濟聯盟和完全經濟一體化。當前，區域經濟一體化最主要的表現形式是自由貿易區。自由貿易區的蓬勃發展，體現了區域經濟一體化的趨勢，影響著國際貿易及國際關係的發展。

（一）區域經濟一體化的發展狀況

1. 區域經濟一體化加速發展，自由貿易區數量迅速增加

區域經濟一體化加速發展是當今世界經濟發展的重要趨勢。根據世界貿易組織的分類統計，區域經濟一體化協定主要分為優惠貿易協定、自由貿易協定、關稅同盟和經濟一體化協定。在生效的各類協定中，自由貿易協定占據主導地位，20世紀90年代以來所簽署的區域經濟一體化協定，大部分是自由貿易協定。自由貿易協定的迅速增加，已經成為區域經濟一體化迅速發展的顯著特徵。截至2015年12月1日，向GATT/WTO通知備案的區域貿易協定619個，生效實施的413個，生效實施的區域貿易協定占比為66.72%。② 其中，80%以上的自由貿易協定是在最近十多年集中出現的。簽署自由貿易協定已經成為區域經濟合作的潮流。在世界貿易組織的162個成員中，所有

---

① 見商務部、海關總署2008年5月9日發布的《關於規範「自由貿易區」表述的函》。此函特別區分了自由貿易區和自由貿易園區，強調「自由貿易區」對應的英文為 FREE TRADE AREA (FTA)，而「自由貿易園區」對應的英文為 FREE TRADE ZONE (FTZ)。

② 數據來源於 WTO 官方網站。網址：https://www.wto.org/english/tratop_e/region_e/region_e.htm，登錄時間為2016年1月23日。

成員都是一個或多個區域貿易協定的參與者，協定參與者之間的貿易額占到了全球貿易總額的一半以上。

在區域貿易安排迅速發展的過程中，區域貿易協定突破傳統的地緣限制，呈現出跨區域貿易協定快速增加的趨勢。在已經實施的區域貿易協定中，跨區域貿易協定的占比大幅度提高。目前正在談判的巨型的跨區域貿易協定包括跨太平洋夥伴關係協定（TPP）、跨大西洋貿易與投資夥伴協定（TTIP）、跨亞洲與大洋洲的區域全面經濟夥伴關係協定（RCEP）。

2. 區域經濟一體化合作領域更廣、層次更高

傳統的自由貿易協定以促進貨物貿易自由化為核心，涉及的內容主要包括削減和取消關稅及非關稅壁壘。隨著服務業和服務貿易的發展，自由貿易協定的內容擴展到服務貿易自由化。在此基礎上，目前的區域經濟合作領域進一步擴大到投資及人員、技術等要素的自由流動，自由貿易協定的內容從關稅、檢驗檢疫、清關等邊境措施拓展到經濟體的邊境內措施，有的自由貿易協定甚至包括超越世界貿易組織協定要求的內容，貿易投資便利化、知識產權保護標準、環境保護標準、原產地規則、競爭政策、勞工標準、貿易爭端解決機制等內容，在區域貿易協定中得到了越來越充分的體現。無論是邊境上的貿易投資便利化、跨邊境的互聯互通，還是邊境后的商業環境建設，都是自由貿易協定的重要內容，其法律標準也高於傳統的自由貿易協定。在投資政策方面，不僅包括傳統的國民待遇要求，甚至還包括投資者義務、企業社會責任、公共治理、反腐敗、基礎設施與公司合營等方面的更高的要求。

3. 發達經濟體成為區域經濟合作的主導者和推動者

在構建自由貿易區、推進區域經濟一體化的過程中，發達經濟體是帶頭者和主導者。以美國、歐盟和日本為例。2002 年美國參與的自由貿易區僅為 3 個，但到 2015 年年底，美國與 20 個國家簽署實施了 14 個自由貿易協定，與世界 5 大洲的國家簽署了 50 個貿易與投資框架協議和 42 個雙邊投資協定，並啟動了跨太平洋夥伴關係協定（TPP）和跨大西洋貿易與投資夥伴關係協定（TTIP）的談判，其中 TPP 談判於 2015 年 10 月獲得突破性進展，並達成了貿易協定。[①] 進入 21 世紀，原本傾向於通過內部成員擴充來擴大市場的歐盟也開始明確表示出對跨境自由貿易區的興趣。截至 2014 年年初，歐盟—韓國和歐盟—加拿大自由貿易區順利簽署並生效實施。與此同時，歐盟還發起和參與了與美國、日本、印度、東盟、拉美南方共同市場、非洲、加勒比海和太平洋國家自由貿易區以及歐盟—地中海夥伴關係等多個區域貿易安排的談判。面對區域經濟一體化的大趨勢，日本的對外貿易政策也逐步轉向重視地區和雙邊主義。截至 2015 年 10 月底，日本已簽署並生效的雙邊自由貿易協定和經濟夥伴關係協定達 15 個，處於積極談判進程中的有 8 個，啟動聯合研究 2 個。[②] 此外，區域貿易協定還呈現出發

[①] 數據來源於美國貿易部官方網站。網址：http://www.ustr.gov/trade-agreements/trade-investment-framework-agreements，登錄時間為 2016 年 1 月 23 日。

[②] 數據來源於日本外務省官方網站。網址：http://www.mofa.go.jp/policy/economy/fta/index.html，登錄時間為 2016 年 1 月 23 日。

達國家之間強強聯合的趨勢，美歐、美日、歐日之間都有區域貿易協定方面的實質性談判，美、歐、日與其他經濟合作組織發達經濟體之間的談判也在進行中。自由貿易區已經成為大國開展戰略合作與競爭的重要手段，正在加速改變世界經濟和政治格局。

4. 區域貿易協定網路化特徵明顯

在區域經濟一體化迅速發展的進程中，眾多的區域貿易協定及不同區域貿易協定的成員交叉、重疊，在區域乃至世界範圍內形成了多層次的複雜的自由貿易協定網路。以亞太地區為例，在其眾多的自由貿易協定中，美國、韓國、日本等國家分別參與了多個，這些自由貿易協定的成員交叉、重疊，形成了亞太地區複雜的「輪軸—輻條」關係。就日本而言，日本與東盟簽署了自由貿易協定，但同時又與東盟成員國如印度尼西亞、泰國、菲律賓等分別簽署了雙邊自由貿易協定。日本已經建立起以自己為軸心的自由貿易區網路。在區域貿易協定網路化的過程中，各協定在優惠待遇、原產地規則等方面的不同，增加了區域經濟合作的複雜性。

(二) 區域經濟一體化的影響

區域經濟一體化的影響是多方面的。總體來看，主要分為經濟效應和政治效應。當前，區域經濟一體化的經濟效應和政治效應已經得到公認。

1. 區域經濟一體化的經濟效應

區域經濟一體化的經濟效應主要涉及貿易創造與貿易轉移效應、投資創造與投資轉移效應、經濟增長效應、收入聚斂效應等。綜合而論，在區域經濟一體化集團中，通過簽訂自由貿易協定可以促進區域內部的分工和合作，形成區域性的統一市場，促進商品和要素自由流動，刺激投資增長，降低生產經營成本，提高資源配置效率，產生規模經濟效應，增強經濟貿易集團的談判能力，提升其國際地位。同時，由於貿易自由化和統一市場的形成會加劇成員間的市場競爭，這有利於促進區域內企業重組和提高競爭能力，加速產業結構調整，促進產業結構優化升級。由於上述各種效應，區域經濟一體化可以促進經濟增長。

由於區域經濟一體化組織因其優惠措施只適用於區域內部成員而具有排他性，這會影響區域內成員與非成員的貿易、投資及合作，因此，區域經濟一體化組織具有參與者受益的特點。這意味著非參與者可能受損甚至被邊緣化。

2. 區域經濟一體化的政治效應

除了經濟效應，區域經濟一體化具有某些非傳統意義的收益，如保證政策的連續性、增強討價還價能力以及發揮協調一致機制的作用，等等。根據世界銀行給出的區域經濟一體化政治影響分析框架，參與區域經濟一體化的政治驅動因素包括增強經濟和軍事等方面的安全性、增強國際討價還價能力、鎖定國內改革取向。區域經濟合作日益成為實現政治利益的重要手段，區域經濟合作的戰略價值更加凸顯。以美國力推的跨太平洋夥伴關係協定（TPP）談判為例，其作為美國「迴歸亞太」戰略的重要組成部分，既有經濟方面又有政治方面的考慮，其中，通過建立將中國排除在外的高質量自由貿易區，實現遏制中國崛起是一個不容否認的目標。隨著區域經濟一體化組織的迅速增加，區域經濟一體化組織日益取代單個國家成為世界經濟活動的主體。這是

世界範圍內國際經濟關係的重新調整與組合，表明國家經濟在世界經濟中的運行方式逐漸從個體參與走向集團參與，國家之間的競爭由自身經濟、軍事實力的競爭逐漸演變為所在戰略同盟的競爭，簽訂自由貿易協定日益成為爭取自由貿易區夥伴、擴大自身勢力範圍、提升國際地位的重要途徑。這種趨勢增加了各主要經濟體爭相簽署自由貿易協定的動力，影響著世界政治經濟格局的發展。

二、區域經濟一體化趨勢下中國實施自由貿易區戰略的意義

區域經濟一體化尤其是自由貿易區的迅速發展和深遠影響，決定了中國加快實施自由貿易區戰略的必要性和緊迫性。

(一) 中國自由貿易區戰略的提出與發展

中國的自由貿易區戰略是在世界貿易組織談判受阻、區域經濟一體化發展迅速的背景下提出的。在正式提出自由貿易區戰略之前，中國於20世紀90年代初開始了自由貿易區問題的系統研究。1991年年底，當時的對外貿易經濟合作部承擔了「世界經濟區域集團化趨勢、影響及對策」課題，深入分析了世界經濟區域集團化發展對中國的影響及相應對策，從戰略上明確了參與自由貿易區的重要性。1991年11月，中國以主權國家身分加入亞太經合組織，這為中國提供了近距離認識和瞭解國際合作組織的平臺，為中國參與區域經濟貿易組織創造了條件。加入世界貿易組織之後，尤其是中國—東盟自由貿易區先期成果的取得以及2004年中國—東盟貨物貿易協議的簽署，為中國自由貿易區戰略的提出累積了實踐經驗。2005年10月11日，《中共中央關於制定國民經濟和社會發展第十一個五年規劃的建議》指出，中國將積極參與多邊貿易談判，推動區域和雙邊經濟合作，促進全球貿易和投資自由化便利化；2006年9月11日，世界經濟論壇發布的《中國與世界：展望2025》報告預測，未來中國將把發展重點轉為建設國內市場和改善同亞洲鄰國的關係，引導亞洲形成區域內商品、資金、勞動力可以自由流通的亞洲經濟區。

很顯然，在經濟全球化和區域一體化的大背景下，中國積極穩妥地參與區域經濟合作，是適應經濟全球化的一項戰略選擇。2007年，中共十七大報告正式提出了自由貿易區戰略，要求加強雙邊及多邊經貿合作。2012年，中共十八大報告進一步提出統籌雙邊、多邊、區域次區域開放合作，加快實施自由貿易區戰略，推動同周邊國家互聯互通。在此基礎上，十八屆三中全會《關於全面深化改革若幹重大問題的決定》強調要加快自由貿易區建設。由此可見，自由貿易區戰略已經成為新時期中國發展經濟與對外貿易的重要戰略。加快實施自由貿易區戰略，是中國新一輪對外開放的重要內容。

(二) 加快實施自由貿易區戰略的意義

加快實施自由貿易區戰略，是中國實現對外貿易戰略目標和對外經濟協調發展、全面提高開放型經濟水平的有效途徑，是中國積極參與全球經濟治理、有效應對經濟全球化的重要渠道。

1. 加快實施自由貿易區戰略是實現對外經濟發展目標的需要

加快實施自由貿易區戰略，簽署自由貿易協定，可以有效推進中國與其他國家貨

物貿易、服務貿易的自由化和便利化，促進商品與要素自由流動，提高資源配置效率，降低貿易保護主義和外部區域化造成的損失。同時，加快實施自由貿易區戰略，積極參與區域經濟一體化，可以推動投資自由化和便利化，優化中國企業開展跨國經營的環境，使中國企業在「走出去」時得到制度保障，從而加快「走出去」戰略的實施步伐，進一步提高企業對外直接投資的成功概率和中國在國際分工中的地位。習近平指出：發揮自由貿易區對貿易投資的促進作用，更好地幫助中國企業開拓國際市場，是中國積極運籌對外關係、實現對外戰略目標的重要手段。

此外，加快實施自由貿易區戰略有助於實施市場多元化戰略，優化對外貿易市場結構，分散中國的對外貿易風險。同時，通過與世界資源富產國特別是中國周邊的產油國進行區域經濟合作，建立彼此之間穩定的協作關係和利益紐帶，有助於擺脫過分依賴一些國家和地區的資源供應，降低資源進口的脆弱性，獲得較為穩定的海外資源市場，提高資源安全系數，進而提高中國維護國家經濟安全的能力。

2. 加快實施自由貿易區戰略可以促進改革與發展

首先，加快實施自由貿易區戰略要求中國在較短時間內提高對外貿易自由化程度，實施高標準的貿易自由化政策。這有助於中國基於對外貿易戰略的基本屬性，依據促進國際國內要素有序自由流動，資源高效配置，市場深度融合，推動經濟更有效率、更加公平、更可持續發展的要求，以國際貿易規則和國際貿易慣例的基本範式為導向，積極推動對外貿易規則與國際規則接軌，完善中國特色的自由貿易制度，建立健全實現對外貿易戰略目標的制度保障。

其次，加快實施自由貿易區戰略、積極參與區域經濟一體化，意味著中國必須深入開放市場。這有助於通過拓展中國對外開放的範圍、領域和層次擴大發展空間，促進國內改革的深化，增強市場機制的作用，為中國經濟發展注入新動力、增添新活力、拓展新空間，推動開放促改革、促發展。

最後，加快實施自由貿易區戰略，尤其是加強與周邊國家的交流、合作，有助於增進中國與區域內成員的互利互信，從而更好地消解中國與區域內成員的矛盾和衝突，在獲得經濟利益的同時改善地緣政治關係，為中國全面深化改革開放創造良好的外部環境。習近平指出，站在新的歷史起點上，實現「兩個一百年」奮鬥目標、實現中華民族偉大復興的「中國夢」，必須深刻把握國內改革發展新要求，加快實施自由貿易區戰略，加快構建開放型經濟新體制，以對外開放的主動贏得經濟發展的主動、贏得國際競爭的主動。

3. 加快實施自由貿易區戰略是有效應對經濟全球化的戰略選擇

在區域經濟一體化不斷發展的進程中，多邊貿易體制和區域貿易安排早已成為驅動經濟全球化向前發展的兩個輪子，自由貿易區也超越了經濟範疇，兼有外交、政治方面的戰略意義。它通過更加優惠的貿易和投資條件，將各成員的經濟利益緊密聯繫在一起，並通過經濟利益的融合加強了成員之間的政治、外交關係，形成各種利益共同體。自由貿易區的大發展，對世界經濟、政治格局產生了重大影響，也使中國和平發展面臨更多的機遇和挑戰。在世界各國特別是大國競相發展自由貿易區的形勢下，如果置身局外或落於人後，中國的發展空間就會受到擠壓，在經濟全球化浪潮中就可

能處於不利境地。加快實施自由貿易區戰略是適應經濟全球化新趨勢的客觀要求。準確判斷國際形勢的新變化，以更加積極有為的行動推進更高水平的對外開放，深入推進區域經濟一體化，有助於中國在經濟全球化進程中搶佔先機，贏得主動。

　　區域經濟合作是提供地區性公共產品的主要平臺。借助區域經濟合作平臺，有利於中國與區域內成員共同規劃發展願景，共同應對全球性挑戰，共同謀求聯動發展，有利於中國提高在國際談判中的地位和綜合實力，有助於中國積極參與國際經貿規則的制定，爭取全球經濟治理的制度性權力。中國要善於通過自由貿易區建設加強與其他經濟體政府磋商對話的機制，在國際規則制定中發出更多中國聲音，注入更多中國元素，充分發揮負責任大國的作用，積極推動多邊貿易體系建設和貿易規則的區域性協調，努力遏制各種形式的貿易保護主義，促進國際經濟秩序朝著更加公正合理的方向發展。

三、中國自由貿易區建設歷程及發展目標

(一) 中國自由貿易區建設歷程

　　中國實施自由貿易區戰略、參與區域經濟一體化的實踐，起步於開放的地區主義。亞太經合組織（APEC）是中國參與區域經濟合作的首次嘗試。隨後，中國參與了大湄公河次區域經濟合作（GMS）。2001年，上海合作組織的建立加強了中國與哈薩克斯坦、吉爾吉斯斯坦、俄羅斯、塔吉克斯坦和烏茲別克斯坦之間的睦鄰互信與友好關係，對鞏固中國周邊地區安全與穩定，促進聯合發展有重要意義。同年，中國加入了《曼谷協定》①，這是中國參與的第一個區域貿易安排。此後，中國加大了建立中國—東盟自由貿易區的工作力度。2002年，中國與東盟十國簽署了《中國與東盟全面經濟合作框架協議》，決定到2010年建成中國—東盟自由貿易區。同時，中國提出了研究建立中日韓自由貿易區的倡議，推進了內地與香港、澳門的更緊密聯繫經貿關係安排，並於2003年6月29日簽署、2004年1月1日生效實施了《內地與香港關於建立更緊密經貿關係的安排》；於2003年10月17日簽署、2004年1月1日起生效實施了《內地與澳門關於建立更緊密經貿關係的安排》。

　　自由貿易區戰略正式提出之後，中國加大了自由貿易區建設力度。截至2016年1月，中國已簽署並生效的自由貿易協定14個，涉及22個國家和地區；在談判的自由貿易協定8個，涉及24個國家；在研究的自由貿易協定4個；此外，截至2014年年底，中國還同129個國家簽署了雙邊投資協定，其中109個已生效。② 相關情況見表3.1。

---

① 2005年11月，《曼谷協定》第一次部長級理事會在北京舉行，《曼谷協定》正式更名為《亞太貿易協定》。

② 數據來源於 UNCTAD 網站。網址：http://investmentpolicyhub.unctad.org/IIA/IiasByCountry#iiaInnerMenu。登錄時間為2016年1月23日。

表 3.1　　　　　　　　　　　　　中國自由貿易區建設狀況

進程	自由貿易協定/自由貿易安排	涉及領域
已簽署協議的自貿區	1. 內地與香港更緊密經貿關係安排（CEPA，2004 年 1 月 1 日生效）	貨物貿易、服務貿易、投資便利化、投資貿易促進、產業合作、知識產權保護和品牌合作等
	2. 內地與澳門更緊密經貿關係安排（CEPA，2004 年 1 月 1 日生效）	貨物貿易、服務貿易、投資便利化、投資貿易促進、產業合作、知識產權保護和品牌合作等
	3. 中國—東盟 FTA（2002 年 11 月 4 日簽署《中國—東盟全面經濟合作框架協議》；2004 年 1 月 1 日早期收穫計劃實施；《貨物貿易協議》2005 年 7 月開始實施；《服務貿易協議》2007 年 7 月起實施；2010 年全面啟動）	貨物貿易和服務貿易
	4. 中國—東盟（「10＋1」）升級 FTA（2015 年 11 月 22 日簽署《中華人民共和國與東南亞國家聯盟關於修訂〈中國—東盟全面經濟合作框架協議〉及項下部分協議的議定書》，是中國在已有自貿區基礎上完成的第一個升級協議）	貨物貿易、服務貿易、投資和經濟合作等
	5. 中國—智利 FTA（2006 年 10 月 1 日生效）	貨物貿易和服務貿易
	6. 中國—巴基斯坦 FTA（早期收穫協定於 2006 年 1 月 1 日起施行；自由貿易協定於 2007 年 7 月起實施；服務貿易協定於 2009 年 2 月 21 日簽署）	貨物貿易和服務貿易
	7. 中國—新西蘭 FTA（2008 年 10 月 1 日生效，這是中國與發達國家簽署的第一個自由貿易協定）	貨物貿易、服務貿易、人員流動和投資
	8. 中國—新加坡 FTA（2009 年 1 月 1 日生效）	貨物貿易、服務貿易、人員流動、海關程序等
	9. 中國—秘魯 FTA（2010 年 3 月 1 日生效）	貨物貿易、服務貿易、投資、知識產權、貿易救濟、原產地規則、海關程序、技術性貿易壁壘、衛生和植物衛生措施等
	10. 中國—哥斯達黎加 FTA（2011 年 8 月 1 日生效）	貨物貿易、服務貿易、知識產權、貿易救濟、原產地規則、海關程序、技術性貿易壁壘、衛生和植物衛生措施、合作等
	11. 中國—冰島 FTA（2014 年 7 月 1 日生效，是中國與歐洲國家簽署的第一個自由貿易協定。）	貨物貿易、服務貿易和投資等
	12. 中國—瑞士 FTA（2014 年 7 月 1 日生效）	貨物貿易、服務貿易、投資、知識產權、環境等
	13. 中國—韓國 FTA（2015 年 12 月 20 日生效）	貨物貿易、服務貿易、投資便利化、自然人移動、電子商務、知識產權、環境等
	14. 中國—澳大利亞 FTA（2015 年 12 月 20 日生效，在服務貿易領域，澳大利亞是首個對中國以負面清單方式做出服務貿易承諾的國家）	貨物貿易、服務貿易、投資便利化、自然人移動、電子商務、知識產權等

表3.1(續)

進程	自由貿易協定/自由貿易安排	涉及領域
正在談判的自貿區	1. 中國—海合會 FTA（2005年5月首輪自貿區談判，2016年1月中國與海合會恢復自貿協定談判，實質性結束貨物貿易談判）	貨物貿易和投資
	2. 中國—挪威 FTA（2007年6月進行可行性研究，2008年9月正式啟動自貿區談判，2010年9月進行了第八輪自貿協定談判）	貨物貿易、服務貿易、原產地規則、衛生和植物衛生標準/技術性貿易壁壘、貿易救濟、貿易便利化等
	3. 中日韓 FTA（2012年11月正式啟動，2016年1月進行第九輪談判）	貨物貿易、服務貿易、投資
	4. 區域全面經濟合作夥伴關係協定（RCEP，2013年5月正式啟動，2015年11月舉行了第10輪談判）	貨物貿易、服務貿易、投資等
	5. 中國—斯里蘭卡 FTA（2013年8月中斯自貿區聯合可行性研究，2014年9月進行首輪談判，2014年12月進行第二輪談判。）	暫無
	6. 中國—巴基斯坦自貿協定第二階段談判（2015年11月《中華人民共和國政府和巴基斯坦伊斯蘭共和國政府自由貿易區服務貿易協定銀行業服務議定書》正式生效）	服務貿易
	7. 中國—馬爾代夫 FTA（2015年12月進行第一輪談判）	暫無
	8. 中國—格魯吉亞 FTA（2015年12月正式啟動中格自貿協定談判）	暫無
正在研究的自貿區	1. 中國—印度 FTA（2008年9月中國—印度區域貿易安排聯合研究完成）	暫無
	2. 中國—哥倫比亞 FTA（2012年正式啟動兩國自貿區聯合可行性研究）	暫無
	3. 中國—摩爾多瓦 FTA	暫無
	4. 中國—斐濟 FTA	暫無

資料來源：中國自由貿易區服務網. http://fta.mofcom.gov.cn/index.shtml. 2016年1月23日登錄。

(二) 中國自由貿易區建設的特點

中國的區域貿易合作具有區域經濟一體化的一些共性，同時，在中國特色社會主義理論體系指導下，立足於對外開放基本國策的自由貿易區建設也具有中國的個性特徵。

1. 合作區域立足於周邊並向拉美和歐洲輻射

從空間範圍來看，中國的自由貿易區建設具有立足於周邊並向拉美和歐洲輻射的特點。在中國目前已經簽署的14個自由貿易區中，7個自由貿易區或緊密的經貿關係安排所涉及的15個國家或地區地處中國周邊；正在談判的8個自由貿易協定中，一半以上自由貿易協定所涉及的國家地處亞太地區。由此可見中國自由貿易區建設主要立足於中國周邊。此外，中國還拓展了與歐洲國家的貿易關係，中國—冰島和中國—瑞士自由貿易協定順利簽署並於2014年7月1日正式生效就是有力證明。同時，中國與

拉丁美洲的貿易關係也通過中國—智利、中國—秘魯等自由貿易區得到了加強。

2. 合作領域不斷拓展，合作程度不斷加深

隨著中國參與區域經濟一體化進程加快，中國的區域經濟合作領域不斷拓展。以中國與東盟的合作為例。根據 2002 年中國與東盟簽署的《中國—東盟全面經濟合作框架協議》，中國—東盟自由貿易區包括貨物貿易、服務貿易、投資和經濟合作等內容。實踐中，隨著中國—東盟早期收穫計劃的啟動及《貨物貿易協議》《服務貿易協議》《投資協議》的簽署，彼此之間的合作領域從農產品貿易向一般貨物貿易再向服務貿易及投資領域不斷拓展。2015 年 11 月 22 日，中國與東盟成功簽署《中華人民共和國與東南亞國家聯盟關於修訂〈中國—東盟全面經濟合作框架協議〉及項下部分協議的議定書》，在已有自貿區基礎上完成升級，雙方的合作領域也沿著互聯互通、金融合作、海上合作等領域不斷深化。再從中國—新西蘭自由貿易協定來看，其內容不僅包括了貨物貿易、服務貿易及投資領域，而且包括海關程序與合作、衛生與植物衛生措施、自然人移動、知識產權等領域。合作領域的拓展與合作程度的加深，是中國自由貿易區建設的特點和趨勢。

3. 自由貿易區建設的推進模式具有多樣性

在開展自由貿易區建設的過程中，中國根據合作夥伴的不同特點採取了不同的戰略推進模式。目前，中國已經簽署的自由貿易協定主要分為三種模式：一是內地與港、澳的更緊密經貿關係模式，即在「一國兩制」框架下推進中國內部不同關稅區貿易的自由化與便利化。二是中國與發展中國家的自由貿易區漸進模式。由於中國與其他發展中國家的經濟競爭性較強，簽署自由貿易區后的經濟效應不確定，因此通常採取先簽署貨物貿易協議再簽署服務貿易協議的逐步深化模式。三是中國與發達國家的自由貿易區模式。整體而言，中國與目前簽署自由貿易協定的發達國家的經濟互補性大於競爭性，而且發達國家尤其是新西蘭、瑞士和冰島等發達小國有進入中國巨大消費市場的強烈需求，因此這類自由貿易區談判比較容易取得突破，合作領域也更為廣闊。

4. 自由貿易區建設體現了國家統一戰略的要求

在中國的自由貿易區建設中，內地與香港、與澳門關於建立更緊密經貿關係的安排以及大陸與臺灣的海峽兩岸經濟合作框架協議的性質具有特殊性，是中國主體與中國的單獨關稅區在世界貿易組織框架下簽署的經貿合作協議，體現了「一個中國」原則下的區域經濟合作。這種合作符合國家統一戰略的要求，對減少或消除大陸（內地）與港、澳、臺在貿易投資方面的制度障礙，密切和深化彼此間的經濟與貿易合作，促進貿易、投資自由化和便利化，促進共同發展具有重要意義。中共十八屆三中全會明確提出要擴大對香港特別行政區、澳門特別行政區和臺灣地區的開放合作，這顯示了擴大兩岸四地經濟開放與合作在中國未來的改革開放中的戰略地位。

(三) 加快自由貿易建設的目標和原則

自由貿易區加速發展是區域經濟一體化的顯著特點，也是中國自由貿易區建設的基本趨勢。加快自由貿易區建設的目標是：順應國內經濟發展進入「新常態」的客觀現實和時代潮流，服務於中國經濟社會發展的多元目標，逐步構築起立足於周邊、輻射「一帶一路」、面向全球的高標準自由貿易區網路。

加快實施自由貿易區戰略是一項複雜的系統工程，需要加強頂層設計。在堅持更加積極主動的對外開放戰略，堅持世界貿易組織相關規則和平等互利、合作共贏、安全高效原則，堅持雙邊、多邊、區域次區域開放合作的前提下，中國需要重點做好以下工作：一是積極同「一帶一路」沿線國家和地區商建自由貿易區，使中國與沿線國家合作更加緊密、往來更加便利、利益更加融合；二是努力擴大自由貿易區的數量，更加註重質量，大膽探索，與時俱進；三是繼續拓展合作領域，積極擴大服務業開放，加快環境保護、投資保護、政府採購、電子商務等新議題談判；四是堅持循序漸進，加強先行先試、科學求證；五是堅持底線思維，註重風險防範，做好風險評估，努力排除風險因素；六是加快建立健全綜合監管體系，提高監管能力，築牢安全網。

本章小結

1. 對外貿易戰略是一國對對外貿易的各個方面所做的總體規劃。它是一國國民經濟發展戰略的有機組成部分，具有全局性、整體性和穩定性的特點。根據不同的標準，對外貿易戰略可以分為不同的類別。較為一致的觀點認為，發展中國家的對外貿易戰略主要包括進口替代戰略和出口導向戰略。在此基礎上，中國學者在20世紀80年代提出了混合發展戰略。

2. 改革開放前，由於特殊的國內、國際環境，中國實行的是典型的進口替代戰略。改革開放后中國逐步轉向出口導向戰略，但實際實行的對外貿易戰略更類似於一種混合型的貿易戰略。在從發展外向型經濟到發展開放型經濟轉變的過程中，中國提出了「大經貿」戰略；在完善社會主義市場經濟制度的背景下，中國提出了互利共贏和協調發展戰略。對外貿易戰略的調整和轉變，為中國更好地融入世界經濟、發展對外貿易創造了條件。

3. 為了配合對外貿易總體戰略，中國進一步制定了貨物貿易戰略和服務貿易戰略。中國的貨物貿易戰略包括出口貿易戰略，如出口商品戰略、以質取勝戰略、出口市場多元化戰略和科技興貿戰略，還包括進口貿易戰略，如進口商品戰略、進口市場多元化戰略和進口促進戰略。在很長的一段時間內，中國服務貿易戰略在中國對外貿易戰略中缺位，但近年來中國在制定服務貿易戰略方面發展較快，不僅制定了明確的數量目標，還提出了相應的質量目標以及均衡市場佈局、擴大服務業對外投資等方面的初步規劃。中國對外貿易戰略的多元化特徵日益凸顯。

4. 經濟全球化和區域經濟一體化成為當今世界的兩大潮流。在多邊貿易談判受阻的情況下，以自由貿易協定為主要內容的區域經濟一體化蓬勃發展。近年來，世界範圍內自由貿易區的數量迅速增長，其中世界主要經濟大國都成了這一趨勢的重要推手。區域經濟一體化合作的領域不斷拓展，合作的內容不斷深入，高規格自由貿易區談判與構建成為當前區域經濟一體化的重要特徵。面對區域經濟一體化的大趨勢，中共十七大明確提出了自由貿易區戰略。在加快推進區域經濟合作的進程中，中國確立了逐步構築起立足於周邊、輻射「一帶一路」、面向全球的高標準自由貿易區網路的自由貿易區建設目標。

思考題

1. 比較進口替代戰略、出口導向戰略與混合發展戰略的特點和優劣。
2. 新中國的對外貿易總體戰略經歷了怎樣的演變與發展？
3. 簡述不同歷史時期中國的貨物貿易戰略與服務貿易戰略。
4. 區域經濟一體化具有怎樣的經濟與政治效應？
5. 梳理中國自由貿易區的建設歷程，在此基礎上分析中國區域經濟合作的基本特徵。

案例分析

東亞經濟的高速增長是由日本率先通過產業轉移和產業升級帶動起來的。20 世紀 50 年代中期到 60 年代，日本通過引進和吸收發達國家先進技術，發揮後發優勢，使產業結構由單一化、低級化向多樣化、高級化演進，日本經濟逐漸實現了「進口—進口替代—出口」的趕超發展和從低附加值產品到高附加值產品的生產演進。20 世紀 70 年代以來，隨著日本經濟的迅速發展和比較優勢的轉變，其產業發展重心逐漸轉向信息技術、電子、精細化工、文化創意等新型產業，並加快了將勞動密集型產業和鋼鐵、石化等重化工業向韓國等亞洲「四小龍」轉移的步伐。到 80 年代中期，日本的電子設備和家用電器等機電產品成為世界範圍內最具競爭優勢的出口產品，其出口商品結構也完成了從紡織品向資本、技術密集型產品的跨越升級。但 1985 年「廣場協議」簽訂後，日元大幅升值，生產成本上漲，日本出口導向型行業受到巨大影響，這也導致日本製造業加速向亞洲「四小龍」、東盟國家以及隨后的中國沿海地區進行投資轉移，形成了研發與開發在日本、生產在海外的分工格局。然而，這樣的產業結構不僅使得日本國內的許多製造業衰落，而且需求高度依賴外部市場，脆弱性較強。進入 21 世紀，日本致力於構建國際協調型產業結構，由外需主導型轉為內需主導型，將過去以汽車、電子產業為主軸的「一極集中型」向新興產業和潛在增長產業共同發展的「多極型」產業結構轉移，縮小貿易順差；加強第三產業發展，以服務業和製造業作為日本經濟的雙重引擎，培育知識集約型和服務集約型的比較優勢產業。當前，日本以「世界創造中心」自居，希望成為世界新產業的技術領導者。

（資料來源：張琳. 日新韓貿易轉型升級之路 [N]. 經濟參考報，2014-05-30；黃範章，李大偉. 東亞經濟一體化進程、發展趨勢及中國的戰略思考 [OL].《經濟學家周報》官網，2012-03-24）

問題：

1. 案例中日本在不同時期實施了怎樣的對外貿易戰略？其實施條件和可能產生的影響有哪些？
2. 比較日本與中國在經濟發展過程中所實施的對外貿易戰略，並分析日本在產業升級和外貿轉型上的政策作為對中國外貿轉型的借鑑意義。

第四章　中國對外貿易體制

內容簡介

本章介紹了中國對外貿易體制的建立、調整和各個階段的改革進程，分析了改革的效果和中國對外貿易體制的重大轉變。在此基礎上，本章結合中國現階段對外貿易的國內外環境，重點從構建開放型經濟新體制的角度，探討了創新中國對外貿易體制的思路和方向。

關鍵詞

對外貿易體制；對外貿易宏觀管理體制；對外貿易經營體制；開放型經濟新體制

學習目標

1. 瞭解新中國成立初期中國對外貿易體制建立的背景及特點；
2. 掌握高度集中的對外貿易體制的主要內容；
3. 把握各時期對外貿易體制改革的路徑與成效；
4. 掌握現階段對外貿易體制存在的問題以及體制創新的方向與重點。

案例導讀

2014年5月4日，《國務院辦公廳關於支持外貿穩定增長的若干意見》中指出，目前外貿形勢複雜嚴峻，實現全年預期目標需要付出艱苦努力。為支持外貿穩定增長，經國務院批准，現針對對外貿易體制中存在的問題提出如下意見：一、著力優化外貿結構：進一步加強進口，繼續深化外貿管理體制改革，保持貨物貿易穩定增長，支持服務貿易發展，發揮「走出去」的貿易促進作用。二、進一步改善外貿環境：提高貿易便利化水平，規範進出口經營秩序，加強貿易摩擦應對。三、強化政策保障：進一步完善人民幣匯率市場化形成機制，推進跨境貿易人民幣結算，改善融資服務，加大出口信用保險支持，完善出口退稅政策，加大中央財政對出口退稅負擔較重地區的補助力度，進一步加快出口退稅進度，確保及時足額退稅。四、增強外貿企業競爭力：支持各類外貿企業發展，加快外貿生產基地建設，推動外貿發展方式的轉變，創新和完善多種貿易平臺，加快國際展會、電子商務、內外貿結合商品市場等貿易平臺建設。五、加強組織領導：進一步提高認識，促進中國經濟與世界經濟深度融合。

（資料來源：國辦發〔2014〕19號文件，2014年5月4日）

對外貿易體制是指對外貿易的組織形式、機構設置、管理權限、經營分工和利益分配等整個制度。對外貿易體制是經濟體制的組成部分，屬於上層建築[①]的範疇，是由經濟基礎決定並為經濟基礎服務的。在改革開放前，中國的對外貿易體制具有高度集中的計劃管理特徵。中共十一屆三中全會[②]后，中國開始了對外貿易體制的改革。在社會主義市場經濟制度不斷完善的過程中，中國的對外貿易體制改革朝著構建開放型經濟體制的方向不斷深化。

第一節　中國對外貿易體制的建立與調整

在適應新民主主義經濟制度的需要並逐步過渡到滿足社會主義制度需要的過程中，中國建立了國家統制的對外貿易制度。在此基礎上，中國根據經濟發展的需要調整了對外貿易體制。

一、中國對外貿易體制的建立

早在新中國成立前夕，毛澤東主席就在中共七屆二中全會上提出「人民共和國的國民經濟的恢復和發展，沒有對外貿易的統制政策是完不成的」。新中國成立以後，中國建立了對外貿易領導機構，採取了除舊革新的政策行動，以推進中國對外貿易體制的建立。除舊的政策主要是指：廢除帝國主義在中國的一切特權，沒收對外貿易中的官僚資本。革新的內容主要有：建立國營對外貿易企業，改造私營進出口業，全面建立起中國社會主義的對外貿易經營主體。

(一) 設立對外貿易領導機構

1. 建立全國統一的對外貿易行政管理機構體系

1949年10月，中央人民政府設立貿易部，統一領導和管理國內貿易和對外貿易。1952年9月，中央貿易部分為商業部和對外貿易部，全國對外貿易由對外貿易部領導和管理。

與中央政府領導機構設立相對應，中國組建了地方貿易管理機構，在內地省市由商業廳（局）監管對外貿易，在口岸省市設立了對外貿易管理局並劃歸中央貿易部直接領導，之后改為中央和地方雙重領導。后來，中國又在各大行政區和口岸設立了對外貿易部特派員辦事處，其受對外貿易部和地方政府雙重領導。1954年各大行政區撤銷后，中國在一些省市設立了對外貿易局，由此形成了「條塊結合，條條為主」的高度集中的對外貿易行政管理機構體系。

[①] 上層建築是指建立在一定經濟基礎之上的社會意識形態以及相應的政治法律制度、組織和設施的總和。

[②] 鄧小平在中共十一屆三中全會上提出：「現在我們的經濟管理體制權力過於集中，應該有計劃地大膽下放，否則不利於充分發揮國家、地方、企業和勞動者個人四個方面的積極性，也不利於實現現代化的經濟管理和提高勞動生產率。」「有必要在統一認識、統一政策、統一計劃、統一指揮、統一行動之下，在經濟計劃和財政、外貿等方面給與更多的自主權。」鄧小平文選（1975—1982）[M]. 北京：人民出版社，1983：135.

2. 設立海關和外匯管理系統

1950 年，中國設立了海關總署，逐步接管和改造了各地的舊海關，收回了中國的海關主權。海關的主要職責包括監管貨運、徵收關稅、查緝走私等。1953 年，海關總署與對外貿易部的對外貿易管理總局合併為新的海關總署，劃歸對外貿易部領導。

此外，中國設立了中國人民銀行總行，下設中國銀行等金融機構，由中國銀行在總行領導下統一管理全國的外匯業務，以調節和扶助進出口貿易。

(二) 廢除西方列強國家在中國的特權並沒收官僚資本

1. 廢除帝國主義列強國家在中國的一切特權

新中國成立前，在帝國主義列強的不斷侵略下，舊中國除對它們割地賠償、開闢租界外，還給予它們在華駐軍、領事裁判、協定關稅、海關管理、內河航行、興建鐵路、設立銀行、開辦工廠、自由經商等軍事、政治和經濟特權。中國的主權和領土完整遭到了嚴重破壞，對外貿易也喪失了獨立自主的地位，完全依附於帝國主義，淪為半殖民地性質的對外貿易。

新中國成立後，中國立即廢除了帝國主義在中國的一切特權，取消了他們對外匯、金融、航運、保險及商檢等方面的壟斷，摧毀了他們對外貿的控制，把對外貿易的獨立自主權牢牢地掌握在中國人民的手中。對於外國在中國的外貿企業，沒有實施沒收，允許其在服從中國政府法令的條件下繼續經營。但是，由於它們都是依靠帝國主義特權起家的，在特權取消以後難以經營，因此大都申請歇業或作價轉讓給中國政府。從此以後，外國資本在中國開設的進出口企業基本上停止了經營活動。1950 年，在中國境內有洋商 540 多家，進出口額占中國對資本主義市場進出口總額的 6.52%；到 1955 年底，只剩下 28 家，在全國對資本主義市場貿易中的比重下降為 0.005%。

2. 沒收官僚資本

官僚資本是帝國主義的總買辦，它依靠國際壟斷資本的勢力，憑藉反動政權的權力，控制了舊中國的金融業、工業、交通運輸業、國內外貿易。因此，在廢除帝國主義列強國家在中國的一切特權的同時，沒收官僚資本也是必要的政策措施。

從對外貿易來看，官僚資本獨占了中國絕大部分商品的進口和出口。在全國範圍的沒收官僚資本活動中，新中國接管了中央信託局、輸出入管理委員會等舊政府的外貿機構，沒收了蔣、宋、孔、陳四大家族官僚資本的外貿企業。與官僚資本的工商企業相比，官僚資本的外貿企業在擁有資產方面有所不同，前者的主要資產是機器設備和廠房等，後者所擁有的主要資產是外匯。在人民解放戰爭取得勝利的過程中，官僚資本的外貿企業所擁有的外匯已全部被官僚資產階級卷逃或匯出大陸。因此，新中國沒收所得的官僚資本外貿企業的資產十分有限。

(三) 建立新型對外貿易經營主體

在廢除帝國主義特權和沒收官僚資本的同時，中國通過對官僚資本外貿企業進行民主改造和重組，通過建立新型的社會主義國營外貿企業和改造私營進出口業，建立了社會主義的對外貿易經營主體。

1. 建立國營對外貿易企業

新中國成立后，為了適應革命形勢和恢復國民經濟、發展對外貿易的需要，中國依靠國家政權和整個社會經濟的力量，在東北、華北、華東等解放區對外貿易的基礎上逐步建立了國營對外貿易企業，其中包括經營與社會主義國家貿易的中國進口公司，經營對資本主義國際貿易的中國進出口公司，以及中國畜產、油脂、茶葉、蠶絲、礦產等國營外貿公司。1953 年，通過對原有國營外貿公司進行調整，中國組建了 14 個專業進出口公司和兩個專業運輸公司。為了改善經營分工，中國對這些公司進行了調整重組，並在各地設立了分支公司。這些企業一經建立，就在對外貿易經營中起著主導作用。1950 年，國營外貿企業的進出口額占全國進出口總額的比重達 68.4%，1952 年上升到 92.8%，1955 年更是高達 99.2%。

2. 改造私營進出口業

除建立國營對外貿易企業外，中國對私營進出口業進行了與經濟體制同向的改造。

私營進出口業是建立在生產資料私人所有制基礎上的。新中國成立初期，全國各口岸共有私營進出口企業 4,600 戶，從業人員 35,000 人，資本約 13 億元（按 1955 年 3 月 1 日起發行的新人民幣折算），經營額約占全國外貿總額的 1/3，其中出口額約占全國出口總額的一半。其特點是大戶少、中小戶多。它們主要集中在上海、天津、廣州、武漢、青島等地。對這些私營進出口企業，國家採取了利用、限制和改造的政策：利用它們與國外廠商的貿易關係，經營進出口業務的經驗和專長，對資本主義市場的熟悉和瞭解，以及對許多出口商品的產銷、加工、保管及運輸等方面的豐富知識；限制它們的剝削和盲目經營，制止它們的投機違法活動；通過國家資本主義的道路，逐步把私營進出口企業改造成為社會主義對外貿易企業。

經過改造和代替，到 1955 年年底，私營進出口商戶減少到 1,083 家，從業人員減少到 9,994 人，資產下降到 4,993 萬元，其進出口額在全國進出總額中的比重從 1950 年的 31.6% 下降到 0.8%。1956 年，在全國公私合營高潮中，中國對私營進出口企業實行了全行業公私合營。合營后，參照國營對外貿易企業的制度，按行業成立了專業性的公私合營公司。通過改造，這些公司的所有制發生了根本變化，資本家原來佔有的資產轉由國家使用，他們除了拿定息之外，不能支配這些資產，也不再以資本家的身分掌握經營管理權和人事調配權。至此，中國在對外貿易領域基本完成了對生產資料私有制的社會主義改造。

(四) 建立全國統一的對外貿易管理制度

1949 年 9 月，《中國人民政治協商會議共同綱領》對實行對外貿易管制做出了規定。1950 年 12 月，中央人民政府政務院頒布了《對外貿易管理暫行條例》，之後還陸續頒布了有關對外貿易管理的規則，對審批登記各類對外貿易企業和機構、實行進出口商品分類管理、推行進出口許可證制度、審核進出口價格等做出了統一規定，逐步建立了全國統一的對外貿易管理制度。

關於對外貿易領域的公私經營範圍，中國政府做出了明確劃分，實行公私兼顧、區別對待政策。從 1953 年開始，中國對一些重要產品實行統購統銷和計劃供應，對出

口加強控制，同時逐步縮小私營範圍，在稅收、價格、信貸方面對私營進出口商加強限制，並通過國營貿易公司對私營進出口商「按行歸口，統一安排」，採取聯購物資、聯合出口、委託代理、公司聯營等形式，加強對私營進出口業務的領導，促進私營進出口商的社會主義改造。1953年11月，《全國對外貿易特派員碰頭會議總結報告》進一步明確了中國對外貿易制度的內涵，強調要「在中央對外貿易方針政策和法令下，有領導、有計劃、有組織地進行對外貿易」，這體現了中國對外貿易由國家統一管理和組織經營的基本特點。

隨著各方面工作的推進，中國統一了全國的進出口管理制度，建立了新中國的對外貿易體制。在基本完成對私營進出口商的社會主義改造之前，中國對外貿易體制的基本特徵是：中央外貿部門統一領導和管理全國對外貿易，主要通過制定和執行國家方針政策和法令法規行使對外貿易行政管理權，在中央統一安排下實行口岸分工，對國營對外貿易企業實行直接計劃和統收統支，對私營對外貿易企業實行間接計劃和估值性計劃，並有區別地運用經濟手段進行調節，對外貿易經營以國營對外貿易企業為主體，由不同經濟成分多家經營，對外成交由分散過渡到大集中、小分散。

二、高度集中對外貿易體制的確立及內容

（一）高度集中對外貿易體制的確立

在1949—1956年期間，中國確立了「獨立自主、集中統一」的對外貿易工作原則和方針。1956年之後，隨著對資本主義工商業社會主義改造的逐步完成，中國經濟轉入單一計劃經濟軌道，計劃經濟體制全面確立。為了適應計劃經濟體制的要求，中國結束了對外貿易領域不同所有制並存、不同經濟成分多家經營的格局，確立了單一的生產資料公有制，國營對外貿易企業成為中國對外貿易唯一的經營主體。1958年8月，中共《關於對外貿易必須統一對外的決定》明確規定：除對外貿易部所屬總公司和口岸分公司外，任何地方任何機構，均不允許做進出口買賣。

在對外貿易領域確立單一公有制的同時，中國對對外貿易實行了單一的計劃管理。通過逐步簡化申領進出口許可證的手續，中國減少和放寬了對國營外貿公司進出口業務的行政管理。1959年，《關於執行進出口貨物許可證簽發辦法的綜合通知》明確規定，各進出口總公司及其分支機構進出口的貨物，以外貿部下達的貨單或通知為進出口許可證。這樣，中國將國家外貿公司的經營業務與國家外貿管理職能結合為一體，國家的指令性計劃逐漸代替進出口許可證的職能，除其他部門少量急需物資的進口外，一般商品的進出口不再辦理進出口許可證。到1960年，對外貿易部所屬各級特派員辦事處也相繼撤銷。

隨著對外貿易領域單一的生產資料公有制及單一的計劃管理體制的逐步確立，中國最終確立了對外貿易部統一領導、國營貿易公司統一經營、實行指令性計劃和統負盈虧的高度集中的對外貿易體制。

（二）高度集中對外貿易體制的主要內容和特點

管理手段、經營主體等方面的單一性，體現了對外貿易體制的高度集中特徵，決

定了對外貿易統制條件下的對外貿易經營體制和高度集中的計劃管理體制在高度集中的對外貿易體制中的核心地位。

1. 實行對外貿易統制

對外貿易統制的集中體現是對外貿易國家壟斷經營，國家對對外貿易經營主體實行嚴格限制，全國的進出口貿易活動完全由十幾家國營專業進出口公司分商品大類統一經營。這十幾家對外貿易專業公司是進出口計劃的執行機構。以國營專業進出口公司為唯一的經營主體，這充分體現了高度集中的對外貿易體制的經營主體單一性特徵。

在實行國營外貿公司統一經營的條件下，中國的進出口經營權僅授予各外貿專業總公司及其所屬口岸分公司，特別是集權於外貿專業總公司，由各外貿專業總公司和分公司按經營分工統一負責進出口貿易的對外談判、簽約、履約等業務活動，其他任何機構都無權開展進出口業務，內地省市分公司、支公司僅參與出口貨源的組織、收購、調撥、運輸等對內經營活動。對外貿易經營權的高度集中，是高度集中的對外貿易體制的又一特徵。

再從對外貿易的國內經營環節來看，出口收購制和進口撥交制體現了高度集中的對外貿易體制的統購統銷、供給式分配的制度特徵。在這種制度下，外貿公司在對外貿易談判前需要先向供貨部門或生產單位以買斷方式購進出口商品，生產單位與國際市場不發生直接聯繫，對出口商品的適銷性、價格、盈虧不承擔責任。外貿公司在執行進口計劃時，需要按照國家下達的貨單完成訂貨、承付、托運、驗收等對外業務，然后再將貨物調撥轉交給用貨部門，用貨部門可以派人參加技術談判，但與外商不發生合同關係，不承擔進口質量和效益方面的責任。

出口收購制和進口撥交制使國際國內市場經營相互分離。在這種情況下，國內外市場價格處於割裂狀態，具體表現為出口貨物按國內計劃價格收購、進口貨物按國內調撥價格供應用戶、出口貨物的外銷和進口貨物的外購按國際市場行情作價。

與統購統銷和國際國內市場割裂相聯繫，中國在對外貿易領域實行統負盈虧的財務管理體制。各外貿專業總公司負責核算和平衡本公司系統的進出口盈虧，盈利和虧損一律上報對外貿易部，由對外貿易部統一核算平衡後上報中央財政，盈利統一上繳財政部，虧損由財政部負責補貼，外貿公司不負責盈虧，無資金存留，開展對外貿易所需流動資金由財政部核撥。同時，出口生產供貨單位和進口商品用貨單位對盈虧也不承擔責任。統負盈虧的財務體制是壟斷經營的必然結果。由於壟斷經營，經營者只是行政管理部門的附屬，必須無條件執行國家計劃，因此不存在獨立的經濟利益，只能由國家財政統負盈虧。

2. 實行高度集中的計劃管理體制

高度集中的計劃管理體制是對外貿易統制的另一體現，是高度集中的對外貿易體制的軸心。在這種管理體制下，單一的指令性計劃成為對外貿易體制的主要特徵。對外貿易活動的所有環節，包括收購、出口、進口、調撥、外匯收支等，都納入指令性計劃管理的範疇。出口計劃的編製實行外貿行政系統和外貿專業公司系統雙軌制，按自上而下、自下而上的程序進行。進口計劃以國家計劃為主，外貿部門參與編製。各項計劃批轉下達後，必須嚴格組織執行。《關於對外貿易必須統一對外的決定》規定：

對社會主義國家和對資本主義國家政府間的貿易,全由對外貿易部秉承中央旨意統一辦理;對兄弟國家的進出口貨單,必須經國家計劃部門綜合平衡,並且經過中央批准,對外貿易部門才可對外簽訂協議;堅持進出口貨單審批制度,地方需要進出口的,貨單應當先經省(市、自治區)委審批,並報中央批准後,對外貿易部門才能辦理進出口。這些規定充分體現了對外貿易領域高度集中的計劃管理體制的運行機制。

在落實指令性計劃的過程中,對外貿易經營的國家壟斷使計劃的執行暢通無阻,統購統銷、統負盈虧制度與高度集中的計劃管理體制相輔相成。正是這樣的制度體系,使對外貿易公司能夠無條件地執行國家計劃,使計劃能夠成為管理、控制對外貿易活動的唯一手段。

3. 實行保護貿易政策

受制於當時的生產力發展水平,中國只能實行保護貿易政策。同時,在計劃經濟體制下,在對外貿易國家壟斷經營和指令性計劃條件下,市場機制不具備發揮調節作用的條件。計劃經濟體制及對外貿易統制也為保護貿易政策的貫徹提供了條件,使中國能夠憑藉國家的行政力量阻斷來自國外的競爭。因此,在計劃經濟制度時期,保護貿易政策成為必然的選擇。

三、高度集中對外貿易體制的利弊及調整

(一) 高度集中對外貿易體制的利與弊

高度集中的對外貿易體制,是中國基於當時主客觀條件的選擇。在特定的歷史條件下,做出這種選擇的積極意義在於:實行高度集中的計劃管理,由國家統一經營對外貿易,有利於集中調度資源,保證出口供給,擴大出口創匯;有利於統一安排進口,有效利用外匯,保障重點建設的技術、設備和原材料供給;有利於集中統一對外,加強與友好國家的經濟合作,配合和平外交工作,捍衛國家的政治和經濟獨立。

在實踐中,高度集中的對外貿易體制對保證中國對外貿易的發展、維護國家經濟利益、促進社會主義建設的順利進行發揮了重要作用。但是,這種對外貿易體制也存在許多弊端。一方面,在把全民所有同國家機構直接經營企業混為一談的體制條件下,對外貿易的國家壟斷經營,產銷脫節,指令性計劃和行政干預造成的限制太多,統得過死,政企不分,以及國家統負盈虧導致的利益激勵機制缺乏,既不利於調動各地區、各部門發展對外貿易的積極性,又不利於發揮中國的比較優勢,同時也使企業不能自主經營;另一方面,在高度集中的對外貿易體制下,價格、匯率等經濟調節手段基本不發揮作用。作為事後核算的工具,價格既不反應價值也不能調節進出口供求;作為記帳核算的工具,匯率對進出口也不產生調節作用。「吃大鍋飯」、財政負擔過重、違背國際貿易基本規律等問題,極大地約束了中國對外貿易的發展及其積極作用的發揮。

(二) 高度集中對外貿易體制的調整

高度集中對外貿易體制的種種弊端,凸顯於權力的過分集中,這使對外貿易部事實上成了獨攬全國對外貿易的大企業,在掌握全國對外貿易行政管理權的同時佔有對外貿易企業的所有權和經營權。針對這種情況,中國根據更好地促進對外貿易和經濟

發展的需要，對對外貿易體制做了一些局部調整，下放了一些權利。在 1974 年的對外貿易體制調整中，中國主要開展了以下工作：除原有的上海、廣州、大連、青島、天津 5 個口岸直接經營遠洋、近洋、港澳地區的進出口貿易，北京、福建、河南、湖北、湖南、江西、安徽、廣西、雲南 9 個省、市、自治區經營港澳地區和其他地區部分商品出口業務外，增加江蘇、浙江、河北三省為直接經營對外貿易的口岸；除西藏外，內地其他省、市、自治區可以直接向港澳發運出口物資；內地省、自治區外貿專業分公司經外貿專業總公司批准，可以經營遠洋貿易；輕工業部、建築材料工業部、農業機械工業部、石油化學工業部、冶金工業部等工業部門分別成立出口供應公司，負責對外交貨或向外貿公司供貨；第一機械工業部成立產銷結合的機械設備出口公司。

這些調整措施對發展對外貿易起到了一定的積極作用。但是，限於對外貿易體系內部的圍繞經營權的局部調整難以觸及高度集中、獨家經營的對外貿易體制的基本框架和運行機制，國家高度壟斷對外貿易經營活動內在規律的破壞依然制約著對外貿易的發展及其積極作用的發揮，對外貿易體制的改革勢在必行。

第二節　中國對外貿易體制的改革與發展

對外貿易體制改革是中國對外貿易制度的創新與革命，也是各種利益的調整過程，其效應廣泛而深遠。與總體經濟體制改革相一致，中國對外貿易體制改革也是始於試驗的漸進式改革，是在沒有經驗可以借鑑的基礎上的「摸著石頭過河」。

一、以打破國家壟斷經營、建立自負盈虧機制為重點的對外貿易體制改革（1979—1992 年）

在計劃經濟體制下，中國對外貿易實行高度集中的壟斷經營方式。一方面，經營權高度集中，所有的對外貿易活動只由國家所屬的十幾家專業外貿總公司經營；另一方面，政企不分，責、權、利不明。所有的外貿企業都是國家所有或全民所有，實際沒有明晰的產權界定，外貿企業缺乏應有的激勵機制及硬預算約束，企業經營積極性不高，效益低下，這是改革開放前中國對外貿易低速增長的重要原因。進入改革開放后，在漸進式改革思路下，對外貿易體制改革成為整體改革的先鋒。隨著對外貿易體制改革試點的推進，中國通過推行政企分開、實行外貿承包經營責任制、建立自負盈虧經營機制等改革舉措，打破了對外貿易的國家壟斷經營。

(一) 改革對外貿易經營權制度，建立外貿經營新機制

1. 下放外貿經營權

國有外貿企業是傳統體制的微觀基礎，也是改革的難點。按照趨易避難的原則，外貿體制改革先從體制外開始，即通過外貿經營權制度改革在國有企業之外培育新的經營主體。

1978—1987 年是中國的對外貿易經營體制改革的初步探索階段。下放外貿經營權

是外貿體制改革第一階段的核心與主攻方向。其間，中國首先進行了下放外貿經營權試點，並根據簡政放權、推動外貿體制改革和發展對外貿易的需要改革了對外貿易領導機構。1982年3月，中國第五屆人大常委會決議，將對外貿易部、對外經濟聯絡部、國家進出口管理委員會、外國投資管理委員會合併，設立對外經濟貿易部，由其統一領導和管理全國對外經濟貿易工作。

1984年9月，根據中共十二屆三中全會「關於經濟體制改革的決定」，在社會主義有計劃商品經濟思想指導下，中國確定了「把對外開放作為長期的基本國策，按照既要調動各方面的積極性、又要實行統一對外的原則改革外貿體制」的基本方向。為了貫徹有關精神，中國國務院批准並轉發了《對外經濟貿易部關於外貿體制改革意見的報告》，提出了「政企職責分開，實行進出口代理制，工貿結合、進出結合」的外貿體制改革原則。

按照改革部署，中國在下放外貿經營權方面採取的主要措施有：逐步下放外貿進出口總公司的經營權，擴大地方的外貿經營權，以調動地方和生產企業發展外貿的積極性；根據中共中央和國務院關於對廣東、福建實行特殊政策、靈活措施的決定，相應擴大這兩省的外貿經營權，其產品除個別品種外，全部由省外貿公司自營出口，同時，還規定廣東、福建兩省可以自主安排和經營本省對外貿易，批准設立產銷結合的省屬外貿公司；各地方經過批准可以成立地方外貿公司，北京、天津、上海、遼寧、福建等省、市分別成立了外貿總公司，如機械設備進出口總公司、船舶進出口公司等，將原來由外貿部所屬進出口公司經營的一些進出口商品，分散到有關部門所屬的進出口公司經營，擴大了貿易渠道，促進了產銷結合；陸續批准一些大中型生產企業經營本企業產品的出口業務和生產所需的進口業務。據統計，自1979年下半年至1987年，全國共批准設立各類外貿公司2,200多家。1979年以來成立的眾多「三資」生產企業也擁有本企業產品出口和有關原材料進口的經營權。

1988年，為了保證對外貿易經營體制的正常運轉，中央政府部門又相繼下放了部分權力，主要包括：下放經營外貿企業的審批權，放寬沿海經濟區域吸收外資的審批權，減少配額和許可證的分配權，放寬進料加工的審批權和「三來一補」的品種限制，放寬地方和企業在外匯平衡、自負盈虧前提下與蘇聯、東歐國家易貨貿易的經營權，下放在國外設立企業分支機構的審批權和出國貿易團組的審批權等。

下放外貿經營權調動了地方和部門及企業發展外貿的積極性，也為發展外向型經濟創造了良好環境。但與此同時也產生了一些問題：宏觀放開，微觀失控，行政管理及協調機制建設滯后等因素加重了秩序混亂，影響了外貿企業經濟效益和創匯能力，擴大了外貿發展的地區差距。

2. 推行外貿承包經營責任制

通過前期以政企分開、放權搞活為重點的改革，1988—1990年，中國以全面推行對外貿易承包經營責任制為基本內容，加快和深化了對外貿易體制改革。在此之前，中國於1987年對外貿專業公司實行了出口承包責任制。承包的方式是：由經貿部發包，各外貿專業總公司向經貿部承包出口總額、出口商品換匯成本、出口盈虧總額三項指標，外貿專業總公司總承包后再按公司系統逐級分包到各分公司、子公司，然后

落實到基層；各類外貿公司內部的處、科、室，也推行各種形式的責任制，把公司經營好壞同公司的發展及職工的利益緊密掛勾；適當擴大外貿專業總公司的經營自主權和業務範圍，允許它們引進技術和關鍵設備；開展進料加工、來料加工、補償貿易，在生產領域舉辦中外合資經營企業；開展期貨貿易、對銷貿易、租賃、諮詢等業務。

在進行承包經營責任制實驗的基礎上，中國根據中共十三大和1988年2月頒布的《關於加快和深化對外貿易體制改革若幹問題的規定》的有關精神，全面推行了外貿承包經營責任制，並在輕工、工藝、服裝三個行業進行自負盈虧試點。其主要內容是：各省、自治區、直轄市、計劃單列市人民政府和各外貿專業總公司、各工貿總公司三個渠道分別向中央承包出口收匯、上交外匯額度和經濟效益指標，承包指標三年不變；各外貿專業總公司和部分工貿總公司的地方分支機構與總公司財務脫鉤，同時與地方財政脫鉤，把承包落實到外貿經營企業和出口生產企業，盈虧由各承包單位自負。1990年，中國對繼續實行外貿承包經營責任制做了規定，對承包單位向國家承包的出口總額、出口收匯和上繳中央外匯額度任務實行逐年核定，並以指令性計劃下達各項承包指標。

這一系列改革調動了全國各個地方、部門、外貿企業和出口生產企業的積極性，增強了外貿企業在國際市場的開拓和競爭能力，促進了中國對外貿易的持續發展，增強了外貿企業的責任感和經濟核算觀念。

3. 建立自負盈虧外貿經營新機制

經過1988—1990年以出口承包經營責任制為主要特徵的改革，中國的對外貿易經營機制發生了明顯變化。但是，由於出口補貼和外匯留成水平不一致的不平等競爭條件尚未消除，外貿企業的自負盈虧機制基本沒有建立，外貿公司過多、過濫，助長了外貿經營秩序的混亂，外貿領域存在的抬價搶購、低價競銷、「肥水外流」等問題沒有根本解決，圍繞建立新的外貿經營機制深化對外貿易體制改革迫在眉睫。國務院《關於進一步改革和完善對外貿易體制若幹問題的決定》強調，必須在繼續發揮中央、地方和企業三方面積極性的前提下進一步改革和完善對外貿易體制，從建立外貿企業自負盈虧機制入手，使對外貿易逐步走上統一政策、平等競爭、自主經營、自負盈虧、工貿結合、推行代理制的良性發展軌道。

(1) 取消財政補貼，建立自負盈虧機制

國務院決定自1991年1月1日起取消國家對外貿出口的財政補貼，要求各級各類外貿企業盡快建立健全各項管理制度，建立並完善外貿企業自我發展、自我約束機制，各地方、各部門認真貫徹執行全國統一的對外貿易法規和方針政策，制定和修改有關外貿的地方法規及各種規章制度。這個舉措意味著外貿經營機制的重大轉變，是向有計劃商品經濟前進的一個重要步驟。外貿企業只有在自主經營、自負盈虧的前提下，才有可能建立和完善自我發展、自我約束的經營體制，才能在激烈的國際競爭中既有改善經營管理的壓力，又有增強自我發展的動力和能力。

(2) 理順財務關係，加強外貿企業財務管理

按照責、權、利相一致的原則，國務院規定，經貿部所屬各專業總公司的財務關係隸屬經貿部，其他部門所屬進出口公司的財務關係不變，各地方所屬外貿專業公司

的財務關係隸屬經貿廳（委、局），並分別納入中央和地方財政預算管理。地方其他各類外貿企業的財務隸屬關係，由各地方人民政府確定。

國務院要求，各級各類外貿企業必須切實加強成本核算，努力降低出口成本，採取綜合運籌措施，調整出口商品結構，以盈補虧，積極完成承包任務；經貿部、財政部和各地方的經貿廳（委、局）、財政廳（局）應在貫徹國家產業政策的前提下，對企業盈利或虧損相互調劑，綜合運籌。

(3) 改革進出口經營機制

在實行少數商品統一經營與多數商品分散經營相結合，對進出口商品分三類進行經營管理的基礎上，《國務院關於進一步改革和完善對外貿易體制若幹問題的決定》對進出口經營和管理規則做了調整。一方面，在保持進口商品分類經營和管理辦法基本不變的情況下，國務院強調進口商品按照自主經營、自負盈虧的原則實行分類經營、分級管理；另一方面，為了改善出口經營，加強協調管理，聯合統一對外，國務院對第一類、第二類、第三類出口商品的經營機制及相關管理辦法做了進一步規定。其中，大米、棉花等 21 種第一類出口商品由指定的一家或幾家專業總公司統一經營、統一管理，或由專業總公司與地方外貿專業公司聯合經營、統一成交。

經過上述改革，中國在建立自負盈虧對外貿易機制方面取得了突破性進展，更加便於中國參與國際分工和國際交換。

(二) 改革外貿計劃體制

外貿計劃體制改革的目的是：在國家計劃指導下給生產企業和外貿企業以更大的生產經營自主權。改革的內容主要包括三個方面：

1. 擴大外貿計劃的承擔主體

隨著外貿經營權的下放，中國改變了外貿計劃全部由外貿專業總公司承擔的局面，規定凡經批准經營進出口業務的單位和企業，都要承擔國家出口計劃任務。自 1984 年起，中國對部分中心城市的外貿計劃在國家計劃中實行單列，視同省一級計劃地位，享有省級外貿管理權限。

2. 縮小外貿計劃管理範圍，簡化外貿計劃內容

在推進外貿計劃體制改革的過程中，中國改革了單一的指令性計劃管理，實行指令性計劃、指導性計劃和市場調節相結合。自 1985 年起，外經貿部不再編製和下達出口收購計劃及進口調撥計劃，大幅度縮減指令性計劃範圍，擴大指導性計劃範圍，注意發揮市場調節的作用。在出口方面，國家只下達出口總額指標作為指導性計劃，下達屬於計劃列名管理的主要商品的出口數量計劃作為指導性計劃。在進口方面，國家下達進口總額指標作為指導性計劃，外經貿部下達用中央外匯進口的大宗商品、引進項目等方面的指令性計劃，並指定外貿專業公司經營。

1988 年后，中國進一步調整了計劃和市場的關係，在對外貿易領域實行指令性計劃、指導性計劃和市場調節相結合。除統一經營、聯合經營的 21 種出口商品外，其他出口商品由各省、自治區、直轄市和計劃單列市直接向中央承擔計劃，大部分由有進出口經營權的企業按國家有關規定自行進出口。

3. 重視運用經濟手段管理進出口貿易

對於一般性的進出口商品，註重通過稅收、價格、信貸、利率、匯率等手段進行管理和控制，以發揮各經濟手段在對外貿易中的調節作用。

(三) 改革外匯管理制度，發揮匯率在對外貿易中的調節作用

在匯率管理體制改革進程中，中國通過一系列舉措，發揮了匯率在對外貿易中的調節作用。

1. 實行匯率「雙軌制」，發揮匯率對出口的促進作用

從 1981 年起，中國除了繼續保留官方牌價用於非貿易外匯結算外，另外制定了貿易外匯內部結算價。1980 年起人民幣官方牌價為 1 美元兌換 1.5 元人民幣，1981—1984 年實行貿易外匯內部結算價，貿易外匯 1 美元兌 2.8 元人民幣，這有利於提高出口競爭力。

從 1985 年 1 月 1 日起，中國取消貿易外匯內部結算價，重新恢復單一匯率，並確定為 1 美元兌 2.8 元人民幣。

2. 改變外匯留成辦法，加強出口外匯管理

取消貿易外匯內部結算價后，中國提高了外匯留成比例，外匯留成制度在對外貿易發展中發揮了重要作用。1988—1990 年，在承包指標內的外匯收入，中國對不同地區、不同行業、不同商品，按規定實行差別外匯留成比例；對超過承包指標的外匯收入，除部分商品外，基本上統一外匯留成比例，為外貿企業平等競爭創造條件。地方、部門和企業分得的留成外匯，可以按照國家的規定自主支配和使用。

1991 年，根據國務院有關規定，中國對各類外貿出口企業出口商品收匯實行全額分成，並將以往按地區實行不同比例留成改為按大類商品實行統一比例留成，外貿企業的留成外匯主要用於外匯調劑和自營進口，以補償出口虧損。對政府間記帳協定貿易的出口，不再實行現匯分成。為了保證國家收匯和防止逃匯、套匯，通過實行按出口核銷單、報關單進行核銷的出口收匯制度，中國外匯管理部門和結匯銀行加強了對出口外匯的管理。

3. 建立外匯調劑中心，促進對外貿易發展

1988 年起，中國在各省、自治區、直轄市、計劃單列市、經濟特區和沿海城市建立了一批外匯調劑中心，地方、部門、國營和集體企業事業單位以及外商投資企業均可在外匯調劑中心買賣外匯。調劑價格按照外匯供求狀況實行有管理的浮動。外匯調劑中心的發展、外匯調劑價格控制的放寬，加大了留成外匯在對外貿易中的促進作用。

(四) 改革外貿行政管理體系

為了適應市場調節範圍逐步擴大的新形勢，中國外貿行政體系先後經歷了建立新的外貿行政管理體系、強化外貿行政管理體系和繼續改善外貿行政管理體系三個過程。

1. 建立新的外貿行政體系

從 1980 年開始，中國重新恢復和逐步建立起新的外貿行政管理體系，包括進出口許可證、外匯配額管理、對設立對外貿易企業的審批管理、對出口商品商標的協調管理等。並在此基礎上加強了對外經濟貿易部的行業綜合管理職能，重新設立了駐口岸

的特派員辦事處機構，加強了海關、商檢、外匯管理等外貿行政管理機構的職能。

2. 強化行政管理

1988年之后，外經貿部根據國務院授權，行使全國外貿行政歸口管理職能，各地方經貿廳（委、局）則在當地政府領導下行使本地區外貿行政歸口管理職能。各級外貿行政部門均實行政企職責分開，不再干預外貿企業的正常經營活動。為加強外貿行政管理，除已建立的5個特派員辦事處外，外經貿部進一步加強了特派員辦事處建設工作。外經貿部及其特派員辦事處、各地方經貿廳（委、局）分別按照職權範圍，改進和加強出口配額和進出口許可證的管理。

3. 繼續改善行政管理

在總結對外貿易體制改革試點經驗的基礎上，1990年12月，《國務院關於進一步改革和完善對外貿易體制若幹問題的決定》部署了繼續貫徹執行治理整頓、深化改革方針的舉措。在行政管理方面，中國進一步改善了對出口商品的計劃、配額和許可證管理。外經貿部對出口商品繼續實行分類和計劃列名管理，對計劃列名管理的出口商品全部實行出口許可證管理，由經貿部門嚴格按計劃核發出口許可證，非計劃列名的出口商品可根據需要實行出口許可證管理。對實行主動配額或被動配額的商品，繼續實行配額加許可證管理。實行主動配額管理的出口商品和出口市場，由外經貿部根據國際市場的變化情況適時調整。繼續鼓勵和扶持外商投資企業發展出口，對外商投資企業生產的實行計劃、配額和許可證管理的出口商品，根據外經貿部批准的生產規模和實際生產能力，安排出口計劃和出口配額。

（五）建立外貿經營協調服務機制

在對外貿易逐步走向開放經營和政府轉變職能的改革中，迫切需要有一個介於政府和企業間的組織來負責企業進出口的協調工作。1988年、1989年，中國先後建立了食品土畜、紡織服裝、輕工工藝、五礦化工、機電、醫藥保健6個行業的進出口商會及若幹商品分會。進出口商會承擔諮詢服務、信息交流和部分協調管理工作。

此后，在清理、整頓外貿公司的基礎上，國務院對各專業進出口總公司和各進出口商會在出口協調管理中的作用做了更明確的規定，強調要繼續發揮各專業總公司和各進出口商會的作用，加強對進出口商品的協調管理，維護正常的外貿經營秩序，做到聯合統一對外。這些舉措有利於建立正常的外貿經營秩序。

經過這段時期的改革，中國的對外貿易管理實現了體制上的突破，對外貿易企業經營開始走向自負盈虧。但是，由於對計劃與市場是姓「社」還是姓「資」等問題的爭論束縛了改革開放實踐，中國的外貿經營機制僅僅開始轉變，對外貿易管理權、經營權集中，企業粗放經營的問題仍然十分突出，平等競爭的環境仍不完善，承包額度的主觀隨意性，地方政府和外貿企業一起承包出口額度，按商品大類實行統一外匯留成及上繳中央外匯任務分配不盡合理產生的新的不平等因素，制約著外向型經濟的發展。

二、以建立社會主義市場經濟制度為導向的對外貿易體制改革（1993—2001年）

在鄧小平理論指導下，1992年10月，中共十四大確定了建立社會主義市場經濟體

制這一改革目標，同時提出要深化外貿體制改革，盡快建立適應社會主義市場經濟發展的、符合國際貿易規範的新型外貿體制。1993年11月，中共十四屆三中全會強調，要進一步改革對外經濟貿易體制，建立適應國際經濟通行規則的運行機制，堅持統一政策、放開經營、平等競爭、自負盈虧、工貿結合、推行代理制的改革方向。這標誌著中國的對外貿易體制改革進入了以建立社會主義市場經濟制度為導向的新階段。在這段時期，中國圍繞使市場在資源配置中起基礎性作用不斷深化對外貿易體制改革，通過以經濟手段管理對外貿易，不斷加強法制建設，創造平等競爭環境，創新對外貿易發展戰略並用於指導對外貿易活動，參與區域經濟合作，極大地推動了對外貿易及國民經濟的發展，加快了加入世界貿易組織的談判進程，促進了社會主義市場經濟制度建設。

(一) 對外貿易體制改革的進一步深化

1. 深化對外貿易管理體制改革

(1) 改革外匯管理體制，強化匯率手段的促進作用

1994年前實施的雙軌匯率制度配合外匯留成政策，在一段時間內對促進對外經濟的發展和對外開放的擴大，發揮了積極作用。但雙重匯率制存在嚴重弊端。首先，匯率不能真實反應人民幣的價值，外貿企業的出口成本得不到合理的補償，影響出口的進一步擴大。其次，各類外貿企業的外匯留成比例不一，國有外貿企業承擔有償和無償上繳外匯的任務，加劇了不平等競爭。此外，雙重匯率在國際上被視為對出口進行變相補貼，不合乎國際規範，客觀上阻礙了中國加入世界貿易組織的進程。因此，中國決定對外匯體制進行重大改革。

從1994年1月1日起，中國將人民幣雙重匯率並軌，實行以市場供求為基礎的、單一的、有管理的人民幣浮動匯率制度，建立銀行間外匯市場，改進匯率形成機制，保持合理的、相對穩定的人民幣匯率；實行外匯收入結匯制，取消各類外匯留成，取消出口企業外匯上繳和額度管理制度，實行銀行售匯制，實行人民幣在經常項目下的有條件可兌換。

(2) 完善對外貿易的宏觀調控體系

為了使對外貿易按客觀經濟規律運行，充分利用國際國內兩個市場、兩種資源，優化資源配置，中國圍繞加強法律、經濟手段調節作用完善了對外貿易宏觀管理體系。在強化經濟手段方面，除改革匯率制度，強化匯率的作用外，中國還加強了運用關稅、利率等調節對外貿易的力度。中國通過降低進口關稅水平，取消部分進口減免稅的方式來促進外貿體制與國際通行規則接軌；通過改革所得稅制度，完善出口退稅制度，實行有利於出口的信貸政策等手段來強化經濟手段對出口的促進作用。

此外，中國還改革了對外貿易行政管理。這主要包括精簡機構，深化外貿計劃管理體制改革，進一步轉變政府在對外貿易領域的行政管理職能，進一步改革許可證、配額等方面的管理機制等內容。從1994年開始，中國不再給各省、自治區、直轄市及計劃單列市和進出口企業下達外貿承包指令性計劃指標，對進出口總額、出口收匯和進口用匯實行指導性計劃；對企業的經營目標進行引導；對少數關係到國計民生的、

重要的大宗進出口商品實行配額總量控制，協調平衡內外銷關係；配額、許可證商品按效益、公正和公開的原則，實行配額招標、拍賣等規範化管理。

（3）強化進出口商會職能，完善外貿經營的協調服務機制

進出口商會是經政府批准，由從事進出口貿易的各類型企業依法聯合成立的行使行業協調、為企業服務的自律性組織。其主要職責是：維護進出口經營秩序和會員企業的利益；組織對國外反傾銷的應訴；為會員企業提供信息和諮詢服務；調解會員之間的貿易糾紛；向政府反應企業的要求和意見，並對政府制定政策提出建議；監督和指導會員企業守法經營；根據政府主管部門的授權，參與組織進出口商品配額招標的實施；參與組織出口交易會、出國展覽會；對外開展業務交流與聯絡，進行市場調研；向政府有關執法部門建議或直接根據同行協議規定，採取措施懲治違反協調規定的企業；履行政府委託或根據會員企業要求賦予的其他職責。

從實踐情況來看，1988年、1989年先後成立的6個行業的進出口商會充分發揮了在外貿經營活動中的協調指導、諮詢服務作用。在這些進出口商會的基礎上，按主要經營商品分類改組建立全國統一的各行業進出口商會，強化進出口商會的協調服務職能，使有外貿經營權的企業（包括外商投資企業）均服從進出口商會協調，有利於對外貿易有序發展。

為了規範各行業進出口商會的發展，國務院規定，進出口商會不得兼營進出口業務，外經貿部對進出口商會的工作要給予支持和指導，同時對進出口商會的工作進行監督、檢查。

此外，中國還通過建立、完善社會仲介服務體系，發揮各研究諮詢機構和各學會、協會的信息服務功能，形成全國信息服務網路。通過建立律師事務所、會計師事務所、審計師事務所，為企業提供有關外經貿方面的服務，並對企業的經營進行社會監督。同時，還制定了一系列維護正常秩序和查處違法經營的制度和措施。

2. 深化對外貿易經營體制改革

（1）建立現代企業制度

中共十五大報告指出，建立現代企業制度是中國國有企業改革的方向。建立現代企業制度，即實現「產權清晰、權責明確、政企分開、管理科學」，使企業真正成為自主經營、自負盈虧的法人實體和市場主體。國營貿易企業圍繞國有資產保值、增值和科學管理，推進現代企業制度建設，進行建立監事會、內部職工持股等改革試點，並實行資產經營責任制。1994年以後，中國積極推進了外貿企業股份制改革試點。實行企業股份制改革，即把全部資本分為等額股份在企業內部或公開發行股票，或通過認購而建立一種資本組織形式，可設立有限責任公司、股份有限公司、股份合作制企業。具備條件的外貿企業逐步改變為規範化的有限責任公司或股份有限公司。1999年，外貿專業總公司和工業總公司按照國家統一部署，與主管部門脫鉤，外貿企業建立現代企業制度的進程進一步加快。

（2）轉換外貿企業經營機制

在深化對外貿易體制改革的進程中，中國加快了轉換外貿企業經營機制的步伐，使之由國家計劃的單純執行者真正轉變為國家宏觀政策指導下的進出口商品經營者；

從單純追求創匯數額，轉向重視效益；從單一經營轉向一業為主、多種經營；從傳統的收購制度轉向服務型的代理制；從分散經營轉向規模經營。走實業化、集團化、國際化的道路，培育以貿易為龍頭和以生產企業為核心的集團公司。

(3) 外貿經營權制度改革

對外貿易經營權制度改革同時從宏觀和微觀兩個層面漸次展開。宏觀層面主要是將外貿經營管理權和行政審批權下放、分散。微觀層面主要是賦予各類企業外貿經營權。在計劃經濟體制下，國家僅授權少數專業外貿公司壟斷進出口貿易，將廣大的生產經營企業排除在外，人為地割斷了生產企業與國際市場之間的直接聯繫，導致外貿發展與國內經濟運行脫節，出口商品結構問題突出，國際競爭能力嚴重低下。改革開放后，中國打破對外貿易壟斷經營，逐步放開對外貿易經營權，通過對外貿易企業審批制，對符合條件的企業賦予外貿經營權。從發展進程看，對外貿易經營權審批的尺度不斷放寬。改革開放以來，外貿經營權首先在行政級別及行業部門方面實現突破，以後又在所有制方面逐步實現突破。在這個階段，中國加快了賦予具備條件的國有生產企業、商業物資企業和科研單位外貿經營權的步伐。

1993 年，賦予一批科研院所自營進出口權，並在商業、糧食、物資和供銷等內貿企業中實行賦予外貿經營權的試點。1996 年 9 月，外經貿部頒布了《關於設立中外合資對外貿易公司試點暫行辦法》，規定外國公司、企業可以與中國的公司、企業在上海浦東新區和深圳經濟特區試辦中外合資外貿公司。外商不僅在生產領域而且可以在流通領域進行合資合作經營。1997 年國家經濟貿易委員會和對外貿易經濟合作部聯合發出《關於進一步推動生產企業自營進出口工作有關問題的通知》，加快了對生產企業進出口權的審批進度；同年，中國對深圳等 5 個經濟特區的生產企業試行自營進出口權登記制。到 1998 年年底，自營進出口的生產企業已達 10,000 多家，占中國外貿出口總額 20% 以上，成為中國外貿出口的一支生力軍。同時，中國於 1998 年開始賦予私營生產企業和科研院所自營進出口權。私營企業獲得進出口經營權是中國外貿體制改革的又一次重大突破，標誌著對外貿易國家壟斷制的廢除，由此開始形成了中國對外貿易領域多種所有制共同發展的局面。同年，中國對國家確定的 1,000 家重點企業實行進出口經營權登記備案制，1999 年又將登記備案制擴展到 6,800 多家大型工業企業。2001 年 7 月 10 日，中國頒布了《關於進出口經營資格管理的有關規定》，外貿經營權制度由審批制改為登記核准制。

(二) 中國對外貿易體制的發展

經過 1993—2001 年的市場化改革，中國初步建立了社會主義市場經濟體制，逐步完善了對外貿易經營機制和宏觀管理體系，以市場為導向、與國際貿易規範相適應的對外貿易體制架構基本形成。

1. 自負盈虧的外貿經營機制基本建立

經過轉換外貿企業經營機制，中國基本建立了自負盈虧的對外貿易經營機制，國有外貿企業從計劃經濟體制下國家計劃的執行者轉變為社會主義市場經濟條件自主經營、自負盈虧、自我約束、自我發展的經營者。

按照現代企業制度改組傳統的國有外經貿企業，就是要把絕大多數國有外經貿企業改造成為自主經營、自負盈虧的市場競爭主體。隨著「改組」目標的實現，中國外經貿企業逐步建立起既符合社會主義市場經濟要求，又適應國際經濟規則的現代企業制度。

2. 經營主體多元化格局形成

隨著對外貿易經營權制度的改革，中國對外貿易經營主體多元化格局逐漸形成。其標誌一是國有外貿企業構成的變化，二是所有制形態的多元化。

20世紀90年代以後，隨著大中型國有生產企業、商業企業、具備條件的科研院所逐步獲得自營進出口權，國有外貿企業數量迅速增加，到2001年底，中國有各類國有和國有控股的外貿自營及進出口生產企業大約16,000家。由此在中國國有外貿經營主體內部出現了外貿專業總公司（包括工貿總公司）、自營進出口生產企業等各種形式的從事外貿活動的企業。

從所有制形態的變化來看，隨著外貿經營權管理由審批制向登記制的逐步過渡及賦予非國有企業外貿經營權試點工作的逐步推進，獲得外貿經營權的不同所有制性質的企業數量迅速增加。從各類企業的貿易占比來看，2001年，國有企業在中國進出口、出口、進口中的占比均為42.5%，外資企業在中國進出口、出口、進口中的占比分別為50.8%、50.1%、51.7%，其餘為集體企業和其他企業的貢獻。

在對外貿易體制改革等因素的推動下，中國的對外貿易迅速發展，世界地位快速上升。到2001年，中國在世界出口中的位置由1992年的第11位上升到第6位。

三、以市場經濟和世貿組織規則為依據的對外貿易體制改革（2002—2013年）

2001年12月11日，中國成為世界貿易組織第143個成員，中國改革開放步入與國際接軌的新階段。在這個階段，根據完善社會主義市場經濟體制、發展中國經濟社會的需要及世界貿易組織規則要求改革、完善對外貿易體制，使中國的對外貿易體制既符合國際貿易規範和市場經濟要求，又符合中國國情，是改革的重要特點和目標。在這樣的新形勢下，中國圍繞入世過渡期和入世過渡期後不同的任務重點，全面深化了對外貿易體制改革。

(一) 改革內容

在入世過渡期，中國根據履行入世承諾、提高對外開放水平的要求加強了適應性調整，重點包括改革關稅和非關稅措施、開放貿易權、開放服務業市場、清理法律法規、確保貿易政策在全國統一實施、保護知識產權等。入世過渡期後，中國根據開放型經濟的新特點，在中國特色社會主義理論指導下，以完善開放型經濟體系、提高開放型經濟水平為重點，加強了運用世貿組織規則積極參與全球經濟治理及促進貿易投資自由化、便利化，促進貨物貿易、服務貿易平衡發展，促進對外貿易與引進外資、對外投資互動發展，促進內外貿協調發展的制度和機制建設。

1. 深化改革外貿管理機構和管理制度

(1) 改革管理機構

2003年，中國第十屆全國人大第一次會議通過了國務院機構改革方案，決定取消

外經貿部和國家經貿委，組建商務部。商務部承擔一系列管理國內外貿易和國際經濟合作的職責，包括擬定國內外貿易和國際經濟合作的發展戰略、政策，起草國內外貿易、外商投資、對外投資和對外經濟合作的法律法規，提出中國經濟貿易法規之間及其與國際經貿條約、協定之間的銜接意見，擬定規範市場運作和流通秩序的政策，負責制定進出口商品、加工貿易管理辦法，擬定促進外貿增長方式轉變的政策措施，擬定並執行對外技術貿易、出口管制以及鼓勵技術和成套設備進出口的貿易政策，牽頭擬定服務貿易發展規劃並開展相關工作，組織開展國際經濟合作和對外援助，負責組織和協調反傾銷、反補貼、保障措施及其他與進出口公平貿易相關的工作，等等。

商務部的組建，結束了中國內外貿分立的管理體制，結束了多年來內外貿分割、國內外市場分割的不利局面，適應了經濟全球化和中國加入世界貿易組織的新形勢，有利於中國在更大更廣闊的領域和更高的層次上參與國際經濟技術的合作與競爭，有利於深化流通體制改革，建立健全統一、開放、競爭、有序的現代市場體系，有利於更好地利用國際國內兩個市場、兩種資源。

（2）優化管理制度

為了履行加入世貿組織的有關承諾，適應外貿發展新形勢的需要，充分運用世貿組織規則促進對外貿易持續健康發展，中國依據市場經濟規律和世貿組織規則，從強化法律手段、經濟手段、優化行政手段等方面改革了對外貿易管理制度，擴大了市場准入，提高了貿易、投資自由化程度。通過對禁止進出口貨物、限制進出口貨物和自由進出口貨物的分類管理，中國完善了進出口商品管理制度，同時通過管理手段創新，運用資質、信用、技術、節能、環保、社會福利、勞動安全標準等准入手段，加強了對敏感商品的管理。通過加強金融服務，中國完善了對外貿易的金融支持體系。

此外，為了進一步增強對外貿易主管部門的服務職能，中國加快了政府信息服務體系建設，加強了商務、海關、商檢、稅務、外匯、銀監、保監、統計等部門間及其與省市間的協調配合與信息共享，推進了商（協）會等行業仲介組織的發展，增進了地方和中央各部門的積極性、創造性。為了提高貿易摩擦應對能力，中國加強了貿易摩擦應對機制建設。通過財稅、金融、貿易、與貿易有關的投資措施等方面的制度和機制建設，中國完善了對外貿易的間接調控體系。

（3）改革人民幣匯率形成機制及外匯管理制度，促進對外貿易協調發展

在完善對外貿易間接調控體系的過程中，中國深化了人民幣匯率形成機制及外匯管理制度改革。2005年7月21日，中國人民銀行正式宣布開始實行以市場供求為基礎的、參考一籃子貨幣進行調節、有管理的浮動匯率制度。從此人民幣不再單一釘住美元，逐漸形成更富彈性的匯率機制。2010年6月中國重啟人民幣匯率形成機制改革後，人民幣匯率彈性進一步增強。

在貿易外匯管理制度方面，中國本著風險管理與貿易便利化相結合的原則，改革、完善了貨物貿易銀行結售匯管理辦法和收付匯核銷制度。在一系列改革試點的基礎上，中國自2012年8月1日起在全國實施了貨物貿易外匯管理制度改革，同時全面改革了貨物貿易外匯管理方式，調整了出口報關流程，簡化了出口退稅憑證和銀行為企業辦理收付匯的單證及流程。此外，中國還通過提升監管手段，加強部門聯合監管，提高

了監管水平和防範外匯收支風險的能力。

隨著服務貿易的發展，中國建立並改革了服務貿易外匯管理制度。2013年9月1日起，中國實行了《服務貿易外匯管理指引》《服務貿易外匯管理指引實施細則》，同時廢止了一系列文件，國家對服務貿易項下國際支付不予限制。通過對服務貿易外匯管理制度的改革，中國的服務貿易外匯管理法規更具統一性和透明度，更有利於促進貿易投資便利化。

回顧自1993年11月中國在《關於建立社會主義市場經濟體制若干問題的決定》中提出「建立以市場為基礎的有管理的浮動匯率制度」以來的改革歷程，中國的人民幣匯率制度和外匯管理制度改革始終堅持了市場化方向。隨著改革的深入，人民幣匯率靈活性不斷增加，外匯管理制度更加科學，匯率對外貿發展和國際收支平衡的正向調節功能隨之增強。

（4）加強參與全球經濟治理的平臺和制度建設

履行承諾、遵循規則、運用規則維護合法權益，是中國在世界貿易組織框架下發展對外經濟貿易的重要原則。通過如期履行入世承諾，學習、掌握世界貿易組織規則，利用世界貿易組織規則維護自身利益，中國逐步奠定了參與全球經濟治理的基礎；通過積極參與世界貿易組織的部長級會議、推動談判的其他會議及其對各成員的貿易政策審議，推動建立均衡、普惠、共贏的多邊貿易體制，反對各種形式的保護主義；積極參與推動國際貨幣金融體系改革，積極推進自由貿易區戰略及推動國際投資領域的合作和制度建設，中國廣泛參與了全球經濟治理平臺；逐步推進了參與全球經濟治理的制度和機制建設，在推動國際經濟規則改革、參與構建多層次的世界經濟治理架構和機制安排方面發揮了重要作用。

2. 深化改革對外貿易經營體制

（1）改革對外貿易經營者資格管理，放開對外貿易經營權

2001年7月10日，外經貿部發布了《關於進出口經營資格管理的有關規定》，對進出口經營資格實行登記和核准制，對各類所有制企業進出口經營資格實行統一的標準和管理辦法，並根據登記或核准的經營範圍，將企業的進出口經營資格按外貿流通經營權和生產企業自營進出口權實行分類管理。2003年1月，外經貿部發布《關於設立中外合資對外貿易公司暫行辦法》，進一步向外商開放了外貿經營權。2004年7月，為了履行入世後3年內全面放開對外貿易經營權的承諾，中國實施了《對外貿易經營者備案登記辦法》，這意味著中國長期實行的外貿經營權審批制度的終結和對外貿易經營權的完全放開。至此，在中國境內的所有企業、其他組織和個人，只要依法獲得從業手續並按規定辦理備案登記，都可以從事對外貿易經營活動。

（2）完善國營貿易管理制度

《中華人民共和國加入世界貿易組織議定書》第一部分第六條規定：中國應保證國營貿易企業的進口購買程序完全透明，並符合《世界貿易組織協定》，且應避免採取任何措施對國營貿易企業購買或銷售貨物的數量、價值或原產國施加影響或指導，但依照《世界貿易組織協定》進行的除外；作為根據GATT1994和《關於解釋1994年關稅與貿易總協定第十七條的諒解》所通知的一部分，中國還應提供有關其國營貿易企業

出口貨物定價機制的全部信息。根據世界貿易組織有關規定和入世承諾，中國改革了國營貿易管理制度，對國營貿易管理貨物的進出口業務實行授權經營，實行國營貿易管理的貨物目錄和授權經營企業名單由商務部會同國務院其他有關部門確定、調整並公布。通過國營貿易管理進出口經營範圍，有利於國家對關係國計民生的重要進出口商品進行有效的宏觀調控。

（3）優化經營主體結構，營造公平的對外貿易環境和機制

《對外貿易發展「十二五」規劃》強調要優化對外貿易經營主體結構。根據做強大企業、扶持中小企業發展的有關精神，中國積極鼓勵行業龍頭企業向產業鏈兩端延伸，開展國際化經營，支持中小企業開展專業化經營，引導上下游生產企業之間、生產企業與流通企業之間加強協作與整合。這些舉措對培育具有全球資源整合能力的跨國企業提高整體競爭力發揮了重要作用。

與此同時，為了給各類對外貿易經營主體創造公平的、可預見的對外貿易環境，中國強化了政府服務企業的功能，積極營造國營、民營、外資等各類企業平等參與、公平競爭、優勝劣汰的體制環境。此外，中國還加強了對外貿易誠信經營和退出機制建設，積極構建對外貿易誠信體系，加強信用數據徵集，建立信用監督和失信懲戒制度；完善對外貿易經營資格年檢制度，規範對外貿易企業行為；依法對違法違規的企業予以處罰，嚴格限制其法定代表人行業准入資格，維護公平、自由的對外貿易秩序。

(二) 對外貿易體制的重大轉變

基於入世前的改革基礎，經過入世後的深化改革，中國的對外貿易體制發生了重大轉變，對外貿易制制度的市場化、自由化、法制化特徵日益顯現。

1. 對外貿易管理模式及管理機構的職能轉變

改革開放前，中國對外貿易全部由對外貿易部集中管理和統一領導，宏觀管理的基本框架如圖 4.1 所示。

```
┌──────────────┐
│    外貿部     │
└──────┬───────┘
       │
┌──────┴───────┐
│ 十幾家專業外貿公司 │
└──────┬───────┘
       │
┌──────┴───────┐
│  口岸及地方分公司  │
└──────────────┘
```

圖 4.1　改革開放前中國對外貿易組織結構

改革開放後，計劃經濟體制的堡壘被打破，到 20 世紀 80 年代後期，中國逐步建立了對外貿易行政管理分級制，外經貿部對外貿經營由直接管理轉向間接管理為主。如圖 4.2 所示。

20 世紀 90 年代以後，隨著市場經濟體制的逐步建立，無論是中央還是地方，對外貿易的行政管理都逐漸弱化，特別是政企分開後，各級政府不再承擔微觀管理的職能，轉向對外貿易宏觀管理。從對外貿易管理的機構設置及其分工情況來看，2003 年組建商務部後，中國形成了商務部、國家發展和改革委員會、海關總署、國家質量監督檢驗檢疫總局、國家外匯管理局、國家稅務總局、國家知識產權局及其他相關部門

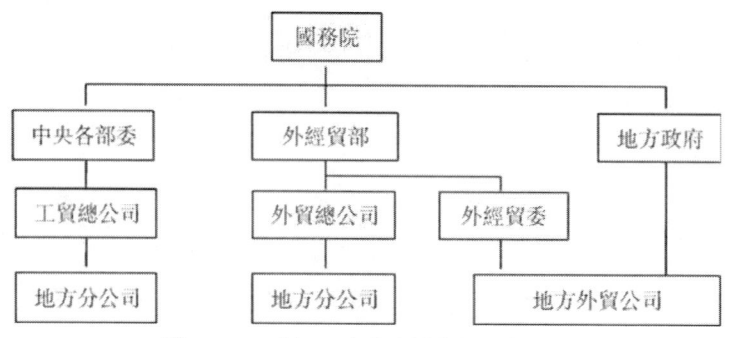

```
                        ┌─────────┐
                        │  國務院  │
                        └────┬────┘
         ┌───────────────────┼───────────────────┐
    ┌────┴─────┐        ┌────┴────┐        ┌────┴─────┐
    │中央各部委│        │外經貿部 │        │ 地方政府 │
    └────┬─────┘        └────┬────┘        └────┬─────┘
    ┌────┴─────┐   ┌─────────┴──┬──────┐        │
    │工貿總公司│   │ 外貿總公司 │外經貿委│        │
    └────┬─────┘   └──────┬─────┘└──┬───┘        │
    ┌────┴─────┐     ┌────┴─────┐   │       ┌────┴──────┐
    │地方分公司│     │地方分公司│   └───────┤地方外貿公司│
    └──────────┘     └──────────┘           └───────────┘
```

圖 4.2　20 世紀 80 年代中國外貿組織結構

分工協作的對外貿易管理機構體系。在這樣的組織架構下，中國按照精簡、統一、效能的原則和決策權、執行權、監督權既相互制約又相互協調的原則，進一步完善了運行機制，通過綜合運用外貿、海關、檢驗檢疫、外匯、金融、稅務、科技、環保、知識產權保護、勞動保障等領域政府監管職能和仲介組織資源，極大地促進了對外貿易管理機構職能從以行政領導為主向以服務為主轉變，推動了中國特色社會主義行政體制建設，提高了依法行政的能力。

2. 管理手段的重大轉變

中國由計劃經濟向市場經濟的轉軌是一個循序漸進的過程，對外貿易走向市場化和自由化同樣是貿易體制漸進式的改革。改革開放前，中國實行單一的直接計劃管理體制，國家計委會同對外貿易部共同編製指令性的進出口計劃，國營對外貿易專業總公司嚴格按照國家計劃開展進出口業務活動。通過壟斷經營和進出口計劃，對外貿易被完全置於國家控制之下，國家對外貿易計劃作為調控對外貿易活動的唯一槓桿，構成了改革開放前中國最堅固的貿易壁壘。

改革開放後，中國開始逐步承認並致力於發揮市場的作用，經濟體制先由單一的計劃經濟轉變為計劃經濟為主、市場調節為輔，進而發展到有計劃的商品經濟，再到社會主義市場經濟。與之相適應，對外貿易的宏觀管理體制改革逐步縮減了計劃管理的範圍，並將對外貿易計劃分為指令性計劃和指導性計劃。到 1994 年，中國取消了所有的指令性計劃，國家只對外貿企業的進出口總額、出口收匯和進口用匯下達指導性計劃。

隨著對外貿易計劃控制的鬆弛，關稅的對外貿易調節、保護作用開始得到發揮，進出口許可證制度得到恢復，配額等數量限制手段開始實施，並在 20 世紀 80 年代呈逐漸強化之勢。[1] 20 世紀 90 年代後，中國的關稅水平連續下降，數量限制手段也開始減少，法律手段的作用明顯加強。

加入世界貿易組織後，以出口退稅、出口信用保險、貿易融資等為主要內容的外貿促進體系日趨完善，行政許可事項明顯減少，許可證、配額、國營貿易等管理手段不斷完善，對外貿易管理逐步從行政手段為主到以法律手段、經濟手段為主，輔之以

---

[1] 如 20 世紀 80 年代初，實行進口許可證管理的商品僅 21 種，到 80 年代末則增加到 53 種之多。

必要的行政手段轉變，管理目標從保護貿易、「獎出限入」到促進對外貿易平衡發展，推動貿易自由化、便利化的轉變，從內外貿分離、貿易投資割裂到促進內外貿一體化、促進對外經濟協調發展轉變。在這些轉變中，特別值得一提的是，隨著進口促進戰略、服務貿易發展戰略和出口貿易科學發展理念的確立，中國逐步重視進口促進體系和服務貿易促進體系建設，同時對部分高耗能、高污染、資源性產品出口實施了限制措施。通過這些轉變，中國對外貿易領域的資源配置方式實現了重大轉變，市場配置資源的基礎性作用隨之增強。

3. 對外貿易經營體制的重大轉變

與對外貿易管理模式的轉變相伴隨，對外貿易壟斷經營的運行機制被以政府宏觀管理、仲介組織服務協調、企業自主經營為特徵的運行機制所替代，符合國際貿易規範的對外貿易經營體制逐步建立、不斷完善，各地方、部門發展對外貿易的潛力被激活，改革的競爭效應得以顯現。

從對外貿易經營權制度變遷的效應來看，隨著備案登記制的實施和對外貿易經營權的全面開放，居民個人及企業經備案登記後可以自由開展對外貿易，為包括外資企業在內的各類所有制企業提供公平的市場准入待遇日益受到重視，私營外貿企業的發展由此得到極大促進，對外貿易經營主體格局進一步優化。中國海關的統計數據顯示，中國出口分企業性質的情況是：2005 年，國有企業、外商投資企業和其他企業的占比分別是 22%、58%、20%，到 2010 年，國有企業和外商投資企業的占比分別下降為 15%、55%，其他企業的占比上升為 30%。2013 年，簡政放權、取消和下放大量行政審批事項等改革措施進一步激發了民營企業開展對外貿易的活力，民營企業進出口增長 22.3%，高出外貿總體增速 14.7 個百分點，占進出口總額的比重為 35.9%，較 2012 年提高 4.3 個百分點；單從出口來看，國有企業、外商投資企業的出口占比分別為 11.3% 和 47.3%，其他企業的占比達 41.5%。

綜合而論，中國外貿制度的變革和創新，不僅推動了貨物貿易、服務貿易的迅速發展，而且促進了經濟和對外貿易發展方式的改變，促進了經濟社會的科學發展，特別是控制高能耗、高污染和資源性產品的出口，擴大能源資源性商品的進口，促進了經濟發展方式的轉變；根據工農業的發展需要，通過調整關稅稅率，促進了部分農業生產資料和工業關鍵設備、零部件及重要原材料的進口；通過靈活的關稅調控方式，調節了部分重點產品的進出口，促進了國內生產和市場的穩定；發揮關稅政策的宏觀調控作用，利用關稅政策引導和支持創新要素向企業集聚，促進了科技成果向現實生產力轉化。

第三節　構建開放型經濟新體制與中國對外貿易體制創新

中共十八屆三中全會對全面深化改革做出系統部署，強調「構建開放型經濟新體制」。「構建開放型經濟新體制」這一新提法，既是對中國 35 年開放型經濟探索經驗的繼承與發展，也是改革開放在制度層面的具體化。在這一新的背景下，中國對外貿易

體制創新必須緊跟改革開放的步伐。

一、開放型經濟新體制的內涵

2015年5月，中國發布了《關於構建開放型經濟新體制的若干意見》（以下簡稱《意見》），明確了構建開放型經濟新體制的基本原則、總體目標和重點任務，指明了對外貿易體制創新的方向。根據中共十八屆三中全會的有關精神及《意見》的有關內容，開放型經濟新體制是在中國開放型經濟體系不斷完善的基礎上提出的富有新的內涵的概念，是體現互利共贏、多元平衡、安全高效基本要求的一系列緊密聯繫、彼此協調的新機制組成的開放型經濟制度體系。在基本層面，開放型經濟新體制的內涵體現為兩個方面：一是促進國際國內要素有序自由流動、資源全球高效配置、國際國內市場深度融合的市場配置資源的新機制；二是體現國際化、法治化要求的開放型經濟運行管理新模式，包括與國際高標準投資和貿易規則相適應的管理方式，參與國際宏觀經濟政策協調的機制，企業履行主體責任、政府依法監管和社會廣泛參與的管理機制及有效維護國家利益和安全的體制機制。

在更具體的層面，開放型經濟新體制的主要內容體現為：以負面清單和准入前國民待遇為抓手、體現內外資法律法規統一性、包含不斷完善的事中事後監管體系的外商投資管理體制；體現新時期「走出去」國家戰略要求的，有利於提高境外投資便利化、創新對外投資合作方式、促進「引進來」和「走出去」有機結合的，包含不斷完善的「走出去」服務保障體系的「走出去」戰略新體制；體現提高貿易便利化水平要求、以培育外貿競爭新優勢為核心目標的，包含健全的貨物貿易及服務貿易促進體系和出口管制體系、質量效益導向型的外貿政策及不斷完善的貿易摩擦應對機制的外貿可持續發展新機制；有利於鞏固和加強多邊貿易體制，加快實施自由貿易區戰略，推動完善全球貿易管理體制，支持聯合國、20國集團等發揮全球經濟治理主要平臺作用，提高新興市場和發展中國家在全球經濟治理領域的發言權和代表性，增強中國在國際經貿規則和標準制定中話語權的參與全球經濟治理的機制；有利於擴大內陸和沿邊開放，打造沿海開放新高地，不斷優化對外開放區域佈局的對內對外開放新機制；有利於構建開放安全的金融體系，穩定、公平、透明、可預期的經商環境的體制機制及開放型經濟支持保障機制和安全保障體系。

二、構建開放型經濟新體制的意義、目標與內容

中國的改革開放正站在新的起點上，面對新形勢、新挑戰、新任務，統籌開放型經濟頂層設計、加快構建開放型經濟新體制具有重要意義。

（一）構建開放型經濟新體制面臨的形勢

對外開放為中國經濟社會發展注入了新的動力和活力，推動了社會主義市場經濟體制的建立和完善，提升了中國的綜合國力、國際競爭力和國際影響力，也促進了中國與世界各國的共同發展。今天，中國面臨的國際國內環境正在發生深刻而複雜的變化。

1. 世界經貿格局及經濟全球化驅動力的變化

當前，世界經濟仍處在國際金融危機后的深度調整期，全球總需求依然不振，不少發達國家經濟復甦過程艱難曲折，發展中國家成為拉動世界經濟增長的重要力量，一批新興經濟體快速崛起，全球經濟格局「東升西降」更加明顯。同時，受種種因素影響，多邊貿易體制發展坎坷，貿易投資保護主義持續升溫，經貿摩擦政治化傾向抬頭，區域經濟合作蓬勃發展，自由貿易協定大量湧現並成為經濟全球化的重要推動力量。

2. 國際產業競爭與合作態勢的變化

受多種因素影響，大規模國際產業轉移明顯放緩，各經濟體產業競爭力發生較大變化。受新興經濟體綜合製造成本上漲影響，勞動密集型產業特別是低端製造環節加速向低收入國家轉移，受「再工業化」政策影響，危機前由跨國公司主導的產業轉移轉變成發達國家產業迴歸。與此同時，服務業和服務投資成為國際經貿合作新熱點，為新興經濟體提升在全球價值鏈中的地位帶來了機遇；世界科技和產業革命孕育著新的突破，搶占產業制高點的競爭日趨激烈。

3. 中國參與經濟全球化的條件的變化

隨著改革開放的深入和經濟社會的發展，中國具備了擴大開放的較好基礎，在國際經濟治理體系中的話語權和影響力明顯增強。與此同時，中國參與經濟全球化的約束條件發生了重大變化。一方面，隨著勞動力、土地等各類要素成本上升，中國的傳統競爭優勢明顯削弱，新的競爭優勢尚未形成；另一方面，隨著中國被加速推向國際事務前臺，國際社會對中國的要求和期望與中國實際情況的落差加大，中國參與國際貿易規則制定的能力有待提升，這使中國參與國際經濟合作的影響因素變得更加複雜。

(二) 構建開放型經濟新體制的重要性和緊迫性

在國際國內形勢發生深刻變化的背景下，加速構建開放型經濟新體制成為中國經濟持續健康發展的必由之路。

1. 它是解決約束開放型經濟協調發展的體制問題的重大舉措

開放型經濟涉及對外貿易、利用外資、對外投資、國際合作等眾多領域，這些領域彼此聯繫、相互影響，各領域協調發展是開放型經濟的內在要求。這決定了針對相關領域統籌制度設計，加強機制協調的重要意義。但是，中國開放型經濟體制建設卻存在較突出的不協調、不平衡問題，特別是利用外資和對外投資體制改革相對滯后，內陸地區開放型經濟體制相對滯后，政府職能轉變和仲介組織建設相對滯后等問題，凸顯了開放型經濟體制的弊端，影響了開放型經濟各領域的協調發展、彼此促進。為了消除這些體制性障礙，就必須不斷完善制度，創新體制，確保開放型經濟各領域機制協調一致。

2. 它是主動適應國際經貿格局變革的必然要求

隨著世界經貿格局的深刻變化，各國管理開放型經濟的手段方式、協調國際宏觀經濟政策的機制發生了重要變化，全球投資和貿易規則體系正在重構，中國發展對外經濟的制度環境更加複雜。為了適應這些變化，中國開放型經濟體制必須進行主動轉

變。只有通過開放型經濟體制機制的創新，中國才能拓展雙邊、多邊、區域次區域開放合作，同時有效提升參與和引領國際規則及標準制定的能力。

3. 它是加快培育參與國際競爭新優勢的迫切需要

在發達國家大力推動製造業迴歸、其他發展中國家勞動密集型產業競爭力增強的背景下，中國經濟發展中不平衡、不協調、不可持續的問題更加突出，經濟增長的資源環境約束強化，依靠資源能源、勞動力等有形要素投入的傳統發展模式已難以為繼。在這種形勢下，為了加快培育參與國際競爭的新優勢，中國必須以創新驅動為導向，以質量效益為核心，積極推動開放型經濟體制進行適應性轉變，大力營造競爭有序的市場環境、透明高效的政務環境、公平正義的法治環境和合作共贏的人文環境，加速培育產業、區位、經商環境和規則標準等綜合競爭優勢，不斷增強創新能力，全面提升中國在全球價值鏈中的地位，促進產業轉型升級。

4. 它是建設開放型經濟強國的戰略舉措

對外開放是中國的基本國策。自改革開放以來，中國的開放型經濟水平不斷提高，但是，總體而言，中國長期處於利用外部資源服務國內發展，建設開放型經濟大國的階段。在國際政治經濟環境深刻變化，創新引領發展的趨勢更加明顯，國內經濟結構深度調整，經濟發展進入新常態的形勢下，加快構建開放型經濟新體制，使對內對外開放相互促進，「引進來」與「走出去」更好結合，是以對外開放的主動贏得經濟發展和國際競爭的主動，以開放促改革、促發展、促創新，建設開放型經濟強國的必由之路。

(三) 構建開放型經濟新體制的總體目標及主要內容

構建開放型經濟新體制是一個內外統籌、破立結合的過程，是上層建築不斷適應經濟基礎並更好地促進其發展的過程，是探索新模式、新路徑、新體制的系統工程。構建開放型經濟新體制的基本原則是堅持使市場在資源配置中起決定性作用和更好地發揮政府的作用，堅持改革開放和法治保障並重，堅持「引進來」和「走出去」相結合，堅持與世界融合和保持中國特色相統一，堅持統籌國內發展和參與全球治理相互促進，堅持把握開放主動權和維護國家安全；總體目標是加快培育國際合作和競爭新優勢，更加積極地促進內需和外需平衡、進口和出口平衡、引進外資和對外投資平衡，逐步實現國際收支基本平衡，形成全方位開放新格局，實現開放型經濟治理體系和治理能力現代化，在擴大開放中樹立正確的義利觀，切實維護國家利益，保障國家安全，推動中國與世界各國共同發展，構建互利共贏、多元平衡、安全高效的開放型經濟新體制。

針對當前開放型經濟體制存在的不足，構建開放型經濟新體制的重點任務是：創新利用外資管理體制，建立促進「走出去」戰略的新體制，構建對外貿易可持續發展新機制，優化對外開放區域佈局，加快實施「一帶一路」戰略，拓展國際經濟合作新空間，構建開放安全的金融體系，建設穩定、公平、透明、可預期的經商環境，加強支持保障機制建設，建立健全開放型經濟安全保障體系。

三、新形勢下中國對外貿易體制存在的問題

與開放型經濟其他領域的體制機制建設相比較，對外貿易體制改革較為深入。但是，由於中國市場經濟基礎比較脆弱，市場經濟體系尚不完善，中國現行對外貿易體制不僅與世界貿易組織規則要求之間存在一定差距，而且在很多方面也不適應中國參與國際競爭的客觀要求。

與社會主義市場經濟制度建設的進程相一致，市場機制在對外貿易領域發揮了重要的基礎性作用，但是，受現行對外貿易機制的約束，市場在對外貿易領域資源配置中的決定作用沒能充分發揮，這是中國對外貿易體制弊端的根本所在。在具體層面，中國對外貿易體制呈現出多方面的不足。

(一) 對外貿易管理機構建設和職能轉變不到位

國際貿易是建立在市場經濟基礎上的，儘管中國正在進行市場化改革，但市場化的程度還較低，尤其是政府職能轉變還不能滿足市場經濟發展的要求，這極大地影響了對外貿易管理機構建設和職能轉變，使對外貿易管理機構的引導作用、依法行政能力、服務能力和服務水平的提升受到較大約束。管理政出多門，部門職責交叉分散，內外貿分割，外貿與外資、對外投資等領域的管理機制協同性較差，行政審批制度不完善，行政審批事項下放後的事中事後監管不足，政務誠信制度和商務誠信制度建設有待加強。在對外經濟及內外貿業務融合發展趨勢加強和世界貿易組織規則下，這些問題影響了政府部門的政策規劃及企業的自主經營，加大了企業的經商成本，增加了世界貿易組織框架下的貿易政策合規問題，制約了對外貿易及其他對外經濟領域的發展。

(二) 對外貿易主體結構有待優化

跨國公司是國際貿易的基本主體，但中國對外貿易主體的國際化程度普遍較低，在經營理念、管理、研發、營銷網路、服務等方面和跨國公司差距很大，特別是在對外貿易主體結構中佔有重要地位的中小型企業，更是存在主導產品缺乏、長遠規劃不足、開拓新市場能力較低等問題，其發展潛力極為有限。企業是市場競爭的主體，對外貿易主體結構的不足，不僅影響中國的對外貿易競爭力，也不利於市場決定性作用的發揮。

(三) 開放型經濟法律體系及行業協調機制不健全

中國目前還有不少與開放型經濟制度相對應的法律法規在內容、條文的操作性、程序的科學性上需要進一步加強，與貿易摩擦相關的產業損害預警機制和救濟機制有待加強，經貿安全保障制度存在不足，企業應對能力較差。從行業協調機制建設來看，受政府管理部門關係及職能定位不清晰、法律地位不明確、管理機制不靈活等體制性因素影響，行業商（協）會存在發展活力不足、服務不到位、行政色彩濃厚等問題。在開放型經濟規模不斷壯大，政府職能加快轉變，制定行業標準、規範行業秩序、開拓國際市場、應對貿易摩擦等方面越來越離不開行業商（協）會作用的背景下，行業

商（協）會的不足約束了其作為中觀層面的雙向作用，影響了貿易摩擦應對機制建設。

四、創新中國對外貿易體制的路徑

根據構建開放型經濟新體制的總體要求，創新中國對外貿易體制的基本方向是：主動適應經濟新常態，深化對外貿易體制改革，構建對外貿易可持續發展新機制，在對外貿易領域充分發揮市場配置資源的決定性作用和更好地發揮政府的作用，統籌考慮和綜合運用國際國內兩個市場、兩種資源，促進貨物貿易與服務貿易、貿易與投資、傳統產業與新興產業、沿海與內陸協調互動發展，加快培育對外貿易競爭新優勢，實現對外貿易提質增效可持續發展。

針對對外貿易管理體制、經營體制的不足，創新中國對外貿易體制的主要途徑在於：

（一）加快對外貿易管理機構職能轉變，完善分級管理的縱向體系

構建開放型經濟新體制，創新對外貿易體制，必須處理好政府和市場的關係，使市場在資源配置中起決定性作用，這就要求加快轉變政府職能。按照建設法治政府和服務型政府的總體部署，對外貿易管理機制建設和職能轉變的基本方向是：持續簡政放權，深入推進行政審批和商事制度改革，逐步形成權力清單、責任清單、負面清單管理新模式，實現對外貿易管理機構「法無授權不可為、法定職責必須為」，對外貿易主體「法無禁止即可為」，從根本上轉變對外貿易管理機構職能，強化政府在制度建設、宏觀指導、營造環境、政策支持等方面的職責，加強各行政管理部門間的交流與合作，更好地發揮政府的引導作用，提高政府依法監管能力和服務水平，促進對外貿易進一步從政府主導轉向企業主導，除必要的管理和調控外，其餘均由企業基於市場形勢和自身實際進行經營決策，由市場隨著需求、價格等因素的變化進行自發調節。

在機構設置和職能發揮上，在近期內應從管理機構的「越位」和「缺位」問題入手，同時完善中央、省、市三級分級管理的縱向體系，做到不越位、不缺位、不錯位。只有管理職能充分明確，才能最終形成政府部門制定政策法規、發展規劃，規範市場秩序，創造寬鬆市場競爭環境；行業商會管理行業內日常事務，統一協調本行業的對外關係；企業自主經營決策、自我管理、自我發展的新型管理體系，推動經商環境由政策引導為主向制度規範和法治化國際化經商環境轉變。

在正確處理政府與行業商（協）會關係、改革行業商（協）會管理體制方面，必須堅持行業協會商會社會化、市場化改革方向，提高協會商會組織協調、行業自律管理能力，推進行業協會商會工作重心轉向為企業、行業、市場服務，支持協會商會加強與國際行業組織的交流合作，建設國際化服務平臺，改革內部管理機制和激勵機制，增強可持續發展能力。

（二）大力培育開放主體，優化對外貿易主體結構

大力培育開放主體、優化對外貿易主體結構是構建開放型經濟新體制的重要內容，其基本目標是完善國有資本對外開放的監管體系，積極發展混合所有制經濟，鼓勵各類所有制企業發揮自身優勢，深度參與國際產業分工協作；支持國內企業吸納先進生

產要素，培育國際知名品牌，增強參與全球價值鏈的廣度和深度，形成一批具有國際知名度和影響力的跨國公司；鼓勵國內優勢企業建立海外生產加工和綜合服務體系，在全球範圍內配置資源、開拓市場，拓展企業發展新空間；推動各類對外貿易經營主體協調發展。

針對服務貿易的特點，在培育服務貿易市場主體方面，要努力打造一批主業突出、競爭力強的大型跨國服務業企業，培育若幹具有較強國際影響力的服務品牌；支持有特色、善創新的中小企業發展，引導中小企業融入全球供應鏈；鼓勵規模以上服務業企業走國際化發展道路，積極開拓海外市場，力爭規模以上服務業企業都有進出口實績；支持服務貿易企業加強自主創新能力建設，鼓勵服務領域技術引進和消化吸收再創新。

在培育對外貿易經營主體、優化對外貿易主體結構的過程中，政府的職責主要是營造公平、公正、公開的競爭環境，規範對外貿易秩序。作為貿易主體結構創新的一個方面，也可以通過發揮政府的主導作用，組建一些以貿易為主業，兼具貿易、產業、金融、科技開發等綜合服務功能的，集團化與國際化相結合的中國式綜合商社。

(三) 加強開放型經濟法治建設，實施質量效益導向型對外貿易政策

一方面，根據對外開放不斷深化的新形勢，繼續完善涉外法律法規體系，做到重大開放舉措有法可依，大力營造規範的法治環境；另一方面，在新的一輪貿易保護主義運動中，發達國家利用自身的技術優勢，先後出拾了環境附加稅和市場准入制度、產品加工標準制度、環境標誌制度、綠色包裝和標簽制度、綠色補貼制度以及綠色衛生檢疫制度等各種環保法規、標準、綠色標誌等創新的制度安排，以期達到抑制負外部性的輸入和保護國內經濟的目的。這嚴重削弱了中國出口產品的國際競爭力。因此，中國需要根據國際貿易壁壘的發展趨勢和特點，實施質量效益導向型的對外貿易政策，建立有中國特色的綠色貿易制度，支持技術含量高、附加值大、資源和能源消耗低、環境污染小、產業關聯度強的對外貿易活動，實現對外貿易綠色低碳可持續發展。

(四) 完善對外貿易促進體系，加快培育新型貿易方式

完善進出口促進體系，健全促進對外貿易轉型升級的體制和政策。加快建立出口產品服務體系，鼓勵企業將售後服務作為開拓國際市場的重要途徑。鼓勵企業有計劃地針對不同市場、不同產品，採取與國外渠道商合作或自建等方式，建設服務保障支撐體系，完善售後服務標準。積極運用信息技術發展遠程監測診斷、營運維護、技術支持等售後服務新業態。

建立健全服務貿易促進體系。提升服務貿易戰略地位，建立國務院服務貿易發展協調機制，加強對服務貿易工作的宏觀指導，統籌服務業對外開放、協調各部門服務出口政策、推進服務貿易便利化和自由化。創新服務貿易金融服務體系，建立與服務貿易相適應的口岸管理和通關協作模式。提高貨物貿易中的服務附加值，促進製造業與服務業、貨物貿易與服務貿易協調發展。推進國內服務市場健全制度、標準、規範和監管體系，為專業人才和專業服務跨境流動提供便利。制定與國際接軌的服務業標準化體系，加強與服務貿易相關的人才培養、資格互認、標準制定等方面的國際合作。

按照市場經濟要求，加快培育社會化、專業化、規範自律的服務貿易行業協會，支持商（協）會和促進機構開展多種形式的服務貿易促進活動。

加快培育新型貿易方式。大力推動跨境電子商務發展，積極開展跨境電子商務綜合改革試點工作，抓緊研究制定促進跨境電子商務發展的指導意見。培育一批跨境電子商務平臺和企業，大力支持企業運用跨境電子商務開拓國際市場。鼓勵跨境電子商務企業通過規範的「海外倉」等模式，融入境外零售體系。促進市場採購貿易發展，培育若幹個內外貿結合商品市場，推進在內外貿結合商品市場實行市場採購貿易，擴大商品出口。培育一批外貿綜合服務企業，加強其通關、物流、退稅、金融、保險等綜合服務能力。

（五）建立健全對外經濟貿易安全預警機制和摩擦應對機制

建立相對完備的法規體系和組織機構，在公開性、透明度原則基礎上，規範進出口貿易的自由運作，盡快制定開放型經濟條件下宏觀市場運行的預警體系，從動態上有效監控對外貿易的運行。建立和完善反應快、效率高的進出口預警體系和國際收支預警機制。進出口預警體系的主要功能是：在密切收集整理中國和世界主要國家經濟、金融、貿易等方面統計資料基礎上，對中國進出口貿易發展的動向、問題進行分析與預測。國際收支預警機制的作用在於：根據上述監控體系提供的分析和數據，對國際收支狀況進行綜合分析，並提出解決問題的對策和方案。對部分作為重點監控的出口商品和進口商品，實行逐月統計及對比。建立健全服務貿易預警應急機制及國際服務貿易統計監測、運行和分析體系，健全服務貿易統計指標體系。

構建對外經濟貿易安全保障制度。加快出口管制立法，加快構建和實施設計科學、運轉有序、執行有力的出口管制體系，完善出口管制許可和調查執法體制機制，積極參與出口管制多邊規則制定。進一步加強和完善產業安全預警機制，構建由政府有關部門、行業協會和各類企業及其他利益相關者組成的戰略聯盟，為應對貿易壁壘特別是技術性貿易壁壘提供高效有力的組織結構。戰略聯盟的重要任務，就是為成員提供決策所需要的本行業的詳細數據：通過建立行業信息平臺，幫助企業瞭解相關產業的國內外技術動態及准入制度，為產品順利進入國際市場提供有力的信息保障。

健全貿易摩擦應對機制。強化中央、地方、行業協會商會、企業四體聯動的綜合應對機制，指導企業做好貿易摩擦預警、諮詢、對話、磋商、訴訟等工作。依法開展貿易救濟調查，維護國內產業企業合法權益。建立由各商會、協會、企業組成的多層次、多功能的應訴體系，完善應訴機制，加強反傾銷協調委員會的作用。同時，有必要針對主要出口商品、易遭受國外反傾銷指控商品和出口經營秩序較為混亂的商品建立相應的信息資料庫，監控出口商品價格和數量在敏感市場出現異常波動的情況，從而採取相應的防範和解決措施。

深入推進對外經濟貿易信用建設，進一步加強對外貿易信用信息管理、信用風險監測預警和企業信用等級分類管理，建立完善進出口企業信用評價體系、信用分類管理和聯合監管制度。

（六）加強區域開放載體建設，拓展國際經濟合作新空間

中共十八大以來，中國努力適應經濟全球化的新形勢，不斷探索對外開放新路子，建立中國（上海）自由貿易試驗區，把擴大開放與體制改革相結合、培育功能與政策創新相結合，努力形成與國際投資、貿易通行規則相銜接的基本制度框架，為區域開放載體建設提供了寶貴的經驗。在此基礎上，進一步加強區域開放載體建設的基本方向是深化中國（上海）自由貿易試驗區改革開放，推進廣東、天津、福建三個新設自由貿易試驗區的建設，積極探索開放平臺轉型升級的新途徑。同時，通過加快實施自由貿易區戰略，堅持分類施策、精耕細作，逐步構築起立足於周邊、輻射「一帶一路」、面向全球的高標準自由貿易區網路。

「一帶一路」戰略構想順應了中國對外開放區域結構轉型的需要，順應了中國要素流動轉型和國際產業轉移的需要，順應了國際經貿合作與經貿機制轉型的需要。隨著「一帶一路」戰略的實施，中國的國際經濟合作空間將進一步拓展。

本章小結

1. 對外貿易體制和其他經濟體制一樣，屬於上層建築的範疇，是由經濟基礎決定並為經濟基礎服務的。因此，要根據經濟基礎的要求，建立相應的對外貿易體制。

2. 新中國成立以後，中國立即採取了除舊革新的政策行動，通過廢除帝國主義在華的一切特權、沒收對外貿易中的官僚資本建立國營對外貿易企業、改造私營進出口業等方式，中國建立了社會主義對外貿易體制，在對外貿易計劃、財務、經營、管理等方面體現出高度集中的體制特徵。

3. 中國的對外貿易體制改革是逐步實現貿易自由化的過程。對外貿易宏觀管理體制改革主要從對外貿易宏觀管理機構的權力下放、對外貿易經營管理權的分散和計劃管理體制的變革三個方面逐步推進。對外貿易經營體制改革主要體現在經營權的下放、出口承包責任制的建立與發展、建立自負盈虧的貿易新體制、外貿經營協調服務機制的建立與完善等方面。通過30多年的改革，中國的對外貿易體制發生了重大轉變，為對外貿易的發展創造了重要條件。

4. 在新的形勢下，中國現階段的對外貿易體制也存在一定的不足，需要加強適應性和創新性改革。從構建開放型經濟新體制的角度講，創新中國對外貿易體制的關鍵是加快對外貿易管理機構職能轉變、完善分級管理的縱向體系，大力培育開放主體，優化對外貿易主體結構，加強開放型經濟法治建設，完善對外貿易促進體系，加強區域開放載體建設，拓展國際經濟合作新空間。

思考題

1. 簡述高度集中對外貿易體制的特點和弊端。

2. 簡述各個階段中國對外貿易體制改革的主要內容及成效。
3. 中國對外貿易體制改革路徑與國際上對外貿易體制改革路徑有何不同？
4. 分析當前貿易環境下中國深化對外貿易體制改革所面臨的機遇與挑戰。
5. 從構建開放型經濟新體制的角度分析中國創新對外貿易體制的路徑。

案例分析

2010年3月25日，美國財政部長蓋特納向中國發出要求人民幣升值的呼聲，並專程到北京遊說；與此同時，日本財務相鹽川正十郎不遺餘力地鼓吹要建立對人民幣的包圍圈；歐盟15國決定，將率先上調中國在「普遍優惠制」下享有的出口商品優惠關稅。人民幣匯率不是單純的經濟問題，已經演變為複雜的國際政治、經濟的博弈與爭鬥。

隨後，「人民幣升值話題」在2010年度第二度熱炒。據輿論分析，事件與2010年10月1日在華盛頓召開的西方七國會議（G7）關係密切。此次中國應邀參加G7會議，中國受到來自各方要求升高人民幣匯率的壓力。各國媒體紛紛評述「G7欲挾人民幣匯率以令中國」。在韓國光州舉行的二十國集團副財長和央行副行長會議上，歐盟對中國的人民幣問題再次表示不滿。日本在中日高層經濟對話中要求中國進一步增強人民幣匯率彈性。

面對外界不斷要求人民幣升值的壓力，2010年10月，國務院總理溫家寶在出席東盟與中日韓領導人會議時明確表示，人民幣匯率升值與否，是重大的經濟政策，中國將不會迫於外界壓力而令人民幣升值，在時間恰當的時候，中國才會考慮對人民幣重新估值；在布魯塞爾出席第六屆中歐工商峰會時，溫家寶再次呼籲歐洲的領導人和工商界不要參與壓迫人民幣升值，否則對中國和世界經濟都不利。

（資料來源：葉楚華. 中國超過美國還要多少年［M］. 太原：山西經濟出版社，2010）

問題：

1. 歐美國家為什麼要逼迫人民幣升值？
2. 人民幣升值對中國外貿企業出口及國民經濟發展有什麼影響？
3. 中國外貿企業應採取什麼措施應對人民幣升值的壓力？

第五章　中國對外貿易法律制度

內容簡介

本章在簡要介紹中國對外貿易法律淵源及中國對外貿易法律制度的建設歷程、層次結構和管轄範圍的基礎上，梳理 1994 年《中華人民共和國對外貿易法》的修改情況，分析 2004 年《中華人民共和國對外貿易法》的基本特徵和中國貿易救濟法律法規的修改與完善，闡釋中國對外貿易法律制度的建設目標及特點，探討全面深化改革背景下中國對外貿易法律制度的發展趨勢及建設重點。

關鍵詞

對外貿易法律制度；《中華人民共和國對外貿易法》；貿易救濟；貨物貿易法律體系；服務貿易法律法規；技術貿易法律體系

學習目標

1. 掌握中國對外貿易法律淵源；
2. 瞭解中國對外貿易法律制度的建設歷程，掌握其層次結構和管轄範圍；
3. 掌握 2004 年《中華人民共和國對外貿易法》的基本特徵和主要內容；
4. 掌握中國貿易救濟法律法規的主要內容；
5. 掌握中國對外貿易法律制度建設的目標及工作重點。

案例導讀

2014 年 7 月 7 日，世界貿易組織公布了中國訴美國「關稅法修訂案」（GPX 立法）的上訴機構報告，裁定美國商務部在 2006—2012 年間對中國發起的 25 起「雙反」（反傾銷、反補貼）調查因未能進行避免雙重救濟的稅額調整而違反了世界貿易組織規則。

中國訴美國關稅法修訂案世貿爭端（DS449）於 2012 年 9 月正式啟動。此案涉及「雙反」措施共計 25 起，幾乎涵蓋了 2006—2012 年六年間美國商務部最終決定對中國實施的全部「雙反」措施，涉案產品包括工業品、新能源產品、化工產品、農產品等共計 24 種。此案挑戰了美國貿易救濟中的兩個體制性問題，即「雙重救濟」做法和 GPX 立法。

關於「雙重救濟」，中國認為，在反傾銷調查中，美國商務部採用替代國價格的方法計算出口產品的正常價值，而替代國價格通常不應受到任何補貼的影響，在此基礎上計算得出傾銷幅度並據此加徵反傾銷稅，已經將出口價格恢復到沒有補貼時的水平，因此，美國商務部對中國企業既基於「非市場經濟」的「替代國」方法徵收反傾銷

又徵收反補貼稅，這就是對反補貼稅的重複計算和對補貼的「雙重救濟」。

在 GPX 法方面，中國認為：①由於 GPX 法第 1 節的生效時間為 2006 年 11 月，早於其公布的時間，因此違反了 GATT 第 10.1 條關於迅速公布貿易法規，使各國政府和貿易商能夠知曉的義務；②美國在正式公布這些條款之前便執行了這些條款內容，違反了 GATT 第 10.2 條的規定；③美國未能確保其國內法院的判決得以執行，且未能確保此類判決在其所涉事宜方面規範美國政府的做法，違反了 GATT 第 10.3 條（b）款。

2014 年 3 月 27 日，世貿專家組發布裁決，在雙重救濟方面遵循上訴機構的先例，判美國違反規則；在 GPX 法方面，專家組的多數派意見未支持中方的各項訴請。2014 年 4 月，中美雙方分別就專家組裁決提出上訴。由於世貿組織專家組對於案件事實分析不足，上訴機構未能完成對美國關稅法修訂案是否符合世貿規則的分析。但是，在裁決中，上訴機構支持了中國的大部分上訴請求。中國商務部表示，此案涉案產品年出口金額逾 72 億美元，涉及中國重大貿易利益，是中國利用法律武器挑戰美國濫用貿易救濟措施的又一次重大勝利。

（資料來源：http://china.cnr.cn/yaowen/201407/t20140709_515811761.shtml; http://www.acla.org.cn/html/fazhixinwen/20140717/17380.html）

對外貿易法律制度是一國管理對外貿易的法律規範的總稱，具有權威性、統一性、嚴肅性、規範性特點。在法治經濟條件下，對外貿易法律制度是一國對外貿易總政策的集中體現，法律手段是一國調整、規範對外貿易活動，促進對外貿易發展的主要措施。

社會主義市場經濟本質上是法治經濟。在改革進入攻堅期、對外開放不斷深化、國際形勢複雜多變的背景下，加強對外貿易法律制度建設是完善社會主義市場經濟制度的基本要求，更好地發揮對外貿易法律法規的引領和規範作用，是實現對外貿易可持續發展、全面提高開放型經濟水平的重要保證。

第一節　中國對外貿易法律制度概述

一、中國對外貿易法律淵源

中國對外貿易法律淵源主要有國內法淵源和國際法淵源。

（一）國內法淵源

國內法淵源主要包括憲法、法律和行政法規。其中，憲法是中國特色社會主義法律體系的核心，是通過科學民主程序形成的根本大法。中國強調依法治國首先要堅持依憲治國，依法執政首先體現為依憲執政。作為中國對外貿易法的重要淵源，中國的憲法明確了對外貿易立法的基本原則和依據，寫入了中國實施改革開放的基本國策，規定了國務院管理對外貿易的權力。除憲法外，全國人民代表大會及其常務委員會制定頒布的法律在對外貿易法的淵源中居主導地位，國務院及其所屬部委根據憲法、法

律制定的條例、規定、實施細則和辦法等行政法規對政府職責、執法程序的規定，是對外貿易管理機構完善對外貿易管理制度的依據。

(二) 國際法淵源

國際法淵源主要包括中國正式參加或締結的多邊、雙邊國際經濟貿易協定、公約、條約及中國承認的國際貿易慣例，包括世界貿易組織的規則、國際貨物銷售合同公約、國際貿易術語解釋通則、跟單信用證統一慣例等。其中，中國加入世界貿易組織的法律文件包括《世界貿易組織協定》《中華人民共和國加入世界貿易組織的決定》《〈中華人民共和國加入世界貿易組織議定書〉及其附件》《中國加入世界貿易組織工作組報告書》。《世界貿易組織協定》是中國加入世界貿易組織法律文件的主體，議定書是確定中國權利與義務關係的法律文件，工作組報告書是對加入世界貿易組織談判情況的記錄和說明，與議定書具有內在的統一性和同等的法律效力。

二、中國對外貿易法律制度建設

新中國對外貿易法律法規從產生到發展的歷程，可以分為兩個大的時間段：一是1949—1978年，二是1979年之后的改革開放時期。其中，1949—1978年是新中國對外貿易法律法規從無到有並獲得一定發展的階段。在這個階段，以1954年憲法為基礎，中國制定了《對外貿易管理暫行條例》等行政法規，初步建立了新中國的法律制度框架。但是，受制於計劃經濟體制下的對外貿易體制，中國在這段時期的對外貿易法制以行政管理規定為主，調整範圍主要限於貨物進出口貿易。

改革開放后，在對外貿易法律法規建設伴隨著改革開放進程逐步推進的過程中，改革目標的設定、中國恢復關貿總協定締約國地位（簡稱「復關」）的努力與加入世界貿易組織（簡稱「入世」）成為決定中國對外貿易法律制度建設的重要因素。在從建立有計劃商品經濟制度到建立社會主義市場經濟制度及完善社會主義市場經濟制度的經濟體制改革進程中，隨著有計劃商品經濟的提出到建立社會主義市場經濟體制這一改革目標逐步明確，伴隨著從復關到入世的腳步，中國的對外貿易法律制度經歷了根據有計劃商品經濟、建立和完善社會主義市場經濟體制、全面與國際規則接軌的要求不斷發展和完善的歷程，其調整範圍也逐漸擴大到包括貨物貿易、服務貿易、技術貿易及與國際直接投資相關的生產要素國際流動等對外經濟領域。

(一) 適應建立有計劃商品經濟制度要求的對外貿易法律制度建設（1979—1992年）

在這段時期，隨著對外貿易體制改革從試點到深化，中國的對外貿易法律法規建設經歷了兩個階段：

1. 改革試點初始階段的對外貿易法律制度建設

根據改革開放的戰略部署，作為先導，對外貿易體制改革首先進入包括部分放開貿易經營權等內容的改革試點初始階段。在這個階段，中國將法治建設提到了嶄新的高度，並於1980年做出了《關於改革海關管理體制的決定》，於1982年在憲法中明確了中國發展對外貿易的主權原則和其他指導原則，於1982年和1983年修改了進出口關稅稅則。

2. 改革試點深化階段的對外貿易法律制度建設

1984年10月中國明確提出社會主義經濟是有計劃的商品經濟後，對外貿易體制改革作為建立有計劃商品經濟體制的一部分，進入了試點深化階段。在這個過程中，中國更加明確了恢復關貿總協定締約方地位的重要意義。1986年7月11日，中國正式照會關貿總協定總幹事，要求恢復中國的關貿總協定締約國地位，並於同年9月開始全面參與烏拉圭回合多邊貿易談判。1987年2月，中國向關貿總協定提交了《中國對外貿易制度備忘錄》，3月，關貿總協定設立了中國復關工作組。改革的推進、市場機制的引入以及復關的進程，要求對外貿易法律法規建設配套跟進。因此，中國加強了對外貿易法律制度建設工作。

1985年3月，國務院發布了重新修訂的《中華人民共和國進出口關稅條例》和《中華人民共和國海關進出口稅則》。1987年，中國六屆全國人大常委會通過了《中華人民共和國海關法》，並於同年進一步修訂了進出口關稅條例，使其符合海關法的內容。這標誌著中國初步形成以海關法為核心的海關法律法規體系。1989年，中國七屆全國人大六次會議通過了《中華人民共和國進出口商品檢驗法》；同年，海關總署根據海關法和進出口關稅條例發布了《中華人民共和國海關審定進出口貨物完稅價格辦法》；針對該辦法實施中出現的一些新問題，海關總署又於1991年4月發布了《中華人民共和國海關關於進出口貨物實行海關估價的規定》。1992年，中國發布了《關於修改〈中華人民共和國進出口關稅條例〉的決定》。通過這一系列法律法規的頒布和實施，中國沿著建立社會主義商品經濟體制和復關所要求的方向取得了對外貿易法律法規建設的重要進步。

（二）適應建立社會主義市場經濟制度要求的對外貿易法律制度建設（1993—2001年）

1993—2001年是中國根據建立社會主義市場制度的要求和適應復關到入世的轉變而改革和完善對外貿易法律制度的階段。

1. 根據改革和復關的要求建設對外貿易法律制度

1993年11月，中共十四屆三中全會的決定確定了社會主義市場經濟體制的基本框架。為了滿足建立社會主義市場經濟制度及復關的需要，根據對外貿易體制改革的具體目標，中國開始了系統建設對外貿易法律制度的工作，並於1993年開始執行修訂後的《中華人民共和國禁止進出口物品表和限制進出境物品表》，於1994年7月1日正式頒布實施了《中華人民共和國對外貿易法》（以下簡稱《對外貿易法》）。作為1979年開始的一系列改革的成果體現，《對外貿易法》標誌著中國確立了以之為基本法的對外貿易法律制度，中國的對外貿易發展開始進入規範化、法制化的軌道。

持續的改革和豐碩的成果不斷推動著中國復關的進程。到1992年10月，中國復關工作組基本結束了對中國對外貿易制度的審議。1994年4月，中國簽署了烏拉圭回合《最後文件》和《建立世界貿易組織協定》，完成了復關所必須承擔的責任；同年11月，中國通報了關於復關談判最後時限的決定，進入了爭取成為世界貿易組織創始成員的最後程序。但是，由於種種原因，1994年12月中國復關工作組第19次會議未能就中國成為世界貿易組織創始成員達成協議。

2. 根據改革和入世的要求建設對外貿易法律制度

1995 年 11 月，中國政府照會世界貿易組織總干事魯杰羅，把「中國復關工作組」更名為「中國入世工作組」。至此，中國復關的路轉進了入世談判的軌道。

中共十四屆五中全會的建議提出經濟體制從傳統的計劃經濟體制向社會主義市場經濟體制轉變、經濟增長方式從粗放型向集約型轉變之後，為了促進兩個根本轉變並為入世創造條件，中國進一步加大了改革力度。1996 年，中國設立了進出口銀行，對資本貨物出口提供政策性融資支持；同年，中國下發了《關於經濟特區企業進出口經營權問題的批覆》，這意味著放開進出口經營權試點的開始。1997 年 9 月，中共十五大進一步明確了以公有制為主體、多種所有制經濟共同發展的基本經濟制度，指出非公有制經濟是社會主義市場經濟的有機組成部分，這解決了對外貿易體制改革中的所有制問題。同時，中國進一步加大了關稅的下調力度。到 2001 年年初，中國的關稅總水平下降為 15.3%。

改革的深入孕育著新體制的重要元素。隨著市場機制在資源配置中開始發揮基礎性作用，行政手段在對外貿易領域的作用逐漸削弱，經濟手段的作用不斷加強。為了滿足這種變化對法律制度的要求，中國沿著強化法律手段作用的方向推進了對外貿易法律法規的建設工作。1995 年 10 月，中國頒布實施了《知識產權海關保護條例》，這是中國第一部專門規範知識產權海關保護的行政法規。1997 年，為了使 1994 年《對外貿易法》關於中國的反傾銷和反補貼原則具體化，中國頒布了《反傾銷和反補貼條例》。1999 年 10 月，作為中國市場經濟基本法律規則的《中華人民共和國合同法》正式生效實施，至此，中國結束了《經濟合同法》《涉外經濟合同法》和《技術合同法》三法並立的局面，在完善社會主義市場經濟的法律體系方面邁進了重要的一步；同年底，原外經貿部對外貿法律、行政法規、部門規章、規範性文件以及多雙邊經貿條約、協定開展了大規模的全面清理工作。2000 年年初，在國務院世界貿易組織領導小組的部署下，中國成立了世界貿易組織法律工作領導小組；同年，中國修訂了《中華人民共和國海關法》，同時還修訂了《「三資」企業法》，對國產化率等不再做硬性要求。2001 年 10 月，中國頒布了《反傾銷條例》《反補貼條例》和《保障措施條例》以取代 1997 年的舊條例。

通過一系列法律法規的修訂和頒布實施，中國根據建立社會主義市場經濟制度的要求和國際規範，在知識產權保護、貿易救濟等各個領域推進了法律法規建設，基本形成了適應中國國情、符合國際多邊貿易規則的對外貿易法律體系，從而使中國的對外貿易管理基本具備了法制化、規範化和透明度特徵，為創造開放、統一、公平、可預見的市場環境提供了法制保障。

市場的開放、法律法規的建設表明，中國入世的條件已經成熟。隨著入世談判的結束和《〈中國加入世界貿易組織議定書〉及其附件》《中國加入世界貿易組織工作組報告書》獲得通過，2001 年 12 月 11 日，中國正式成為世界貿易組織第 143 個成員。加入世界貿易組織后，落實《中華人民共和國加入世界貿易組織議定書》《中國加入世界貿易組織工作組報告書》，根據世界貿易組織規則改革與貿易有關的國內法律法規，成為中國對外貿易法律制度建設的重要特點。

(三) 適應完善社會主義市場經濟制度要求的對外貿易法律制度建設（2002—2013 年）

自 2002 年開始，中國進入了完善社會主義市場經濟制度、全面履行入世承諾的新時期。在這段時期，中國實現了從「建設中國特色社會主義」到「發展中國特色社會主義」的理念轉變，並根據其要求加強了對外貿易法律法規建設。

1. 根據入世承諾和科學發展觀的要求建設對外貿易法律制度

根據中共十六屆三中全會精神，完善社會主義市場經濟體制的重要內容之一是按照市場經濟及世界貿易組織的要求完善法律制度，創造公平、可預見的法制環境，其基本目標是為貫徹落實科學發展觀提供體制和制度保障，實現社會經濟「全面、協調、可持續發展」及「人與自然和諧發展」[①]。這表明貫徹落實科學發展觀、完善社會主義市場經濟體制和履行入世承諾對法律制度建設的要求是一致的。因此，中國強調要從適應社會主義市場經濟的發展、適應社會全面進步、適應中國已經加入世界貿易組織的新形勢著手加強立法工作。在對外貿易領域，中國圍繞加快內外貿一體化進程、建立統一透明的對外貿易管理體制、實行統一的對外貿易制度和提高貿易自由化、便利化程度、創造公平和可預見的對外貿易法制環境、確保各類企業在對外經濟貿易活動中的自主權和平等地位等實施了一系列舉措。

中國加入世界貿易組織法律文件涉及法律調整問題的承諾 120 餘項。在 1999 年年底開始清理貨物貿易、服務貿易、知識產權等方面立法的基礎上，中國根據有關承諾繼續加強了對外貿易法律法規的集中清理，並根據清理結果制定了詳細的立、改、廢工作計劃。2001 年，中國專門部署了有關地方性法規、地方政府規章的清理工作。截至 2002 年 6 月底，中國 31 個省、自治區、直轄市和 49 個較大的市根據清理結果，修改、廢止了地方性法規 1,130 件、規章 4,490 件；截至同年 12 月底，全國人大及其常委會制定、修改有關法律 14 件，國務院制定、修改有關行政法規 38 件、廢止 12 件、停止執行國務院有關文件 34 份，國務院有關部門制定、修改、廢止部門規章等 1,000 多件。進入 2003 年后，中國新制定了行政許可法、中外合作辦學條例等有關或影響對外貿易的法律法規。2004 年，中國實行了新修訂的《中華人民共和國對外貿易法》《中華人民共和國進出口關稅條例》《中華人民共和國反傾銷條例》《中華人民共和國反補貼條例》《中華人民共和國保障措施條例》，同年 7 月實施了《中華人民共和國對外貿易經營者備案登記辦法》。2005 年，按照新修訂的《中華人民共和國對外貿易法》及其他規則和轉變對外貿易增長方式的要求，中國加大了促進轉型升級的力度，並通過實行《進出口貨物原產地條例》等繼續加強了對外貿易法規建設。

通過有關改革，中國基本形成了具有防禦性和開拓性功能的、融合了中國入世承諾和應有權利的對外貿易法律體系，確立了對外貿易制度統一實施和促進各類對外貿易經營主體展開公平競爭的機構和制度保障。

---

① 參見《中共中央關於完善社會主義市場經濟體制若干問題的決定》. http://www.china.com.cn. 2005-06-27.

2. 根據發展中國特色社會主義的要求建設對外貿易法律制度

隨著改革開放的深入，中國對市場經濟規律的認識日益加深，科學發展觀的內涵日益豐富。通過提煉和融合世界貿易組織規則、貫徹落實科學發展觀及完善社會主義市場經濟體制的要求，中共十七大提出要更加完善社會主義市場經濟體制，加快轉變經濟發展方式，這標誌著中國從強調增長向強調全面協調發展的根本轉變，標誌著中國進入了科學發展的新時代。至此，科學發展觀不僅具有了全面而豐富的內涵，而且成為新時期中國發展經濟社會包括發展對外貿易的重大戰略思想。

根據中共十七大的有關精神，中國圍繞轉變貿易增長方式、促進進出口貿易協調發展、積極應對國際貿易的新形勢、建立健全對外貿易運行監控體系和國際收支預警機制、強化服務和監管職能等繼續推進了對外貿易法律法規建設。此外，中國明確強調在「十一五」期間要通過拓展生產性服務業、豐富消費性服務業等方式加快服務業發展。為了給發展服務業提供相應的法律保障，中國商務部於 2007 年 11 月發布了《國際服務貿易統計制度》。該制度的出抬，填補了國內服務貿易統計領域制度層面的空白，對於中國服務貿易統計的發展具有重要意義。

此外，中國還根據履行入世承諾和完善社會主義市場經濟制度的要求，廢棄了大量與世界貿易組織規則不相符合的對外貿易法律法規，清理、修訂了其他一些法律規章，包括修訂和實施《中華人民共和國進出口商品檢驗法》《中華人民共和國貨物進出口管理條例》《指導外商投資方向規定》《對外貿易壁壘調查暫行規則》《合格境外機構投資者境內證券投資管理暫行辦法》《外資企業法》《技術進出口管理條例》等，頒布了《知識產權海關保護條例》《中華人民共和國外資銀行管理條例》等。

進入 2012 年以後，為了進一步深化改革，中國圍繞完善開放型經濟體系加強了對外貿易法律制度建設，實施了新制定或修改后的《外商投資產業指導目錄》《文化產品和服務出口指導目錄》《進出口許可證證書管理規定》《進口食品進出口商備案管理規定》《食品進出口記錄和銷售記錄管理規定》《中華人民共和國進出口商品檢驗法》等法律法規。為適應國際貿易信息化、便利化的新形勢，進一步與國際貿易通行做法接軌，2013 年 7 月，中國海關總署主動開展了電子報關、無紙通關、分類通關等一系列改革，發布了《關於深化通關作業無紙化改革試點工作有關事項的公告》《通關作業無紙化報關單證電子掃描文件格式標準》《通關作業無紙化企業存單准入標準》等規章，為推進通關作業無紙化改革、提高通關效率創造了條件。

通過這段時期的體制改革和對外貿易法律制度建設，尤其是通過對《對外貿易法》和對貿易救濟法律法規的修訂和完善，中國在市場准入、國內措施、外資待遇、服務貿易等各個領域都認真履行了入世承諾，中國的對外貿易法律法規更好地體現了世界貿易組織的規則要求，為市場在資源配置中發揮基礎性作用創造了重要條件。

三、中國對外貿易法律制度框架

（一）中國對外貿易法律制度的層次結構

在制度層次方面，中國對外貿易法律制度包括《對外貿易法》、對外貿易行政法規

和部門規章。其中,《對外貿易法》為對外貿易行政法規和部門規章的制定提供了原則和綱領,是中國對外貿易法律制度的基本法和整個對外貿易制度的核心。對外貿易行政法規是中國實施對外貿易法律制度的主要依據,包括由國務院頒布的涉及工商、海關、商檢、外匯、原產地、運輸等領域的行政法規。部門規章是由與對外貿易有關的各部委根據具體問題頒布的,具有可操作性及針對性強、頒布和廢除都較方便等特點,對維護中國對外貿易秩序,促進對外貿易可持續發展具有直接推動作用。

(二) 中國對外貿易法律制度的管轄範圍

從管轄範圍來看,中國的對外貿易法律制度包括貨物貿易、技術貿易、服務貿易、與貿易有關的投資措施、與貿易有關的知識產權保護等方面的法律體系。

1. 貨物和技術貿易法律體系

貨物貿易法律體系主要由貨物進出口管理、進出口環節管理、進出口秩序管理等方面的法律法規組成。其中,《中華人民共和國貨物進出口管理條例》詳細規定了貨物進出口管理制度,與之相配套的各項規章也是貨物進出口管理的重要法律依據,《進出口商品檢驗法》《海關法》《外匯管理條例》及其配套法規,則是貨物進出口環節管理的法律依據,《反傾銷條例》《反補貼條例》《保障措施條例》及其配套法規,是維護進出口秩序的法律法規。

在技術貿易領域,中國曾陸續頒布了《技術引進合同管理條例》《技術出口管理暫行條例》等行政法規。目前,《中華人民共和國技術進出口管理條例》及一些部門規章詳盡規定了技術進出口的管理制度。

2. 服務貿易法律法規

在服務貿易領域,《對外貿易法》第四章「國際服務貿易」規定了服務貿易的管理原則、主管機構、禁止和限制服務貿易的範圍及市場准入目錄等總體要求。隨著服務貿易對外開放的推進,中國對服務貿易行業的法律法規、部門規章進行了調整。近些年,中國頒布了《商業銀行法》《保險法》《海商法》《廣告法》《民用航空器法》《註冊會計師法》《律師法》《外資金融機構管理條例》《境外證券交易所駐華代表機構管理辦法》《合規境外機構投資者參與股指期貨交易指引》等法律法規,對促進中國服務貿易發展具有重要作用。

3. 與貿易有關的投資及知識產權保護法律法規

在外商投資領域,《中華人民共和國中外合資經營企業法》《中華人民共和國中外合作經營企業法》《中華人民共和國外資企業法》及其實施細則和之後相繼制定的外商投資股份有限公司的規定等部門規章,構成了較完備的外商投資企業法律體系。根據世界貿易組織《與貿易有關的投資措施協議》,中國通過對有關外商投資的法律及其實施細則的修改,取消了出口實績、外匯平衡、當地含量方面的硬性規定。此外,為了履行入世承諾、適應分期開放的要求,以及結合經濟發展的需要,中國多次修改了《外商投資產業指導目錄》,減少了限制,充分體現了實行積極主動開放戰略的政策導向。

在與貿易有關的知識產權保護方面,中國修改了《中華人民共和國專利法》《中華

人民共和國商標法》《中華人民共和國著作權法》及其實施細則，新頒布和實施了《計算機軟件保護條例》《集成電路布圖設計保護條例》《植物新品種保護條例》，修改了《藥品管理法實施條例》等，加強了對知識產權的保護，使有關法規進一步體現了世界貿易組織規則的要求。

第二節 《對外貿易法》的修訂與完善

1994年《對外貿易法》是在中國剛剛確定社會主義市場經濟體制的基本框架、正在爭取成為世界貿易組織創始成員的背景下頒布實施的，其立法重點是放在進口管理上，不少法律條文十分籠統，防禦性特徵突出，開拓市場的功能較弱，而且對服務貿易、知識產權保護等重視不夠。進入21世紀之後，在中國基本建立起社會主義市場經濟體制，並且成為世界貿易組織成員的背景下，隨著完善社會主義市場經濟體制進程的加快和入世承諾逐步兌現，隨著科學發展觀的提出和落實，審批制為主要特徵的對外貿易體制被逐步打破，開放逐步向縱深方向發展，中國對外貿易迅速發展，在國際經濟貿易中的地位發生了根本性的變化，開展對外貿易的環境也發生了重要變化。這一切表明，1994年《對外貿易法》已經不能適應中國對外貿易發展中出現的新情況、新變化、新要求，修訂《對外貿易法》既是完善社會主義市場經濟制度的需要，也是適應中國對外貿易高速發展、對外開放進一步深化和履行入世承諾及更充分地應用世界貿易組織規則的要求。

一、修訂1994年《對外貿易法》的目的和意義

根據2004年《對外貿易法》第一條，修訂1994年《對外貿易法》的目的是「為了擴大對外開放，發展對外貿易，維護對外貿易秩序，保護對外貿易經營者的合法權益，促進社會主義市場經濟的健康發展」[1]。這種目標定位符合修訂《對外貿易法》的背景，也反應了其重要意義。

從根本上講，修訂《對外貿易法》的意義在於有利於中國對外貿易和經濟社會整體的持續發展，其具體作用體現在以下幾方面：

（一）有利於完善社會主義市場經濟體制

促進社會主義市場經濟健康發展，關鍵在於完善社會主義市場經濟體制，建立統一、開放、競爭、有序的市場，並建立與之相適應的法律體系。《對外貿易法》是市場經濟法律體系的重要組成部分，是對外貿易法律制度的基本法，其1994年版是在內外貿分割、集權式行政管理的背景下頒布實施的，許多條文不符合建立統一市場和統一的管理機制的要求。修改《對外貿易法》就是要根本消除這種弊端，以促進內外貿的融合和統一市場的建立和完善，促進新型對外貿易體制的建立和完善，維護對外貿

---

[1] 中華人民共和國對外貿易法 [M]. 北京：中國法律出版社，2004：2.

秩序。很顯然，所有這些都直接構成完善社會主義市場經濟體制的重要內容。

（二）有利於貫徹落實科學發展觀

　　1994 年《對外貿易法》規定了限制和禁止進出口的項目內容，但由於當時中國還在爭取成為世界貿易組織創始成員的過程中，有關條文不可能反應世界貿易組織關於保護人和動植物的健康及生命安全、保護環境的例外規定所賦予中國的權利；同時，受限於當時的體制弊端和發展觀相對落後等因素，1994 年《對外貿易法》也不可能充分反應全面協調發展和多方統籌的要求。因此，該法只是從維護人的生命或健康及維護生態環境的角度簡單規定必須禁止進口或者出口，這極不利於科學發展觀的貫徹落實。很顯然，只有修改其有關內容，充分應用世界貿易組織關於保護人和動植物的健康及生命安全、保護環境的例外規定，才能促進經濟與社會、人與自然的協調發展，為科學發展觀的貫徹落實提供重要保障。

（三）有利於樹立中國信守承諾的大國形象

　　1994 年《對外貿易法》的實施比中國成為世界貿易組織成員早了七年多，因此它不可能包含中國的入世承諾，當然也不可能全面反應中國在世界貿易組織規則下的權利。修改 1994 年《對外貿易法》的主要任務之一就是要修改與中國入世承諾和世界貿易組織規則不相符合的內容，並對中國行使世界貿易組織成員權利的實施機制和程序做出規定，將中國在世界貿易組織框架下的權利、義務轉化為國內法。這既是實現中國權利的基本途徑，也是中國履行入世承諾的重要標誌。因此，按照世界貿易組織規則要求修改《對外貿易法》，既有利於中國對外貿易的發展，也有利於樹立中國信守承諾的大國形象。

（四）有利於中國應對外貿發展環境的變化

　　1994 年，中國對外貿易世界排名為第 11 位；2003 年，中國的進出口總額已經位居世界第四，這意味著中國在國際經濟中已經確立貿易大國的地位。然而，隨著中國出口的擴大、貿易順差的增加，加上其他方面的國際國內因素，中國連年成為貿易摩擦的重災區，而 1994 年《對外貿易法》在貿易促進、貿易救濟等方面的缺陷，卻使中國在應對貿易摩擦等方面顯得十分被動。根據中國對外貿易發展面臨的新情況修改《對外貿易法》，建立健全符合國際規範的貿易促進體系和貿易救濟體系，不僅有利於中國積極應對他國提起的貿易摩擦，也便於中國依法對外提起貿易訴訟，有效應對貿易環境的變化。

二、2004 年《對外貿易法》修改的主要內容

　　2004 年《對外貿易法》包括總則、對外貿易經營者、貨物進出口與技術進出口、國際服務貿易、與對外貿易有關的知識產權保護、對外貿易秩序、對外貿易調查、對外貿易救濟、對外貿易促進、法律責任和附則等 11 章共 70 條。其修訂圍繞三個方面展開：一是修改 1994 年《對外貿易法》不符合入世承諾的內容，二是對中國享有 WTO 成員權利的實施機制及程序做出規定，三是根據實踐中的新情況和促進對外貿易健康

發展的要求進行修改。①

(一) 關於對外貿易經營權和經營者範圍的規定

1994年《對外貿易法》規定，對外貿易經營必須具備有關條件、經國務院對外經濟貿易主管部門許可，這與中國全面放開外貿經營權的入世承諾不相符合，因此在《對外貿易法》的修改中明確了將外貿經營權的獲得由審批制改為登記制的有關原則，刪除了關於經營資格條件的要求。根據這一修改，對外貿易經營資格的管理主要體現為兩方面的變化：其一，全面放開貨物進出口和技術進出口的貿易權，對外貿易經營主體的貿易權獲得無需再進行審批，只要對外貿易經營主體經過必要的工商登記手續並進行備案登記，就可依法自主從事進出口經營活動；其二，放開貿易權並不意味著政府不對之進行監管，在放開貿易權的同時，規定備案登記的制度，目的是使政府有關主管機關能夠準確及時地掌握進出口貿易的實際信息，以維護貿易秩序，保障企業和國家的貿易利益。同時，根據世界貿易組織關於國營貿易的規定，2004年《對外貿易法》增加了「國家可以對部分貨物的進出口實行國營貿易管理」等內容。此外，根據入世承諾，貿易經營權應給予所有外國個人和企業，加之實踐中已經大量存在自然人從事對外貿易經營活動的情況，因此，2004年《對外貿易法》將原來關於自然人不能從事對外貿易經營活動的規定修改為「本法所稱對外貿易經營者，是指依法辦理工商登記或者其他執業手續，依照本法和其他有關法律、行政法規的規定從事對外貿易經營活動的自然人、法人和其他組織」。通過這些內容的修訂，2004年《對外貿易法》打破了中國對外貿易經營主體單一和實行審批制的局限，為實現對外貿易主體多元化、促進對外貿易體制創新提供了法律保障。

(二) 關於與貿易有關的知識產權保護的規定

與貿易有關的知識產權保護是世界貿易組織管轄的重要範圍，並越來越多地成為各主要貿易國家維護國家利益的重要手段。根據世界貿易組織規則，同時借鑒美國、歐盟、日本等國外立法經驗，2004年《對外貿易法》增加了「與對外貿易有關的知識產權保護」一章，對與貿易有關的知識產權問題做了比較全面的規定，針對進口貨物侵犯知識產權、知識產權權利人濫用權利、其他國家不給予中國權利人有效保護等情況，規定商務部可以通過採取必要的貿易措施消除危害。

(三) 關於對外貿易秩序的規定

對外貿易秩序主要是指在對外貿易活動中由各類對外貿易經營者的經營行為形成的一種環境或秩序，同時也包括國家對外貿易主管機關在對貿易秩序進行規範的過程中所形成的對外貿易管理秩序。2004年《對外貿易法》第六章旨在規範對外貿易秩序，主要包括限制對外貿易中的壟斷、不正當競爭等條款。除保留1994年《對外貿易法》關於不得有騙取出口退稅等違法違規行為的懲治條款外，2004年《對外貿易法》特別強調在對外貿易經營活動中不得實施違背反壟斷法律、行政法規的壟斷行為和低

---

① 於廣洲. 關於中華人民共和國對外貿易法（修訂草案）的說明 [R]. 2003年12月22日在第十屆全國人民代表大會常務委員會第六次會議上的報告.

價銷售商品、發布虛假廣告等不正當競爭行為。

(四) 關於對外貿易調查和貿易救濟的規定

對外貿易調查和貿易救濟都與貿易秩序緊密相關。貿易調查是世界主要貿易大國開拓外部市場、肅清貿易壁壘、保護本國產業和市場秩序的重要法律手段，而中國在這方面卻缺乏程序上的法律依據。因此，2004年《對外貿易法》專章就調查事項、調查程序、調查中的義務等內容做了規定，彌補了1994年《對外貿易法》在對外貿易調查規則方面的缺失，明確了對外貿易調查的目的在於維護對外貿易秩序。此外，2004年《對外貿易法》還專章規定了貿易救濟規則。

(五) 關於對外貿易促進的規定

與國際通行的做法相比，中國1994年《對外貿易法》關於對外貿易促進的規定存在法律依據不明確、政策體系不健全、促進手段不多等問題，需要重新構建。針對這種情況，2004年《對外貿易法》對有關內容做了較大幅度的修改，除保留原有的關於設立服務於對外貿易的金融機構、發展基金、風險基金及利用出口退稅、出口信貸的規定外，增加了關於國家為促進對外貿易可以建立和完善對外貿易促進機制、建立公共信息服務體系及利用出口信用保險等方面的規定。

(六) 關於對外貿易法律責任的規定

根據對外貿易管理的實際需要，2004年《對外貿易法》修改和完善了有關法律責任的規定，包括關於違反國營貿易規定、未經授權擅自進出口實行國營貿易管理的貨物，進出口屬於禁止進出口貨物和從事屬於禁止的國際服務貿易等情況的處罰措施的規定，其基本原則是由海關等部門依法通過處理、處罰以及責令改正、沒收違法所得、罰款、不受理配額或者許可證的申請、禁止從事有關的進出口經營活動等多種手段，加大對違法行為的處罰力度，為對外貿易主管部門提供了在對外貿易經營權放開的情況下約束對外貿易經營者行為的更加細化的、操作性更強的法律依據。

三、2004年《對外貿易法》的主要特徵

2004年《對外貿易法》完善了中國的對外貿易法律規定，體現了對外貿易環境變化及完善社會主義市場經濟體制和履行入世承諾的要求，從而使其在內容、原則、功能等方面表現出鮮明的特點。

(一) 內容的全面性

2004年《對外貿易法》第二條指出：本法適用於對外貿易以及與對外貿易有關的知識產權保護；本法所稱對外貿易是指貨物進出口、技術進出口和國際服務貿易。這表明其管轄的範圍具有全面性。從其他條款來看，2004年《對外貿易法》除對貨物貿易的有關規定外，還在第四章專門對國際服務貿易做了明確規定，在對外貿易救濟等內容中就服務貿易的相關問題做了說明，同時還專門就技術進出口、與對外貿易有關的知識產權保護等做了規定，這表明2004年《對外貿易法》在具體內容上也具有全面性。

(二) 與社會主義市場經濟原則及世界貿易組織規則的一致性

由於 2004 年《對外貿易法》是根據完善社會主義市場經濟體制、履行入世承諾等方面的要求修訂實施的，這就從根本上決定了其主張的原則與社會主義市場經濟原則及世界貿易組織規則的一致性。2004 年《對外貿易法》在第四、五、六條及第二十條分別對「國家實行統一的對外貿易制度」「維護公平、自由的對外貿易秩序」「中華人民共和國根據平等互利的原則促進和發展區域貿易關係」「給予對方最惠國待遇、國民待遇」「按照公開、公平、公正和效益的原則」分配進出口貨物配額等做了明確規定，在第三十六條、第三十八條強調了對外公告義務。這些條款足以證明 2004 年《對外貿易法》主張統一、透明、公開、公平、非歧視和自由貿易原則。這些原則既是市場經濟的基本原則，也是世界貿易組織的基本原則。

(三) 防禦性與開拓性並舉的功能

針對履行入世承諾使關稅水平不斷降低、傳統非關稅措施日益受限和開放縱深發展以及國際上貿易保護不斷加劇，反傾銷、反補貼、保障措施和其他貿易壁壘日益盛行的新情況，2004 年《對外貿易法》依據世界貿易組織規則和國際上通行的做法，修訂完善了關於限制貨物、技術和服務進出口及反傾銷、反補貼、保障措施的法律條文，而且專門就對外貿易調查和貿易促進做了明確規定。在貿易促進的規定中明確指出：國家採取措施鼓勵對外貿易經營者開拓國際市場，扶持和促進中小企業開展對外貿易，扶持和促進民族地區和經濟不發達地區發展對外貿易。這些修改一方面增強了《對外貿易法》的防禦功能，使之有利於防止進口產品對國內產業造成損害，有利於保護國內產業和市場，同時也改變了 1994 年《對外貿易法》偏重進口管理的狀況，加強了關於出口管理的規定，完善了貿易促進體系，強化了開拓國際市場的功能。

第三節　貿易救濟法律法規的修改與完善

貿易救濟指一國產業因貿易受到實質損害或實質損害威脅，或者一國產業的建立受阻時，國家政府根據國際條約、協議及國內法律法規採取措施消除或減輕損害影響的行為。貿易救濟法律法規是關於貿易救濟調查、磋商談判、實施貿易救濟措施的條件和程序等內容的規定。根據國際規則和各國國內法的規定，貿易救濟措施主要指反傾銷、反補貼和保障措施，除此之外，還有與之配套的其他措施，各項措施可以構成一個完整的體系。不過，從中國的情況來看，由於貿易救濟法律法規起步較晚，因此直到 2004 年《對外貿易法》公布實施，中國才有了比較完整的貿易救濟措施體系。

一、中國貿易救濟法律法規修改與完善的歷程

中國的貿易救濟法律法規是自 1994 年《對外貿易法》實施以後逐步建立起來的。該法第二十九條規定：因進口產品數量增加，使國內相同產品或者與其直接競爭的產品的生產者受到嚴重損害或者嚴重損害威脅時，國家可以採取必要的保障措施，消除

或減輕這種損害或損害威脅；第三十條規定：產品以低於正常價值的方式進口，並由此對國內已建成的相關產業造成實質損害或者產生實質損害威脅，或者對國內建立相關產業造成實質阻礙時，國家可以採取必要措施，消除或者減輕這種損害或損害的威脅或者阻礙；第三十一條規定：進口的產品直接或間接地接受出口國給予的任何形式的補貼，並由此對國內已建立的相關產業造成實質損害或者產生實質損害威脅，或者對國內建立相關產業造成實質阻礙時，國家可以採取必要措施，消除或者減輕這種損害或者損害的威脅或者阻礙。這是中國對外貿易法律關於貿易救濟的最早規定，這些規定使中國有了關於貿易救濟的基本法律依據。但是，從這些條款的內容可以看出，這只是一些原則性的規定，用語極其含糊、不規範，除用了「保障措施」外，「反傾銷」和「反補貼」都以「必要的措施」取代。這樣的規定不僅使這些條款的可操作性極差，而且使其與國際通用的術語和規則不相符合。

為了明確反傾銷和反補貼的規定，1997年3月25日，國務院公布實施了《反傾銷和反補貼條例》。該條例將反傾銷實體法和程序法集於一身，對申請、立案、終裁、徵收反傾銷稅等每一個具體環節做了相應的規定，為中國企業針對外國產品的傾銷提起反傾銷訴訟提供了可行的法律依據。此外，國家經濟貿易委員會還根據《對外貿易法》與《反傾銷和反補貼條例》的有關規定制定了《中華人民共和國國家經濟貿易委員會產業損害裁定聽證規則》，它較全面、系統地規定了產業損害裁定聽證的原則及當事人、聽證主持人、迴避以及聽證程序等問題。此外，該條例在第五章對反補貼做了相應的規定。根據《反傾銷和反補貼條例》，外國政府或公共機構直接或間接地向產業、企業提供的財政資助或者利益即為補貼；進口產品存在補貼的，適用該條例。補貼造成的損害、反補貼調查和反補貼措施的實施，適用該條例第二章、第三章和第四章的有關規定，即可使用反傾銷的相關規定。

總體而言，《反傾銷和反補貼條例》的有關規定在較大程度上改善了中國的貿易救濟規則，但仍然太過原則性，與世界貿易組織的有關規則也存在不相符合的地方，關於保障措施的配套規定則更加缺乏。這既不利於貿易救濟的開展，也不利於中國入世進程的推進。因此，2001年11月26日，中國頒布了新的《反傾銷條例》《反補貼條例》《保障措施條例》。

入世后，為了適應新形勢的需要，中國於2002年9月17日頒布了《對外貿易壁壘調查暫行規則》。此外，原外經貿部還陸續發布了《反傾銷調查立案暫行規則》《反補貼調查立案暫行規則》《保障措施調查立案暫行規則》等。2004年《對外貿易法》修訂了關於對外貿易救濟的內容，還實行了新修訂的《反傾銷條例》《反補貼條例》《保障措施條例》。其中，三個條例的修改除將原條例中的「外經貿部」改為「商務部」外，還對一些實質性內容做了相應修改，如將《反傾銷條例》第三十七條修改為「終裁決定確定傾銷成立，並由此對國內產業造成損害的，可以徵收反傾銷稅。徵收反傾銷稅應當符合公共利益原則」。再如將《反補貼條例》第二十五條修改為「商務部根據調查結果，就補貼、損害和二者之間的因果關係是否成立做出初裁決定，並予以公告」，以及將《保障措施條例》第二十條修改為第十九條，並規定「終裁決定確定進口產品數量增加，並由此對國內產業造成損害的，可以採取保障措施。實施保障措

應當符合公共利益原則」。這些修改使三個條例的內容與世界貿易組織的規定具有更強的一致性。此外，商務部還發布了配套規章，如《反傾銷調查聽證會暫行規則》《出口產品反傾銷應訴規定》《反傾銷調查立案暫行規則》《反補貼調查聽證會暫行規則》《反補貼調查立案暫行規則》《保障措施調查立案暫行規則》《保障措施調查聽證會暫行規則》《反傾銷產業損害調查規定》《反補貼產業損害調查規定》《保障措施產業損害調查規定》等。2004 年《對外貿易法》關於貿易救濟的規則與這些條例和規章，構建了以反傾銷、反補貼和保障措施規則為核心的較完整的、可操作的、符合國際規則的貿易救濟法律體系。

二、2004 年《對外貿易法》對貿易救濟規則的修改和完善

在 1994 年《對外貿易法》中，關於反傾銷、反補貼和保障措施的有關規定屬於對外貿易秩序部分的幾個條款，內容非常籠統，也沒有「貿易救濟」的概念，這極不利於應對主要貿易國家對中國出口產品頻繁採用反傾銷、保障措施、特殊保障措施等貿易保護手段限制中國產品進入其市場的實際狀況，也使中國在面對國外產品以傾銷等方式進入中國市場的情況時顯得措施乏力。為了改變這種狀況，2004 年《對外貿易法》將反傾銷、反補貼和保障措施的有關規定從對外貿易秩序部分獨立出來，新增加為第八章「對外貿易救濟」，同時還在新增加的第七章「對外貿易調查」中就貿易救濟調查做了規定。這兩章除繼續保留 1994 年《對外貿易法》中對「兩反一保」的規定外，還十分註重對外貿救濟制度的全面化與系統化，在立法中第一次引入了貿易調查、貿易談判及貿易救濟等新概念與新的手段。

（一）關於實施「兩反一保」措施的基本規定

2004 年《對外貿易法》對實施「兩反一保」措施的原則做了明確規定。根據有關規定，實施反傾銷措施的原則是其他國家或者地區的產品以低於正常價值的傾銷方式進入中國市場，對已建立的國內產業造成實質損害或者產生實質損害威脅，或者對建立國內產業造成實質阻礙的，國家可以採取反傾銷措施，消除或者減輕這種損害或者損害的威脅或者阻礙；實施反補貼措施的原則是進口的產品直接或者間接地接受出口國家或者地區給予的任何形式的專項性補貼，對已建立的國內產業造成實質損害或者產生實質損害威脅，或者對建立國內產業造成實質阻礙的，國家可以採取反補貼措施，消除或者減輕這種損害或者損害的威脅或者阻礙；實施保障措施的原則是進口產品數量大量增加，對生產同類產品或者與其直接競爭的產品的國內產業造成嚴重損害或者嚴重損害威脅的，國家可以採取必要的保障措施，消除或者減輕這種損害或者損害的威脅，並可以對這個產業提供必要的支持。上述規定表明，中國是嚴格遵守世界貿易組織所強調的實施反傾銷、反補貼和保障措施的基本條件的，即在存在傾銷或專項性補貼或進口產品數量大量增加和損害，而且傾銷或專項性補貼或進口產品數量大量增加和損害之間存在因果關係的情況下才能實施有關措施。

（二）關於貿易救濟調查的規定

為了應對濫用救濟措施的行為，有效保護國內產業的利益，2004 年《對外貿易

法》在「對外貿易調查」部分規定：國務院對外貿易主管部門可以自行或者會同國務院其他有關部門，依照法律、行政法規的規定，對有關國家或者地區的貿易壁壘、規避對外貿易救濟措施的行為，以及為確定是否應當依法採取反傾銷、反補貼或者保障措施等對外貿易救濟措施需要調查的事項進行調查。此外，2004年《對外貿易法》對啓動對外貿易調查的程序、由國務院對外貿易主管部門發布公告等做了規定，同時還規定調查可以採取書面問卷、召開聽證會、實地調查、委託調查等方式，國務院對外貿易主管部門根據調查結果，提出調查報告或者做出處理裁定。這些規定為實施貿易救濟調查提供了重要的法律依據，並且通過規定「發布公告」，很好地體現了透明度原則。

(三) 關於貿易救濟的其他規定

除了上述關於貿易救濟的規定，2004年《對外貿易法》還對服務貿易救濟措施、針對貿易轉移的保障措施等做了規定。該法規定：因其他國家或者地區的服務提供者向中國提供的服務增加，對提供同類服務或者與其直接競爭的服務的國內產業造成損害或者產生損害威脅的，國家可以採取必要的救濟措施，消除或者減輕這種損害或者損害的威脅；因第三國限制進口而導致某種產品進入中國市場的數量大量增加，對已建立的國內產業造成損害或者產生損害威脅，或者對建立國內產業造成阻礙的，國家可以採取必要的救濟措施，限制該產品進口；對與中國締結或者共同參加經濟貿易條約、協定的國家或者地區違反條約、協定的規定，使中國應享有的利益喪失或者受損，或者阻礙條約、協定目標實現的，中國政府有權要求有關國家或者地區政府採取適當補救措施，並可以根據有關條約、協定中止或者終止履行相關義務。

此外，2004年《對外貿易法》還對國務院對外貿易主管部門進行對外貿易的雙邊或者多邊磋商、談判和爭端的解決，以及建立對外貿易的預警應急機制、採取必要的反規避措施等做了規定。這樣，在2004年《對外貿易法》中，中國構建了較完整的貿易救濟措施體系。這個體系既有「兩反一保」等常規措施，也有信息服務、預警應急機制和貿易調查等先期措施，還有貿易談判、磋商、報復、反規避等應對手段和后續跟進措施，以及貿易轉移的救濟、第三國傾銷的救濟等補充手段。

三、貿易救濟的主要措施

(一) 反傾銷措施

1. 臨時反傾銷措施

臨時反傾銷措施是在初裁決定確定傾銷成立並對國內產業造成損害時實施的措施，具體包括徵收臨時反傾銷稅以及提供保證金、保函或者其他形式的擔保。臨時反傾銷稅稅額以及提供的保證金、保函或者其他形式擔保的金額，不超過初裁決定確定的傾銷幅度。臨時反傾銷稅的徵收由商務部提出建議，國務院關稅稅則委員會根據商務部的建議做出決定，由商務部予以公告，其他情況由商務部做出決定並予以公告，海關自公告規定實施之日起執行。臨時反傾銷措施實施的期限為自臨時反傾銷措施決定公告規定實施之日起，不超過4個月，但在特殊情形下，可以延長至9個月。

2. 價格承諾

傾銷進口產品的出口經營者在反傾銷調查期間，可以向商務部做出改變價格或者停止以傾銷價格出口的價格承諾，商務部也可以向出口經營者提出價格承諾的建議。商務部認為出口經營者做出的價格承諾能夠接受並符合公共利益的，可以決定中止或者終止反傾銷調查，不採取臨時反傾銷措施或者徵收反傾銷稅。中止或者終止反傾銷調查后，應出口經營者請求，或者有必要，商務部可以對傾銷和損害繼續進行調查。根據調查結果做出傾銷或者損害的否定裁定的，價格承諾自動失效；做出傾銷和損害的肯定裁定的，價格承諾繼續有效。出口經營者違反其價格承諾的，商務部可以立即決定恢復反傾銷調查。

3. 反傾銷稅

反傾銷稅是在終裁決定確定傾銷成立並對國內產業造成損害時徵收的進口附加稅。反傾銷稅的徵收由商務部提出建議，國務院關稅稅則委員會根據商務部的建議做出決定，由商務部予以公告。海關自公告規定實施之日起執行。反傾銷稅適用於終裁決定公告之日后進口的產品。反傾銷稅的納稅人為傾銷進口產品的進口經營者。反傾銷稅根據不同出口經營者的傾銷幅度分別確定，對未包括在審查範圍內的出口經營者的傾銷進口產品，按照合理的方式確定對其適用的反傾銷稅。反傾銷稅稅額不超過終裁決定確定的傾銷幅度。

如果終裁決定確定存在實質性損害，並在此前已經採取了臨時反傾銷措施，反傾銷稅可以對已經實施臨時反傾銷措施的期間追溯徵收。終裁決定確定存在實質性損害威脅，在先前不採取臨時反傾銷措施將會導致后來做出實質性損害裁定的情況下已經採取臨時反傾銷措施的，反傾銷稅可以對已經實施臨時反傾銷措施的期間追溯徵收。終裁決定確定的反傾銷稅，高於已付或者應付的臨時反傾銷稅或者為擔保目的而估計的金額的，差額部分不予收取；低於已付或者應付的臨時反傾銷稅或者為擔保目的而估計的金額的，差額部分應當根據具體情況予以退還或者重新計算稅額。終裁決定確定不徵收反傾銷稅的，或者終裁決定未確定追溯徵收反傾銷稅的，已徵收的臨時反傾銷稅、已收取的保證金應當予以退還，保函或者其他形式的擔保應當予以解除。

如果傾銷進口產品的進口經營者有證據證明已經繳納的反傾銷稅稅額超過傾銷幅度，可以向商務部提出退稅申請。商務部經審查、核實並提出建議，國務院關稅稅則委員會根據商務部的建議可以做出退稅決定，由海關執行。進口產品被徵收反傾銷稅后，在調查期內未向中華人民共和國出口該產品的新出口經營者如果能證明其與被徵收反傾銷稅的出口經營者無關聯，可以向商務部申請單獨確定其傾銷幅度。

反傾銷稅的徵收期限和價格承諾的履行期限不超過5年。但是，如果復審確定終止徵收反傾銷稅有可能導致傾銷和損害的繼續或者再度發生，則可以適當延長反傾銷稅的徵收期限。

(二) 反補貼措施

1. 臨時反補貼措施

對初裁決定確定補貼成立並由此對國內產業造成損害的，可以採取臨時反補貼措

施。臨時反補貼措施採取以保證金或者保函作為擔保的徵收臨時反補貼稅的形式。臨時反補貼措施，由商務部提出建議，國務院關稅稅則委員會根據商務部的建議做出決定，由商務部予以公告，海關自公告規定實施之日起執行。臨時反補貼措施實施的期限自臨時反補貼措施決定公告規定實施之日起，不超過 4 個月。

2. 價格承諾

在反補貼調查期間，如果出口國（地區）政府提出取消、限制補貼或者其他有關措施的承諾，或者出口經營者提出修改價格的承諾，商務部應當予以充分考慮。商務部可以向出口經營者或者出口國（地區）政府提出有關價格承諾的建議。出口經營者、出口國（地區）政府不做出承諾或者不接受有關價格承諾建議的，不妨礙對反補貼案件的調查和確定。如果承諾能夠接受並符合公共利益，商務部可以決定中止或者終止反補貼調查，不採取臨時反補貼措施或者徵收反補貼稅。根據調查結果對補貼或者損害做出否定裁定的，承諾自動失效；做出補貼和損害的肯定裁定的，承諾繼續有效。對違反承諾的，商務部可以立即決定恢復反補貼調查；根據可獲得的最佳信息，可以決定採取臨時反補貼措施，並可以對實施臨時反補貼措施前 90 天內進口的產品追溯徵收反補貼稅。

3. 反補貼稅

在為完成磋商的努力沒有取得效果的情況下，終裁決定確定補貼成立，並由此對國內產業造成損害的，可以徵收反補貼稅。徵收反補貼稅由商務部提出建議，國務院關稅稅則委員會根據商務部的建議做出決定，由商務部予以公告，海關自公告規定實施之日起執行。反補貼稅適用於終裁決定公告之日后進口的產品，反補貼稅的納稅人為補貼進口產品的進口經營者。反補貼稅根據不同出口經營者的補貼金額分別確定，反補貼稅稅額不超過終裁決定確定的補貼金額。終裁決定確定存在實質性損害，並在此前已經採取臨時反補貼措施的，反補貼稅可以對已經實施臨時反補貼措施的期間追溯徵收。終裁決定確定存在實質性損害威脅，在先前不採取臨時反補貼措施將會導致后來做出實質性損害裁定的情況下已經採取臨時反補貼措施的，反補貼稅可以對已經實施臨時反補貼措施的期間追溯徵收。終裁決定確定的反補貼稅高於保證金或者保函所擔保的金額的，差額部分不予收取；低於保證金或者保函所擔保的金額的，差額部分予以退還。終裁決定確定不徵收反補貼稅的，或者終裁決定未確定追溯徵收反補貼稅的，對實施臨時反補貼措施期間已收取的保證金應當予以退還，保函應當予以解除。

反補貼稅的徵收期限和承諾的履行期限不超過 5 年。但是，經復審確定終止徵收反補貼稅有可能導致補貼和損害的繼續或者再度發生的，反補貼稅的徵收期限可以適當延長。

(三) 保障措施

1. 臨時保障措施

有明確證據表明進口產品數量增加，在不採取臨時保障措施將對國內產業造成難以補救的損害的緊急情況下，可以做出初裁決定，並採取臨時保障措施。臨時保障措施採取提高關稅的形式。商務部對採取臨時保障措施提出建議，國務院關稅稅則委員

會根據商務部的建議做出決定，由商務部予以公告，海關自公告規定實施之日起執行。在採取臨時保障措施前，商務部應當將有關情況通知保障措施委員會。臨時保障措施的實施期限為自臨時保障措施決定公告規定實施之日起，不超過 200 天。

2. 保障措施

終裁決定確定進口產品數量增加，並由此對國內產業造成損害的，可以採取保障措施。保障措施可以採取提高關稅、數量限制等形式。保障措施採取提高關稅形式的，由商務部提出建議，國務院關稅稅則委員會根據商務部的建議做出決定，由商務部予以公告；採取數量限制形式的，由商務部做出決定並予以公告。海關自公告規定實施之日起執行。採取數量限制措施的，限制后的進口量不得低於最近 3 個有代表性年度的平均進口量；但是，有正當理由表明為防止或者補救嚴重損害而有必要採取不同水平的數量限制措施的除外。保障措施應當針對正在進口的產品實施，不區分產品來源國（地區）。採取保障措施應當限於防止、補救嚴重損害並便利調整國內產業所必要的範圍內。終裁決定確定不採取保障措施的，已徵收的臨時關稅應當予以退還。

保障措施的實施期限不超過 4 年。符合下列條件的，保障措施的實施期限可以適當延長：確定保障措施對於防止或者補救嚴重損害仍然有必要；有證據表明相關國內產業正在進行調整；已經履行有關對外通知、磋商的義務。一項保障措施的實施期限及其延長期限最長不超過 10 年。

保障措施實施期限超過 1 年的，應當在實施期間內按固定時間間隔逐步放寬。保障措施實施期限超過 3 年的，商務部應當在實施期間內對該項措施進行中期復審。復審的內容包括保障措施對國內產業的影響、國內產業的調整情況等。

第四節　全面深化改革與對外貿易法律制度建設

經過 30 多年的改革開放，中國基本建立了符合國情和世界貿易組織規則的對外貿易法律體系，為對外貿易有序發展提供了法律保障。但是，在改革開放不斷深化、全面推進依法治國的新形勢下，中國必須繼續加強對外貿易法律制度建設。

一、對外貿易法律制度的建設目標及特點

在改革開放目標逐漸明確、不斷發展的過程中，中國的對外貿易法律制度建設在服務於解放和發展生產力這個基本目標的框架內，經歷了從服務於經濟增長到服務於發展中國特色社會主義的轉變。同時，隨著建立中國特色社會主義法律體系這一法制建設總目標的確立，建立有中國特色的對外貿易法律體系這一具體目標也相繼確立。目前，中國基本建立了框架體系完整、管轄範圍廣泛，有利於轉變貿易發展方式，統籌國內發展與對外開放的對外貿易法律制度。

（一）完整的法律框架和廣泛的管轄範圍

中國的對外貿易法律體系以憲法的基本規定為指導原則，以 2004 年《對外貿易

法》為核心，同時還包括大量的行政法規和部門規章，由此構成了完整的法律框架。在具體內容上，這些對外貿易法律法規已經突破狹義的管轄範圍，擴展為包括貨物貿易、技術貿易、服務貿易和與貿易有關的知識產權保護及投資措施領域，從而為各類經營主體從事對外貿易經營活動、展開公平競爭提供了法律保障。

(二) 促進科學發展的目的性

科學發展觀要求對外貿易法律法規建設充分體現統籌兼顧、協調持續發展的精神實質，進而實現促進貿易發展方式轉變，兼顧進口與出口、貿易與環境、人與自然和諧發展，統籌國內發展和對外開放的法制建設目的。為了體現這個精神實質，中國在2004年《對外貿易法》中通過「發展對外貿易」「促進社會主義市場經濟健康發展」等規定從根本上確立了促進科學發展的立法目的，並通過該法及其他行政法規和部門規章對保護人和動植物的健康、生命安全及保護環境的有關規定，以及通過對貿易調查、貿易促進和維護經營者合法權益等方面的規定，為在對外貿易領域貫徹落實科學發展觀提供了重要保障。

(三) 與國際規則接軌的市場經濟法制原則

中國的對外貿易法律法規體現了社會主義市場經濟和世界貿易組織規則要求的自由化、市場化、透明度、統一性和公正性原則。這些原則是中國完善社會主義市場經濟體制、深化對外貿易體制改革的結果和要求，是社會主義市場經濟條件下和世界貿易組織框架下中國貿易政策變化趨勢的重要體現。這些原則的基本表現是：中國的對外貿易法律法規是依據市場經濟基本規律制定的，它以維護公平競爭和自由貿易為目的，具有公開性特徵，強調各個法律規章及具體條文在內容上的協調一致性和公布後才能在全國生效、統一實施。這些原則反應了充分發揮市場機制作用的精神實質，證明了中國在改革過程中強調市場化、復關與入世和經濟社會科學發展並且把它們作為有機整體的科學性。

(四) 功能方面的防禦性和開拓性

首先，2004年《對外貿易法》修訂完善了關於限制貨物、技術和服務進出口及反傾銷、反補貼、保障措施的法律條文，並且對貿易調查和貿易促進等做了明確規定。其次，以2004年《對外貿易法》為依據，再結合實踐的需要，中國修訂實施的《反傾銷條例》《反補貼條例》《保障措施條例》《對外貿易壁壘調查規則》等將貿易救濟規則、貿易調查規則具體化為操作性更強的規定。這樣，中國的對外貿易法律法規從根本大法到實施規則都具有了防禦性和開拓性功能。

二、全面深化改革與加強對外貿易法律制度建設的重要性

對外貿易法律制度的長足發展，為改革的不斷深入發展創造了條件。但是，相對於改革開放深入發展的現實及趨勢，尤其是在中國已經成為貿易大國，雙向投資也名列世界前茅的情況下，中國的對外貿易法律法規還存在不適應和一些領域無法可依、立法不完善，一些政策性法規缺乏透明度的問題，同時，內外資法律法規不盡統一，

對外投資等領域無法可依或法規層級較低等問題，也加大了對外貿易法律制度的不足。在實踐中，這些問題對發展對外貿易和深化對外開放的制約日益加劇。加強對外貿易法律制度建設，既是完善社會主義市場經濟制度，全面推進依法治國，實現國家治理體系和治理能力現代化的需要，也是深化對外開放，全面提高開放型經濟水平，推動中國對外貿易持續有序發展的重要保障。

(一) 它是完善社會主義市場經濟制度的需要

緊緊圍繞使市場在資源配置中起決定性作用深化經濟體制改革，加快完善社會主義市場經濟制度，是全面深化改革的重點。市場在資源配置中起決定性作用和更好地發揮政府作用的前提是建立健全社會主義市場經濟法律制度。對外貿易法律制度是社會主義市場經濟法律制度的組成部分，是保證商品和要素自由流動、公平交易的重要條件。在建立和完善社會主義市場經濟體制的歷程中，對外貿易法制建設一直是改革的重要內容。在全面建成小康社會的決定性階段和改革的攻堅期，加強對外貿易法律制度建設，是促進改革不斷深入、加快完善社會主義市場經濟制度的內在要求和保證條件。

(二) 它是全面推進依法治國的需要

根據《中共中央關於全面推進依法治國若幹重大問題的決定》（以下簡稱《決定》）的有關精神，依法治國，是堅持和發展中國特色社會主義的重要保障，是實現國家治理體系和治理能力現代化的必然要求。要全面建成小康社會、實現中華民族偉大復興的「中國夢」，必須全面推進依法治國。

全面推進依法治國，總目標是建設中國特色社會主義法治體系、建設社會主義法治國家。包括對外貿易法律制度建設在內的涉外法治建設是社會主義法治建設的重要組成部分，是實現依法治國總目標的內在要求和重要條件。因此，《決定》強調要加強涉外法律工作，包括完善涉外法律法規體系，促進構建開放型經濟新體制；積極參與國際規則制定，推動依法處理涉外經濟、社會事務，增強中國在國際法律事務中的話語權和影響力，運用法律手段維護中國主權、安全、發展利益；強化涉外法律服務，維護中國公民、法人在海外及外國公民、法人在中國的正當權益等。

(三) 它是全面提高開放型經濟水平的需要

深化對外開放，構建全方位開放新格局，全面提高開放型經濟水平，包含了對外貿易、外商投資和對外投資領域的全方位的開放水平提高，強調進口與出口、貨物貿易與服務貿易、對外貿易與國際投資、引進外資與對外投資等各項經濟活動的內在聯動，強調國內各地區開放優勢互補及雙邊、多邊、區域次區域開放合作的協調發展。因此，全面提高開放型經濟水平要求對外貿易法律制度具有完整的架構，系統、協調的內容，包括完善的貨物貿易法、技術貿易法、服務貿易法和與之配套的行政法規、部門規章及引進外資、對外投資方面的法律法規，並保證這些法律法規之間的協調性和一致性，保證各省區地方性規章的協調性。在更具體的層面，全面提高開放型經濟水平要求對出口及進口做到限制與促進、數量與質量並重，這就要求對外貿易法律制

度包括完善的促進與限制進出口的法律法規，同時註重有關法規與產業政策的協調。

(四) 它是培育外貿競爭新優勢的需要

在國際環境和國內發展條件都發生重大變化的歷史背景下，保持中國對外貿易傳統優勢、加快培育競爭新優勢是事關中國發展全局的重大問題。為了完成鞏固貿易大國地位、推進貿易強國進程的任務，《國務院關於加快培育外貿競爭新優勢的若幹意見》（以下簡稱《意見》）強調要努力實現五個轉變：一是推動出口由貨物為主向貨物、服務、技術、資本輸出相結合轉變；二是推動競爭優勢由價格優勢為主向技術、品牌、質量、服務為核心的綜合競爭優勢轉變；三是推動增長動力由要素驅動為主向創新驅動轉變；四是推動經商環境由政策引導為主向制度規範和營造法治化國際化經商環境轉變；五是推動全球經濟治理地位由遵守、適應國際經貿規則為主向主動參與國際經貿規則制定轉變。根據《意見》精神，要實現這些轉變，必須將培育外貿競爭新優勢與制度規範相結合，註重依法加強貿易管理、依法保護知識產權、依法維護公平競爭，同時積極參與經貿規則的國際協調。很顯然，完善的對外貿易法律制度，是培育對外貿易競爭新優勢的必要條件。

三、對外貿易法律制度建設的重要任務

(一) 對外貿易法律制度的發展趨勢

改革開放以來的對外貿易法律法規建設，奠定了中國對外貿易法律制度根據市場經濟法制原則和經濟全球化條件下的國際規則要求不斷發展的基礎。在這個基礎之上，根據全面深化改革的要求，中國對外貿易法律制度在繼續發展的進程中將呈現出以下趨勢：

1. 市場經濟法制原則繼續加強

市場經濟法制原則強化的趨勢既決定於中國全面深化改革開放的要求，也取決於中國繼續履行入世承諾，積極參與全球經濟治理的需要。根據全面深化改革的基本精神，中國將按照完善社會主義市場經濟制度的總體要求，圍繞大力推進經濟結構戰略性調整和創新驅動戰略，提高國民經濟整體素質，加快全面建成小康社會的步伐，著力解決經濟社會發展中的深層次矛盾和問題，更好地發揮市場在資源配置中的決定性作用，為科學發展、社會和諧提供強大動力和體制保障。在對外貿易領域，中國將圍繞加快培育經濟全球化條件下參與國際經濟合作和競爭的新優勢，全面提高開放型經濟水平，不斷完善對外貿易管理體制，並按照統一、透明、公開、公平、公正和自由貿易原則加強對外貿易法律制度建設。

2. 經濟全球化條件下國際規則要求的標準化特徵繼續加強

通過按照世界貿易組織規則要求所進行的廢、改、立工作，中國的對外貿易法律法規已經和國際規則接軌。但是，隨著經濟全球化趨勢的加強，各國在經濟發展與制度建設方面的聯繫和國際協調不斷加強，國際組織越來越多地採取制定法律範本、將其提供給各個國家作為立法的標本或參照的方式來影響各國法律的發展方向，主權國家在制定有關對外貿易的法律法規時必須考慮國際通行規則的要求，尤其是要適當考

慮國際組織的相關法律文件，使自己的對外貿易法律和政策與國際條約等規則相協調。這樣，國際法與國內法相互融合、相互滲透的趨勢不斷加強，國際法律規則已經進入到許多過去屬於國內立法調整的領域，這就使各國的對外貿易法律具有標準化或趨同化的趨勢。在這樣的趨勢下，中國不僅要遵循世界貿易組織的規則要求，而且要遵循其他國際組織和國際協定的要求，這必然會使中國的對外貿易法律法規更深地融合國際規則的精神，從而表現出經濟全球化條件下國際規則要求的標準化特徵繼續加強的趨勢。

3. 對外貿易法規的具體內容將按照科學發展的要求不斷完善

一方面，為了貫徹落實科學發展觀，為了促進經濟發展方式的轉變，中國必須轉變對外貿易發展方式；另一方面，隨著世界貿易組織規則下傳統的貿易限制和促進措施的作用不斷弱化，限制和促進貿易將越來越倚重世界貿易組織規則許可的保護人和動植物健康、保護環境、培育產品符合健康環保要求的品質等方面的措施。很顯然，這兩方面的因素都要求不斷修改和完善對外貿易法律法規的具體內容，使之有利於兼顧對外貿易與社會、與自然和環保的關係，從而促進對外貿易科學發展和開放型經濟水平的全面提升。

4. 對外貿易法律法規的協調性和系統性將繼續加強

加強對外貿易法律法規的協調性和系統性，是中國改革開放實踐經驗的總結。《中國對外貿易發展十二五規劃》明確指出，要以《對外貿易法》為基礎，堅持對外經貿政策的統一性，加強各部門在制定和實施涉及對外貿易政策、法規方面的協調，健全和完善與對外貿易有關的投資合作、知識產權、環境與氣候、貿易調查、貿易救濟、貿易促進、信用管理等相關法律法規，加強各項外經貿立法之間的銜接和協調，促進對外貿易和利用外資、「走出去」互動發展。中共十八大以來，根據轉變對外經濟發展方式、促進對外經濟協調發展的需要，中國更加強調各項涉外法律法規的有機銜接、協調配套，這將推動中國對外貿易法律法規的協調性和系統性繼續加強。

(二) 加強對外貿易法律制度建設的工作重點

根據全面深化改革、全面推進依法治國的有關精神，圍繞使市場在資源配置中起決定性作用和更好地發揮政府的作用，以保護產權、維護契約、統一市場、平等交換、公平競爭、有效監管為基本導向，推進對內對外開放的立法、執法與司法建設，加快形成高標準的貿易投資規則體系，發揮法治的引領和推動作用，促進依法開放，是加強對外貿易法律制度建設的基本方向。針對對外貿易法律法規的不足，加強對外貿易法律制度建設的重要任務是：

1. 完善貨物貿易法律規則

在完善貨物貿易法律規則方面，需要重點做好四個方面的工作。首先，隨著對外貿易戰略的轉變，特別是在實施積極的進口促進戰略和適度限制出口的背景下，必須加強進口促進規則及出口限制規則和管制清單的建設工作。其次，根據實行更加積極主動的開放戰略和加強貿易摩擦應對機制建設的需要，必須進一步完善貿易救濟法律體系，增強其開拓與防禦兼備的功能。再次，在落實「三互」推進大通關建設的背景

下，必須加強通關法治體系建設，通過立、改、廢、釋並舉，制定口岸工作條例，完善口岸管理和自由貿易區相關法律法規，增強法律法規的及時性、系統性、針對性、有效性；加快自由貿易園（港）區和海關特殊監管區域監管制度創新與複製推廣。最後，在大力推進「政務誠信、商務誠信和司法誠信」的背景下，中國需要加強對外貿易信用體系管理規則的建設工作。2014 年 10 月，海關總署出抬了《中華人民共和國海關企業信用管理暫行辦法》及相關配套措施，這體現了國家社會信用體系建設和與國際海關工作接軌的要求，為加強對外貿易信用體系建設奠定了重要基礎。

2. 完善服務貿易法律法規

中國加入世界貿易組織以來，服務貿易領域的法律規章逐步健全，基本建成了服務貿易對外開放的法規格局，從政策上拓展了國外服務提供者進入中國的領域和地域範圍，降低了有關行業的准入門檻。但是，隨著服務貿易的發展，加強服務貿易法律法規建設的重要性日益顯現。根據《服務貿易發展十二五規劃綱要》和《國務院關於加快發展服務貿易的若幹意見》的有關精神，健全服務貿易法律法規要著眼於法律體系的統一性和整體性，加快推進相關服務行業基礎性法律制定及修訂工作，逐步建立和完善服務貿易各領域法律法規體系，建立與國際接軌的服務業標準化體系，提高整體水平和透明度，規範服務貿易市場准入和經營秩序，保護企業和個人在海內外的合法權益，保護消費者權益。制定、完善服務進出口的相關法規。鼓勵有條件的地方出抬服務貿易地方性法規。

3. 加強與貿易有關的知識產權法律法規建設

在強調推動對外貿易增長動力由要素驅動為主向創新驅動轉變的背景下，加強知識產權保護的重要性和緊迫性更加顯現。《中共中央　國務院關於深化體制機制改革加快實施創新驅動發展戰略的若幹意見》（下稱《意見》）強調，中國要實行嚴格的知識產權保護制度，完善知識產權保護相關法律，研究降低侵權行為追究刑事責任門檻，調整損害賠償標準，探索實施懲罰性賠償制度；完善權利人維權機制，合理劃分權利人舉證責任；完善商業秘密保護法律制度，明確商業秘密和侵權行為界定，研究制定相應保護措施，探索建立訴前保護制度；研究商業模式等新形態創新成果的知識產權保護辦法；完善知識產權審判工作機制，推進知識產權民事、刑事、行政案件的「三審合一」，積極發揮知識產權法院的作用，探索跨地區知識產權案件異地審理機制，打破對侵權行為的地方保護；健全知識產權侵權查處機制，強化行政執法與司法銜接，加強知識產權綜合行政執法，健全知識產權維權援助體系，將侵權行為信息納入社會信用記錄。

加快實施創新驅動發展戰略《意見》關於加強知識產權保護的精神，為加強知識產權法律法規建設指明了方向和途徑。結合對外貿易領域的知識產權保護情況及體制機制改革趨勢，在加強與貿易有關的知識產權保護的過程中，除了完善相關法律法規外，還要加大依法查處制售侵權假冒商品違法企業的力度，加強運用法律手段保護服務貿易出口企業的知識產權，並通過綜合運用知識產權保護等領域政府監管職能和仲介組織資源，將侵權行為信息納入對外貿易企業信用記錄，充分發揮誠信守法便利和違法失信懲戒機制的作用。

4. 繼續加強對外貿易法律法規合規工作

對外貿易法律法規符合《世界貿易組織協定》及其附件和后續協定、《中華人民共和國加入世界貿易組織議定書》和《中國加入世界貿易組織工作組報告書》，是中國應用世界貿易組織規則維護自身正當權益的需要，也是中國履行相關義務的體現。入世以來，中國在建設對外貿易法律制度的過程中一直堅持世界貿易體制規則，並將其要求融入了國內的相關法規。在全面深化改革的進程中，中國將繼續加強對外貿易法律法規的合規性。

近年來，一些世界貿易組織成員以多種方式向中國表達對法規透明度、國有企業待遇、外商投資管理體制、知識產權保護等問題的關注，這顯示了加強對外貿易法律法規合規工作的重要性。為了使公眾更加瞭解和認同中國的對外貿易法律法規，推進建設法治化國際化經商環境的有關工作，中國需要進一步提高對外貿易法律法規的透明度，保證所有法律、法規、規章在實施之前具有足夠的公眾評論期，同時定期發布法律和涉外法規英文匯編，在合理期限內對相關部門規章提供英文翻譯，向世界貿易組織履行相關法律法規的通報義務。

此外，為了增強中國在開展對外貿易法律法規合規工作中的主動性，特別是為了增強中國在國際法律事務中的話語權和影響力，推動世界貿易組織發展和全球貿易自由化便利化，中國需要積極參與國際經貿規則制定，積極參與國際金融體制改革，堅持雙邊、多邊、區域次區域開放合作，推動環境保護、投資保護、政府採購、電子商務等國際經貿新議題談判。

本章小結

1. 中國對外貿易法律淵源主要有國內法淵源和國際法淵源。其中，國內法淵源主要包括憲法、法律和行政法規，國際法淵源主要包括中國正式參加或締結的多邊、雙邊國際經濟貿易協定、公約、條約及中國承認的國際貿易慣例等。在改革開放時期，中國的對外貿易法律制度獲得了極大發展，《對外貿易法》、對外貿易行政法規和部門規章構成了中國對外貿易法律制度完整的層次框架，管轄著貨物貿易、技術貿易、服務貿易、與貿易有關的投資措施及知識產權保護等廣泛的領域。

2. 《對外貿易法》為對外貿易行政法規和部門規章的制定提供了原則和綱領，是中國對外貿易法律制度的基本法和整個對外貿易制度的核心。2004年《對外貿易法》關於對外貿易經營權和經營者範圍、與貿易有關的知識產權保護、對外貿易秩序、對外貿易調查和貿易救濟、對外貿易促進等方面的規定，使其呈現出內容的全面性及與社會主義市場經濟原則、世界貿易組織規則相一致和防禦性與開拓性並舉的特徵。

3. 中國的貿易救濟法律法規是自1994年《對外貿易法》實施以後逐步建立起來的。在2004年《對外貿易法》的基礎上，中國構建了以反傾銷、反補貼和保障措施規則為核心的較完整的、可操作的、符合國際規則的貿易救濟法律體系。

4. 在全面深化改革的新時期，加強對外貿易法律制度建設對完善社會主義市場經

濟制度、全面推進依法治國、全面提高開放型經濟水平、加快培育外貿競爭新優勢具有重要意義。針對中國對外貿易法律制度狀況和全面深化改革的需要，加強對外貿易法律制度建設的工作重點在於完善貨物貿易、服務貿易及與貿易有關的知識產權保護等領域的法律法規，加強對外貿易法律法規合規工作。

思考題

1. 簡述中國對外貿易法律淵源和制度框架。
2. 2004年《對外貿易法》在內容方面有哪些創新？
3. 2004年《對外貿易法》的主要特徵有哪些方面？
4. 主要的貿易救濟措施有哪些？實施貿易救濟措施的條件是什麼？
5. 分析全面深化改革新時期中國完善對外貿易法律制度的路徑。

案例分析

2007年4月10日，美國政府向WTO爭端解決機構提出請求，要求與中國就其涉及知識產權保護和執法的若幹措施進行磋商。美國請求磋商的事項有四個：

（1）提起刑事訴訟及實施刑事處罰的門檻要求。涉及對假冒商標和盜版侵權行為提起刑事訴訟及實施刑事處罰要求達到的門檻。爭議中的措施包括《刑法》相關條文、法院和檢察院的相關司法解釋等。它們與中國在TRIPS協定第41.1條和第61條規定下應承擔的義務不一致。

（2）海關對沒收的侵犯知識產權貨物的處理。爭議中的措施包括《知識產權海關保護條例》《關於〈知識產權海關保護條例〉的實施辦法》。它們與中國在TRIPS協定第46條和第59條規定下應承擔的義務不一致。

（3）否定尚未獲準在中國境內出版或傳播的作品的著作權、相鄰權及其權利保護。爭議中的相關措施包括：《著作權法》，尤其是第4條；《刑法》《出版管理條例》《廣播電視管理條例》《音像製品管理條例》《電影管理條例》《電信管理條例》等。它們與中國在TRIPS協定第9.1條［其中吸收的《伯爾尼公約》第5（1）條和第5（2）條］、第41.1條規定下應承擔的義務不一致。

（4）對擅自複製或擅自發行有著作權作品者未能追究刑事責任及實施刑事處罰。爭議的措施是《刑法》，尤其是第217條。它與中國在TRIPS協定第41.1條規定下應承擔的義務不一致。

專家組報告的結論與建議如下：

（1）中國《著作權法》第4條第1款與中國根據已被TRIPS協定第9.1條吸收的《伯爾尼公約》（1971年版）第5（1）條以及TRIPS協定第41.1條規定下應承擔的義務不相一致。

（2）關於海關措施：第一，在這些海關措施適用於出口商品的範圍內，TRIPS協定第59條不可適用於海關措施；第二，美國未能證明海關措施與TRIPS協定第59條

不一致。

（3）美國未證明刑事門檻與中國根據 TRIPS 協定第 61 條第 1 款承擔的義務不一致。

（4）專家組對以下事項適用司法經濟原則：第一，根據被 TRIPS 協定第 9.1 條吸收的《伯爾尼公約》（1971 年版）第 5（2）條所提出的主張，以及根據 TRIPS 協定第 61 條（與《著作權法》相關）所提出的主張；第二，根據 TRIPS 協定第 41.1 條和 TRIPS 協定第 61 條第 2 款（與刑事門檻相關）所提出的主張。

根據上述結論，專家組按照 DSU 第 19.1 條提出建議，由中國改進《著作權法》和海關措施以符合它根據 TRIPS 協定所承擔的義務。

（資料來源：金海軍. 解析「中國 WTO 知識產權爭端第一案」專家組報告［N］. 法制日報，2009-02-26）

問題：

1. 結合本案例分析中國對外貿易法律制度與國際規範接軌的重要意義。
2. 結合本案例分析中國的對外貿易法律制度需要符合哪些國際規範。
3. 結合本案例分析中國完善與貿易有關的知識產權保護法律法規的路徑。

第六章　中國對外貿易政策

內容簡介

本章全面詳細地分析了中國對外貿易政策的內容、實施背景及演變歷程，分階段地介紹了計劃經濟時期和改革開放時期，中國對外貿易政策從貿易保護型→混合過渡型→有管理的自由貿易型的轉變；本章還分別對貨物貿易、服務貿易和技術貿易的貿易政策做瞭解讀，強調加強服務貿易和技術貿易的政策指導對中國服務貿易和技術貿易發展的作用；並就中國制定對外貿易政策與國際多邊貿易體制和區域貿易安排機制中貿易政策的協調性和一致性做了比較。

關鍵詞

貿易政策；區域貿易安排；貿易保護；貿易政策國際協調；多邊貿易體制

學習目標

1. 瞭解中國對外貿易政策的發展演變歷程；
2. 掌握中國各個歷史時期貿易政策的主要內容；
3. 熟悉並區分中國的貨物貿易政策、服務貿易政策和技術貿易政策；
4. 充分理解中國對外貿易政策對推動中國對外貿易發展和經濟增長的重要作用。

案例導讀

上海海關積極落實優惠貿易政策，2014 年優惠貿易項下進口受惠貨值突破 160 億美元，同比增長 22.3%，惠及《中國—東盟自由貿易協定》、《海峽兩岸經濟合作框架協議》(ECFA) 早期收穫計劃、《亞太貿易協定》等 15 個優惠貿易協定和安排項下 39 個國家和地區，整體受惠增幅超過 20%。

水果行業是優惠貿易政策的主要受益行業之一。以智利水果為例，根據《中智自貿協定》，2010 年智利櫻桃實現零關稅，2015 年智利新鮮水果全面實現零關稅。智利櫻桃零售價已從以前的動輒每 500 克上百元，降到現在的每 500 克僅二三十元；智利藍莓則從每 500 克 400 元降到每 500 克僅 100 元左右。價格越來越親民的同時，水果進口量有了大幅增加，品種也更加豐富。

（資料來源：吳凱，王劍鋒. 優惠貿易政策紅利釋放，上海關區全年受惠貨值突破 160 億美元［N］. 中國貿易報，2015-03-05）

第一節　中國對外貿易政策發展歷程

在中國躍居世界第一大貿易國之時，中國經濟發生的巨大變化及其突飛猛進的經濟增長速度，在全世界引起了廣泛的關注；中國貿易大國地位的確立與中國實施的對外貿易政策相關性也引發人們對此進行了深入研究。縱觀中國貿易政策的實施，它集中體現了中國在不同時期內對進出口貿易所實行的法律、規章、條例及措施對中國對外貿易指導的有效性和正確性，也反應了中國對外貿易政策的階段性、時效性和遞進性。

對外貿易政策是各國在一定時期對進出口貿易進行管理的原則、方針和措施手段的總稱，是一國政府在其社會經濟發展戰略的總目標下，運用經濟、法律和行政手段，對對外貿易活動進行有組織的管理和調節的行為。對外貿易政策可分為三個層次：對外貿易總政策、對外貿易國別政策、對外貿易具體政策。依據國家是否干預對外貿易，對外貿易政策又可歸納為三種類型：自由貿易政策、保護貿易政策和管理貿易政策。就中國對外貿易政策的內容與演變進程，我們也依據政府是否干預標準進行劃分和界定。

一、高度集中計劃經濟時期的封閉式保護貿易政策（1949—1978年）

中國高度集中的計劃經濟時期是指從1949—1978年。這一時期，中國實行的是單一的計劃經濟體制，而對外貿易政策則是一種國家管制的封閉型的保護貿易政策。採取這種貿易政策的經濟背景是新中國面臨薄弱的工業基礎以及帝國主義的封鎖，同時經濟發展的理論是以蘇聯的社會主義工業化道路的理論為基礎，並受到蘇聯巨大成功的鼓舞而選擇了進口替代的工業化發展戰略。

因此，這一時期中國的對外貿易政策是促進「進口替代」戰略的貿易保護政策。中國對外貿易政策的最早體現是在1949年的政協會議共同綱領中。共同綱領明確規定中國的對外貿易政策是「實行對外貿易的管制，並採用保護貿易政策」。由此在1950年12月8日中國頒發了《對外貿易管理暫行條例》，規定政府管理對外貿易的具體職能主要是對經營進出口業務的廠商和外商進行登記管理；政府對所有進出口商品實行許可證管理。

中國之所以採取嚴格的貿易保護政策是因為在20世紀50年代，中國處於短缺經濟條件下，經濟建設主要是從蘇聯和東歐國家引進先進設備和技術建立工業體系，集中力量發展進口替代產業。進入60年代，逐步開始有計劃地引進部分基礎工業，建立健全完整的工業體系，實現初步的工業化。在這種極端的「進口替代」戰略下，中國對外貿易政策的目標就是換取進口機器設備和技術所必需的外匯，而不是按照效率原則進行對外貿易。到1978年，中國在對外貿易體制上建立了傳統的「高度集中、獨家經營、政企合一」的形式，完全由政府來取代市場進行資源配置，對外貿易僅僅作為互通有無、調節餘缺的手段，為進口物資提供所需外匯資金。因此，中央政府擁有對外

貿易的所有權、管理權和經營權，外貿經濟的運行完全受中央計劃和行政命令的調節和支配。

在極端的貿易保護政策下，政府採取的具體政策措施是徵收高關稅、海關監管、進出口許可管制、外匯管制等，並實行高估人民幣幣值的匯率政策，以鼓勵進口、抑制出口，使20世紀70年代前的20年間中國的進出口呈現進口營利、出口虧損的倒掛局面。

1951年5月頒布的新中國第一部《中華人民共和國海關進出口稅則》依據「海關稅則，必須保護國家生產，必須保護國內生產品與外國商品的競爭，必須以保護國家工業化為主」的原則制定進口商品稅則，將進口商品分為必需品、需用品、非必需品、奢侈品和保護品五大類，徵收兩種稅率：普通稅率和最低稅率，其算術平均關稅水平為52.9%，反應了中國在封閉經濟發展時期的高關稅特點。

隨著國內外形勢的改變，這種戰略越來越不適應經濟發展的要求，對高度集權下的極端貿易保護政策的改革勢在必行。

二、有計劃商品經濟時期的貿易保護政策（1979—1992年）

1978年中共十一屆三中全會後，中國的對外貿易政策改革的重點體現為「限入獎出」：一方面，實施進口限制政策，通過傳統的關稅、進口許可證、外匯管制、國營貿易等措施實施嚴格的進口限制；另一方面，實行出口退稅政策，建立進出口協調服務機制，鼓勵發展加工貿易；採取出口導向戰略，鼓勵和扶持出口型的產業，實施物資分配、稅收、利率和設備進口等的優惠，組建出口生產體系等一系列措施。

（一）關稅稅率的調整

這一時期，中國關稅工作的核心是：努力推進改革開放，充分利用關稅手段，適應治理整頓、調整產業結構、發展國民經濟的需要，充分發揮關稅對國民經濟的宏觀調控作用，為國民經濟的穩定發展做貢獻。

這一時期關稅稅率的調整情況分為1985年前對第一部海關稅則的稅率調整和1985年新實施的第二部海關稅則的稅率調整。

1985年前的稅率調整主要有兩次，一次是1980年將個人自用進口的電視機、收錄音機和電子計算器的關稅稅率提高到60%、60%、40%，同年11月1日，又將這三種商品的關稅稅率統一提高到80%。其目的在於限制消費品特別是耐用消費品的進口，保護國內進口替代型產業。另一次是1982年對海關稅則939個稅號中的149個稅號進行了稅率調整，占到整個稅則的16%。這次調整的原則主要是降低國內不能生產或者生產不足的原材料以及機器、儀表等零部件的稅率，同時提高某些耐用消費品和國內已具備生產條件的機器設備的稅率。

1985年的新稅則降低了1,151個稅目（約占總稅目數的55%）的進口關稅稅率，累計調低83種進口商品的稅率，調高140種商品的進口稅率。這次降稅的目的是擴大中國急需的資源和技術產品的進口，發展旅遊事業，降低老百姓生活必需品的進口價格。具體的調整表現在：除免稅之外，最低稅率從5%降到3%；關稅的加權平均稅

率在按1982年進口商品額為權重進行折算的基礎上下降了10%，其關稅的算術平均稅率為47.2%；對中國急需的資源進行了較大幅度的降稅，如鋼鐵盤條稅率從35%降低到15%；重新制定新型材料、新技術產品和信息傳輸設施的稅率，如程控電話設備稅率為9%；對來自於發展中國家的產品也實行低稅率，如香蕉等熱帶水果稅率僅為12%。

為了順應復關的要求，1992年，中國制定了第三部海關關稅稅則，新稅則的稅目總數增加到6,250個。在前期關稅調整的基礎上，中國進一步下調了關稅水平，平均名義關稅稅率從1991年的47.2%下降到43.2%。

(二) 關稅稅級的調整

對關稅稅級的調整主要是為平衡稅率結構，實現原材料、零部件半成品和最終產品稅率的縱向平衡和同類產品及相似產品的橫向平衡。新海關稅則把優惠稅率的稅級從免稅到150%制定為18級，其中，3%～150%分為四組：從3%～15%分成5個稅級，級差3%；20%～40%分成5個稅級，級差5%；50%～80%分成4個稅級，級差10%；100%～150%分成3個稅級，分別為100%、120%、150%。對普通稅率的稅級也設18級，最低為免稅，最高為180%。

這一時期中國關稅制度的性質以限制進口為主，但為鼓勵利用外資、支持經濟特區發展、促進企業技術進步，也實施了一些關稅的優惠政策。據統計，1979—1992年，中國共制定了40項關稅優惠措施，涉及優惠規定157項，平均每年新實施的優惠規定達11項之多。

這一時期中國貿易限制政策除了實施關稅政策外，還採用了非關稅政策進行管理。從1979年起，中國加強了進口商品管理，實行進口貨物許可制度。對糧食、鋼材、化肥、原油等9大類重要進口商品，由指定的外貿專業總公司統一代理對外訂貨。對28類限制進口的商品，則有計劃地由外經貿部來分配進口權限。

(三) 出口鼓勵政策

在出口政策方面，這一時期採取的鼓勵政策主要是優惠關稅和出口退稅。

中國對因出口而進口的原材料和機器設備實行關稅優惠、關稅減免的外貿政策。減免的主要類別包括：基礎設施建設所需進口的機器設備和其他基礎物資予以免稅；外資企業作為投資而進口的機器設備予以免稅；加工貿易和補償貿易等貿易形式進口的機器設備和原材料以予免稅。關稅減免的優惠政策有力地刺激了加工貿易、補償貿易的迅速發展，也促進了外資的引進。

1985年3月，為提高企業的國際競爭能力，國務院正式頒發了《關於批轉財政部〈關於對進出口產品徵、退產品稅或增值稅的規定〉的通知》，規定1985年4月1日起對出口產品實行退稅政策。1990年，中國的出口退稅額超過200億元。1991年，中國取消出口補貼，出口退稅成為促進出口的主要手段。

三、建立社會主義市場經濟制度時期的逐步開放貿易政策（1993—2001年）

由於這段時期是中國申請復關和入世的關鍵時期，因而，中國貿易政策體系的改

革更多的是根據關貿總協定和世界貿易組織的要求，實行與國際市場接軌的貿易自由化政策。其中最為重要的改革體現在關稅政策的調整和匯率制度的改革上。

(一) 進口關稅和非關稅政策的調整

在這段時期，中國先後進行了多次自主降稅。到2001年，中國的平均名義關稅稅率下降到15.3%（見表6.1）。

表6.1　　　　　　　　1991—2001年中國平均名義關稅稅率

年份	平均名義關稅稅率（%）	降低或調整的稅號
1991	47.2	265
1992	47.2→43.2	1月：225；4月：16；12月：3371
1993	43.2→39.9	2898
1994	39.9→36.4	234
1995	36.4→35.9	4997
1996	35.9→23	4944
1997	23→17	4874
2001	15.3	

資料來源：World Bank（1994a）；《中國海關統計》。[1]

從表6.1中可以看到這一時期的關稅體現的優惠政策原則。優惠關稅的實施主要分為三個階段。

1. 關稅優惠政策的清理階段（1993—1996年）

1992年前的關稅優惠以政策減免的方式為主，名目繁多，並存在地區和企業之間的不公平競爭。1993年開始對關稅的優惠政策進行清理，廢止了27個關稅減免文件，調整了9個減免稅則。1995年和1996年，進行了第二次和第三次的關稅優惠政策清理。經過三次政策清理后，關稅優惠政策僅限於外國政府、國際組織無償捐贈物資、出境口岸免稅店和《進出口關稅條例》中規定的進口減免稅等少數項目。

2. 關稅優惠政策的調整階段（1997—1999年）

這一時期，中國對關稅優惠政策進行了兩次調整。第一次是1998年，對國家鼓勵發展的國內投資項目和外商投資項目進口設備在規定範圍內，免徵進口關稅；第二次是1999年，對鼓勵類的外商投資企業、先進技術型和產品出口型外商投資企業必需的進口設備免徵進口關稅，對投資中國中西部的外資企業進口設備也實行關稅減免優惠。實行優惠關稅政策的目的是進一步擴大外資規模、引進國外先進技術和設備、促進產業結構調整和技術進步。

3. 關稅優惠政策的規範階段（2000—2001年）

2000年開始，為規範加工貿易，中國增加出口加工貿易區的設立，並對進入貿易

---

[1] 1992年，中國的關稅稅率調整為世界各國廣泛採用的協調制度目錄，致使1991年的關稅稅率高於1990年。

區的貨物實行關稅優惠政策；同時，縮小了國內投資項目進口設備的免稅範圍，提高了進口商品的技術指標、技術規格和增加不予免稅的商品數量。

非關稅貿易政策的改革則體現在減少、規範非關稅措施，包括：進口外匯體制的改革，實行單一的有管理的浮動匯率制度，大量取消配額許可證和進口控制措施，配額的分配也轉向公開招標和規範化分配製度。

(二) 出口退稅政策調整

截至1994年年底，中國實行的是徹底的退稅政策，即向出口企業退還出口商品中包含的已徵收的所有環節的流轉稅。

1994年，中國進行了全面的稅收制度改革，建立了以商品稅為主體的稅制結構，對企業的出口貨物增值稅和消費稅的退稅或免徵問題制定了新的辦法。在《中華人民共和國增值稅暫行條例》中規定，納稅人出口商品的增值稅稅率為零，並同時退還該商品在國內生產、流通環節已負擔的稅款，使出口商品以不含稅的價格進入國際市場。中國的出口退稅制度主要確定為退還增值稅和消費稅的政策措施。

1995—1996年，中國進行了第一次大幅出口退稅政策調整，由原來的對出口產品實行零稅率調整為3%、6%和9%三檔。1998年，為促進出口，中國進行了第二次出口退稅政策調整，提高部分出口產品退稅稅率至5%、13%、15%、17%四檔。

四、完善社會主義市場經濟制度時期的對外貿易政策 (2002—2015年)

加入世界貿易組織後，中國根據完善社會主義市場經濟制度和履行入世承諾的需要，推進了貿易政策自由化的進程。

(一) 進口貿易政策的自由化趨勢

為了與國際規範接軌，中國對入世之前執行的「限制進口，鼓勵出口」政策進行了調整和改革，加強了進口貿易政策的自由化趨勢。

1. 降稅義務履行時期的關稅削減

按照中國加入世界貿易組織法律文件，為實現到2011年將關稅總水平降至9.8%的降稅承諾，2002年，中國大幅度地下調了5,332種商品的進口關稅稅率，使關稅總水平降至15.3%，關稅算術平均總水平降至12%。2003年，關稅稅率算術平均總水平進一步降至11%，3,000多個稅目的稅率有不同程度的降低，其中農產品平均稅率由18.1%降低到16.8%；工業品平均稅率由11.4%降低到10.3%。2004年，中國對2,400多個稅目的稅率進行不同程度的下調後，關稅總水平降低至10.4%。2005年，中國又進一步降低進口關稅，涉及降稅的稅目共900多個，關稅總水平降至9.9%。

2006年，在將關稅總水平保持在9.9%的同時，中國進一步降低了部分產品關稅，包括降低植物油、化工原料、汽車及汽車零部件等143個稅目的正常貿易稅率，農產品平均稅率降低到15.2%，工業品平均稅率降低到9.0%。2007年，中國進一步降低了美容品或化妝品及護膚品等44個稅目的進口關稅稅率，關稅總水平由9.9%降到9.8%。之後幾年，中國不斷降低進口關稅稅率，關稅總水平始終保持在9.8%，直到2010年降稅承諾全部履行完畢。

2. 關稅優惠政策的進一步調整

2002年，針對入世後的形勢，中國對部分進口稅收優惠政策進行了調整。主要調整內容包括：取消1996年3月前批准的技術改造項目、重大建設項目、外商投資企業項目進口設備或原材料的關稅優惠政策，實行現行制度下的關稅政策；所有產品全部外銷的外資企業的進口設備和零部件原材料的進口，先要按照法定關稅稅率徵收進口關稅和增值稅，最終產品經核查全部外銷後，5年內每年返還納稅額的20%；減免進口稅的項目必須由財政部會同有關部門研究提出意見後報國務院審批。

3. 針對自由貿易區的關稅優惠政策

截至2010年年底，中國正式簽署了11項自由貿易協定或區域貿易優惠安排，對各自貿區協議分別制定了相關的關稅優惠政策。以中國—東盟自貿區建設為例，分別在2005年、2007年、2009年和2010年實施了四次全面降稅，到2010年，雙方超過90%的產品實施零稅率。2011年，中國對東盟各國的平均協定關稅稅率為0.1%。

4. 非關稅措施的削減

在非關稅措施方面，中國實施進口許可證管理的商品品種進一步減少。2002年，中國實行進口配額許可證和進口許可證管理的商品種類從26種減少到12種。2003年，中國取消了部分稅號汽車及其關鍵配件、摩托車及其關鍵件、汽車起重機及其底盤的進口配額許可證管理，受進口許可管理的商品進一步減少到8種。2004年，中國實施進口配額許可證和進口許可證管理的商品減為5種，主要取消了成品油、天然橡膠、汽車輪胎的進口配額許可證管理。

(二) 出口退稅政策的完善

為了抵消降低貿易壁壘對國內市場造成的衝擊，中國在加入世界貿易組織後不久出抬了一系列促進出口的政策。2002年，出口貨物的免、抵、退稅面由2001年的62%增加到100%。2004年實施的新出口退稅政策主要包括：對出口退稅機制進行結構性調整，適當降低出口退稅率，其平均水平約降低3個百分點，把出口退稅稅率調整為5%、8%、11%、13%和17%五檔。在2005年進行的第四次調整中，中國分期分批調低和取消了部分「高耗能、高污染、資源性」產品的出口退稅率，適當降低了紡織品等容易引起貿易摩擦產品的出口退稅率，提高重大技術裝備、IT產品、生物醫藥產品的出口退稅率。

2007年，為進一步優化出口商品結構，中國執行了第五次調整的政策，調整共涉及2,831項商品，約占海關稅則中全部商品總數的37%。一是取消533項「高耗能、高污染、資源性」產品的出口退稅。二是降低2,268項容易引起貿易摩擦的商品的出口退稅。三是將10項商品的出口退稅改為出口免稅。經過這次調整，出口退稅稅率變成5%、9%、11%、13%和17%五檔。

2008年和2009年，為抵禦全球金融危機的衝擊，中國先後多次調高了出口商品的退稅稅率。主要包括兩個方面的內容：一是適當提高紡織品、服裝、玩具等勞動密集型商品出口退稅率。二是提高抗愛滋病藥物、機電產品等高技術含量、高附加值商品的出口退稅率，出口退稅率被分為5%、9%、11%、13%、14%、15%和17%等檔次。

此后，中國進一步加強了對出口退稅的商品進行稅率和類別的適時調整，在出口退稅的產品範圍、企業範圍、稅率、稅種以及退稅申報憑證和手續上都有了極大的完善，增加了服務貿易如金融、保險、電信、運輸的退免稅，明確加工貿易深加工結轉稅政策，取消和降低「兩高一資」等產品的出口退稅，提高高技術、高附加值等產品的退稅稅率，對增強中國出口產品的競爭能力起到了極大的推動作用。

(三) 加工貿易政策的調整

自 1999 年起，中國開始對加工貿易實行商品分類管理，按商品將加工貿易分為禁止類、限制類和允許類。

2004—2006 年，商務部會同海關總署、環保總局先後發布了四批禁止類公告，將廢舊機電、化肥、氧化鋁、鐵礦石等高耗能、高污染的約 341 個稅號商品列入加工貿易禁止類目錄，加上 2006 年涉及的禁止類商品，共計 1,145 個（十位編碼）稅號商品列入加工貿易禁止類目錄，占全部進出口商品稅號總數的 9.3%。

2007 年，中國進行了範圍廣、力度強、數量多的加工貿易政策大調整，嚴格控制「兩高一資」產品和塑料原料及製品、紡織紗線、布匹、家具等勞動密集型產業的發展，包括限制 1,853 個十位商品稅號，涉及 553 項「兩高一資」產品出口和禁止 184 項加工貿易的發展，同時也限制了 2,268 項容易引起貿易摩擦的商品的出口，抑制低附加值、低技術含量產品出口，減少貿易摩擦，大力鼓勵重大技術裝備、部分 IT 產品和部分以農產品為原料的加工品等產品出口，促進貿易平衡。

為保持對外貿易穩定增長，2009 年，商務部、海關總署對加工貿易禁止類目錄做了調整，對調整后的禁止類目錄商品編碼做了修訂。修訂后的禁止類目錄共計 1,759 項商品編碼。為做好節能減排工作，2010 年，商務部、海關總署進一步調整了加工貿易禁止類目錄，將未加工的玻璃球、熱壓鐵塊、鑄鐵廢碎料等 44 個十位商品編碼增列入加工貿易禁止類目錄。

經過 1999 年以來的 10 餘次加工貿易禁止類和限制類目錄調整，中國形成了分類商品目錄的動態調整機制。為了保持對外貿易穩定增長、優化進出口商品結構，2014 年，中國進一步調整了加工貿易禁止類商品目錄。根據 2014 年海關商品編碼，調整后的加工貿易禁止類商品目錄共計 1,871 項商品編碼。

五、中國對外貿易政策的改革成效

通過 30 餘年的改革開放，中國逐步放棄了「限入獎出」思路，轉而強調在鼓勵出口的同時積極擴大進口，註重對外貿易平衡協調發展。在出口貿易政策方面，中國註重調整出口結構，培育出口競爭新優勢，努力保持出口產品在國際市場上的份額。在進口貿易政策方面，中國註重調整進口商品結構，重點擴大先進技術設備、關鍵零部件和國內緊缺物資進口；調整、優化進口地區結構，制定進口國別政策，實現進口來源渠道與進口主體多元化，通過多元化戰略分散進口風險；利用關稅和非關稅措施，保證進口貿易政策的優化、促進進口的便利化。

改革開放的歷史經驗表明，對外貿易政策的制定必須遵從中國的基本國情和世界

經濟形勢，恰當地把自由貿易和貿易保護相結合，才能充分利用國際國內兩個市場、兩種資源，促進中國對外貿易的持續發展。實踐中，中國經濟和對外貿易的迅速發展證明了中國已經採取和實施的對外貿易政策的可行性和實效性。此外，中國對外貿易政策的轉變對提高資源配置效率、減少價格扭曲也有重要意義。

(一) 提高了國內資源的配置效率

中國是一個勞動力、自然資源相對豐富而資本、技術缺乏的國家。依據國際貿易理論，中國應該出口勞動密集型和自然資源密集型產品，進口資本和技術密集型產品。但是，在改革開放前，資本密集型產品曾經是中國最主要的出口產品，勞動密集型產品的出口占比較低。改革開放後，這種貿易格局逐漸發生變化。到 2000 年，在中國出口產品中，勞動密集型的紡織產品及出口加工貿易佔有重要地位，分別占出口總額的 23% 和 48.5%。中國勞動力的比較優勢得到充分發揮。在中國總進口中，機械設備（占總進口的 51%）、原料及燃料（占 12%）是最大的兩類進口產品。在 2000 年以後，尤其是在中國加入世界貿易組織之後，貿易政策的制定更加遵循國際化標準，中國進出口與本國資源稟賦狀況趨於一致，國內資源配置效率得到提高。

(二) 減少了國內價格的扭曲

1979—1992 年間，在從「計劃經濟為主，市場調節為輔」到有計劃商品經濟轉變的歷程中，中國在生產上實行國內價格的指定價格與指導價格並行的價格運行機制，產品的市場銷售也由政府確定，商品的價格不以市場為基礎，商品的生產和消費都存在極大扭曲。隨著社會主義市場經濟制度的建立和逐步完善，市場機制和國際規範在中國對外貿易政策的制定和調整中的作用日益突出，對外貿易政策的轉變使國內價格與國際價格逐漸接軌，國內價格扭曲逐漸減少。

第二節　中國貨物貿易的促進與限制政策

中國貨物貿易的進出口在中國對外貿易政策的指導下獲得了巨大的發展，取得了有目共睹的成就。中國的對外貿易政策是中央政府在中國經濟發展戰略總目標下，運用經濟、法律和行政手段，對國際貿易活動進行的有組織的管理和調節的行為，它是中國對外經濟關係政策和措施的總體體現。中國對外貿易的發展經歷了從進口替代貿易發展戰略到進口替代與出口導向並重的混合型貿易戰略，在較長時期內傾向於選擇限制進口與促進出口的政策導向。因此，中國的對外貿易政策選擇反應了這種貿易戰略變化的總趨勢。

一、中國貨物貿易進口政策的演變

在對外開放的最初階段，中國的進口和出口都是由國家控制的。為了實現貿易平衡，中國實施的是限制進口的貿易政策，主要採取了控制進口數量的辦法。到了 20 世紀 80 年代後期，中國的對外貿易更多地轉向了由市場調節，外貿企業獲得了更大的自

主權，這些企業逐漸能夠根據市場信號來使用它們持有的外匯從事進口活動。進口權的開放過程，實際上反應著中國貨物進口的自由化趨勢，國家對對外貿易的宏觀控制正在從以行政手段為主轉為以市場經濟手段為主，進口政策的改革正成為貿易改革中越來越重要的組成部分。

(一) 限制進口的貿易限制政策

在20世紀80年代以前，中國在進口方面的政策體現為貿易保護政策，主要包括三個方面：第一，關稅保護，即對最終消費品的進口徵收高關稅，對生產最終消費品所需的資本品和中間產品徵收低關稅或免徵關稅。第二，進口配額，即限制各類商品的進口數量，以減少非必需品的進口，並保證國家扶植的工業企業能夠得到進口的資本品和中間產品，降低它們的生產成本。第三，實行外匯管制和匯率高估政策。實行進口替代的國家通過高估匯率政策使本國貨幣升值，以降低進口商品的成本，減輕外匯不足的壓力。其中關稅和配額是進口限制政策實施中採取的最重要的保護措施。

1. 進口限制政策的類型

(1) 極端的進口限制政策

這一時期，對外貿易在中國屬於從屬地位，只是國內生產物資管理的延伸。貿易政策實行的是「統制貿易」政策，即通過高度集中的計劃體制來實行對外貿易的統一計劃管理和外貿專營管理，同時實行限制政策。貿易政策在關稅措施方面體現為：1950年，中國頒布的第一部海關稅則的算數平均關稅為52.9%，其中，農產品關稅高達92.3%、工業品關稅47.7%。

(2) 溫和的進口限制政策

這一時期，中國的極端進口替代政策逐漸轉向政府干預的中性水平，即較高的進口保護和較高的出口鼓勵。其主要表現為對外貿體制的市場化改革、進口限制水平的提高、出口鼓勵措施的多樣化。為鼓勵出口，採取了一系列的措施，包括貿易補貼、外匯留成、出口退稅和用於出口的進口投入品的免關稅、進口資本品的減關稅等優惠待遇，使中國參與到國際貿易中，獲得了出口勞動密集型產品的機會和市場。

(3) 開放的進口限制政策

1992年以後，中國出口貿易已從獲取外匯收入轉變到發展比較優勢和競爭優勢上，加快了對勞動、資源密集型產業的發展，基本取消了在對外貿易中的計劃控制，對進口限制政策也進行了大幅度的改革，關稅和非關稅水平明顯下降。為吸引外國資本和先進技術，國家不惜採取了以市場換技術、以貿易促進國內產業動態升級的相關措施，因此，在限制進口的同時，逐步開放國內市場和國內產業成為這一時期的主要特點。

2. 進口限制政策的實施效果

極端的進口限制政策因其本身存在的弊端而難以長期繼續，在中國採取進口限制政策以來，其弊端主要體現在以下幾方面：①國家的工業化是在國家高度保護下發展起來的，因此，其進口替代產業的生產效率低下，產品質量差，成本高，降低了經濟效益，出口競爭力弱。②進口替代產業的發展要依賴零部件和原材料的進口，因此，採用貨幣高估政策來降低進口零部件和原材料的成本。這有利於進口，卻不利於產品

的出口，進一步惡化了國際收支，同時也使關稅保護的效應降低。③主要依賴本國市場和本國資源進行經濟發展，而不是在全球範圍最優化配置資源，沒有充分利用國際經濟增長對本國經濟的推動作用。

但片面地指責進口替代型進口限制政策對資源的低效配置並不恰當，因為如果此類政策應用在大國，其國內市場容量大，就能使資源得到有效配置。實施進口替代戰略同樣能促進經濟的增長，最終實現資源的更優配置，如美國在 19 世紀就成功地實行了進口替代戰略，促進了美國經濟的快速增長。中國進口限制政策的實施也極大地促進了中國進口替代產業的快速發展，合理配置了中國的現有資源，為中國經濟增長和出口貿易增長奠定了強大基礎。

(二) 促進進口的貿易促進政策

中國較長時間實施進口替代戰略以促進經濟規模化發展和經濟體系建設，並取得了顯著的成就。隨著中國經濟快速增長和加入 WTO，中國貨物貿易的進口限制政策逐漸朝著開放、自由的方向轉變，鼓勵進口也成為中國對外貿易的一個重要方面。鼓勵進口的貿易政策主要體現在關稅、非關稅壁壘的削減和取消以及鼓勵進口的促進政策。

1. 關稅和非關稅政策的自由化改革

1996 年，國務院頒布《關於進口稅收政策改革的決定》，首次對關稅和非關稅政策進行重大改革，其背景是此前的關稅優惠和非關稅限制政策已不符合國際慣例和市場經濟條件下平等競爭的原則。此次改革意味著以全面取消優惠待遇為標誌的進口貿易政策的開始。

關稅改革的主要目標是縮小法定稅率和實際稅率之間的差別，對所有進口的原材料和機器設備一律按法定稅率徵收進口關稅和進口環節稅。同時，也根據國際公約有關規定和參照國際通行規則，對一些關稅減免措施予以保留和重新調整。

在非關稅上，取消了占當時由限額和許可證管理的全部商品 30% 的 176 種具體進口商品的進口限額和許可證限制①，由進口許可證管理的進口商品種類為 36 種，其中 28 種進口商品需進口限額加許可證，其餘 8 種則僅需許可證。② 從具體商品數看，由進口限額和許可證管理的具體商品數從 1992 年的 1,247 種減少到了 1997 年的 384 種，僅占全部徵收進口關稅的商品的 5%。③

2001 年，中國實行自 1992 年以來的第八次削減非關稅措施，自主削減 22 個稅號的機電產品進口非關稅措施。包括配額許可證管理的雪地行走專用車及高爾夫球車等 4 種產品的 5 個稅號、特定管理的門式提升機等 6 種產品 17 個稅號。

加入世界貿易組織後，中國自 2002 年起逐年調低進口關稅，平均關稅從 15.3% 降至 9.8%，其中農產品平均稅率為 15.1%，工業品平均稅率為 8.9%，降稅涉及的商品範圍近 6,000 種，汽車整車及零部件關稅由入世前的 70%~80% 和 18%~65% 降低到

---

① 林桂軍. 放寬進口限制，合理調整匯率，促進出口增長 [J]. 國際貿易問題, 1996 (8): 008.
② 李東生. 確立統一的進口管理體制 [J]. 國際貿易, 1997 (1).
③ 孟憲剛. 努力建立符合國際慣例的進口管理體制，保護和促進國內產業發展 [J]. 經濟工作通訊, 1997 (4): 6-8.

25% 和 10%。在非關稅方面，按時間表全部取消了進口配額和進口許可證等非關稅措施，徹底放開了對外貿易經營權，服務領域開放了 100 餘個部門，與發達國家的水平相近，遠高於發展中國家的平均水平，從而全部履行了中國加入世界貿易組織的降稅承諾。

2. 加強進口的貿易促進政策

經歷 30 餘年經濟增長，中國不僅是世界上最大的貿易出口國，而且也是第二大的貿易進口國。近年來，受世界金融危機影響，中國進口速度大大下降。增加進口，促進對外貿易平衡發展，對於統籌利用國內外兩個市場、兩種資源，緩解資源環境瓶頸壓力，減少貿易摩擦，具有重要的戰略意義。

2012 年，國務院在《關於加強進口 促進對外貿易平衡發展的指導意見》中提出堅持進口與出口協調發展，優化進口商品結構，增強穩定進口的能力，促進對外貿易基本平衡，保持進出口穩定增長。其主要的政策措施有：

（1）加大財稅政策支持力度。繼續調整部分商品的進口關稅，如降低部分能源原材料的進口關稅，適時調整部分先進技術設備、關鍵零部件進口關稅，重點降低初級能源原材料及戰略性新興產業所需的國內不能生產或性能不能滿足需要的關鍵零部件的進口關稅等。並且增加進口促進資金規模，為國家鼓勵類產品的進口提供貼息支持，並調整貼息產品支持範圍。

（2）加強和改善金融服務。一是提供多元化融資便利。對符合國家產業政策和信貸條件的進口，鼓勵商業銀行和政策性銀行開展進口信貸業務，支持先進技術設備、高新技術產品和能源原材料的進口；完善戰略資源國家儲備體系，支持和鼓勵企業建立商業儲備。二是完善進口信用保險體系和貿易結算制度。鼓勵商業保險公司開展進口信用保險業務，降低企業進口風險；加強和改善跨境貿易人民幣結算業務；推進貨物貿易外匯管理制度改革，為企業貿易外匯收支提供更加便利的服務。

（3）完善管理措施。優化進口環節管理，降低進口環節交易成本；完善海關特殊監管區域和保稅監管場所進口管理，規範其流通秩序，營造公平的競爭環境；推動進口與國內流通銜接，減少中間環節；推動加工貿易轉型升級，引導加工貿易向產業鏈高端延伸，控制高能耗、高污染、低附加值加工貿易發展；完善產業損害和進口商品質量的安全預警機制，定期發布產業損害預警報告。

（4）提高貿易便利化水平。提高通關效率，改進海關、商檢、外匯等方面的監管和服務；加強邊境貿易基礎設施建設，構建集物資運輸、倉儲、加工為一體的現代物流體系，提高口岸吞吐能力，擴大與周邊國家和地區的經貿往來；加強電子政務信息平臺建設，推動貿易單證標準化和電子化進程，促進各部門間貿易單證信息的互聯互通和監管信息共享，完善進口商品技術法規與合格評定信息諮詢服務平臺。

2014 年 10 月，國務院再次出抬《關於加強進口的若干意見》，鼓勵先進技術設備和關鍵零部件等進口，穩定資源性產品進口，合理增加一般消費品進口，大力發展服務貿易進口，優化進口環節管理，提高進口貿易便利化水平，發展進口促進平臺和參與多邊與雙邊合作。

這次政策制定的目標是從國內經濟需要出發，以市場需求為導向，實施積極的進

口促進戰略，加強技術、產品和服務進口，優化進口結構，促進國內經濟轉型升級和結構調整，構建開放型經濟新體制。

這次政策措施的核心內容是鼓勵先進技術和關鍵零部件進口，並調整《鼓勵進口技術和產品目錄》，增加了 47 種先進技術，如清潔能源和航天技術等；涉及 47 種裝備，增加了 53 個重點行業，增加了 5 類鼓勵進口的資源。

2015 年再次調整《鼓勵進口技術和產品目錄》，共計調整 492 項，其中鼓勵引進的先進技術 243 項，鼓勵進口的重要裝備 151 項，鼓勵發展的重點行業增加 79 項，資源性產品、原材料增加 19 項。與 2014 年版相比，鼓勵引進的先進技術增加 20 項，鼓勵進口的重要裝備增加 1 項，鼓勵發展的重點行業增加 4 項，資源性產品、原材料增加 1 項。

二、中國貨物貿易的出口鼓勵政策

(一) 出口鼓勵政策的類型

鼓勵出口政策主要是指一國為鼓勵商品出口而採取的各種優惠和支持政策措施，主要包括財政金融政策；稅收、投資、核心產業、特區等優惠政策；促進貿易的各種組織機構。

1. 財政政策

鼓勵出口的財政政策是指一國政府為了降低本國的出口商品價格，加強其在國外市場上的競爭能力，在出口某種商品時給予出口廠商的現金補貼或財政上的優惠待遇。出口補貼又包括直接補貼和間接補貼兩種方式。

直接補貼是指出口商品時，政府直接給予本國出口商品以現金補貼。WTO 禁止對工業品出口進行直接補貼，因此這種形式主要存在於農產品貿易中，美國、歐盟都對農產品進行大量的直接補貼。

間接補貼是指政府對某些出口商品給予財政上的優惠，如出口退稅、出口減稅、出口獎勵等。出口退稅是指政府對出口商品的原料進口稅和其在國內生產及流轉過程中已繳的國內稅稅款全部或部分地退還給出口商，以利於出口商降低銷售成本和價格，提高競爭能力。中國對出口商品多採用間接補貼的方式。

2. 信貸政策

信貸政策主要包括出口信貸和出口信貸國家擔保制度。出口信貸是指一個國家的銀行為了鼓勵本國商品出口，加強本國出口商品的競爭力，對本國的出口廠商、外國的進口廠商或進口方銀行提供的貸款。出口信貸通常是在出口成套設備、船舶、飛機等商品時由出口方銀行提供的，因這類商品價格昂貴，在一定時間裡占用了出口廠商的資金，從而會影響到出口廠商的資金週轉乃至正常經營，這就需要出口方銀行對出口商提供信貸資金，擴大本國商品出口，這種信貸被稱為賣方信貸。出口方銀行也可以直接向進口廠商（買方）或進口方銀行提供貸款，用以支持進口商進口貸款國商品，這是一種買方信貸。

出口信貸國家擔保制是指國家為了鼓勵商品出口，對於本國出口廠商或商業銀行

向外國進口廠商或銀行提供的貸款，由國家設立的專門機構出面擔保，當外國債務人拒絕付款時，這個國家機構即按照承保的數額予以補償的一種制度。出口信貸國家擔保是一種政策性的保險，目的是鼓勵出口，因而各國的保險費率普遍較低，以減輕出口商和銀行的負擔。

3. 資本政策

資本政策是指出口國政府通過資本輸出來帶動本國出口貿易的發展。資本輸出包括生產資本輸出即對外直接投資和借貸資本輸出即對外間接投資。資本輸出推動出口貿易表現在：一是資本輸出國要求輸入國接受商品進口的附加條件；二是在國外進行直接投資往往需要輸出國配套的設備、材料和零配件的輸出；三是直接投資可以繞開進口國對進口產品設置的各種關稅和非關稅壁壘，並可享受該國有關鼓勵本國產品出口的優惠。

資本輸出作為一種較為隱蔽的出口鼓勵政策，越來越受到出口國和進口國的重視，特別是廣大發達國家普遍利用資本輸出作為推動本國出口的重要手段。

4. 組織政策

鼓勵出口的組織政策是指政府或行業組織為鼓勵出口而制定和採取的各種服務性措施。它主要有以下幾種類型：①貿易委員會。各國設立專門的促進出口的組織機構，研究與制定出口戰略。如美國的「擴大出口全國委員會」、日本政府的「最高出口會議」、韓國的「出口擴大振興會議」，都負責制定出口政策，提供改進鼓勵出口的措施建議，綜合協調出口目標。②國際商會。它是由進出口貿易商組成的商會組織，為出口商提供全方位的服務，如中國國際商會就著力於建立商業情報網，進行市場調研，代理貿易訴訟等。③設立貿易中心、組織貿易展覽會和貿易代表團。設立貿易中心、組織貿易展覽會是對外宣傳本國產品、擴大出口的一個重要途徑。

(二) 中國鼓勵出口政策的調整

在20世紀90年代以前，中國促進出口政策主要使用出口補貼、價格控制、稅收減免和其他一些行政措施。像出口補貼，曾是中國鼓勵和支持出口擴張的最重要的方法，是因為中國的出口以增加外匯收入為目的，而中國企業經濟效率較低，出口成本過高，因此，大規模的出口補貼用於彌補出口企業的出口成本與出口價格（或國內價格）之間的差距。

20世紀90年代后，中國進行了密集的貿易政策改革，取消直接出口補貼、建立出口退稅制、廢除一些出口限制等措施，中國的貿易政策逐漸向中性轉變。其出口鼓勵政策調整表現在：

1. 實現統一的出口退稅制

實行出口退稅制是規範出口刺激機制的一個重要步驟。中國的出口退稅制是參照國際經驗並結合本國的實際情況建立的，這一制度的目的是要通過退還出口貨物的國內稅以避免國際經濟交往中的重複徵稅，平衡出口貨物與國內銷售貨物的稅收負擔。更主要的是，出口退稅可以降低出口貨物的成本以不含國內稅的形態進入國際市場，從而在國際市場上的競爭力得到加強。

中國實現出口退稅所推行的「免、抵、退」稅的管理辦法是符合國際慣例的。國際上實行出口退稅的國家大多採用「免、抵、退」稅管理辦法，這種辦法既符合世界貿易組織國民待遇原則的要求，在中國又有實施的客觀條件，與「先徵后退」相比，具有減少流動資金占用、及時得到稅款和減少退稅制度本身的成本等作用。

2. 用好世貿組織規則允許的補貼政策

首先，掌握好可申訴與不可申訴補貼的數量界限和形式。在數量上，從價補貼率要控制在 5% 以內；對研發投入的補貼不能超過產業研究費用的 75% 等；在補貼形式上，直接撥款不能用於減免企業的債務或彌補企業或某個項目的虧損。但對協議第 14 條規定下的政府股本投入、政府貸款及提供貸款擔保、政府提供貨物或服務以及政府採購等促進措施因不構成利益輸送，則可以避免遭遇報復性措施。

其次，增加不可申訴補貼的力度和範圍。如增加高新技術的研發；增加環保補貼；增加對農業和落后地區的補貼；增加非專項性的不可申訴補貼等。適度的環保補貼屬於 WTO 綠燈補貼範圍，可以廣泛地使用，目前中國的投入與發達國家相比仍然存在較大差距。WTO《農產品協議》中的「綠箱」政策允許各國對農業進行一定程度的國內支持。《中華人民共和國加入世界貿易組織議定書》允許中國對農業的國內支持是 8.5%，而中國目前對農業的支持補貼僅為 2% 左右。非專業性補貼則是指所有企業、產業都能獲得的補貼，如普遍地降低稅率、提供貸款及財政援助。

3. 建立國家的出口金融及信用服務機構

出口信貸、出口信用保險、國際保理業務等金融手段在鼓勵擴大外貿出口中起著非常重要的作用。中國的進出口銀行、出口信用保險公司等是按照國際慣例，加大對出口貿易政策性支持力度的重大舉措。進出口銀行不斷擴大出口信貸規模，對附加值高的出口產品、資本性貨物和高新技術產品的出口提供信貸支持。出口信用保險公司則為出口信貸提供擔任，被稱為長期出口信用保險的后盾，也是鼓勵出口的一項重要舉措。同時，中國出口信用保險公司還與國際金融組織、海內外金融同業、外國政府機構及企業建立了廣泛的業務關係，可以引導出口企業積極開拓海外市場，為出口企業提供海外投資風險保障。

4. 制訂長期的「貿易促進計劃」

「貿易促進計劃」要符合 WTO 規則的要求，制定統一、規範、公開、長期的出口鼓勵框架。建立政府和非政府的各類組織，向企業提供各類出口服務和援助。例如中國國際貿易促進會、國際商會、出口商協會以及貿易仲裁委員會、各類國際會展中心、行業商會，向企業提供國際市場商情和政策諮詢、組織國內企業參加各種國際大型貿易博覽會、組織培訓各類外經貿人才、牽頭組織出口推銷小組、建立海外貿易網點、開展企業經驗交流等。

三、中國貨物貿易的出口限制政策

中國的出口限制政策經歷了 1978 年前國家統制型的出口管制政策向 1994 年后開放型的貿易限制政策的演變歷程，出口限制政策逐漸由行政管理向法制管理轉變，形成了較為系統的出口限制體系。

(一) 出口限制政策的含義及政策措施

出口限制政策是指政府出於某種目的對出口進行限制的政策，是國家控制出口商品的管理制度。出口限制的商品通常是：戰略物資和先進技術；國內短缺物資；文物和古董；「自動」限制出口的商品等。

採取限制性貿易措施通常有兩個目的：國家安全目的和經濟利益目的。所謂安全目的是指若允許某類產品或技術的出口會損害國家或地區的安全，因此禁止此類產品和技術的出口。經濟利益則指保護自然資源，防止資源被他國控制，避免過度開發和過度競爭，阻止技術外溢，保護本國廠商資源優勢和技術優勢。

中國限制出口的原則是為維護國家安全、社會公共利益或者公共道德，為保護本國公民的健康與安全，保護動物、植物的生命與健康，以及遵照國際公約和協定進行出口貿易限制政策的制定。

中國出口限制的範圍分為兩大類：軍用產品與民用產品。在軍用產品限制上覆蓋了國際出口管制機制觸發清單中的絕大部分內容，主要規定在《核出口管制清單》《軍品出口管理清單》《導彈及相關物項和技術出口管制清單》等出口管制法規。為保護自然資源、生態環境及人類健康，中國編製了《禁止出口貨物目錄》和《中華人民共和國禁止出口限制出口技術目錄》（2008年修訂）等法律文件，涵蓋農業、煤炭開採和洗選業、紡織業、化學原料及化學製品製造業、醫藥製造業、通信設備、計算機及其他電子設備製造業、衛生等85個大類。

中國出口限制政策的具體措施有：

（1）絕對禁止出口。絕對禁止出口是指國家頒布有關法規，對某一類產品或技術的出口（有時是針對特定的出口國）絕對禁止。目前這種政策措施很少用。

（2）出口關稅制度。出口關稅制度是各個國家曾經普遍使用的出口商品徵稅制度，在現今市場條件下，各國為鼓勵出口，已很少使用出口關稅的手段了。

（3）出口許可證制度。頒發出口許可證是出口管制的重要手段，也是各個國家廣泛使用的出口限制措施。所謂出口許可證，是指只允許有許可證的公司出口，無許可證則禁止出口。它有特種出口許可證、一般出口許可證及最低出口限價許可等方式，對出口產品實行價格管理和數量管控。2012年，中國實行許可證管理的出口貨物共有49種。

(二) 建立健全限制出口的政策與執法體系

儘管中國現已制定了一系列的相關政策法規進行出口限制的管理，並也取得了較好的出口限制管理的效果，但中國還缺乏相對完善的法規體系，同時在出口限制的總體規劃上缺乏長期穩定的政策目標，在實施出口限制政策的主體、對象、手段及調整機制等方面均存在不足。

首先，建立完善的法律體系。中國的出口限制政策要以法律為基礎，既要有基本立法和法規，也要有相關的法令及規範條例。目前越來越多的國家頒布了國家出口管制法，以法律的形式進行透明、清晰、長期有效的出口管理，也以立法的形式平衡政治、經濟和國家安全方面的利益。

其次，要完善出口限制管理制度，保證出口限制的執法公平、公正、規範。出口限制管理涉及：出口經營權限制、最終用途證明限制、出口許可證限制、商品檢驗檢疫管理、海關監管等。通過完善具體的出口管理制度，進一步提高各個執法階段的管理效率。

最後，還要調整出口配額的管理。一是要靈活制定和調整出口配額總量，即既要參照近幾年的出口業績和出口金額，也要考慮當年的出口能力和出口合同簽訂情況。二是靈活設置出口配額標準。在總量配額下，將指標靈活配置給市場需求大、附加值利潤率高的產品。三是調整出口關稅措施。關稅措施是有效管理受控產品的手段，為確保對受控產品和技術的管理，應根據國內國際出口形勢合理調整出口稅率，通過適當調低出口稅率等措施減少不必要的出口管制。

第三節　中國服務貿易與技術貿易政策

在國際貿易的發展進程中，國際服務貿易和國際技術貿易日漸成為各國經濟交往的重要方式。2000—2010年，國際服務貿易占全球貿易的比重為20%左右，這十年的年均增長速度為10.2%，而國際的技術貿易在1985—2002年中以平均每5年翻一番的速度高速增長，其速度不僅大大快於貨物貿易，而且也快於其他的服務貿易領域。因此服務貿易和技術貿易的政策導向也成為各國對外經濟政策的重要組成部分，其相關的服務貿易和技術貿易政策措施所涉及的領域與傳統的貨物貿易政策相比要廣泛和複雜得多。

一、中國的國際服務貿易政策

國際服務貿易政策是各國在一定時期內對服務的進出口貿易所實行的政策，是各國對外貿易政策及其經濟政策的重要組成部分，它與各個歷史階段的經濟發展特徵相適應。由於對服務貿易的保護無法像商品貿易那樣依靠關稅制度，為此，各國的服務貿易政策主要體現在國內立法、國內制度和政策措施方面，以及文化傳統社會風俗等方面。隨著服務業的拓寬和服務貿易迅速發展，國際服務貿易政策也會隨之發展，新的國際服務貿易政策將會不斷產生。

（一）國際服務貿易政策的類型及演變

1. 國際服務貿易政策的演變

服務貿易成規模的迅速發展較貨物貿易更晚，早期國際服務貿易的特點是規模較小、項目單一，主要包括運輸服務和僑匯等相關的銀行服務。在20世紀60年代開始，湧現出了許多新的國際服務貿易項目，如電信、計算機軟件，甚至信息高速公路、多媒體技術知識產權類服務及其他與現代生活相關的服務。因此，在貿易政策上，早期的服務貿易限制較少，再加上當時的世界政治經濟體系主要被少數幾個工業發達國家操縱，全球範圍內基本上呈現出一種較為寬鬆的政策態勢。

在20世紀50年代之前，西方國家為了重建經濟，積極地從國外大量引進服務人員，並為技術轉讓和金融服務入境創造良好的政策環境，服務貿易開始進入了有組織的、商業利益導向的發展階段。而美國作為世界經濟「火車頭」，通過《馬歇爾計劃》和《道奇計劃》對西歐國家和日本等國進行經濟扶持，大量的資金和技術等服務輸往這些國家，取得了巨額的服務收入。

在該階段，發達國家總體上較少設置服務貿易壁壘，但發展中國家對服務貿易並不積極，並設置了重重障礙，企圖控制境外服務的入境規模。

20世紀60年代之后，世界經濟迅速發展，國際服務貿易創匯占外匯收入的比例不斷增長，各國普遍意識到服務出口的外匯收入是一項不可忽視的外匯來源，紛紛制定了各種政策和措施以鼓勵和刺激服務貿易的出口。同時，基於國家安全、領土完整、民族文化與信仰、社會穩定等政治、文化及軍事目標，各國也對服務貿易的進口做了很多的限制，國際的服務貿易政策由寬鬆政策特徵轉向限制性的貿易政策。在這一時期，限制性的服務貿易政策極大地制約了國際服務貿易的發展。

20世紀90年代，經過「烏拉圭回合」的艱辛談判，《服務貿易總協定》終於達成，並於1995年正式運行。《服務貿易總協定》的簽署和實施是國際多邊貿易體制推動服務貿易自由化的一個重大突破，它為參與服務貿易的國家和地區提供了服務貿易國際管理和監督的約束機制，為服務貿易的發展創造了一個穩定的、具有預見性的、自由貿易的法律框架，服務貿易逐步自由化的原則漸漸為世界各國所接受，國際服務貿易自由化進入了一個新的階段。而且，在《服務貿易總協定》生效之後，世貿組織仍然不遺餘力地推進有關服務貿易方面的后續談判進程。雖然阻力重重，但也取得了一些階段性的成果，使國際服務貿易自由化的進一步前行有了更為堅實的基礎。

2. 國際服務貿易政策的類型

從服務貿易政策的類型看，主要包括貿易自由化政策和貿易保護政策。

（1）服務貿易的自由化政策

服務貿易自由化本應包括所有的服務貿易形式，但各國服務業發展水平不同，各國都僅致力於在自己具有較強競爭力的領域和部門進行服務貿易的自由化，而對處於劣勢的服務部門則實施貿易保護，因此，各國的服務貿易政策偏好在很大程度上相左，很難實行一個統一的服務貿易自由化標準。

對於服務貿易自由化，各國基本持兩種態度：一種是向所有的外國服務及服務提供者開放本國的服務市場，即「無條件的服務貿易自由化」；另一種是根據貿易夥伴國向本國開放的服務產品市場及程度來決定本國的服務貿易自由化程度，即「對等原則」。近年來，「對等原則」正越來越多地取代無條件的自由化原則，實際上是世貿組織無條件最惠國待遇原則的倒退。

發達國家在服務貿易自由化的開放行業上更多強調的是國際服務貿易增長最快的領域——生產者服務貿易的自由化，如銀行、保險、電信、諮詢、會計、計算機軟件和數據處理，以及其他專業性服務的貿易自由化。其政策取向對發展中國家開放本國服務市場的條件是以服務換商品，即發展中國家以開放本國服務產品市場換得發達國家的商品市場的開放；而對同等發達國家則需要相互開放本國服務產品市場。

在服務貿易自由化中，發展中國家為保護本國的經濟、政治、文化、意識形態等安全，對外國服務產品的進口採取較大的限制政策。對於發展中國家來講，在現階段完全開放本國服務市場是不現實的理想自由主義，而完全封閉的本國服務市場又會帶來很高昂的保護成本，混合型、逐步自由化的服務貿易開放戰略就成為發展中國家的政策取向。因此，發展中國家在服務貿易自由化進程中更加要注意的是：一是服務開放的順序和基本步驟；二是逐步開放的行業部門選擇。就開放步驟來看，可以首先逐步放鬆國內服務市場的管制，其次逐步減少服務產品領域的非關稅措施，然後逐步開放服務要素市場，減少有形產品的關稅和非關稅壁壘。就開放部門或領域看，應逐步從一般消費者服務產品的開放到服務要素產品的開放，對涉及國家安全和國計民生的領域應有政策措施進行適當保護。

（2）服務貿易的保護性政策

儘管各國都認為進行國際服務貿易與商品貿易一樣可以從中獲利，但各國在服務領域的發展水平差距巨大，還由於服務業的就業效應顯著以及消費者利益等因素，各國對本國的弱勢服務部門都制定政策和措施加以嚴格保護。

涉及國際服務貿易障礙的政策措施通常有兩種：一是直接限制國外企業進入本國的服務部門所設定的政策或法規；二是制定國內相關法規，通過這些法規的實施間接限制外國服務產品的進入。服務貿易壁壘是一把「雙刃劍」，它既可能起到扶持和發展本國服務業的作用，也可能會阻礙國內服務業的發展。例如，嚴格的進出口管理條例是社會穩定和安全上行之有效的政策，但同時也可能影響本國旅遊服務貿易的發展。

根據 GATT 統計，國際服務貿易壁壘多達 2,000 種。如果把服務貿易模式與影響服務提供和消費效果結合起來，可以將服務貿易壁壘劃分為四類：一是產品移動壁壘。包括數量限制、當地成分要求、補貼、政府採購、稅收政策、技術標準和知識產權保護等。二是資本移動壁壘，有外匯管制、浮動匯率和投資收益匯出的限制。三是人員移動壁壘，即採用移民限制、工作許可、出入境繁瑣手續等限制勞動力生產要素的跨國移動。四是開業權壁壘，又稱為生產者創業壁壘。各國多採用國內法規定申請本國公司或企業的人員國籍、開業資金規模、開業資金來源來限制國外服務業對本國的滲透。有些國家還規定專業人員在本國開業必須接受當地教育或培訓。

(二) 促進中國服務貿易發展的政策體系

為大力促進服務業和服務貿易又快又好發展，中國實施了一系列的政策措施，為服務業和服務貿易制定了發展藍圖。

1.《關於加快發展服務業的若干意見》

2007 年 3 月，國務院發布了《關於加快發展服務業的若干意見》（下稱《若干意見》），把發展服務業上升到貫徹落實科學發展觀和構建社會主義和諧社會的戰略高度，就發展服務業和服務貿易的重大意義、總體要求、主要目標、主要內容及組織領導都做了明確部署。

《若干意見》提出了中國服務貿易發展的總體目標是到 2020 年，基本實現經濟結構向以服務經濟為主的轉變，服務業增加值占國內生產總值的比重超過 50%，服務業

結構顯著優化，就業容量顯著增加，公共服務均等化程度顯著提高，市場競爭力顯著增強，總體發展水平基本與全面建設小康社會的要求相適應。

2. 《服務貿易發展「十一五」規劃綱要》

2007年12月，國務院又下發了《服務貿易發展「十一五」規劃綱要》（下稱《規劃綱要》），具體細化和執行《關於加快發展服務業的若干意見》各項政策措施，強調了發展服務貿易可充分利用兩個市場、兩種資源，對優化產業結構、轉變外貿增長方式、促進中國經濟和社會協調發展的重要作用。

《規劃綱要》將「十一五」要實現的目標確定為：顯著擴大服務貿易規模；優化服務貿易結構；基本形成服務貿易領域更加開放格局；大幅提升開拓國際服務貿易市場能力。並闡明了實行這些目標的具體措施，包括：構建服務貿易發展管理體系；完善服務貿易統計體系；建立服務貿易發展促進體系；積極穩妥擴大服務業對外開放；服務貿易發展保障措施；堅持「分類指導，重點促進」的原則發展服務貿易。

3. 《服務貿易發展「十二五」規劃綱要》

商務部會同33個部門歷時兩年，於2011年9月制定和發布了《服務貿易發展「十二五」規劃綱要》（下稱《綱要》）。《綱要》就「十二五」期間中國服務貿易發展的總體目標、戰略任務、重點領域等做了全面部署，並提出了明確的政策舉措和保障措施。

《綱要》制定了五個發展目標、七項戰略任務、八項保障措施，規劃了重點發展的30個領域。在「十一五」基礎上，繼續擴大貿易規模和優化貿易結構，提高對外開放水平，增強國際競爭力，並協調服務貿易的區域發展。推動重點行業服務出口和擴大對外開放領域，加快服務業企業「走出去」步伐和培育具有較強國際競爭力的服務貿易企業，推進服務貿易領域自主創新，加快和發展與戰略性新興產業相配套的服務貿易。繼續健全法規體系、完善統計體系、強化管理機制和構建促進體系，並且要著手優化貿易環境，創新扶持政策，保護知識產權以及培育行業協會。

4. 《國務院關於加快發展服務貿易的若干意見》

2015年8月，為適應經濟新常態，增強服務出口能力，培育「中國服務」的國際競爭力，國務院制定了加快發展服務貿易的若干意見，提出了新常態下服務貿易發展的主要任務，並配以完善的政策措施和保障體系，其核心目標是優化服務貿易結構，創新服務貿易發展模式，依託大數據、物聯網、移動互聯網、雲計算等新技術，促進製造業與服務業、各服務行業之間的融合發展；將承接服務外包作為提升中國服務水平和國際影響力的重要手段，推動離岸、在岸服務外包協調發展。培育服務貿易市場主體，促進大型跨國服務企業和中小服務企業創造具有較強國際影響力的服務品牌。在擴大服務貿易開發的同時，大力推動服務業對外投資。完善政策措施，規範市場標準和監管體系，開展與主要服務貿易合作夥伴國和「一帶一路」沿線國家在服務貿易合作協議雙邊框架下的務實合作。

除此之外，國務院、商務部和服務行業各部門還就具體的服務產業發展制定了單獨的政策法規。如國務院《關於加快發展高技術服務業的指導意見》，商務部、海關總署發布的《兩用物項和技術進出口許可證管理辦法》，商務部、國家統計局新修訂的

《國際服務貿易統計制度》，國務院頒布的《國家知識產權戰略綱要》和《中華人民共和國知識產權海關保護條例》，等等，都為中國服務貿易發展提供了法律依據和政策支持。歸根究柢來說，中國服務業和服務貿易的發展需要在法律、政策的支持下，提高服務經濟競爭力，壯大服務經濟的規模，才能實現中國服務經濟平穩、健康和可持續發展。

(三) 中國發展服務貿易的政策缺陷

加入世貿組織后，中國始終履行服務業市場開放承諾，穩健地促進了中國服務貿易自由化進程。與此同時，中國的服務貿易政策也存在一些不足。

中國服務貿易的發展水平與其他發展中國家一樣處於低水平發展階段，其服務貿易政策中對管理體制的約定也還不健全，現存政策法規中沒有相應的細緻條文指引。目前中國國際服務貿易的管理由商務部服務貿易司主持，主要負責參加服務貿易的國際多邊談判，歸口管理中國引進外資、對外工程承包和勞務合作、審批中國部分服務行業的境外投資等。這種管理方式雖然推動著中國服務貿易的發展，但其體制不健全，已不能適應中國服務貿易的迅猛發展。現存服務貿易政策的弊端主要表現為：

（1）缺乏統一的、有較強約束力的管理部門，中央和地方有關服務貿易的政策和規則不協調，管理體制不順暢。

（2）對服務貿易的管理處於各職能部門各自為政、交叉管理、條塊分割的狀態。比如，對外國企業在中國投資服務行業中的教育培訓、印刷、評估機構等，只需相關行業的主管部門審批立項；投資航空運輸、建築業、醫院、廣告、音像製品等行業，不僅要相關行業部門同意，還必須報商務部審批；投資金融業，包括銀行、保險、財務公司等，一律由中國人民銀行總行審批，商務部不參與審批；而投資旅遊飯店，其項目書和可行性研究報告則由各省市計委、旅遊局、商務局聯合上報國家上述三部、委、局，國家旅遊局和商務部分別向國家計委（發改委）出具意見，由國家計委（發改委）下批文。這種管理方式的局限性很大，難以保證各行業部門的協調一致。

（3）沒有健全的服務貿易統計體系。中國的產業劃分與市場經濟國家有所不同，對服務業的界定、統計範疇和劃分標準與國際慣例不一致。同時，中國服務貿易的發展數據統計不完整，缺失行業數據、地區數據和企業微觀數據，這對研究中國服務貿易的發展和國家服務貿易決策都極為不利。

（4）一些服務業部門屬於直屬系統管理，行業管理部門難免對直屬系統實行保護主義，造成行業壟斷，不利於該行業的對外開放和競爭力提高。

中國服務貿易政策的空白嚴重限制了中國服務貿易健康快速發展，因此，迅速建立國家統一的服務貿易管理機構和協調機制，建立健全有關服務業、服務貿易的法律法規，加強對服務貿易的宏觀管理，是中國服務業和服務貿易發展亟待解決的問題。

二、中國技術貿易政策

(一) 國際技術貿易政策的含義

國際技術貿易政策是指一國政府或有關部門對國際技術轉移活動所做出的宏觀的

原則性規定，以法令、條例規定等政策措施鼓勵、限制和禁止國際技術貿易流動。技術貿易政策的作用可以鼓勵先進技術的引進，降低技術開發成本，合理分配資源，並根據國家的經濟發展目標在不同時期進行政策調整。高新技術產品的貿易政策一直都在國際技術貿易政策中處於主導和核心地位。

技術貿易政策的類型分為三類：鼓勵政策、限制政策和禁止政策。由於各個國家的經濟實力和技術水平存在較大差距，其技術貿易的鼓勵政策側重點不同，發達國家偏重於通過稅收、財政、信貸等優惠政策鼓勵技術的更新、開發和傳播，發展中國家則著眼於鼓勵先進技術的引進及其本土化。在限制政策上，發達國家表現在對技術輸出的限制和禁止上，特別是對尖端技術和軍事技術的限制和禁止，發展中國家則主要限制技術引進合同中的不合理條件。

各國制定技術貿易政策的目的在於提高本國技術生產力水平，增強科技自主開發能力，保護本國的市場，擴大本國產品的出口市場、促進本國產業結構的改善。因此，各國的技術貿易政策都會隨著國家經濟發展總方針、國家科學技術發展情況以及國外環境的變化而調整，以保持技術貿易政策的穩定性和連續性，起到保證實現國家發展戰略目標的作用。

(二) 中國制定技術進出口貿易政策的原則

中國技術貿易逐年迅速發展，在中國對外貿易中的比重不斷上升，對國民經濟發展的貢獻也越來越大，在引進各國的先進技術和設備以及大力開展技術出口上都取得了顯著的成績。中國技術貿易政策的制定必須順應和適合中國技術貿易發展，以推動和擴大中國高新技術進出口為目的。中國制定技術貿易政策的原則是：

（1）在平等互利的基礎上，遵守國際規範和國際慣例，依法保護知識產權，維護合作各方的合法權益，引進、借鑑別國的先進技術與經驗，推動本國經濟的發展；積極鼓勵開拓技術出口市場以廣泛參與國際分工，逐步使中國的技術密集型產業成為國際技術產業鏈條的重要一環。

（2）採取技術貿易多元化策略，以多種靈活方式開展對外技術貿易。在技術引進方面，採取的方式包括許可證貿易、合作生產、合作設計、技術服務、顧問諮詢、進口關鍵設備及成套設備等，並根據具體情況確定引進方式，技術進口的重點是為改造現有企業服務，鼓勵引進產品的設計、工藝製造和生產管理技術。在技術出口方面，鼓勵出口成熟的產業化技術。

（3）註重引進吸收，推動國內技術的開發利用。建立有利於引進技術改良和商品化的科研開發體制，增加科研與開發的投入，增強自身的消化、吸收、創新能力，逐步使科研開發實現由國家主導型向企業主導型轉變，使引進的技術發揮更大的作用。

（4）利用稅收、財政等優惠政策來促進對外技術貿易的發展。在技術引進方面，積極爭取利用外國政府貸款、混合貸款、出口信貸、國際金融組織貸款及商業貸款。在技術出口方面，國家實行國際上通行的扶持技術出口的信貸政策，設立技術和成套設備出口的賣方信貸和買方信貸，銀行按照貸款原則優先安排技術出口資金，並實行優惠貸款利率。

(5) 以法律、經濟手段對技術貿易進行宏觀調控，規定禁止、限制和鼓勵的技術貿易項目。國家只對涉及經濟發展的重大技術引進項目和涉及國家重大利益的技術出口項目實行指導性計劃。

(三) 中國技術進出口貿易的管理政策

中國技術進出口貿易管理主要是指對專利權轉讓、專利申請權轉讓、專利實施許可、技術秘密轉讓、技術服務和其他方式技術，以貿易、投資或者經濟技術合作的方式實現跨國技術轉移的管理。中國的技術進出口應當符合國家的產業政策、科技政策和社會發展政策，有利於促進中國科技進步和對外經濟技術合作的發展，有利於維護中國經濟技術權益。

管理中國技術進出口的政策法規主要以 2011 年對 2002 年頒布實施的《中華人民共和國技術進出口管理條例》修訂后的規則為依據，結合《技術進出口合同登記管理辦法》《禁止進口限制進口技術管理辦法》《禁止出口限制出口技術管理辦法》等行政法規，確定了中國對技術進出口的管理辦法。中國對技術進出口實行統一的管理制度，依法維護公平、自由的技術進出口程序。

中國技術進口管理的基本原則是：維護技術進口秩序，促進國民經濟和社會發展；支持國家的產業政策、科技政策和社會發展政策；實行有管理的自由進口，維護中國經濟技術利益；鼓勵先進適用的技術進口。

中國技術出口管理的基本原則是：遵守中國的法律法規，符合中國外交、外貿、科技政策以及國際慣例；不危害國家安全和社會公共利益，有利於中國對外貿易發展和經濟合作；實行有管理的自由出口，增強國際競爭力；鼓勵成熟的產業化技術出口。

《技術進出口管理條例》規定中國技術進出口分為三類管理。第一類是鼓勵進出口的技術，允許自由進出口；第二類是限制進口或出口的技術，採用進出口許可證制度管理，未經許可不得進出口；第三類是禁止進口或出口的技術，國家嚴禁進口或出口。

第一類技術實行合同登記管理。技術進口方或出口方應持技術進口或出口合同副本及附件等相關證明文件向商務部或其授權部門履行登記手續，獲得技術進出口合同登記證，方可進行技術的進口或出口。

第二類技術採用許可證管理制度，未經許可不得進口或出口。技術進口方或出口方應先填寫「中國限制進口技術申請書」或「中國限制出口技術申請書」，報送國務院商務部或其授權的地方部門辦理進口或出口許可手續，經審查合格后，頒發由商務部統一印製和編號的「中華人民共和國技術進口許可證」或「中華人民共和國技術出口許可證」。

第四節　貿易政策的國際協調與中國對外貿易政策

隨著世界經濟格局、各國發展模式和國際關係等領域的變化，各國貿易政策在國際貿易運行中引發了各種糾紛。為協調各國間的貿易政策，全球治理機制應運而生，

並呈現多層次的發展趨勢。中國已成為世界主要的貿易大國,與世界各國發生著廣泛密切的經濟貿易關係,中國積極參加多邊貿易體制和區域貿易安排,中國的貿易政策在國際貿易進程中產生了越來越大的影響,中國貿易政策的制定必將受到多邊和區域貿易機制的約束和限制。改革開放以來中國對外貿易政策的發展變化顯示了國際貿易規範的重要作用,特別是入世以後,世界貿易組織規則日益深入中國的對外貿易法律法規和政策措施之中,這是貿易政策國際協調在中國對外貿易政策中的重要體現。

一、貿易政策的國際協調

(一) 貿易政策國際協調的內涵

貿易政策的國際協調是指各國政府和有關國際機構為維持國際貿易的正常運行,對國際貿易活動進行聯合干預、管理和調節的行為。貿易政策協調的目的在於減少貿易壁壘,實行真正自由的國際貿易。但是,國際貿易的開展一直都是在貿易保護主義和自由主義兩種力量的對抗中實現的,各種形式的國際貿易政策協調很難消除貿易壁壘。國際貿易政策協調意在通過調整各自的利益,避免矛盾和衝突激化。

目前,貿易政策的國際協調主要依賴不同形式的雙邊和多邊協調,具體有三種框架:一是以貿易條約或協定為基礎的雙邊協調;二是基於區域貿易合作的地區協調,如歐盟;三是在多邊協議框架下的機構性協調,如世界貿易組織。貿易政策的國際協調促進了貿易政策的國際趨同化,體現了全球經濟與貿易關係的秩序化,給各參加成員帶來了巨大的利益。

(二) 貿易政策國際協調的形式

1. 貿易條約和貿易協定

貿易條約和協定是指有關主權國家為確定彼此間的貿易關係,規定各自的權利和義務,協調各自對外的貿易政策,經過協商或談判締結的書面協議。這是貿易政策國際協調的最初形式。貿易條約和協定有許多不同的類型,主要包括:

(1) 貿易條約。貿易條約是兩個或兩個以上的主權國家為確定兩國間的經濟關係,特別是貿易方面的權利和義務而締結的書面協議。它通常以國家或國家首腦的名義簽訂,並經締約方各自的立法機關討論通過,報請國家最高權力機關批准後才能正式生效。

(2) 貿易協定和貿易議定書。貿易協定是締約方為調整和發展相互間的貿易關係而簽訂的書面協議。貿易議定書是就締約國發展貿易關係中具體項目達成的書面協議。貿易協定和貿易議定書簽訂程序簡單,內容具體,有效期短,一般由簽字國的行政首腦或有關行政部門的代表簽署即可生效。

(3) 支付協定。支付協定是指規定各締約方之間在貿易和其他方面的債權債務結算的書面協議。這種以相互抵帳結算彼此債權債務關係的方式,有助於克服外匯短缺的困難,從而有利於雙方貿易的發展。

(4) 國際商品協定。國際商品協定是指商品的主要出口國(生產國)與消費國(進口國)就該項商品的購銷、價格等問題,通過協商而達成的政府間的多邊協定。國

際商品協定調整的主要對象是發展中國家所生產的初級產品，如天然橡膠（1995年）、熱帶木材（2006年）。

2. 雙邊協調與多邊協調

雙邊貿易政策協調指兩個國家或類似於國家的國際組織之間通過訂立雙邊協定，互相為實施貿易政策提供合作。雙邊貿易政策協調的目的在於協調貿易夥伴間的關係，通過雙方簽訂貿易條約或協定等形式進行。

而多邊貿易政策協調則指經濟區域化、集團化的貿易政策協調，如歐盟、東盟和北美自由貿易區在區域內的貿易政策一致性和與區域外國家與組織的政策協調。多邊貿易政策協調是貿易政策在國與國之間協調的重要形式，體現了經濟集團或區域經濟一體化組織為了共同利益而實施的共同對外貿易政策措施。目前世界上各種區域性的國際經濟合作組織參加的國家或地區多達140個。這些規模不等的組織或特殊優惠的安排，將歧視性的貿易壁壘變成一組國家共同的對外貿易壁壘，成為各國貿易政策的主要內容。

3. 全球貿易體制下的多邊貿易政策協調

全球貿易體制下的多邊貿易政策協調是指從符合世界貿易總體利益的角度，協調和約束各國的對外貿易政策，促進世界貿易的規範化、有序化。1947年以來的關貿總協定引導的多邊貿易規則，是第一個全球性的多邊貿易體系。1995年它結束了歷史使命，由世界貿易組織取而代之。關貿總協定曾富有成效地調節了國與國之間的經濟貿易關係，並試圖通過制定原則和規則來促進貿易政策趨於統一。但是，關貿總協定自身的不足影響了貿易政策的國際協調。世界貿易組織在繼承關貿總協定的基礎上，通過機構、機制、原則、規則的發展，成為貿易政策國際協調的典範。

貿易政策的區域或集團之間的協調與國際協調既有互補的一面也必然存在衝突的一面。發達資本主義國家更強調集團之間和經濟區域之間的貿易政策協調，通過集團或區域內部的貿易自由化增強抵禦外部競爭的能力。這就與世界貿易組織所倡導的貿易政策的國際協調形成了衝突。特別值得注意的是，由於發展中國家加強了相互之間的合作，使發達國家也越來越重視與發展中國家經濟聯盟的關係協調，這一趨勢將成為貿易政策國際協調的一種補充。

二、貿易政策國際協調框架下中國應遵守的原則

中國積極參與經濟全球化，加入了世界貿易組織，並與多個區域經濟一體化組織、多個國家簽訂了貿易協定。貿易政策的協調和一致性是經貿合作順利進行的保障，因此，在貿易政策國際協調框架下，中國本著互利共贏、開放包容的原則，信守承諾，使中國的對外貿易政策與國際規範接軌，同時積極推動各層次的貿易談判，促進國際貿易規則的發展。

在世界貿易組織框架下，中國制定貿易政策必須遵守的主要原則是：一是非歧視性，即不應在貿易夥伴之間造成歧視，它們應該被平等地給予「最惠國待遇」，也不應在本國和外國的產品、服務或人員之間造成歧視，要給予其「國民待遇」；二是更自由的貿易，即通過談判不斷減少貿易壁壘，這些壁壘包括關稅、進口禁令或進口配額等

有選擇地限制數量的非關稅措施,以及繁文縟節、匯率政策等其他問題;三是可預見性,使外國公司、投資者和政府相信貿易壁壘不會隨意增加;四是促進公平競爭,不鼓勵「不公平的」做法,如為獲得市場份額而以低於成本的價格傾銷產品;五是鼓勵發展和經濟改革,給予欠發達國家更長的調整時間、更多的靈活性和特殊權利。

上述原則有利於維護世界貿易組織各個成員在國際貿易中的基本利益。作為世界貿易組織的成員,中國必然要協調國內的貿易政策,使之與世界貿易組織規則的要求一致。

三、世界貿易組織規則下中國的對外貿易政策協調工作

自入世以來,中國在開展對外貿易的過程中自覺適應世界貿易組織的基本原則和各項規則,積極開展對外貿易政策協調工作。

(一) 依照《中華人民共和國加入世界貿易組織議定書》要求所進行的貿易政策協調

2001年12月,中國簽署《中華人民共和國加入世界貿易組織議定書》[①] (下稱《議定書》),標誌著自此中國的對外貿易政策應遵循世界貿易組織規則,逐步修改中國對外貿易政策中與之相違背的條款,最終實現與世界貿易組織的要求完全一致。

《議定書》在貿易政策、貿易經營權、市場准入等方面都提出了逐步實現中國對外貿易政策與世界貿易組織原則完全一致的約定。如在貿易政策上,要求中國應以統一、公正和合理的方式適用和實施中央政府有關或影響貨物貿易、服務貿易、與貿易有關的知識產權或外匯管制的所有法律、法規及其他措施以及地方各級政府發布或適用的地方性法規、規章及其他措施。再如關於放寬貿易經營權方面,根據《議定書》第五條的規定,中國應逐步放寬貿易經營權的獲得及其範圍,以便在加入后三年內所有在中國註冊的企業均有權在中國的全部關稅領土內從事所有貨物的貿易。

因此,根據《議定書》的有關規定,中國進行了大規模的貿易政策修改和完善,其主要反應在:一是進口保護方面。降低和削弱進口保護的範圍,大幅度削減關稅,配額限制已不復存在,幾乎全部取消工業品的非關稅壁壘。二是出口促進方面。減少和削弱了政府鼓勵出口的貿易政策,如出口補貼、稅收優惠、金融政策等,並對出口傾銷進行管理和約束。三是市場准入。對於市場准入的關稅和非關稅門檻,中國已降低到接近國際水平,對入世前限制比較多的電信、銀行、保險、專業服務業等服務貿易行業也已按照入世承諾,實現投資自由化。

(二) 通過修訂《對外貿易法》所進行的貿易政策協調

中國加入世界貿易組織后,還從立法上修訂和協調了與國際多邊貿易原則相違背的政策法規。2004年,中國從三個方面對《對外貿易法》中進行了修訂:一是修改《對外貿易法》與中國入世承諾和世貿組織規則不相符的內容;二是根據中國入世承諾和世貿組織規則,規定了中國享受世貿組織成員權利的實施機制和程序;三是修改了

[①] 中國政府網.國務院公報:關於中華人民共和國加入的決定. http://www.gov.cn/gongbao/content/2002/content_63360.htm.

中國對外貿易健康發展與公平貿易的要求。①中國修訂《對外貿易法》所實現的貿易政策國際協調突出體現在以下兩個方面：

1. 維護貿易秩序公平的政策協調

針對世界貿易組織體制下「公平貿易」的重要原則，新修訂的《對外貿易法》對「對外貿易秩序」條款做了詳細規定，專門就違反法律、危害對外貿易秩序的「壟斷行為」「不正當的低價銷售」「串通投標」「虛假廣告」等行為採取列舉方式，做出具體規定；還將偽造、變造、買賣各種證明文件、走私以及逃避法律、法規規定的認證、檢驗、檢疫等違法行為的法律條文修改、制定得更具可操作性和針對性，並規定對外貿易主管部門對上述違法行為者應向社會公告，從而有利於約束對外貿易經營者，使其自覺維護公平的市場秩序。通過修訂《對外貿易法》，使中國的貿易政策與世貿組織的「公平貿易」原則有了很好的一致性和協調性。

2. 與貿易相關的知識產權保護的政策協調

世界貿易組織的知識產權制度強調要充分有效地保護知識產權。中國政府承諾自加入世貿組織時起，將全面實施《與貿易有關的知識產權協議》。中國政府按照國際慣例和世貿組織要求修訂《對外貿易法》的有關規定，是履行入世承諾的義務，也使中國的對外貿易政策與國際規則更加接軌，對中國的國際貿易發展有很大的促進作用。

在新修訂的《對外貿易法》中，明確規定了中國對知識產權的保護採用對等原則，例如中國遵循 WTO 的基本原則——國民待遇原則在與貿易有關的知識產權保護領域的運用，當中國擁有自主知識產權、自創品牌以及高附加值的出口商品在進口國獲得了國民待遇原則的保護時，中國也相應地給予對方國家的知識產權國民待遇原則的保護。同時，新修訂的《對外貿易法》還規定禁止知識產權權利人濫用其權利，破壞公平競爭的貿易環境。

(三) 通過加強貿易政策合規工作而進行的政策協調

自入世以來，中國的貿易政策合規工作不斷加強。2014 年，針對美國、歐盟等各方對中國戰略新興產業政策、服務貿易市場准入、與貿易相關的投資措施等貿易政策問題的關注，為加快構建開放型經濟新體制，堅持世界貿易體制規則，國務院專門制定了《貿易政策合規工作實施辦法》，要求各部門、各地方政府清理和修改其制定的有關或影響貨物貿易、服務貿易以及與貿易有關的知識產權的規章、規範性文件和其他政策措施，使之與《世界貿易組織協定》及其附件和后續協定、《中華人民共和國加入世界貿易組織議定書》和《中國加入世界貿易組織工作組報告書》等條款和要求協調一致。

在實施辦法中，明確列舉了三大類 25 項可能影響貿易的政策措施。第一類是直接影響進口的政策措施，涉及關稅、海關程序與估價和原產地規則、影響進口的間接稅、進口禁令和許可、國營貿易、貿易救濟、標準和其他技術要求、與進口有關的融資政

---

① 中華人民共和國商務部中華人民共和國對外貿易法網頁專題. http://www.mofcom.gov.cn/article/zt_dwmyf/subjectb/200612/20061204078311.shtml.

策等 8 項具體的政策措施；第二類是關於直接影響出口的政策措施，包括出口稅、出口退稅、加工貿易稅收減讓、出口禁止與限制和許可、國營貿易、與出口有關的融資與保險和擔保政策、促進和營銷支持措施共 7 項；第三類是其他影響貿易的政策措施，涵蓋了稅收優惠、補貼、價格管制、競爭政策、消費者保護政策、與貿易相關的產業政策、投資政策、知識產權政策、與服務部門市場准入和國民待遇有關的政策，等等。上述政策措施按合規工作實施辦法均要與世界貿易組織規則協調一致。

同時，國務院還要求各部門在今后擬定貿易政策的過程中進行合規性評估，凡涉及與《世界貿易組織協定》等國際經貿條約、協定之間銜接的或可能對貿易產生重要影響的經貿政策的發布都應報送商務部進行合規審查，並高度重視貿易政策合規工作，不斷提高國際貿易規則意識，加大幹部國際貿易規則培訓力度。

隨著中國日益重視宏觀經濟政策的國際協調並不斷深入開展貿易政策合規工作，隨著中國更加積極主動地參與全球的經濟治理，不斷提高在國際經濟貿易規則制定中的地位，中國將根據社會主義市場經濟制度和世界貿易組織及區域性經濟貿易合作的要求，不斷推進對外貿易自由化進程，不斷增強對外貿易政策與國際經濟貿易規則的一致性。

本章小結

1. 對外貿易政策是各國在一定時期對進出口貿易進行管理的原則、方針和措施及手段的總稱，是一國政府在其社會經濟發展戰略的總目標下，運用經濟、法律和行政手段，對對外貿易活動進行有組織的管理和調節的行為。中國制定對外貿易政策的宗旨是借助國際市場和全球資源，提高中國生產力，實現經濟增長，達到經濟的內外平衡，促進經濟穩定健康發展；同時加強和完善中國的經濟體制和貿易體制，積極參與經濟全球化，獲取良好的國際經濟環境。

2. 中國對外貿易政策的發展經歷了幾個時期：一是高度集中的計劃經濟時期（1949—1978 年）；二是有計劃的商品經濟時期（1979—1991 年）；三是社會主義市場經濟體制構建時期（1992—2001 年）；四是社會主義市場經濟體制下的商品經濟時期（2002 年至今）。中國經濟發展時期不同，其對外貿易政策的導向也發生著轉變，因此中國的對外貿易政策經歷了封閉式保護貿易政策→開放式貿易保護政策→有貿易自由化傾向的過渡型貿易政策→有管理的貿易自由化政策的演變過程。

3. 中國在制定對外貿易政策的同時，積極參與國際經濟和國際貿易的多邊和區域談判，參與了多個多邊和雙邊貿易協定的制定，把中國的對外貿易政策與參與的多邊和雙邊貿易政策統一和協調起來，不斷修訂和完善中國的對外貿易政策體系，使之適應國際經濟和國際貿易的大環境。

4. 中國對外貿易政策的核心內容主要是圍繞貨物貿易而制定的，這和中國經濟與貿易的發展一脈相承。改革開放 30 多年來，中國貨物貿易的政策導向對中國商品貿易的出口和經濟的快速增長起到了極大的推動作用。進入 21 世紀以來，中國經濟及貿易

增長方式逐漸轉變，中國的服務貿易和技術貿易獲得了快速發展，服務貿易和技術貿易政策的制定成為今後中國對外貿易政策的重點和核心。如何促進中國服務貿易和技術貿易的大力開展是制定服務和技術貿易政策的重要研究課題。

思考題

1. 解釋對外貿易政策的內涵和類型，並分析貿易政策對經濟的影響。
2. 簡要闡述中國對外貿易政策發展的主要歷程及政策內容。
3. 中國貨物貿易政策的具體措施有哪些？它對中國商品貿易發展有什麼重要作用？
4. 比較中國貨物貿易、服務貿易和技術貿易的政策內容和作用。
5. 分析多邊貿易體制和區域貿易安排機制下的貿易政策國際協調。

案例分析

據不完全統計，自2015年8月下旬以來，巴基斯坦、美國、土耳其、馬來西亞等多個國家，分別對產於中國的鍍鋅卷板、冷軋鋼板、冷軋不銹鋼、冷軋卷發起了反傾銷和反補貼調查。歐盟委員會8月27日對原產於中國大陸及臺灣地區的冷軋不銹鋼扁平材徵收反傾銷稅做出終裁，其中，對中國大陸資源徵收稅率為24.4%～25.3%。事實上，除了上述已經正式開始調查的案件之外，還有多個已經提交申請或正在準備中的案件。海關數據顯示，今年1～7月份，中國累計出口鋼材6,213萬噸，同比上升26.6%，但以人民幣計算的出口額卻下跌了2.6%，只有2,319億元，去年同期為2,380億元。據瞭解，目前東盟鋼鐵協會已要求中國提高鋼鐵出口關稅。中鋼協人士表示，未來在出口政策環節上，中國鋼鐵業將面臨非常大的不確定性。「無論是進出口關稅，還是進出口退稅，都有可能迎來一輪新調整，而且這種調整從範圍到力度都會超出市場的預期，這對今年下半年或明年的鋼材出口會有很大的衝擊。」分析師表示，目前國內鋼材市場需求不振，價格持續低迷，若出口市場的限制因素也增多，鋼鐵行業需求的減少將非常明顯，這會加快鋼鐵行業的洗牌。

（資料來源：本報記者．國內鋼鐵出口政策面臨調整［N］．期貨日報，2015-09-07）

問題：

1. 什麼是WTO原則下的「公平貿易」？WTO確定「傾銷」損害的標準是什麼？如何徵收反傾銷稅？
2. 試分析中國出口商品貿易政策制定與國際貿易政策協調的關係。

第七章　中國的貿易便利化舉措

內容簡介

本章介紹貿易便利化的內涵以及各國際組織框架下貿易便利化的內容；通過跟蹤世界貿易組織談判的最新進程，介紹「巴厘一攬子協議」中的《貿易便利化協議》的基本內容；梳理 1949 年以來中國貿易便利化進程與措施，並對中國海關管理中的貿易便利化舉措以及制度創新——上海自由貿易試驗區的貿易便利化設計予以分析；最后基於國內立法、大通關協作機制、國際合作三個方面探討中國提升貿易便利化效應的路徑。

關鍵詞

貿易便利化；中國貿易便利化進程；海關管理；中國（上海）自由貿易試驗區

學習目標

1. 理解並掌握貿易便利化的內涵；
2. 熟悉《貿易便利化協議》的基本內容；
3. 瞭解中國貿易便利化進程；
4. 掌握中國海關管理中的貿易便利化舉措，並能運用基本知識分析上海自貿區貿易便利化措施案例。

案例導讀

2014 年 12 月 25 日，湖北武漢東湖高新區宣布出抬促進擴大開放的一系列舉措，對企業落戶、出口、物流、場地、平臺和市場開拓等方面給予支持，推進先行先試貿易便利化改革。這項改革實施后，東湖高新區通關時間縮短 2/3，企業通關成本減少 1/4。東湖高新區貿易便利化改革含 35 項任務，圍繞東湖綜合保稅區展開，今年已啓動 7 項。作為武漢申報內陸自貿區的核心組成部分，東湖保稅區已快速複製了上海自貿區 9 條貿易監管措施中的 8 條。這是東湖綜合保稅區繼前期開展「分送集報」「無紙化通關」等業務后，再次大膽創新，對接貿易新規則。目前，武漢東湖綜合保稅區為提升貿易便利化，已聯合武漢海關推行了 13 項監管制度，包括批次進出，集中申報；智能卡口驗放；先進區、后報關；保稅展示交易；跨境電商零售出口等。

（資料來源：李墨. 東湖高新區啓動貿易便利化改革 [N]. 湖北日報，2014-12-26）

第一節　貿易便利化概述

一、貿易便利化的內涵

「便利化」一詞，來源於拉丁文 Facililis，意指「簡易」「方便」「便利」。「貿易便利化」這一概念最早出現於1923年的國際聯盟會議上，當時與會學者已經認識到繁瑣的通關程序和大量重複的單證製作對國際貿易產生的妨礙作用。

（一）貿易便利化的定義

貿易便利化的基本精神是簡化和協調貿易程序，加速要素跨境流通。貿易便利化最初僅指貨物流動所涉及的港口、物流的改善或者如何更有效率地實施跨境貿易所需的各種程序。近年來，隨著社會和科技的發展，貿易便利化的概念有了新的擴展，它又包括了進行貿易所涉及的環境因素，這些環境因素具體指的是政府管理的透明度和專業化程度、監管環境以及與國際或地區標準的一致程度。最近，由於新科技尤其是網路信息技術在國際貿易中的廣泛應用，貿易便利化的範疇也已涵蓋電子商務方面的內容。

綜合各國際組織對貿易便利化的解釋（見表7.1），所謂貿易便利化是指對妨礙國際貿易的行政管理措施和手續進行簡化，旨在為國際貿易活動創造一種協調、透明和可預見的環境。它以國際公認的標準和慣例為基礎，涉及各種海關手續和程序的簡化、基礎設施和設備的標準化以及法律法規的協調。

表7.1　　　　　　　　　各國際組織對貿易便利化的定義

組織名稱	關於貿易便利化的定義
世界貿易組織和聯合國貿易與發展會議（WTO and UNCTAD）	貿易便利化是指國際貿易程序（包括國際貨物貿易流動所需要的收集、提供、溝通及處理數據的活動、做法和手續）的簡化和協調。
經濟合作與發展組織（OECD）	貿易便利化主要指在國際移動貨物以及買方向賣方付款所需的信息流及相關程序的簡化和標準化。
聯合國歐洲經濟委員會（UN/ECE）	貿易便利化是指通過全面的和綜合的方法來降低貿易交易過程的複雜性及交易成本，確保進行貿易便利化的行為是建立在國際廣泛接受的標準、規範以及最優方法的基礎之上，並且這些行為是有效率的、透明的和可以預見的，為國際貿易創造一個簡化的、協調的、透明的、可預見的環境。
亞太經合組織（APEC）	貿易便利化是指那些能夠幫助成員提高專業知識、降低成本和更好地促進商品與服務流動的技術和技巧的使用（1999年的定義）。
亞太經合組織（APEC）	貿易便利化通常是指通過簡化程序、協調標準、使用新技術和其他的方法來降低或減少程序和管理上阻礙貿易的措施（2002年的定義）。

資料來源：根據2002年世界銀行的研究報告 *Trade Facilitation: A Development Perspective in the Asia Pacific Region* 第14頁編譯。

（二）世界貿易組織貿易便利化談判的進程

貿易便利化最初不屬於全球多邊貿易體制談判範圍，其最重要的討論場所是世界海關組織；1996 年，世界貿易組織新加坡部長級會議的宣言中包含了就有關簡化貿易程序「進行探索和分析」的字眼；2001 年世界貿易組織多哈部長級會議上，經過激烈爭論，最終在部長宣言中明確提出，在加強貿易便利化領域的技術援助和能力建設的前提下開始談判；2004 年 7 月底，世界貿易組織總理事會通過了《多哈工作計劃》，就貿易便利化的談判模式達成了框架協議，要求主要就《1994 年關稅與貿易總協定》[①]第五條「過境自由」、第八條「進出口規費和手續」、第十條「貿易法規的公布和實施」規定的主要義務進行談判。隨後貿易便利化談判小組成立，談判正式啓動。

二、國際組織框架下的貿易便利化規則

截至 2015 年年底，包括世界貿易組織、世界海關組織、經合組織、聯合國貿發會議、亞太經合組織、上海合作組織等國際組織在貿易便利化方面都逐漸建立起了各自的相關準則，這些準則整體上相輔相成，共同促進全球範圍內貿易便利化的健康平穩發展。

（一）世界貿易組織框架下的貿易便利化

1.《貿易便利化協議》的主要內容

世界貿易組織是達成貿易便利化協議最理想的平臺，但世界貿易組織協議的存在必須要以現存的國際條約為前提。2014 年 11 月 27 日，世界貿易組織批准了有關落實《貿易便利化協議》的議定書，這是世界貿易組織成立 19 年來正式達成的首份全球性貿易便利化協議。

（1）各成員在貿易便利化領域的普遍義務

《貿易便利化協議》的主要目的是澄清和改善《1994 年關稅與貿易總協定》第五條、第八條、第十條的有關規則，以進一步加快貨物包括過境貨物的流動、放行和清關，並給予發展中成員與最不發達成員特殊和差別待遇。協議的主要內容將成為各成員在貿易便利化領域的普遍義務。

①信息的公布與獲得

每一成員應迅速公布以下有關信息：進口、出口和過境程序及需要的表格和單證，相關關稅和國內稅率，相關費用，海關產品歸類或估價規定，與原產地規則相關的法規，有關限制或禁止的規定，懲罰規定，申訴程序，與他國締結的進口、出口或過境協定，關稅配額管理程序等。各成員還應酌情通過互聯網提供以下信息：進口、出口和過境程序說明，需要的表格和單證，諮詢點的聯絡信息等。

[①] 1994 年關稅與貿易總協定（GATT 1994）. http：//search. wto. org/search？q＝GATT%281994%29&site＝English_ website&client＝english_ frontend&proxystylesheet＝english_ frontend&output＝xml_ no_ dtd&numgm＝5&proxyreload＝1&ie＝ISO－8859－1&oe＝ISO－8859－1.

②評論機會、生效前信息及磋商

每一成員應向貿易商提供機會以便其對貨物流動、放行和結關的擬議或修正法規進行評論；保證貨物流動、放行和結關的新立或修正法規在生效前盡早公布；酌情規定邊境機構與貿易商定期磋商。

③ 預裁定

預裁定指一成員在貨物進口前向申請人提供的在貨物進口時關於貨物稅則歸類及原產地等事項的待遇的書面決定。每一成員應至少公布申請預裁定的要求、做出預裁定的時限及預裁定的有效期。

④ 上訴或審查程序

每一成員應規定海關所做行政決定針對的任何人在該成員領土內有權提出行政申訴或復議，或提出司法審查。各成員應保證其行政復議或司法審查程序以非歧視的方式進行。每一成員應保證提供做出行政決定的充分正當理由，以便使其在必要時提出復議或審查。

⑤ 增強公正性、非歧視性及透明度的其他措施

這包括一成員為保護其領土內人類、動物或植物的生命健康，可酌情發布增強對食品、飲料或飼料邊境監管的通知；如進口貨物被扣留，成員應迅速通知承運商或進口商；首次檢驗結果不利時，可第二次檢驗並酌情接受第二次檢驗結果。

⑥ 關於對進出口徵收或與進出口相關的規費和費用的紀律

一般紀律指規費和費用、徵收原因、主管機關及支付時間和方式應予以公布；特定紀律指海關服務的規費和費用應限定在服務成本以內且不得與特定進口或出口相關聯；處罰紀律指一成員的海關針對違反其海關法律、法規或程序性要求而做出的處罰。

⑦ 貨物放行與清關

每一成員應允許提交包括艙單在內的進口單證和其他必要信息，以便在貨物抵達前開始處理；允許電子支付關稅、國內稅、規費和費用；在滿足提供擔保等管理要求的情況下，允許在關稅、國內稅、規費和費用最終確定前放行貨物；每一成員應盡可能設立為海關監管目的的風險管理制度；每一成員應設立后續稽查以保證海關及其他相關法律法規得以被遵守；鼓勵各成員定期並以一致方式測算和公布其貨物平均放行時間；每一成員應為授權經營者提供與進口、出口和過境相關的額外的貿易便利化措施；每一成員應允許對申請人快速放行通過航空貨運設施入境的貨物；為防止易腐貨物損壞或變質，每一成員應規定對易腐貨物在最短時間內放行並在適當的例外情況下允許在工作時間之外放行。

⑧ 邊境機構合作

每一成員應保證其負責邊境管制和貨物進口、出口及過境程序的主管機關相互合作並協調，以便利貿易；各成員應與擁有共同邊界的其他成員根據共同議定的條款進行合作，以協調跨境程序，便利跨境貿易。

⑨ 受海關監管的進境貨物的移動

在滿足所有管理要求的情況下，每一成員應允許進境貨物在其領土內、在海關監管下從入境地海關移至予以放行或結關的其領土內另一海關。

⑩ 與進口、出口和過境相關的手續

每一成員應保證進口、出口及過境手續和單證以貨物快速放行和清關為目的，以減少貿易商守法時間和成本的方式通過，選擇對貿易限制最小的措施；每一成員應酌情努力接受進口、出口及過境證明單證的紙質或電子副本；鼓勵各成員使用或部分使用國際標準作為其進口、出口及過境手續和程序的依據；各成員應努力建立單一窗口，使貿易商通過與主管機構的單一接入點提交進口、出口及過境的單證或數據要求；成員不得要求使用與稅則歸類和海關估價有關的裝運前檢驗；各成員不得強制使用報關代理；每一成員應在其全部領土內對貨物放行和結關適用共同海關程序和統一單證要求；如擬進境貨物因未滿足衛生或技術法規被一成員主管機關拒絕，允許進口商重新托運或退運至出口商；貨物為特定目的運入關稅區復出口，除正常折舊未發生任何變化，全部或部分免除進口關稅和國內稅；貨物出口加工復進口，全部或部分免除進口關稅和國內稅；貨物進口加工復出口，全部或部分免除進口關稅和國內稅或退稅。

⑪ 過境自由

過境法規不得對過境運輸構成變相限制；不得對過境徵收費用，但運費、行政費用或服務費用除外；各成員不得對過境採取任何自願限制；每一成員應給予從其他成員領土過境的產品不低於此類產品不需過境應享受的待遇；鼓勵各成員為過境運輸提供實際分開的基礎設施；過境手續和單證要求及海關監管最多為保證確定貨物及符合過境要求；貨物被送入過境程序，自一成員領土內始發地啓運，不必支付任何海關費用或受到不必要的延遲或限制，直至在該成員領土內目的地結束過境過程；各成員不得對過境貨物適用《技術性貿易壁壘協定》範圍內的技術法規和合格評定程序；各成員應允許並規定貨物抵達前過境單證和數據提前提交和處理；過境運輸抵達該成員領土內出境地點海關，如符合過境要求，該海關應立即結束過境操作；擔保僅限於為保證過境運輸所產生的要求得以滿足，允許為同一經營者的多筆交易提供總擔保或為後續貨物對擔保予以展期，使公眾獲得其用於設定擔保的相關信息，存在高風險的情況下可使用海關押運或海關護送；各成員應努力相互合作和協調以增強過境自由；每一成員應努力指定一個過境協調機構，進口商可向該機構提出諮詢和建議。

⑫ 海關合作

鼓勵貿易商自願守法並對違法實施嚴厲措施，鼓勵各成員分享遵守海關規定的最佳實踐信息，為管理守法措施在能力建設方面的技術指導或援助開展合作；每一成員對進口或出口申報信息的請求要嚴格保密，並考慮答覆信息對被請求成員資源和成本的影響。

⑬ 機構安排

世貿組織設立貿易便利化委員會，對所有成員開放，每年至少舉行一次會議，以給予成員就有關協定的運用或促進其目標實現的任何事項進行磋商的機會，並與貿易便利化領域中的其他國際組織保持密切聯繫；每一成員應建立一個國家貿易便利化委員會或指定一個現有機制以促進國內協調和協定條款的實施。

（2）給予發展中成員和最不發達成員的特殊和差別待遇

世界貿易組織成員應向發展中成員和最不發達成員提供能力建設援助，實施《貿

易便利化協議》條款的程度和時限應與發展中成員和最不發達成員的實施能力相關聯。僅要求最不發達成員做出與其各自發展、財政和貿易需求或其管理和機構能力相一致的承諾。

具體條款共分三類：第一類是發展中或最不發達成員指定的自協議生效時起即實施的條款，或對於最不發達成員在協議生效後1年內實施的條款。第二類是發展中或最不發達成員指定的在協議生效後至過渡期結束的日期起實施的條款。第三類是發展中或最不發達成員指定的在協議生效後至過渡期結束的日期起實施的、同時要求通過提供能力建設援助和支持以獲得實施能力的條款。

2. 世界貿易組織框架下其他貿易便利化規則

在此版本《貿易便利化協議》之前，世界貿易組織並沒有專門關於貿易便利化的協議和協定，有關貿易便利化的條款除前述《1994年關稅與貿易總協定》的內容外，其餘主要分散在幾個協定中（見表7.2）。

表7.2　　　　　　　　世界貿易組織有關貿易便利化的協議

來源	具體規定
《海關估價協定》	海關估價
《原產地規則協定》	原產地規則
《進出口許可程序協定》	進口許可
《裝運前檢驗協定》	裝運前檢驗程序
《技術性貿易壁壘協定》	技術標準規則
《實施動植物衛生檢疫措施協定》	動植物衛生檢疫措施
《與貿易有關的知識產權協定》	與邊境措施相關的特殊要求

(1)《海關估價協定》[①] 分析

海關估價最原始的作用和最基本的用途是海關徵收關稅工作的一項重要工作程序，體現著本國的經濟政策和外貿政策，可以成為貫徹本國經濟政策的一種手段。

但是，從國際貿易自由化和便利化的要求來看，海關估價被濫用可以成為一種非關稅壁壘。在世界貿易組織約束了成員國的關稅稅率的情況下，有些國家利用海關估價制度本身，如設置複雜的手續等，也可以起到阻礙進口的作用。《海關估價協定》通過對海關估價方法等的規範，對促進貿易便利化和自由化具有重要意義。

(2)《原產地規則協定》分析

世界貿易組織的《原產地規則協定》是第一個關於原產地規則的多邊協定，它要求成員方保證各自的原產地規則必須是透明的，並且不會對國際貿易產生扭曲、限制和其他不良影響。該協定的長遠目標是協調各種原產地規則，方向是在將來可能的情況下實現世界範圍內的原產地規則統一，而不僅僅限於那些給予關稅優惠的有關規則。

---

① 海關估價（Customs Valuation）是指一國或地區的海關為執行關稅政策和對外貿易政策的需要，根據法定的價格標準和程序，對進出口貨物確定完稅價格的方法和程序。

《原產地規則協定》促進了國際貿易的進一步自由化和便利化。

(3)《裝船前檢驗協定》分析

裝船前檢驗措施的目的是防止商業詐欺,防止逃避關稅,保護本國經濟利益而被許多國家廣泛採取的一項措施,但是這項措施很容易引起增加交易成本、延長通關時間等問題而成了一種貿易壁壘。《裝船前檢驗協定》對減少貿易壁壘、推動貿易便利化有重要的促進作用。

除上述協定外,世界貿易組織的《進出口許可程序協定》《技術性貿易壁壘協定》《技術標準規則》《實施動植物衛生檢疫措施協定》《動植物衛生檢疫措施》《與貿易有關的知識產權協定》等,都包含了與貿易便利化相關的條款。

(二) 世界海關組織與貿易便利化

在歐洲國際商會的倡議和國聯的主持下,1923年產生了《關於簡化海關手續的國際公約》,但由於參加國家不多,其影響十分微弱,貿易便利化進程緩慢。海關合作理事會成立后,在簡化和協調各國海關業務制度、便利國際貿易發展方面做了大量工作。它在調查和研究的基礎上,對各國海關的業務制度進行分析對比研究,然后草擬公約和建議書供各國採用。到目前為止,可供各國政府簽署加入的海關公約共計14個、建議書49個。其中,《商品名稱與編碼協調制度的國際公約》和《關於簡化及協調海關制度的國際公約》尤其值得一提。

長期以來,國際社會都在為缺乏一個系統、科學且具有國際通用性的商品歸類目錄而苦惱。為此,海關合作理事會於1970年專門成立研究小組,組織多國和國際組織協同進行編製工作。經過13年的努力,一部完整、系統、通用、準確的國際貿易商品分類體系——《商品名稱與編碼協調制度的國際公約》及其附件——最終於1983年6月在海關合作理事會第61/62屆會議上通過。該公約是國際上多個商品分類目錄協調的產物,是各國專家長期努力的結晶,其最大的特點就是通過協調,適合於國際貿易各個方面的需要。可以說,該公約是海關合作理事會對國際貿易便利化做出的最大貢獻之一。

為了充分利用新的信息技術和現代化報關通關技術設備,加快貨物、人員以及運輸工具的進出境過程,世界海關組織決定對《關於簡化與協調海關制度的國際公約》[①]進行修改。經過4年多的努力,修改后的公約文本於1999年6月在海關合作理事會通過。這次大規模的修訂,是世界海關組織為在全球範圍內實現各成員國海關手續簡化、協調、統一和透明做出的極大努力,也是世界海關組織為促進貿易便利化而進一步完善海關制度的結果。修訂后的公約已於2003年2月3日生效,並將成為21世紀世界各國海關共同遵守的規則。

除了以上兩個公約,在世界海關組織制定的公約中,與促進貿易便利化相關的還有《海關商品估價公約》《關於貨物國際轉運海關公約》《關於展覽會、交易會、會議

[①] 因其1973年5月18日簽署於日本京都,故通常稱其為《京都公約》。該公約全面、系統且有重點地協調規範了海關業務的各項制度,被公認為國際海關領域的基礎性公約,是當今世界上唯一的全面規定海關基本手續標準、集世界各國海關先進管理制度之大成的國際性法律文件。

及類似事項中陳列和需用的物品進口便利的海關公約》《關於貨物憑 A. T. A. 報關單證手冊暫準進口的海關公約》等十餘個公約。這些公約的內容涉及多個領域內和多種情形下的通關便利化，為促進貿易便利化的發展發揮了重要作用。

(三) 經濟合作與發展組織與貿易便利化

經濟合作與發展組織在貿易便利化的道路上也做了很多努力，最主要的是該組織編製了「貿易便利化系列指標」，使得各國對於貿易便利化有了一個量化的指標體系。2013 年 5 月 3 日，經濟合作與發展組織發布了《經濟合作與發展組織貿易便利化指標》，指出簡化多邊貿易協定將有效降低貿易成本，推動全球經濟發展。2014 年 5 月經濟合作與發展組織代表 Silvia Sorescu 女士在第 18 屆中國東西部合作與投資貿易洽談會暨絲綢之路國際博覽會「通關便利化論壇」上表示，相對於法律監管、機構設立、基礎設施投資、人才培訓而言，有效的單據及流程等創新手段，將以更小成本的方式服務於貿易便利化。

(四) 聯合國貿易與發展會議與貿易便利化

聯合國貿易與發展會議將貿易便利化視為三大核心工作之一。從 1970 年開始，聯合國貿易與發展會議便開始開展貿易便利化工作，希望通過一些項目的實施幫助發展中國家提高貿易效率，重點領域包括海關、運輸、電子商務等。具體包括在世界各國搭建信息橋樑，為發展中國家政府與企業提供一流的貿易促進服務，在海關、港口和貨運自動化信息管理方面提供技術援助。

鑒於海關與港口在整個貿易中的重要作用，聯合國貿易與發展會議開發了海關信息自動化系統，通過運用信息技術和簡化海關單據和程序加快清關速度，實現關稅徵收自動化，提供及時可靠的貿易和稅收統計。此外，聯合國貿易與發展會議還開發了旨在提高運輸效率的貨物預報信息系統，其通過跟蹤以多種形式運輸以及位於港口和內地關站的運輸設備，在貨物抵達之前預先提供信息，解決多式聯運貨物跨境運輸工具和貨物的跟蹤問題，提高貨運部門的透明度與效率。

(五) 亞太經濟合作組織與貿易便利化

自從 1989 年亞太經濟合作組織成立以來，貿易便利化就成為其議程的重要組成部分。亞太經合組織歷次領導人宣言都強調貿易便利化的重要性，並且該議程已經逐步發展成熟，日益擴展到其他領域。亞太經濟合作組織沒有指定單獨的貿易便利化原則，而是採用了與投資自由化相同的一般性原則。其內容主要包括以下幾個方面：全面性原則、可比性原則、非歧視性原則、透明度原則、維持現狀原則、靈活性原則、合作原則。

另外，推進亞太經濟合作組織貿易便利化的機制主要包括單邊行動計劃、集體行動計劃及二者的有機結合。與推動自由化機制不同之處在於，亞太經濟合作組織在開展貿易便利化活動中最主要的促進機制是集體行動計劃，而不是單邊行動計劃。便利化內容不是靠單邊行動計劃所能完成的，而是必須通過各成員體共同投入才能完成。

（六）上海合作組織與貿易便利化

2001年9月，上海合作組織會議將啓動貿易和投資便利化進程作為該組織開展區域經濟合作的重要任務，並於2003年正式啓動貿易投資便利化進程，成立了海關商檢電子商務投資促進和發展過境潛力五個專業工作組，分別由俄、哈、中、塔、烏五國牽頭。同年，批准了上海合作組織多邊經貿合作綱要，上海合作組織成員共同努力制定穩定的可預見和透明的規則和程序，在組織框架內實施貿易投資便利化。2004年9月，經貿部長第三次會議商定了《〈上海合作組織多邊經貿合作綱要〉實施措施計劃》。

三、貿易便利化的效應

（一）貿易便利化的收益與成本

1. 貿易便利化的收益

貿易便利化是國際社會共同的呼聲，順應了國際社會對貿易便利化的需求。可以預見，短期內發達國家和發展中國家的貿易大國會利用世界貿易組織繼續尋求在貿易便利化問題上妥協與合作的空間，同時也必將促進區域經濟合作的進一步開展，最終在全球範圍內建立促進貨物快捷、順暢流動的貿易便利化規則體系。貿易便利規則體系一旦達成，雖然發展中成員會承擔一些新的義務，但建立良好的多邊貿易便利規範無疑會有助於其自身的經貿發展，對全球貿易的發展也必將會起到積極的促進作用。

2. 貿易便利化的成本

由於貿易便利化改革對改革實施方的進口和出口影響並不均衡，因而實施國對貿易便利化改革的貿易平衡影回應該慎重考慮，有益的選擇是通過雙邊或多邊的方式共同實施、共同受益，同時還可以削弱貿易平衡方面的不利影響。但目前貿易便利化的實施成本研究還只是指導性的，不能幫助發展中國家消除改革成本方面的顧慮。

（二）貿易便利化的經濟影響

1. 貿易便利化與貿易

隨著全球一體化和經濟全球化進程的持續推進，國與國之間的貿易聯繫日益緊密，世界各國的經濟關係已從單純的進出口買賣關係演變到了勞務的輸出入、商品貿易、技術貿易、服務貿易多頭並進的新局面。貿易便利化的推行，宏觀層面上不僅有利於減少與消除要素跨境流動障礙、降低國際貿易交易的成本、減輕國際貿易複雜性，而且有利於加強各國經濟聯繫，促進世界各國廣泛開展貿易活動，推動世界總體生產力進一步提升。積極推進貿易便利化，微觀層面上有利於為企業營造一個高效、透明的貿易環境，提高勞動生產率與產品的國際化水平，增加企業經濟效益，增強企業在國際市場上的競爭力。同時，對外貿易的進一步發展也需要簡單、高效、便利、統一的貿易環境予以支撐。因此，貿易便利化與貿易兩者是相輔相成的關係。

2. 貿易便利化與外商直接投資

外商直接投資是一國的投資者跨國境投入資本或其他生產要素，以獲取或控制相

應的企業經營管理權為核心，以獲得利潤或稀缺生產要素為目的的投資活動。影響外商直接投資流向的因素主要有勞動力工資、市場規模、基礎設施、投資政策、集聚效應等多方面。其很大程度都是在強調貿易便利化的重要作用。因此，貿易便利化程度越高將會吸引到更多的外商直接投資，並通過技術外溢和集聚效應促進該國和地區相關產業和對外貿易的發展，進而增加地方就業、彌補自身資金不足、促進產業升級，增強經濟實力。因此，對外貿易能否在高效、高透明度和可預見的環境下進行，是外商直接投資時需要考慮的重要因素。

3. 貿易便利化與政府收益

隨著貿易便利化對對外貿易活動與對外直接投資吸引作用的增強，將緩解貿易國就業壓力，提升社會福利，增加政府稅收收入，增強國家宏觀調控能力，進而提高貿易國的綜合國力。同時，創造公平、高效、透明的貿易環境，不僅對一國對外貿易的發展起著重要作用，而且也在不斷推進貿易國改善法治水平，提高政府效率。通過建立一個良好的、嚴格的、公正的、統一標準的貿易便利化環境，為進出口商提供激勵與保護，減少因政府透明度低、賄賂公行、腐敗嚴重而造成的貿易和投資成本。

第二節　中國貿易便利化進程與措施

一、中國貿易便利化初步發展階段（1978—1992 年）

中國貿易便利化是在國家外貿體制改革的進程中逐步發展起來的。因 1978 年之前中國外貿體制為計劃經濟下的國家壟斷，貿易便利化概念尚未形成。1978 年改革開放后，伴隨著貿易經營權的逐漸放開、國際進出口貿易量的劇增，中國貿易便利化在逐步探索中發展。其標誌性成果有兩個：第一，中國海關自 1983 年開始研究《商品名稱及編碼協調制度》（以下簡稱《協調制度》），並參與了對《協調制度》的制定工作；1987 年，中國海關將《協調制度》譯成中文，並開始著手對原中國海關的稅則目錄和海關統計商品目錄根據《協調制度》進行轉換；1992 年 1 月 1 日，中國海關正式採用《協調制度》，使進出口商品歸類工作成為中國海關最早實現與國際接軌的執法項目之一。第二，海關 H883/EDI 電子通關係統成功開發並投入運行，是中國海關利用計算機對進出口貨物進行全面信息化管理，實現監管、徵稅、統計三大海關業務一體化管理的第一代綜合性信息利用項目。

在該階段，貿易便利化的其他進展主要有：

海關便利化法規方面，《海關關於轉關運輸貨物監管辦法》《關於簡化進出境旅客通關手續的公告》《海關對過境貨物監管辦法》等制度化文件逐步形成並實施，海關管理呈現規範化、簡便化趨勢。

建立保稅貨物「三位一體」的綜合管理體制。以保稅企業為監管單元的前期管理、現場監管、后續管理的一體化，其監管範圍主要是海運進口的保稅貨物、客供輔料、「三資」企業進出口貨物（含投資總額內減免稅貨物、「三資」進料、「三資」一般貿

易和外商自帶),從而克服了過去對「三資」企業的監管分兵把口、各管一段,現場與后續管理嚴重脫節的現象。

二、中國貿易便利化全面發展階段——以國際規則為導向(1993—2001 年)

伴隨著「復關」「入世」的進程,中國的貿易便利化改革開始以符合國際規則為導向,涉及國內管理的各個方面。

(一) 海關環境

1993 年 8 月 27 日,中國正式加入《關於貨物暫準進口的 ATA 通關單證冊海關公約》(簡稱 ATA 公約)、《關於貨物暫準進口公約》(簡稱伊斯坦布爾公約) 和《展覽會和交易會公約》,1998 年 1 月 1 日正式實施 ATA 單證冊制度。經國務院批准、海關總署授權,中國國際貿易促進委員會/中國國際商會是中國 ATA 單證冊的出證和擔保機構,負責中國 ATA 單證冊的簽發和擔保工作,為 ATA 單證冊持有人簡化通關手續、節約通關費用和時間,降低貿易風險。

1998 年,海關總署和外匯管理局按照國務院關於要加快銀行、外匯管理局和海關之間的計算機聯網,加強對報關單和外匯進出口核銷工作的管理,從源頭上防止騙匯、逃匯違法活動的發生的指示,聯合開發了「進口付匯報關單聯網核查系統」。由此推廣的口岸電子執法系統使企業只要通過互聯網,就可以在網上向海關、商檢、外貿、外匯、工商、稅務、銀行等國家行政管理機關申辦報關、出口退稅、結付匯和加工貿易備案等進出口手續,減少了企業直接到政府部門辦理業務的次數,節省了辦事時間,提高了貿易效率,從而真正實現了政府對企業的「一站式」服務。

(二) 政策制度環境

1. 法規

2000 年,《中華人民共和國海關法》經修訂后規定,「辦理進出口貨物的海關申報手續,應當採用紙質報關單和電子數據報關單的形式」,這樣就確立了電子數據的法律效力,即具有了合法性,這就為電子口岸的發展提供了重要的法律保障。隨后,電子口岸在全國得到推廣,企業從那時起便能夠通過互聯網辦理各種通關手續,成本與效率實現雙贏。

2001 年 1 月 1 日,新《海關法》開始實施,這為實行世界貿易組織規則及其他國際海關慣例,創造了立法條件,同時強化了對海關執法人員權力的監督制約。加入世界貿易組織后,中國通過修訂《對外貿易法》等舉措,使對外貿易經營者的權利和義務得到了更加完善的規範,同時根據世界貿易組織規則完善了海關監管,確立了統一、透明的對外貿易制度。自此,中國從多個方面啓動了與世界標準的對接,在所有地方海關都設立了海關公告牌和電話信息諮詢櫃臺,及時向進出口企業提供有效的業務諮詢服務。

2. 標準化

2001 年,國家質量技術監督局與國家出入境檢驗檢疫局合併,組建中華人民共和國國家質量監督檢驗檢疫總局,還成立了中國國家標準化管理委員會。為了使技術規

範和標準以及合格評定程序更好地符合世界貿易組織的要求，中國在與世界貿易組織《技術性貿易壁壘協議》和《實施動植物衛生檢疫措施協議》保持一致的基礎上，採取了一系列措施來移去標準一致化方面的壁壘。如：新制定的國家標準中60%以上採用國際標準，新制、修訂的國家計量規程中80%以上採用國際建議；開展合格評定相互認可；完善認可體系，加強人員培訓；提高透明度。[①]

3. 香港口岸

香港自1997年迴歸祖國，極大地帶動了大陸地區貿易便利化的發展。2003年6月29日，中央政府與香港特區政府簽署《內地與香港關於建立更緊密經貿關係的安排》，內容主要涵蓋貨物貿易、服務貿易和貿易便利化三個方面，宗旨是促進內地與香港經濟共同繁榮與發展。自該安排於2004年1月1日實施后的十年間，累計有71.61億美元受惠貨物進入中國內地，關稅優惠達39.83億元人民幣。[②]

三、中國貿易便利化深入發展階段——與國際貿易體制接軌，內外協調發展（2002—2015年）

這一階段，中國的貿易便利化改革最明顯的特徵是已經與國際貿易體制接軌、發展同步，政策變化的動力由單純的內生或者外生轉變為內外協調。隨著世界貿易組織《貿易便利化協議》的達成及中國正式接受該協議，中國在口岸綜合治理體系建設等方面將進一步與國際貿易體制接軌。

（一）海關環境

1. 口岸

2004年，區港聯動試點在東部沿海地區正式啓動，通過利用沿海港口和保稅區的優勢，加快貨物流動，提高貿易效率。其主要特點是：貨物境內外快速流動、保稅區港區營運一體化、海關嚴密高效監管。海關通過區域封閉化管理，實現園區管理網路化，實行海關、政府主管部門、銀行、企業和港口之間的電子聯網，做到信息共享。海關對貨物全方位、全過程有效監控，同時對區內企業建立以企業為單元的電子帳冊管理制度。這些措施有效地提高了海關的監管效率。

2013年9月29日中國（上海）自由貿易試驗區正式掛牌營運，力圖破除貿易壁壘，推進中國貿易自由化和便利化。中國（上海）自由貿易試驗區嘗試在整合口岸管理資源、實施單一窗口、簡化和協調進出口手續和單證、推進原產地規則便利化等方面有所突破，以系列貿易便利化制度建設為核心，推進自貿區貿易便利化進程。

2. 報關

為了提高進出口環境的公平透明度，中國海關在提高從業人員業務素質的基礎上，首先按照世界貿易組織規則完善了中國的關稅體系，審查和簡化了國際貿易的關稅和

[①] 1999年中國單邊行動計劃的主要內容［EB/OL］. http://news.xinhuanet.com/APEC2001/chinese/zgyAPEC/zgyAPEC042.htm, 2014-8-24

[②] CEPA實施十年 關稅優惠累計達40億人民幣［EB/OL］. http://tga.mofcom.gov.cn/article/am/201406/20140600644900.shtml, 2014-8-24

税金歸還程序。同時，2002年1月1日，中國海關進出口稅則和統計目錄開始採用世界海關組織制定並發布的2002年版《商品名稱及編碼協調制度》，並據此制定了《海關總署商品歸類決定》和高級分類管理體系的具體條例，以便進出口企業及其代理人瞭解進出口貨物的協調制度歸類、準確申報以及方便貨物通關、簡化海關程序。

在海關估價方面，2000年7月8日，中國把《東京回合》與《海關估價協定》[①]的原則方法寫入了《中華人民共和國海關法》，對進出口商品的完稅價格估算做出規定。2002年，中國海關在全關範圍內執行世界貿易組織《海關估價協定》。2004年1月1日實施的《中華人民共和國進出口關稅條例》對海關估價制度做了進一步調整，使中國的估價制度日趨完善。中國海關總署於2006年3月28日頒布了《中華人民共和國海關審定進出口貨物完稅價格辦法》，遵照協定的規定，列明了海關估定進出口貨物完稅價格的方法。

3. 原產地

2004年9月3日，為完善中國的非優惠性貿易原產地規則，中國政府頒布了《中華人民共和國進出口貨物原產地條例》，其中第三條規定：某貨物若完全是在一個國家或者地區生產、獲得的，則賦予該貨物在該國或者地區原產地資格；如果某貨物是在兩個或以上的國家或者地區共同或協同生產的，該貨物原產地的確定就以實質性改變為標準，完成該貨物最後實質性改變的國家或者地區便是該貨物的原產地。在此基礎上，2009年1月8日，中國海關頒布了《中華人民共和國海關進出口貨物優惠原產地管理規定》，針對優惠性原產地規則，適用於各種貿易優惠協定下進出口貨物原產地管理。

(二) 政策法規

中國在2008年4月1日起正式實施了《中華人民共和國海關企業分類管理辦法》，這是中國將風險管理應用於通關制度的重要一步，也是中國海關監管理念的重要轉變。該企業分類管理辦法適度吸收了分類通關制度的內容，為分類通關制度在中國的實施奠定了基礎。該企業分類管理辦法體現了由企及物的管理理念，通過事前預判、事中檢查、事後稽查的方式，通過管住企業以達到管住貨物的目的，同時按照守法便利原則，對適用不同管理類別的企業，制定相應的差別管理措施。

中國海關總署從2009年開始先後下發了關於分類通關的數個重要文件，包括《分類通關改革試點工作實施方案》《進口貨物分類通關改革試點方案》《深化分類通關改革工作方案》《推進分類通關改革實施方案》。這意味著分類通關制度已成為中國海關通關制度改革的重點，分類通關制度是構建中國海關大監管體系的重要載體。

2012年4月26日，商務部發出《對外貿易發展「十二五」規劃》，旨在提高對外貿易便利化水平，著重以下三個方面的工作：一是通過引導和推動政府管理部門實現信息聯網及共享，加強對出口退稅、出口信貸、出口信保、加工貿易等方面政策的宣

[①] 東京回合與海關估價協定（ACV協定）。東京回合的主要進展是提出了建立一個為各國接受的、形式統一、內容公平、中立於海關與商界之間的海關估價標準的建議，並指出「海關估價不應成為貿易的壁壘，應當禁止主觀武斷和虛構編造的價格在海關估價中出現，應與國際貿易現實協調相一致」。

傳，保障國際貿易供應鏈安全；二是穩步推進與原產地認證相關的貿易便利化進程，繼續推進「大通關」、地方電子口岸、中國電子檢驗檢疫建設，推行進出口貨物電子監管、直通放行、綠色通道等便利化措施；三是完善海關企業分類管理辦法，優化通關環境、提高通關效率，加強檢驗監管體系建設。

2013年7月26日，《國務院辦公廳關於促進進出口穩增長、調結構的若幹意見》要求提高貿易便利化水平，抓緊出抬「一次申報、一次查驗、一次放行」改革方案，分步在全國口岸實行。支持區域通關模式創新，繼續推進「屬地申報、口岸驗放」等便利措施。根據企業資信記錄和監管條件，制定便利通關辦法，提高海關查驗的針對性和有效性，加快通關速度。減少自動進口許可貨物種類，簡化申領程序，便利外貿企業，整頓進出口環節經營性收費，減少行政事業性收費。國家外匯管理局、中國國家出入境檢驗檢疫局、國家稅務總局和海關總署等部門聯合在外匯服務和管理、進出口貿易報檢、進出口免抵退稅和區域通關等領域開始進行具體改革。

2014年，國務院印發了《落實「三互」推進大通關建設改革方案》，指出要立足於更加積極主動的對外開放戰略，強化跨部門、跨區域的內陸沿海沿邊通關協作，完善口岸工作機制，實現口岸管理相關部門信息互換、監管互認、執法互助（簡稱「三互」），提高通關效率，確保國門安全。

（三）電子商務

自1998年3月中國第一筆互聯網交易成功以來，中國電子商務行業發展迅猛，產業規模迅速擴大。進入「十二五」以來，電子商務產業的發展被逐漸提升到國家戰略層面。2001年，中國成立了新的國務院信息化領導小組，進行電子商務的全面協調和對外交流，及時清除電子商務發展方面的障礙。2002年，電信增值服務領域的逐步放開給電子商務注入了巨大的能量。銀行、保險、運輸等行業的變化正在從不同的角度改善了電子商務發展的基礎環境。電子商務立法和電子商務政策的指導正取得突破性進展，從而從根本上改善了電子商務的政策法律環境，為中國電子商務的騰飛奠定了良好的法律基礎。

2013年，國家發改委促成多個部門出抬系列政策措施，從可信交易、移動支付、網路電子發票、商貿流通、物流配送5個方面支持電子商務發展。截止到2013年年底，中國電子商務市場交易規模達10.2萬億元，同比增長29.9%。[①]

第三節　中國海關管理與貿易便利化

一、中國海關管理概述

（一）中國海關管理的主體

《中華人民共和國海關法》（以下簡稱《海關法》）第二條明確規定：「中華人民

---

① 2013年度中國電子商務市場數據監測報告［EB/OL］. http://www.100ec.cn/zt/2013ndbg/，2014-8-24.

共和國海關是國家的進出關境（以下簡稱進出境）監督管理機關。」海關是海關管理的主體。根據《海關法》的規定，國務院設立海關總署，統一管理全國海關。國家在對外開放的口岸和海關監管業務集中的地點設立海關。海關的隸屬關係，不受行政區劃的限制。海關依法獨立行使職權，向海關總署負責。因此，海關管理主體的範疇既包括直接得到國務院授權和領導的海關總署，也包括受海關總署管理的各地海關和分關。

(二) 中國海關管理的客體

海關管理的客體是指海關管理的對象，包括進出境貨物、進出境物品、進出境運輸工具以及其他納入海關法管理範疇的對象。其中，進出境貨物是指過境、轉運、通運貨物，特定減免稅貨物，以及暫時進出口貨物、保稅貨物和其他尚未辦結海關手續的進出境貨物，是海關管理的主要對象。按貿易方式分類，進出境貨物分為一般貿易方式下的進出口貨物；特殊貿易方式下的成交貨物或進出境物資，含補償貿易、來料加工裝配貿易、進料加工貿易、寄售代銷貿易、邊境小額貿易、加工貿易進口設備、對外承包工程出口貨物、租賃貿易、外商投資企業作為投資進口的設備/物品、出口加工區進口設備、出料加工貿易、易貨貿易等；免稅、保稅商品，包括免稅外匯商品、保稅倉庫進出境貨物、保稅區倉儲轉口貨物等。

(三) 中國海關管理的基本任務

《海關法》規定：海關依照《海關法》和其他有關法律、行政法規，監管進出境的運輸工具、貨物、行李物品、郵遞物品和其他物品，徵收關稅和其他稅、費，查緝走私，並編製海關統計和辦理其他海關業務。因此，中國海關管理的基本任務可劃分為四個部分：監管通關貨物、物品和運輸工具，徵收關稅和其他稅費、海關統計和海關緝私。

1. 海關監管

海關監管是指海關依據國家法律對進出本國關境的進出境貨物、個人攜帶物品、郵遞物品和運輸工具實施行政監督管理。中國海關對進出境貨物的監管原則是：進口貨物自進境起到辦結海關手續止，出口貨物自向海關申報起到出境止，過境、轉運和通運貨物自進境起到出境止，應當接受海關監管。監管過程涉及的主要環節包括：

(1) 接受申報。根據進出口貨物所有人或其代理人的申報，進行報關登記。

(2) 審核單證。審核報關人提供的報關單證，視其是否在種類、份數、內容等方面符合有關海關管理規則的規定。

(3) 查驗放行。對出入境貨物進行檢查，對於檢查結果符合通關規定的，允許其流出或進入本國關境。

(4) 查處違法違規行為。進出口貨物若有違反本國相關法規的因素，海關有權依法對其所有人進行查處。

此外，對於特殊性質的進出境貨物，海關在監管過程中依法實施特殊的監管原則和監管方法。這些貨物包括：經海關批准未辦理納稅手續進境，在境內儲存、加工、裝配后復運出境的保稅貨物；進料加工進出口貨物、對外加工裝配業務項下的進出口貨物、中外合資經營企業進出口貨物、中外合作經營企業進出口貨物；進出經濟特區

貨物和經濟技術開發區進出口貨物；船載貨物、進出境列車載運進出境貨物、國際民航機載貨物、進出國境汽車載運貨物的監管行政行為。來往港、澳汽車載運貨物、車輛在境內載運對外加工裝配保稅貨物等、進出口集裝箱及所裝貨物；中外合作開採海洋石油進出口貨物；轉關運輸貨物、臨時進口貨物監管、進口展覽品等。

2. 海關徵稅

關稅是以進出關境貨物、物品的流轉額為課稅對象而徵收的一種流轉稅。國家規定的應稅貨物、應稅物品，由海關依法徵收關稅。海關是根據國家授權徵收關稅的唯一部門，海關徵稅因而成為海關管理的一項基本內容。在管理關稅徵收的過程中，海關的主要工作包括：

（1）依法制定有關關稅徵收的法規、制度。包括參與制定海關稅則，確定應稅貨物與物品的分類方法和適用稅率，制定完稅價格的審定方法，制定不同的關稅計徵方法下關稅的計算方法，制定關稅的徵收、減免、退補制度，包括徵收、減免、退補關稅的時間、程序和條件等。

（2）負責貫徹執行關稅條例和海關稅則，具體負責和管理關稅的徵收、減免和退補工作。

（3）審理有關海關估價及稅則應用中的申訴案件，對違反關稅制度的行為依法進行必要的處罰。

此外，海關在徵收關稅的過程中，還要負責對進口貨物徵收增值稅和消費稅（稱為進口環節海關代徵稅），對進入中國國境的外國籍船舶、外商租用的中國籍船舶、中外合營企業租用的外國籍船舶等應稅船舶徵收船舶噸稅，對進口減免稅貨物和保稅貨物徵收海關監管手續費等。

3. 海關統計

海關統計是指海關根據國家的授權，定期以數字形式記錄貨物的進出口情況，包括進出口貨物品種、數（重）量、金額、貿易國（地區）、經營單位、貿易方式、收發貨人所在地以及外匯來源等方面的內容。由於一切進出口貨物必須辦妥規定的通關手續才能進出一國國境，因此，海關能夠最方便、最準確、最及時地對進出口貨物進行統計，統計數據是國家正式對外公布的數據。海關統計能夠充分反應一定時期一國對外貿易的基本狀況，是進行對外貿易研究和分析、制定和調整國家對外貿易政策的重要依據。

4. 海關緝私

走私是國際公認的非法貿易活動。走私不僅通過偷逃關稅和其他應徵稅費影響國家的財政收入，而且還破壞了國家的經濟和市場秩序、破壞國與國之間的貿易關係，誘發各種犯罪因素，是一種嚴重危害國家主權利益的違法犯罪行為。《海關法》授予海關查緝走私的權力，因此，海關緝私也是海關管理的一項重要內容。

除上述基本任務之外，海關管理的任務還包括海關知識產權保護、海關行政處罰、海關行政復議等海關法規定的內容。

二、中國海關貿易便利化舉措與效應

鑒於海關管理的特殊性質，在依法實施對進出境貨物的有效監管的同時提升貿易便利化水平一直是各國海關的工作重點。中國海關一直重視海關貿易便利化改革，通過調整管理規範、革新管理技術、加強海關國際合作等多種路徑推進海關貿易便利化進程，具體舉措包括預歸類管理制度、海關企業分類管理、海關管理技術電子化等。

(一) 預歸類管理制度

預歸類制度是指在一般貿易的貨物的實際進出口前，申請人以海關規定的書面形式向海關提出申請並提供商品歸類所需的資料，必要時提供樣品，海關依法做出具有法律效力的商品歸類決定的行為。預歸類制度在國際範圍內得到了比較普遍的採用，中國從 2000 年 4 月 1 日起依據中華人民共和國海關總署第 80 號令《中華人民共和國海關進出口商品預歸類暫行辦法》實行進出口商品預歸類管理制度。通過實施預歸類制度，能夠有效提高進出口商品歸類的準確性，避免因歸類不當而導致的各種不良後果，給依法進行進出口經營的單位或其代理人辦理海關手續提供方便，加速其貨物通關的進程。

(二) 海關企業分類管理

海關企業是指在海關註冊登記的進出口貨物收發貨人和報關企業，是在海關監管的各類相對人的重要組成部分，包括外商投資企業、外貿公司、有進出口權的商業物資企業、自營進出口生產企業和科研院所、加工貿易經營單位和接受委託加工企業、經營保稅倉儲業務的企業、使用或者經營減免稅進口貨物的企業、從事報關業務的企業、承接海關監管貨物運輸的企業、設有存放海關監管貨物倉庫的企業、免稅外匯商品經營單位等多種形態。為了提高管理效率，中國海關總署先後於 1999 年、2008 年和 2010 年頒布有關海關企業分類管理的海關總署令，規範當期的海關企業分類管理行為。現行有效的法律規範是《中華人民共和國海關企業分類管理辦法》，根據該法令，海關根據企業遵守法律、行政法規、海關規章、相關廉政規定和經營管理狀況，以及海關監管、統計記錄等，設置 AA、A、B、C、D 五個管理類別，對適用不同管理類別的企業，制定相應的差別管理措施，其中 AA 類和 A 類企業適用相應的通關便利措施，B 類企業適用常規管理措施，C 類和 D 類企業適用嚴密監管措施。這一管理制度鼓勵企業誠信守法，既保障了國家安全，提升了海關執法的效果，又通過對守法企業的通關管理程序的簡化加速了貿易流通，促進了貿易發展。

(三) 海關管理技術電子化

海關管理技術是指海關實施各項法定的行政管理任務的手段或方法，包括傳統的人工管理和先進的電子信息技術管理。前者以紙質文件的傳遞和人工管理為基本特徵，後者以電子信息的傳遞和人工監控下的微機管理為基本特徵。改革開放以來，中國的對外成交額逐年上升，其他類型的對外交流日益頻繁，因此，海關管理的業務量在逐年增加。如果仍然採用傳統的手工作業管理模式，必然降低海關管理的效率和效果，

給國民經濟的相關部門特別是對外貿易的發展帶來不良影響。因此，中國在推行海關管理信息化、電子化方面進行了長期不懈的努力，在 EDI 試點、數據庫建設、海關與外經貿管理等政府行政管理部門之間的聯網建設、應用子系統開發應用等方面均取得了顯著的成果。電子信息技術已應用到報關單錄入、海關監管、徵稅、統計、加工貿易等海關管理的各個領域，使中國海關在運用計算機進行信息化管理方面處於國內各行政管理部門的前列。代表性的電子化管理系統包括 H883、H2000 報關管理系統和中國電子口岸以及新近推出的通關作業無紙化改革。

1. H883 系統

H883 從 1986 年開始需求調查和原型試驗，1988 年 3 月在海關總署正式立項建設，1989 年完成系統設計，並在中國九龍海關投入運行，后來又相繼在廣州、天津、上海、北京等一批重點海關投入運行，是報關自動化專用系統。H883 功能覆蓋了海關進出口貨物管理的全部作業環節及監管要求，由報關單預錄入、審單、徵稅、查驗放行、稅收管理、艙單核銷、許可證管理、減免稅管理、單證管理等 18 個子系統組成，通過計算機輔助的決策和管理技術，對進出口貨物全過程，包括前期管理、現場管理及后續管理，進行全面的控制和處理。系統的使用，不僅能夠提高通關速度，而且，報關自動化系統所記錄、處理和存儲的數據信息，反應進出口貨物及海關對其監管過程的全面情況，構成海關進出口貨物綜合數據庫，為中國海關開展貿易統計、海關稽查等工作提供了依據。

2. H2000 系統

H2000 於 2001 年 11 月 30 日正式啟動試點工作，2003 年 4 月通過國家驗收，是以 H883 系統為基礎研發的又一個獨立的報關自動化系統。H2000 系統基本覆蓋了 H833 系統的所有功能，並根據業務需求對功能和流程進行了必要的修改和完善。

3. 中國電子口岸

中國電子口岸是借助國家電信公網資源，在統一、安全、高效的計算機物理平臺上實現信息資源的共享和交換的專門系統。該系統將國家各個不同的行政管理機關（包括海關總署、商務部、中國人民銀行、國家外匯管理局、國家出入境檢驗檢疫局、國家稅務總局、國家工商總局等）分別管理的進出口業務信息流、資金流、貨物流電子底帳數據集中存放到公共數據中心，使國家行政管理部門可以在網上進行跨部門、跨行業的數據核查和數據分析，並可在網上進行聯網運用項目下的常規業務管理，如登記、審批等。中國海關是推行電子口岸系統最多、最有成效的部門之一，該系統正在和將在報關通關、納稅、退稅、出口加工區的管理、知識產權保護等諸多領域得到運用，目前已成為中國海關管理的主要技術手段。通過運用電子口岸系統，海關可以在網上接受申報，並在網上辦理各種審批手續。在公共數據中心支持下，進出口環節的所有管理操作，都有電子底帳可查，都可以按照職能分工進行聯網核查、核註、核銷，有利於海關增加管理綜合效能，建立現代化的管理模式。

4. 通關作業無紙化

2012 年 7 月 4 日，在全國海關深入推進通關作業改革動員部署會議上，海關全面推開分類通關改革啓動通關作業無紙化改革試點。所謂通關作業無紙化，是指海關以

企業分類管理和風險分析為基礎，按照風險等級對進出口貨物實施分類，運用信息化技術改變海關驗核進出口企業遞交紙質報關單及隨附單證辦理通關手續的做法，直接對企業通過中國電子口岸錄入申報的報關單及隨附單證的電子數據進行無紙審核、驗放處理的通關作業方式。目前，這一改革項目在部分海關試行，並將逐步推廣到全國海關。

電子化海關管理技術的研發、運用和推廣，具有十分明顯的貿易便利效應。通過電子系統傳遞的各類信息的載體是電子文件而非紙質文件，因此，對信息的記錄和修改能夠方便、清楚、準確地在網上進行，為企業的貿易行為提供了方便。以電子口岸為例，電子口岸以公網為信息傳遞的依託，以 Windows 操作系統為平臺，以普遍應用的 IE 等瀏覽器為工具，開放性好，能夠提供全天候、全方位服務，便於學習、掌握和普及。企業在經過備案申請取得用戶資格后，在 WINDOWS 界面撥入 17999 電信公網，輸入用戶名和口令。撥通后，啟動 IE 瀏覽器，在地址框內輸入中國電子口岸網址：www.chinaport.gov.cn，回車后就登錄到了中國電子口岸網站頁面，此后即可憑已授權的中國電子口岸企業 IC 卡進行相關業務操作，如報關、出口退稅、結售匯核銷等等。因此，企業在任何時候、任何地方只要撥打本地電話與 Internet 聯網，就可以通過數據中心辦理與進出境有關的各類申報審批手續。同時，由於電子系統的信息傳遞、交換和批覆即發即收，能夠大大縮短辦理任何海關手續所需要的時間，提高報關通關的效率。以通關作業無紙化改革為例，據統計，從通關時間來看，2013 年 1~7 月全國無紙化報關單進、出口貨物平均通關時間分別為 2.95 小時和 0.22 小時，而 2012 年全年全國海關整體進出口貨物平均通關時間為進口 15.96 小時、出口 1.59 小時。另外，全國無紙化進、出口報關單 24 小時放行率分別為 96.51% 和 99.14%，也遠高於全國海關 67.61% 和 97.71% 的整體進、出口報關單 24 小時放行率。[①]

第四節　上海自由貿易區與貿易便利化

一、貿易便利化與自貿區發展

自由貿易區是以貿易開放為基本特徵的經濟區域。從組織形態和區域位置上劃分，自由貿易區分為兩類：一類是國家間的自由貿易區，即兩個或兩個以上的締約方根據彼此間的自由貿易協定相互開放市場，降低或取消貿易壁壘，提升資本、技術、勞動力等生產要素流動的自由化水平，北美自貿區、歐洲經濟聯盟、東南亞經濟聯盟等均屬典型的國家間的自由貿易區；另一類是國家內的自由貿易區，1973 年國際海關理事會《京都公約》將這類自由貿易區規定為「指一國的部分領土，在這部分領土內運入的任何貨物就進口關稅而言，被認為在關境以外，並免於實施慣常的海關監管制度」，即國家在其境內劃出一定的區域，實行境內關外的管理制度，在區域內通過保稅、免稅、

---

① http://www3.customs.gov.cn/tabid/50107/Default.aspx，登錄檢索時間：2014/9/20。

快捷通關管理等特殊優惠政策,促進貿易與投資的發展。據統計,目前世界各國建立的此類自由貿易區已超過 1,200 個,其中,15 個發達國家建立了 425 個自由貿易區,67 個發展中國家建立了 775 個自由貿易區。①

縱觀世界自由貿易區的發展歷程,貿易開放是自由貿易區的目的,貿易便利化措施則是實現這一目的的具體路徑,管轄自由貿易區的特殊經濟政策本質上是在不違反國家主權和利益的基礎上通過政策傾斜提供各種類型的貿易便利,以達到貿易開放的目的。各國普遍採用的促進貿易便利化的政策措施有:

1. 運用電子信息技術加速貨物通關

電子信息技術能夠實現信息的快速傳遞,具有安全、快捷、高效的特點。合理地將電子信息技術應用於進出口報關、通關環節能夠大幅度提高貿易便利度。例如,美國海關採用虛擬專用網路以取代現存的 800 個撥號上網服務機構;建立並完善一套幀中繼網路,來收集與跨境貿易相關的數據,擴大電子管理,簡化貿易過程,消除重複報告和改善海關服務,滿足企業和公眾的需求;建立一個自動化商業環境安全數據門戶,促進和便利海關、貿易團體和其他相關政府機構之間信息共享。新加坡海關利用電子信息技術將其網站與其他政府機構的網站進行了整合,為用戶提供了一個「一站式」信息門戶。新加坡政府還在 1989 年 1 月就開始啟用一套電子文件傳輸的關務系統——貿易網路系統,該系統以具有一定格式標準的電子文件或單證傳輸有關進出口貿易及貨物運輸的相關信息。通過這個系統操作絕大多數應用流程控制在 10 分鐘之內,大大縮短了通關時間。荷蘭鹿特丹港也通過計算機系統提前 24 小時獲得有關貨物的資料。計算機系統根據所獲得進口貨物的資料進行風險分析,以便確定是否需要對進口貨物進行開箱檢查,減少了不必要的檢查環節。②

2. 合理的貨物監管政策

合理的貨物監管政策能夠保證及時清晰的貨物狀態信息,能夠促進貨物快速、高效轉運。例如,荷蘭把保稅倉庫分為 B 型、C 型、D 型和 E 型四種類型,分別採取不同的監管方式。因為荷蘭對保稅倉庫有分層次的嚴密監管控制機制,海關對保稅倉庫的實體核查工作就相對減少了,物流業者可不受海關過多干預而自由地將貨物包裝與運送,這使荷蘭成為世界上物流效率最高的國家之一。新加坡海關也對輸入其自由貿易區的貨物仍保持監管狀態,以保證貨物的快速安全轉運。③

3. 單一窗口制度

貿易商可以通過單一的平臺提交相關的單證以及海關所需要的標準化的信息,以滿足海關對貿易便利與貿易安全的要求。這是單一窗口的基本含義。單一窗口的實施能使合法經營者實現快速高效通關。

4. 公開透明的海關程序

美國海關條例被記載於聯邦條例法典中,有關條款的修訂和海關操作規程的制定

---

① http://www.360doc.com/content/14/0915/15/6936776_409659462.shtml.
② 王冠鳳,郭羽誕. 促進上海自貿區貿易自由化和貿易便利化發展的對策 [J]. 現代經濟探討,2014 (2).
③ 王冠鳳,郭羽誕. 促進上海自貿區貿易自由化和貿易便利化發展的對策 [J]. 現代經濟探討,2014 (2).

會及時發布在官方網站或海關公告中。海關的官方網站上還設有論壇,以便及時得到公眾的反饋。新加坡海關也制定了一套開放性、可行的申訴程序,通過該程序,任何對海關機構估值判斷有異議的人都可以通過書面形式、當面交談或電話等方式直接向海關署長提出質疑。如果還不滿意,可以向上一級法院提起申訴。①

5. 高效的港口物流系統

荷蘭鹿特丹港的港口物流系統保證了鹿特丹港的高效率。其通過中央計算機系統把進口貨物的資料的風險用四種顏色燈來顯示,其中橘色表示:選擇清查比對貨物與相關文件;紅色表示:選擇實體抽查檢驗貨物;綠色表示:以人工方式審查文件與清關;白色表示:立即放行。在實際操作中,白色貨物無需等到海關人員在相關文件上簽名就可離港。綠色貨物需接受海關人員對相關文件進行較為詳細的分析,向托運人詢問或要他提供補充材料,確認沒有疑問後才可離港。其他兩種顏色表示該貨物必須接受開箱檢查以及人工清關程序。這套物流系統加快了港口貨物的轉運。②

其他的政策措施如歐盟的 AEO 制度及統一清關制度、美國的風險控制制度等均屬貿易便利化的範疇。世界各國的實踐經驗證明,貿易便利化是自貿區建設的重點和成敗的關鍵。

二、上海自由貿易區的創建與功能定位

(一)上海自由貿易區的創建

上海自由貿易區全稱為中國(上海)自由貿易實驗區,屬於上文所述的國家領土內的自由貿易區。該貿易區於 2013 年 8 月 22 日經國務院正式批准設立,2013 年 9 月 29 日正式掛牌營運,地理範圍包括上海市外高橋保稅區、外高橋保稅物流園區、洋山保稅港區和上海浦東機場綜合保稅區四個海關特殊監管區域,總面積為 28.78 平方千米,是中國大陸境內第一個集進出口貿易、保稅倉儲、轉口、離岸貿易、混合加工為一體的複合多功能型的自由貿易區。

(二)上海自由貿易區的功能定位

2013 年 9 月 18 日國務院正式印發《中國(上海)自由貿易試驗區總體方案》(以下簡稱總體方案),是上海自由貿易區建立和建設的核心文件。根據總體方案有關上海自由貿易區的任務與措施的設計,上海自由貿易區建設的任務劃分為五大類 9 個方面(見表 7.3)。

根據上述任務的內涵以及總體方案對相關措施的說明,上海自由貿易區的主要功能定位於四個方面:通過外貿發展方式的升級轉型提升貨物貿易發展水平;進一步開放服務業,尤其是金融服務業,提升服務貿易發展水平;進一步擴大投資領域的開放水平;構建科學合理的自貿區法律制度與行政管理制度。

---

① 王冠鳳,郭羽誕. 促進上海自貿區貿易自由化和貿易便利化發展的對策 [J]. 現代經濟探討,2014 (2).
② 王冠鳳,郭羽誕. 促進上海自貿區貿易自由化和貿易便利化發展的對策 [J]. 現代經濟探討,2014 (2).

表7.3　　　　　　　　　　上海自由貿易區的建設任務

任務的類別	具體任務
加快政府職能轉變	1. 深化行政管理體制改革
擴大投資領域的開放	2. 擴大服務業開放
	3. 探索建立負面清單管理模式
	4. 構築對外投資服務促進體系
推進貿易發展方式轉變	5. 推動貿易轉型升級
	6. 提升國際航運服務能級
深化金融領域的開放創新	7. 加快金融制度創新
	8. 增強金融服務功能
完善法制領域的制度保障	9. 完善法制保障

資料來源：根據總體方案附件整理。

三、上海自由貿易區的貿易便利化設計

傳統的自由貿易區的發展重點是貨物貿易，其貿易便利化措施主要是指貨物貿易便利化。而根據上文對上海自由貿易區的功能定位的分析，貨物貿易、服務貿易、國際投資的發展是上海自由貿易區綜合經濟發展的載體，上海自由貿易區的貿易發展既包括貨物貿易也包括服務貿易，而投資（尤其是國際直接投資）與貿易具有相輔相成的經濟關聯，投資便利化通過促進國際投資帶動貨物貿易與服務貿易。因此，上海自由貿易區的貿易便利化措施既包括傳統的貨物貿易便利化措施，也包括服務貿易與國際投資的便利化措施。

1. 貨物貿易便利化措施

世界自貿區發展初始階段，貨物貿易是自貿區發展的核心，上海自貿區雖然被賦予更多更新的功能和任務，但貨物貿易仍然是上海自貿區發展的重要基礎。貨物貿易便利化措施首先依託上海自貿區特有的區位優勢而設計。中國上海自由貿易區包括的四個海關特殊監管區域就是為貨物貿易發展而設立的。而且上海自由貿易區總體方案提出要提升國際航運服務能級，積極發揮外高橋港、洋山深水港、浦東空港國際樞紐港的聯動作用，探索形成具有國際競爭力的航運發展制度和運作模式。在開放遠洋貨物運輸方面，提出要放寬中外合資、中外合作國際船舶運輸企業的外資股比例限制，允許中資公司擁有或控股擁有的非五星旗船先行先試外貿進出口集裝箱在國內沿海港口和上海港之間的沿海捎帶業務；在開放國際船舶管理方面，允許設立外商獨資的國際船舶管理企業。這些任務、措施和上海自貿區整合四大保稅區後所特有的區域優勢、便利的貿易條件以及總體方案中關於簡化通關手續、免除重複檢測及測試的措施，都會極大地促進貨物貿易的發展。

此外，總體方案提出的多項推動貿易轉型升級的具體措施也能服務於貿易發展，產生貿易便利化效應。這些措施包括：積極培育貿易新型業態和功能，形成以技術、品牌、質量、服務為核心的外貿競爭新優勢，加快提升中國在全球貿易價值鏈中的地位，鼓勵跨國公司建立亞太地區總部，建立整合貿易、物流、結算等功能的營運中心等。

2. 服務貿易便利化措施

與傳統自由貿易區尤其是中國試行多年的保稅區、出口加工區等類型的自由貿易區相比，上海自由貿易區確立了金融服務、航運服務、商貿服務、專業服務、文化服務和社會服務等領域擴大開放的建設目標。對於這些領域，除了銀行業機構、信息通信等列名服務之外，已暫停或取消對投資者資質要求、股比限制、經營範圍限制等准入限制措施，營造有利於各類投資者平等准入的自貿區市場環境。見表7.4。

表 7.4　　　　　　　　上海自由貿易區擴大開放的服務業門類

服務業的領域	擴大開放的服務行業
金融服務	銀行服務
	專業健康醫療保險
	融資租賃
航運服務	遠洋貨物運輸
	國際船舶管理
商貿服務	增值電信
	游戲機、遊藝機銷售及服務
專業服務	律師服務
	資信調查
	旅行社

資料來源：根據總體方案附件《中國（上海）自由貿易試驗區服務業擴大開放措施》整理。

總體方案設計的具有明顯服務貿易便利化效應的主要措施包括加快金融制度創新，在風險可控前提下，可在試驗區內對人民幣資本項目可兌換、金融市場利率市場化、人民幣跨境使用等方面創造條件進行先行先試。在試驗區內實現對金融機構資產方價格實行市場化定價。探索面向國際的外匯管理改革試點，建立與自由貿易試驗區相適應的外匯管理體制，全面實現貿易投資便利化。鼓勵企業充分利用境內外兩種資源、兩個市場，實現跨境融資自由化。深化外債管理方式改革，促進跨境融資便利化。增強金融服務功能。推動金融服務業對符合條件的民營資本和外資金融機構全面開放，支持在試驗區內設立外資銀行和中外合資銀行。允許金融市場在試驗區內建立面向國際的交易平臺。逐步允許境外企業參與商品期貨交易。鼓勵金融市場產品創新。支持股權託管交易機構在試驗區內建立綜合金融服務平臺。支持開展人民幣跨境再保險業務，培育發展再保險市場。

3. 國際投資便利化措施

總體方案設計的具有明顯投資便利化效應的措施包括：暫停或取消投資者資質要求、股比限制、經營範圍限制等准入限制措施（銀行業機構、信息通信服務除外）；探索建立負面清單管理模式。改革外商投資管理模式，對負面清單之外的領域，按照內外資一致的原則，將外商投資項目由核准制改為備案制（國務院規定對國內投資項目保留核准的除外），由上海市負責辦理；改革境外投資管理方式，對境外投資開辦企業實行以備案制為主的管理方式，對境外投資一般項目實行備案制，由上海市負責備案

管理；工商登記與商事登記制度改革相銜接，逐步優化登記流程；加強境外投資事後管理和服務，形成多部門共享的信息監測平臺。鼓勵在試驗區設立專業從事境外股權投資的項目公司，支持有條件的投資者設立境外投資股權投資母基金。

四、上海自貿區營運以來的貿易便利化成效

（一）上海自由貿易區營運以來推行貿易便利化的具體工作

上海自由貿易區開始營運以來，基於總體方案設計的各類貿易便利化措施逐步開始推行。以下幾個方面的進展最為典型：

1. 細化政策安排

上海市人民政府推出《中國（上海）自由貿易試驗區管理辦法》，其中提出了一籃子貿易便利化措施的具體安排，為當前和後續的貿易便利化工作提供了更加具體的指導。

2. 優化航運樞紐功能

依託上海自由貿易區的鄰近港口、鄰近機場的地域優勢，在原有的基礎上進一步優化航運服務功能，為貿易物流通暢提供便利。為有效降低登輪檢查對國際航線船舶班期的影響，最大限度提高國際貿易運輸便利化程度，上海海事局在自貿區推行海事集約登輪檢查制度創新。通過整合海事執法力量，做到能夠不登輪檢查的不再登輪檢查，必須登輪檢查的事項，一次完成海事監管所有執法檢查，有效降低了海事現場檢查對國際航線船舶營運可能產生的影響，大大提高了自貿區港口營運效率。在自貿試驗區實行以「中國洋山港」為船籍港的國際船舶登記制度，建立高效率的船舶登記流程。國際航行船舶駛離洋山港口岸查驗「先許可、後查驗」制度。船舶可享受到「船舶出口岸許可」即到即取、多份申請材料開航前一次提交、多艘船舶一次辦結的便利服務，實現了船舶出口岸查驗業務辦結「零等待」。

3. 提升海關監管便利化水平

中國海關推出了14條促進貿易便利化的監管服務制度：先進區、後報關制度；區內自行運輸制度；加工貿易工單式核銷制度；保稅展示交易制度；境內外維修制度；期貨保稅交割制度；融資租賃制度；批次進出、集中申報制度；簡化通關作業隨附單證；統一備案清單；內銷選擇性徵稅制度；集中匯總納稅制度；保稅物流聯網監管制度；智能化卡口驗放管理制度[①]，較好地發揮了自貿區貿易便利化的先導作用。

4. 搭建電子商務平臺

2013年11月「跨境通」電子商務平臺建成。「跨境通」電商平臺由東方支付在自貿區投資，並且由上海東方支付有限公司承擔建設營運職責，是上海自貿區第一家經政府審批的海淘網站平臺。網站正式啟動，開創依託自貿區貿易便利環境的跨境電子商貿模式。以進口為例：交易模式主要分為「上海直購進口模式」和「網購保稅進口模式」。「上海直購進口」是指消費者通過境外商戶網站下訂單，物品通過境外物流抵達上海海關進行關稅申報。「網購保稅進口」則指商家將商品運到上海自貿區倉儲，但

[①] 上海海關官網。

並不交稅，消費者通過試點平臺購買后，再進行完稅。所有在試點平臺展示的商品，海關、檢疫等相關部門都會進行審核。通過試點平臺進行的跨境電子商務交易，可在七天內實現無理由退貨。截至 2014 年 6 月底，已共有 24 家電商、6 家跨境物流企業完成海關備案，銷售商品包括食品、箱包、化妝品、母嬰用品等。①

(二) 上海自貿區的貿易便利化效應

上海自貿區成立以來，以貿易便利化為重點的貿易監管制度有效運行，貿易便利化水平不斷提升。海關、檢驗檢疫推出「一片區註冊、四片區經營」「空檢海放」等 32 項便利化舉措，啓動實施航運保險產品註冊制改革，貨物狀態分類監管試點擴大到保稅區所有物流企業，洋山進境水果指定口岸獲得批准，國際貿易「單一窗口」1.0 版上線運行。此外，以負面清單管理為核心的外商投資管理制度基本建立，以資本項目可兌換和金融服務業開放為目標的金融制度創新有序推進，以政府職能轉變為核心的事中事後監管制度初步形成。

貿易便利化及其他方面的政策傾斜合併產生了良好的經濟效應。截至 2014 年 9 月中旬，上海自貿區掛牌成立後共計新設企業 1.2 萬多家，新設企業註冊資本金總量超過 3,400 億元，其中外資企業超過 1,600 家，90% 以上的新設外資企業通過備案制設立。2014 年 1~8 月，上海自貿區內企業進出口貨物總值 5,004 億元人民幣，同比增長 9.2%；其中進口總值 3,700.4 億元，同比增長 8.9%；出口總值 1,303.6 億元，同比增長 10.1%；自貿區進出口整體增速高於全國 8.6 個百分點，高於上海 4.6 個百分點②。2014 年 9 月中旬，自貿區進口平均通關時間較區外減少 41.3%，出口平均通關時間較區外減少 36.8%；到 2015 年 9 月底，上海自貿區通關作業無紙化率已從成立時的 8.4% 提升至 80% 以上，70% 以上的報關單由計算機自動驗放，卡口智能化驗放率超過 50%，物流運輸能力提升 25% 至 50%。③

第五節　中國提升貿易便利化效應的途徑

一、完善國內立法，提升執法能力

(一) 相關法律法規的完善

1.《對外貿易法》可操作性配套法規的完善

修訂后的《對外貿易法》實施以來，對外貿易服務獲得了一些便利，但與之配套的法規、實施細則、程序規定等還有待完備。許多問題在《對外貿易法》中雖然有了

---

① 上海東方網．http：//shtb. mofcom. gov. cn/article/shangwxw/duiwmy/201406/20140600618712. shtml.
② 新華社、中國上海網、上海市口岸辦官網、上海海關官網．http：//www. thepaper. cn/newsDetail_ forward _ 1268589_ 1.
③ 新華社、中國上海網、上海市口岸辦官網、上海海關官網．http：//www. thepaper. cn/newsDetail_ forward _ 1268589_ 1 http：//news. ifeng. com/a/20150928/44749319_ 0. shtml.

原則性規定，但實際操作的法規、程序仍沿用以往規定，由此帶來了實際操作上的困難。因此，針對貿易便利化進程，完善與《對外貿易法》配套的可操作性法規是一項十分緊迫的工作。

2. 非外貿領域法律法規的完善

由於貿易便利化涉及國外貨物從報關進口到國內流通的整個過程，而中國的市場流通立法又相對滯后，遠不能適應市場經濟發展的需要，如果僅僅解決好海關邊境手續而不解決好國內市場流通問題，這種便利化是帶有隱患的。空白多，缺乏科學的、穩定的、可預見的法律制度與手續來引導流通企業的發展，規範流通企業的經營行為，對於在中國新發展起來的如商業連鎖經營、商業特許經營、無店鋪銷售等商業流通方式的促進與規範都是不利的。因此，中國應加快相關領域的法律法規建設，同時在立法過程中，應建立與利益相關方、政府以及私營企業之間就新的立法規劃、規制草案等有關的程序對話機制，在法規中加入清晰的行政、司法申訴條文。

(二) 執法能力的加強

法律的規定還需要執法能力的保障才能發揮效力。執法能力建設包括綜合技術和整體能力建設，加強與各國實施貿易便利化的最優措施及就國際組織共同關心的問題協調立場，加強對於貿易活動有關的政府機構、海關、貿易公司到報關代理人、速遞貨運業、保險公司、承運商、船務公司、貨倉等方面的培訓、諮詢並建立合作夥伴關係等。使用適當信息技術，使公共數據庫、數據系統之間實現無障礙轉換。成立中央架構的技術平臺，如電子簽名的認證中心，確保各地對特定規則的統一理解和實施。

(三) 加強政企合作

有利於貿易的相關信息的充分流動會促使貿易便利化產生最大的利益。政府要形成有效的信息溝通和決策協調機制；政府部門與企業建立諮詢機制，及時瞭解貿易便利化對企業的影響，以及企業在對外貿易中需要通過貿易便利化予以解決的實際問題；完善貿易便利化中心數據庫，使各有關部門的子庫與中心庫連結，提供數據資料並定期更新，以保證信息的實效性、完整性和準確性。廣泛收集各個經濟體的貿易便利化信息，及時提供給有關政府部門和企業，以便瞭解情況，制定對策，把握時機，提升中國貿易便利化水平。由國務院管理和協調，在上海自貿區內率先建設和完善跨部門綜合信息共享數據庫和跨部門的聯網項目。

二、強化大通關協作機制，實現「三互」

(一) 推進「單一窗口」建設

建立國務院口岸工作部際聯席會議，統一承擔全國及各地方電子口岸建設業務指導和綜合協調職責，將電子口岸建設成為共同的口岸管理共享平臺，簡化和統一單證格式與數據標準，實現申報人通過「單一窗口」向口岸管理相關部門一次性申報，口岸管理相關部門通過電子口岸平臺共享信息數據、實施職能管理，執法結果通過「單一窗口」反饋申報人。中央層面通過國務院口岸工作部際聯席會議統籌推進全國「單

一窗口」建設，地方層面由各省（區、市）人民政府牽頭形成「單一窗口」建設協調推進機制，負責推動相關工作的具體落實。

(二) 全面推進「一站式作業」

推行「聯合查驗、一次放行」等通關新模式。海關、檢驗檢疫、邊檢、交通運輸（陸路）、海事（水路）需要對同一運輸工具進行檢查時，實施聯合登臨檢查；需要對同一進出口貨物查驗時，實施聯合查驗；在旅檢、郵遞和快件監管等環節全面推行關檢「一機兩屏」。

(三) 建立健全信息共享共用機制

建立信息全面交換和數據使用管理辦法。依託電子口岸平臺，以共享共用為原則，推動口岸管理相關部門各作業系統的橫向互聯，實現口岸管理相關部門對進出境運輸工具、貨物、物品（如外幣現鈔）、人員等申報信息、物流監控信息、查驗信息、放行信息、企業資信信息等全面共享。對有保密要求的信息實行有條件共享。

(四) 整合監管設施資源

現有口岸查驗場地，應由口岸所在地市級人民政府協調，盡量統籌使用。新設口岸的查驗場地要統一規劃建設、共享共用。加強口岸基礎設施改造，在人員通關為主的口岸，要為出境入境人員提供充足的候檢場地。根據口岸管理相關部門相近的監管要求和標準，共同研發視頻監控、X光機等監管查驗設備，並以口岸為單元統一配備。運輸工具、貨物和行李物品通行的同一通道只配備一套同類別查驗裝備，各查驗部門共同使用。

(五) 推動一體化通關管理

強化跨部門、跨地區通關協作，加快推進內陸沿海沿邊一體化通關管理，實現在貨物進出口岸或申報人所在地海關和檢驗檢疫機構均可以辦理全部報關報檢手續。除特定商品管理需求外，逐步取消許可證件指定報關口岸的管理方式，實現申報人自主選擇通關口岸。

(六) 打造更加高效的口岸通關模式

口岸管理相關部門在口岸通關現場僅保留必要的查驗、檢驗檢疫等執法作業環節，通過屬地管理、前置服務、后續核查等方式將口岸通關現場非必要的執法作業前推后移，把口岸通關現場執法內容減少到最低限度。廣泛實施口岸通關無紙化和許可證件聯網核查核銷。加快旅客通關信息化建設，積極推進旅客自助通道建設，提高旅客自助通關人員比例。

(七) 建立口岸安全聯合防控機制

立足於口岸安全防控，保衛國家安全，建立常態化的聯合工作機制，相關部門聯合開展情報收集和風險分析研判，定期發布口岸安全運行報告，在條件成熟的情況下，研究建立口岸風險布控中心，各口岸管理相關部門可根據各自職能特點，適時視情選擇參加。加大口岸安防設施設備等硬件的投入。完善口岸監管執法互助機制，強化口

岸管理相關部門在防控暴恐、應對突發事件、打擊走私、打擊騙退稅、查處逃避檢驗檢疫、反偷渡和制止不安全產品及假冒偽劣商品進出境等方面的全方位合作。

三、加強多層次國際合作

（一）加強全球經濟合作

　　1. 主動參與世界貿易組織有關貿易便利化的談判

　　作為世界貿易組織的重要成員之一，同時又是世界上貿易規模最大的國家之一，中國應當加強在世界貿易組織法律框架內與其他世貿成員的合作，充分利用在世界貿易組織內的話語權，推動貿易便利化的國際合作。在此過程中，中國堅持合作的態度、「雙贏」的原則，積極推動貿易便利化。同時，作為發展中國家的一員，中國與廣大發展中國家有許多相似之處，捍衛發展中國家的整體利益，也就捍衛了中國的利益。所以中國最大限度地聯合了一切可以聯合的力量，發揮中國作為世界貿易大國在談判中的建設性作用，促進貿易便利化。

　　2. 積極參與世界海關組織框架內的國際合作

　　加強貿易便利化方面的國際合作，還應該加強在世界海關組織範圍內的合作。各國關務合作對貿易便利化至關重要。因此，中國應當充分利用世界海關組織機制，推動建立國家層面的貿易便利化協調機制，加大貿易便利化推進力度，解決在落實貿易便利化協議、實施貿易便利化措施等方面存在的問題。同時積極呼籲各國海關從信息互換、監管互認和執法互助等幾個方面開展國際海關合作，為進出口企業開拓市場進行規範和管理，提供服務和便利。

（二）深化區域經濟合作

　　1. 積極參與亞太經濟合作組織框架內的國際合作

　　中國作為亞太經濟合作組織的重要成員，應當進一步加強在其框架下貿易便利化的推動工作。積極落實亞太經濟合作組織「貿易便利化行動計劃」和「貿易便利化行動和措施清單」；積極參與亞太經濟合作組織有關協議的磋商和制定；加強在亞太經濟合作組織框架內與有關國家或地區的雙邊或者多邊談判；加強與工商業界合作等。

　　2. 積極參加國際峰會

　　通過參加國際峰會，表明中國對貿易便利化方面的看法和態度。同時，加強與其他國家和地區的交流，有利於中國學習世界發達國家的成功經驗，降低學習成本；有利於增強中國應對國際事務的水平，提高抗風險能力。並以此為契機，建立起與各國政府機構之間的合作，進一步加強國家之間的交流與溝通。全面推進監管互認、執法互助、信息互換等方面的務實合作，提高合作水平，實現合作雙贏，共同推動雙邊貿易和多邊貿易深入發展。

（三）在海關方面進行國際合作

　　在海關程序建設的國際合作方面，中國應繼續擴大雙邊海關交往與合作，提高雙邊交往層次，提升合作的深度和廣度。同時，深入推進行政互助合作工作，加強與外

國海關在法律制度、打擊走私、知識產權保護、貿易統計、貿易便利化、反恐、安全等領域的合作，並且進一步提高對現有技術合作項目的管理水平，拓展新的合作領域，參與並有針對性地組織地區海關會議和培訓，拓展合作領域；借鑑國際海關的先進經驗，推進海關的現代化建設。發揮多邊、雙邊兩個機制，通過地區多邊合作推動中國與周邊國家以及東南亞、中亞各國海關的雙邊合作。深入參與多邊海關合作事務，積極參與世界海關組織活動，認真履行世界海關組織亞太地區副主席職責；認真做好世界貿易組織貿易便利化談判工作，提高海關參與世界貿易組織事務的深度與水平。

（四）在投資便利化方面進行國際合作

投資便利化是貿易便利化的重要內容，促進投資便利化有利於促進貿易便利化。因此，中國應該積極加強與其他國家關於投資方面的合作。提供更加完備的金融設施，同時加強與其他國家金融方面的合作。中國應盡快推動中國—東盟自由貿易區運行的機制化和常態化，通過區域性的交流與合作，逐步推進投資便利化，實現投資自由化，並將投資便利化具體框架完善與落實，從而促進中國與東盟的相互投資，也進一步深化中國—東盟自由貿易區的發展。除此之外，中國應積極推進區域全面經濟夥伴關係協議組織的建立，通過提高其自由化充分實現對現存貿易投資協定的整合和優化，進一步深化投資便利化。

（五）加強知識產權領域的國際合作

近年來，由於受知識產權壁壘的影響，貿易便利化進程發展緩慢。因此，中國應該加強與有關國際組織的溝通和聯繫，通過國際組織對知識產權領域有關方面的貿易規則進行重新修訂。同時，中國政府和有關企業應該與相關的其他國家通過簽訂相關的條約與協定減少甚至消除知識產權壁壘。根據有關的國際協定，簡化貨物通關過境時在知識產權方面的審查程序。在加強海關對知識產權實施保護的同時，簡化工作流程、提高效率，為貿易便利化提供條件。

（六）加強反腐敗方面的國際合作

腐敗行為已經成為阻礙國際貿易自由化和便利化的重要因素，反腐敗行動有助於提高貿易便利化程度，使國際貿易對世界經濟和福利水平的積極作用得以更充分發揮。除去各國自身的反腐敗措施的推進之外，加強反腐敗的國際合作也是至關重要的。在制定有關的國際貿易協議時，中國應該將反腐敗方面的法規作為其規章的重要組成部分。要求從事國際貿易的境內外企業向政府主管部門公開其所支出相關費用的數額，使企業在將有關費用數額明確公開之後才能夠在某些稅收上享受優惠，才能在某些通關措施上享受便利化服務。除此之外，要求境內外企業承諾不對有關政府主管部門及其官員行賄，同時要求有關政府主管部門及其官員必須公開並上繳受賄所得。同時，加強銀行帳戶的透明化，減少銀行間接導致的與貿易有關的腐敗行為，提高貿易效率，推動貿易便利化進程。

本章小結

1. 貿易便利化是指對妨礙國際貿易的行政管理措施和手續進行簡化，旨在為國際貿易活動創造一種協調、透明和可預見的環境。它以國際公認的標準和慣例為基礎，涉及各種海關手續和程序的簡化、基礎設施和設備的標準化以及法律法規的協調。其基本精神是簡化和協調貿易程序，加速要素的跨境流通。

2. 1949 年以來，中國貿易便利化進程經歷了初步發展→全面發展→深入發展幾個階段，措施主要涉及口岸建設、海關環境、政策制度環境和電子商務等方面，各方面的側重點隨經濟社會的發展而改變。

3. 中國海關管理的基本任務可劃分為四個部分：監管通關貨物、物品和運輸工具，徵收關稅和其他稅費，海關統計和海關緝私。中國海關一直重視海關貿易便利化改革，通過調整管理規範、革新管理技術、加強海關國際合作等多種路徑推進海關貿易便利化進程。具體舉措包括預歸類管理制度、海關企業分類管理、海關管理技術電子化等等。

4. 上海自由貿易區的貿易便利化措施既包括傳統的貨物貿易便利化措施，也包括服務貿易與國際投資的便利化措施。

思考題

1. 試梳理世界貿易組織貿易便利化談判的進程，並分析《貿易便利化協議》給各國帶來的效應。
2. 分析中國為促進跨境電子商務發展可提供哪些便利化措施。
3. 中國海關貿易便利化舉措有哪些？
4. 闡述並比較上海自由貿易區針對貨物貿易和服務貿易推出的貿易便利化措施。
5. 論述未來中國可在哪些方面提升貿易便利化的效應。

案例分析

2014 年 10 月 10 日，上海自貿試驗區管委會首次舉行「中國（上海）自由貿易試驗區企業創新案例發布會」，以提供第三方物流服務為主業的上海暢聯國際物流股份有限公司（以下簡稱「暢聯」）是 20 家創新案例企業之一。暢聯為德國博世集團（以下簡稱「博世」）在洋山綜合保稅港區設立亞太第一個分撥中心，主要服務於亞太區域市場汽車零部件售後市場。2014 年 4 月，暢聯利用「海關新政」，給博世設計了新方案：海運整箱貨物在貨物到港後，憑艙單等信息如實填製「提貨申請單」並發送至主管海關；接收到核准信息後可前往口岸提貨，待貨物入庫後，可立即開始清點。進區報關可在申報進境之日起 14 日內向主管海關申報進境備案。目前，集裝箱到達港口

后，1 天內可以完成運輸入庫，倉庫可立即開始實物清點，待清點后，企業可以根據實際收到的貨物數量向海關進行申報，如果發生數量差異的，也可立即與國外供應商直接溝通核對，及時更正交易數量及發票后再進行申報。

對暢聯而言，信息化監管手段降低了通關成本，還只是小實惠，更大的「福利」在今年 7 月獲得——上海海關在全國首創「一地註冊，全國申報」模式，就好像拿到了張「全國糧票」。

（資料來源：唐瑋婕. 自貿區「曬」出企業創新案例 [N]. 文匯報，2014-10-11）

問題：

1. 案例中提到的「海關新政」包括哪些內容？比較「海關舊政」與「海關新政」，試分析「海關舊政」下提出的新方案是否可行。

2. 比較中國其他海關的管理模式與上海海關首創的「一地註冊，全國申報」模式，並分析這張「全國糧票」能為暢聯這種物流企業以及園區內其他類型企業帶來的好處分別有哪些。

下篇　實踐與展望

第八章 中國對外貿易發展格局

內容簡介

本章在介紹中國貨物貿易結構和服務貿易結構演進的基礎上，深入分析了中國與世界主要國家和地區的貿易關係及中國對外貿易的市場結構特徵，探討了貿易發展與經濟增長及中國外貿發展方式轉變與經濟發展方式轉變的互動關係，並對中國的貿易大國特徵進行了多角度的剖析。

關鍵詞

貿易結構；市場結構；發展方式；貿易大國

學習目標

1. 瞭解中國外貿結構的分類與特徵；
2. 理解貿易發展方式與經濟發展方式的關係。

案例導讀

從19世紀60年代到20世紀末，全球關稅水平平均下降了11%，貿易增長了3.4倍，貿易對關稅的彈性總體超過20倍，遠遠大於傳統貿易理論所估計的數量級別。其中1960—1985年，關稅大幅下調9%，貿易反而增長緩慢，彈性僅為7%；而1986—1999年，關稅只小幅下降2%，但貿易總量卻快速增長，彈性超過50倍，呈現出明顯的非線性變化特徵。

（資料來源：平新喬. 北京大學中國經濟研究中心課題組. 垂直專門化、產業內貿易與中美貿易關係 [Z]. 討論稿系列，2005-05-25）

第一節 中國對外貿易發展的結構特徵

據海關統計，2014年中國進出口總值26.43萬億元人民幣，同比增長2.3%，其中出口14.39萬億元，增長4.9%；進口12.04萬億元，下降0.6%；貿易順差2.35萬億元，擴大45.9%。按美元計，2014年中國進出口總值4.30萬億美元，同比增長3.4%，其中出口2.34萬億美元，同比增長6.1%；進口1.96萬億美元，同比增長0.4%；貿易順差3,824.6億美元，同比擴大47.3%。在剔除2013年套利貿易墊高基數因素後，全國進出口同比實際增長6.1%，出口增長8.7%，進口增長3.3%。雖然總體上中國貿

易總量在逐年增長，但單純從數據本身並不能全面瞭解中國貿易發展的特徵，因此本小節主要從貿易商品結構的角度來分解各宏觀貿易進出口數據，以探究中國近30年來貿易發展的微觀格局。

一、貿易結構的定義與分類

貿易結構的概念主要包括三個方面的內容：第一，貿易結構是一國對外貿易中各種商品進出口份額及貿易平衡狀態的基本情況，可表示為對外貿易各組成部分在外貿整體中所占的比重；第二，從狹義的角度看，對外貿易結構即商品結構，指某類商品在國際貿易中所占的份額，但廣義的貿易結構不僅指商品結構，還包括市場結構、方式結構、區域結構和模式結構等；第三，對外貿易結構是指影響外貿的各要素之間的比例關係及其相互作用，它包括了對外貿易主體之間、客體之間以及主客體之間三方面的比例關係及其變化。其實質上是一種比例關係，反應了某種生產要素與整個外貿或其他要素之間相互影響的程度。

對外貿易的商品結構主要研究貨物商品結構、服務商品結構以及兩者之間的比例關係。其中，貨物商品結構包括初級產品和工業製成品進出口比例的變化、工業製成品內部不同要素密集度商品的進出口比例的變化；服務商品結構包括運輸服務、旅遊服務和其他新興服務業進出口比例的狀況。

對外貿易的方式結構主要分析一般貿易、加工貿易和其他貿易方式進出口的比例關係。

對外貿易的區域結構關注進出口商品的流向，反應一個國家的主要貿易對象以及同世界各國或地區之間的貿易往來情況。

貿易模式結構則是基於國際分工的深化和貿易客體的精細化演進，研究產業間貿易、產業內貿易和產品內（中間品）貿易在對外貿易中所占的比重及其相互間的聯繫。

二、中國對外貿易商品結構的發展

（一）貨物貿易結構的演進

一國的經濟技術發展水平、產業結構狀況和資源稟賦條件等信息，可以通過對外貿易商品結構反應。根據聯合國SITC分類，可以把商品分為初級產品和工業製成品兩大類。改革開放以來，中國進出口貿易規模迅速擴大的同時，進出口商品結構也得到了明顯改善。改革開放初期，中國一般貿易出口主要以紡織、服裝、玩具、鞋帽等勞動密集型產品為主。隨著全球產品內貿易的深入發展，中國一般貿易出口的商品結構發生了質的改變，目前的商品出口已發展為以機電產品、高新技術產品為主，產品的附加值、技術含量不斷增加。

海關信息網2014年信息顯示，全年中國出口商品總額為143,911億元人民幣，進口商品總額為120,422億元人民幣，其中出口前五位的商品類別依次為：第七類：機械及運輸設備（65,764億元人民幣）；第八類：雜項製品（38,224億元人民幣）；第六類：按原料分類的製成品（24,594億元人民幣）；第五類：化學成品及有關產品（8,266億元人民

幣）；第三類：礦物燃料、潤滑油及有關原料（2,115億元人民幣）。其中前四位均為工業製成品，僅有第五位是初級產品，這說明中國出口商品中工業製成品占了絕大比重。

從進口來看，目前中國一般貿易進口主要以礦產能源、機電產品零部件、化學工業產品、車輛、航空器、船舶及有關運輸設備、賤金屬及其製品等產品為主。

1. 商品貿易結構的總體情況

從進出口增長率看（圖8.1和圖8.2），初級產品出口增長率波動較大，並且大大低於出口總額的增長率；工業製成品出口增長率較高，與出口總額的增長率基本保持一致。工業製成品的進口增長率基本與進口總額的增長率相同，初級產品出口增長率同樣存在較大的波動。2000年以後，工業製成品的進口增長率在大多數年份都低於初級產品的增長率。

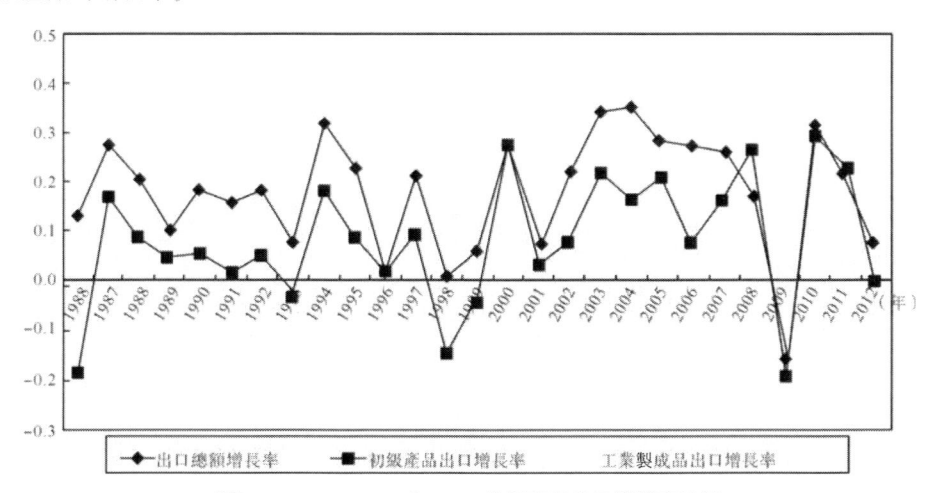

圖8.1　1986—2012年SITC分類商品出口增長率比較

數據來源：歷年《中國統計年鑒》。

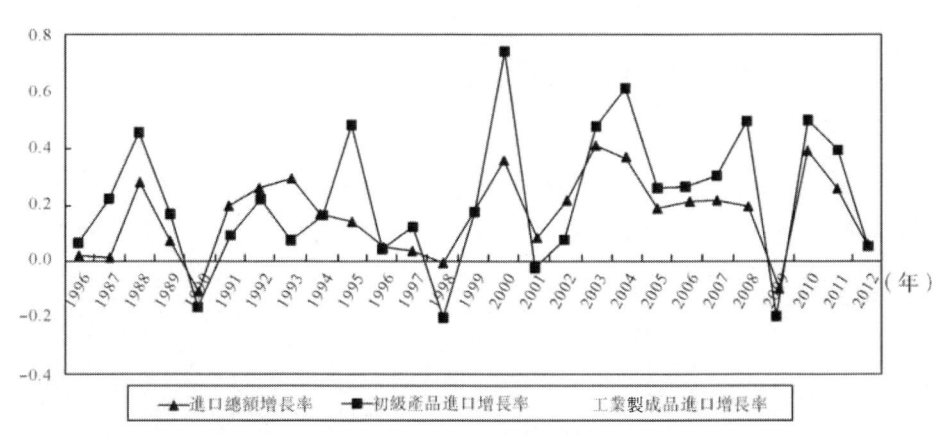

圖8.2　1986—2012年SITC分類商品進口增長率比較

數據來源：歷年《中國統計年鑒》。

1979年改革開放后，中國的對外貿易結構發生了很大變化。從圖8.3中可知，自1985年以后，出口產品的重心由初級產品逐漸轉向工業製成品，1985年，中國的初級產品和工業製成品在出口中所占份額分別為51.2%和49.3%；到1995年，兩者所占比例分別為14.1%和86.2%；而到2010年，兩者分別增加到1,005.58億美元和19,481.60億美元，所占比例分別為4.9%和95.1%。可見工業製成品的出口已經在中國出口的產品中占據絕對主導地位。

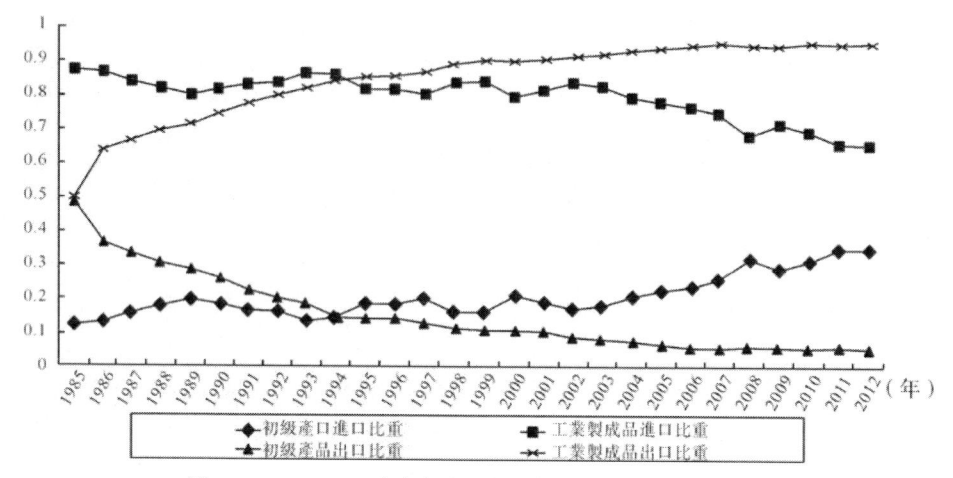

圖8.3　1985—2012年初級產品與工業製成品進出口比重對比

數據來源：歷年《中國統計年鑒》

進口貿易結構也發生了一些變化（圖8.3），但並不像出口那麼顯著。1985年，中國進口初級產品和工業製成品總額分別為52.89億美元和369.63億美元，所占比例分別為12.6%和87.5%；1995年，兩類產品進口額分別為244.17億美元和1,076.10億美元，所占比例分別為18.5%和81.5%；2012年兩類產品進口額分別為6,349.31億美元和11,834.72億美元，所占比例分別為34.9%和65.1%。

總體上看，第一，伴隨著貨物貿易總額的快速增長，初級產品和工業製成品進出口額也在逐年增長；第二，初級產品的出口增長率低於工業製成品，進口增長率高於工業製成品；第三，工業製成品的出口比重持續上升，並且有繼續上升的趨勢，在出口中占據主導地位；第四，工業製成品的進口在總進口中占主要地位，但進口比重近幾年出現下降的趨勢，而初級產品進口反而有增加的現象。這充分表明中國融入全球化分工貿易格局的程度日益深入，一方面逐漸成為發達國家的生產基地和加工車間，另一方面國內產業結構也在國際貿易的引導下逐步從資源、勞動密集型向資本密集型轉變。

2. 分類商品貿易結構

在中國初級產品的出口中（圖8.4），占主要地位的是第0類和第3類，而第1類和第4類的出口份額較少，第2類在出口中份額較穩定。1985年，第0類（食品及主要供食用的活動物）的出口在對外貿易商品出口額中份額低於30%。自1993年以后，

除了在 2008 年出現較大幅度的下降外，其比重一直維持在 50%左右。第 3 類（礦物燃料、潤滑油及有關原料）的出口比重，在 1985 年時超過 50%，此后持續下降，到 1994 年時僅為 20%，自 2000 年以后，其份額一般保持在 30%以上；第 1 類（飲料及菸類）和第 4 類（動植物油脂及蠟）在初級產品出口中所占份額較少，尤其是第 4 類，在總出口額中所占比重不到 1%。

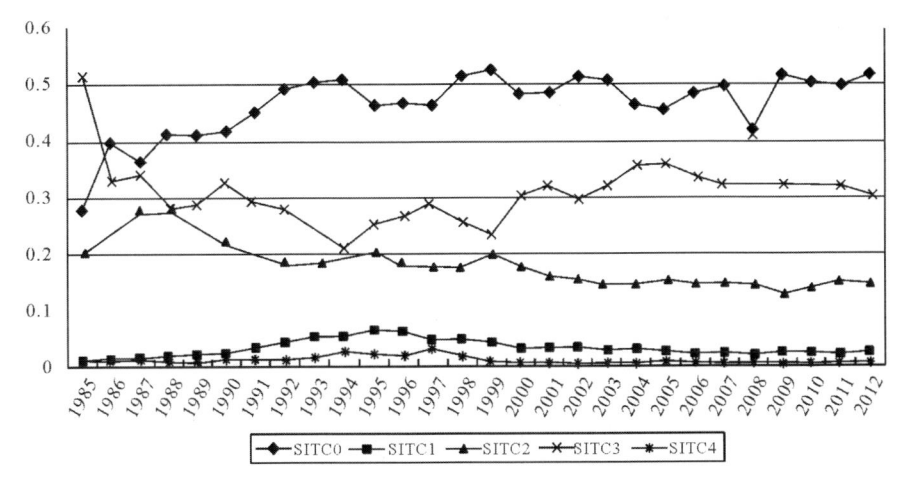

圖 8.4　1985—2012 年初級產品 SITC 0-4 類出口比重對比

數據來源：歷年《中國海關統計年鑒》。

2000 年以前，在工業製成品出口中占主要地位的是第 6 類和第 8 類，第 5 類和第 7 類的出口份額較低（圖 8.5）。在 1985—2012 年的 28 年時間裡，第 7 類和第 8 類在工業製成品出口中所占份額發生了較大的變化。第 7 類（機械及運輸設備）在 28 年中的比重一直在上升，由 1985 年的 0.06%上升到 2012 年的 50%，大約占工業製成品出口的一半，這可以視為中國出口商品結構優化的表現。第 8 類（雜項製品）在工業製成品出口中的份額變化較大，經歷了一個先上升后下降的過程，從 2003 年以后其比重維持在 25%左右的水平。第 6 類（輕紡產品、橡膠產品、礦冶產品及其製品），在 1985 年時，在工業製成品出口份額中占 33%，之后一直下降，到 2000 年時，其份額僅為 19%，之后份額基本保持穩定。第 5 類（化學及有關產品）在工業製成品中的份額比較小，而且基本維持不變。

綜上所述，1985 年以來中國出口商品結構主要特點有二：一，初級產品的出口結構幾乎沒有變化，各類產品在初級產品出口中所占的份額相對穩定；二，工業製成品的出口結構進一步優化，其中屬於資本技術密集型的高新技術產品類的機械及運輸設備類的出口占主導地位，而且上升速度較快。這反應出中國國際分工地位的不斷上升和國內產業結構的優化。

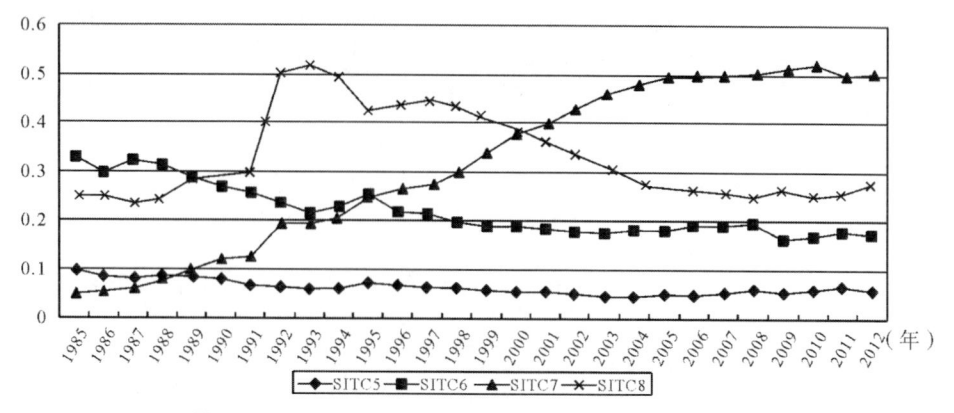

圖 8.5　1985—2012 年工業製成品 SITC 5~8 類出口比重對比

數據來源：歷年《中國海關統計年鑒》。

初級產品進口方面（圖 8.6），1985—1992 年，第 2 類（非食用原料）和第 0 類（食品及主要供食用的活動物）在初級產品進口中的份額較高，兩者之和占據進口的 90%。從 1993 年開始，第 3 類（礦物燃料、潤滑油及有關原料）在初級產品進口中的比重超過第 0 類（食品及主要供食用的活動物），並且開始出現有波動的大幅上升，第 0 類產品的比重逐漸下降。2000 年以後，第 2 類和第 3 類產品在初級產品進口中的份額一直維持在高位，2000 年時，兩者所占比重之和為 87%，到 2012 年時，兩者所占比重之和為 92%。其他兩類初級產品的進口份額都很小，加總後的值不到 10%。

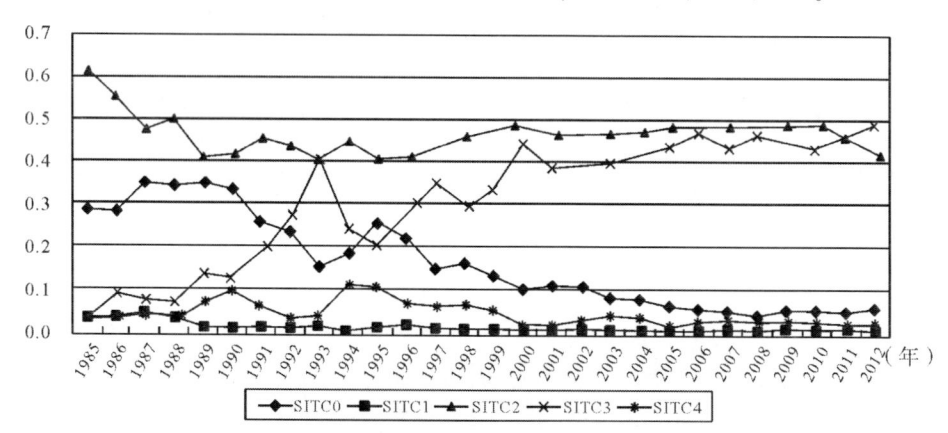

圖 8.6　1985—2012 年初級產品 SITC 0~4 類進口比重對比

數據來源：歷年《中國海關統計年鑒》。

在中國工業製成品的進口結構中（圖 8.7），占據主導地位的是第 7 類（機械及運輸設備）產品，1985 年其在工業製成品進口中的份額為 44%，此後有一定幅度的波動，從 1998 年開始比重逐年上升，2000 年以後，每年都占工業製成品進口的一半以上。1985 年時，第 6 類（輕紡產品、橡膠產品、礦冶產品及其製品）產品在工業製成品中

的進口份額為 32%，此后出現了一定幅度的波動，但在 1997 年以前，基本保持在 20%～30%之間。1998 年以後，其比重開始逐年下降，到 2012 年時僅為 12%。

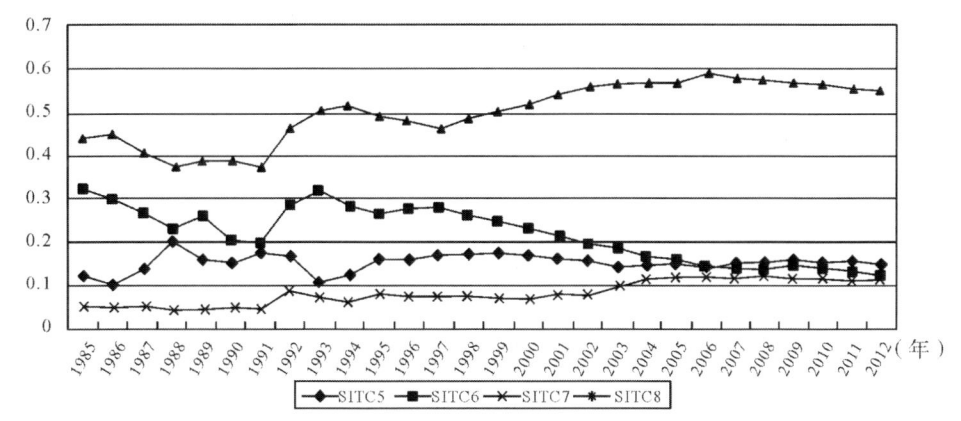

圖 8.7　1985—2012 年工業製成品 SITC 5~8 類進口比重對比

數據來源：歷年《中國海關統計年鑒》。

總體上看，1985—2012 年中國進口商品結構主要表現為以下幾個特點：第一，初級產品的進口以原材料為主，尤其是能源類的進口，在 2012 年佔據初級產品進口份額的 50%。食品類產品的進口比重下降幅度較大。其餘產品在初級產品進口中的比重沒有較大變化。第二，工業製成品的進口以技術產品為主，2000 年以後，機械及運輸設備始終佔據工業製成品進口份額的 50%以上。可見，對外貿易商品結構的變化與產業結構的調整是互相影響的，伴隨著中國產業結構的轉型，對高科技類設備的要求也愈來愈多，引進這類產品不僅有益於進口商品結構的優化，同時也促進了產業結構升級。

(二)　服務貿易結構的演進

1985 年以來中國服務貿易呈現不斷增長的態勢，尤其是 1992 年以來增長迅速，服務貿易進、出口額不斷增加，佔世界服務貿易的比重顯著上升，對中國經濟發展的貢獻不斷增大，中國服務貿易已成為中國對外貿易的重要組成部分，中國正在逐漸向服務貿易大國邁進。

如圖 8.8 所示，1985 年中國服務貿易額只有 52 億美元，佔世界服務貿易額的 0.7%。到了 2012 年，中國服務貿易進出口額達到 4,706 億美元，佔世界服務貿易總額的 5.6%。其中，服務貿易進口額為 2,801 億美元，佔世界服務貿易進口總額的 6.8%，居世界第三；服務貿易出口額為 1,904 億美元，佔世界服務貿易出口總額的 4.4%，世界排名第五。

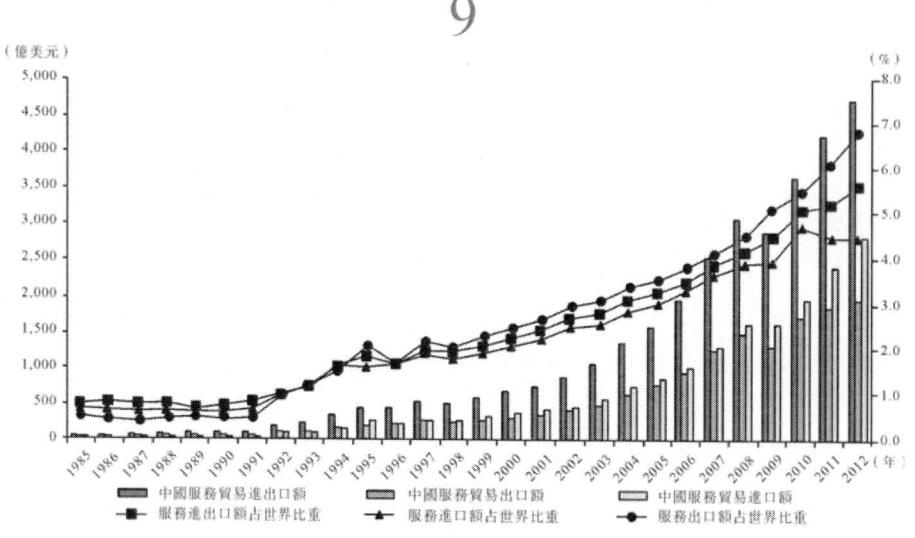

图 8.8 中國服務貿易進出口額及世界占比

數據來源：商務部服務貿易司網站。

此外，從服務貿易總體出口增長率來看（圖 8.9），自 1998 年以來，中國服務貿易出口總額保持了 15.4% 的年均增長率，整體波動明顯，其中 2004 年服務貿易出口額比 2003 年增長了 33.8%，2007 年比 2006 年增長了 33.1%，2010 年比 2009 年增長了 32.4%。而在服務貿易進口方面，1998—2012 年的 15 年間，中國服務貿易進口總額年均增長率為 17%，也維持了較大的增長幅度。

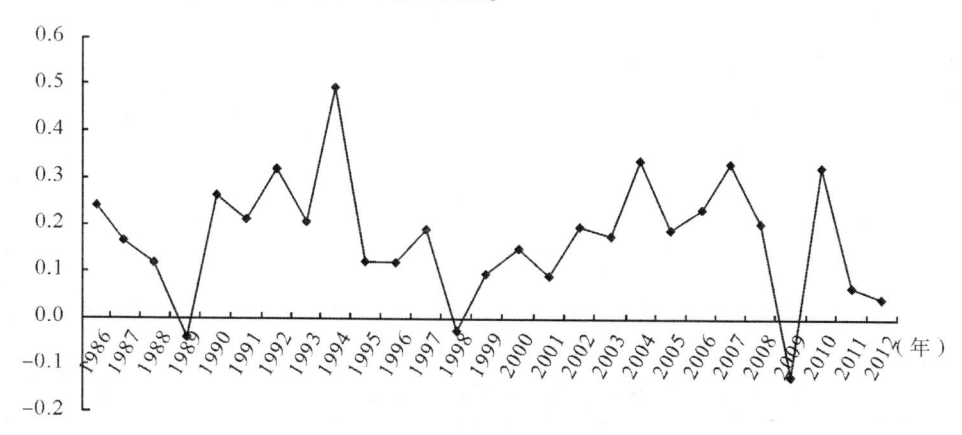

圖 8.9 中國服務貿易出口增長率

數據來源：商務部服務貿易司網站，經計算得到。

分類別來看，旅遊運輸和其他商業服務占中國服務貿易出口總額的比重較大，特別是旅遊服務，除去 2005 年和 2006 年外，旅遊服務每年的出口額幾乎超過全部服務貿易出口額的 1/3。這在一定程度上反應了中國目前服務貿易出口仍然以勞動密集型服務

為主。另外考察近幾年的數據可以看出，旅遊服務貿易在絕對數量逐年遞增的同時，2012年和2013年旅遊服務占服務貿易出口額逼近40%，呈逐年上升趨勢。2013年，運輸服務、旅遊、建築服務出口總額分別為376.5億美元、516.6億美元、106.6億美元，在中國服務出口總額中的占比達47.5%，比上年下降5.6個百分點。旅遊出口總額居各類服務之首，同比增長3.3%，在服務出口總額中的占比由上年的26.3%回落至24.5%；運輸服務出口位居第二，同比下降3.2%，占比由上年的20.4%降至17.9%；建築服務出口同比下降13%，占比為5.1%，比上年回落1.3個百分點。計算機和信息服務、專有權使用費和特許權使用費以及諮詢等現代服務部門不但在數量上有不同程度的增長，而且其所占的份額也都有較大的提升，這說明中國的服務貿易部門調整取得了一定效果，過去過分集中的狀況正向現代服務項目轉移。

表8.1　　　　　　　　2002—2012年中國服務貿易分項目一覽　　　　　　單位：億美元

年份 項目	2002	2003	2004	2005	2006	2007	2008	2009	2010	2011	2012	2013
服務差額	−68	−85	−78	−96	−88	−79	−118	−294	−312	−616	−897	−1,245
進口	397	468	649	744	920	1,222	1,471	1,295	1,622	1,860	1,914	2,060
出口	465	553	727	840	1,008	1,301	1,589	1,589	1,933	2,477	2,812	3,305
1. 運輸差額	−79	−103	−125	−130	−134	−120	−119	−230	−290	−449	−469	−567
進口	57	79	121	154	210	313	384	236	342	356	389	376
出口	136	182	245	285	344	433	503	466	633	804	859	943
2. 旅遊差額	50	22	60	75	96	74	47	−40	−91	−241	−519	−769
進口	204	174	257	293	339	372	408	397	458	485	500	517
出口	154	152	197	218	243	298	362	437	549	726	1,020	1,286
3. 通訊服務差額	1	2	1	−1	0	1	1	0	1	5	1	0
進口	6	6	6	5	7	12	16	12	12	17	18	17
出口	5	4	5	6	8	11	15	12	11	12	16	16
4. 建築服務差額	3	1	1	10	7	25	60	36	94	110	86	68
進口	12	13	15	26	28	54	103	95	145	147	122	107
出口	10	12	13	16	20	29	44	59	51	37	36	39
5. 保險服務差額	−30	−42	−57	−67	−83	−98	−114	−97	−140	−167	−173	−181
進口	2	3	4	5	6	9	14	16	17	30	33	40
出口	32	46	61	72	88	107	127	113	158	197	206	221
6. 金融服務差額	0	−1	0	0	−7	−3	−3	−3	−1	0	19	−5
進口	1	2	1	1	1	2	3	4	13	8	19	32
出口	1	2	1	2	9	6	6	6	14	7	19	37
7. 計算機和訊息服務差額	−5	1	4	2	12	21	31	33	63	83	106	94
進口	6	11	16	18	30	43	63	65	93	122	145	154
出口	11	10	13	16	17	22	32	32	30	38	38	60
8. 專有權利使用費和特許費差額	−30	−34	−43	−52	−64	−78	−97	−106	−122	−140	−167	−201
進口	1	1	2	2	3	6	4	8	7	10	9	
出口	31	35	45	53	66	82	103	111	130	147	177	210
9. 諮詢差額	−13	−16	−16	−9	−6	7	46	52	77	98	134	169

表8.1(續)

項目 \ 年份	2002	2003	2004	2005	2006	2007	2008	2009	2010	2011	2012	2013
進口	13	19	32	53	78	116	181	186	228	284	334	405
出口	26	34	47	62	84	109	135	134	151	186	200	236
10. 廣告、宣傳差額	0	0	2	4	5	6	3	4	8	12	20	18
進口	4	5	8	11	14	19	22	23	29	40	48	49
出口	4	5	7	7	10	13	19	20	20	28	28	31
11. 電影、音像差額	-1	0	-1	0	0	2	2	-2	-2	-3	-4	-6
進口	0	0	0	1	1	3	2	4	1	1	1	1
出口	1	1	2	2	1	2	3	3	4	4	6	8
12. 其他商業服務差額	38	86	98	73	84	87	29	59	94	76	89	135
進口	88	151	183	169	197	269	260	247	265	354	284	341
出口	49	65	85	96	113	182	231	188	172	279	196	206
13. 別處未提及的政府服務差額	-1	-1	-2	-1	1	-3	-3	1	-2	-3	-1	0
進口	4	4	4	5	6	6	7	9	10	8	10	12
出口	4	5	5	6	5	9	9	8	11	11	11	12

數據來源：國家外匯管理局《中國國際收支平衡表》整理得到。

除了旅遊服務和其他商業服務以外，大多數類型的服務貿易出口額的年均增長率維持在15%以上。其中，年均增長率最高的是金融服務，為59.9%。其次是計算機和信息服務、諮詢服務，分別為42.8%和41.8%。這說明金融服務、計算機和信息服務、諮詢服務等新興服務正在迅速增長。伴隨著大量外資服務業企業進入中國市場，中國服務業企業面臨著巨大的競爭壓力，但是中國服務業企業在「與狼共舞」的同時也得到了快速的成長。新興服務業對資本、技術和人力資源等生產要素有較高的需求，中國的新興服務出口近年來取得了較快的增長，這正好能說明中國服務貿易出口結構正在升級。

而在進口方面，中國的服務貿易進口主要集中在運輸、旅遊和其他商業部門，其中運輸和旅遊服務所占的份額之和一直占到近50%，直到近幾年這兩個傳統服務貿易部門進口份額才略有下降，保險、諮詢、專利使用權等現代服務貿易部門的進口份額正在逐年上升，這些份額上的升降也反應出了中國服務貿易領域的優劣部門分佈。隨著有關《服務貿易總協定》的部門限制逐步放開，在國內處於弱勢的產業和服務出口劣勢項目在進口方面必然會呈現增長勢頭。

加入世界貿易組織后，中國服務業對外開放程度進一步加深。服務貿易發展速度超過同期世界平均增速，2014年服務進出口總額6,043億美元，比上年增長12.6%。其中，服務出口2,222億美元，增長7.6%；服務進口3,821億美元，增長15.8%。服務進出口逆差1,599億美元。總體而言，中國目前服務貿易的發展狀況可以歸納為：總額逐年增加，但同貨物貿易相比仍顯緩慢，二者差距正在逐年擴大。服務貿易部門結構正在調整，傳統服務部門中占較大份額的部門正在逐年下降；而份額較小的現代服務部門，正呈現上升趨勢。中國服務貿易與貨物貿易的國際地位還不相稱，服務貿

易出口仍以旅遊、商業等傳統勞動密集型行業為主，技術和知識密集型的新興服務業仍處於初級發展階段，服務貿易有待進一步發展。

第二節　中國對外貿易關係與市場結構

中國改革開放后特別是加入世界貿易組織以來，中國對外貿易對國民經濟增長的貢獻率長期保持在較高水平。中國與主要國家、地區和區域集團間的雙邊貿易關係及多邊貿易關係近年來在不斷摩擦中日益密切。積極發展中國同世界各國和地區的經貿關係，正確制定和貫徹中國對外經貿的國別、地區政策，保證中國對外經貿事業的健康發展，無論在經濟上和政治上，都具有十分重要的意義。

一、中國與主要國家和地區的貿易關係

(一) 中國與美國的貿易關係

美國是當今世界上經濟最發達的國家，中國是世界上人口最多、最大的發展中國家。中、美自建交以來，特別是在中國實行改革開放政策后，兩國經貿關係發展十分迅速。儘管中美貿易摩擦頻頻發生，時而會誘發兩國間經濟與政治的對抗和較量，但雙方仍從彼此經貿合作中獲得了巨大的利益，並建立起了經貿互補、互利共贏的格局。

新中國成立以來，中國與美國的貿易發展總是和政治關係交織在一起的。受此影響，可以將兩國間貿易發展過程分為四個階段。

1. 僵局階段（1949—1971 年）

新中國成立后，中國本著獨立自主、平等通商的原則，與美國仍保持小規模貿易往來。1950 年中美貿易額僅維持在 2.38 億美元。朝鮮戰爭爆發后，美國政府宣布對中國實行全面封鎖、禁運。1952 年，美國又在「巴黎統籌委員會」中特設「中國委員會」，對中國禁運 400 多個項目。中美貿易隨即中止，這種僵局一直持續到 20 世紀 70 年代初。

2. 恢復時期（1972—1978 年）

1972 年 2 月，尼克松總統訪華，雙方發表《中美聯合公報》，宣告中美長達 20 餘年的相互隔絕結束，也為中美貿易關係的恢復和發展拉開了帷幕。之後，中美經貿關係雖然有一定發展，但由於雙邊關係尚未正常化，發展經貿關係還存在許多障礙，加之中國正值「文化大革命」時期，因此貿易額一直較小，1972 年僅為 1,288 萬美元，1978 年也只有不足 10 億美元。

3. 快速發展時期（1979—1989 年）

1979 年 1 月，兩國正式建立外交關係。隨著《中美貿易關係協定》《中美工業技術合作協議》等文件的相繼簽署，兩國雙邊貿易和經濟技術合作活動廣泛開展起來。特別是《中美貿易關係協定》的簽訂和正式生效，中、美相互給予對方最惠國待遇，是兩國關係史上的大事。1979 年兩國雙邊貿易額為 24.5 億美元，1989 年已增至 122.5

億美元，年均增長率達 25.7%。

4. 加速發展時期（1990 年至今）

進入 20 世紀 90 年代以來，隨著鄧小平「南方講話」的發表以及中共十四大確立建設社會主義市場經濟體制，中國的對外開放進入逐步實現本國經濟與世界經濟接軌的階段，同時中美貿易關係進一步迅猛發展。在這一階段發生了一個關鍵變化，即自 1993 年以來，中國對美國貿易從原來的逆差轉為順差，且差額逐年上升。2014 年全年雙邊貿易規模創 5,551 億美元的新高。第 25 屆中美商貿聯委會成功舉行，第六輪中美戰略與經濟對話取得積極成果，中、美各省州和城市間的合作方興未艾。

（二）中國與歐盟的貿易關係

歐盟是全球最大的區域性經濟集團，全面發展同歐盟及其成員國長期穩定的互利合作關係，是中國外交政策的重要組成部分。中歐雙邊經貿關係經歷了探索、磨合、加深理解等不同階段，不斷向前發展。中歐之間的貿易發展歷程大致可分為三個階段。

1. 中歐建交以前（1975 年以前）

中歐建交之前，中國與當時的歐共體成員國均已建立外交關係，並有良好的貿易合作關係。在 20 世紀 60～70 年代的大多數年份裡，歐共體是中國的第二大貿易夥伴。1975 年 5 月中歐建立外交關係后，雙邊貿易發展迅速，並在雙方共同努力下不斷擴大。

2. 中歐建交后至中國入世前（1975—2001 年）

1978 年 4 月，中國和歐共體簽署了第一個貿易協定，雙方相互給予最惠國待遇，從此雙邊經貿關係進入了一個新的發展時期。但 20 世紀 80 年代末 90 年代初，世界政治格局發生重大變化——東歐劇變、蘇聯解體和「冷戰」結束，歐共體對外經貿開始向中東歐傾斜，中歐貿易摩擦增多，經濟和科技合作發展受挫。直到進入 1998 年，歐盟在《中歐關係長期政策》基礎上宣布了《與中國建立全面夥伴關係》，並將中國從「非市場經濟」國家名單中刪除。到 2001 年，雙邊貿易額已上升至 766.4 億美元。

3. 中國入世后（2001 年至今）

中國入世后，中歐雙邊貿易增長速度大大加快，雙邊經貿關係進入穩步、快速發展時期。2002 年，歐盟發表《國家戰略報告：中國》。2003 年 10 月 13 日，中國政府發表首份《中國對歐盟政策文件》。至此，雙方決定建立全面戰略夥伴關係，此後歐盟連續 10 年成為中國的第一大貿易夥伴。2014 年，中歐貿易額 6,151 億美元，占中國同期進出口總額的 14.3%。通過中歐高層互訪、中歐經貿聯（混）委會，中歐金融、能源、船舶、生態園區等領域的合作得到拓寬，中歐投資協定談判工作力度也加大了。中國企業對歐的非金融類直接投資也呈現出「井噴式增長」，達 98.48 億美元，創歷史新高，是歐盟對華投資的 1.44 倍，增長了 117.7%，翻了一倍還多，這個增速也是 5 年來最高的。

（三）中國與日本的貿易關係

中、日兩國是一衣帶水的鄰邦，也都是亞洲乃至全球重要的經濟體。自 1972 年中日邦交實現正常化以來，兩國之間已逐步形成一種多層次、多領域、相互依存、互惠互利的合作框架。中、日兩國經貿往來有著悠久的歷史，儘管兩國之間的交往也曾有

過摩擦和爭端，但總體而言，雙方的貿易關係還是比較融洽的。新中國成立后，中日貿易的發展經歷了以下幾個時期：

1. 民間貿易時期（1950—1971年）

新中國對日貿易正式開始於1952年，20世紀50年代是中日民間貿易的起步階段。從1952年6月1日到1958年3月5日，中、日兩國促進貿易的團體和有關代表曾先后4次簽訂中日民間貿易協定，但日本政府當時採取嚴厲的對華「禁運」政策，使4次中日民間貿易協定無法執行。20世紀60年代后，中日民間貿易進入發展階段。友好貿易與備忘錄貿易構成了這一時期中日經貿關係的主要內容。到1971年，雙邊貿易額達9億美元。但從總體看，正式建交前的中日貿易規模較小，交換的商品品種也很有限。

2. 逐步發展時期（1972—1980年）

1972年9月，中、日兩國宣布邦交正常化，開創了中日貿易的新時代。這時期的中日貿易可謂是官民並舉。1974年1月雙方簽訂政府間貿易協議，相互給予對方最惠國待遇，隨后日本宣布給予中國普惠制待遇。這一時期，中日貿易保持了較快的發展勢頭。據中方統計，1972年中日建交時，雙邊貿易額僅為10.4億美元，到1980年已達89.1億美元，占中國對外貿易總額的24%，日本成為中國最重要的貿易夥伴之一。這一時期中日進出口商品結構垂直分工特點十分突出，即中國對日本主要出口煤炭、石油、農副產品等初級產品，主要從日本進口機械設備等工業製成品。

3. 迅速發展時期（1981—2001年）

1978年之前，中日經貿往來只是單純的貨物進出口貿易。中國實行改革開放后，兩國經貿關係向投資、技術合作、政府資金合作等多領域拓展，為貿易發展創造了新的條件，中日貿易呈現出高速增長勢頭。據中方統計，1993年中日貿易額達390.3億美元，日本首次成為中國最大的貿易夥伴，直至2003年連續保持了11年的第一位。20世紀90年代初期，中國向日本出口的產品仍主要是技術含量與附加值較低的初級產品，占當時日出口貿易額的70%。但到了2011年，該比重已明顯下降。

4. 緩慢發展時期（2002年至今）

中國加入世界貿易組織后，中日貿易量雖然從2002年的1,000億美元上升至2006年的2,073.6億美元，但雙邊貿易增幅迅速下滑。2006年，中日貿易占中國對外貿易總額的比重進一步下降到11.8%。其中部分原因，在於中日經貿關係受到兩國政治關係的影響。中日政治關係的冷淡與摩擦導致兩國民眾相互反感情緒日益強烈，最終影響到雙邊經貿關係。后隨著2006年10月安倍首相成功訪華、2007年4月溫家寶總理訪日，兩國政治關係進入回暖期，並對雙邊經貿關係起到了促進作用。據中國商務部統計，2013年以美元計價的中日貿易額同比減少了6.5%，減至3,120億美元，連續第2年減少。

（四）中國內地與香港地區的貿易關係

新中國成立以來，內地與香港地區的貿易關係越來越密切。20世紀50年代內地與香港地區貿易額只有2億美元左右，60年代發展到6億美元，70年代升至近30億美元。進入20世紀80年代，隨著中國對外開放政策的實行，內地與香港地區的貿易關係

進入了新的發展階段。從商務部的數據來看，1985年兩地的貿易額為120億美元，2007年已經發展到1,972.50億美元。香港地區工業貿易署數據顯示，2011年香港地區和內地的貿易總額達3.44萬億港元，佔香港地區貿易總額的48.5%。

20世紀50~70年代，內地對香港地區出口的主要是農副土特產，20世紀80年代以后隨著內地農業和工業的發展，對香港地區出口的商品種類大大增加，由單一的農產品變為農產品、紡織、輕工、石化、礦產以及機械設備等多種產品；隨著電子技術的日益發展，從20世紀90年代開始中國對香港地區的出口開始轉變為金融資本以及文化資本的出口，其中在港投資的中國企業大大增加，如中國鋼鐵集團、中國國際信託有限責任公司香港地區分公司、中糧集團香港地區分公司等世界著名企業。同時內地對香港地區石油化工以及糧食的出口呈穩中有升的態勢。

20世紀50~70年代，內地主要從香港地區進口染料、化學原料、化肥等，80年代以后主要為大宗貨物，如電信設備、收錄機、塑料製品、汽車等。近年來內地主要從香港地區進口些高檔服飾、電子產品。2010年全年，內地對消費性電子產品進口佔到內地與香港地區貿易的六成以上。

20世紀70年代后期以來，內地通過香港地區轉口貿易發展迅速。據香港地區統計，1978—1996年，雙邊轉口貿易額年平均增長率達40%左右。1979年內地還只是香港地區第六大轉口市場，但到1980年便超過美國，一躍而成為香港地區最大的轉口市場。1992年，經香港地區轉口的86億美元貨值中，其中86.2%的貨值與內地有關；1995年，內地經香港轉口貨值占比進一步上升到92%，占香港地區外貿總額的36%。截至2011年年底，內地經香港轉口貿易量已經逾13,300億港元，從而使香港成為世界最大的貿易轉口港之一。

改革開放后，不僅兩地貿易有了飛速發展，而且還開闢了諸如「三來一補」、合作生產等新的經濟交流形式。據有關報導，內地同香港地區的貿易中，大約有60%的商品與香港地區在內地的「三來一補」業務有關。香港地區電子工業的90%、成衣及鐘表的80%、鞋類及玩具的70%都已轉入內地生產。內地也是香港地區製造業的第三大投資者。2014年內地和香港的貿易佔內地外貿總值的8.7%，香港是內地第四大貿易夥伴。

(五) 中國內地與澳門地區的貿易往來

實行對外開放后，內地與澳門的工業合作和金融投資日益頻繁，但總的來說，澳門在國內投資規模不大，檔次不高，還無法與香港相提並論。內地資本是支持澳門經濟發展的重要支柱，內地資本活躍在澳門經濟的各個領域，為澳門的經濟發展做出了貢獻。如1986年3月註冊建立中聯鋼鐵公司，和澳門商人合作投資800萬澳門元，在澳門建立第一家軋鋼廠；福建省在澳門建立了至佳電子，專門裝配各種收音機，出口比利時、法國等地。澳門第一家汽車電池廠是中、葡、澳門特區三方合資興建的。內地資本已成為澳門第一大外資，主要投資在澳門的工業、貿易、旅遊、建築、交通運輸和保險等行業，在主體經濟中佔有相當大的比重，其中在金融業中占50%、貿易中占45%、旅遊業中占25%、建築地產業中占40%。

據統計，1979年澳門對內地進出口貿易總額為7.8億美元。1980—1984年間雙方貿易往來高速發展，5年中增長194.69%。1985年和1986年，兩地貿易額下跌；1987年又開始回升，內地對澳門的出口增加。2005年雙邊貿易總額達18.7億美元，2006年雙邊貿易總額達24.4億美元，2011年中國內地與澳門貿易額為25.2億美元，同比上升11.2%，占內地對外貿易額的0.07%。其中，內地對澳門出口為23.6億美元，同比上升10%；自澳門進口為1.6億美元，同比上升31.3%。

澳門從內地的進口以工業原料為主。內地根據澳門的需求，向澳門的出口以工礦產品為主，其中最多的是布匹、紡織品原料和石油製品。澳門向內地的出口，除了紡織品外，還有建築材料、交通運輸工具、電器用品等。2011年，內地共批准澳商投資項目283個，同比增加3.28%，實際使用澳資金額6.8億美元，同比增加3.84%。截至2011年12月底，內地累計批准澳資項目12,839個，實際利用澳資103.8億美元，澳資在內地累計吸收境外投資中占0.9%。2011年，內地在澳門承包工程合同數共計19份，合同金額8.2億美元，完成營業額5億美元，月底在澳勞務人數58,543人。截至2011年12月底，內地在澳累計完成營業額120.5億美元。

（六）中國大陸與臺灣地區的貿易互動

海峽兩岸經貿關係曲折發展，受政治因素影響較大。自新中國成立到1978年，大陸與臺灣省沒有任何聯繫，相互處於隔絕狀態。1979年大陸發表《告臺灣同胞書》，提出對臺通商的基本政策，兩岸經貿終於從無到有地發展起來。

大陸與臺灣經貿往來的主要形式是貿易與投資。在貿易方面，由於受臺灣當局的限制，兩地商品貿易多數是通過中國香港或者日本、新加坡轉口而來，以間接貿易為主。同時，由於經濟發展水平的差異以及需求偏好的不同，兩地貿易雖然迅速發展但是嚴重不平衡，長期呈臺灣順差狀態。2011年，大陸與臺灣貿易額為1,600.3億美元，同比上升10.1%，占大陸對外貿易額的4.4%。其中，大陸對臺灣出口為351.1億美元，同比上升18.3%；自臺灣進口為1,249.2億美元，同比上升7.9%。從貿易結構上看，大陸從臺灣進口的主要商品是人造纖維、電機、電子零件、機械設備、塑料原料等，出口商品主要有中藥材、煤炭、鋼材、水泥等工業原料。

在投資方面，臺商對大陸投資以直接投資為主。據大陸海關統計，2012年，大陸與臺灣之間的兩岸雙邊貿易達到了1,689.6億美元，占同期大陸外貿總值的4.4%，比上一年增加了5.6%。大陸對臺灣出口367.8億美元，增長了4.8%；自臺灣進口1,321.8億美元，增長了5.8%。2012年，大陸進口臺灣ECFA項下售匯商品的貨值為84.3億美元，增長了1.05倍；關稅優惠39.7億美元，增長了3.3倍。

二、中國對外貿易的市場結構

貿易市場結構也叫區域結構，通常指的是地理結構和空間結構等，包括外部和內部結構兩層含義。本小節所指區域結構是外部區域結構，即國別（地區）結構和洲際結構，一般使用該國（地區）和大洲與某國（地區）的進出口額占該國（地區）和大洲進出口總額的比重這一指標來衡量。對外貿易區域結構指明一國或地區出口商品的

去向和進口商品的來源，從而反應一國或地區同世界各國、各地區、各國家集團之間貿易聯繫的程度，即可以看出哪些國家或地區是該國或地區的主要貿易對象或主要貿易夥伴。

改革開放以來，中國在鞏固和發展傳統外貿市場的同時，大力開拓新市場，特別是廣大發展中國家和地區的市場，使得外貿市場逐漸擴大。目前，中國的貿易對象已達230多個，幾乎涵蓋了世界所有國家和地區。貿易區域多元化，一方面可以充分發揮貿易創造效應，另一方面可以降低對個別市場的過度依賴，從而減少貿易失衡引起的貿易摩擦。

（一）中國對外貿易國別（地區）結構的變遷

海關信息網數據顯示，2001年中國大陸前十大貿易夥伴分別為日本、美國、中國香港、韓國、臺灣、德國、新加坡、俄羅斯、英國、馬來西亞。中國大陸與前十大貿易夥伴的貿易額占中國大陸貿易額的比重超過70%，表明當時中國大陸對外貿易的地理集中度較高，尤其是與前五大貿易夥伴之間貿易額的比重超過了一半，達57.3%。

到2013年，中國大陸前十大貿易夥伴分別為美國、中國香港、日本、韓國、臺灣、德國、澳大利亞、馬來西亞、巴西、俄羅斯。與2001年相比，2013年，澳大利亞和巴西取代了新加坡和英國位列中國十大貿易夥伴，其他國家和地區沒有發生變化。中國大陸與前十大出口貿易夥伴的貿易額占中國大陸貿易額的比重下降到55%。這表明中國大陸對外貿易的地理集中度顯著下降，進出口市場多元化的趨勢日益明顯。

2013年，中國大陸前十大出口貿易夥伴分別為中國香港、美國、日本、韓國、德國、荷蘭、英國、俄羅斯、越南、印度，前十大出口貿易夥伴占中國大陸出口額的比重為57.5%。中國香港是中國大陸最大的出口市場，占比17.41%，美國（16.7%）、日本（6.8%）、韓國（4.1%）和德國（3%）緊隨其後，前五大貿易夥伴占中國大陸出口的比重為48%。同年，中國大陸前十大進口貿易夥伴分別為韓國、日本、臺灣、美國、澳大利亞、德國、馬來西亞、瑞士、巴西、沙特，前十大貿易夥伴占中國大陸進口額的比重為54.9%。韓國是中國大陸最大的進口來源國，占比9.4%，之后依次為日本（8.3%）、臺灣（8%）、美國（7.8%）和澳大利亞（5.1%），前五大貿易夥伴占中國大陸出口的比重為38.6%。

圖8.10顯示了1985—2012年中國大陸對外貿易國別（地區）結構的變化。1985年，中國第一大貿易夥伴是日本，所占份額超過30%；第二大貿易夥伴是中國香港地區，所占比重約為17%；歐盟和美國分別為第三大和第四大貿易夥伴，所占份額大致相等，約為10%；第五大貿易夥伴是東盟，所占份額僅為6%。

1985—1991年，中國香港地區在中國大陸對外貿易進出口總額中的比重迅速提高，到1992年時已經達到54.58%，超過日本成為第一大貿易夥伴，其他國別（地區）貿易夥伴在此期間雖然也有一定幅度的波動，但是排名保持不變。

1992—1999年，中國香港地區所占的份額在1992—1993年間激劇下降，從1992年的52.70%降低到1993年的16.60%，此后比重仍然在降低，到1999年僅為12.13%，成為第四大貿易合作夥伴。此時，前三名分別是日本、美國和歐盟，第五名

是東盟。

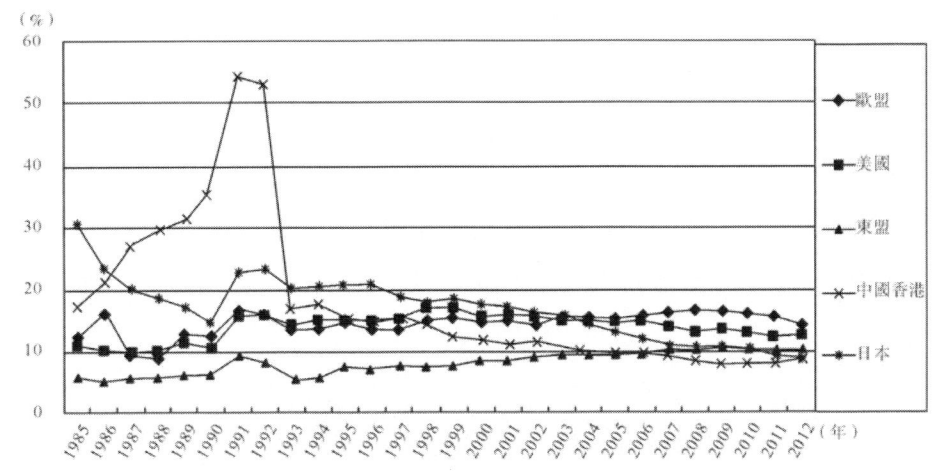

图 8.10 1985—2012 年中國對外貿易國別及地區結構
數據來源：歷年《中國海關統計年鑒》。

  進入 21 世紀后，2000—2003 年，日本是中國第一大貿易夥伴。從 2004 年至今，歐盟取代日本成為中國第一大貿易夥伴。2000—2007 年，中國前三大貿易夥伴依次是歐盟、美國和日本。自 2008 年開始，東盟取代日本成為第三大貿易夥伴。2000—2003 年，中國前三大貿易夥伴依次為日本、美國、歐盟；2004—2010 年，中國前三大貿易夥伴分別是歐盟、美國、日本；2011—2012 年，歐盟、美國、東盟成為中國貿易夥伴份額的前三名。2000 年，香港地區是中國大陸第四大貿易夥伴，到 2012 年，香港地區仍然保持排名第四的位置。但是，這 12 年之間伴有一定的波動。在 2008 年，東盟所占中國大陸對外貿易總額的比重曾超過香港地區，香港地區的排名降至第五。直到 2012 年，香港地區才超過日本，重新升至第四位。

  總而言之，20 世紀 90 年代初之前，中國大陸同各貿易夥伴之間進出口總額的比重差距較大，並且波動趨勢顯著。自 90 年代中期以後，中國大陸同各貿易夥伴之間進出口份額比較平均，為 10%~20%，而且趨勢較平穩，不存在巨大波動。在較長的時間裡，中國大陸對外貿易主要集中於以美國、歐盟和日本為代表的發達經濟體，香港地區一直是中國大陸的重要貿易對象。

(二) 中國對外貿易洲際結構的變遷

  亞洲地區一直在中國對外貿易中占據著主導地位，長期占比保持在 50% 以上。2013 年中國與亞洲地區的貿易總額超過 2 萬億美元，占中國對外貿易總額的 53.47%，其中進口和出口分別占中國進口總額和出口總額的 55.89% 和 51.34%；歐洲地區在中國的對外貿易中位居第二位，2013 年中國與歐洲地區的對外貿易總額近 7,300 億美元，占比 17.55%，其中進口和出口分別占中國進口總額和出口總額的 16.62% 和 18.37%；北美位居第三，2013 年中國與北美的對外貿易總額超過 5,700 億美元，占比 13.84%。

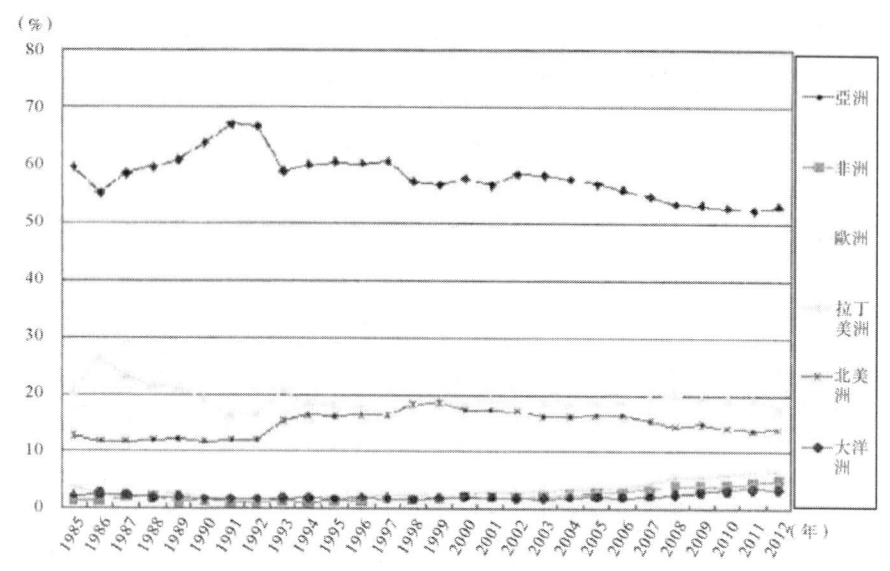

図 8.11　1985—2012 年中國對外貿易洲際結構

數據來源：歷年《中國海關統計年鑒》。

1985—2012 年（圖 8.11），世界各大洲在中國貨物進出口總額中排名的前三位沒有發生變化，順序為亞洲第一、歐洲第二、北美洲第三。排名中的后三位有所變化，1985 年，拉丁美洲第四、大洋洲第五、非洲第六，此后一段時期，后三大洲的排名有所波動，到 2000 年以后，開始維持穩定的態勢，排名順序保持為拉丁美洲第四、非洲第五、大洋洲第六。

第三節　中國對外貿易與經濟發展

經濟增長是經濟發展的基礎和物質前提，經濟發展方式為經濟增長的可持續性和高效率性提供保障。本節從貿易對經濟增長的作用入手，詳細探討中國貿易發展與經濟發展由粗放型向集約型轉變的良性互動情況。

一、對外貿易與經濟增長的關係

（一）對外貿易與經濟增長相互影響的理論基礎

關於經濟增長的概念，有兩種最常見的理解：一種是指某一個國家或地區的經濟所生產的物質產品和勞務的實際總產出的持續增長；另一種是指人均實際產出的持續增長。而對於一個國家來說，這兩者是有很密切的關係的。

1. 馬克思關於對外貿易與經濟增長相互促進的觀點

馬克思在《資本論》中明確指出，資本主義生產的實質是剩餘價值的生產，國際

貿易對剩餘價值的增加起著非常重要的作用。這具體表現在三個方面：一是進口價格低廉的原料和其他投入品，使不變資本得到節約。二是進口比較便宜的消費資料，使可變資本得以節約。三是產品的出口會使剩餘價值得到更有效的實現。馬克思說：「對外貿易一方面使不變資本的要素變得便宜，一方面使可變資本轉化成的必要生活資料變得便宜，它具有提高利潤率的作用，因為它使剩餘價值率提高，使不變資本價值降低。一般說來，它在這方面起作用，是因為它可以使生產規模擴大。因此，它一方面加速累積，但是另一方面也加速可變資本同不變資本相比的相對減少，從而加速利潤率的下降。同樣，對外貿易的擴大，雖然在資本主義生產方式的幼年時期是這種生產方式的基礎，但在資本主義生產方式的發展中，由於這種生產方式的內在必然性，由於這種生產方式要求不斷擴大市場，它成為這種生產方式本身的產物。」這段話清楚地表明，對外貿易與經濟增長是相互促進的，對外貿易及擴大國際市場空間既是資本主義經濟發展的必然要求，同時又反過來通過要素成本下降、利潤增加、資本累積增加等來促進經濟增長。

2. 絕對優勢、比較優勢與經濟增長

最早談及國際貿易與經濟發展相互關係問題的是英國古典經濟學家斯密。斯密認為，分工能大大提高勞動生產率，從而增加國民財富。這體現在三個方面：第一，勞動者的技巧因專業而日進；第二，由一種工作轉到另一種工作，通常會損失不少時間，有了分工，就可免除這種損失；許多簡化勞動和縮減勞動的機械的發明，使一個人能夠做許多人的工作。因此，社會上形成專業化分工後再進行交換，對交換雙方都有利，對整個國家和社會來說也有益。他所指的國際分工是按照絕對成本高低進行的，主張出口本國能便宜生產的產品，去換取外國能便宜生產的其他產品。因此這種國際分工和國際貿易，將會使各國的資源、勞動力和資本、技術得到最有效的利用，從而大大地提高勞動生產率，增加各國的物質財富。即分工和專業化生產，構成了經濟增長的源泉。這就是所謂的絕對優勢理論。

與絕對優勢理論不同的是，比較優勢理論指出那些多種商品生產都有絕對優勢的國家應該生產其相對優勢較大的商品，而生產上都處於劣勢的國家應該生產自己相對生產劣勢較小的商品。只要商品的生產商有比較成本差異，就可以在國際分工和國際貿易中獲得利益。該理論相對於絕對優勢理論有了一定的進步，為國際貿易的發展提供了支持。

比較優勢理論的核心內容是：如果一個國家在生產一種產品時的機會成本（與該國生產的另一種產品的相對成本）小於另一個國家生產同種產品時的機會成本，則這個國家就在生產該種產品上擁有比較優勢，並認為如果每個國家都集中資源生產並出口本國具有比較優勢的產品，則兩國間的貿易能使兩國都受益。遵循比較優勢原則，按照本國的技術條件和稟賦狀況選擇的產業才最具有市場競爭力。

3. 對外貿易乘數論

凱恩斯認為，國際貿易通過調節國際收支對國民收入和就業產生影響，因為順差會增加國民收入、擴大就業；逆差會減少國民收入、增加失業。可見，凱恩斯的思想接近於早期的重商主義。他從國民收入恒等式 $Y=C+I+(X-M)$ 出發，認為淨出口（X

-M) 的增長有利於國民收入 Y 的增長。而且,他還從投資乘數出發,推導出外貿乘數 $K=dy/dx=1/(1-c-m)$,其中 c 是邊際消費傾向,m 是邊際進口傾向。其主要理論觀點是:一國淨出口量的增加對國民收入的增加是乘數或倍數的關係,即國民收入的增加量是貿易順差的若干倍。這是因為,一國的出口和國內投資一樣,有增加國民收入的作用,其消費也隨之增加,於是帶動其他部門生產增加、就業增加、收入增加。如此反覆下去,收入的增量將是出口增量的若干倍。相反,一國的進口則與國內儲蓄一樣,有減少國民收入的作用,其作用機制與出口恰好相反。這樣,只有當貿易為順差時,對外貿易才能增加一國的就業量,提高國民收入。對外貿易乘數理論的前提條件是國內有充足的閒置資源,國內經濟處於非充分就業均衡狀態。這些基本前提在中國是存在的。閒置資源的存在和非充分就業為擴大出口既提供了可能性,也提供了必要性。通過擴大出口需求有效地解決本國勞動力等各種資源的閒置,同時出口需求的不斷擴大也不會與國內產業爭奪資源,在此前提下,對外貿易對經濟增長和就業的作用就是積極的。

4. 對外貿易是經濟增長的發動機

1937 年,經濟學家羅伯特提出了「貿易是經濟增長的發動機」的理論。20 世紀 50 年代科斯在研究這一學說時,還研究了 19 世紀英國與新移民地區經濟發展的內在因素,他認為西方發達資本主義國家在發展經濟時,出現了對糧食和其他資源的巨大需求。因此,他們必須要大量地進口這些物品,這極大地刺激了那些出口的新移民地區國家,使這些地區的經濟得到了發展。對外貿易不僅僅促使這些國家和地區根據比較優勢進行國際分工,而且促進各地區之間資源的有效配置,從而獲得靜態的利益。此外,這些國家和地區隨之引發的規模經濟帶來了動態的利益。因為對外貿易實際上增加了本國相對優勢產業的需求量,因此可以不斷地擴大生產規模,並改進生產技術,從而降低成本和改善經營,產生了規模經濟。該理論認為對外貿易具有傳導作用,它優化了資源的配置,成了國家經濟增長的發動機。

(二) 中國對外貿易對經濟增長影響的衡量與表現

1. 對外貿易依存度

雖然中國的對外貿易與經濟增長的運行軌跡基本一致,但這並不能說明對外貿易的擴大帶動了經濟增長,而且對外貿易增長也不一定是經濟增長帶動的結果。一國對國際貿易的依賴程度,一般可用對外貿易依存度來表示,體現本國經濟增長對進出口貿易的依附程度,是衡量一國貿易對經濟增長影響的基礎指標,也是衡量一國貿易一體化的主要指標

外貿依存度是一國對外貿易值(進出口總額、出口額或進口額)與該國的國內生產總值之比,它可以揭示該國在經濟增長過程中對外貿易與國民經濟的相互關係。外貿依存度增加時,可以說明一國的對外貿易對經濟增長起了更大的促進作用;反之,則說明對外貿易的促進作用減小了。外貿依存度可分為進出口依存度、出口依存度和進口依存度。出口依存度可以反應一國經濟對國際市場的依賴程度,進口依存度則反應一國的市場對外開放程度。外貿依存度越高,說明該國經濟發展對外貿的依賴程度

越大，同時也表明對外貿易在該國經濟中的地位越重要。

中國加入世貿組織以來，進出口依存度、出口依存度、進口依存度的大小依次遞減。其中，進出口依存度從 2001 年的 0.385 穩定增長到 2006 年的峰值水平 0.652，年均增長率達到 11.11%；2008 年起受金融危機的影響總體上呈現出下滑趨勢，從 2008 的 0.573 逐漸回落至 2014 年的 0.415，年均增長率為-5.23%。總體來看，雖然外貿依存度的變化因受國際環境衝擊而波動明顯，但對外貿易對中國經濟增長的刺激作用依舊舉足輕重。[1]

2. 外貿對經濟增長的貢獻度

一國外貿對經濟增長的貢獻度可以通過淨出口增加額與國內生產總值增加額的比值來衡量，體現了淨出口在國民經濟總量中的占比和其對經濟增長的拉動作用。2008 年全球金融危機爆發之前，中國外貿對經濟增長貢獻度的最高水平是 2005 年的 24.1%，最低值是 2001 年的-0.1%，總體上貢獻率有正有負，且變化幅度較大，不能維持在一個固定的區間內，而且一般都在 20% 以下。此後貿易貢獻度逐年遞減，在 2014 年和 2015 年分別僅為 10.5% 和 12.3%[2]，卻已經是金融危機爆發後的最好水平。可見，淨出口與中國的經濟增長的關係不明顯，沒有呈現出淨出口對經濟增長的正向促進作用，即淨出口對 GDP 增長的拉動越大，GDP 的增長幅度越大。經濟增長的「三駕馬車」之中，國內消費和投資因素對經濟增長的刺激作用更為顯著。

(三) 對外貿易對經濟增長的作用

1. 出口貿易對經濟增長的作用

首先，出口能夠擴大國內的生產者市場，大大促進生產力發展。對於某些企業來說，僅靠國內的市場遠遠不能夠滿足其要求，必須要開拓國際市場才會給企業帶來活力；而有些企業則需要通過國際合作，在生產原材料、運輸等方面才會更加便利，實現大規模生產，不僅能夠節約生產成本，還能夠提高企業的生產效率。因此，出口貿易的發展有利於促進規模經濟的形成，可以拓展國際市場，為國內產業規模經濟的形成創造條件。規模經濟下的企業生產可以使資源配置得到優化，提高資源的利用率，降低生產成本，從而促進生產力的發展。

其次，出口貿易的發展還可以促進國內就業率提升。一般來說，出口對就業率的提升體現在外銷為主的企業和加工貿易型企業上。中國的出口商品中鞋類、紡織品、玩具等勞動密集型的加工商品佔有很大比重，而這些就在很大程度上提供了就業機會。另外就是外銷企業也需要大量從事基礎工作的勞動力，從而也會提供不少勞動崗位。

最后，出口貿易的發展還能夠在一定程度上促進企業素質的提高。通過與國際先進企業的比較，提高其對技術創新和研究的投入，增強企業的國際競爭力，才能夠使企業在國際上長盛不衰。另外，還可以加強學習國外先進的生產技術和管理經驗，以及引進國外先進的技術設備，優化企業的配置，促進企業的持續性發展。

---

[1] 根據 2002—2015 年《中國對外經濟統計年鑒》計算得出。
[2] 根據 2002—2015 年《中國對外經濟統計年鑒》和商務部網站相關數據計算得出。

2. 進口貿易對經濟增長的作用

第一，進口能夠推動中國的技術進步。對於中國這個發展中國家來說，對外貿易能夠提供更多的向外國學習先進技術的機會。通過引入先進的技術，可以促進經濟發展，優化結構升級，並能夠少走彎路，加快中國經濟的發展。

第二，進口能夠在很大程度上增加中國的要素供給。作為一個國家來說，其經濟的發展必然離不開多種企業的共同發展。雖然中國地大物博，但某些生產原料仍然無法自給自足，所以需要通過進口的方式來彌補這一不足，滿足本國的需要，促進經濟的發展。

第三，進口為中國出口的擴大提供了一定的支持。這其中的表現包括：通過進口先進的設備可以提高產品質量，提高出口競爭力；進口的擴大在很大程度上可以促進其他國家出口的擴大，同時，又會擴大他們對中國產品的需求，推動中國的出口。另外，有些出口還需要進口的帶動才能完成，因為需要進口以緩和一些貿易矛盾，才能夠使得中國產品順利進入對方國家。

第四，進口可以優化產業結構，促進其更好地發展升級。對於中國這種發展中國家來說，需要向國外引進先進的生產設備和技術，再通過進一步的改善和創新提升產品質量，最后將成本降低，利用中國勞動力和資源豐富的優勢，在國際上佔有一席之地，使中國的經濟產業發展強大。

二、中國外貿發展方式轉變與經濟發展方式轉變

經濟發展方式轉變和外貿發展方式轉變是兩個不同而又密切聯繫的命題，轉變外貿發展方式，既是轉變經濟發展方式的內在要求，也是實現外貿科學發展的根本途徑。改革開放30多年來，中國通過對外貿易全面參與國際分工，從製成品、中間品到生產環節全面融入國際分工鏈條，國際分工地位顯著提升，分享經濟全球化的利益，並成為中國經濟保持持續快速增長的重要動力之一。但粗放型經濟增長方式決定了粗放型外貿增長方式，粗放型的外貿增長方式也影響了經濟增長方式向集約型的轉變。中國「十一五」國民經濟發展計劃中同時明確提出了加快經濟增長方式的轉變和加快貿易發展方式的轉變的要求。

(一) 經濟與貿易發展方式的內涵

經濟與貿易的發展方式是經濟貿易發展目標得以實現的路徑與方法，經濟與貿易發展方式轉變是經濟運行行為、發展動力、發展約束和發展成果的變化。在經濟發展初期，發展的全部含義是實現經濟起飛，此時，發展即是增長，經濟與貿易發展方式可以簡化為經濟增長方式和貿易增長方式。而當經濟增長達到中等收入水平以後，只強調經濟貿易總量增長而帶來的各種矛盾會削弱經濟和貿易增長的動力，甚至引起人們對增長的意義的懷疑。此時，經濟與貿易發展的內涵需要擴充，從經濟運行行為、發展動力、發展約束適應和發展成果分享等方面進行協調，實現社會的和諧發展。

1. 經濟運行行為的轉變

有質量的可持續增長表現為經濟運行長期平穩增長，不存在由於經濟波動帶來的

過大的經濟社會損失，也不存在因為社會矛盾激化而造成的運行失衡及其產生的損失。從經濟運行行為衡量的經濟發展方式轉變就是從短期的、有波動的高增長轉向長期的、平穩的中速持續增長。

2. 發展動力的轉變

發展動力的轉變就是從外生轉向內生，用自主創新動力與能力、市場化程度、消費對經濟增長的貢獻，以及以基礎設施為代表的公共品生產，代替投資推動、資源消耗、人力投入的發展動力，從企業持續自主創新並累積創新能力、市場運行、消費率提高和惠及社會基礎設施完善中獲得發展的動力。

3. 發展約束的轉變

一方面，人類不能因為自然約束而停止發展；另一方面，發展不僅要充分考慮自然約束，更需要利用自然提供的條件實現約束的放鬆。

4. 發展成果的轉變

發展方式轉變的重要內容是讓發展成果更能夠體現社會進步，實現發展成果在全社會範圍內的公平、公正地分享。合理的發展成果分享不僅要體現社會公平，還要為進一步發展提供動力生成的環境和條件，有助於形成發展方式轉變的自我加強循環。

因此，外貿發展方式的評價指標應該包括外貿增長、發展動力、外貿結構、可持續發展四個方面。[①] 其中外貿增長包括增長的數量和質量兩個方面，增長質量可以從貿易的商品結構和方式結構是否優化來衡量；發展動力包括科技創新、制度因素和消費動力三個方面；外貿結構包括出口商品結構、貿易方式結構、市場結構和貿易主體結構四個方面；可持續發展則可以從生態效益和資源效益兩個角度考察。

(二) 外貿發展方式與經濟發展方式的關係

1. 轉變經濟增長方式是轉變外貿發展方式的基礎與前提

經濟發展方式是指一國或地區經濟發展的方法、途徑和模式。經濟發展方式轉變的目標，就是要在經濟增長的基礎上，實現經濟協調、和諧發展，從傳統增長型向協調和諧型發展轉變。外貿發展方式是經濟發展方式的重要組成部分，轉變經濟發展方式是轉變外貿發展方式的基礎與前提。

經濟結構決定外貿結構。經濟發展方式轉變的重要路徑是依靠優化結構來實現經濟發展，經濟結構合理與否直接關係到經濟增長的速度和經濟發展的質量。而經濟結構合理化、高級化，直接決定外貿結構狀況及其競爭力。經濟結構中所包含的社會總需求結構、產品結構、產業結構、投資結構、所有制結構、區域經濟結構等，都會直接影響外貿商品結構、外貿經營主體結構、外貿區域市場結構。經濟結構變化會形成新的產業鏈，帶來新的發展格局和更好更快的增長，因而也提升了中國產品的國際競爭力。

經濟發展方式決定外貿發展方式，外貿發展方式本質上是由經濟發展方式決定的。

---

① 陳海波，朱華麗. 中國外貿發展方式轉變的實證研究——基於全球價值鏈視角 [J]. 國際貿易問題，2012 (12).

一國經濟發展方式決定了外貿在國際分工中的比較優勢，從而也決定了對外貿易的地位，經濟發展的質量也通過對外貿易在國際市場上得到體現。外貿發展方式轉變的制度環境和物質基礎，需要經濟發展方式的轉變來提供。如，生產要素使用效率的提高意味著中國企業技術的進步和管理水平的提升，能夠從根本上有效地提高中國出口商品的附加值，從而改變中國在國際分工中的地位，改善貿易條件。因此，經濟發展方式的轉變將為中國外貿發展方式的轉變奠定可靠的基礎。

經濟增長觀決定了傳統外貿價值觀。中國片面追求經濟發展規模與速度的增長觀，在外貿領域也逐步形成「出口中心論」「規模中心論」「順差中心論」「貨物貿易中心論」，即重出口、輕進口，重貨物貿易、輕服務貿易，重數量、輕質量，重增長、輕發展的外貿價值觀。目前中國在外貿發展方式上存在的問題與長期的粗放型經濟增長方式有著很大的關係，只有在實現經濟發展方式根本性轉變的基礎上，中國對外貿易的質量和效益才能夠真正提升，外貿發展方式才能真正轉變。

2. 外貿發展方式轉變是推動經濟發展方式轉變的重要力量

中國是在經濟全球化大背景下進入國際經濟分工體系的，貿易規模、貿易結構、貿易發展方式直接或間接地影響著中國經濟發展方式及其轉變。

外貿結構優化促進了產業結構的升級。在開放經濟條件下，國際貿易是國內產業結構變動的最主要的外部因素。外貿商品結構變化為國內產業結構調整提供壓力和動力，推動了產業結構的優化和生產要素組合的合理配置。

國際市場轉換機制為經濟發展方式提供資源與效率。技術進步是經濟發展方式轉變的關鍵，外貿發展方式轉變能夠促進技術創新，通過貿易帶來技術外溢，通過技術轉讓實現技術進步。特別需要發揮進口引入競爭、提升效率、優化結構的功能，通過國際市場的轉換機制對產業結構優化和質量效益提升發揮特殊的作用，改變經濟發展方式高度依賴資源和資本投入，推動以技術進步來影響資源配置及使用效率。

加工貿易方式轉型升級促進勞動力質量的提升。出口商品技術含量越高，則對勞動力質量的要求就越高。經濟全球化帶來全球競爭日益激烈化，只有不斷提升勞動者的技能水平，加大培訓力度，大力發展科技教育，培養高科技尖端人才，才能在競爭中佔有優勢。

外貿質量提高、貿易條件改善為經濟發展方式轉變提供支撐。通過外貿發展方式轉變成效謀求更多的貿易利益，轉為經濟發展中成果，是經濟發展方式轉變的目標。如果國際貿易長期處於分工體系中低端位置，很可能出現貿易增長的貧困化，亦可能帶來貧困化的經濟增長。因此，推進外貿發展方式轉變，既是轉變經濟發展方式的內在要求，也是實現外貿健康發展的根本途徑。

3. 現階段外貿發展方式的轉變應先於經濟發展方式的轉變

在經濟全球化過程中，外貿在經濟運行中處於排頭兵地位，以外貿發展方式的率先轉變來推動經濟發展方式的轉變，是新時期中國以開放促改革、促發展的需要。

經濟增長高度依賴出口的狀況，要求外貿發展方式率先轉變。經過30多年的改革開放，中國外向型經濟已經形成。就中國經濟運行過程及已形成的基本格局來看，經濟增長主要依賴出口、投資、消費「三駕馬車」，出口對經濟增長的貢獻巨大。中國外

貿依存度高達50%左右，意味著中國經濟越來越與國際接軌，越來越需要國際市場。外貿發展方式的率先轉變，可有助於中國經濟發展方式在全球化背景下進行轉變，從而使中國經濟發展更具有國際規範性、更有競爭力，也更有可能獲得更大的發展空間。尤其當前中國正處於新一輪經濟增長週期，需要通過對外貿易繼續加強內外資源的轉化力度，在全球範圍內合理利用與配置資源，以支持經濟的可持續發展；利用外貿商品結構的調整，尤其是高新技術產品的進出口，加快本國的技術進步和科研開發，促進產業結構高級化；對外貿易效益的提升，可以為中國高附加值商品開拓更多的國際市場；服務貿易的快速發展，可以加速國內服務業與國際接軌；貿易發展方式的轉變，將會促使東部地區將其勞動密集型產業向中西部地區轉移，有利於中國區域經濟的均衡發展。

外貿發展方式轉變具有多重效應，要求外貿發展方式盡早轉變。外貿發展方式轉變具有技術進步效應、產業結構動態調整效應、資源配置效應、經濟波動風險減緩等效應，這些效應與經濟發展方式存在聯動機制。出口商品結構的調整推動產品結構的升級，服務貿易和高新技術產品出口的不斷發展，順應當今時代的生態貿易潮流，以先進的科技創造力彌補短缺資源的生產力，推動資源能源的可持續發展。

經濟運行中的諸多問題與外貿發展方式直接相關，要求外貿發展方式加快轉變。中國對外貿易增長方式的基本特徵是以低廉的勞動力資源及低環保門檻吸引外資，進而擴大出口。對外貿易快速增長引起了經濟運行的內外失衡，就國內經濟運行來看，外貿依存度逐步提高，使中國經濟安全面臨挑戰；粗放型的增長方式，引起資源短缺與生態環境惡化。就外部經濟運行來看，巨額的外匯儲備使人民幣升值壓力加大；低價競爭使貿易條件逐步惡化，貿易摩擦急遽增加。今後一個時期是經濟發展方式轉變的關鍵時期，為適應這一時期經濟社會發展目標的要求，必須加快外貿發展方式的轉變步伐。要實施互利共贏的開放戰略，進一步提高對外開放水平，優化對外貿易結構，提高利用外資水平，加快實施「走出去」戰略，積極參與全球經濟治理和區域合作，以開放促發展、促改革、促創新，積極創造參與國際經濟合作和競爭新優勢，為經濟發展方式轉變提供持續動力。

第四節　中國的貿易大國地位

一、中國的貿易大國特徵

(一) 貿易大國的內涵

貿易大國主要是指在經濟開放的環境下，對外貿易不斷發展，一國的進出口總額和規模不斷擴大，占世界貿易的比重不斷提高，對本國的經濟拉動作用不斷增強。其中需要考量的重要指標是數量和規模，如貿易總額與世界貿易排名、進出口年增速、貿易主體數量和區域結構、對國際市場價格的影響力、貿易依存度大小、外匯儲備規模等。

(二) 中國貿易地位現狀

長期以來，中國的基本國情是一個農業大國。但是，改革開放 30 餘年來，中國的對外貿易取得了飛速發展，實現了三次飛躍：1986 年紡織服裝產品取代石油成為第一大出口產品，標誌著中國已經擺脫了依靠資源導向出口階段，進入了以勞動密集型產品為主導的時期；1995 年對外貿易工業品結構出現決定性的變化，機電產品首次取代紡織服裝產品而成為中國最大的出口產品，並推動著中國在 1994 年和 2000 年邁上人均 GDP 1,000 美元和 2,000 美元的大關；進入 21 世紀，特別是中國加入 WTO 以後，中國緊緊抓住國際產業轉移的機遇，大力發展 IT、機電產品等高技術產品，形成了以 IT、機電產品等高技術產品為龍頭拉動對外貿易的新格局。在高技術產品和機電產品 50% 左右增長速度的拉動下，近年來中國的進出口增長速度不斷加快，一直保持 30% 以上的高增長，並推動著中國進出口總額在 2004 年 11 月首次突破萬億美元大關，達到 10,384 億美元，對外貿易實現了第三次飛躍。

從全球範圍看，2014 年全球貿易僅增長 2% 左右。1~11 月美國進出口增長 3%，歐盟和日本分別下降 0.5% 和 2.5%。而中國外貿增速明顯高於全球的平均增速，第一貨物貿易大國地位進一步鞏固。2014 年中國全年進出口運行情況還有一個主要特點是貿易夥伴更趨多元化。首先，中國對外貿易開拓新興市場取得新成效。全年中國與發展中國家進出口比重較 2013 年提高 0.4 個百分點，其中，對東盟、印度、俄羅斯、非洲、中東歐國家等進出口增速均快於整體增速。不僅如此，2014 年中國自貿區戰略取得了明顯效果。據統計，不含港、澳、臺地區的其他 17 個自貿夥伴在中國大陸出口總額的占比較 2013 年上升 0.6 個百分點。此外，中國大陸對外貿易對發達國家市場保持穩定增長，全年對歐盟和美國進出口分別增長 9.9% 和 6.6%。因此，中國已經成為名副其實的貿易大國。

二、中國在世界貿易中的地位和影響

(一) 中國的經濟增長加速了全球經濟「南北」格局的變化和經濟重心的東移

回顧全球經濟發展史，進入 21 世紀以來全球經濟格局正經歷著不同於過去的變化。20 世紀 60 年代到 80 年代前期，發達國家和發展中國家在全球經濟中的比重基本保持穩定，發達國家 GDP 相當於發展中國家經濟規模的 3~4 倍；20 世紀最後 15 年，發達國家在全球經濟中的比重存在較大幅度上升，由以前的低於 80% 上升到接近 85%。進入 21 世紀以來，在發展中國家尤其是中國經濟高速增長的推動下，這一格局的變化出現逆轉，發展中國家比重開始快速上升，由世紀之初的 18% 左右上升到 2012 年的 31.8%，提升的份額中超過一半來自中國。中國在全球經濟中的比重由 2000 年的 3.7% 上升到 2012 年的 11.6%。

中國經濟對全球經濟的影響不僅體現為南北格局的變化，還反應為全球經濟重心的加速東移。據研究，隨著中國經濟的持續崛起和東亞其他地區的發展，全球經濟的重心也出現了加速東移的趨勢，由 1980 年的大西洋沿岸中部轉移到 2007 年的赫爾辛基和布加勒斯特以東的位置。

（二）中國經濟增長加速了全球技術進步，促進了全球經濟穩定

隨著中國不斷融入全球經濟，中國經濟與全球經濟的聯繫也日趨緊密。中國經濟的發展為全球其他國家和地區的發展提供了巨大的發展機會。具體來看表現為以下幾個方面：

1. 中國經濟的快速增長為全球發展提供了廣闊的市場

過去 30 多年來，快速的工業化成功推動了中國經濟高速增長，創造了巨大的需求空間。一方面，對於能源、原材料、機電設備的需求快速增長，極大地刺激了那些能源、原材料和機器設備出口國的出口增長，帶動了這些國家的經濟發展。進入 21 世紀以來，中國的鐵礦石進口需求增長了 12.5 倍，高新技術產品和機電產品進口需求則分別增長了 8.7 和 6.6 倍。另一方面，隨著中國經濟的增長，中等收入以上人群不斷壯大，迅速成為全球市場重要的消費力量。

2. 中國的發展促進了全球分工深化和技術進步

中國的對外開放不僅提高自身的專業化水平，也促進了貿易夥伴專業化水平的提高，同時帶動全球分工體系的深化和資源利用效率的改善。研究表明，過去 20 多年來，亞洲主要經濟體垂直專業化指數都有所上升，說明其專業化程度在提高，分工在深化。其中中國的垂直專業化指數上升最快，由 1985 年的 8% 左右上升到 2008 年的 37%，已基本達到韓國的水平。另外，中國的發展也為全球研發提供了大量的資金支持。2013 年中國全社會 R&D 投入占 GDP 比重達到 2.09%，這一比重超過了 2000 年的兩倍。不僅如此，中國還是全球專利購買大國。2011 年中國已成為全球第五大專利許可支出國和全球第三大專利技術淨輸入國。

3. 中國的穩定發展有利於全球控制通貨膨脹和穩定經濟增長

長期廉價的中國出口對於全球價格的穩定起著重要的作用。數據顯示，過去 30 多年中國的出口價格年均上漲只有 0.5%；而同期全球出口的年均價格漲幅則達到 2.3%。另外，過去 30 多年中國經濟保持長期穩定高速增長，對抑制全球經濟波動、維持全球經濟穩定增長，在一定程度上起到了「穩定器」的作用。我們測算的數據顯示，過去 30 多年來中國經濟增長波動幅度大幅低於主要發達國家。另外，金融危機爆發之後全球經濟復甦過程更是說明了中國對全球經濟穩定的重要作用。

三、中國在多邊貿易體系中的地位與影響

1947 年誕生的關貿總協定以及 1995 年取而代之的世界貿易組織被通稱為多邊貿易體系。這一體系的宗旨在於通過組織多邊貿易談判來增加國與國之間的貿易、規範貿易行為和解決貿易糾紛，從而使國際貿易更加自由、資源得到更有效的配置。世貿組織的目標是建立一個完整的、更具有活力的和永久性的多邊貿易體制。中國在多邊貿易體系中的地位主要體現在以下三方面：

第一，加入世界貿易組織不僅使中國的貿易總量快速增長，躍居世界第一貨物貿易大國，提高了外部需求對中國經濟的拉動作用，而且還通過外部壓力促使中國加速開展全面的市場化改革，成為多邊貿易體系最大的受益國之一。因此，中國已成了參

與和推動多邊自由貿易體系發展的最堅定力量。

第二，中國作為貿易大國的崛起，要求其通過積極參與多邊貿易談判，建立反應其所代表的廣大發展中國家利益需要的多邊貿易規則。近幾年，隨著貿易規模的擴大，中國在世界貿易組織框架下已經成為遭投訴最多的國家之一。出現這種情況的重要原因之一是多邊貿易體系的規則更多地反應了發達國家的利益需要，而沒有充分反應發展中國家的利益需要。中國有必要倡議改革一部分不合理的國際規則，實現從「規則被動接受者」到「規則主動制定者」的身分轉換。

第三，中國是一個發展中國家，經濟發展水平還很低。高度依賴貿易的中國發展模式需要以多邊貿易體系作為其存在基礎，中國有必要積極推進多邊貿易體系的發展。為此，中國應該調整「不做先鋒，不拖后腿」的談判原則，實現從「中間人」到「帶頭人」的身分轉換。否則，如果多邊貿易體系的發展遭受挫折，將會導致更多的地區和國家把發展貿易的重點轉向區域和雙邊貿易合作。一旦這一格局形成，世界各國推動多邊貿易體系發展的積極性將會減弱，中國將有可能成為貿易保護主義回潮的主要受害者。

與上述地位相對應，中國在多邊貿易體系中的影響包括：

第一，作為當今世界經濟中的一個貿易大國以及正在迅速成長的一個潛在經濟強國，加入世貿組織後，中國最主要的任務首先在於維護該組織的基本規則和正常的運行。中國需要這樣的組織和體制所確立和規範的一個穩定和透明的國際環境。因此，中國首先要確立一個「現時國際經濟秩序」的堅定維護者的形象，積極推動多邊貿易體系的持續發展。

第二，作為世界上人口最多的發展中大國，客觀上講，中國的市場開放傾向要弱於其他發達國家和中小發展中國家和地區。在這方面，中國應該同印度、印度尼西亞、巴基斯坦、巴西、墨西哥、阿根廷和南非等發展中大國密切合作，更好地維護發展中大國的利益，維護和拓展「自立」型發展模式運作的國際空間。

第三，作為一個具有廣泛影響的發展中國家，中國應該廣泛聯合其他廣大的發展中國家和地區，甚或利用「多數投票」決策機制的機遇，為落後國家和地區謀取更多的公平貿易條件。

值得注意的是，中國在多邊貿易體系中的地位比較特殊：一方面，從經濟規模和發展潛力上看，中國最需要一個穩定、規範和有序的國際市場環境，這和發達大國的利益一致；另一方面，中國的經濟發展水平和企業、產業的競爭能力還無法與發達國家相抗衡，因而無法做出發達國家可以做出的市場開放承諾，這裡又和發展中大國的立場一致。這種發達「小國」和發展中「大國」的雙重身分決定了中國在世界貿易組織中所扮演的協調者和仲介者角色。

總之，中國應該在世界貿易組織中堅定確立「負責任的發展中大國」的形象，一方面維護現有國際經濟秩序和該組織的健康發展，另一方面積極維護發展中國家利益。

四、中國對外貿易發展中存在的問題

（一）貿易發展不平衡，服務貿易發展落后

與貨物貿易相比，中國在服務貿易方面與貿易強國的差距更加明顯。一是服務貿易規模小，逆差大。2013年，中國服務貿易總額5,400億美元，首次突破5,000億美元。雖然中國服務進出口的排名不斷提高，但與歐美國家仍有很大差距。2013年，服務貿易逆差額高達1,184.6億美元。二是中國缺乏獨具競爭力的優勢服務行業，金融、保險和通信等技術密集型服務行業發展薄弱。中國貿易競爭力指數偏低，尤其是服務貿易競爭力指數一直偏低。三是中國服務貿易出口對象過於集中，主要集中在歐美、日本、中國香港、東盟等地區，應擴大國際服務市場。

（二）貨物貿易結構有待調整，貿易條件處於劣勢

一是外貿結構不合理導致在國際市場上競爭力不強。中國出口的主要是技術含量不高而價格彈性大的勞動密集型產品，這類出口極易受到國際經濟環境的影響。二是外貿結構不合理導致貿易摩擦不斷。中國出口的商品附加值低，市場競爭激烈，易受貿易壁壘的限制；出口市場集中於歐美，易成為反傾銷的對象；出口的產品缺乏核心競爭力，國內廠家進行低價競爭，易被認為是出口傾銷。近些年來，新貿易保護主義抬頭，新貿易壁壘出現，貿易摩擦不斷，貿易條件惡化，外貿風險加大。三是外貿結構不合理導致外貿「大而不強」。

（三）利用外商直接投資多，對外直接投資不足

自1993年起，中國便成為世界上第二大利用外商直接投資國，但是中國對外直接投資卻不足，嚴重落后於世界貿易強國。截至2012年年底，中國對外直接投資累計淨額達5,319.4億美元，位居全球第13位。但與發達國家相比，由於中國對外直接投資起步較晚，僅相當於美國對外投資存量的10.2%、英國的29.4%、德國的34.4%、法國的35.5%、日本的50.4%，對外直接投資不足。

（四）行業開放不平衡，開放程度依然偏低

伴隨著中共十八屆三中全會的召開，中國改革開放的進程在不斷推進，開放程度不斷提高，但是在一些重要的服務行業，中國的市場開放程度依然偏低。

（五）加工貿易比重過高，缺乏自主品牌

中國的對外貿易規模不斷擴大，進出口總額不斷增長，但是技術含量低的加工貿易額占了進出口總額的很大比重。統計表明，國家從加工貿易中得到的實際外匯收入不超過加工貿易額的30%，進而導致低端的加工貿易對國民福利的貢獻率會更低。

（六）外貿依存度過高

中國的總外貿依存度從1980年的12.61%提高到2001年的44.72%，2003年達到60.37%，2004年進一步上升到69.80%，達到歷史最大值。出口依存度也從1980年的6%提高2007年的39.19%，遠遠超過美、日等發達國家和印度、巴西等發展中國家。

2013年，中國的外貿依存度降為46%，但仍然偏高。

由此可見，中國不合理的貿易結構、較低的外貿效益以及較高的外貿依存度，無不提示中國從貿易大國走向貿易強國尚有一段漫漫長路。而這一切首先需要中國從經濟增長方式和貿易增長方式的轉變方面去實行。

本章小結

1. 對外貿易的商品結構主要研究貨物商品結構、服務商品結構以及兩者之間的比例關係；對外貿易的方式結構主要分析一般貿易、加工貿易和其他貿易方式進出口的比例關係；對外貿易的區域結構關注進出口商品的流向，反應一個國家的主要貿易對象以及同世界各國或地區之間的貿易往來情況；對外貿易模式結構則是基於國際分工的深化和貿易客體的精細化演進，研究產業間貿易、產業內貿易和產品內（中間品）貿易在對外貿易中所占的比重及其相互間的聯繫。

2. 轉變外貿發展方式，既是轉變經濟發展方式的內在要求，也是實現外貿科學發展的根本途徑。經濟與貿易的發展方式是經濟貿易發展目標得以實現的路徑與方法，經濟與貿易發展方式轉變是經濟運行行為、發展動力、發展約束和發展成果的變化。

3. 貿易大國主要是指在經濟開放的環境下，對外貿易不斷發展，一國的進出口總額和規模不斷擴大，占世界貿易的比重不斷提高，對本國的經濟拉動作用不斷增強。其中需要考量的重要指標是數量和規模。

思考題

1. 中國對外貿易發展可分為哪些階段？
2. 中國貿易商品結構的特徵是什麼？
3. 為什麼亞洲特別是香港地區在中國大陸的貿易市場結構中一直處於重要地位？
4. 簡述外貿發展方式與經濟發展方式的關係。
5. 為什麼說中國現階段還不是貿易強國？

案例分析

中國電子商務研究中心監測數據顯示，2014年中國跨境電商交易規模為4萬億元人民幣，同比增長30.6%。2013年中國跨境電商交易規模為3.1萬億元人民幣，增長率為31.3%，占進出口貿易總額的11.9%。隨著國家跨境電商利好政策的先後出抬、行業參與者的積極推動及行業產業鏈的逐漸完善，預計未來幾年跨境電商將繼續保持平穩快速發展，預計2017年跨境電商在進出口貿易總額中的滲透率將達到20%左右。

從2014年中國跨境電商的進出口結構看，2014年中國跨境電商中出口占比達到86.7%，進口占比在13.3%。目前中國跨境電商進口還處於起步階段，隨著國內市場

對海外商品的需求高漲，預計未來幾年跨境電商進口的份額占比將不斷提升。但由於跨境電商進口受國家政策影響較大，所以跨境電商進口份額占比將會保持相對平穩緩慢的提升。

從 2014 年中國跨境電商的交易模式看，目前跨境電商 B2B 交易占比達到 92.4%，跨境電商 B2B 交易占據絕對優勢。由於 B2B 交易量級較大且訂單較為穩定，所以未來跨境電商交易中 B2B 交易仍然是主流。但隨著跨境貿易主體越來越小，跨境交易訂單趨向於碎片化和小額化，所以未來 B2C 交易占比也會出現一定的提升。預計 2017 年中國跨境電商中 B2C 交易占比將達到 10% 左右。

（資料來源：中國電子商務研究中心. 2014 年度中國電子商務市場數據監測報告 [R]. 2015-04-08. www. 100EC. CN）

問題：

1. 新經濟模式下的對外貿易與傳統貿易有什麼區別？
2. 「互聯網+外貿」的新經濟模式對提升中國外貿發展質量和效益有哪些幫助？

第九章 中國貨物貿易

內容簡介

本章從階段特徵、商品種類和方式結構等角度詳細介紹了中國貨物貿易發展的特徵，探討了中國貨物貿易模式的類別、演進及實踐，對加工貿易的發展現狀進行了較為全面的分析，並定量分析了中國貨物貿易競爭力的大小及其影響因素。

關鍵詞

要素密集度；產品內貿易；外包；加工貿易；貿易競爭力

學習目標

1. 瞭解中國貨物貿易發展的現狀；
2. 理解貿易模式的分類及各自的特點；
3. 能客觀分析加工貿易在中國經濟增長中發揮的作用；
4. 瞭解中國貿易競爭力的現實，並掌握貿易競爭力的衡量指標。

案例導讀

20世紀80年代初，美國電子電氣設備的中間投入品所占比重只有6.7%，交通運輸設備所占的比重也只有10.7%；而到了21世紀初，這兩個行業的該比重值分別增加到20%和24.2%。1992—2002年的短短十年內，中國的同類數據也分別從11.6%和4.6%增加到29.7%和12.4%。另外據統計，1972年發展中國家對美國海外組裝製造品出口超過10億美元，美國進口投入品占總中間投入品購買量的比例從1979年的8.6%上升到了1990年的13.9%；對德國的OAP出口超過1.5億美元。1966—1972年6年中，兩個國家的OAP進口平均增長率分別為60%和36%，都遠遠超過同期產業間和產業內貿易平均10%左右（美國12%、德國11%）的增長率。

[資料來源：海聞，趙達. 國際生產與貿易格局的新變化 [J]. 國際經濟評論，2007（1）]

第一節 中國貨物貿易發展概況

對外貿易分為服務貿易和貨物貿易兩大類，中國的貨物貿易額在對外貿易中佔有絕大部分比重。自改革開放以來，中國對外貿易迅速發展，利用自身的比較優勢參與

到國際分工中，取得了巨大成就。

　　從數量上來看，中國的貿易額大約每四年就翻一番，在 2009 年就已成為全球最大貨物出口國，2012 年的貨物貿易總值僅比美國少 150 億美元（WTO 統計數據）。從 2013 年至今，中國的進出口占全球貨物貿易的 10% 以上，遠高於 2000 年的 3%，已連續 3 年成為世界貨物貿易第一出口大國和第二進口大國，長期保持貨物貿易順差地位。2015 年，在國際經濟總體復甦乏力、全球貿易漸入深度調整期的不利情況下，中國進出口增速依舊快於世界主要經濟體和新興發展中國家，占全球市場份額穩中有升，全年貨物進出口總值達 24.59 萬億元。其中，出口 14.14 萬億元，進口 10.45 萬億元，貿易順差比 2014 年擴大 56.7%，繼續保持全球第一貨物貿易大國地位。

　　從產品種類上來看，中國出口商品結構進一步優化。20 世紀 90 年代工業製成品出口實現了以資本密集型為主的轉變，出口的產品類別從紡織品、服裝和石油產品，轉向高科技機械和電子產品。2013 年大約 1/3 的貿易涉及對在其他地方生產的零部件進行組裝和再出口，世界工廠和生產車間的全球化分工角色明顯。到 2015 年，出口機電產品 8.15 萬億元，占出口總值的 57.7%；而紡織品、鞋類、服裝、塑料製品、家具、玩具、箱包七大類勞動密集型產品出口總值為 2.93 萬億元，僅占出口總值的 20.7%，出口結構的層次得到明顯改善。

　　從經營主體結構看，民營企業出口保持增長，成為出口的主力軍。2015 年，民營企業出口 10,295 億美元，同比增長 1.8%，占外貿出口 45.2%，比 2014 年同期提高 2.1 個百分點；外資企業出口 10,047 億美元，同比下降 6.5%，占外貿出口 44.2%；國有企業出口 2,424 億美元，同比下降 5.5%，占外貿出口 10.6%。

　　值得一提的是，新型商業模式保持快速增長。2015 年，跨境電子商務增速高達 30% 以上。跨境電子商務、市場採購等新型商業模式正逐步成為中國貨物貿易發展新的增長點。

一、中國貨物貿易發展的階段特徵

　　表 9.1 列示了中國自 20 世紀 90 年代起，20 多年來貨物貿易進出口的總體變動情況。除了在 1998 年亞洲金融危機和 2009 年美國「次貸危機」時期，貨物貿易進出口出現負增長之外，其餘年份二者均分別保持了約 20% 和 30% 的年均增速，對當期經濟的增長和就業的增加起到了巨大的刺激作用。

表 9.1　　　　　　1990—2011 年中國貨物貿易進出口額及差額　　　　單位：億美元

年份	進口額	同比(%)	出口額	同比(%)	總額	同比(%)	貿易差額
1990	533.5	-9.80	620.9	18.18	1 154.4	3.36	87.5
1991	637.9	19.58	719.1	15.81	1 357.0	17.56	81.2
1992	805.9	26.33	849.4	18.12	1 655.3	21.98	43.6
1993	1 039.6	29.01	917.4	8.01	1 957.0	18.23	-122.2
1994	1 156.2	11.21	1 210.1	31.90	2 366.2	20.91	53.9
1995	1 320.8	14.24	1 487.8	22.95	2 808.6	18.70	167.0
1996	1 388.3	5.11	1 510.5	1.52	2 898.8	3.21	122.2
1997	1 423.7	2.55	1 827.9	21.02	3 251.6	12.17	404.2
1998	1 402.4	-1.50	1 837.1	0.50	3 239.5	-0.37	434.8
1999	1 657.0	18.16	1 949.3	6.11	3 606.3	11.32	292.3
2000	2 250.9	35.85	2 492.0	27.84	4 743.0	31.52	241.1
2001	2 435.5	8.20	2 661.0	6.78	5 096.5	7.45	225.5
2002	2 951.7	21.19	3 256.0	22.36	6 207.7	21.80	304.3
2003	4 127.6	39.84	4 382.3	34.59	8 509.9	37.09	254.7
2004	5 612.3	35.97	5 933.3	35.39	11 545.6	35.67	321.0
2005	6 599.5	17.59	7 619.5	28.42	14 219.1	23.16	1 020.0
2006	7 914.6	19.93	9 689.8	27.17	17 604.4	23.81	1 775.2
2007	9 561.2	20.80	12 204.6	25.95	21 765.7	23.64	2 643.4
2008	11 325.7	18.45	14 306.9	17.23	25 632.6	17.77	2 981.3
2009	10 059.2	-11.18	12 016.1	-16.01	22 075.4	-13.88	1 956.9
2010	13 951.0	38.69	15 778.2	31.31	29 729.2	34.67	1 827.3
2011	17 434.6	24.97	18 986.0	20.33	36 420.6	22.51	1 551.4

數據來源：歷年 WTO 數據庫。

　　與此同時，貨物貿易順差額基本也是逐年攀升，這表明中國貿易大國地位在主要依賴貿易總量的提升和外匯儲備的累積的同時，對貿易條件的改善和貿易質量的提高也造成了巨大壓力。

　　在此期間（圖9.1），中國的貨物貿易依存度也出現了明顯的上揚，總體上年均超過30%，2001年加入世貿組織之後外貿依存度迅速升高至50%以上。這說明，一方面外貿因素在中國 GDP 中占比過高，經濟增長較多依賴於外部需求，而國內需求相對不足，經濟發展的外向性、脆弱性特徵明顯，而內生刺激不足；另一方面，加入世貿組織確實為中國提供了更多地參與國際貿易分工的機會，中國可以抓住更加開放的機遇促進出口與進口的同步發展。就出口和進口依存度的對比來看，二者的變動軌跡一直相似，出口依存度稍高於進口依存度，但從 2005 年起，出口依存度開始顯著高於進口。可見，外貿出口除了拉動經濟增長之外，因為可以增加就業機會等方面的原因，經濟對其的偏好要高於進口，反應出中國對貨物貿易進口的重大意義和作用的理解還有待深入。

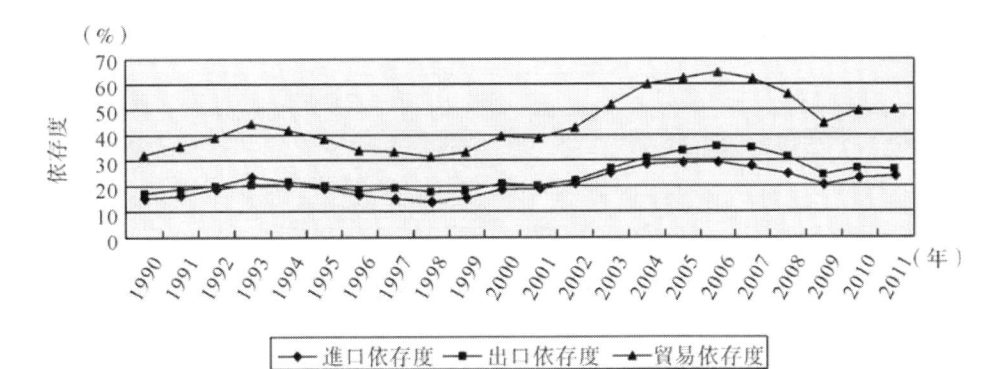

図 9.1　1990—2011 年中國貨物貿易依存度

數據來源：歷年世界銀行數據庫、WTO 數據庫。

二、中國貨物貿易的種類

隸屬於工業部門的製造業出口一直是中國貨物貿易出口的主力軍。根據克勞斯（Krause，1987）提出的方法，可將中國製造業製成品按照 SITC 三位數分類標準，劃分為自然資源密集型製成品、非熟練勞動密集型製成品、人力資源密集型製成品和技術密集型製成品四大類[①]。圖 9.2 表明，1995 年，非熟練勞動密集型類商品出口額較大，超過 64.4 億美元，其所占比重超過 62.7%。其他三種類型商品的出口額都較小，在製成品中所占比重均在 10% 左右。此后，非熟練勞動密集型商品出口額繼續增長，到 2005 年時高達 215.5 億美元，所占比重仍然非常高，達到 48.8%。

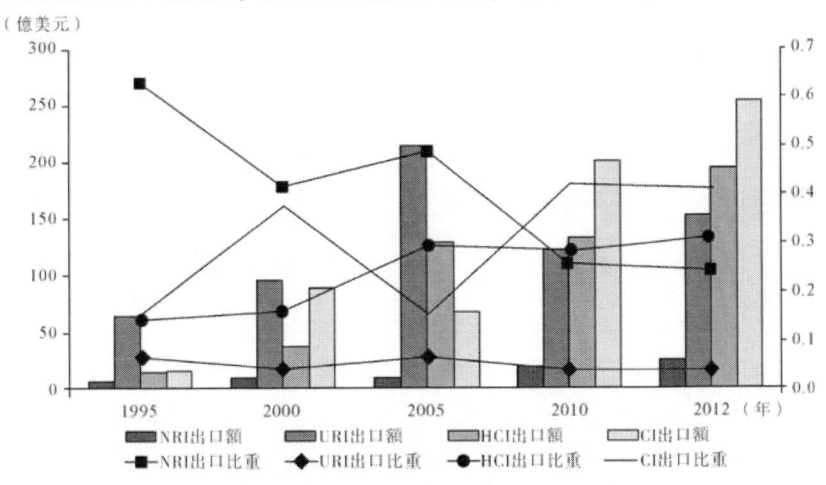

圖 9.2　按要素密集度分類的工業製成品出口額及比重

數據來源：歷年《中國海關統計年鑒》。

[①] 各類縮寫分別為：自然資源密集型製成品 NRI、非熟練勞動密集型製成品 URI、人力資源密集型製成品 HCI、技術密集型製成品 CI。

在 2005—2010 年間，非熟練勞動密集型商品出口額下降幅度較大，與之相反的是技術密集型產品出口得到較大提高。2012 年技術密集型製成品出口額為 254.7 億美元，比重為 40.8%，人力資源密集型商品出口額為 193.1 億美元，其比重也達到 30.9%。按要素密集型分類的商品進口結構趨勢比較明顯（圖 9.3），在 1995 年時四種類型的商品進口額都很小，其中所占比重最高的是技術密集型商品，為 47.0%。此后，技術密集型商品進口額繼續增長，除了在 2005 年時有一些下降。到 2012 年時，技術密集型商品進口比重高達 81.6%。除此以外，其他三種類型商品的進口額及其比重變化幅度較小。

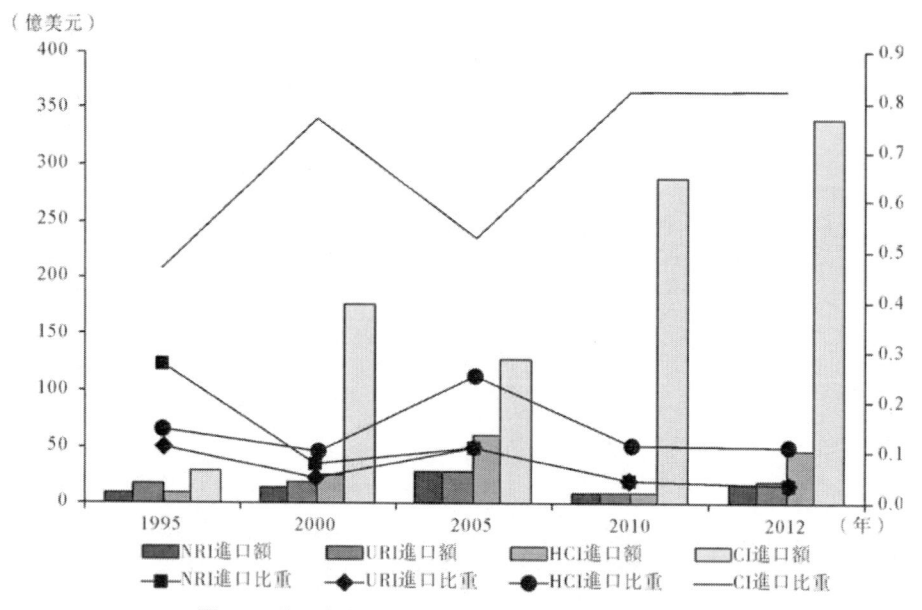

圖 9.3 按要素密集度分類的工業製成品進口額及比重

數據來源：UN Comtrade 數據庫。

通過上述對基於要素密集度劃分的貨物貿易種類進出口的分析可知，1995—2012 年期間，中國主要貨物貿易出口結構從以傳統非熟練勞動密集型類為主，逐漸轉變成以高新技術機電產品和智能機器為代表的資本密集型與人力資源密集型產品出口為主。同時，在工業製成品進口結構中，資本密集型類商品始終占據絕大多數。

三、中國貨物貿易的方式結構

對外貿易方式是指買賣雙方在國際貿易活動中所採用的具體做法。中國的對外貿易方式分為一般貿易、加工貿易和其他貿易。從貿易方式來看，中國貨物貿易主要由一般貿易和加工貿易構成，其他貿易方式所占比重極低。

在 1985—2012 年間（圖 9.4），不論是一般貿易還是加工貿易，以名義價格計算的進出口總額都迅速增長，特別是 2000 年以後，增長幅度尤其明顯。1992—1999 年，貿易的價值量翻倍。直到 2006 年，增長到 5 倍。2008—2009 年，出現了短暫的下降。到

2012年，對外貿易的價值量是2006年的2倍。

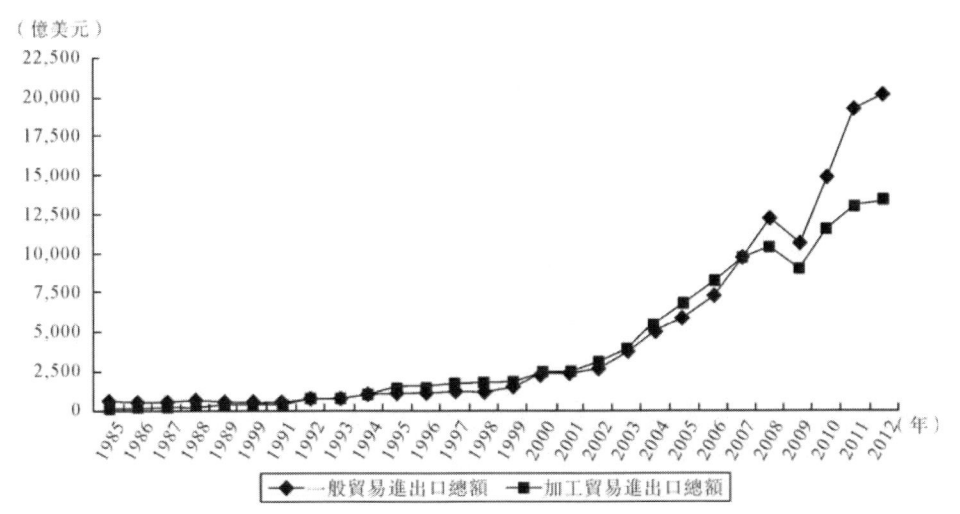

图9.4 1985—2012年中國一般貿易和加工貿易進出口額對比

數據來源：歷年《中國海關統計年鑒》。

出口方面（圖9.5），自1985年開始，一般貿易的比重在快速下降，加工貿易的比重在快速上升，到1993年，一般貿易與加工貿易的比重幾乎相等。自此以後，一般貿易和加工貿易的份額變化都不大，一般貿易所占份額從1992年的51%下降到1999年的41%，2000—2006年維持在42%左右，2012年又上升到48%。加工貿易的份額變化較小，從1992年的47%上升到1999年的57%，此後2000—2005年基本保持不變，2012年下降到42%。

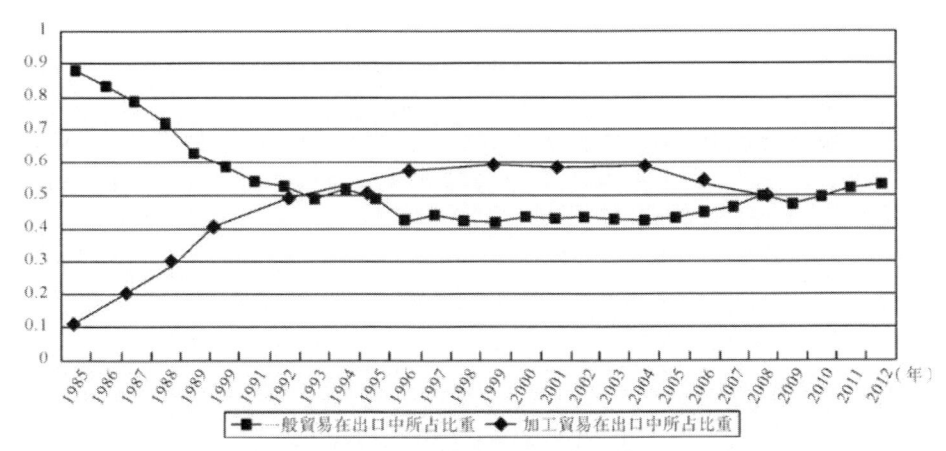

图9.5 1985—2012年中國一般貿易和加工貿易在出口總額中的比重

數據來源：歷年《中國海關統計年鑒》。

進口方面（圖9.6），1985—1993年間，一般貿易在進口中所占份額一直在下降，

加工貿易的比重一直在上升。從 1993 年開始，一般貿易的份額開始有波動地增長，從 1993 年的 42% 增長到 2012 年的 56%。加工貿易份額總體趨勢有一些下降，從 1993 年的 39% 上升到 1998 年的 49%，然後在 2000—2006 年基本維持在 40% 上下，2012 年下降到 26%。

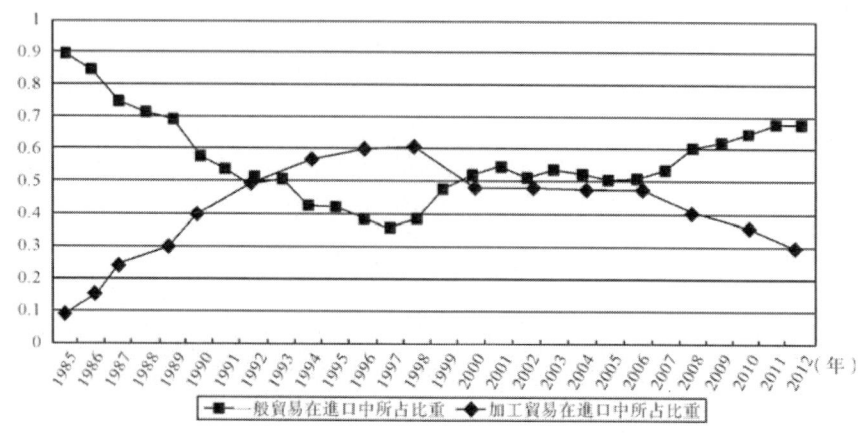

圖 9.6　1985—2012 年中國一般貿易和加工貿易在進口總額中的比重
數據來源：歷年《中國海關統計年鑒》。

在一般貿易出口中，早期出口增長量最快的是紡織業。2008 年以後，機械、電器產業出口額最大，2010 年達到 1,793 億美元。到 2010 年，在一般貿易出口中，除了紡織業和機械、電器以外，出口額最大的產業是金屬及金屬製品，達到 827 億美元。同時，化學和塑料製品的出口額約為 800 億美元。值得注意的是，成為 WTO 成員後，中國的食品和動物製品出口在持續快速增長。另外，對一般貿易的出口比重進行測算，紡織業比重下降了。資源類的產業，例如煤炭和木材、食品和動物的比重也在下降，儘管它們的名義價值上升了。與之相對的是，比重增長幅度最大的是機械和電器產業，1992—2010 中，其比重從 6% 上升到 25%。

對加工貿易出口而言，機械和電器出口增長迅速，從 1992—2010 年，比重從 22% 上升到 63%。通信設備屬於機械和電器產品大類，其出口增長速度非常快。除了機械和電器，大部分其他類別的加工出口產品價值增長了 10 倍，比重幾乎沒有變化。有兩個重要的例外是紡織業和鞋帽，其比重從 43% 下降到 10%。雖然這些傳統產業的出口總量依然在上升，但其增長速度小於出口總額的增長率，與機械和電器等技術先進類產業相比，其數值更是低很多。

第二節　中國貨物貿易模式

隨著貿易一體化和生產非一體化進程的發展，越來越多發達國家的跨國公司把產品的某些生產環節、工序或流程分散到中國等發展中國家去完成，並利用生產過程要

素密集度的差異和區段生產規模經濟的特徵，在不同要素稟賦的國家之間尋求最優的生產組合，以實現最小化成本和提高產品國際競爭力的目的。這種區別於傳統產業間和產業內的國際產品內分工模式，不僅為中國提供了更多融入全球化大生產的契機，而且鞏固了中國「世界工廠」和「裝配車間」的地位。

一、貿易模式的定義與分類

新貿易理論認為，對外貿易模式是指以某種分工形式為基礎進行的對外貿易活動。當需求跨越國界便自然產生國際分工和貿易，國際分工和國際貿易是一國內部分工和內部貿易邊界的全球化擴展，是世界經濟一體化的必然結果。國際貿易發源於市場經濟中生產分工現象的出現，國際分工決定著國際貿易的產生及其特定的表現形式。伴隨著世界經濟的發展和技術的進步，國際分工與國際貿易之間的緊密聯繫始終存在，而且在不同的歷史發展階段表現出不同的特點和重要性。具體來講，從19世紀70年代到20世紀40年代，再從20世紀70年代至今，國際貿易的發展依次經歷了產業間貿易、產業內貿易和產品內貿易三種模式。國際分工理論的發展也相應經歷了產業間分工理論、產業內分工理論和產品內分工理論三個階段。根據分工與貿易之間對稱的關係，國際貿易理論則相應地被劃分為傳統比較優勢貿易理論、新貿易理論和產品內貿易理論三種類型。

二、三種貿易模式的對比

(一) 產品內貿易模式的內涵

與產業間和產業內貿易的概念相比，產品內貿易模式的內涵更加複雜。對產品內貿易概念的解釋離不開對產品內分工的深入理解。當前國際化大生產的一個顯著趨勢是以垂直專業化為基礎的全球性的產品生產協作，把原來集中於某國或某個地區的產品生產分散到世界範圍內的不同國家或地區，每個國家或區域僅專業從事產品某特殊階段的生產，從而使國際分工由產業間、產業內深化到了產品的內部。產品內分工是聯繫且區別於傳統產業間和產業內的更加精細的引發了大量產品內貿易的分工形態，它是一種以產品的生產工序為分工依據，分散在不同空間的複雜化國際生產網路，是「特定產品生產過程的不同工序或區段通過空間分散化展開成跨區或跨國性的生產鏈條或體系」①，其本質是經濟全球化背景下市場一體化與生產過程分散化的統一。一旦產品內分工跨越了國界，並產生了國家與國家之間的相互需求，國際產品內貿易活動便發生了。

自「產品內分工」一詞肇端於 Balassa (1967) 和 Findlay (1978) 以來，又相繼出現了許多大致可以相互替換的相似概念，如「分散化生產」「分割價值鏈」「萬花筒比較優勢」「非本地化」「多階段生產」「全球外包」「海外外包」「轉包」「全球經濟生產非一體化」「零部件貿易」「垂直分工貿易」「生產分享」等。無論採取哪種表述，

---

① 盧峰. 產品內分工：一個分析框架 [R]. CCER 討論稿系列, 2004.

這種新型的分工模式本質上都是基於生產過程技術上可分的、利益驅動型的全球化大生產。因此,可以把國際產品內分工定義為:

第一,從原材料到製成品,特定產品需經歷兩個或兩個以上的生產環節、工序或流程,且各階段具備空間上分散化生產的技術可行性;

第二,產品生產涉及兩個或兩個以上的國家,相關的主體既可以是跨國公司,也可以是非關聯的兩個或多個企業;

第三,一國先進口某些環節、工序、流程等中間產品作為要素投入,然後將新的中間品或最終品的全部或一部分出口到另外的國家,出口產品中含有進口的中間產品成分。

同時滿足以上三個條件的與生產分工相關的國際貿易活動,我們稱之為產品內貿易。需要注意的是,產品內貿易的生產過程不僅包括狹義上的產品製造過程,更加涵蓋了供應鏈管理的核心要義。一個產品從原材料供應、開發設計、生產加工,到成品儲運、市場營銷和售後服務,都屬於廣義的生產過程概念。正是由於這種從原料到最終用戶的研究角度,極大地豐富了產品內分工貿易的涵蓋對象,拓展了產品內分工理論的研究領域,從而更好地解釋了現代國際貿易飛速發展的內在原因。

(二) 三種貿易模式的聯繫與區別

產業內貿易是國際貿易從最初的產業間分工進而發生產業間貿易發展到產業內分工的結果,而產品內貿易則是產業內貿易進一步細化的產物,三者之間彼此緊密聯繫,一脈相承。作為傳統貿易理論的延續和深化,產品內分工貿易自然可以借鑑和推廣產業間貿易和產業內貿易的研究方法,運用比較優勢理論和新貿易理論進行解釋。

一方面,各生產環節之間存在著技術或要素密集度的差異,不同國家或地區可以利用自身的生產力或自然資源稟賦特徵,專業化生產具有低成本或密集使用豐裕要素的中間產品,通過產品內貿易的方式實現比較優勢利益;另一方面,由於不同的生產階段具有不同的最優規模,不可能所有的國家或地區都具有進行整體規模化大生產從而降低生產成本的能力。這其中最典型的例子就是飛機製造。飛機製造所需的經濟規模之大以至於整個世界只能容下少數的製造者,即使發達程度差不多的美國和日本,也不能單獨生產飛機的所有零部件。由於歷史的偶然,一國某一生產階段規模報酬遞增的存在會不斷鞏固和擴大其在這一領域的優勢地位,從而形成各國之間有關飛機零部件的產品內貿易。

此外,生產過程越複雜,三種貿易模式之間越容易發生由淺入深的演進與更替。產業間貿易是一個國家或地區在一段時間內,同一產業部門的最終產品只出口或只進口的單向流動現象。當某種商品的生產過程愈加複雜化的時候,一國不僅由於自然資源和人力資源的限制而不再具備滿足各層次消費需求的能力,而且其生產的最終產品也會在不同的生產階段反應出更多的規模收益的差別,導致具有更大差異性產品的出現。於是基於消費偏好多元化的考慮,產業內貿易的規模也隨之迅速擴大;而越複雜的生產工序本身就意味著會產生更多的中間品和零部件,彼此之間越來越多的要素比例和規模效益的不同自然為產品內貿易的迅速發展提供了有利條件。可見,技術越先

進、生產過程越複雜，生產過程可分割的環節越多，三種貿易形態之間的轉換速度就越快，最終使得產品內貿易額急遽擴大。如今，積極參與產品內分工已經成為許多發展中國家融入國際化大生產、提高生產力水平和增強經濟實力的最重要途徑。

雖然在研究方法上三者存在相似之處，但作為一種新型的國際分工形態，產品內分工貿易與產業間、產業內貿易之間也存在著一些顯著的區別：

第一，產品內貿易的對象是中間品，而產業間貿易和產業內貿易的對象一般是最終品。

第二，相對於主要發生在不完全競爭市場環境下的產業內貿易比較單一的實現途徑而言，產品內貿易既可以通過母子公司之間的內部交易實現，也可以由隸屬於不同國家的非關聯企業間建立的契約來完成，實質上是一種在世界範圍內對生產佈局的區位選擇。

第三，產業內貿易一般發生在可以由規模經濟解釋的不具有明顯技術或資源稟賦差異的國家之間，可以較好地說明發達國家之間或發展中國家之間的貿易行為；而產品內貿易則建立在國際垂直專業化分工的基礎之上，不同的國家根據各自的比較優勢分別從事產品價值鏈上不同環節的生產活動，彼此之間存在著明顯的比較優勢差異，因而主要反應的是發達國家和發展中國家之間的貿易關係。

第四，產業間貿易以自由貿易作為鐵律，貿易主要表現為各國獨有的優勢產品之間的交換，一國在某一產業的比較優勢是貿易發生的根本原因，每個國家都憑藉各自的要素稟賦參與國際分工，因此，在不存在尋租行為的完全競爭環境下，自由貿易政策是對所有國家都有利的最好選擇；而產品內貿易則同產業內貿易具有相似之處，歷史的偶然在一定程度上決定了不同的國家在不同生產環節上的規模優勢，由於現實中市場競爭永遠是不完全的，為謀取超額利潤的尋租行為就不可能因為競爭而被完全消滅，一國在某一生產區段的專業化生產就會比從事整個生產流程獲得更多的收益。於是，戰略性貿易政策也許能夠成為政府抓住開展產品內貿易的戰略性機會，維護和加強本國經濟福利和企業國際競爭力的有效手段。

三、中國產業間與產業內貿易模式的演進

本小節主要基於產業間與產業內貿易模式結構的角度考察中國貨物貿易模式的發展特徵，因此這裡僅把對外貿易模式結構定義為產業間貿易和產業內貿易在對外貿易模式中所占的比重及其相互關係。

產業間與產業內貿易最直觀的區別在於貿易對象的不同，產業間貿易產品主要是要素密集程度不同的產品，產業內貿易產品主要是同一產業內部要素密集程度相似的產品。新貿易理論根據產品差異種類的不同，對同一產業中的產品進行了更詳細的區分，分為水平差異產品、垂直差異產品兩種，它們的差異分別體現在產品的多樣性種類、產品的質量檔次和產品所在的生產階段等方面。水平差異產品指的是同一產品的級差化，主要是發生在自然資源和生產要素稟賦相近的國家，生產同一產品的不同檔次、品質，也可能是不同的類型和規格；垂直差異產品指的是不同生產環節的專業化，使得多個國家共同生產一種產品，占據不同生產環節的國家利用各自的比較優勢，從

事不同生產環節的生產任務。

根據格魯貝爾（Grubel）和勞埃德（Lloyd）提出的產業內貿易指數的大小，中國貨物貿易演進軌跡可以劃分為兩個階段①：

（一）第一階段（1985—1999年）

第一，部分類別商品的產業內貿易指數總體有所增長。第3類（礦物燃料、潤滑油及有關原料）、第5類（化學成品及有關產品）、第6類（按原料分類的製成品）、第7類（機械及運輸設備）。第3類商品的產業內貿易指數由1985年的0.03上升到1999年的0.38；第5類商品的產業內貿易指數由1985年的0.33上升到2012年的0.46；第6類商品的產業內貿易指數由1985年的0.38上升到2012年的0.68；第7類商品的產業內貿易指數由2000年的0.08上升到2012年的0.75。

第二，部分類別商品的產業內貿易指數總體上呈現下降趨勢。包括第2類（非食用原料）、第4類（動植物油、脂及蠟）。第2類商品的產業內貿易指數由1985年的0.51下降到1999年的0.32；第4類商品的產業內貿易指數由1985年的0.71下降到1999年的0.180。

第三，部分類別商品的產業內貿易指數上下波動。主要是第0類（食品及活動物）和第1類（飲料及菸類）。1985年，第0類商品的產業內貿易指數為0.57，在1990年下降到0.32，到1992年時又上升至0.53，此後大部分時間，其產業內貿易指數的取值都在0.3~0.4之間波動，在1999年又上升到0.45。第1類商品在1985年時的產業內貿易指數為0.33，1989年上升到0.66，到1992年時為0.53，此後又下降到1994年的0.13，到1999年時其產業內貿易指數又上升到0.42。

第四，產業內貿易指數波動幅度最大的是第8類（雜項製品）、第9類（未分類的商品）。第8類商品，產業內貿易指數由1985年的0.15上升到1990年的0.93，此後大幅度下降到1995年的0.20，到1996年上升為0.71，在1999年時又降至0.21。第9類商品，產業內貿易指數由1987年的0.13有波動地上升到1992年的0.81，此後大幅度下降到1998年的0.01，到1999年時又回升至0.22。

總體上看，1985—1999年期間，中國產業內貿易水平總體呈現上升趨勢。1985年，中國產業內貿易修正指數僅為0.32，此後快速增長，到1991年時產業內貿易指數高達0.58，在1992—1995年間有所回落，但是在1998年時又高達0.61。

（二）第二階段（2000年至今）

第一，部分類別商品的產業內貿易指數總體呈現上升趨勢。第0類（食品及活動物）商品的產業內貿易指數由2000年的0.47上升到2012年的0.61；第1類（飲料及菸類）商品的產業內貿易指數2000年的0.66上升到2012年的0.74；第5類（化學成品及有關產品）商品的產業內貿易指數由2000年的0.45上升到2012年的0.69；第8類（雜項製品）商品的產業內貿易指數由2000年的0.22上升到2012年的0.32。

第二，部分類別商品的產業內貿易指數總體上呈現下降趨勢。包括第2類（非食

---

① 黃蓉．中國對外貿易結構與產業結構的互動關係研究［D］．上海：上海社會科學院，2012：68-73．

用原料)、第 3 類 (礦物燃料潤滑油及有關原料)、第 6 類 (按原料分類的製成品) 和第 7 類 (機械及運輸設備)。第 2 類商品的產業內貿易指數由 2000 年的 0.27 下降到 2012 年的 0.08；第 3 類的產業內貿易指數由 2000 年的 0.36 下降到 2012 年的 0.18；第 6 類商品的產業內貿易指數由 2000 年的 0.69 下將至 2012 年的 0.46；第 7 類商品的產業內貿易指數由 2000 年的 0.75 下降到 2012 年 0.70，總體下降幅度較小。

第三，部分類別商品的產業內貿易指數上下波動。主要是第 4 類 (動植物油、脂及蠟)。2000 年，第 4 類商品的產業內貿易指數僅為 0.02，一年之間上升到 0.25，到 2002 年時又降至 0.11，此后大部分時間，除了在 2005 年和 2006 年較高之外，其產業內貿易指數的取值都在 0.05~0.10 之間波動。

第四，產業內貿易指數波動幅度最大的是第 9 類 (未分類商品) 商品，產業內貿易指數由 2000 年的 0.24 上升到 2007 年的 0.94，此后大幅度下降，到 2012 年時僅有 0.04。

第五，進入 21 世紀以后，中國產業內貿易修正指數呈現一定的波動。2000 年以后，中國產業內貿易指數都在 0.50 以上，說明對外貿易中產業內貿易與產業間貿易幾乎平分秋色，到 2012 年中國對外貿易產業內修正指數為 0.52。因此，總體上當前中國產業內貿易水平依然不高。

綜上所述，2000 年以前中國絕大部分的產品主要以產業間貿易為主，只有第 6 類和第 7 類產品是以產業內貿易為主；2000 年以后，中國部分產品的產業內貿易指數有所提高，但是初級產品的進出口仍然主要以產業間貿易模式為主，工業製成品的進出口以產業內貿易模式為主，但產業內貿易水平仍需要繼續提高。這說明，中國初級產品的貿易仍然依靠靜態比較優勢，而且工業製成品的競爭優勢還不明顯。

四、中國的產品內貿易模式

(一) 產品內貿易模式的分類

國際分工與國際貿易的模式直接相關，通常分工方式決定著貿易的具體形態。作為在全球經濟一體化背景之下國際生產網路和產品內分工的主要推動者，發達國家跨國公司的海外擴張活動使得產品內貿易主要表現出兩種生產組織形態：一是跨國公司通過外商直接投資方式在東道國建立垂直一體化的子公司，再由母公司向子公司購買中間投入品；二是跨國公司與國外非關聯企業簽訂契約，以外包的方式先向東道國企業出口部分生產工序，再從其購買中間投入品或製成品。前者屬於公司內部化貿易，后者則是垂直非一體化，貿易發生在獨立企業之間。

1. 內部化

(1) 內部化的內涵

由經濟學家巴克利和卡森提出，並由克魯格曼等加以發展的內部化理論，在依次經歷市場內部化、優勢內部化和市場網路化三個漸進發展階段的過程中，運用交易費用的理論分析工具，合理解釋了跨國公司選擇垂直一體化的分工貿易模式進行國際市場擴張的原因：由於中間品市場的不完全，企業若將所擁有的科技和管理知識等無形

的中間產品通過外部市場來組織交易，就難以保證廠商實現利潤最大化的目標；若企業通過建立內部市場的方式開展內部分工貿易，則可以在利用行政權威協調企業內部資源配置的同時，保護自身特有的壟斷優勢，避免市場不完全對企業經營效率和經濟利益的不利影響。可以說，企業在內部市場轉移、傳播和鞏固壟斷優勢的能力大小是跨國公司開展對外直接投資的硬約束條件，而對外直接投資一旦成功，其結果則是使企業內部的管理體系代替了外部的市場機制，將中間品的配置和使用置於統一的行政管轄之下，從而降低交易成本，產生跨國經營的內部化優勢。因此，跨國公司的內部化是其應對市場外部性的積極參與策略，而並非表面上的退出市場行為。內部化理論中的中間產品概念主要是指知識產品，是能夠給企業帶來持續利益的技術、專利、訣竅、商標和經驗等無形資產。顯然，內部化理論的研究對象是產品內分工分析框架下的子集，是同技術信息密集型中間投入品相一致的概念範疇。

（2）內部化的特徵

目前全球外商直接投資的結構正在從製造業向服務業轉移，服務業對外直接投資占對外直接投資總量的比重已經超過60%，而且對外直接投資對服務業市場結構的變遷具有某種程度上的關鍵性作用。[①] 與此同時，服務業的組成也在發生著明顯的變化，不僅金融、電子、通信、倉儲運輸和商業等技術、信息密集型服務日益成為跨國公司對外直接投資的主流（UN，2004），而且對外直接投資對服務產業市場結構的變遷和升級也會產生積極而深遠的影響。因此，考慮到概念內容的一致性、產業結構的變遷以及當前主流服務貿易信息化、科技化的特點，本小節以美國為例重點考察服務業對外直接投資的現實表現，並對內部化理論的解釋力進行驗證。

美國作為世界上最大的經濟體和最大的服務貿易國，擁有控制關鍵生產要素和經濟產出流動方向的能力和力量，其在國際服務業對外直接投資的表現無疑成為發達國家在服務領域實施內部化戰略的清晰縮影。根據美國商務部經濟分析局（BEA）2004年的統計分析，美國跨國公司在服務業的貿易活動呈現出以下三個顯著的特點：

一是美國跨國公司在海外的子公司大部分建立在其他發達國家，而不是在廣大的發展中國家。比如，美國對外直接投資總額的61%投向了加拿大、日本和歐盟等發達國家和地區，而同年在馬來西亞、印度、中國和菲律賓等發展中國家的投資均不到總量的1%。

二是從2003年起，美國控股的非金融類海外子公司所生產的服務超過90%出口到了其他國家，而並沒有進口回美國本土。

三是美國最大的對外直接投資目標國往往也是在美國進行對外直接投資最多的來源國，其中日本、加拿大和歐盟三個國家和地區占據了對美國直接投資總額的82%。

上述第一點和第三點很容易在所有權—區位—內部化分析範式下得到合理的解釋。首先，經濟發展水平相近的國家，具有相似的文化背景、人力資本結構、技術水平和制度環境。由於服務類中間品特別是商務、金融和通信等高端服務，較之製造類中間品具有更高的知識、技術、信息等無形要素密集型特徵，這就需要東道國擁有與之相

[①] 肖文，林高榜．FDI流入與服務業市場結構變遷——典型行業的比較研究［J］．國際貿易問題，2009（2）．

匹配的要素禀賦條件。日、加、歐盟等國家和地區跟美國一樣，同處發達經濟體陣營，擁有相似的人力資本技術條件，相對於發展中國家而言，資源禀賦和生產力比較優勢都要明顯高出許多，更適合於承擔服務性流程作業。因此，發展中國家單一的低廉成本優勢並不足以抵消其生產低效率的損失，美國跨國公司利用其他發達國家比國內較低的工資成本的同時，在區位優勢效應的作用下更有向發達國家對外直接投資的傾向。其次，獲取和保護所有權優勢是跨國公司進行內部化分工的重要動因。在發展中國家，即使是採用市場專利和特許經營的方式交易知識技術型服務在很多情況下也不能保證鎖定專用化收益。大多數發展中國家和不發達國家缺乏完善的專利保護制度，或者相關法規不能準確描述技術信息密集型產品的特點，又或者政府在政策執行階段不能盡其職責，這就讓跨國公司不得不擔憂與子公司分享的內部專利技術被非法剽竊的風險。所以，在與自身具有相似法律制度體系保障的發達國家投資辦廠，成為大多數發達國家跨國公司確保專用性收益的最優選擇。另外，相近的文化背景和思維模式也為降低適應性成本提供了極大的便利。由此可見，發達國家之間服務工序的相互對外直接投資是跨國公司獲取成本節約收益和專用性收益的常規途徑。

一般地，內部化產品內分工的完整邏輯應該是跨國公司在東道國安排部分工序的製造或提供，然后再從子公司回購到母國用於最終組裝、消費或出口。那麼，為什麼作為世界最大資本輸出國的美國，其跨國公司子公司僅把自己生產的不到10%的服務出口到母國本土呢？換句話講，母公司不從子公司進口工序的原因是什麼呢？對此，內部化理論的解釋就略顯蒼白。內部化理論假設跨國公司中只存在從母公司向子公司的單向知識流動，而實際上不僅存在母子公司之間的雙向知識傳遞，還有子公司與子公司之間的知識共享。這表明，一方面跨國公司在海外子公司生產的服務只有極少比例屬於母公司所必需的專用性服務工序，大多帶有通用性的特點，從而容易面向其他國家出口；另一方面，母公司在進行成本收益分析比較的基礎上，採取了非垂直一體化的組織結構來安排大部分服務工序的生產，作為對內部化分工方式的替代。

實際上，在內部化理論經歷被動市場替代、主動利用市場缺陷和企業間共同治理市場缺陷三個發展階段的同時，20世紀90年代以來信息技術也取得了飛速的發展，導致市場交易費用大幅下降和越來越多非一體化企業組織形態的湧現。可以預見，隨著信息技術的普及，其在減少交易費用方面的作用會越發顯著，歸核化組織生產模式將成為21世紀初期各國跨國公司的主導型戰略選擇。

2. 外包

（1）外包的定義

外包，本意為外部資源利用，一般指企業出於節約成本的考慮，整合利用外部獨立廠商手中最優秀的專業化中間品投入資源（包括物質要素和服務要素），以實現降低成本、提高效率、充分發揮自身核心競爭力和增強企業對環境的迅速應變能力等目標的一種經營管理模式。其本質在於，當企業面臨內部資源和比較優勢約束的情況下，利用建立長期穩定合約的方式，整合利用外部環境中最優秀的專業化資源，將不直接創造價值的產品鏈低端環節剝離，僅保留自身最具競爭優勢的核心資源，並專注於直接創造高附加值生產環節的一種產品內分工貿易模式。發展外包，就是不斷轉移價值

鏈上的非核心業務，全力發展自身的核心業務，專注於自己的核心競爭優勢，實現成本降低和競爭力提升的雙贏局面。其意義就在於「揚己所長」「避己之短」，只做自己最擅長的事情，把其他自己做不了或做不好或別人做得更好、更有效率的工作交給能做好這些事情的專業組織去做。

(2) 外包的分類

首先，按照外包的對象分為製造（生產）外包和服務外包。製造外包是關於有形實體中間品貿易的產品內分工種類，主要存在於汽車、電子元件、紡織服裝、機械製造等明顯具備技術可分能力的行業當中。服務外包是依據服務協議，服務外包需求方將某項服務的持續管理或開發責任委託授權給第三者執行，提供商向客戶提供特定服務業務的全面解決方案，以幫助客戶減少或消除在該業務方面的費用和管理成本，從而使客戶將全部精力集中於其核心能力的一種服務提供方式。具體而言，服務外包又可以區分為兩種不同的表現形態。一是在製造業和服務業以外的其他產業部門中，特定產品生產過程所包含的必需的工序性和支持性服務流程轉由外部市場提供；二是在以服務品作為核心產出的生產系統中，部分非核心生產性服務工序和流程轉為外部提供。

其次，按照地理區域歸屬分為國內外包（在岸外包）和國際外包（離岸外包）。一般來講，如果外包活動發生在同一國的經濟組織之間，便是國內（在岸）外包，否則就屬於國際（離岸）外包。參照國際收支帳戶體系對國際服務貿易的定義，同在一國經濟領土範圍內的「居民」之間的契約關係，即使雙方分別歸屬不同的國籍，也屬於國內（在岸）外包範疇。只有「居民」和「非居民」之間的外包關係才是國際（離岸）外包。而按照世界貿易組織《服務貿易總協定》的相關界定，外商在東道國建立的附屬機構所參與的外包活動也應歸於國際（離岸）外包。

(二) 中國製造外包的實踐

中國參與國際製造外包活動具有兩個突出的特點：一是發達國家跨國公司採用對外直接投資的方式在中國境內投資辦廠，承擔了絕大部分裝配業務的加工貿易活動，吸引了越來越多具備規模優勢的中國本土民族企業也加入到競爭行列之中，形成了日益壯大的原始設備製造商代工生產陣營；二是以信息技術接包為主要渠道，一大批國內新興的服務外包企業承接了一部分來自日本和歐美等發達國家和地區的軟件外包業務。一方面，以加工貿易為主要形式的製造外包極大地促進了服務外包在廣度和深度上的擴展；另一方面，生產性服務外包，尤其是以信息化、技術化為特徵的現代軟件服務外包，又為提高製造外包的生產效率和實現其在價值鏈所處地位的攀升，起到了明顯的積極推動作用。

原始設備製造商陣營的壯大，反應出中國製造企業對於特定產品的生產，逐步從低附加值的勞動密集型生產工序向擁有較高附加值的資本、技術密集型生產工序延伸，逆向外包初現端倪。比如，國內最大的 IT 製造廠商聯想（Lenovo）已經把旗下筆記本電腦子品牌 IdeaPad 和 ThinkPad 的整個生產工序外包給廣達、仁寶、緯創等臺資企業，自己僅負責品牌的維護和創新；而國內最大的家電製造商海爾（Haier）也開始與能夠

營運該公司一部分或大部分工廠的一些臺灣合同製造商（廣達、富士康、合碩、寶成等）進行有關脫手生產業務的商談，以便使集團能夠專注於自身產品的開發與營銷，實現從製造業向服務業的轉型。

應該強調的是，在當前金融危機餘波未平的經濟環境中，國際市場需求萎縮、人民幣升值壓力和發達國家的反傾銷貿易政策等負面因素使得傳統的原始設備製造商生產模式受到了極大的挑戰。不掌握自主品牌與核心技術，過度依賴於低端價值鏈環節的市場份額，完全受制於委託方的指令生產，不僅會使原始設備製造廠商原有的低廉勞動力工資成本、規模經濟等比較優勢蕩然無存，還會嚴重削弱其抵禦國際市場風險的能力。因此，國內原始設備製造廠商由單純的設備製造向擁有設計權限的原始設計製造商過渡，朝向其他國家和地區發包部分生產流程的逆向外包戰略轉型，正逐漸成為中國現代製造業外包發展的新趨勢。

第三節　加工貿易在中國的實踐

一、加工貿易的概念與分類

從廣義上講，加工貿易是國外企業（通常是工業發達的國家和新興工業化國家和地區的跨國公司）以直接投資的方式把某些生產能力轉移到發展中東道國或者利用東道國已有的生產能力為自己加工裝配產品，然後出口到境外銷售的活動；狹義上講，加工貿易是指從境外保稅進口全部或部分原輔材料、零部件、元器件、包裝物料，經境內企業加工或裝配后，將製成品復出口的經營活動，具體可以分為來料加工和進料加工兩種表現形式。

來料加工貿易，是指由外商提供全部或部分原材料、輔料、零部件、元器件、配套件和包裝物料，必要時提供設備，由本國加工企業按外商的要求進行加工裝配，成品交外商銷售，本國加工企業收取工繳費，對於外商提供的作價設備價款，本國加工企業用工繳費償還的交易形式。

進料加工貿易是指本國加工企業用外匯購買進口的原料、材料、輔料、元器件、零部件、配套件和包裝物料，加工成品或半成品后再外銷出口的交易形式。有些文獻認為不作價設備和可供輔料也可以納入加工貿易的考察範圍。

二、加工貿易與一般貿易的區別

加工貿易是由「進口原材料→加工生產→出口產成品」三個環節組成的有機整體，缺少其中任何一個環節都不能稱為加工貿易。加工環節一般屬於低產品附加值、低技術含量的環節。按照當代國際經濟分工理論，製造業的前端是核心技術所控制的區域，在製造業的后端是售後服務和技術維護所控制的區域，中間部分是加工裝配區域，兩端的產品附加值較高，中間的產品附加值較低。由此可見，加工貿易實質上是一種以勞動力為基礎的生產要素貿易。

243

一般貿易是指在中國有進出口經營權的各類公司、企業（包括外商投資企業），進行單邊進出口的貿易。如按一般正常方式成交的進出口貨物、從保稅倉庫提取在中國境內銷售的貨物、不再復運出口而留在中國境內銷售的原暫時進口貨物（如展覽品）、貸款援助的進口貨物等，以及外商投資企業進口供加工內銷產品的料件。傳統意義的一般貿易絕大部分使用本國要素和材料進行生產和出口。

加工貿易與一般貿易的不同主要體現在四個方面：

第一，一般貿易反應了對外貿易生產者全部的生產要素禀賦，包括外生的禀賦，如資本、勞動、土地資源和技術水平等，也包括內生的禀賦如技術創新能力、經濟組織的適應能力等；而加工貿易僅僅反應了對外貿易生產者局部的生產要素禀賦，即勞動力數量。

第二，一般貿易貨物主要採用本國生產要素進行生產，加工貿易主要對國外原材料或中間品進行加工裝配。

第三，一般貿易企業的利潤來自生產成本和國際市場價格的差距，加工貿易企業利潤源於加工增值率。

第四，一般貿易企業需要繳納進口環節稅，出口后徵收增值稅，而對加工貿易企業不徵收進口稅，出口也不徵收增值稅。

三、中國加工貿易的現狀[①]

隨著全球化進程的不斷深入，跨國公司以加工貿易的方式分割產品價值鏈工序，將特定產品的不同生產環節安排到成本最低、效率最高的地區，從而實現在世界範圍內對資源的配置和利用，已成為全球產業與貿易發展的趨勢。當前，中國加工貿易發展主要呈現出「一慢、一快、一升、一降」的特徵：「一慢」，跨國公司主導的大規模國際產業轉移明顯放緩；發達國家轉向大力推動產業迴歸和再工業化；尚未出現類似計算機技術革命的產業，產業轉移缺乏亮點、熱點和支撐點。「一快」，中國加工貿易產業和訂單向外轉移加快，東南亞許多發展中國家與中國之間形成了明顯的此消彼長的競爭關係。「一升」，中國生產要素成本快速上升，已經趕超東南亞周邊諸國並逐步接近東歐的一些國家。「一降」，隨著經濟持續增長，中國勞動力、土地、資源等生產要素成本持續上升，環境承載能力已達到或接近上限，低成本製造的傳統優勢明顯下降。

具體的，中國加工貿易的發展主要體現出以下特徵：

（1）加工貿易總量增長迅速，對外貿貢獻大。中國加工貿易憑藉比較成本優勢、地理優勢、政策和環境優勢推動著中國對外貿易的發展。一直以來，中國加工貿易的貢獻率巨大。1985—2014 年，中國加工貿易總增量為 15,081 億美元，對外貿易的貢獻率為 40％。

（2）作為發展中國家中最重要的外商直接投資流入國，以外資為特色的加工貿易活動一直是中國外商投資企業開展對外貿易的主要途徑。外資企業是中國加工貿易的

[①] 本節相關數據來自商務部網站和《中國經濟貿易年鑒》。

主要力量，在加工貿易出口構成中，1992年外資在加工貿易出口中所占比重為39%，在進口中占比是45%；到2006年，外資企業在加工貿易出口占84%，在進口中占84.8%。截至2014年年底，外資企業在加工貿易進出口中均占超過85%的份額。

（3）加工貿易產業結構進一步優化，高新技術產品所占比重增大。中國早期主要從事紡織這類勞動密集型加工貿易。出口增長中的一個巨大的組成部分即機械應歸功於加工貿易的增長，即在保稅區經過中間輸入而組裝。這樣的輸入通常是有較高的技術含量的，原產地多為美國和日本。表面上中國似乎在比較優勢上發生了巨大變化，但本質上依然是以勞動密集型產品為主。

（4）進料加工貿易占據主導地位。2000年以來進料加工貿易快速增長已成為中國加工貿易的主要形式。2014年，進料加工占加工貿易的比重為89%，來料加工占加工貿易的比重下降為11%。進料加工貿易在中國整個加工貿易中占據主導地位並且仍然有逐漸上升的趨勢，這充分反應出中國加工企業的自主能力和分工地位在不斷提高。

四、中國加工貿易發展存在的問題

中國加工貿易是在經濟全球化和國際分工不斷深化的背景下，依託勞動力、土地等低成本要素，承接國際產業轉移迅速發展起來的。當前，中國加工貿易發展的國際環境和國內條件都發生了重大變化，承接國際產業轉移受到來自發達國家和發展中國家的「雙向擠壓」，傳統的粗放式發展模式難以為繼，制約創新發展和轉型升級的問題依然突出。

根據1998—2014年工業製成品中初級產品、中間產品（零部件、半成品）和最終產品（資本品、消費品）的貿易數據，中國國際貿易格局的地位變遷、對外貿易結構的演變和國際分工各階段競爭力水平的變化主要呈現出以下特徵：1998—2014年，中國在全球價值鏈的地位有了明顯改善，高附加值零部件出口份額從1.8%上升到13.7%，中等附加值的資本品出口份額從3%上升到24%，而低附加值的初級產品出口份額則從1.9%降至0.4%；中國主要參與中後期生產工序的產品內分工，生產能力正在向價值鏈的中高端環節轉移，但較低附加值的半成品和最終消費品仍占據出口總額的50%以上，進口中間品再加工出口的接包模式沒有發生根本改變；雖然中國在產品價值鏈上的比較優勢已由簡單消費品向複雜資本品再向精密零部件升級，但比較優勢依舊主要集中在低附加值的最終消費品上；具體到代碼從ISIC15到ISIC36的22個製造業部門，最終產品中的消費品和資本品都普遍具有較為明顯的比較優勢。但在中間品階段尤其是零部件階段卻多數處於比較劣勢，多數高技術含量的中間品都需要通過進口才能滿足。此外，加工貿易與環境污染之間存在著長期的正向協整關係，加工貿易的快速發展是導致環境惡化的主要原因。而這也是導致對加工貿易存在諸多詬病的深刻原因之一。

可見，如今中國的比較優勢依然主要體現在勞動密集型產品的最終消費品階段，中國按照自身的比較優勢承擔大量的製造業外包活動，在國際產品內分工體系中主要扮演著「加工車間」的角色。雖然加工貿易在一定程度上實現了價值鏈的攀升，但遠遠還不足以徹底擺脫比較優勢陷阱的束縛和不可持續發展的陰影。基於學習累積和自

主創新的實質性價值鏈環節的飛躍，實現由要素驅動為主向要素驅動和創新驅動相結合的增長動力的轉變，亟待新型產品內分工貿易模式的出現。

為此，國務院於 2016 年 1 月提出了《關於促進加工貿易創新發展的若干意見》，專門針對「留、來、轉」三類情況明確了加工貿易創新發展的路徑。「留下來」的，在鼓勵加工貿易企業加快生產製造環節由低端向高端轉型升級的基礎上，拓展加工貿易的內涵與外延，推動製造業由生產型向生產服務型轉變，由加工組裝廠向技術、品牌、營銷型企業轉變，與服務貿易融合，與互聯網融合，與智能化生產製造融合，提升產品技術含量和附加值。「引進來」的，繼續加大招商引資力度，明確政策預期，通過引資引智引技相結合，提升加工貿易利用外資水平。同時，要積極參與多邊與雙邊規則和自由貿易區談判，為加工貿易發展創造公平競爭的國際經貿環境。「轉出去」的，一方面，加快推動沿海加工貿易優先向內陸沿邊地區轉移，研究制定支持內陸沿邊地區承接梯度轉移的差異化政策；另一方面，強調發揮境外合作區平臺作用，引導企業有序進行國際產能合作。

值得注意的是，雖然目前中國的外商投資企業依舊是從事加工貿易的主體，但隨著服務業在國際經濟生活中的地位越來越重要，從 20 世紀 80 年代初開始，跨國公司 FDI 的結構重點已經開始從製造業向服務部門轉移。70 年代早期服務部門僅占全球 FDI 總量的 25%，這個數字在 1990 年增加到約 50%，而 2014 年已經達到 80% 左右，至今仍有不斷上升的趨勢。因此，我們有理由預見，如果加工貿易在中國境內存在可持續發展的可能，那麼越來越多的跨國公司也許將會採取外部市場的方式，而逐步從內部化的生產結構中淡出。事實上，從某種意義上講，根據實務操作中對加工貿易類型的具體分類，進料加工方式近似對應著產品內貿易模式中的內部化 FDI 形態，而來料加工則更多地符合外包這種外部市場契約的特徵。

五、加工貿易對中國經濟發展的意義

加工貿易是中國參與國際專業化產品內分工、融入世界產品價值鏈各環節生產的最重要渠道，也是當前中國開展對外貿易的最主要方式。作為跨國公司 FDI 實現要素價格套利的主要手段，兩頭在外（研發和銷售階段）、中間在內（零部件裝配和生產）、大進大出的加工貿易方式在促進區域經濟繁榮、推動利用外資、引進先進技術和科學管理經驗等方面發揮了積極的作用，為中國發揮比較優勢參加國際化大生產創造了寶貴契機。

第一，加工貿易是貿易大國的重要支撐。據世界貿易組織統計，中國已連續 3 年成為全球貨物貿易第一大國，1981—2015 年加工貿易在外貿中占比從 5.7% 增長到 31.5%，1998 年占比最高達到 53%。目前外貿進口總額的 1/4 強、出口總額的 1/3 強仍由加工貿易貢獻。

第二，加工貿易是承接國際產業轉移的重要載體，依託加工貿易的快速發展，中國成為具有重要影響力的全球製成品出口基地。加工貿易直接帶動了新興製造業的發展，使中國從一個電子工業落后的國家，迅速崛起為世界 IT 產業最重要的硬件製造基地。

第三，加工貿易是推動中國企業成長和產業整體水平提升的重要力量。首先，加工貿易的發展為中國企業融入全球生產網路提供了重要途徑，通過參與全球分工，不斷學習掌握先進技術、標準、生產管理方式，通過「干中學」帶動企業創新能力提升；其次，加工貿易企業的外溢效應促進了中國企業技術和管理水平的提高。特別是跨國公司在華投資的加工貿易企業，技術水平和管理能力高於國內企業，其先進技術和管理經驗呈隱形擴散趨勢。

第四，加工貿易解決了大量就業。1978年，中國農村人口比重高達82%，人口流動性小。加工貿易成為大量農村剩餘勞動力就業的重要渠道。截至2015年年底，中國加工貿易企業數量達10萬家，解決就業4,000萬人，大約占中國第二產業就業人數的20%。此外，隨著加工貿易企業轉型升級和向中西部地區梯度轉移，一部分加工貿易企業的從業人員開始走向技術和管理崗位，實現了從非熟練工人向熟練工人的轉變。

第五，加工貿易累積了大量的資金和外匯。改革開放之後，中國面臨著資金和外匯短缺的困境，加工貿易的巨額順差為解決資金缺口和外匯缺口做出了巨大貢獻，為抵禦國際國內金融風險提供了資金保障。

實踐證明，加工貿易符合中國國情，對助推貿易大國地位、嵌入國際分工體系、提升產業水平發揮了重要作用，是不出國門的「走出去」。今后一段時期，加工貿易仍是中國深度融入國際產業分工體系、實現價值鏈攀升、提高就業水平的重要路徑和手段。中國必須緊緊抓住全球產業重新佈局機遇，繼續發展加工貿易。

第四節　中國貨物貿易競爭力

一、中國貨物貿易競爭力的現狀

(一) 貿易競爭力的衡量

貿易競爭力是指一個國家或地區可貿易的本國產品、產業以及從事貿易的企業在向外國市場上具有的開拓、占據其市場並以此獲得利潤的能力。從貿易競爭力的概念還可以看出，它既是國家層次上的競爭，也反應了國家在產業、產品（服務）、企業不同層次上的國際競爭力狀況。

1. 顯示性比較優勢[①]

匈牙利經濟學家巴拉薩提出了度量一國的比較優勢即國際競爭力的顯示性比較優勢指數方法。顯示性比較優勢指數是指一個國家的某種行業或產品出口值占該國出口總值的份額與該種產品的世界出口總值占所有產品的世界出口總值的份額的比率。它反應一國某種產品在世界出口貿易中的競爭強度和專業化水平。

如果顯示性比較優勢大於1，則表示一國某種產品在世界經濟中具有顯示性比較優勢，其數值越大，顯示性比較優勢越明顯；如果顯示性比較優勢大於2.5，則具有極強

---

① 顯示性比較優勢指數也稱為RCA指數。

的競爭優勢；如果顯示性比較優勢處於 1.5~2.5 之間，則具有較強的競爭優勢；如果顯示性比較優勢處於 0.8~1.25 之間，則該行業具有一般平均的競爭優勢；但如果顯示性比較優勢小於 0.8，則表明該國在此行業不具有競爭優勢。

2. 貿易淨出口指數①

某類產品的國際競爭力指數又稱為淨出口指數，用來判斷一個國家的某類產品在國際市場上是否具備相對競爭優勢。其數值等於一國某行業出口額與進口額之差與該行業出口額與進口額之和的比值。

淨出口指數的取值範圍介於 -1~1 之間。當淨出口指數等於 1 時，表示該產業發展已經非常成熟，只有出口沒有進口；當淨出口指數等於 -1 時，表示該產業處於完全進口階段，出口額為 0；若淨出口指數小於 0，則表明該產業在國際市場處於競爭弱勢，其進口大於出口，處於貿易逆差的局面；淨出口指數大於 0 時，表明該產業在國際市場上處於競爭力優勢，其出口大於進口，能夠獲得貿易盈餘。商品分類標準越細，貿易淨出口系數就越能真實地反應各產業產品的國際市場競爭力。

(二) 基於顯示性比較優勢指數的中國貨物貿易競爭力②

從總體上看，在中國不同的產業之間，顯示性比較優勢指數的數值差距較大。在 1990—2003 年期間，中國最具國際競爭力的產業是紡織、服裝業，其平均顯示性比較優勢指數分別高達 2.93 和 4.94，顯示中國在這兩個產業具有很強的國際競爭力。工業製品的顯示性比較優勢指數在此期間的平均值為 1.14，說明中國工業製品在 20 世紀 90 年代以後已經在國際市場上具有一定的競爭力，特別是辦公和電信設備產業近年來已經在國際市場上具備了較強的競爭力，該產業 1997—2003 年期間的平均 RCA 指數達到了 1.37。中國農產品及食品產業在 90 年代中期以前具有一定的國際競爭力，但是在 1997 年以后國際競爭力開始明顯減弱。中國在燃料和礦產品以及機械和運輸設備等產業的國際競爭力較弱。總體而言，1990—2003 年期間，中國在勞動密集型產業（例如紡織、服裝業）的國際競爭力很強，在技術（資本）密集型產業（例如辦公和電信設備產業）具備了一定的國際競爭力。第 8 類（雜項製品）行業在某些年份的 RCA 指數高於 2.5，第 7 類（機械及運輸設備）產業自 2005 年以后的顯示性比較優勢指數開始達到 1.25 以上，其他行業的顯示性比較優勢指數基本上都低於 1.5。

這表明，中國產業之間的國際競爭力參差不齊，除了第 7 類和第 6 類產品具備一定的國際競爭優勢，大部分行業產品不具有競爭優勢。

從趨勢上看，第 7 類（機械及運輸設備）和第 8 類（雜項製品）行業呈現較快的增長趨勢，其中第 7 類（機械及運輸設備）行業的 RCA 指數從 1985 年的不到 0.1 上升到 2012 年的 1.4；出現快速下降趨勢的產業包括第 0 類（食品及活動物）、第 2 類（非食用原料）、第 3 類（礦物燃料、潤滑油及有關原料）、第 4 類（動植物油、脂及蠟）；最后，第 6 類（按原料分類的製成品）、第 5 類（化學成品及有關產品）和第 1 類（飲

---

① 貿易淨出口指數也稱為 NX 指數。

② 根據聯合國 UN Comtrade 數據庫相關數據計算得出。數據圖詳見：黃蓉. 中國對外貿易結構與產業結構的互動關係研究 [D]. 上海：上海社會科學院，2012；80-82.

料及菸類）行業的 RCA 指數有一定的波動，但基本維持不變。具體來講，中國工業製品的國際競爭力在 1990—2003 年期間整體上呈上升趨勢，其中辦公與電信設備產業的國際競爭力上升最為顯著，在此期間上升了 2.66 倍；其次是機械和運輸設備產業，上升了 1.22 倍。中國汽車產業雖然從總體水平看國際競爭力依然很弱，但是近年來其國際競爭力呈上升趨勢。中國農產品及食品、燃料和礦產品、紡織、服裝等產業的國際競爭力在 1990—2003 年期間均有不同程度的下降，其中農產品和燃料產業的 RCA 指數降幅較大，分別下降了 59% 和 68%。中國改革開放以來一直具有很強國際競爭力的紡織、服裝產業，90 年代以后國際競爭力也呈顯著下降趨勢。與 1990 年相比，2003 年其 RCA 指數分別下降了 30% 和 21%。從 1990—2003 年期間的前後期對比看，上述變化趨勢也是很明顯的。辦公和電信設備產業、機械和運輸設備產業在 90 年代中期以後的 RCA 指數均值相對於前半期都有較大幅度的增長；農產品、食品、燃料和礦產品以及紡織、服裝的 RCA 指數均值相對於前半期都有一定幅度的下降。總的說來，1990—2003 年期間中國產業國際競爭力的總體變動趨勢是工業製品的國際競爭力呈上升趨勢，特別是技術（資本）密集型產業（例如辦公和電信設備產業、機械和運輸設備產業等）的國際競爭力上升很快，而勞動密集型產業（例如食品、紡織、服裝產業）的國際競爭力則呈下降趨勢。

從發展階段看，在 1985—2012 年間，中國 9 類行業的顯示性比較優勢指數變化可以分為三個階段。

第一階段：1985—1993 年，資源密集型和勞動密集型行業展現了較強的國際競爭力，第 0 類（食品及活動物）、第 2 類（非食用原料）、第 3 類（礦物燃料、潤滑油及有關原料）、第 6 類（按原料分類的製成品）和第 8 類（雜項製品）產業的 RCA 指數都大於 1，其中尤其是資源密集型行業的 RCA 指數更是大於 1.25，包括第 2 類（非食用原料）、第 3 類（礦物燃料、潤滑油及有關原料）、第 0 類（食品及活動物）。

第二階段：1994—2005 年，技術密集型產品顯示性比較優勢指數迅速上升，並在國際市場上占據越來越重要的地位，第 7 類（機械及運輸設備）、第 8 類（雜項製品）行業的 RCA 指數快速上升，尤其是第 7 類（機械及運輸設備）行業的 RCA 指數從不足 0.5 上升到超過 1.25，已經超過第 6 類（按原料分類的製成品）產業。第 0 類（食品及活動物）、第 2 類（非食用原料）、第 3 類（礦物燃料、潤滑油及有關原料）、第 4 類（動植物油、脂及蠟）等行業的 RCA 指數快速下降，已經低於 0.5。這主要是因為勞動密集型產品的大量出口賺取了大量外匯，中國有資金引進先進技術設備來發展中高技術產業，開始出口一些簡單加工工業品。

第三階段：2005—2012 年，各行業的發展趨勢比較平穩，RCA 指數基本保持不變。但是，經歷第二階段的轉型之後，資本或技術密集型和勞動密集型的行業已經具備較強的國際競爭優勢，第 7 類和第 6 類行業 RCA 指數都大於 1.25，其餘資源密集型行業的 RCA 指數都低於 0.5，可以認為不具備國際競爭優勢。

可見，根據顯示性比較優勢指數，20 世紀 90 年代初之前，中國的國際競爭優勢為資源密集型和勞動密集型行業；20 世紀 90 年代中期以後，中國的資本和技術密集型行業在國際市場上逐漸占據重要地位；進入 21 世紀以後，中國的資本和技術密集型和勞

動密集型行業具備明顯的國際競爭優勢。

（三）基於淨出口指數的中國貨物貿易競爭力[①]

1985—2012年間，淨出口指數大於0的僅有第0類（食品及活動物）、第6類（按原料分類的製成品），還有第8類（雜項製品）從1990年以后淨出口指數為正。其中，第6類（按原料分類的製成品）的淨出口指數從1985年的-0.45上升到2012年0.41，期間雖然有一定的波動，但是上升幅度仍然較大。這說明中國在國際市場上具有競爭優勢的是勞動密集型產品。

淨出口指數低於零的產業有第2類（非食用原料）、第4類（動植物油、脂及蠟）和第5類（化學成品及有關產品），其中第2類（非食用原料）和第4類（動植物油、脂及蠟）產業的下降幅度非常大，到2012年時已經幾乎接近-1。這說明資本密集型和資源密集型行業不具備國際競爭優勢，尤其是資源密集型產業的競爭優勢近年來下降非常迅速。

第3類（礦物燃料、潤滑油及有關原料）產業的淨出口指數下降速度較快，該行業在1985年時的淨出口指數接近1，自1995年以后淨出口指數低於0，此后繼續下降，到2012年時低於-0.8，已經不具有國際競爭優勢。同樣的，第7類（機械及運輸設備）行業的國際競爭力系數也在一直下降的趨勢中，1985年之前的淨出口指數大於0.8，到2005年以后低於零，說明技術密集型產業不具備國際競爭優勢。第1類（飲料及菸類）產業在1990—2010年間的NX指數都大於零，2010年以后開始為負值。

總之，以SITC分類的九大行業中，按照淨出口指數標準，中國具備國際競爭優勢的仍然是勞動密集型產品，資本密集型、資源密集型和技術密集型的行業都不具備國際競爭優勢。

綜合顯示性比較優勢指數和淨出口指數的分析結論，可以發現中國貨物貿易具備整體競爭優勢的主要是勞動密集型產品和部分資本技術密集型產品。

二、影響中國貨物貿易競爭力的因素

（一）生產要素

生產要素包括人力資源、自然資源、知識資源、資本資源和基礎設施等。要素創造而不是一般的要素稟賦在決定產業國際競爭力中發揮了更大的作用。中國的真正競爭優勢，不是主要依靠天然的要素稟賦，而是主要依靠那些經過投資所創造出來的高級要素。豐富的基礎要素會使企業只是簡單地利用這種要素優勢，而不是想辦法提升這些要素的質量和效率，從而導致國際競爭力下降；相反，要素劣勢卻迫使企業想辦法充分利用和提升已有要素的質量，從而使國際競爭力上升。比如，人力資本和知識要素都具有遞增的生產力，一國的長期經濟增長與國際競爭力取決於該國人力資本和知識資本的存量，誰擁有更多的人力資本和知識資本存量，誰就能在未來的市場競爭

[①] 根據聯合國UN Comtrade數據庫相關數據計算得出。數據圖詳見：黃蓉．中國對外貿易結構與產業結構的互動關係研究［D］．上海：上海社會科學院，2012：83-85．

中處於有利地位。

(二) 相關與輔助資源和制度的狀況

在中國經濟的發展進程中，體制因素和競爭所依賴的優勢資源對中國產業國際競爭力的影響非常大。20世紀80年代中期以前，自然資源的比較優勢是中國產業參與國際競爭的主要依靠；90年代初，產銷競爭逐步成為中國產業參與國際競爭的主要手段；90年代中期以後，隨著中國經濟開放度的不斷提高以及境外資本的大量進入，中國某些產業開始進入與境外同類產業進行資本實力競爭的階段。

(三) 企業策略、結構與競爭對手狀況

產業組織結構對產業國際競爭力具有決定性作用，寡占型市場結構有利於產業國際競爭力的提升，因為這類產業組織結構能夠促進企業有效競爭，提高產業的集中度，有利於企業發揮規模經濟效應，有利於增強產業內的分工協作等。

本章小結

1. 對外貿易方式是指買賣雙方在國際貿易活動所採用的具體做法。中國的對外貿易方式分為一般貿易、加工貿易和其他貿易。從貿易方式來看，中國貨物貿易主要由一般貿易和加工貿易構成，其他貿易方式所占比重極低。

2. 對外貿易模式是指以某種分工形式為基礎所進行的對外貿易活動。一旦需求跨越國界便自然產生國際分工和貿易。國際分工和國際貿易是一國內部分工和內部貿易邊界的全球化擴展，是世界經濟一體化的必然結果。

3. 中國對外貿易方式結構依舊是一般貿易與加工貿易並行。在出口方面，一般貿易和加工貿易之間是均衡的；在進口方面，一般貿易和加工貿易變化較大，進入21世紀后，一般貿易比重高於加工貿易比重，並且有持續擴大的趨勢；加工貿易出口從勞動密集型產品為主轉變成以機械、電器等技術密集型產品為主；外資企業仍然是加工貿易的主體。

4. 在2000年以前，中國絕大部分的產品主要以產業間貿易為主。2000年以後，初級產品的進出口仍然主要以產業間貿易模式為主；工業製成品的進出口以產業內貿易模式為主，但產業內貿易水平仍然不高。這說明，中國初級產品的貿易仍然依靠靜態比較優勢，而且工業製成品的競爭優勢還不明顯。

5. 從顯示性比較優勢指數來看，20世紀90年代初之前，中國的國際競爭優勢為資源密集型和勞動密集型行業。綜合而論，中國具備國際競爭優勢的仍然是勞動密集型產業，資本密集型、資源密集型、技術密集型的行業都不具備國際競爭優勢；具備綜合競爭優勢的主要是勞動密集型產業和部分資本密集型產業。

思考題

1. 一般貿易與加工貿易的區別。
2. 加工貿易對中國經濟發展的作用。
3. 三種貿易模式的區別和聯繫。
4. 影響中國貨物貿易競爭力的因素有哪些？
5. 外包規模的擴大會對中國的經濟發展產生哪些影響？

案例分析

五一前夕，受國務院大力發展光伏發電和國家能源局調增 2015 年光伏發電並網 17.8GW，增幅高達 70%的政策利好鼓舞，4 月 28~30 日上海光伏新能源展會在期盼中開幕，在喜悅中落幕。

就在這一片喜悅中，作為長期關注光伏和新能源的筆者也注意到一個不尋常的現象，那就是中國光伏硅片行業整體缺席這屆盛會。為此，筆者不得不四處向業內人士打探，試圖揭開其缺席的個中緣由。

在展會上和五一假期中，筆者走訪了一些業內人士，也訪談了一些硅片企業和行業的相關人士，結果是大家一致向筆者大倒苦水，請求筆者為夾縫中求生存的硅片企業和行業發出一點呼籲，給其一點生存和發展空間。

筆者首先問業內人士：為何硅片企業和行業整體缺席 SNEC 光伏展會？

行業人士的答覆五花八門，歸納一下有以下幾點緣由：

第一，硅片企業和行業單獨作為一個環節生存很難。硅片行業在上游多晶硅與下游光伏電池組件之間求生存，受到多方擠壓，單獨作為一個環節生存很難。以上游多晶硅企業為例，多數具有多晶硅與硅片的雙重產能，並且往往是硅片產能大於多晶硅產能，使得硅片企業無米下鍋。以硅片產能位居全球首位的 GCL 保利協鑫為例，其多晶硅產量 6.7 萬噸，其硅片產出高達近 13GW，還需要從美國進口 5,000 多噸的多晶硅來填補其硅片產出之不足。且其硅片產能據說通過改造可以提升到 15GW，這將壟斷國內和全球近 40%的硅料和硅片市場。不僅如此，下游企業電池組件大廠也多數擁有自己的硅片車間。

第二，主流硅片企業大多轉型出口高效單晶硅片。受以上所述因素影響，純硅片企業為了生存，紛紛轉型出口高效單晶硅片。隆基、中環、卡姆丹克、晶龍、陽光能源五大單晶硅片企業，2014 年出口創匯達 8 億美元，佔總體硅片出口額的 36%。這五大單晶硅片企業的特點和競爭力在於差異化、價值、高端路線，這也是這些單晶企業和行業免受常規多晶產品的同質化降價競爭，能夠獨善其身的緣由。

第三，城門失火，殃及池魚，硅片行業面臨「四不敢」。受多晶硅「雙反」和加工貿易暫停令的影響，硅片行業孤軍奮進。但面對 9 月 1 日即將到來的截止日期，硅片企業陷入困境。部分硅片企業的銷售人員和業務老總反應，海外訂單，特別是日本、

美國等的訂單很多，但是企業不敢接，令他們心急如焚。

這是為何？美元走強，歐元走弱，光伏上網電價、系統造價繼續快速下降，迫使組件、電池、硅片乃至硅料均必須相應降價。可是加工貿易暫停令如果真執行，將給企業帶來懲罰性關稅、增值稅等各項成本的增加達18%以上。而硅料成本大約佔硅片的40%以上，這使得硅片成本至少增加8%以上。國內某北方的單晶大佬年產值高達近50億元，利潤僅1.3億元，淨利潤率不到3%。

還有一些企業處於虧損中。比如華東地區一家五大巨子的單晶企業2014年虧損近1,500萬美元。即便是作為龍頭老大的隆基，2014年銷售額達36.8億元，淨利潤僅2.93億元，利潤率不到8%。

因此，加工貿易暫停令的執行，將使得這些企業沒有利潤，更多的將陷入虧損。企業自然也就是有單不敢接了。

銷售不敢接單，採購自然不敢進口，加工貿易的不敢進，一般貿易的更不敢進。企業也不敢生產。沒有訂單，或者成本上升而售價下降，企業沒有利潤甚或虧損，企業哪敢生產呢？

N型硅片、N型高效電池等代表未來的發展方向，全世界尤其歐、美、日等國家和地區正在快速發展，中國正在努力跟進。可是在這種情況下，企業生存都困難，哪敢談發展呢？

硅片企業如此，下游電池組件企業也類似。這事關全國十多個省市、幾十個縣市、150億美元的出口和2,000億元人民幣的產值、幾十萬人的就業。筆者也與光伏中下游企業和行業一起呼籲國家相關部門能夠及早體察民情，在適當保護國產多晶硅行業的同時，更要照顧到中下游企業的生存和發展空間，繼續執行加工貿易政策，給企業和行業吃政策「定心丸」。

（資料來源：本網記者. 硅片行業陷「四不敢」生存困境 急盼加工貿易延續政策「定心丸」[OL]. 中國新能源網. http://www.china-nengyuan.com/news/77155.html, 2015-05-14）

問題：
1. 總結硅片企業在加工貿易領域遭遇的困境。
2. 中國加工貿易發展的副作用有哪些？
3. 試闡述中國為實現加工貿易可持續發展應採取的對策。

第十章 中國服務貿易

內容簡介

隨著世界經濟的發展和全球產業結構的調整,服務業在各國國民經濟中所占比重不斷提高,發達國家基本上完成了從以製造業為主向以服務業為主的產業結構轉變,使國際服務貿易迅速發展,並成為國際貿易的重要組成部分。本章主要介紹服務的基本概念及國際服務貿易分類,並對中國國際服務貿易的發展概況、中國服務外包和服務貿易競爭力等問題進行分析。

關鍵詞

中國;服務進出口貿易;服務外包;競爭力評價

學習目標

1. 瞭解服務貿易的內涵和分類;
2. 瞭解中國服務進出口貿易各發展階段的基本狀況及特點;
3. 瞭解中國服務外包的發展現狀及特點;
4. 瞭解中國服務進出口貿易競爭力狀況。

案例導讀

2014年前三季度,中國服務進出口總額達4,305.4億美元,比上年同期增長10.2%(高於貨物貿易增速6.9個百分點)。其中,服務出口1,571.8億美元,同比增長6.8%;服務進口2,733.6億美元,同比增長12.2%。其主要特點表現為:

服務貿易占對外貿易的比重持續攀升。2014年前三季度,服務貿易占對外貿易總額的比重為12%,比上年同期提高0.7個百分點。進入「十二五」以來,服務貿易在對外貿易中的比重持續攀升,2011年、2012年、2013年占比分別為10.3%、10.8%、11.5%。

高附加值服務進口保持較快增長。高附加值服務中的計算機和信息服務、金融服務、廣告宣傳、通信服務進口快速增長,增幅分別為46.4%、37.1%、27%、22.4%。傳統服務中的旅遊進口破千億美元,達到1,151.4億美元,同比增長17.4%,占進口總額的42.1%,仍然是中國服務進口的第一大項;前三季度,運輸服務進口721.3億美元,同比增長3%,占比為26.4%。

服務出口增幅與去年同期持平。前三季度,中國服務出口占比排名前三的是旅遊、運輸服務和諮詢,分別實現出口額379億美元、314億美元、277億美元,同比變化幅

度分別為6.8%、-2.1%、8.7%；出口增幅排名前三的是金融服務、電影音像和建築服務，出口額分別為27.3億美元、1.2億美元、89.3億美元，同比增幅分別為41.9%、31.4%、18.8%。

服務貿易逆差進一步擴大。前三季度，中國服務貿易逆差1,162億美元，同比增長20%。旅遊貿易逆差為772億美元，逆差額居各類服務之首；運輸服務、專有權利使用費和特許費、保險服務逆差額分別為444億美元、165億美元、136億美元。諮詢、其他商業服務和計算機信息服務分別實現順差122億美元、106億美元、68億美元。

（資料來源：中國服務貿易指南網．http://tradeinservices.mofcom.gov.cn，2014年11月）

第一節　國際服務貿易分類

一、服務的內涵

服務是相對於有形產品的一種特殊形式的勞動產品，是以提供活勞動形式滿足他人需求而取得報酬的活動。因此，國際服務貿易反應的是國家與國家之間相互提供的作為服務活動的特殊使用價值。

第二次世界大戰後尤其是20世紀70年代後，各國服務業獲得了很大發展，服務成為國際經濟領域的一個新興的、範圍廣且發展前景廣闊的領域。因此，有必要對國際服務貿易做出具體的定義與範圍的規範。然而各國之間服務貿易發展不平衡，有關服務貿易是否可以作為單獨的貿易領域進行考察的問題僅僅在以發達國家為主的特定範圍的國家間展開討論，造成各國對其具體的定義與範圍存在不同看法。在這一背景下，關貿總協定第八輪談判第一次將服務貿易納入其議題，經過充分談判和討論，達成了《服務貿易總協定》。1995年起，服務貿易作為一個獨立於貨物貿易的單獨領域，成為世界貿易多邊談判的重要組成部分。

服務涉及面廣且形式各異，難以對其做出具體的定義。目前能較好地反應國際經濟實踐，有利於較完整的貿易統計同時又為各方普遍接受的一種定義是《服務貿易總協定》中對服務貿易的分類式表述，即《服務貿易總協定》第一部分中的第一條、第二款將服務貿易定義為：跨境交付、境外消費、商業存在、自然人移動。對這些交易的具體解釋如下：

跨境交付，是指在一個成員方境內向任何其他成員方境內提供的服務。在這種情況下，服務提供者不需要過境，因此多借助於遠程通信手段如國際電話通信服務。

境外消費，是指在一個成員方境內向任何其他成員方的服務消費者提供服務。在這種情況下，服務接受者要進入服務提供者所在的國家或地區接受服務，如出國旅遊、留學等。

商業存在，即一個成員方的服務提供者在任何其他成員方境內設立商業實體提供當地化的服務。這種商業實體或商業存在，可以是設在另一個成員方的分公司、分支

機構或代表處，例如外商投資企業、外資或合資銀行等以直接投資為基礎的服務，這種服務貿易會涉及資本和專業人士的跨國流動。

自然人移動，是指一個成員方的服務提供者在任何其他成員方境內提供服務。如建築項目或各種諮詢項目中，那些作為服務提供者的相關專家被請到國外服務，就是自然人的跨國流動服務，而不涉及投資行為。

二、服務的特徵

一般來說，服務的特徵有：

1. 無形性

無形性或不可感知性是服務最主要的特徵。這一點可以從以下兩個不同的方面來理解：首先，服務與有形的消費品或產業用品比較，服務的物質及組成服務的元素在空間上基本上是不固定的、不直接可視的、無形的，人不能觸摸或憑肉眼看見其存在。其次，消費者感知服務，一般能夠感覺到享用服務之後效果的存在而不是服務本身。

2. 不可分離性

有形的產業用品或消費品在從生產、流通到最後消費的過程中，一般要經過一系列的中間環節，生產與消費的過程一般具有一定的時間間隔。而服務則與之不同，它具有不可分離性的特徵，即服務的生產過程與消費過程同時進行。也就是說，服務人員提供服務於顧客時也正是顧客消費服務的時刻，兩者在時間上不可分離。服務的這種特性表明，顧客只有且必須加入到服務的生產過程中才能最終消費服務。

3. 異質性

商品的消費效果和品質通常是均質的，同一品牌的家電或服裝，只要不是假冒的，其消費效果和品質基本上很少有差異。

而同一種服務的消費效果和品質則往往存在著顯著的差異。這種差異來自供求兩方面：其一，服務提供者的技術水平和服務態度，往往因人、因時、因地而異，他們的服務隨之發生差異；其二，服務消費者對服務也時常提出特殊要求。所以，同一種服務的一般與特殊的差異是經常存在的。統一的服務質量標準只能規定一般要求，難以確定特殊的、個別的需要。這樣，服務質量就具有很大的彈性。服務質量的差異或者彈性，既為服務行業創造優質服務開闢了廣闊的空間，也給劣質服務留下了生存的餘地。

因此，與能夠執行統一標準的商品質量管理相比，服務質量的管理要困難得多，也靈活得多，正因為如此，往往導致了尋租等外部性的存在與蔓延。

4. 不可儲存性

基於以上第一和第二兩個特徵，使得服務不可能像有形的消費品和產業產品一樣被儲存起來，以備未來出售；消費者在大多數情況下，亦不能將服務攜帶回家保存。當然，提供服務的各種設備可能會提前準備好，但生產出來的服務如不及時消費，就會造成損失。不過，這種損失不像有形產品損失那樣明顯，它僅僅表現為機會的喪失和折舊的發生。

三、國際服務貿易的分類

服務內容的複雜性以及服務貿易定義的多樣性決定了服務貿易分類標準的龐雜。面對紛繁的服務貿易分類體系，主要介紹兩種分類，一種是世界貿易組織的按部門分類，另一種是國際貨幣基金組織的按要素分類。

（一）世界貿易組織按部門對服務貿易進行分類

目前在世界服務貿易中占據重要地位的是世界貿易組織服務部門標準分類。鑒於世界貿易組織在世界貿易實踐中所發揮的指導性作用，越來越多的國家開始接受並採用世界貿易組織以服務業開放部門分類為基礎的服務貿易劃分標準，如表10.1所示。

表10.1　　　　　　　　　　世界貿易組織的服務部門分類

部門	涵蓋的分部門
（1）商業性服務	專業性（包括諮詢）服務；計算機及相關服務；研究與開發服務；不動產服務；設備租賃服務。
（2）通訊服務	郵政服務；快件服務；電訊服務；視聽服務。
（3）建築服務	建築物的一般工作；民用工程的一般建築工作；安裝與裝配工作；建築物的完善與裝飾工作等。
（4）銷售服務	代理機構的服務；批發貿易服務；零售服務；特約代理服務；其他銷售服務。
（5）教育服務	初等、中等、高等教育服務；成人教育服務；其他教育服務。
（6）環境服務	污水處理服務；廢物處理服務；衛生及相關服務；其他環境服務。
（7）金融服務	銀行及其他金融服務；保險及有關服務。
（8）健康及社會服務	醫院服務；其他人類健康服務；社會服務、其他健康與社會服務。
（9）旅遊及相關服務	賓館與飯店；旅行社及旅遊經紀人服務；導遊服務等。
（10）文化、娛樂及體育服務	娛樂服務；新聞機構服務；圖書館、檔案館、博物館及其他文化氛圍；體育及其他娛樂服務。
（11）交通運輸服務	貨物運輸服務，如航空運輸、海洋運輸、鐵路運輸、管道運輸、內河和沿海運輸、公路運輸服務，也包括航天發射以及運輸服務，如衛星發射等；客運服務；船舶服務（包括船員僱傭）；附屬於交通運輸的服務，主要指報關行、貨物裝卸、倉儲、港口服務、起航前查驗服務等。
（12）其他未包括的服務	

（二）國際貨幣基金組織對服務貿易按要素進行分類

此分類方法根據的是國際貨幣基金組織統一規定和統一使用的各國國際收支帳戶形式。這種國際收支帳戶的格式和項目構成為世界上絕大多數國家所採用，是衡量一國在一定時期內同世界上其他國家發生經貿往來所共同遵循的標準。國際服務貿易流量在各國的國際收支帳戶中佔有重要位置，根據該項目所包含的統計內容可以對國際服務貿易做統計性的分類。

國際收支帳戶統計的基本流量有兩類：一類是經濟往來的金融資產方面，稱作國際資本流動，另一類是國際經濟往來的實際資產方面，包括商品、服務以及它們單方面的轉移，稱為國際經常項目流動。國際服務貿易統計分類的要點是將國際收支帳戶中的國際服務貿易流量劃分成兩種類型：一類與國際收支帳戶中的資本項目相關，即與國際的資本流動或金融資產流動相關的國際服務貿易流量，稱為要素服務貿易流量；另一類則只與國際收支帳戶中的經常項目相關，而與國際資本流動或金融資產流動無直接關聯的國際服務貿易流量，稱為非要素服務貿易流量。

1. 要素服務貿易

要素服務貿易的概念源於傳統的生產力三要素理論。這種理論認為經濟中所有財富的產生都是勞動、資本和土地（自然資源）提供服務的結果。勞動服務的報酬是工資，資本服務的報酬是利息及利潤，而土地服務的報酬是地租。但一方面，在國際經濟和貿易關係的領域，土地由於有流動性的限制，傳統觀點一般認為它不能夠提供跨國的要素服務，所以國際服務貿易一般不考慮土地所提供的服務及報酬流量；另一方面，短期的或長期的勞工跨國服務是人們所熟悉的，這些勞動服務所得到的報酬自然要作為國際服務貿易流量的一個成分反應在國際收支的帳戶中。但是，統計分類關於「要素服務貿易」和「非要素服務貿易」的區分是以是否與國際收支帳戶的資本項目直接相關為標準的。勞動要素的服務及其報酬與國際資本流動或金融資產流動只有間接的關係，因此勞動服務所引起的國際收支增減不屬於國際服務貿易統計分類的「要素服務貿易」。這樣，在國際服務貿易領域，「要素服務貿易」的含義就專門指資本服務的收益流量的跨國轉移。

在現代世界經濟體系中，國際資本流動的基本形式是國際金融資產的跨國輸出和輸入，主要的實現方式有兩種：國際投資和國際信貸。國際投資有兩種主要的方式——直接投資和間接投資。如果本國的公司在外設廠、開店、建立分支機構或購買現行的生產經營設施，這樣本國公司就通過金融資本的對外輸出而對這些國外投資擁有了管理控制權。當一國居民（公司、企業或個人）因為某項海外投資而獲得對國外資產的管理控制權時，這種投資就被稱為國際直接投資。嚴格說來，直接投資的收益流量並非單純的資本要素報酬，對外直接投資其實是經營管理技能同金融資產跨國轉移相結合的國際投資方式，因此，國際直接投資的收益流量實際包含兩種成分：一個是資本要素的報酬流量——利息或股息，另外一個是經營管理技能的報酬流量——利潤。國際直接投資收益流量的這兩種成分都作為要素服務收益的內容計入國際收支帳戶的國際服務貿易項目。假如在另一國的一項產權或債權的投資並未獲得管理控制權，則這種投資叫做國際間接投資，也叫國際證券投資。間接投資的方式是在國際證券市場上購買外國政府發行的債券或購買外國企業發行的股票或債券。買入證券是資本流出，賣出證券是資本流入。證券投資的主要目的在於獲得金融資產的利息或股息收益。因此，直接投資收益是一種較為純粹意義上的要素服務報酬，理所當然地計入國際收支帳戶的國際服務貿易項目。

同國際間接投資一樣，國際信貸的利息收入也是一種較為純粹的要素服務報酬。國際信貸的方式主要有三類：一是民間國際信貸。它主要有兩種類型——商業信貸和

銀行信貸。商業信貸是企業與企業間的國際信貸往來。銀行信貸是商業銀行的國際貸款，主要有單一行貸款和銀團貸款兩種形式。單一行貸款與一般國內貸款的形式沒有多少差別。當代國際金融市場上中長期貸款的主要形式是銀團貸款。銀團貸款是由一家銀行牽頭，組織若幹家銀行聯合起來向借款國的政府、企業、銀行或某項工程項目提供大額貸款。由於大型項目需要的外匯資金量大，一家銀行資金有限，滿足不了大額資金貸款的需要，因此組織多家銀行聯合起來發放貸款，一方面可以提供大額資金，另一方面多家銀行共同控制貸款風險，風險相對小一些。二是國際金融機構信貸，包括世界性和區域性的國際金融機構貸款。前者如世界銀行、國際貨幣基金組織對會員提供的信貸，后者如亞洲開發銀行、拉丁美洲開發銀行等對本地區國家和地區提供的信貸。三是政府間貸款，一般由貸款國政府或政府機構，如美國的國際開發署、日本的海外經濟協力基金組織以及一些國家的進出口銀行等，以優惠利率對外國政府提供。這類貸款由貸款國對貸款的建設項目或專門用途進行嚴格審查，並由借款國政府或中央銀行做擔保，以保證投資安全。所以以上這些類型的國際信貸，其收益均作為金融資產的要素報酬計入國際收支帳戶的國際服務貿易項目。

2. 非要素服務貿易

有了一個比較清楚的「要素服務貿易」的概念，根據國際服務貿易操作性統計分類的標準，就不難界定「非要素服務貿易」的概念和範圍。只是由於非要素服務貿易所包含的內容太過繁雜，很難用一兩個標準把它們貫穿起來，因此採用剩餘法或排除法來界定「非要素國際服務貿易」是規範定義或統計分類的較好選擇。

由於國際資本流動所產生的淨值（或增值），即利息、股息、利潤等也都計入國際服務貿易流量，因此從統計分類的角度看，國際上所謂「非要素服務貿易」的流量就是國際收支統計的經常項目流量的一個剩餘，即經常項目流量減去商品貿易（貨物進出口）流量，再減去單方轉移流量及「要素服務貿易」流量的剩餘，通常借助國際收支統計的基本結構來體現這個剩餘。見表 10.2。

表 10.2　　　　　　　　　國際收支統計基本結構

1. 經常項目	①商品（貨物）貿易 ②國際服務貿易 ③單方轉移
2. 資本項目	①長期資本流動 ②短期資本流動
3. 平衡或結算項目	①錯誤和遺漏 ②官方儲備變動

表 10.2 的統計結構反應一定時期（通常為一年）一個經濟體同世界上其他經濟體之間的經濟流量往來。除去主要作為補償性交易的「平衡或結算項目」不論外，表中所統計的國際經濟流量實際是由兩類流量組成的：經常項目和資本項目。顯而易見，根據這種統計規範，國際服務貿易的所有內容都作為經常項目的基本組成部分加以統計。這樣，從統計的角度看，國際服務貿易的項目應該是經常項目的一個剩餘，即：

國際服務貿易項目=經常項目-商品貿易項目-單方轉移項目。再從這個作為經常項目剩餘的國際服務貿易項目中減去「要素服務貿易」項，即減去與國際資本流動相聯繫的淨收益項目，就可以得到國際服務貿易的「非要素服務貿易」項目：非要素服務貿易項目=國際服務貿易項目-要素服務貿易項目。更具體些看，國際服務貿易的統計分類關係可以概括如圖 10.1 所示。

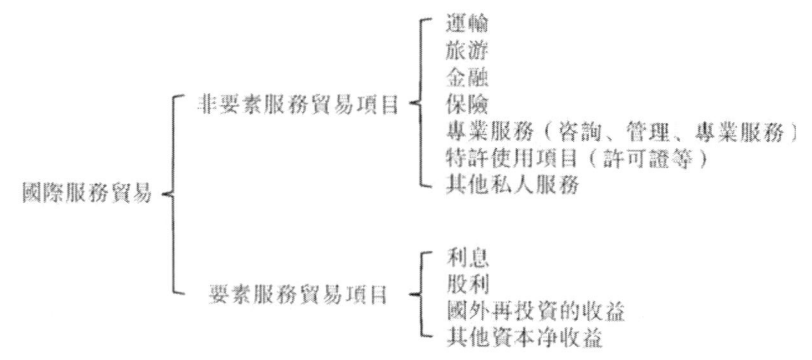

```
                          ┌ 運輸
                          │ 旅游
                          │ 金融
          ┌ 非要素服務貿易項目 ┤ 保險
          │               │ 專業服務（咨詢、管理、專業服務）
          │               │ 特許使用項目（許可證等）
國際服務貿易 ┤               └ 其他私人服務
          │
          │               ┌ 利息
          │               │ 股利
          └ 要素服務貿易項目 ┤ 國外再投資的收益
                          └ 其他資本淨收益
```

圖 10.1　國際貨幣基金組織的國際服務貿易分類

第二節　中國服務貿易發展概況

一、中國服務貿易發展歷程

服務業的現代化是一國經濟現代化的重要標誌，現代經濟活動中，它幾乎成了國民經濟的中心。但中國的服務業底子薄，起步晚，總體發展水平較低，不同時期呈現出不同的特點。

（一）高度集中的計劃經濟時期（1949—1978 年）

中國是一個傳統的農業國家，國民經濟的發展重心長期以來一直放在農業生產上，存在著重農輕商的觀念。新中國成立後，中國的國際服務貿易發生了質的變化。但這種輸出不僅規模小、結構單一（主要是勞動力輸出），而且帶有濃厚的政治色彩。其國際意義固然不可否定，卻很難從經濟角度進行考察。1953 年開始大規模經濟建設，實際是大規模工業建設，重生產、輕流通、更輕服務的小生產觀念占據上風，認為服務業不創造價值，只參加社會價值的分配，各行各業支援工業，服務行業大量縮減，發展受到了限制。如果用第三產業占 GDP 的比重和第三產業就業占全社會就業總數的比重來衡量服務業發展水平的話，1952—1978 年，第三產業占 GDP 的比重反而從 28.6%下降到 23.7%，第三產業就業占全社會就業總數的比重一直在 10%以下，只在 1978 年占全社會就業總數的 12.2%，分別低於同期第一產業的 28.1%和 70.5%、第二產業的

48.2%和17.3%[1]。

(二) 建立有計劃商品經濟制度時期 (1979—1992 年)

中共十一屆三中全會之後，中國經濟蓬勃發展，服務產業和服務貿易邁上了新臺階。從許多國家經濟發展規律看，當經濟發展到一定水平時，第三產業的發展速度普遍高於第一產業、第二產業，對於整個國民經濟的發展，起了明顯的促進作用。中國現在已經進入這個階段。加快發展第三產業，既可以調整三大產業比例關係、優化國民經濟結構，又是緩解經濟生活中深層次矛盾和促進經濟更快發展的有效途徑。在經濟政策的引導下，中國經濟發展明顯加快，就業明顯好轉，第三產業（服務業）就業人員比重不斷上升，為中國國際服務貿易發展奠定了良好基礎。在宏觀經濟政策和法律環境的引導和保障下，第三產業在第一產業、第二產業不斷發展的基礎上規模不斷擴大，結構逐步優化，第三產業占 GDP 的比重和第三產業就業占全社會就業總數的比重均不斷上升。如表 10.3 所示。

表 10.3　　　　1982—1992 年三大產業就業人員一覽　　　　單位：萬人

年份	經濟活動就業人員	就業人員	產業 第一產業	產業 第二產業	產業 第三產業	構成（合計=100）（%） 第一產業	構成（合計=100）（%） 第二產業	構成（合計=100）（%） 第三產業
1982	45,674	45,295	30,859	8,346	6,090	68.1	18.4	13.5
1983	46,707	46,436	31,151	8,679	6,606	67.1	18.7	14.2
1984	48,433	48,197	30,868	9,590	7,739	64	19.9	16.1
1985	50,112	49,873	31,130	10,384	8,359	62.4	20.8	16.8
1986	51,546	51,282	31,254	11,216	8,811	60.9	21.9	17.2
1987	53,060	52,783	31,663	11,726	9,395	60	22.2	17.8
1988	54,630	54,334	32,249	12,152	9,933	59.3	22.4	18.3
1989	55,707	55,329	33,225	11,976	10,129	60.1	21.6	18.3
1990	65,323	64,749	38,914	13,856	11,979	60.1	21.4	18.5
1991	66,091	65,491	39,098	14,015	12,378	59.7	21.4	18.9
1992	66,782	66,152	38,699	14,355	13,098	58.5	21.7	19.8

數據來源：國家統計局歷年《中國統計年鑒》。

改革開放之後，中國服務貿易所涉及的領域在逐步擴大，國際旅遊、銀行及保險、對外工程承包和勞務合作、技術貿易等都取得了較快的發展，服務貿易有了較快增長，進出口總額增速在 1982—1987 年達 47.72%，1987—1991 年為 66.2%，速度明顯加快。其中，中國服務貿易進出口在 1992 年出現了大幅增長，運輸、旅遊、建築、保險是中國傳統優勢出口項目，運輸服務和旅遊服務更是多年保持順差。原因之一是 1992 年中國確立了社會主義市場經濟制度的改革目標，為中國經濟與世界經濟提供了相近的環

---

[1] 數據從國家統計局《中國統計年鑒 1996》整理得到。

境；原因之二是中國在 1992 年對外匯制度做了較大調整，這對中國進出口貿易有推動作用。但是，中國服務貿易進出口在世界貿易中所占份額仍十分有限。見表 10.4 和表 10.5。

表 10.4　　　　　　　　　1982—1992 年中國服務貿易進出口額

年份 \ 項目	中國進出口額 金額（億美元）	同比增長（%）	占世界比重（%）	中國出口額 金額（億美元）	同比增長（%）	占世界比重（%）	中國進口額 金額（億美元）	同比增長（%）	占世界比重（%）
1982	44	—	0.6	25	—	0.7	19	—	0.5
1983	43	-2.3	0.6	25	0.0	0.7	18	-5.3	0.5
1984	54	25.6	0.7	28	12.0	0.8	26	44.4	0.7
1985	52	-3.7	0.7	29	3.6	0.8	23	-11.5	0.6
1986	56	7.7	0.6	36	24.1	0.8	20	-13.0	0.4
1987	65	16.1	0.6	42	16.7	0.8	23	15.0	0.4
1988	80	23.1	0.7	47	11.9	0.8	33	43.5	0.5
1989	81	1.3	0.6	45	-4.3	0.7	36	9.1	0.5
1990	98	21.0	0.6	57	26.7	0.7	41	13.9	0.5
1991	108	10.2	0.6	69	21.1	0.8	39	-4.9	0.5
1992	183	69.4	1.0	91	31.9	1.0	92	135.9	1.0

數據來源：中國服務貿易指南網《中國服務貿易統計 2013》。

表 10.5　　　　　　　1982—1992 年中國服務貿易進出口差額　　　　　　單位：億美元

差額項目 \ 年份	1982	1983	1984	1985	1986	1987	1988	1989	1990	1991	1992
服務差額	6	6	0	6	18	20	13	7	15	29	-2
進口	26	26	29	31	40	44	49	46	59	70	92
出口	20	20	29	25	23	25	36	39	44	41	94
1. 運輸差額	-1	-2	-3	-5	-5	-4	-7	-14	-10	-10	-27
進口	12	12	10	10	10	12	16	14	22	15	17
出口	12	14	13	15	15	16	23	28	32	25	43
2. 旅遊差額	8	9	10	9	12	15	16	14	17	23	14
進口	8	9	11	13	15	17	22	19	22	28	39
出口	1	1	2	3	3	4	6	4	5	5	25
3. 通訊服務差額	—	—	—	—	—	—	—	1	1	2	3
進口	—	—	—	—	—	—	—	1	2	2	3
出口	—	—	—	—	—	—	—	0	0	0	1
4. 建築服務差額	1	1	1	1	2	1	0	1	1	1	0
進口	1	1	1	1	2	1	0	1	1	1	1

表10.5(續)

年份 差額項目	1982	1983	1984	1985	1986	1987	1988	1989	1990	1991	1992
出口	0	0	0	0	0	0	0	0	0	0	0
5. 保險服務差額	1	1	1	1	1	1	1	1	1	1	2
進口	2	2	2	2	2	3	3	3	2	3	5
出口	1	1	1	1	1	2	2	2	1	2	3
12. 其他商業服務差額	−2	−2	−7	1	7	7	3	5	6	12	6
進口	2	1	4	4	8	5	5	7	9	19	26
出口	5	3	10	3	1	2	2	2	3	7	20
13. 別處未提及的政府服務差額	−1	−1	−2	−1	0	1	−1	−2	−1	−1	−1
進口	0	0	0	1	2	2	1	2	1	1	1
出口	2	2	2	3	3	3	3	2	2	2	2

數據來源：據國家外匯管理局《中國國際收支平衡表》整理得到。

「—」表示暫無數據，其他如金融服務等項目均無數據。

(三) 建立社會主義市場經濟制度時期（1993—2001年）

社會主義市場經濟制度改革目標確立后，中國經濟發展迎來了新的起點。1994年，中國進行了計劃、財稅、金融、外匯、外貿以及投資體制等方面的重大改革，推動了各類市場的發育和市場體系的形成，為加快第三產業的發展創造了有利條件。《中華人民共和國對外貿易法》《中華人民共和國廣告法》《中華人民共和國海商法》《中華人民共和國商業銀行法》《中華人民共和國證券法》《中華人民共和國保險法》等一系列法律的相繼出抬，為中國服務業發展提供了良好的宏觀環境和有力的法律保障。

自1993年以來，中國第三產業發展穩步上升，中國經濟政策調整對就業人員形成了一次轉移，第一產業就業人員在這十年明顯下降而第三產業逐漸吸收了大量就業人員，推動了中國服務業的發展。但是在此期間，其他發達國家第三產業就業人員已經占全國就業人員的60%～80%，中國的這一比值仍遠遠低於發達國家，甚至低於一些發展中國家。如表10.6所示。

表10.6　　　　　　　1993—2001年中國第三產業就業人員　　　　　單位：萬人

年份	經濟活動就業人口	就業人員	產業			構成（%）		
			第一產業	第二產業	第三產業	第一產業	第二產業	第三產業
1993	67,468	66,808	37,680	14,965	14,163	56.4	22.4	21.2
1994	68,135	67,455	36,628	15,312	15,515	54.3	22.7	23
1995	68,855	68,065	35,530	15,655	16,880	52.2	23	24.8
1996	69,765	68,950	34,820	16,203	17,927	50.5	23.5	26
1997	70,800	69,820	34,840	16,547	18,432	49.9	23.7	26.4
1998	72,087	70,637	35,177	16,600	18,860	49.8	23.5	26.7
1999	72,791	71,394	35,768	16,421	19,205	50.1	23	26.9

表10.6(續)

年份	經濟活動就業人口	就業人員	產業			構成（%）		
			第一產業	第二產業	第三產業	第一產業	第二產業	第三產業
2000	73,992	72,085	36,043	16,219	19,823	50	22.5	27.5
2001	74,432	73,025	36,513	16,284	20,228	50	22.3	27.7

數據來源：中國統計局《中國統計年鑒》。

在第三產業中，傳統服務行業規模不斷擴大，新興服務行業亦有突破性進展。改革開放為建築業、交通運輸及倉儲、郵電通信、銀行、批發和零售貿易、旅遊以及餐飲業等傳統服務行業注入了新的活力，這些投資少、見效快、盈利多的傳統服務行業獲得了前所未有的巨大發展。傳統服務行業的增加值占到第三產業增加值的65%左右[1]，就業人數占到第三產業全部就業人數的50%以上，構成了國內服務業的主體。與此同時，新興服務行業如保險、諮詢信息、科技服務與技術貿易、包裝、大眾傳媒等從無到有、從小到大，也有了突破性發展。

在這十年，中國貨物貿易進出口額均在不斷增加，2001年進出口規模是1992年進出口規模的2.6倍，中國開始由一個貿易逆差國家逐漸成為貿易順差國家。中國的服務貿易進出口也穩步增長，服務貿易進口額增長速度明顯快於出口速度，進出口額占世界服務貿易的比重逐年穩步上升，服務貿易進口額占世界比重明顯高於服務貿易出口額占世界的比重，但與貨物貿易相比，服務貿易占世界的份額仍然偏低。見表10.7。

表10.7　　　　　　　1993—2001年中國服務貿易進出口額

年份	中國進出口額			中國出口額			中國進口額		
	金額（億美元）	同比增長（%）	占世界比重（%）	金額（億美元）	同比增長（%）	占世界比重（%）	金額（億美元）	同比增長（%）	占世界比重（%）
1993	226	23.5	1.2	110	20.9	1.2	116	26.1	1.2
1994	322	42.5	1.6	164	49.1	1.6	158	36.2	1.5
1995	430	33.5	1.8	184	12.2	1.6	246	55.7	2.1
1996	430	0.0	1.7	206	12.0	1.6	224	-8.9	1.8
1997	522	21.4	2.0	245	19.0	1.9	277	23.8	2.2
1998	504	-3.4	1.9	239	-2.5	1.8	265	-4.5	2.0
1999	572	13.5	2.1	262	9.6	1.9	310	17.0	2.3
2000	660	15.4	2.2	301	15.2	2.0	359	15.8	2.5
2001	719	9.0	2.4	329	9.1	2.2	390	8.8	2.6

數據來源：中國商務部網站、中國服務貿易指南網。

（四）完善社會主義市場經濟制度時期（2002年至今）

隨著社會主義市場經濟制度的不斷完善，市場在資源配置中的地位不斷提高，中

---

[1] 數據由國家統計局《中國統計年鑒2002》整理得到。

國的服務貿易規模不斷擴大，形式日益多樣。

1. 服務規模不斷擴大

中國加入世界貿易組織後，國內市場進一步開放，第三產業（服務業）快速發展，吸收就業人口逐年上升。經歷了一段穩步增長的時期之後，在全球貿易快速發展和中國貨物貿易強勁增長的支持下，20世紀90年代中後期，中國服務貿易進出口均保持高速增長勢頭。入世後，中國服務貿易規模不斷擴大，占世界服務貿易的份額從2002年的2.7%上升到2012年的5.6%。

不僅如此，中國服務貿易占中國貿易總額的比重也不斷上升。2014年，中國服務進出口總額達6,043億美元，比2013年增長12.6%。其中，諮詢、計算機和信息服務、金融服務、專利權使用費和特許費等高附加值服務進出口增幅分別為7.9%、25.4%、59.5%、6.0%。高附加值服務貿易的快速增長培育了資本技術密集型企業，推進了科技進步與創新，優化了貿易結構。如表10.8所示。

表10.8　　　　　　　　2002—2014年中國服務貿易進出口額

年份	中國進出口額 金額（億美元）	同比增長（%）	占世界比重（%）	中國出口額 金額（億美元）	同比增長（%）	占世界比重（%）	中國進口額 金額（億美元）	同比增長（%）	占世界比重（%）
2002	855	18.9	2.7	394	19.7	2.5	461	18.1	3.0
2003	1,013	18.5	2.8	464	17.8	2.5	549	19.0	3.1
2004	1,337	32.0	3.1	621	33.8	2.8	716	30.5	3.4
2005	1,571	17.5	3.2	739	19.1	3.0	832	16.2	3.5
2006	1,917	22.0	3.5	914	23.7	3.2	1,003	20.6	3.8
2007	2,509	30.9	3.9	1,217	33.1	3.6	1,293	28.8	4.1
2008	3,045	21.4	4.1	1,464	20.4	3.9	1,580	22.2	4.5
2009	2,867	-5.8	4.5	1,286	-12.2	3.9	1,581	0.1	5.1
2010	3,624	26.4	5.1	1,702	32.4	4.6	1,922	21.5	5.5
2011	4,191	15.6	5.2	1,821	7.0	4.4	2,370	23.3	6.1
2012	4,706	12.3	5.6	1,904	4.6	4.4	2,801	18.2	6.8
2013	5,396	14.7	6.0	2,106	10.6	4.6	3,290	17.5	7.6
2014	6,043	12.6	6.3	2,222	7.6	4.6	3,821	15.8	8.1

數據來源：WTO國際貿易統計數據庫（International Trade Statistics Database）、中國商務部、國家外匯管理局。

2. 服務貿易形式多樣

伴隨著中國服務貿易規模的擴大和服務貿易結構的優化，服務貿易的實現形式也在不斷豐富，國外服務的商業存在方式已經進入了中國的金融、保險、諮詢、法律和會計、旅遊、交通運輸、倉儲、建築、商業等多個服務行業；中國在境外的服務型企業的經營活動也已經涉及金融、保險、信息諮詢和招商、交通運輸、餐飲、文化教育和醫療衛生服務等行業；以自然人移動方式進入中國的外國服務人員和從中國輸出的服務人員數量也在逐漸增多。

3. 中國服務業開放步伐相對緩慢、市場化程度不高

市場化是服務業產生、發展的前提。服務業的發展速度從根本上來講取決於市場化進程的高低，市場化程度越高，服務業增長越快。中國服務業長期處於過度保護和行政壟斷狀態，市場化程度較低。雖然在加入世界貿易組織之後部分領域逐漸開放，但出於經濟安全、行業規範等多種考慮，政府對金融保險、交通通信、教育醫療保健等現代服務業主要領域往往實行壟斷經營或者設置進入障礙，限制外資或者非國有資本進入[1]。根據國家發改委統計，在全社會固定資產分類中，第三產業的國有資產比例占70%以上，在國有部門的主導下，第三產業許多重要領域基本還在使用傳統經營模式，不僅具有壟斷特徵，而且極具排他性。

二、中國服務出口貿易

新中國成立後，中國的服務業經歷了從無到有、從小到大的發展歷程。改革開放以來，隨著中國經濟實力的不斷增強和貨物貿易的迅速發展，中國服務貿易也得到了很大的發展，服務貿易的領域不斷拓寬，規模不斷擴大，服務水平不斷提高，對國民經濟發展的貢獻越來越大。尤其是中國加入世界貿易組織以後，在世界服務貿易中的份額和排名不斷提升，中國服務出口貿易得到了更快的發展。

（一）中國服務出口貿易整體特徵

1. 服務出口貿易增速快、規模小

中國的服務貿易出口起步較晚但發展速度較快。1982 年，中國服務出口僅有 25.5 億美元，2014 年已達到 2,222 億美元，32 年間增長了 85.7 倍。除個別年份外，中國服務出口增速一直高於同期世界服務出口平均增速（約為 2%）和全球服務貿易主要出口國家（地區）增速，服務出口占全球服務出口總額的比重由 1982 年的 0.7% 增長到 2007 年的 3.9%，服務出口的世界排名上升到 2014 的第 5 位，服務出口規模居發展中國家之首。見表 10.9。

表 10.9　　　　2014 年世界服務貿易前 20 位出口國家（地區）

排名	出口國家（地區）	金額（億美元）	比重（%）	增長率（%）
1	美國	6,860	14.1	3
2	英國	3,290	6.8	4
3	德國	2,670	5.5	5
4	法國	2,630	5.4	4
5	中國	2,222	4.6	8
6	日本	1,580	3.3	19
7	荷蘭	1,560	3.2	11
8	印度	1,540	3.3	4

---

[1] 楊逢泯. 中國對外貿易概論 [M]. 北京：中國商務出版社，2006.

表10.9(續)

排名	出口國家(地區)	金額(億美元)	比重(%)	增長率(%)
9	西班牙	1,350	2.8	5
10	愛爾蘭	1,330	2.7	9
11	新加坡	1,330	2.7	2
12	比利時	1,170	2.4	4
13	瑞士	1,140	2.3	2
14	義大利	1,140	2.3	2
15	香港	1,070	2.2	2
16	韓國	1,060	2.2	3
17	盧森堡	980	2.0	11
18	加拿大	950	1.7	−4
19	瑞典	750	1.5	3
20	丹麥	720	1.5	2

數據來源：WTO國際貿易統計數據庫(International Trade Statistics Database)、中國商務部、國家外匯管理局。

雖然中國服務出口有了較大的增長，但是與服務貿易強國相比仍存在較大差距。2014年，中國服務出口佔世界服務出口總額的比重明顯低於美國的14.1%、英國的6.8%、德國的5.5%。可見，中國服務出口規模仍然相對較小。

2. 服務出口落后於貨物出口

從出口絕對數值看，中國服務貿易大大落后於貨物貿易，且二者差距有擴大的趨勢。如表10.10數據所示，中國2000年貨物出口額是服務出口額的8.2倍，2012年已擴大到10.7倍。從增長速度看，除2007年外，貨物出口增長率一直高於服務出口增長率，而且差距明顯。從在世界貿易中所佔比重看，2014年中國服務出口佔世界服務出口總額的比重為4.6%，而貨物出口佔世界貨物出口總額的比重為11.2%；在世界服務出口中名列第5位，與貨物出口居世界首位相比亦有較大差距。從服務出口額佔貿易出口總額的比重看，2014年中國服務出口額佔中國出口總額的比重為8.7%。上述情況說明中國服務出口對整體貿易的貢獻較小，服務出口在增加外匯收入、平衡國際收支以及促進有形商品貿易發展等方面的作用，尚未充分發揮出來。服務出口水平偏低，與中國國民經濟發展和在全球貨物貿易中的地位極不相稱。

表10.10　2014年主要國家(地區)服務貿易和貨物貿易佔比

國別(地區)	服務貿易出口 金額(億美元)	服務貿易出口 佔對外貿易出口總額比重(%)	國別(地區)	貨物貿易出口 金額(億美元)	貨物貿易出口 佔對外貿易出口總額比重(%)
世界	48,615	20.9	世界	184,010	80.9
中國	2,222	8.7	中國	23,427	91.3
俄羅斯	660	11.7	俄羅斯	4,967	88.3

表10.10(續)

國別(地區)	服務貿易出口 金額(億美元)	占對外貿易出口總額比重(%)	國別(地區)	貨物貿易出口 金額(億美元)	占對外貿易出口總額比重(%)
印度尼西亞	225	11.3	印度尼西亞	1,763	88.7
巴西	398	15	巴西	2,251	85.0
臺灣	570	15.4	臺灣	3,137	84.6
馬來西亞	380	14.0	馬來西亞	2,431	86.0
南非	138	13.2	南非	910	86.8
加拿大	850	15.2	加拿大	4,743	84.8
日本	1,580	18.8	日本	6,838	81.2
德國	2,670	25.0	德國	15,109	85.0
韓國	1,060	15.6	韓國	5,727	84.4
荷蘭	1,560	18.8	荷蘭	6,724	81.2
澳大利亞	520	17.8	澳大利亞	2,402	82.2
義大利	1,140	17.7	義大利	5,287	82.3
波蘭	460	17.5	波蘭	2,167	82.5
比利時	1,170	20.0	比利時	4,690	80.0
泰國	550	19.5	泰國	2,276	80.5
香港	1,070	17.0	香港	5,241	83.0
新西蘭	145	25.8	新西蘭	416	74.2
挪威	488	25.5	挪威	1,428	74.5
新加坡	1,330	24.5	新加坡	4,098	75.5
土耳其	500	24.1	土耳其	1,576	75.9
奧地利	650	26.8	奧地利	1,773	73.2
法國	2,630	31.1	法國	5,832	68.9
瑞士	1,140	32.3	瑞士	2,388	67.7
芬蘭	275	27.1	芬蘭	743	72.9
美國	6,860	29.7	美國	16,232	70.3
葡萄牙	300	31.9	葡萄牙	640	68.1
瑞典	750	31.3	瑞典	1,646	68.7
西班牙	1,350	29.5	西班牙	3,228	70.5
印度	1,540	32.7	印度	3,174	67.3

表10.10(續)

國別 (地區)	服務貿易出口 金額 (億美元)	服務貿易出口 占對外貿易出口總額比重(%)	國別 (地區)	貨物貿易出口 金額 (億美元)	貨物貿易出口 占對外貿易出口總額比重(%)
英國	3,290	39.4	英國	5,068	60.6
冰島	42	45.7	冰島	50	54.3
丹麥	720	39.4	丹麥	1,190	60.6
埃及	190	41.2	埃及	271	58.8
希臘	420	53.8	希臘	360	46.2
愛爾蘭	1,330	53.1	愛爾蘭	1,175	46.9
盧森堡	980	83.6	盧森堡	192	16.4
澳門	530	97.8	澳門	12	2.2

數據來源：WTO國際貿易統計數據庫（International Trade Statistics Database）、中國商務部、國家外匯管理局。

3. 服務出口優勢集中在傳統領域

近年來，由於高科技產業、現代工業的迅猛發展，中國服務業內部結構發生了巨大變化，行業範圍不斷擴大，但服務出口優勢仍集中於三大傳統領域，即旅遊、運輸和其他商業服務，2014年三個項目出口額占中國服務出口總額的比重之和超過70%，而金融、保險、計算機和信息服務、通信服務等現代服務業的國際競爭力還很低，在服務出口中所占比重較小。在具有更高附加值的軟件外包等國際服務項目外包市場上，中國企業所占份額很小。可見，中國服務出口還主要集中在勞動密集型部門和資源稟賦優勢部門等傳統服務業上，而在全球貿易量最大的技術密集和知識密集服務行業，中國還不具有競爭優勢，仍處於初步發展階段。

造成中國服務出口發展相對落後的主要原因是：國內第三產業發展滯後，限制了服務出口規模的擴大；服務業的對外開放起步晚，服務領域的准入門檻相對較高，干預和管制較多，國外資金、技術與先進管理經驗的注入較少，從而影響了服務企業國際競爭力的提高；一些行業競爭不充分或實行壟斷，社會資本進入面臨諸多障礙，服務產品的供應效率不高；勞動力的素質同國際服務市場的需求存在較大的差距，勞動力輸出的渠道過於單一，服務出口的管理分散在許多部門，缺乏一個統一協調和管理的機構，至今尚未形成完善的服務貿易的法規和制度等。

4. 服務出口市場和地區集中度較高

由於服務貿易的特殊性，中國服務貿易主要集中在沿海發達地區，各地區發展非常不平衡，沿海發達地區由於優越的地理條件和發達的現代服務業，在運輸、保險、計算機和信息服務、諮詢服務和廣告宣傳等領域較內陸有明顯優勢，是中國服務貿易的主要出口地區，其中北京、上海、廣東、浙江和天津位於全國服務貿易出口前列。

中國服務貿易前五位出口市場為中國香港、美國、歐盟、日本和東盟，2007年與五大夥伴實現服務貿易進出口額為1,695.6億美元，占中國服務貿易進出口總額的

66.8%。其中，香港地區長期為中國內地服務貿易第一大出口市場。2007年中國內地對香港地區的服務出口所占比重將近三成，遠超過其他國家和地區。美國、歐盟和日本，三者合計約占中國服務出口總額的1/3。2007年，中國內地對香港地區服務貿易順差最大，遠高於其他國家和地區。

(二) 中國服務貿易出口存在的問題

1. 服務貿易發展不平衡，項目和市場過度集中

儘管近幾年中國服務貿易收支增長態勢良好，但項目和市場分佈極不平衡。多年來中國服務貿易出口主要集中在旅遊、運輸和其他商業服務上，三者合計占服務貿易出口比重過高，而在全球貿易量最大的金融、保險、諮詢等技術密集和知識密集的服務行業方面還是薄弱環節。目前，中國服務貿易夥伴也主要集中在美國、中國香港、歐盟等國家和地區。服務貿易項目和地區分佈的不均衡，形成了中國服務貿易發展總體水平偏低、短期內難以有所突破的格局。

2. 相關法律法規不健全，服務貿易管理制度落后

中國服務貿易的宏觀管理機構、部門協調機制、政策環境、法律體系、制度等均亟待建立健全。雖然中國先後頒布了《海商法》《商業銀行法》《保險法》《廣告法》等服務貿易領域的法律法規，但是，同發達國家相比，仍存在較大差距，立法未成體系，不少領域還是空白，即使已頒布了一些有關服務貿易的法律法規，其可操作性仍然較差，一些規定與國際規則還存在一定的差距。中國對國際服務貿易的管理和協調主要由中央政府相關部門負責，這種管理體制是存在許多缺陷的，如服務業管理與協調由相關部委負責，但對應的各有關職能部門職責不明確，容易造成行業壟斷等。此外，中國對服務業的定義、統計範疇以及劃分標準與發達國家及國際慣例也不一致。以上這些都能夠成為阻礙中國國際服務貿易發展的因素。

三、中國服務進口貿易

由於中國服務業發展相對落后，競爭力較弱，因此服務進口規模總體上超過服務出口規模。隨著中國的入世，服務業將逐步走向開放。服務貿易自由化在給中國服務貿易發展帶來機遇的同時，也將帶來一系列的壓力和挑戰。中國不僅要在總協定框架下對弱小的服務業進行合理保護，還要採取有力措施，提高服務貿易競爭力，縮小與發達國家的差距，從而最終改變在國際服務貿易中的不利地位，促進服務貿易發展。

(一) 中國服務進口的特點

在向世界貿易組織提交的減讓表中，中國對絕大多數服務項目都做出了承諾，開放力度較大。對一些比較敏感的部門和國有化程度較高的部門，中國採取了逐步開放的政策，表現為逐年擴大開放程度和逐漸擴大開放區域兩個特點。具體情況如下：

1. 對大部分商務服務的限制很少

中國對於大部分的商務服務限制很少，在計算機及相關服務方面基本沒有限制，對攝影、會議、翻譯等服務沒有限制；2005年全部放開廣告服務；對辦公機械和設備的租賃，也只限制提供者的全球資產總額（500萬美元）；會計、審計和簿記等專業服

務的限制也較少，稅收服務和管理諮詢服務2007年前允許合資，以後可獨資；建築設計、工程和城市規劃服務在2006年前允許合資，以後可獨資；以收費或合同為基礎的房地產服務允許合資，醫療服務有數量限制。相比較而言，對法律服務的限制較嚴。

2. 銷售、教育、旅遊等領域開放程度較高

中國教育服務、環境服務、旅遊及相關服務、交通運輸服務等領域的開放程度也比較高，限制較少，允許外商投資企業分銷其在中國生產的產品並提供售後服務，同時也允許外商在中國設立合資企業，從事絕大多數進口產品的佣金代理業務和批發業務，並採取逐步擴大開放區域的辦法放開零售業務，零售產品範圍也逐年放開，承諾在2004年取消對特許經營和無固定地點的批發或零售服務；不限制外國個人受中國學校和其他教育機構邀請或雇用到中國提供服務，也允許外商參與合作辦學，但合作辦學的領域不包括軍事、警察、政治和黨校教育等特別教育服務，以及初等和中等義務教育；允許外商提供環境服務和環境諮詢服務，但不包括環境質量監測和污染源檢查；允許外商在中國建立飯店和餐館，允許有實力的外國旅行社逐步在全國範圍內從事旅遊服務；允許外商從事公路、鐵路和航空運輸，以及按照有關規定從事部分水運業務；外商還可在中國從事倉儲服務，可以按照有關規定在中國從事貨運代理業務、海運理貨、海運報關、集裝箱堆場、海運代理業務，可提供計算機訂票系統服務，為中國空運企業提供服務，為外國航空公司在中國的代表處或營業所提供服務。

3. 對建築工程、通信、金融、保險等領域市場准入的限制較嚴

在建築工程服務方面，外商參與的業務範圍僅限於：全部由外商投資或者外國贈款建設的項目、國際金融機構資助的項目、外資超過50%的項目和中國建築企業因技術困難不能獨立完成的項目（外資可少於50%）、完全由中國投資但中國建築企業難以獨立完成的項目；對現有中國郵政部門專營的服務有一定的保護，對外商參與基礎電信和增值電信服務採取逐步開放的政策；允許外商在不損害中國對音像製品內容審查權的情況下同中國同行合作，從事音像製品分銷（電影除外）；允許符合條件的境外金融機構逐漸在中國開展人民幣業務，也允許非銀行金融機構從事諮詢、仲介、資信調查和分析、投資和證券研究、關於收購的建議和關於公司重組和戰略策劃等金融服務業務；允許符合條件的外國保險公司逐步在中國開展除法定保險以外的壽險、非壽險和再保險業務，以及大型商業險經紀、再保險經紀、國際海運、空運和陸運保險和再保險經紀；允許外國證券機構直接從事B股交易，允許符合條件的證券公司在中國設立合資公司從事國內證券投資和基金管理業務。

從總體水平上看，中國對服務業的具體承諾與轉型國家相似，明顯高於發展中國家而低於發達國家。據世界銀行專家計算，中國對149種具體服務活動的承諾百分比達到55%，除視聽、郵政、通信、基礎電訊、運輸服務等46個敏感部門外，中國的承諾百分比可達63%。但由於服務業在經濟安全、競爭力和就業上的敏感性，因此，服務貿易壁壘仍然較高。這主要體現在：第一，對商業存在和自然人移動的嚴格限制是市場准入的核心壁壘；第二，承諾的廣度和深度依然有限，尤其是「沒有限制」的部門所占比例較低。

(二) 中國服務貿易進口存在的問題

1. 服務貿易開放程度低

服務業的開放發展對服務業和服務貿易都是有利的，但是目前中國服務貿易發展規模較小，服務貿易開放程度僅在 6%~7% 左右，嚴重影響了服務貿易的發展和服務業的升級。例如金融服務業和電影音像服務業，由於過度的產業保護，極低的開放程度，導致其在服務貿易當中的比重極小。由於中國服務貿易和服務業的開放程度低、管理水平低，嚴重影響服務業的帶動作用，使服務業尤其是生產型服務業無法發揮應有的作用。

2. 壟斷服務業導致服務貿易的低效率

中國有不少的服務業擁有壟斷經營的地位，例如通信（電信）、金融、銀行等，導致這些服務業和服務貿易企業缺乏相關的競爭機制，對服務業和服務貿易的整體發展不利。由於壟斷性服務業的低效率和其壟斷地位，導致這些壟斷企業缺乏足夠的國際競爭力。

四、中國（北京）國際服務貿易交易會

中國（北京）國際服務貿易交易會是全球唯一一個國家級、國際性、綜合型的服務貿易平臺，自 2012 年起每年 5 月 28 日在北京舉行。它是經國務院批准，由中華人民共和國商務部、北京市人民政府主辦的大型交易會，簡稱京交會。京交會獲得了世界貿易組織、聯合國貿發會議、經合組織三大國際組織的大力支持。

京交會定位於國家級、國際性、綜合型服務貿易交易會，是迄今為止全球唯一涵蓋世貿組織界定的服務貿易 12 大領域的綜合型服務貿易交易平臺。京交會旨在成為國際服務貿易的洽談交易平臺、國際服務貿易政策的研討發布窗口、各國服務貿易企業的交流合作橋樑。

第三節　中國服務外包

一、服務外包的內涵及分類

(一) 服務外包的內涵

根據巴塞爾銀行業監管委員會與國際證券委員會組織、國際保險業監管委員會組成的聯合論壇所下的定義，服務外包是指某受監管實體持續利用外包服務商（為集團內的附屬實體或者集團以外的實體）來完成以前由自身承擔的業務活動。服務外包更加普通的表述是指企業將信息服務和商務流程等非核心業務通過合同方式發包給企業外的第三方服務提供者，而自己則專注於核心業務的發展。其實質就是一種資源整合的管理模式，企業以價值鏈管理為基礎，利用其外部最優秀的專業化資源，達到降低成本、提高效率、充分發揮自身核心競爭力的目的。

(二) 服務外包的分類

1. 依照外包性質分類

按照提供服務的內容和性質，服務外包被分為三大類：一是軟件和計算機信息技術外包，二是業務流程外包，三是知識流程外包。軟件和計算機信息技術外包指發包商在規定的服務水平基礎上，將一部分信息系統作業以合同方式委託給外包商，由其管理並提供客戶需要的信息技術服務。其常見的服務外包形式大體有系統雷達、網路設計、開發和管理、應用系統設計開發和維護、數據中心託管、安全服務、IT 培訓、系統集成、信息技術顧問、業務管理過程、用戶支持等。業務流程外包具體包括產品製造、財務會計、人力資源管理、售后服務、企業市場調查、呼叫中心等不同領域的服務外包。知識流程外包是業務流程外包的高智能延續，是業務流程外包最高端的一個類別。一般來說，它是指將公司內部具體的業務承包給外部專門的服務提供商，包括研究類、分析類、市場進入類等。相對於傳統的軟件和計算機信息技術外包來講，業務流程外包和知識流程外包是服務外包未來的發展方向。

2. 按照外包發生的國家和公司分類

按照外包發生的國家和公司分類，服務外包分為在岸外包和離岸外包。在岸外包又稱境內外包，它是指發包商和外包供應商來自同一個國家和地區，外包工作在國（地區）內完成。離岸外包則指發包商與其供應商來自不同國家和地區，外包工作需跨國（地區）完成。由於成本的差異，發包方通常來自資源成本較高的國家和地區，如美國、西歐和日本，接包方則來自資源成本較低的國家和地區，如中國、印度和菲律賓等國。

二、中國服務外包的發展

(一) 中國服務外包發展現狀

近年來，中國的服務外包從無到有，規模和總量不斷擴大，領域不斷拓寬。服務外包作為中國發展外向型經濟的支點之一得到了良好的發展，正在逐漸成為一個新興的全球外包中心。

商務部的相關統計數據顯示，2014 年，中國經濟發展進入新常態，服務外包領域新技術、新業態、新應用模式不斷湧現，服務外包產業逐步從規模快速擴張向量質並舉轉變，呈現以下主要特點：

一是服務外包合同金額首次突破千億美元。2014 年，中國企業共簽訂服務外包合同 20.4 萬份，合同金額和執行金額分別為 1,072.1 億美元和 813.4 億美元，分別同比增長 12.2%和 27.4%。其中，承接離岸服務外包合同金額和執行金額分別為 718.3 億美元和 559.2 億美元，同比分別增長 15.1%和 23.1%。

二是累計吸納大學生就業超過 400 萬人。2014 年，中國服務外包新增從業人員 71.1 萬人，其中大學（含大專）以上學歷 48.8 萬人，佔從業人員總數的 68.7%。截至 2014 年年底，中國共有服務外包企業 2.81 萬家，從業人員 607.2 萬人，其中大學（含大專）以上學歷者 404.7 萬人，佔從業人員總數的 66.7%。

三是知識流程外包比重穩步提升。2014 年，中國承接離岸信息技術外包（ITO）、知識流程外包（KPO）和業務流程外包（BPO）執行金額分別為 293.5 億美元、186.7 億美元和 79 億美元，占比分別為 52.5%、33.4% 和 14.1%，同比分別增長 18.3%、30.9% 和 24.5%。以知識和研發為主要特徵的離岸知識流程外包業務比重穩步提升。

四是離岸業務以美、歐、日、中國香港為主。2014 年，中國內地承接美國、歐盟、中國香港和日本的離岸服務外包執行金額分別為 128.2 億美元、83.4 億美元、74.2 億美元和 60.7 億美元，合計 346.5 億美元，占執行總額的 62%。此外，離岸業務還向東南亞、大洋洲、中東、拉美和非洲等地區拓展。

五是與「一帶一路」沿線國家合作加深。經貿合作是推進「一帶一路」建設的基礎和先導。2014 年，中國承接「一帶一路」沿線國家服務外包合同金額和執行金額分別為 125 億美元和 98.4 億美元，同比增長分別為 25.2% 和 36.3%。其中承接東南亞國家的服務外包執行金額 53.8 億美元，同比增長 58.3%。通過開展服務外包業務合作，進一步加強了與「一帶一路」沿線國家的經貿聯繫。

整體來看，中國服務外包市場規模巨大，穩定增長，以信息技術外包為主，業務流程外包為輔。到目前為止，中國的服務外包已經形成了以北京、上海、大連、成都、合肥等 21 個服務外包示範城市為樣板，以大連軟件園、安徽服務外包軟件產業園等 84 個服務外包示範園區為主力，以東軟、海輝、華信等企業為龍頭，動漫、軟件、物流、金融、生物醫藥等多領域同步發展的多元化、全面化發展的格局。從地方發展來看，服務外包行業已經成為各地實現產業結構調整與實現發展方式轉變的重要推手。如：大連通過大力發展以軟件行業為特色的服務外包行業，現在已經成為中國重要的服務外包中心和軟件中心，有中國的「班加羅爾」之稱。成都目前也已經走出了一條以高新區為重點，以軟件研發、服務外包、硬件製造等 IT 行業為主導的產業發展之路。2015 年，成都高新區全力推動產業轉型升級和創新驅動發展，實現全口徑產業總產值 5,700 億元，成為西南地區首個 3,000 億元級園區，使成都成為中國 IT 行業的第四極。中國領先的軟件外包企業發展前景廣闊，行業集中度將繼續提高。中國領先的軟件外包企業大部分是上市公司，行業集中度提高是大的趨勢。中國排名前十的企業的市場份額目前只有 35%，而印度達到了 60%。優秀服務商的內生性增長和併購式增長將同時進行，品牌效應和質量效應將日漸突出，更加有利於行業內的整合。

(二) 中國服務外包發展特點

1. 中國服務外包發展迅猛，尤其是軟件業

在全球服務外包市場上，中國服務外包業務規模迅速擴大，2008—2012 年，中國國際（離岸）服務外包執行額由 46.9 億美元增長至 336.4 億美元，年均增幅超過 60%。中國占全球離岸外包市場份額由 2008 年的 7.7% 增長至 2012 年的 27.7%，提高了 20 個百分點，躍升為全球第二大服務外包接包國。近十年，中國服務外包收入增長了 10 倍多。據商務部統計，2012 年中國承接離岸外包合同金額 438 億美元，同比增長 34.4%。其中，中國軟件服務外包市場發展發展迅速。然而儘管中國軟件外包產業近幾年的發展非常快，相對於美國、西歐、日本、印度等國家和地區，總體規模仍然較小。

如表 10.11 所示。

表 10.11　　　　2009—2013 年中國軟件行業運行及外包情況　　　　單位：億美元

年份	軟件產業收入	軟件行業出口額	軟件外包服務出口額
2009	1,392.6	185.0	24
2010	1,920.5	232.4	41.8
2011	2,848.7	304.0	59
2012	3,960.7	368.0	—
2013	5,016.4	469.0	105

數據來源：據中華人民共和國工信部網站整理；「—」表示數據缺失。

相對於中國軟件產業規模的穩步擴張，中國軟件服務外包出口增速大起大落。2008 年金融危機過後，中國軟件業恢復良好，2010 年軟件產值、軟件出口和軟件服務外包增速均大幅提高，分別為 31.00%、26.90% 和 45.70%，這種增長的勢頭在 2011 年稍有放緩，之后於 2012 年達到新高，軟件服務外包增速達到 54%。但隨后中國的軟件業受國際經濟形勢和人民幣匯率的影響，出口連續 20 個月處於低增長態勢。雖然規模的絕對數額仍在變大，但軟件出口持續低迷，外包服務增長放緩。如圖 10.2 所示。

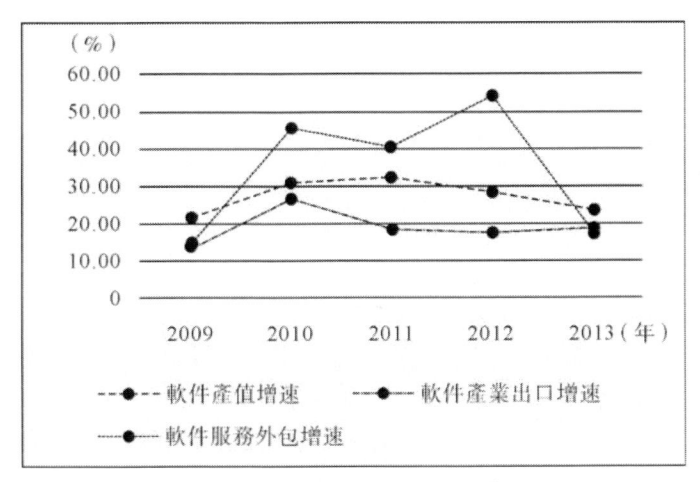

圖 10.2　中國軟件服務外包增速變化

2. 具有勞動力優勢，但人力結構不盡合理

長期以來，中國擁有龐大的勞動力市場，勞動資源豐富且成本低廉，成為許多外包國家選擇中國作為接包國的重要因素。中國擁有為數眾多的高校，僅 2012 年就有 640 萬大學畢業生走向就業崗位，數量龐大，具有十分豐富的人才儲備。但是近年來，中國的人才市場逐漸暴露出一些不合理的因素，如人力結構不合理、缺乏中高端人才，特別是專業知識和國際理念同時具備且外語能力突出的新型複合型人才。如軟件行業，一些具有高附加值的外包業務進入中國，對系統分析師、軟件架構師、高級工程師等具有較大的需求，但是人才結構的不合理狀況對中國服務外包的發展產生了重要影響。

3. 服務外包層次低，領域狹小

從結構上看，中國承接服務外包的領域主要是軟件和 IT 服務方面，領域相對狹小。在軟件外包方面，中國的主要業務是涉及服務外包的勞動密集的領域，而在產品研發等知識密集領域的發展剛剛起步。對一些信息科技含量高、附加值高的領域涉及較少，服務外包的層次相對較低。

4. 地區分佈不均衡

目前，中國服務外包產業主要集聚在東部一線城市以及東南沿海發達地區，在其他地區的發展較不均衡。以深圳為例，2013 年，僅深圳一個城市的軟件業務收入就占到全國軟件業務收入的 17.2%，北京、深圳、上海、廣州、大連五個城市軟件業收入占到全國軟件業總收入的 41.4%。[①] 這些大型城市所占的服務外包比例巨大，而如西安、武漢、長沙、成都等二線城市，雖然在服務外包產業上發展迅速，但總體來講，發展狀況仍較大型城市有差距，地區的分佈仍存在不平衡的狀況。

第四節 中國服務貿易競爭力評價

隨著世界經濟進入服務經濟時代，以產品為基礎的競爭向以服務為基礎的競爭轉變，服務業在維護一國經濟和政治利益方面處於重要的戰略地位，服務貿易成為國際化大生產的必要條件，並日益成為衡量一個國家國際競爭力強弱的一項重要指標。研究國際服務貿易競爭力具有重要意義。

一、服務貿易競爭力的內涵及構成因素

（一）服務貿易競爭力的內涵

理解貿易競爭力的前提是理解國際競爭力。簡單來說，國際競爭力是一國在世界經濟的大環境下，與其他各國相比較，創造增加值從而累積國民財富的能力。而貿易競爭力是指一個國家或地區可貿易的本國產品、產業以及從事貿易的企業在外國市場上具有的開拓、佔據其市場並以此獲得利潤的能力。從貿易競爭力的概念中還可以看出，它既是國家層次上的競爭，也反應了國家在產業、產品（服務）、企業不同層次上的國際競爭力狀況。也就是說，貿易競爭力既包括貨物貿易的競爭力，又包括服務貿易的競爭力。

服務貿易競爭力可以定義為一國服務業參與國際市場競爭從而給該國增加價值的能力以及為該國增加國民財富的能力。服務貿易競爭力是經濟全球化背景下得到的，所以更多的是從產業層面而不是產品與企業層面去分析一國的服務貿易競爭力。服務貿易與貨物貿易在諸多方面有很大差別，決定其競爭力的因素也必然有所不同。貨物

[①] 中國工業和信息化部，2013 年 1～11 月軟件業經濟運行情況 [EB/OL]. http://www.miit.gov.cn/n11293472/n11293832/n11294132/n12858477/15780880.html.

貿易強調出口量與利潤量，並從產品價格、質量和差異化對競爭力予以解釋。顯然，僅用這些因素解釋服務貿易競爭力是不夠的。

(二) 服務貿易競爭力構成因素——基於「鑽石模型」的分析

1. 邁克爾·波特的國際競爭力「鑽石模型」

哈佛大學商學院教授邁克爾·波特在《國家競爭優勢》（1990）一書中，將他原有的國內競爭優勢理論進一步發展，提出了著名的「鑽石模型」。波特的鑽石模型想要回答，為什麼在國際競爭中，一些國家成功而一些國家失敗；為什麼一國能在特定產業獲得長久的國際競爭力。他認為，這要從當地企業所處的特定的國內競爭環境中尋找答案。他認為服務貿易國際競爭力應當由要素條件、需求條件、相關產業與支持產業、企業戰略、結構與競爭狀態等四類基本因素，再加上發展機遇、政府兩類輔助要素綜合作用而形成。這六大要素的組合和動態作用過程決定了服務貿易國際競爭力的來源、實力和持久性。見圖 10.3。

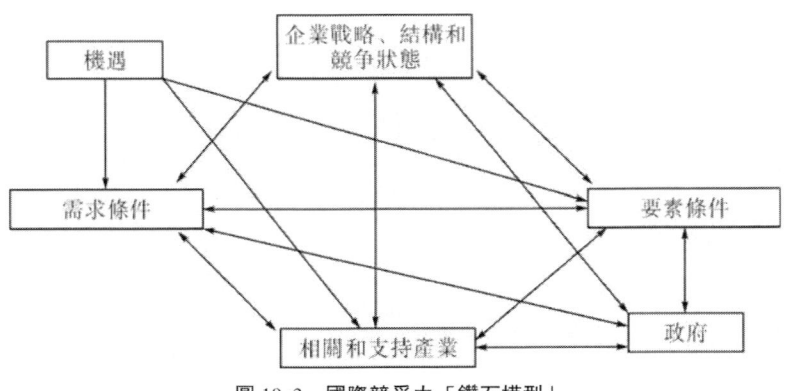

圖 10.3　國際競爭力「鑽石模型」

2. 「鑽石模型」中服務貿易競爭力的構成因素

(1) 生產要素

生產要素分為初級生產要素和高級生產要素兩種。初級要素包括自然資源、氣候條件、地理位置、非技術人力和半技術人力等。這些要素是被動繼承的，或是僅需要簡單的私人及社會投資就能擁有的。高級要素通常是創造出來的，包括現代化通信的基礎設施以及高等教育如大學、研究所等。

(2) 需求要素

波特認為，國內市場的需求會刺激行業的改進和創新，這正是產業發展的動力。同時，內需市場的大小對企業能否形成規模經濟有著重要的影響。同有形產品相比，服務貿易更依賴於需求要素，因為服務從生產到消費總經過一系列小環節，兩者不可避免地在時間和空間上存在一些背離，必須通過運輸和儲存的方式加以調節。需求要素在服務貿易競爭優勢形成中的重要性還體現在服務質量的高低主要是由服務接受者的主觀體驗和評價來決定的。由於顧客直接地參與服務的生產和消費過程，不同的顧客的不同表現和反應也會直接影響服務的質量與效果。初級要素難以長久維持，必須

不斷發展高級要素使之持續升級和專業化。

(3) 相關產業

相關產業是指為主導產業提供投入的國內產業，其發達和完善程度關係著主導產業的產品成本、品質和信息交流，從而影響主導產業的競爭優勢。相關產業有效率，主導產業才會有效率；相關產業的產品在國際上具有的競爭優勢，有利於主導產業建立國際競爭優勢。服務貿易競爭優勢的形成和確定，在很大程度上還依賴相關的產業支持。這主要分為兩個層次：服務業內部對產業的支持；第一、二產業對服務業的支持。①

(4) 企業戰略、結構和同業競爭

企業的目標、戰略和組織結構往往因產業和國情的差異而有所不同，各種差異條件的最佳組合便形成了國家競爭優勢。國內競爭度高的國家，廠家所承受的壓力大，技術改進與創新的要求迫切，有利於建立國家競爭優勢。來自本國競爭者的壓力會使企業有憂患意識和創新慾望，這是推動企業創新的動力。

以上四個關鍵要素是相互作用的，每個關鍵要素的效果都建立在其他要素的配合之上，各要素相互依賴，每個要素都會強化或改變其他要素。此外，政府和機遇兩種因素也可以影響其競爭優勢。包括重大技術革新在內的一些機遇事件會使某種進程中斷或突變，從而導致原行業結構解體或突變，給國內一些企業提供取代另一國企業的機會。政府可以通過自己的活動來影響鑽石體系關鍵因素中的任何一方面，例如美國對服務業的長期扶持，包括給高科技企業更多的稅收優惠，對生物技術、光纖通信等民用技術研究、高等教育的重視和加大投入等，為其成為世界服務貿易第一大國奠定了基礎。

波特在《哈佛商業評論》中首次正式論述了企業的核心競爭力並隨即將其應用到工商管理的實踐中。它對核心競爭力的權威的解釋是「一個組織內部經過整合了的知識和技能，尤其是關於怎樣協調多種生產技能和整合不同技術的知識和技能」。很顯然，核心競爭力是一種被協調與整合的力量。波特的「鑽石理論」論述的國際競爭力中每個因素都是可以被複製的，沒有一個國家能擁有獨一無二的關鍵因素。但是，一旦各個因素連接成一個環環相扣的系統後，國家的競爭優勢將與眾不同，形成堅不可摧、銳不可當的「鑽石結構」。就像石墨和鑽石都是由碳原子組成的，但由於組合結構不同，石墨和鑽石則呈現出不同的性質。

對服務貿易競爭力的分析也是一樣。服務貿易競爭力的每一個構成因素都可以被複製，但這些因素間複雜而有機的聯繫形成了一國或地區特定宏觀環境的產物，它不僅與該國或地區特定的社會、經濟、歷史文化和價值觀直接相關，而且具有穩定性和排他性等特點。

二、服務貿易競爭力評價指標

由於服務貿易涉及部門眾多，大多數貿易不經過各國海關，因此缺乏準確完整的

---

① J R MELVIN. Trade in Producer Services: A Heckscher-Ohlin Approach [J]. Journal of Political Economy, 1989.

統計資料，這就為服務貿易和服務貿易競爭力研究帶來了很大的困難。國際上關於服務貿易競爭力的評價指標主要有以下三種：

(一) 服務貿易總量

服務貿易總量包括進出口總額、出口額、進口額以及各自的增長率還有在世界中的排序。這些指標是一個國家服務貿易國際競爭力的直接體現。

(二) 國際市場佔有率

國際市場佔有率指一國服務出口額占世界服務出口額的比重，A國服務類產品的國際市場佔有率＝A國服務類產品出口額/世界服務類產品出口總額。服務產品國際市場佔有率是衡量一國服務業對外貿易競爭優勢的比較直接的指標，它的高低反應一國服務業競爭優勢的強弱，這個指標的高低與一國的經濟規模以及世界服務產業總體規模有很大關係。

(三) 出口行業結構

出口行業結構是否合理是影響國際競爭力的重要指標，發達國家是服務出口的主要國家，它們都在致力於改善國際服務貿易的出口結構，主要表現在提高知識、技術密集型服務的比重。中國服務貿易出口中旅遊等勞動密集型服務占半壁江山，知識技術密集型服務出口比重偏低，過分依賴自然資源稟賦。

三、中國服務貿易競爭力分析

進入20世紀90年代以後，中國服務貿易發展迅速。加入世貿組織之後，中國服務貿易規模不斷擴大，占世界服務貿易的份額從2002年的2.7%上升到2012年的5.6%。在全球貿易快速發展和中國貨物貿易強勁增長的支持下，中國服務貿易繼續保持高速增長的態勢，然而中國服務貿易的逆差也越來越大。基於中國服務貿易發展狀況，通過國際市場佔有率、可比淨出口指數、顯示性優勢指數，可以進一步反應中國服務貿易國際競爭力變動情況。

(一) 中國服務貿易整體國際競爭力分析

1. 國際市場佔有率分析 (見表10.12)

表10.12　　　　2014年世界服務貿易前十位出口和進口國家　　　　單位：億美元

排名	出口國家	金額	比重(%)	增長率(%)	排名	進口國家	金額	比重(%)	增長率(%)
1	美國	6,860	14.1	3	1	美國	4,540	9.6	4
2	英國	3,290	6.8	4	2	中國	3,820	8.1	16
3	德國	2,670	5.5	5	3	德國	3,270	6.9	1
4	法國	2,630	5.4	4	4	法國	2,440	5.1	6
5	中國	2,222	4.6	8	5	日本	1,900	4.0	12

表10.12(續)

排名	出口國家	金額	比重(%)	增長率(%)	排名	進口國家	金額	比重(%)	增長率(%)
6	日本	1,580	3.3	19	6	英國	1,890	4.0	-1
7	荷蘭	1,560	3.2	11	7	荷蘭	1,650	3.5	8
8	印度	1,540	3.3	4	8	愛爾蘭	1,420	3.0	16
9	西班牙	1,350	2.8	5	9	新加坡	1,300	2.7	0
10	愛爾蘭	1,330	2.7	9	10	印度	1,240	2.6	-1

數據來源：WTO 與聯合國貿易發展會議秘書處，WTO 國際貿易統計數據庫（International Trade Statistics Database）；其中中國數據來源於中國商務部。

由表 10.12 可以看出，世界服務貿易出口國家和地區前十名共出口 22,285 億美元，美國仍占據霸主地位。中國服務貿易出口額進一步增加，排名從 1999 年世界第 14 位上升至 2014 年的第 5 位，但中國在世界服務貿易出口額中所占比例非常小，與主要發達國家相比仍然很低，這說明中國服務貿易的整體國際競爭力還很弱。

2. 可比淨出口指數

中國服務貿易整體國際競爭力狀況可以通過可比淨出口指數來衡量。從 1982—2014 年的數據看（表 10.13），30 多年來中國服務貿易出口額累計 19,388 億美元，進口額累計 24,934 億美元。存在累計服務貿易逆差額為 5,546 億美元。1992 年以後，除去 1994 年，中國服務貿易均為逆差，而且逆差幅度在逐年上升。1991 年以前中國服務貿易的可比淨出口指數為正，但 1992 年以來（除 1994 年外）均為負數，2014 年達到歷史最低水平的 -0.264,6。可見，中國服務貿易僅總體水平低，國際競爭力弱，而且服務貿易發展的趨勢表明中國服務貿易國際競爭力有所下降。

表 10.13　　1982—2014 年中國服務貿易額與可比淨出口指數　　單位：億美元

年份	進出口總額	出口額	進口額	進出口差額	NTB 指數
1982	44	25	19	6	0.136,4
1983	43	25	18	7	0.162,8
1984	54	28	26	2	0.037,0
1985	52	29	23	6	0.115,4
1986	56	36	20	16	0.285,7
1987	65	42	23	19	0.292,3
1988	80	47	33	14	0.175,0
1989	81	45	36	9	0.111,1
1990	98	57	41	16	0.163,3
1991	108	69	39	30	0.277,8
1992	183	91	92	-1	-0.005,5

表10.13(續)

年份	進出口總額	出口額	進口額	進出口差額	NTB 指數
1993	226	110	116	−6	−0.026,5
1994	322	164	158	6	0.018,6
1995	430	184	246	−62	−0.144,2
1996	430	206	224	−18	−0.041,9
1997	522	245	277	−32	−0.061,7
1998	504	239	265	−26	−0.051,4
1999	572	262	310	−48	−0.083,9
2000	660	301	359	−57	−0.086,5
2001	719	329	390	−61	−0.085,2
2002	855	394	461	−67	−0.078,3
2003	1,013	464	549	−85	−0.083,7
2004	1,337	621	716	−95	−0.071,4
2005	1,571	739	832	−93	−0.059,0
2006	1,917	914	1,003	−89	−0.046,5
2007	2,509	1,217	1,293	−76	−0.030,3
2008	3,045	1,464	1,580	−116	−0.038,0
2009	2,867	1,286	1,581	−295	−0.102,9
2010	3,624	1,702	1,922	−219	−0.060,5
2011	4,191	1,821	2,370	−549	−0.131,0
2012	4,706	1,904	2,801	−897	−0.190,6
2013	5,396	2,106	3,290	−1,184	−0.219,4
2014	6,043	2,222	3,821	−1,599	−0.264,6

數據來源：WTO 國際貿易統計數據庫、中國商務部、國家外匯管理局。

中國服務貿易總體國際競爭力很弱，有一定程度上是因為中國服務業自身缺乏一定的競爭力。制約中國服務業發展的主要原因除了基礎設施落後、從業人員素質偏低、技術落後外，服務業各部門經濟體制和經營機制落後也是一個十分關鍵的因素。長期以來，中國許多服務部門是壟斷經營，缺乏市場競爭力，國內市場一旦開放，就難以與國外的服務業競爭。1992年中國加大了對外開放的步伐，儘管中國服務業的開放是循序漸進的，但面向眾多國外先進的服務提供者的競爭不可避免，這是導致該年度中國服務貿易首次出現逆差的原因之一。隨著中國居民可支配收入的不斷增加，居民對國外高水平服務的消費需求不斷上升，也造成逆差的進一步增長。2001年12月中國正式加入世界貿易組織，根據世貿組織《服務貿易總協定》的要求，中國對服務貿易做出相應的承諾減讓，中國在入世協議書中的具體承諾具體減讓高於發展中國家的水平，

超越「維持現狀」的貿易自由化使服務業的開放程度有了明顯的提高。就過境交付、境外消費和自然人移動這幾種開放形式而言，由於過去中國在這方面限制較多，隨著開放的擴大，中國服務業自身競爭力不夠強，但是市場需求較大，服務貿易進口必然增加。

3. 顯示性比較優勢指數分析

顯示性比較優勢指數更加準確地反應一個國家在進出口貿易中的比較優勢。然而一個產業內部可能既有出口又有進口，而顯示性比較優勢指數只考慮了一個產業出口所占的相對比例，並沒有考慮該產業進口的影響。為了消除進口的影響，沃爾拉斯等（1988）設計了顯示性競爭優勢指數，即從出口比較優勢中減去該產業的進口比較優勢，從而得到該國該產業真正的競爭優勢。在1989年，巴拉薩又設計了一個改進的顯示性比較優勢指數，用一國某一出口產業出口在總出口中的比例占該產業進口在進口中的比例之差來表示該產業的貿易競爭優勢，這一指數被稱為「淨出口顯示性比較優勢指數」。也就是說，顯示性比較優勢指數實際上包括三個方面，即顯示性優勢指數、顯示性競爭優勢指數和淨出口顯示性比較優勢指數。用相關數據計算出中國服務貿易顯示性比較優勢指數，如表10.14所示。

表10.14　　　　2006—2012年中國服務貿易競爭指數

年份	顯示性比較優勢指數	顯示性競爭優勢指數	淨出口顯示性比較優勢指數
2006	0.449	-0.182	0.029
2007	0.457	-0.185	0.031
2008	0.475	-0.193	0.030
2009	0.442	-0.242	0.025
2010	0.483	0.118	0.033
2011	0.459	-0.254	0.022
2012	0.443	-0.338	0.013

數據來源：WTO國際貿易統計數據庫（International Trade Statistics Database）；UNCTAD數據庫、中國統計局。

從表10.14中可以看出，2006—2012年，中國服務貿易整體的顯示性競爭優勢指數均小於1，甚至沒有一年可以超過0.5，這說明中國服務貿易整體的競爭能力十分弱，處於比較劣勢；不僅如此，從2008年開始，中國的顯示性比較優勢指數值在逐年減小，說明中國的服務貿易不僅沒有比較優勢，而且這種相對的劣勢還在進一步擴大即惡化。中國顯示性競爭優勢指數為負數，表明中國的服務貿易在去除了進口的影響後，作為整體在國際市場競爭中完全處於比較劣勢，並且這種劣勢同樣有繼續擴大的趨勢。總而言之，雖然中國近年來服務貿易正在不斷擴大，國內市場也不斷開放，但是由於起步晚等原因，中國的服務貿易一直處於競爭的比較劣勢。

（二）中國服務貿易行業結構競爭力

市場佔有率、可比淨出口指數、顯示性比較優勢指數反應出中國服務貿易的國際競爭力總體上較弱。具體到中國服務貿易各行各業，則競爭力強弱不盡相同，見圖

10.4。以下通過加入世界貿易組織之后的數據分析中國服務貿易行業的競爭力。

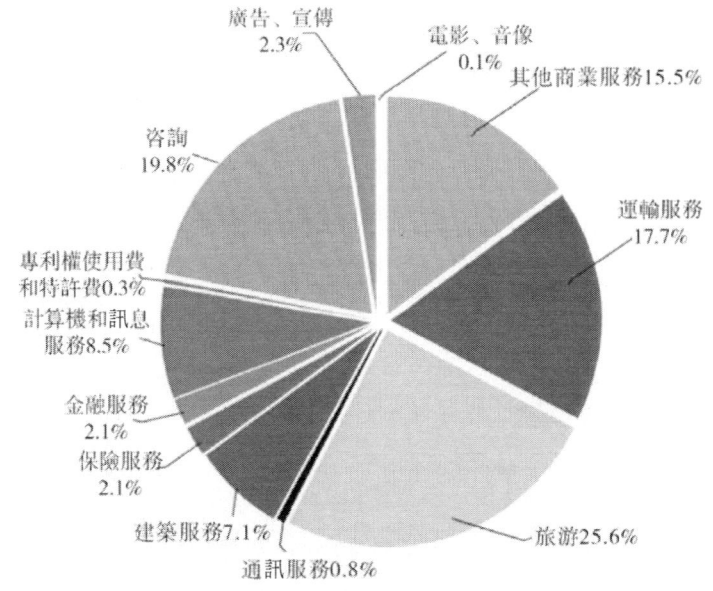

圖 10.4　2014 年中國服務貿易分行業出口比重

廣告、宣傳 2.3%
電影、音像 0.1%
其他商業服務 15.5%
咨詢 19.8%
運輸服務 17.7%
專利權使用費和特許費 0.3%
計算機和訊息服務 8.5%
金融服務 2.1%
保險服務 2.1%
建築服務 7.1%
通訊服務 0.8%
旅游 25.6%

在 2014 年中國服務貿易行業結構競爭力中，所占份額居於前三位的依次為旅遊、諮詢和運輸服務，旅遊和運輸在服務出口中占了很大的份額，2014 年這兩項占到總服務出口貿易的 43.3%，其餘絕大部分年份占比均在 50% 以上。由此可見中國依然以具有比較優勢的勞動密集型出口為主，出口增長較快的服務項目為通信、保險服務、計算機和信息、廣告宣傳等知識、技術密集型服務。特別是保險服務，2011 年增長 74.7%，出現了一次大幅度增加，從 2008 年的 13.8 億美元增加到 2011 年的 30.2 億美元，呈現出爆發式增長；計算機相關服務出口貿易增長率一直保持在 30% 以上，大部分年份超過 40%，這與整個世界服務貿易向知識型、技術型方向轉變的趨勢一致；而對於專利權使用費和特許費服務出口則呈現強烈波動，2008 年增長率為 66.7%，2009 年由於遭受金融危機，增長率為 -24.8%，2010 年出口增長率猛增至 93.4% 但是 2011 年出口放緩，出口規模縮減，增長率為 -10.5%。從專利權相關服務出口的大漲大跌可以看出，中國的專利出口過於依賴國際市場形勢，抗壓能力較差。這些知識、技術部門的出口雖然目前有較快增長，但在中國服務貿易出口所占的比重依然偏低，處於比較劣勢的狀態。

通過對比中國服務貿易各項目的可比淨出口指數（表 10.15），可以看到，只有旅遊和其他商業服務的指數大於零，這說明中國旅遊服務在世界上有一定的比較優勢，具有較強的國際競爭力。但是運輸、保險、專利權使用費和特許費、電影音像幾個部門在五年中的可比淨出口指數均為負，這說明中國服務貿易的國際競爭力水平很低。

表 10.15　2001—2013 年中國服務貿易分項目服務貿易額與可比淨出口指數（NTB）

單位：億美元

項目	2001 年 進口	2001 年 出口	2001 年 NTB	2003 年 進口	2003 年 出口	2003 年 NTB	2005 年 進口	2005 年 出口	2005 年 NTB	2007 年 進口	2007 年 出口	2007 年 NTB	2009 年 進口	2009 年 出口	2009 年 NTB	2011 年 進口	2011 年 出口	2011 年 NTB	2013 年 進口	2013 年 出口	2013 年 NTB
運輸服務	113.24	46.35	-0.42	182.33	79.06	-0.40	284.48	154.27	-0.30	432.71	313.24	-0.16	465.74	235.69	-0.33	804.45	355.70	-0.39	943.2	376.5	-0.43
旅遊服務	139.09	177.92	0.12	151.87	174.06	0.07	217.59	292.96	0.15	297.86	372.33	0.11	437.02	396.75	-0.05	725.85	484.64	-0.20	1,285.8	516.5	-0.43
通訊服務	3.26	2.71	-0.09	4.27	6.38	0.20	6.03	4.85	-0.11	10.82	11.75	0.04	12.10	11.98	0.00	11.91	17.26	0.18	16.4	16.7	0.01
建築服務	8.47	8.30	-0.01	11.83	12.90	0.04	16.19	25.93	0.23	29.10	53.77	0.30	58.68	94.63	0.23	37.28	147.24	0.60	38.9	106.6	0.47
保險服務	27.11	2.27	-0.85	45.64	3.13	-0.87	72.00	5.49	-0.86	106.64	9.04	-0.84	113.09	15.96	-0.75	197.38	30.18	-0.73	220.9	40.0	-0.69
金融服務	0.77	0.99	0.12	2.33	1.52	-0.21	1.60	1.45	-0.05	5.57	2.30	-0.41	7.26	4.37	-0.25	7.47	8.49	0.06	34.2	29.2	-0.08
計算機和信息服務	3.45	4.61	0.14	10.36	11.02	0.03	16.23	18.40	0.06	22.08	43.45	0.33	32.33	65.12	0.34	38.44	121.82	0.52	59.9	154.3	0.44
專利權使用費和特許費	19.38	1.10	-0.89	35.48	1.07	-0.94	53.21	1.57	-0.94	81.92	3.43	-0.92	110.65	4.29	-0.93	147.06	7.43	-0.90	210.3	8.9	-0.92
諮詢服務	15.02	8.89	-0.26	34.50	18.85	-0.29	61.84	53.22	-0.07	108.56	115.81	0.03	134.17	186.23	0.16	185.82	283.91	0.21	235.8	405.4	0.26
廣告、宣傳服務	2.58	2.77	0.04	4.58	4.86	0.03	7.15	10.76	0.20	13.37	19.12	0.18	19.55	23.13	0.08	27.73	40.18	0.18	31.3	49.1	0.22
電影、音像服務	0.50	0.28	-0.29	0.70	0.33	-0.35	1.54	1.34	-0.07	1.54	3.16	0.35	2.78	0.97	-0.48	4.00	1.23	-0.53	7.8	1.5	-0.68
其他商業服務	57.44	72.82	0.12	64.64	150.56	0.40	93.88	168.85	0.29	182.38	269.15	0.19	187.72	246.88	0.14	182.65	322.78	0.28	205.9	401.4	0.32

數據來源：中國商務部、國家外匯管理局。

這裡需要注意的是運輸服務。運輸服務在中國出口結構中所占的比重很大，但是其競爭力卻一直不高。中國是勞動力資源豐富的國家，應在勞動密集型的運輸業上具有一定的比較優勢，國際競爭力應較強，但事實並非如此。在某種程度上，這是因為近年來國際運輸出現了新的變化，隨著國際物流更加高效，對國際運輸需求不斷增加，運輸業更多地向資本、技術密集型轉變，而中國在這方面較為薄弱。因此中國應順應國際貨運的需求，改進貨運方式，提高貨運質量。

除此之外，其他一些部門的競爭力也得到了提升。中國通信業競爭力較以前有所提高，但是比較優勢的獲得還是依靠國家壟斷。金融的指數則幾乎一直為負，長期以來中國對金融業實行壟斷經營，造成其效率低下，與國際水平差距很大。中國在入世後的第一年根據承諾減讓，在一些大城市開放了人民幣業務，允許外資金融機構提供外匯服務，取消地域以及服務對象限制，之後逐年開始對外開放金融業務。這對中國的金融業造成了較大衝擊。

本章小結

本章依據中國不同歷史階段，對中國的服務貿易發展現狀和特點、中國服務外包的現狀和特點以及中國服務貿易競爭力進行了介紹和分析，並得出相關結論。

1. 不論是服務進口還是出口，中國排名都比較靠前，但是主要的貿易仍集中於勞動密集型、附加價值較低的行業產業中，資本、技術密集型產業的服務貿易仍有巨大的發展空間。
2. 中國服務外包雖然規模較小但發展十分迅速，尤其是軟件行業，發展勢頭十分迅猛。
3. 就中國的服務貿易競爭力而言，總體水平低、國際競爭力弱，而且服務貿易發展的趨勢表明中國服務貿易國際競爭力有所下降。中國的服務貿易仍需進一步合理規劃，健康發展。

思考題

1. 簡述服務貿易的含義及特點。
2. 簡述國際服務貿易的概念、特點、方式和分類。
3. 中國國際服務貿易在入世之後呈現出何種發展特點？
4. 中國服務外包發展現狀及特點是什麼？
5. 查找相關數據，用至少兩種競爭力指標分析中國服務貿易競爭力現狀。

案例分析

2007年4月10日，美國在WTO指控中國限制外國出版物和音像製品進入中國市

場，限制外商的營銷權。這些指控是根據 WTO《貨物貿易協定》和《服務貿易協定》分別提出的。

美國根據《貨物貿易協定》認為，中國只允許政府指定的公司或者國有公司進口電影、家庭娛樂視聽產品、錄音製品和讀物，不合理地限制其他中國公司和所有外國公司的進口權，違背了中國在《中華人民共和國加入世界貿易組織議定書》中關於給予外資企業進出口經營權的承諾，也違反了《關貿總協定》關於國民待遇原則和普遍取消數量限制的規定。

同時，美國根據《服務貿易協定》，認為中國沒有給予外資經銷商與本土經銷商同樣的待遇，違反了中國的服務貿易市場准入承諾和國民待遇義務。具體包括：

（1）中國禁止外資經銷商作為讀物和電子出版物的獨家代理商；對有讀物分銷權的外資企業，在註冊資本、經營項目、許可程序等方面施加了比本土經銷商更多的限制；限制外資企業向中方占多數股份的中外合資企業銷售家庭娛樂視聽產品；對有家庭娛樂視聽產品分銷權的中外合資企業，在經營項目、許可程序等方面「歧視性」地提出比本土經銷商更多的要求；禁止外資經銷商通過互聯網和移動電信分銷錄音製品。

（2）對於某些進口讀物的分銷，中國沒有給予外貿企業與本土讀物同樣的待遇，只有政府批准的國有企業才有資格營銷；對通過網路銷售的錄音製品，中國「歧視性」地設置了比本土產品更嚴格的內容審查機制；對用於劇院播放的進口電影，中國只允許兩家國有企業進口經營，而對於國產電影，任何有經營權的公司都可以經營，這是一種歧視。

2008年3月27日，WTO成立專家組審理此案。歐盟、日本、澳大利亞、韓國和中華臺北以第三方身分參與訴訟。

美國的指控涉及中國《電影管理條例》《音像製品管理條例》《音像製品進口管理辦法》等法規中的諸多內容。中國首先提出了管轄權異議，認為有兩個指控事項不屬於專家組的管轄範圍；其次引用「公共道德例外」，稱對這些進口出版物和音像製品的內容審查是為了保護公共道德，這是《關貿總協定》第二十條所允許的。

2009年8月12日，專家組做出一審裁決，基本上支持了美國的指控，同時認為中國沒有充分證明這些措施是「保護公共道德所必需」的；美國也沒有充分證據證明中國禁止外企申請許可證並分銷進口電影。中、美雙方均不服，均提出上訴。WTO上訴機構除了認為專家組在「公共道德例外」方面分析有誤之外，維持了專家組的裁決。最終，中國和美國就如何執行中美出版物市場准入案達成一致：中國同意在裁決生效后14個月內，即2011年3月19日以前執行裁決。

問題：

1. 出版物和音像製品貿易屬於服務貿易嗎？為什麼？
2. 根據本章知識，中國應該開放出版物市場嗎？請給出理由。
3. 如果應該開放出版物市場，你有何建議？

第十一章　中國技術貿易

內容簡介

整個世界已經進入知識經濟時代，科技進步與創新已成為經濟增長與國力增強的關鍵因素，技術貿易也隨之成為一國擴大對外經濟合作與文化交流的基本內容。在中國，隨著改革開放的不斷深入，對外技術貿易早已成為對外經濟貿易的一項關鍵內容，在經濟發展中占據著越來越重要的地位。本章首先介紹技術貿易的基礎知識，隨後梳理中國對外技術貿易的發展狀況，進而分析中國對外技術貿易與創新驅動及知識產權保護的相互關係。

關鍵詞

技術貿易；創新驅動；知識產權保護

學習目標

1. 理解並掌握技術貿易的內涵和方式；
2. 瞭解中國技術貿易的發展歷程；
3. 掌握中國技術進出口的狀況和原則；
4. 掌握中國對外技術貿易與創新驅動的相互關係；
5. 掌握中國對外技術貿易和知識產權保護的相互關係。

案例導讀

中華老字號「王致和」海外維權第1案

這是中國加入WTO后中華老字號企業海外維權第一案。2006年7月，北京王致和食品集團到德國註冊商標時發現，「王致和」腐乳、調味品和銷售服務三類商標已被其德國銷售代理商歐凱進出口公司在德國專利和商標局註冊。2007年1月，王致和集團在德國慕尼黑地方法院向歐凱公司提出起訴，追討商標權。當年11月14日，該法院一審判決，要求歐凱禁用此商標，並撤銷商標註冊。歐凱不服，於2008年2月向慕尼黑高等法院上訴。

2009年1月22日，慕尼黑高等法院開庭審理。「王致和」方面出示了充分證據，而歐凱未能提出新的證據。2009年4月23日上午，德國慕尼黑高等法院第29號民事庭就中國百年老字號「王致和」商標被惡意搶註案進行二審判決，維持一審判決結果，駁回了歐凱的上訴。法院按德國《反不正當競爭法》判決王致和集團勝訴，要求搶註

方德國歐凱進出口公司停止在德國使用「王致和」商標,並撤銷它在德國搶註的「王致和」商標。

德國歐凱公司是一家由德籍華人在德國開辦的食品進出口代理公司。歐凱公司在歐盟或者德國搶註的中國食品企業的商標,還包括四川的白家粉絲、郫縣豆瓣和吉香居醬菜,安徽的洽洽、貴州的老干媽、河北的今麥郎等。眾多國內企業的商標被德國同一家公司搶註,暴露出中國企業知識產權意識淡薄、品牌保護意識不強,盲目擴大市場欠缺規劃性,才讓國外企業有空可鑽。

啟示:企業在產品服務出口前,首先應當進行有關知識產權調查和在國外或國際申請專利或註冊商標,避免侵犯他國知識產權,這也是1980年公約規定的賣方的義務(公約第42條)。由於知識產權的保護存在地域性,在中國有效的知識產權在國外大部分時候不會自動生效,只有在一國或國際申請了註冊才會受到這個國家的法律保護。比如中國某出口產品在某國市場很受消費者歡迎,於是這個國家或其他國家的人就有可能搶先在該國註冊,將中國某出口產品的商標據為己有。如果中國和該國的相關條約或加入的公約中沒有關於保護出口產品商標的條款,那麼中國某出口產品的商標所有權人就會在該國發生侵權行為,該國市場就會失掉。即使通過法律訴訟奪回商標權也會付出很大的代價,造成很大的損失。因此要積極申請國外或國際專利或註冊商標,避免被惡意搶註或被惡意訴訟。

[資料來源:胡小兵. 中華老字號「王致和」打贏海外維權第一案 [J]. 中國食品,2009(10)]

第一節 技術貿易概述

一、技術貿易的內涵與特點

(一) 技術貿易的內涵

根據聯合國技術轉讓行動守則會議對技術的定義,技術是關於製造一項產品、應用一項工藝或提供一項服務的系統知識,但不包括只涉及貨物出售或只涉及貨物出租的交易。根據該定義,技術應包括三個方面的內容:第一,技術指製造一種產品的系統知識;第二,技術指一項工藝的系統知識;第三,技術指一項服務的系統知識。

國際技術貿易是指通過貿易、投資或者經濟技術合作的方式,跨國界轉移技術的行為。一個國家從外國購買技術即為技術進口,或稱技術引進;一個國家向外國出售技術為技術出口,或稱技術輸出。在國際上,通常把國家之間的技術進出口活動,統稱為技術轉移。

(二) 技術貿易的特點

技術是沒有特定形狀的商品,在技術貿易行為發生之前,技術的擁有方往往不披露技術的真實內容,其技術的潛在收益具有不確定性,只有使用技術並生產出產品之

后，才能最終判斷技術的特性。

技術貿易通常為技術使用權以及使用該技術生產產品、銷售產品權利的轉移，很少發生技術所有權的轉移，而商品貿易則多為所有權的轉移。同時，技術貿易往往不是一次性的簡單的交易行為，通常伴隨著長期的合作關係。技術貿易的雙方往往是同一技術產品的生產者、銷售者，既是合作夥伴，又是競爭對手，潛伏著利益衝突。

技術貿易受諸多條件的制約，特別是技術的擁有方是否願意提供先進技術，技術的進口方是否能夠消化、掌握該技術，這是實施技術貿易的先決條件。而技術的擁有方又處於決定性地位，往往還受到技術擁有方國家政策的左右，這更增加了技術貿易的難度。

二、技術貿易的方式

國際技術貿易的方式主要有三類：知識產權和技術秘密的轉讓、許可貿易；技術貿易和技術諮詢；國際經濟技術合作與其他技術轉讓方式。

長期以來，中國一般通過以下六種方式來開展對外技術貿易工作：

（一）許可貿易

許可貿易又稱許可證貿易，是指專利權人、商標權所有人或專有技術所有人作為技術許可方（出讓方），將某項技術的使用權通過簽訂許可合同轉讓給被許可方（受讓方），允許被許可方在一定條件下使用該項技術，製造和銷售該項技術的產品，並向許可方支付一定金額的報酬。

許可貿易是國際技術貿易中最主要、最常用的方式，近年來發展很快，這是由於使用這種方式可以相當迅速地從先進國家獲得技術。中國許多大中型企業的技術引進，都採用了這種貿易方式。

（二）技術諮詢

技術諮詢是指諮詢方或服務方對委託方所提出的技術課題提供建議和解決方案。

技術諮詢的內容很廣泛，包括項目的可行性研究、效益分析、工程設計、設備訂購等。一些技術較為落後的國家，由於科技力量不足或對解決某些技術課題缺乏經驗，通過聘請外國工程諮詢公司提供諮詢服務，可以避免走彎路或浪費資金。諮詢方可以通過豐富的知識、經驗為委託方提供幫助。委託方雖然要支付諮詢費，但在大多數情況下，通過諮詢而節約的資金要遠遠超過所支付的諮詢費，總體上看仍然是有利的。

（三）工程承包

工程承包是指工程承包人接受工程所有人的委託，承諾按規定條件包干完成某項工程任務，完工後將工程交付給工程所有人。

工程承包的內容非常廣泛複雜，包括工程設計、土建施工、設備採購與安裝、提供原材料、提供技術、培訓人員、投產試車、質量管理等過程。工程的建設時間較長，少則幾個月至一兩年，多則五六年，甚至十多年。由於承包過程內容廣泛複雜，工程建設週期長，往往可能遇到經濟、政治、自然條件變化的影響，因此雙方承擔的風險

較大。工程承包是一種綜合性的國際經濟合作方式，其中往往包括大量的技術轉讓內容，因此成為國際技術貿易的一種形式。

（四）合作生產

合作生產是指不同國家的企業之間簽訂合同，在某項或某幾項產品的生產方面進行合作。合作生產的主要形式有：根據合同分工生產零部件，然后組裝成成品銷售；一方提供關鍵部件和技術資料，由另一方組裝成成品銷售；一方提供生產技術或設備，雙方按各自專業分工生產零部件或生產某種產品，然后銷售到第三國。例如，中國企業與外國企業簽訂合作生產合同，通常由外國企業提供生產圖紙和技術指導，由中國企業按提供的圖紙生產合同規定的部件，以后逐步提高中國企業生產部件的比例，最后達到全部由中國企業生產。合作生產一般是雙方在生產領域內的合作，有時也包括在流通領域和科研領域的合作。合作生產中雙方合作關係維繫的時間較長，僅在個別情況下合作關係是短期的或一次性的。

（五）技術服務與協助

技術服務與協助是指一方受另一方委託，運用自己掌握的技術知識和經驗，協助另一方完成某項經濟技術任務。

一般而言，技術轉讓不僅包括轉讓公開的技術知識，通常也包括轉讓秘密的技術知識和經驗。但這些技術知識和經驗，很多情況下難以用書面資料表達出來，必須用言傳、示範（身教）等傳授方式來實現。因此，技術服務與協助常常成為技術轉讓中必不可少的環節，可以包括在技術轉讓合同中，也可以作為特定項目，簽訂單獨的技術服務合同。技術服務與協助的方式主要有兩種：一種是技術輸入方派技術人員到技術輸出方的企業接受培訓實習；另一種是技術輸出方派遣專家或技術人員到技術輸入方企業傳授技術知識和經驗，現場指導生產。

（六）利用外資引進技術

通過利用外資引進技術是技術引進的一種有效方式。許多國家的法律允許在設立合資企業時，不同國家的投資方可將工業產權等技術作為股本投資。例如，中國《中外合資經營企業法》規定：「合資企業各方可以現金、實物、工業產權等進行投資。」這樣，合資雙方不僅是合資經營關係，也是技術合作關係。中國已經通過合資方式引進了不少國外先進技術。

通過補償貿易的方式也可以實現引進技術的目的。補償貿易是指技術引進方向國外的技術供給方購買設備和技術，並約定在一定期限內，用其生產的產品或雙方協商訂購其他商品或勞務，收益分期償還引進技術和設備貨款的一種國際技術貿易形式。在中國的技術引進中，有相當部分是通過補償貿易方式開展的。

第三種利用外資引進技術的方式是建設→經營→移交。它是指國外建設方承擔東道國某一工業項目或基礎設施的建設，然后在一定期限內（一般為 15~20 年）營運該設施以收回項目的投資並且取得合理的利潤，期滿后再將該項目無償移交給東道國政府。中國一些地區的火電廠等基礎項目就是靠這種方式建成的。

三、技術貿易的內容

(一) 專利與專利權

從字面上講，專利即是指專有的利益和權利。「專利」一詞來源於拉丁語 Litterae patentes，意為公開的信件或公共文獻，是中世紀的君主用來頒布某種特權的證明，后來指英國國王親自簽署的獨占權利證書。專利是世界上最大的技術信息源，據實證統計分析，專利包含了世界科技術信息的 90%~95%。

專利權是發明創造人或其權利受讓人對特定的發明創造在一定期限內依法享有的獨占實施權，是知識產權的一種。中國於 1984 年公布專利法，1985 年公布該法的實施細則，對有關事項做了具體規定。

專利權的性質主要體現在三個方面。一是排他性，也稱獨占性或專有性。專利權人對其擁有的專利權享有獨占或排他的權利，未經其許可或者出現法律規定的特殊情況，任何人不得使用，否則即構成侵權。這是專利權（知識產權）最重要的法律特點之一。二是時間性，指法律對專利權所有人的保護不是無期限的，而是有限制的，超過時間限制則不再予以保護，專利權隨即成為人類共同財富，任何人都可以利用。三是地域性，指任何一項專利權，只有依一定地域內的法律才得以產生並在該地域內受到法律保護。這也是區別於有形財產的另一個重要法律特徵。根據該特徵，依一國法律取得的專利權只在該國領域內受到法律保護，而在其他國家則不受該國家的法律保護，除非兩國之間有雙邊的專利（知識產權）保護協定，或共同參加了有關保護專利（知識產權）的國際公約。

(二) 商標與商標權

商標是商品的生產者、經營者在其生產、製造、加工、揀選或者經銷的商品上或者服務的提供者在其提供的服務上採用的，用於區別商品或服務來源的，由文字、圖形、字母、數字、三維標誌、聲音、顏色組合，或上述要素的組合，具有顯著特徵的標誌，是現代經濟的產物。就商業領域而言，商標包括文字、圖形、字母、數字、三維標誌和顏色組合，以及上述要素的組合，均可作為商標申請註冊。經國家核准註冊的商標為註冊商標，受法律保護。商標通過確保商標註冊人享有用以標明商品或服務，或者許可他人使用以獲取報酬的專用權，而使商標註冊人受到保護。商標是用來區別一個經營者的品牌或服務和其他經營者的商品或服務的標記。中國商標法規定，經商標局核准註冊的商標，包括商品商標、服務商標和集體商標、證明商標，商標註冊人享有商標專用權，受法律保護。如果是馳名商標，還會獲得跨類別的商標專用權法律保護。

商標權是商標專用權的簡稱，是指商標主管機關依法對商標所有人的註冊商標予以國家法律保護的專有權。商標所有人擁有依法支配其註冊商標並禁止他人侵害的權利，包括商標所有人對其註冊商標的排他使用權、收益權、處分權、續展權和禁止他人侵害的權利。中國商標權的獲得必須履行商標註冊程序，而且實行申請在先原則。商標是產業活動中的一種識別標誌，所以商標權的作用主要在於維護產業活動中的秩序，與專利權的作用主要在於促進產業的發展不同。根據中國《商標法》的規定，商標權有效期 10 年，自核准註冊之日起計算，期滿前 6 個月內申請續展，在此期間未能

申請的，可再給予6個月的寬展期。續展可無限重複進行，每次續展註冊的有效期為10年。自該商標上一屆有效期滿次日起計算。期滿未辦理續展手續的，註銷其註冊商標。商標權是一種無形資產，具有經濟價值，可以用於抵債即依法轉讓。根據《商標法》的規定，商標可以轉讓，轉讓註冊商標時轉讓人和受讓人應當簽訂轉讓協議，並共同向商標局提出申請。

商標權的性質主要表現在：

（1）獨占性，又稱專有性或壟斷性，是指商標所有人對其註冊商標享有獨占使用權。賦予註冊商標所有人獨占使用權的基本目的，是為了通過註冊建立特定商標與特定商品的固定聯繫，從而保證消費者能夠避免混淆並能接收到準確無誤的商品來源信息。

（2）時效性，指商標專用權的有效期限。在有效期限之內，商標專用權受法律保護。超過有效期限不進行續展手續，就不再受到法律的保護。各國的商標法，一般都規定了對商標專用權的保護期限，有的國家規定的保護期限長些，有的國家規定的保護期限短些，多則20年、少則7年，大多數是10年。中國商標法規定的商標專用權的有效期為10年。

（3）地域性，指商標專用權的保護受地域範圍的限制。註冊商標專用權僅在商標註冊國享受法律保護，非註冊國沒有保護的義務。在中國註冊的商標要在其他國家獲得商標專用權並受到法律保護，就必須分別在這些國家進行註冊，或者通過《馬德里協定》等國際知識產權條約在協定的成員國申請領土延伸。

（4）財產性。商標專用權是一種無形財產權。商標專用權的整體是智力成果，它凝聚了權利人的心血和勞動。智力成果不同於有形的物質財富，它雖然需要借助一定的載體表現，但載體本身並無太大的經濟價值，體現巨大經濟價值的只能是載體所蘊含的智力成果。通過商標價值評估，這些商標可以作為無形資產而成為企業出資額的一部分。

（5）類別性。國家工商行政管理總局商標局依照商標註冊申請人提交的「商標註冊申請書」中核定的類別和商品（服務）項目名稱進行審查和核准。註冊商標的保護範圍僅限於所核准的類別和項目。以世界知識產權組織提供的「商標註冊商品和服務國際分類表」為基礎，國家商標局制定的「類似商品和服務區分表」將商品和服務總共分為45個類別，在相同或近似的類別及商品（服務）項目中只允許一個商標權利人擁有相同或近似的商標，在不相同和不近似的類別中允許不同權利人享有相同或近似的商標。

(三) 專有技術與商業秘密

專有技術，又稱秘密技術或技術訣竅，是指從事生產、管理和財務等活動領域的一切符合法律規定條件的秘密知識、經驗和技能，其中包括工藝流程、公式、配方、技術規範、管理和銷售的技巧與經驗等。專有技術指先進、實用但未申請專利的技術秘密，包括設計圖紙、配方、數據公式以及技術人員的經驗和知識等。不屬知識產權，不受法律保護，是技術貿易的重要內容之一，其轉讓合同上規定受讓方須承擔保密義務。專有技術具有以下特點：專有技術是一種技術知識，是具有實用性的動態技術，具有可傳授性和可轉讓性；專有技術是一種以保密性為條件的事實上的獨占權，具有經濟性；專有技術是沒有取得專利權的技術知識。

商業機密，是指不為公眾所知悉、能為權利人帶來經濟利益、具有實用性並經權利人採取保密措施的設計資料、程序、產品配方、製作工藝、製作方法、管理訣竅、客戶名單、貨源情報、產銷策略等技術信息和經營信息。其中，不為公眾知悉，是指該信息是不能從公開渠道直接獲取的；能為權利人帶來經濟利益、具有實用性，是指該信息具有可確定的可應用性，能為權利人帶來現實的或者潛在的經濟利益或者競爭優勢；權利人採取保密措施，包括訂立保密協議、建立保密制度及採取其他合理的保密措施。關於商業秘密的法律定義，廣義地說，構成一個企業競爭優勢的任何機密的商業信息都可以被認為是商業秘密。除持有人以外的任何人未經許可使用這些信息都將被認為是一種不公平競爭行為和侵權行為。中國《反不正當競爭法》第十條中規定：「商業秘密是指不為公眾所知悉、能為權利人帶來經濟利益、具有實用性並經權利人採取保密措施的技術信息和經營信息。」

第二節　中國對外技術貿易發展概況

一、中國技術貿易發展歷程

20 世紀 90 年代以來，中國的技術進出口均保持穩定增長，技術貿易在對外貿易總額中的比重不斷提高。在 2004 年以前，技術進口的增長速度快於技術出口的增長速度，導致中國技術貿易的逆差不斷增大，這表明這階段中國對國外先進技術的需求正在不斷擴大。2004 年中國對外技術貿易出口總額首次超過進口總額。2004 年之後，中國對外技術貿易出進口差額逐年增加，2012 年對外技術貿易出進口差額達到 943 億美元，對外技術貿易總額達到 11,080 億美元，佔中國商品進出口貿易總額的 28.7%。可以看到，對外技術貿易已成為中國對外貿易的支柱之一。根據新中國建立以來的國情和經濟發展重要時期，可將中國對外技術貿易概況分為四個時期。

(一) 高度集中的計劃經濟制度時期（1949—1978 年）

自 20 世紀 60 年代初期開始，中國在對外經濟技術援助中，向受援國提供了許多技術裝備和技術服務。這些技術裝備與技術服務是非商業性質的、無償提供的。在這一階段，中國以技術許可、諮詢、技術設備引進、合作生產和成套設備或關鍵設備進口等方式，共簽訂技術引進合同 841 項，合同總額超過 120 萬美元。

1949—1957 年是中國恢復國民經濟與開始社會主義建設時期，由於西方國家的封鎖禁運，中國只能從蘇聯和東歐國家引進技術和進口設備。這一時期，中國引進項目共計 450 個，總金額約 37 億美元。

1958—1965 年是「大躍進」和國民經濟調整時期。「大躍進」時期，中國的技術貿易未能正常進行。1960 年實行國民經濟調整后，成立了新技術領導小組，加強對技術貿易工作的領導。這期間成交的項目約 84 個，總金額約 14.5 億美元。

1966—1978 年是中國「文革」和開始「撥亂反正」時期。在「文化大革命」進行的十年間，中國的經濟受到了巨大的打擊，技術貿易幾乎中斷。1972 年后，隨著中國

在聯合國合法席位的恢復，國內外的政治經濟環境開始逐步改善，使一度中斷的技術引進工作又重新被提上工作日程。中國先後從美國、日本等十多個國家引進技術和設備405項，成交金額82.85億美元。

總的來說，這段時期的技術貿易規模較大，引進項目主要以設備、石油、化工和合成材料為主，目的是解決當時國民經濟發展的緊急重大問題，如民眾的「吃、穿、用」問題和工業現代化問題。

(二) 建立有計劃商品經濟制度時期（1979—1992年）

這一階段，中國正努力建立有計劃商品經濟體制與發展外向型經濟。

進入改革開放新時期後，從1979年開始，中國的技術貿易發生了質的變化。改革開放以後中國經濟建設速度不斷加快，對技術進口的需求也在不斷加大，對技術引進的戰略也相應進行了較大調整。與此同時，隨著經濟發展和政府在科研方面投入力度的加大和相關法律法規的建立，中國的專利申請數量逐年增加，專利跨國轉讓等技術出口也逐年擴大。

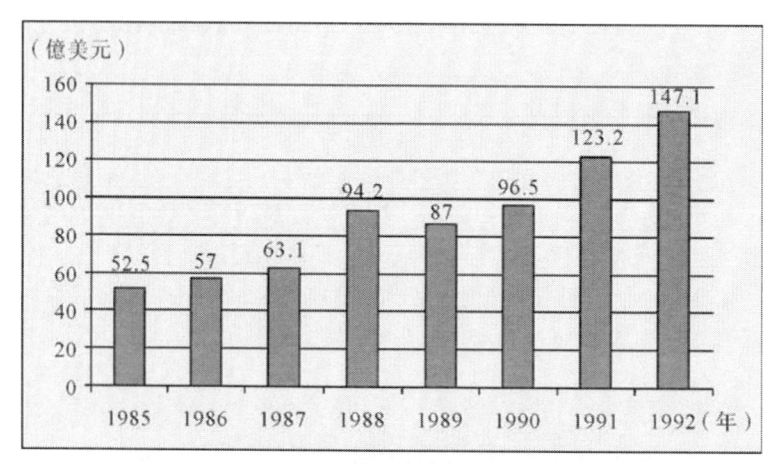

圖 11.1　1985—1992 年中國對外技術貿易進出口總額

資料來源：《中國科技統計年鑒 2012》。

1985—1992年期間成交的金額約為721億美元（圖11.1），從1991年開始突破百億美元大關，而且技術貿易交易總額占商品進出口貿易總額比重也呈現增加的趨勢。

一方面，經過「六五」「七五」時期，隨著國內外經濟、社會環境的變化和科學技術的發展，中國技術引進的規模和領域不斷擴大。技術引進由以往單一的生產領域，轉向生產領域與生活領域並舉，技術和生產線的技術來源也開始向多元化轉變。中國與世界上越來越多的國家建立了經濟合作和技術合作關係，開始能夠根據自身需求，有選擇地引進所需技術與裝備，引進技術的內容也由單一的成套裝備引進，轉向技術與裝備引進相結合。在引進國民經濟建設所需設備的同時，還引進了設計、製造和工藝技術。引進主體也由政府逐步轉向政府和企業相結合。這對中國提高技術水平和生產能力，縮短與發達國家的差距發揮了重大作用。另一方面，隨著中國對外開放、對內搞活經濟和科技體制改革的深入發展，技術是無形商品的觀念逐步被人們認識，中

國一些技術產品開始進入國際技術貿易市場。這個時期的技術出口基本上處於自發狀態。儘管中國技術出口起步較晚,規模不大,中國技術發展水平和西方發達國家相比還有很大的差距,但通過技術出口帶動技術進口,增加了中國的外匯收入,改善了出口商品結構,提升了中國在國際分工中的地位。

(三) 建立社會主義市場經濟制度時期(1993—2001 年)

這一階段,中國正朝著社會主義市場經濟體制與發展開放型經濟邁進。其重要的表現是對外技術貿易規模日益擴大,方式日漸多樣化,比重逐漸擴大,占到進出口貿易總額的 10% 以上。見圖 11.2 和圖 11.3。

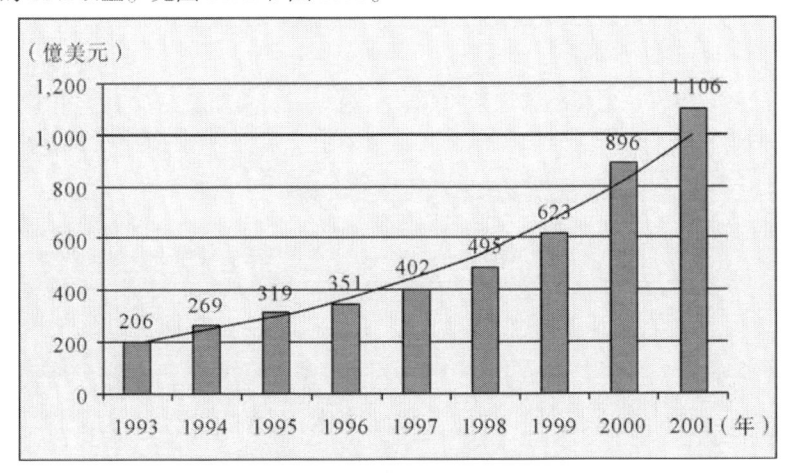

圖 11.2　1993—2001 年中國對外技術貿易進出口總額

資料來源:《中國科技統計年鑒 2012》。

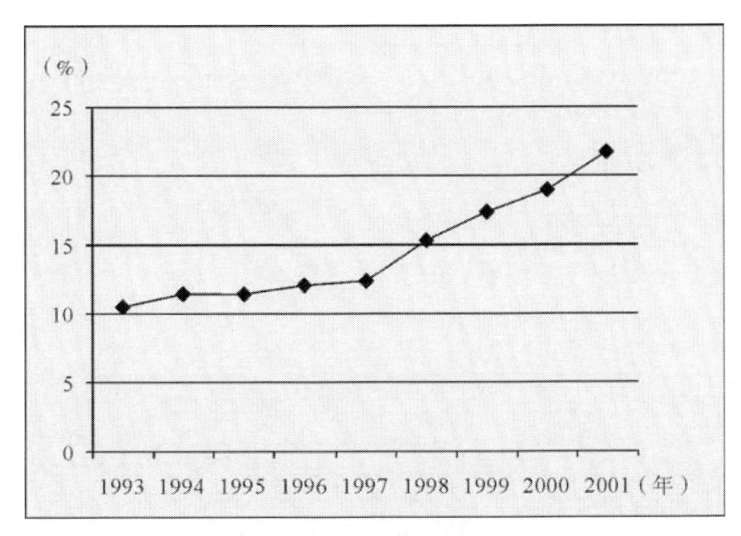

圖 11.3　1993—2001 年中國對外技術貿易總額在對外貿易總額中的占比

資料來源:《中國科技統計年鑒 2012》。

「八五」「九五」計劃都強調技術引進的消化與創新，1999年國家開始實施科技興貿戰略。在一系列政策的指導下，中國技術引進規模逐步上升，跨上了一個新的臺階。技術引進方式日趨合理，技術許可、技術服務和技術諮詢等成為主要的引進方式，與此同時，技術引進主體多元化，引進規模逐漸擴大。

出口由單一的行政管理轉向法制化管理，出口增長速度明顯加快並首次超過一般貿易，出口市場由單一面向發達國家轉向也面向發展中的小國家，出口技術以成套技術為主，技術含量不斷擴大，最重要的特點是民營企業開始涉足技術出口。

（四）完善社會主義市場經濟制度時期（2002年至今）

中國加入WTO後，履行承諾，全面提高開放型經濟水平，構建開放型經濟新體制。自從1999年提出科技興貿戰略後，中國技術市場圍繞產業結構調整和高新技術產業發展，著力推動技術轉移和成果轉化，引導和支持創新要素向企業集聚，大批科技成果通過技術貿易實現了經濟價值，技術貿易成交量保持了平穩較快的發展勢頭。見圖11.4和圖11.5。

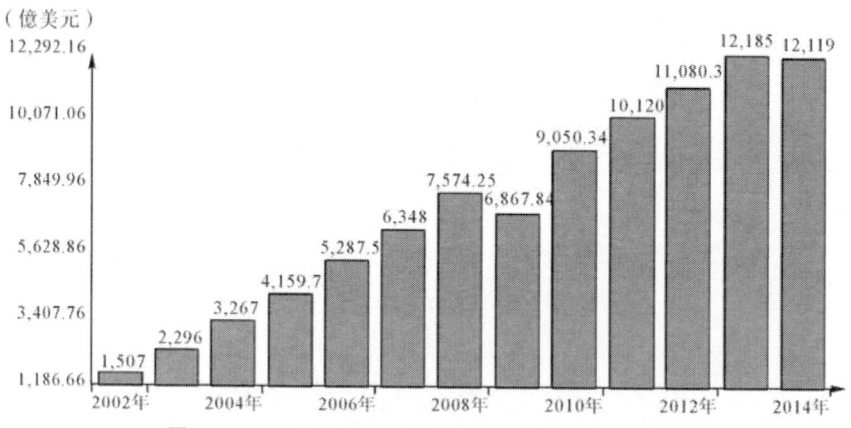

圖11.4 2002—2014年中國對外技術貿易進出口總額

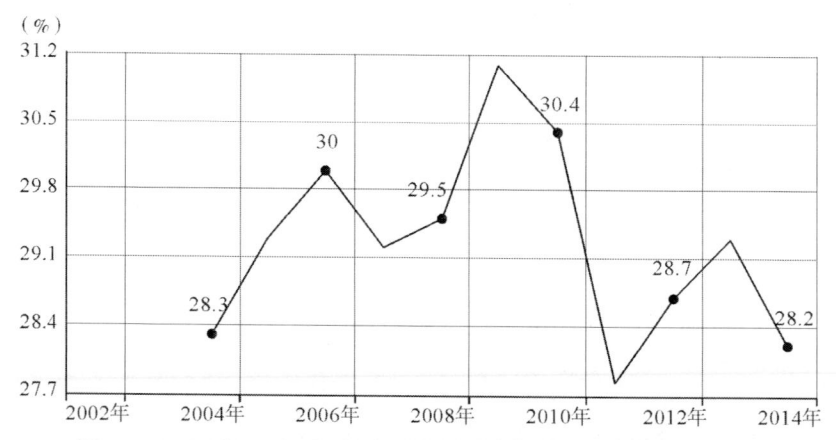

圖11.5 2002—2014年中國對外技術貿易總額在對外貿易總額中的占比

資料來源：國家統計局。

這一時期技術貿易最顯著的特點是：

（1）技術貿易成交量穩步增長。中國技術市場充分發揮配置科技資源的基礎性作用，在推動自主創新、學研合作、技術轉移、高新技術產業化等方面取得了較大進展。技術合同成交量穩步上升，技術市場成為聯繫科技創新與經濟增長的重要紐帶，為助推國民經濟平穩較快增長發揮了重要的支撐作用。

（2）技術貿易合同成交額快速增長。在四類技術合同中，技術開發與技術服務的合同總項數和總金額均占 80% 以上。隨著產業學研合作範圍逐年擴大，技術開發合同繼續保持在四類合同中的優勢地位。

（3）電子信息和先進製造是技術交易的重點領域。技術市場交易向電子信息、生物、新能源、新材料和節能環保等戰略性新興產業集聚的跡象明顯。在各類技術領域中，電子信息技術仍居於絕對主導地位，生物、醫藥與醫療器械、新材料及其應用、環境保護與資源綜合利用、現代交通、城市建設與社會發展領域的技術交易增幅均達到 20% 以上。核應用技術、航空航天技術和農業技術領域的技術交易則出現了不同程度的負增長。

（4）知識產權合同成交金額總體呈上升趨勢。2009 年，技術合同中涉及知識產權的技術有 117,408 項，成交金額為 1,826 億元，比 2008 年增長 7%。2010 年，涉及知識產權的技術合同共 12.6 萬項，占總項數的 55%。

（5）各級科技計劃項目成果通過技術市場成功轉化。2010 年，由國家各級財政科技投入形成的科技成果轉化規模增幅明顯，大量國家科技計劃項目成果通過技術市場實現成功交易，達成技術合同 27,774 項，占全國總項數的 12.1%；成交金額 931 億元，占全國總成交額的 23.8%；國家和部門的科技計劃項目成交金額為 574 億元，同比增長 53.5%。

（6）企業的技術交易主體地位更加突出。隨著企業創新能力和市場競爭力的不斷增強，其在技術交易中的雙向主體地位更加突出，輸出技術和吸納技術均明顯高於上一年。在吸納技術方面，企業對技術的需求持續旺盛，居各類交易機構首位。大學和科研機構作為技術創新源頭的作用進一步顯現。

（五）加快實施創新驅動發展戰略與中國技術貿易

黨的十八大明確提出「科技創新是提高社會生產力和綜合國力的戰略支撐，必須擺在國家發展全局的核心位置」，強調要堅持走中國特色自主創新道路，實施創新驅動發展戰略。2015 年 3 月 13 日，中共中央、國務院出抬了《中共中央 國務院關於深化體制機制改革 加快實施創新驅動發展戰略的若干意見》（以下簡稱《意見》），以指導深化體制機制改革、加快實施創新驅動發展戰略。《意見》共分 9 個部分 30 條，包括總體思路和主要目標，營造激勵創新的公平競爭環境，建立技術創新市場導向機制，強化金融創新的功能，完善成果轉化激勵政策，構建更加高效的科研體系，創新培養、用好和吸引人才機制，推動形成深度融合的開放創新局面，加強創新政策統籌協調。《意見》指出，到 2020 年，基本形成適應創新驅動發展戰略要求的制度環境和政策法律體系，為進入創新型國家行列提供有力保障。《意見》要求，強化競爭政策和產業政

策對創新的引導，促進優勝劣汰，增強市場主體創新動力，打破制約創新的行業壟斷和市場分割，改進新技術新產品新商業模式的准入管理，健全產業技術政策和管理制度，形成要素價格倒逼創新機制。《意見》強調，發揮市場對技術研發方向、路線選擇和各類創新資源配置的導向作用，調整創新決策和組織模式，強化普惠性政策支持，促進企業真正成為技術創新決策、研發投入、科研組織和成果轉化的主體。

創新驅動的核心是科技創新。技術貿易的發展需要依賴科技創新，同時輔之以新的生產方法、組織形式和管理模式。因此，加快實施創新驅動發展戰略必將為中國技術貿易創造新的發展機遇，同時也更加彰顯了技術貿易在轉變資源依賴型、資本依賴型發展方式，轉向發展人力資源和技術，促進創新發展中的重要地位。一方面，加快實施創新驅動發展戰略，要求中國主動對接國際標準及貿易規則體系，加快推動先進技術標準國際化，加快科技創新步伐，這將促進中國技術貿易的勃興；另一方面，由於新技術、新工藝等在創新驅動和經濟發展過程中扮演著越來越重要的角色，各國的貿易競爭日益轉向相互間的技術競爭，因此，技術貿易在推動科技創新和發展方式轉變中的地位日益重要。僅從技術引進的角度講，通過對技術的消化吸收，企業不僅可以獲得更高的利潤，而且可以提升技術創新能力，這對成功實施創新驅動戰略的意義不言而喻。

二、中國技術出口

(一) 中國技術出口的作用

中國的技術出口起步較晚，規模不大，但近幾年發展迅速，展示出良好的發展前景。儘管中國的經濟技術水平與發達國家仍有相當大的差距，但是中國已經擁有相當多的工業化技術，可以適應發達國家和發展中國家不同層次的需要，因此，在國際技術市場上是大有可為的。

1. 以技術出口帶動機械設備出口，改善出口商品結構

從發達國家的經驗來看，技術出口能夠帶動相當於幾十倍技術價值的機電設備出口。中國應借鑑國際上的經驗，進行新的探索。在實際工作中，中國已經有了技術出口帶動機電設備出口的實例，並取得了相當可觀的經濟效益。只要增強技術出口意識，正確認識中國技術出口的資源條件並恰當組織，就能夠實現技術、設備、產品乃至勞務的綜合出口，對出口商品結構注入新的成分、新的血液。

2. 以技術出口促進技術開發、技術進步

在國際上，科學技術的發展日新月異。中國的技術要進入國際技術市場並保持發展的趨勢，必須大力促進國內的技術開發，不斷提高技術水平，並應用新技術開發新產品，因此，技術出口推動著中國技術向深度和廣度發展。沒有新技術作為保證，就難以保持自己的技術優勢，難以保持或改善自己在國際技術市場上的地位。

3. 發展技術出口，增加外匯收入

中國技術出口在一些發達國家和發展中國家很有市場，一些技術往往可以多次出售，可以創造大量外匯收入。

4. 提升在國際分工中的地位

發展中國家能否最大限度分享參與國際分工所帶來的利益，從根本上取決於能否盡快提高對外貿易的技術含量和附加值，實現出口商品結構的升級。世界高技術產業和知識經濟的發展使傳統的比較優勢、國際分工格局和國際貿易結構發生了重大變化，高新技術產品出口已成為國際貿易最富有生命力的帶動力，是各國必爭的制高點。發展高新技術產品出口，依靠技術創新建立中國出口產業和動態比較優勢，是中國在未來的國際分工和國際貿易中爭取較為有利的位置、增強抵禦各種外部風險與衝擊的能力的重要條件。

(二) 中國技術出口的特點

1. 高技術產品成為技術出口增長的重要力量

「十五」計劃期間，中國高技術產品出口就表現出前所未有的增長勢頭。2000年，高技術產品出口額為370.43億美元，比上年增長50.0%。在此后的4年時間裡，其年均增長幅度大致在44%左右。進入「十一五」以來，中國高技術產品出口繼續保持良好增長態勢，並推動中國出口商品結構進一步優化。2000—2011年，中國高技術產品出口年均增長38%，高技術產品出口總額在2011年已達到5,488億美元。

2. 技術出口市場多元化

隨著市場多元化戰略的實施，中國技術出口的國別、地區呈多元化趨勢，既包括發展中國家（地區），也包括發達國家（地區）。東南亞、西亞、香港地區是中國技術出口穩步發展的重點市場，對非洲及歐美發達國家（地區）的出口也有較大增長。從高新技術產品出口來看，2012年，香港地區、歐盟和美國仍然居於中國高技術產品出口市場前三位。自1996年以來，對這三個市場的高技術產品出口占當年中國高技術產品出口總額的比重一直保持在50%左右。

3. 技術出口領域廣泛

目前，中國技術出口涉及計算機、通信、軟件、機械、汽車、化工、冶金、農業、醫藥等諸多領域，如中鋁國際對印度、伊朗、越南、俄羅斯、沙特、卡塔爾等國的多家鋁公司進行技術轉讓，標誌著中國已成為重大鋁技術的輸出國。中國中醫研究院西苑醫院則以知識產權形式，向日本輸出了中藥技術。2014年，中國鐵建股份有限公司中標全長210千米的墨西哥城至該國第三大城市克雷塔羅的高速鐵路項目，這是中國企業在海外承建的首條時速300千米的高鐵，也是墨西哥迄今最大的基礎設施項目。該項目整體打包，包括由中國鐵建負責的鐵路基建工程和中國南車公司負責的新造客車。由於該項目採用中國高鐵成套技術，因此被視為中國高鐵「走出去」真正意義上的第一單。墨西哥高鐵項目之所以選擇中國企業，主要得益於中國擁有先進成熟的成套高鐵技術、綜合的技術能力以及安全可靠的營運業績。

(三) 中國技術出口的問題

近些年來，中國技術出口發展勢頭良好，成交金額逐年上升，對於優化出口商品結構、提高產品的科技含量和附加值都發揮了積極作用。但是中國的技術出口也存在一些問題，及時而妥當地解決這些問題，將有助於中國技術出口更好更快發展。

1. 中國國內自主創新不足

根據瑞士洛桑管理學院於 2007 年 5 月發布的《世界競爭力年鑒2007》，2006 年中國登記在冊的科技人員有 4,132 萬人。從科研人數上講，中國目前已位居世界第一。但在科學研究發展和科技成果轉化方面，中國一直排在美國、日本等國家之後。2006 年中國國內發明專利的授權量為 2.5 萬件，較上年增長 21.1%。從專利類型的分佈看，發明專利的申請量和授權量的比重仍然最低，分別為 26% 和 112%。特別是中國國內發明專利的授權，在三類專利中比重偏低的狀況一直沒有改變。並且，外資企業一直是中國高新技術出口的主體，而國有企業和國有機構的技術出口競爭力都較弱。

2. 缺乏完善的信息和技術市場等輔助機制以及專業的出口經營人才

對於中國資金少、技術力量薄弱的廣大中小企業來說，發展技術貿易，出口高技術產品的最大障礙在於中國尚沒有完備的技術和市場仲介服務體系，難以捕捉到國內外技術產業信息和市場供求信息。由於高科技行業發展的特殊性，企業領導人的敏銳觀察、正確判斷、果斷決策是十分重要的。目前中國人才選拔機制在一定程度上仍存在不適應高技術產業發展和產品出口需要的問題，如一些企業領導實行任命制，無法從全社會選擇最優秀的人才擔任經營和技術領頭人；激勵機制不健全，人事制度方面論資排輩現象依然嚴重，缺乏競爭機制。

3. 稅收優惠政策不健全，缺乏穩定可靠的融資渠道

中國對高技術產業特別是軟件產業沒有普遍實行稅收優惠，致使這種很少實物投資的高智力產業稅負較重，高技術產品出口退稅也存在不少操作上的問題。

眾所周知，高科技產業一般需要較多的研究和開發資金。而由於開發高技術產品往往風險較大，商業銀行一般不願對此類項目給予貸款支持，風險投資在中國還不多。這樣，企業往往很難為高技術項目籌集到更多的資金，進而影響了中國高技術的發展及高技術產品的出口。

4. 技術出口存在一定的盲目性

中國的技術出口中存在對一些技術不加分析盲目出口的問題，特別是某些企業只顧眼前利益和局部利益，把不宜出口的實驗室技術、民族傳統工藝和很有價值的技術出口或與外商合資，造成重要機密技術外溢，嚴重影響了中國大宗商品的出口，損害了民族利益和國家利益。

三、中國技術進口

(一) 技術引進的作用

世界經濟發展史表明，后進國家積極引進發達國家的先進技術，能夠實現經濟跳躍式發展。中國作為一個發展中國家，起步晚，技術水平低，缺少資金，不可能投入太多的研究與開發費用進行技術發明與技術創新。因此，技術引進具有極為重要的作用。中國在自主開發技術的同時，必須充分利用技術引進，加速技術進步。

1. 快速提高技術水平

技術引進與商品進口有質的區別。商品進口以滿足部分國內需求為目的，技術引

進則是為了增強企業的科技創新能力和產業化能力，提高企業的技術改造能力和擴大高新技術產品生產能力。特別是技術比較落後的地區，引進高新技術是一條提高其自身技術水平的捷徑。隨著技術創新的日益成熟和標準化，技術相對落後的國家掌握該技術變得相對容易，技術引進國進口該技術后只需兩三年時間就可以投入生產，提高國內生產技術水平。

2. 節約技術開發成本

自主開發技術不但投入高、開發時間長，而且風險巨大，有可能是高投入、零回報，特別是發展中國家，資金短缺，承受高投入、高風險的能力差。引進技術可以克服這一困難，雖然引進技術需要支付一定的費用，但是購買現成的技術，比自主從頭開發所花費的資金要少得多，風險也小得多。

3. 加快產業結構調整

產業結構轉變取決於勞動力、資本和技術等生產要素在不同產業部門之間的配置與調整，引進先進技術和現代化管理知識以及產生的溢出效應，促進了中國工業部門的技術進步和勞動生產率的提高，也直接推動了中國產業結構的優化和升級。

4. 擴大出口，提升出口商品結構

技術引進促進了中國出口的快速增長。一方面利用國外先進技術和設備，對中國的傳統產業進行改造，形成新的技術能力，提高傳統出口產品的技術含量和附加值，發展新產品，提高產品國際競爭力，從而擴大出口；另一方面，通過引進技術，發展新興產業，「以進口促出口」，發展高新技術產品出口，使高新技術產品逐步成為擴大出口、提升出口商品結構的槓桿。

5. 加快人力資源累積

引進技術不但可以得到別人先進適用的技術，而且技術出口方要對其出口技術進行演示，並且對技術引進方技術人員進行必要的培訓，技術引進方人員可領會和學到其技術訣竅。同時在利用引進的技術進行生產和試驗中，引進方人員在長期的工作中摸索、瞭解和吸收引進技術的知識和技術訣竅，這也可以促進技術進步。

(二) 技術引進的特點

自2001年加入世界貿易組織后，中國技術引進發展迅速，引進規模頻頻創歷史新高，在多方面呈現出顯著特點。

1. 多行業積極引進技術

中國各行業積極引進技術，促進了中國技術進口的發展。2012年，中國技術引進前10位的行業分別是電力、蒸汽、熱水的生產和供應業，電子及通信設備製造業，交通運輸設備製造業，化學原料及化學製品製造業，黑色金屬冶煉及壓延加工業，專用設備製造業，計算機應用服務業，普通機械製造業，電氣機械及器材製造業，石油和天然氣開採業。電子信息、交通運輸和能源仍是技術引進的重點行業。

2. 引進主體以國有企業和外資企業為主

中國加入世界貿易組織後，外資企業技術引進項目逐年增加，技術引進合同金額位居各類企業首位。2002年，外資企業技術引進合同金額占全國技術引進合同金額的

比重為 71.39%，2003 年以後，該比重雖有所下降，但仍保持在 50% 左右。從趨勢上看，技術引進主體日益多元化，國有企業在技術引進中發揮了重要作用。

3. 發達國家是中國技術引進的主要來源地

歐盟、美國和日本等發達國家和地區是中國技術引進的主要來源地。2010 年和 2011 年，歐盟一直是中國技術引進的最大來源地。

4. 技術引進質量明顯提高

從引進方式看，專有技術、技術諮詢和技術服務逐步取代成套設備、關鍵設備、生產線的進口而占主導地位，這表明軟技術已經占據中國技術引進的主導地位，引進技術質量有了明顯提高。

5. 技術引進主要集中在東部發達地區

從中國國內來看，東部發達地區在技術引進中居於主要地位。2012 年，上海、北京、天津、江蘇、廣東、浙江等沿海省市居於技術引進的主體地位，中部地區的湖南、河北、湖北等省市的技術引進合同金額占比不足 1%，山西、內蒙古、寧夏和新疆等西部省區則不足 0.1%。但一些中部省份呈現增長勢頭。

(三) 技術引進中存在的問題

中國的技術引進雖然為經濟發展做出了巨大貢獻，但在其實施過程中也出現了一些問題，需要引起重視並及時加以解決。

1. 重「引進」輕「消化」，對外技術依賴不斷加深

技術引進不是最終目的，只是學習與模仿國外先進技術的手段，是消化、吸收和再創新的起點。只強調引進技術和設備而忽視消化、吸收，並不能提升落後國家的技術開發能力，反而會加重其對先進國家技術和設備的依賴。長期以來，中國技術引進與技術消化的投入不合理，用於技術消化、吸收的投入過低，消化、吸收投入比例低必然導致對引進技術消化不良，消化不良又必然加劇重複引進，重複引進又進一步加劇消化不良。如此惡性循環，嚴重制約了引進技術的實際效果。

在技術引進中，中國長期以成套設備、關鍵設備和生產線作為主要引進對象，使企業陷入「引進→落后→再引進→再落后」的怪圈。例如，汽車製造設備從 20 世紀 50 年代就開始引進、集成電路生產線從 60 年代就開始引進，到了 70~90 年代，國內企業還在引進汽車製造設備、引進集成電路生產線。目前，中國不包括專利使用費的技術對外依存度高達 50%，而日本不到 5%，美國不到 10%。一個國家對外技術依存度過高，僅僅依靠引進或跟在別人后面模仿，勢必會影響核心競爭力的構築，最終很有可能會淪為發達國家的經濟附庸。

2. 技術引進盲目性較高

有些企業在技術引進中，沒有充分考慮自身的技術條件，引進的技術超過了企業能接受的水平。有的企業在引進前沒有進行充分認證，沒有掌握充分的信息，結果引進的並非關鍵技術設備，被迫不斷地引進后續相關設備。由於信息不對稱等原因，先進技術和高新技術引進較少，引進技術總體而言較為落後，有的專利已過期，有的是已被淘汰技術，有的技術難以滿足環保要求，白白搭上大量外匯，造成不應有的損失。

例如，中國彩電、電冰箱、洗衣機、鋼鐵和汽車行業的重複引進一度相當嚴重，幾乎每個省份和地區都有這些行業的企業。

3. 技術引進水平較低

長期以來，中國在引進技術時重數量、輕質量現象嚴重，引進的技術更多的是成熟或標準化技術，核心技術和創新技術寥寥可數，這影響了技術引進的水平。以汽車工業為例，引進技術達到國際20世紀80年代水平的占30%，開發的換代產品達到80年代技術水平的占30%，技術落后的產品占40%。如轎車的關鍵生產技術主要控制在外方手中，本國汽車企業只能占據部分附加值較低的中低檔市場，附加值較高的中高檔轎車市場皆被國外品牌轎車佔有。中國採取以「市場換技術」的外資引進思路，吸引不少跨國公司在汽車行業提供技術援助和信息服務，外資在中國汽車工業領域也確實存在一定的技術溢出效應，但實際效果並不理想。

4. 技術引進的法律管制不足

中國對技術引進的管制無論是在宏觀上的引導管制，還是在微觀上的規範控制，都存在一些不足，進而影響了技術引進工作的開展。例如，技術引進管制中一般比較注重技術引進協議的訂立和審批，而忽視了對引進技術的吸收、消化、創新等重要的有利於引進技術國產化的后續管理和規範。此外，對限制性商業條款的規定也過於嚴格，在適用性上存在衝突，有礙對引進技術進行事前審查。對限制性商業條款的管制，《技術進出口管理條例》中用列舉方式明確了禁止的各種行為，包括對技術引進的方式、原材料與機器設備的購買、產品的生產與銷售以及對技術的轉讓和研發等，但列舉的方式沒有為其他現存或將來可能出現的限制性條款留下餘地，而且過於嚴格的規定也不利於引進那些中國急需但附有一定限制條件、從長遠看引進的收益大於限制所帶來的價值的先進技術，也不能較好地適應多變的國際經濟環境和國際技術交流活動。

四、中國（上海）國際技術進出口交易會

中國（上海）國際技術進出口交易會（簡稱「上交會」），是由商務部、科技部、國家知識產權局和上海市人民政府共同主辦，上海市國際技術進出口促進中心承辦的國家級的國內外先進技術展示、交流、交易的盛會。首屆上交會於2013年5月8~11日在上海國際展覽中心和上海世貿商城隆重舉辦，以「創新驅動發展，保護知識產權，促進技術貿易」為主題，以「新技術 新市場 新網路」為要素，通過生動鮮明的展覽展示和專業權威的交易服務，構建了四個平臺，即國際技術展示交易平臺、國際高新技術推廣應用平臺、企業獲得國際技術支持平臺和發明創造技術轉化平臺。

上交會包括展覽展示、論壇活動和交易服務等內容。展覽展示分為專業技術展區和組團展區，專業技術展區重點展示智能製造、新一代信息技術、生物技術、新能源、新材料、節能環保等板塊；組團展區將集中展示國家、地區、省市和行業組織的最新高新技術成果。論壇活動包括開幕式暨高峰論壇、專業主題論壇、政策宣傳以及技術推介會、創新演示會、項目對接會、簽約儀式等各類活動。交易服務包括技術轉讓許可、知識產權保護、科技投融資、國際技術人才、投資促進服務等。上交會以專設的專業機構，提供專利、商標、版權等申請、查詢、轉讓許可、投訴維權等服務，體現

了上交會知識產權服務的專業性、長效性、全面性和便捷性。除知識產權保護服務外，上交會還提供技術轉讓、許可諮詢服務和由銀行、保險、風險投資、私募基金等金融機構參與的科技投融資服務，實現三個價值對接，即高新技術成果與資本對接、高新技術研發與應用對接、高新技術與知識產權對接。

第三節　中國技術貿易與知識產權保護

一、知識產權保護的相關概念

（一）知識產權的概念和範圍

知識產權是指公民或法人對其在科學、技術、文化、藝術等領域的發明、成果和作品依法享有的專有權，也就是人們對自己通過腦力勞動創造出來的智力成果所依法享有的權利。知識產權包括工業產權和著作權。

1. 工業產權

工業產權包括通常所說的專利權和商標權。具體地說，它可細分為專利（科學發現和發明）、實用新型（小發明）、外觀設計、商標、服務標記、廠商名稱、貨源標記或原產地名稱等。其中，服務標記是指為了標明企業（提供者）的服務項目或特點，並與其他企業（提供者）相區別而專用的標記，多採用於金融、郵電、保險、鐵路、民航、市內公共交通、旅遊、建築等行業。

2. 著作權

著作權即通常所說的版權。它包括文學作品（書籍與其他著作物）、口述作品（演講、講課等）、音樂、戲劇、曲藝、舞蹈作品，美術、攝影作品，電影、電視、錄像、錄音、廣播作品，地圖和技術繪圖，計算機軟件等版權。

（二）知識產權保護的基本原則

對知識產權進行國際保護，是知識和技術交流日益國際化的客觀需要。1883年制定的《保護工業產權巴黎公約》是知識產權國際保護的開端。1967年《成立世界知識產權組織公約》在瑞典斯德哥爾摩簽訂。世界知識產權組織於1970年4月成立，1974年成為聯合國的一個專門機構，主管工業產權、著作權及商標註冊的國際合作。現行的知識產權國際公約主要有《保護工業產權巴黎公約》（簡稱《巴黎公約》）《專利合作公約》《商標國際註冊馬德里協定》（簡稱《馬德里協定》）《保護文學藝術作品伯爾尼公約》（簡稱《伯爾尼公約》）《保護表演者、錄音製品製作者與廣播組織公約》《集成電路知識產權公約》等。隨著國際貿易的不斷發展，通過轉讓技術、專利和商標的使用權及版權許可，含有知識產權的產品在國際貿易中所占的比重越來越大。但由於各國對知識產權的保護水平不一致，法律法規不協調，假冒商品、盜版書籍和盜版電影等侵犯知識產權的現象時有發生。加強與貿易有關的知識產權保護，勢在必行。

針對以往國際公約的不足，發達國家認為應當談判一項新的國際公約以解決這些

問題。世界貿易組織《與貿易有關的知識產權協定》（簡稱《知識產權協定》）就是在參考和吸收前述公約的基礎上，進行了有效的補充和修改，成為世界範圍內知識產權保護領域內涉及面廣、保護水平高、保護力度大、制約力強的一個國際公約。《知識產權協定》於 1994 年 4 月 15 日簽署，1995 年 1 月 1 日生效。它是迄今為止內容最廣泛、保護最充分的知識產權多邊協定，也是對世界各國和地區的知識產權法律制度影響最大的全球性多邊條約，與貨物貿易協定、服務貿易協定共同構成世界貿易組織的三大支柱。

《知識產權協定》進一步明確了在國際貿易中知識產權保護的基本原則：

1. 國民待遇原則

《知識產權協定》規定，各成員在知識產權保護方面，給予其他成員的國民待遇不應低於其給予本國國民的待遇。這一規定與《巴黎公約》《伯爾尼公約》等完全相同，《巴黎公約》等知識產權國際公約中已經規定的國民待遇的例外也予以保留。

2. 最惠國待遇原則

最惠國待遇原則未被《巴黎公約》《伯爾尼公約》等知識產權國際公約採用。《知識產權協定》第一次把這一項國際自由貿易中最基本的原則引入了知識產權保護制度之中，從而為世界貿易組織各成員之間實行非歧視貿易提供了重要的法律基礎。《知識產權協定》也規定了不適用最惠國待遇的例外。

3. 最低保護標準原則

與知識產權的國際公約一樣，《知識產權協定》在實體部分也規定了知識產權保護的最低標準。還規定，各成員應確保本協定的效力，成員可以但並無義務在其法律中實施比協定要求更廣泛的保護，只要該保護與協定的規定不相衝突。

4. 平衡保護原則

知識產權保護應當對於技術創新與技術轉移做出貢獻。知識的生產者與消費者都應當受益，並且應當有助於提升經濟和社會福利，有助於社會和經濟的發展以及權利和義務的平衡。同時還規定，各成員可以在其國內立法中具體說明在許可證（技術轉讓）貿易中，哪些情況下構成對知識產權的濫用，從而可能限制競爭。各成員可採取適當措施，制止濫用知識產權的行為。此外，《知識產權協定》專門指出，有關知識產權的權利用盡原則交由各成員在其法律中自行解決，不得使用該協定的任何規定去解決知識產權用盡的問題。所謂權利用盡原則，也稱首次銷售原則，是指權利人首次出售包含有知識產權的產品後，其在該產品上的知識產權權利就用盡了，在以後的商業活動中，其他人就可自由使用或再銷售該產品。

二、中國的知識產權保護現狀

（一）中國對知識產權的保護

中國作為世界貿易組織成員履行知識產權協議的義務體現在以下幾個方面：

1. 企業內部管理保護

企業擁有的「商業秘密」實行自我保護的原則，如企業自主開發的計算機軟件和

以專有技術為代表的商業秘密。商業秘密具有「不為公眾所知悉」和「採取保密措施」的特點。

除商業秘密和著作權外，有些知識產權權利是要通過相關申請程序才能獲得的，如專利、商標、植物新品種等。企業在獲得實用新型專利權后，在條件允許的情況下，應當不失時機地請求國家知識產權局、專利局出具實用新型檢驗報告，及時申請專利權。

2. 知識產權行政保護

中國對知識產權保護實行司法機關和行政機關「兩條途徑，協調運作」的模式，即知識產權權利人既可以通過訴訟途徑請求法院保護，也可以直接請求知識產權行政機關予以保護。這是中國知識產權執法方面的鮮明特點。知識產權行政執法具有程序簡單、便捷高效的特點，能夠迅速、有效地制止故意侵權、反覆侵權等嚴重侵權行為。實踐證明這一模式是符合中國國情、行之有效的。根據不同的知識產權，中國的知識產權行政執法機關主要有各級知識產權局、工商局、版權局等。

3. 知識產權司法保護

（1）懲治侵犯知識產權犯罪行為

中國在刑法中專門規定了侵犯知識產權罪。最高人民法院和最高人民檢察院於2004年年底聯合公布了《關於辦理侵犯知識產權刑事案件具體應用法律若幹問題的解釋》。目前，主要發達國家對侵犯知識產權犯罪規定的最高法定刑期為5年，中國刑法對侵犯知識產權犯罪行為規定的最高法定刑期為7年。

（2）審判知識產權侵權糾紛和其他民事糾紛案件

對於知識產權侵權糾紛和其他民事糾紛案件，案件的審理期限適用中國《民事訴訟法》的規定，人民法院對一審案件應當在立案之日起6個月內審結；對二審案件應當在第二審立案之日起3個月內審結。與世界上多數國家比較，中國的司法審判更為便捷高效。

（3）對涉及知識產權的行政行為進行司法審查

根據當事人的請求，人民法院對涉及知識產權的行政行為通過行政審判進行司法審查，適用中國《行政訴訟法》的規定。

（4）知識產權海關保護

目前大多數國家海關僅對貨物進口環節提供知識產權保護。根據中國《知識產權海關保護條例》，中國海關部門不僅在進口環節保護知識產權，而且還可禁止侵權貨物出口。中國10年來在海關知識產權保護工作方面所取得的成就，得到了國際社會的廣泛關注和好評。

（二）中國涉外知識產權中存在的問題

1. 涉外知識產權糾紛日益增多，以知識產權為手段的競爭壓力增加

隨著科技經濟迅速發展和經濟全球化進程加快，資源、勞動力成本等問題日益突出，中外企業之間的競爭業已演變為知識產權的角逐。近年來，中國企業涉外知識產權糾紛呈不斷上升趨勢，已成為影響企業進軍國際市場、參與國際競爭的重要因素。

涉外知識產權保護形勢嚴峻。一是涉外知識產權案件呈多發、高發態勢。具體表現為涉外侵權案件多發、認定侵權的比例高、涉案金額大、重複侵權嚴重。二是涉外知識產權案件影響大。涉外知識產權案件的權利一方當事人往往是國際知名度較高的國外大公司，案件的國際影響大。從調查情況來看，中國企業在國外被控侵權產品主要集中在輕工和機電行業，不少具有國際競爭力的特色產品受到國外同行的知識產權訴訟。這些知識產權糾紛中，提出訴訟的原告大多為同行業的國外大公司，這些企業的產品在國際市場上佔有很大的份額，擁有國際著名商標，有雄厚的技術和資金實力。而被訴的企業大多為中國中小企業，訴訟實力相差懸殊。

2. 知識產權轉化率有待提高

知識產權轉化率就是指知識產權所有者通過自己實施、轉讓或許可他人使用，轉化為實際生產力並以此來獲取最大利益占知識產權研發費用的總額。從授權數量來看，中國是知識產權大國；但就無形資產質量而言，中國遠不是知識產權強國。《中國知識產權報》2009年5月27日在題為《高校科技成果轉化路在何方》的報導中披露，中國500餘萬項專利成果實際轉化率不足30%；在商標領域，在國際知名品牌的排行榜單上，中國企業商標無一進入100強，進入500強的也只有12家。就對外貿易而言，中國企業出口200強，70%以上是貼牌生產、加工貿易。在合資企業，90%以上是使用外國投資方的品牌。據統計，美國、日本的知識產權利用率高達95%。只有當知識產權付諸生產時它的價值才能真正體現出來。因此，在獲得了知識產權之後的關鍵性問題是如何使之轉化為實質性生產力並獲取最大利益，實現由量的發展到質的飛躍，這是中國企業要認真思考的問題。

3. 知識產權發展所需人才缺乏

中國知識產權的人才配備與發展需要不相符。按照國際慣例，企業應按技術人員總數的4%比例設立知識產權管理崗位。依此比例，中國知識產權人才的總需求量應該是8萬人，中國現在所培養的知識產權管理人才遠遠不能滿足企業的實際需求。另外，現在所培養的知識產權管理人才也缺乏必需的綜合專業知識背景。如果涉及知識產權爭端，往往要支付高額費用聘請外部人員應訴，大大增加了外貿知識產權保護成本。

三、知識產權保護與中國技術貿易

(一) 知識產權保護與國際技術貿易的關係

隨著國際貿易的內容和方式發生越來越多的變化，知識產權的所有權和使用權的交易已經成為國際技術貿易的重要組成部分。例如，許可貿易是技術貿易中使用最為廣泛的貿易方式。通過技術許可協議等手段，知識產權所有者可以將專利、商標等的使用權轉讓給技術接受方，從而獲得技術使用費；而通過版權許可合同，版權人就可以獲得版稅收入。對外技術貿易中依法進行知識產權保護，是技術的轉讓方與受讓方的共同需要。顯而易見，一國如果擁有較高水平的知識產權保護，不僅有利於提高本國的技術水平、促進本國的經濟發展，還能增加本國出口收入，改善其在國際貿易中的地位。

同時，在經濟全球化的大背景之下，國際貨物貿易的正常發展也離不開對知識產權的保護。標有馳名商標或者來自著名產地或者外觀設計非常精美的商品，很容易產生未經權利人允許而任意冒用該馳名商標、著名產地標誌或者外觀設計的現象。這些冒牌商品一旦進入貿易渠道，就會嚴重影響正常的貿易，使知識產權權利人的利益受到損害。

國際技術貿易在長期的實踐中也形成了一些一般原則和特點：技術和知識產權同屬無形財產權範圍，具有專有性、地域性、時間性等特點；在國際技術貿易中，知識產權保護越來越受到各國重視，相關的國際公約、條約對各成員國內立法有相當廣泛的影響力；國際貿易中的貿易自由化、透明度、非歧視、公平競爭和貿易法律政策的統一性等基本原則也同樣適用於技術貿易，但是技術貿易更加強調限制措施實施中的非歧視和透明度原則；在具體限制措施方面，國際通行慣例是採取國家許可和契約許可手段；在技術貿易中的知識產權保護方面則呈現保護範圍逐漸擴大、保護力度逐漸增強的特點。這些原則和特點都體現在世界貿易組織《知識產權協定》以及其他國際公約中。

鑒於知識產權對於各國的對外貿易利益產生了越來越大的影響，知識產權保護與對外貿易的關係日益密切，知識產權領域成了世界貿易組織在烏拉圭回合談判中新拓展的重要領域。從世界貿易組織《知識產權協定》引言所述「認識到保護知識產權的國家體制基本的公共政策目標，包括發展和技術方面的目標；還認識到最不發達國家成員在國內實施法律和法規方面特別需要最大的靈活性，以便它們能夠創造一個良好和可行的技術基礎……」可以證明技術發展是世界貿易組織《知識產權協定》的制度基礎之一。世界貿易組織《知識產權協定》第七條表明其目標為：知識產權的保護和實施應有助於促進技術革新及技術轉讓和傳播，有助於技術知識的創造者和使用者的相互利益，並有助於社會和經濟福利及權利與義務的平衡。第八條規定其原則為：在制定或修改其法律和法規時，各成員可採用對保護公共健康和營養，促進對其社會經濟和技術發展至關重要部門的公共利益所必需的措施，只要此類措施與本協定的規定相一致；只要與本協定的規定相一致，可能需要採取適當措施以防止知識產權權利持有人濫用知識產權或採取不合理地限制貿易或對國際技術轉讓造成不利影響的做法。該協定對知識產權的範圍確定為：版權與鄰接權；商標權；地理標誌權；工業品外觀設計權；專利權；集成電路布圖設計（拓撲圖）權；未披露過的信息（商業秘密）專有權。

（二）知識產權保護對中國技術貿易的影響

在當前以新興技術為基礎的經濟全球化背景下，國際貿易與知識產權兩者之間的關係日益密切。一方面，隨著國際貿易內容的豐富，知識產權已成為國際貿易中的直接標的物或要素，體現在以貨物和服務為載體，突出以技術和品牌為核心的競爭優勢，決定了一國在國際分工和國際貿易中的地位；另一方面，不斷加強的知識產權保護，不僅提高了產品的附加值，增強了中國產品的競爭優勢，同時為維護國際貿易秩序提供了良好的制度環境。然而，與國際貿易相關的知識產權保護是一把「雙刃劍」，隨著

知識產權在國際貿易中地位的提升，知識產權壁壘作為一種更為隱蔽的非關稅措施悄然興起，知識產權貿易摩擦不斷增加，成為國際貿易摩擦形式升級的一個重要組成部分。

隨著經濟全球化和知識經濟的深入發展，知識產權日益成為國際競爭力的核心要素。在激烈的國際市場競爭中，知識產權保護對中國技術貿易的促進作用日益顯現，知識產權壁壘的負面影響也備受關注。

1. 知識產權保護可以促進中國的技術貿易

保護知識產權是維護良好的貿易投資和公平競爭環境的客觀需要，是維護一個好的投資「軟環境」的重要內容。保護知識產權也是對技術創新成果和技術擁有者的尊重，是鼓勵創新的前提和保障，是參與國際競爭的需要。加強知識產權保護可以減少成果被抄襲複製的風險，從而減少風險防範成本，所以企業在知識產權保護得更好的情況下願意更多地投資於研發活動。加強知識產權保護，可以激勵中國企業從事更多的創新活動，提高中國技術創新水平和促進技術進步，尤其是對中國具備較強自主創新能力的行業和企業的促進作用更加明顯，這有利於增加中國知識產權產品的出口，促進技術貿易的發展。

2. 知識產權壁壘不利於中國技術貿易的發展

從中國的知識產權構成可以發現，在中國的專利申請中，發明專利比例較低，而實用新型和外觀設計專利占據較大比例。這一方面是因為中國科技發展時間較短，在很多技術上難以與世界水平接軌，甚至一片空白。這種技術發展的空白加上國外的先進程度，加大了中國企業創新的難度，中國企業很難在短時期內找到技術上的突破口來抵制國外產品的市場壟斷，這不利於中國的技術出口。另一方面，發達國家和跨國公司動輒對中國提起知識產權訴訟，對中國企業造成了很大衝擊。如美國對涉華知識產權問題實施「337調查」和海關扣留，並對中國知識產權侵權和促進本土創新政策進行系統分析，其調查均是針對處於「一線」的美國企業。2010年，美國共發起56起「337調查」，其中涉及中國的案例共18起，占比約三成，位居首位。在如此頻繁的針對中國的知識產權侵權調查和訴訟中，中國企業的創新發展舉步維艱，中國企業全球化的進程也受到了一定的影響。知識產權訴訟所產生的巨額費用大大增加了企業的各種成本，削弱了中國產品在國際市場上的競爭力。從長期來看，由於企業利潤降低而減少的資本累積將導致企業對技術研發投入不足、創新能力不強。中國大部分產品出口沒有核心技術自主知識產權，關鍵技術、核心元器件和重要基礎件依賴進口。跨國公司在全球進行的知識產權佈局，成為制約中國企業全球化和中國技術貿易發展的重要因素。

3. 中國知識產權保護不足，不利於技術貿易的發展

按照基礎設施競爭力評價排名，中國知識產權保護力度排名僅僅排在世界第31名，全國假冒偽劣盜版現象屢禁不止，極大地阻礙了中國的技術創新。中國在發明專利的授權上與國外有較大差距，在專利的維護上與國外差別更大，這說明中國的知識產權保護意識不夠，其結果是不僅造成科研資源和資金的浪費，從長遠看也不利於中國自主創新能力的培養，不利於技術貿易的發展。

本章小結

1. 國際技術貿易是國際技術轉讓的組成部分，它是指不同國家的法人和自然人之間，按照一般商業條件，向對方出售或從對方購買技術使用權的一種國際貿易行為。
2. 本章介紹了國際技術貿易的含義、特點和開展國際技術貿易的方式。
3. 本章著重介紹了中國技術貿易的發展歷程和技術引進與出口的情況。
4. 知識產權的保護和國際貿易尤其是技術貿易緊密地聯繫在一起。中國對知識產權的保護越來越重視，在知識產權的保護領域也取得了一定的成就，當然也存在一些問題，有待我們採取措施解決。

思考題

1. 什麼是技術、國際技術轉讓和國際技術貿易？
2. 中國開展國際技術貿易的主要方式有哪些？簡述其基本內涵。
3. 中國技術出口和技術引進的原則及應注意的問題是什麼？
4. 知識產權的特點和中國對知識產權的保護方式有哪些？
5. 知識產權保護對中國技術貿易有哪些影響？

案例分析

南平造紙廠技術引進策略案例

福建省南平造紙廠是在國家「一五」時期投資建設的基礎上發展起來的。第一期日產 100 噸新聞紙系統工程，於 1956 年 10 月 16 日動工，1958 年 5 月 20 日竣工投產，工程投資總額為 2,703 萬元，主要產品為「閩松牌」新聞紙。然而在 20 世紀八九十年代，一些因素導致它陷入經營危機。為了扭轉經營危機，新任廠長陳守勤分別從日本、美國、加拿大、聯邦德國、奧地利、英國、芬蘭等國引進先進技術裝置，其中包括當今國際上技術最先進的新聞紙機「五號紙機」。這臺五號紙機是芬蘭維美德公司採用「優化概念」設計製造的。南平造紙廠借此扭轉了困局，重現生機。但後期南平造紙廠過於依賴設備和吸收現有的技術，沒有根據自己的情況進行自主創新，失去了原有的大量市場。

（資料來源：百度文庫）

問題：從該企業的技術引進策略中你得到了什麼啓發？

第十二章　中國對外貿易與國際直接投資

內容簡介

本章首先介紹了貿易投資一體化的基本概念，詳細分析了國際貿易與國際直接投資之間的關係和互動機理；接著具體考察了中國外貿發展與來華外商直接投資之間的關係；最後從中國「走出去」的角度分析了中國對外直接投資的特徵及其對貿易發展的作用。

關鍵詞

貿易投資一體化；替代效應；互補效應；中國對外直接投資

學習目標

1. 理解貿易投資一體化的內涵和貿易與投資之間的理論關係；
2. 瞭解外商在華直接投資的發展特徵及其對中國外貿發展的影響；
3. 掌握中國對外直接投資對發展外貿的作用，並能運用相關理論解釋中國海外併購行為的利弊。

案例導讀

日前，總部設在瑞士日內瓦的聯合國貿易和發展組織發布的最新報告稱，2014年中國吸收的全球外商直接投資達到1,280億美元，中國超過美國而成為全球外商直接投資第一目的國。由聯合國貿易和發展組織投資及企業部門負責人詹曉寧主持的這個報告指出，2014年美國外資淨流入下降2/3至860億美元，導致長期在吸引外資方面居領先地位的美國被中國超過。報告認為，流入中國服務行業的全球外商直接投資將持續增長，流入製造行業的則將放緩增速。報告指出，中國新的外國投資法草案趨於寬鬆，這會增強中國對外資的吸引力。

［資料來源：何農. 中國成全球外商直接投資第一目的國［N］. 光明日報，2015-02-05（12）．］

第一節　貿易投資一體化趨勢

國際貿易與國際直接投資不僅是一國參與世界經濟的兩條重要途徑，也是世界經

濟增長的兩大支柱。作為國際投資的主體，跨國公司通過在全球範圍內配置和利用資源，使國際貿易和國際直接投資圍繞著跨國公司國際生產的價值鏈，相互依存，共生增長。2000年以來跨國公司的投資額占世界投資總額的近90%，跨國公司內部貿易額占據世界貿易額的比重也超過60%，貿易與投資之間愈發呈現出一體化發展的趨勢特徵。貿易投資一體化不僅可以對貿易波動產生的風險進行分散，而且對外直接投資通過其出口導向與進口替代作用，促進了出口貿易的發展，有利於經濟增長在數量和質量方面的全面提升。

一、貿易投資一體化的內涵

關於貿易投資一體化的定義，目前理論界並沒有達成標準化的結論，多種學說從不同角度對貿易投資一體化現象進行瞭解讀。

(一) 貿易投資一體化即經濟一體化

該觀點強調基於世界地理位置的各國聯盟，認為貿易投資一體化是兩個或兩個以上的獨立國家在經濟上組成區域性集團的行為和過程，集團成員國共同制定和遵守統一的貿易投資政策，其本質是世界經濟一體化的組成部分，在國際經濟合作中二者發揮著相同的作用。實際上，貿易投資一體化與經濟一體化雖有交集，但並不完全一致，貿易投資一體化更加註重國家之間在經貿領域的相互依存關係，而無論各國是否處於某個經濟一體化區域組織內。

(二) 貿易投資一體化是貿易與投資行為的內生化

貿易投資一體化具體表現為貿易流向和投資流向的高度相關性和內在一致性。第一，國際貿易與國際直接投資在地理區域與產業分佈上呈現高度的一致性；第二，國際貿易的商品結構轉向製成品和高新技術產品，農產品、礦產品出口份額持續下降，與之相對應的是，投資方式開始從以產業結構轉換導向和資源開發導向轉為技術創新導向投資和產業國際轉移導向投資，表現為研發和第三產業對外投資額迅速增加，投資比例上升。

(三) 貿易投資一體化是跨國公司主導的產品內貿易和國際直接投資高度融合的結果

伴隨著全球化進程的日益加深，跨國公司基於全球發展的需要對生產經營活動進行全球性的戰略佈局，把別國的市場和資源納入自身的全球性安排之中。企業從單純追求原料供應和產品市場，過渡到跨國投資和經營、資金、技術、人員在國際上的更加自由的流動。跨國公司以其雄厚的資金、技術、人才和管理優勢，充分利用新出現的技術，將一個產品的生產和服務的提供細分成幾個不同的階段，並根據各國不同的比較優勢，把不同的生產階段放到最有比較優勢的國家進行投資生產，然後再把所有的零部件通過貿易渠道集中到最有組裝優勢的國家進行組裝生產，最後再通過貿易渠道把最終的製成品銷往各個國家，以求最大限度地利用各個國家最具有比較優勢的生產要素，通過各個環節的最優化形成整體的競爭優勢，最終形成投資（生產零部件）→貿易（零部件流動）→投資（組裝零部件）→貿易（最終產品）的生產模式。在整

個過程之中，跨國公司為促進貿易與投資的融合發揮了關鍵性的作用，使貿易投資一體化表現為跨國公司主導的產品內貿易和國際直接投資之間雙向促進、高度融合、合為一體的經濟現象，成為跨國公司進行全球資源配置的直接結果。

二、國際貿易與國際直接投資的關係

對國際貿易與國際直接投資關係理論的研究主要是從不同角度考察二者之間可能存在的替代或互補關係以及各關係產生的條件。

(一) 替代效應

在20世紀60年代以前，經濟學家一般採用赫克歇爾—俄林—薩繆爾森模型來解釋國際資本流動現象及其與國際貿易的聯繫。赫克歇爾—俄林定理認為在經濟開放的條件下，各國家間因生產要素自然稟賦條件的不同引起的生產要素價格的差異，可以通過兩條途徑來達到價格均等：一是通過要素的國際流動，即生產要素從較為豐裕的國家流向較為稀缺的國家，從而實現要素價格的均等化；二是通過商品的國際貿易，即各國出口密集使用本國豐裕生產要素的產品，同時進口密集使用本國稀缺生產要素的產品，從而增加出口國對其豐裕生產要素的需求，其價格相應上升，同時對稀缺生產要素的需求減少，其價格相應下降，從而間接地實現要素價格的國際均等化。如果國際貿易受到阻礙，貿易量就會減少，從而促使生產要素進行國際流動，即各要素從豐裕的國家流向稀缺的國家，也就是要素流動代替商品流動從而達到要素價格的直接均等。

蒙代爾沿用赫克歇爾—俄林—薩繆爾森模型中要素價格均等化的分析思路，提出了國際貿易與國際直接投資相互替代的模型。該模型是建立在兩個國家、兩種產品和兩種生產要素的框架中，並有如下幾個假設：其一，兩個國家的生產函數是相同的並且都是一次齊次的，也就是說無論從相對數還是從絕對數來看，邊際生產率都僅僅依賴於兩種生產要素的投入比例；其二，在任何生產要素價格、生產函數上的任何點情況下，一種產品都比另一種產品需要更大比例的某種生產要素；其三，要素稟賦達到某種程度以至於排除了專業化的可能性。

在上面所述的三個假設之下，如果兩個國家之間存在關稅的貿易壁壘，每個國家價格相對較低的生產要素就是每個國家要素稟賦豐富的生產要素，由於生產要素的價格差異導致的生產要素的國際流動會通過貿易基礎的要素比例的消失使得貿易消失。更重要的是，完全的要素流動產生的國際市場要素價格和產品價格的均衡和在要素不能在國家之間流動情況下自由貿易產生的要素價格和產品價格的均衡是相同的。在財富和貿易總額意義上，商品貿易和要素流動都是相互替代的，因此蒙代爾提出國際貿易與國際直接投資是相互替代的，替代效應由於減少了投資國比較優勢產品的生產與出口，因而具有逆貿易的性質。

弗農的國際產品生命週期理論將產品生產分為嶄新、成熟和標準化三個階段，解釋了隨著美國式跨國公司的階段性發展，海外直接投資如何逐漸替代了原有的出口貿易。

(二) 互補效應

新貿易理論將產品差異、規模收益遞增和不完全競爭等產業組織理論引入傳統的比較優勢分析框架，結合國際直接投資和跨國公司研究的理論成果，成功地揭示了不同類型跨國公司直接或間接創造的各種商品流動，從而使國際資本流動與國際貿易的傳統理論發生了深刻的變革。

第一，由於要素市場與商品市場都存在著不完全競爭和規模經濟，即使沒有法規政策的限制，要素流動與商品貿易也不可能是完全自由的，因而不可能存在完全替代的情況。另外，外商投資活動會遭遇東道國的投資壁壘，貿易壁壘與投資壁壘的雙重作用使得投資成本劇增，從而不可能完全替代貿易。無論是資本流動還是商品貿易都無法消除各國間要素稟賦豐歉不均的狀態，要素價格的均等只是一個長期趨勢，不可能在短期內達到，從而建立在要素價格差異基礎上的產業間貿易將與資本流動並存。

第二，各國的生產函數不同，資本存量和通過投資增加資本存量的能力也不盡相同。因此，資本流動所帶來的價格均等化作用是有限的，要素均等化將是一個非常緩慢的過程。市場結構的不同會導致要素資源的配置格局發生變化，進而導致兩種商品比價的變化，同時各國的生產要素也並不僅僅限於資本和勞動力；不同的組合方式會帶來不同的投入產出比率，所以不一定會產生替代效應。

第三，國際直接投資會產生技術外溢，加速國際技術創新進程。伴隨著技術創新和制度創新，資本流動將極大地促進國際貿易競爭力，從而達到兩者的同步發展。

第四，即使要素價格均等化得以實現，也只能替代以要素稟賦差異為基礎的產業間貿易，而產業內貿易和產品內貿易仍將得到發展。

日本經濟學家小島清把對外直接投資劃分為「美國式直接投資」和「日本式直接投資」兩大類。前者以美國對西歐的投資為代表，一般投資規模較大、採取獨資形式，並將母國具有最強優勢的產業移至海外，因為跨國公司進行這些投資的目的在於維護自己的國際壟斷地位。美國式對外直接投資的結果是：具有壟斷優勢的跨國公司個體雖然進行了地理擴張，但其海外生產替代了母國的原有出口，甚至還因東道國更低廉的生產成本而向母國返銷，即這一投資使母國既減少了出口也增加了進口，對外投資與對外貿易互相折損，成為消極的「逆貿易」方向投資。日本式直接投資則以日本對發展中國家的投資為代表，投資主體多為中小企業，投資規模較小並往往採取與東道國本地公司合資的形式；日本式對外直接投資從母國已經逐漸失去比較優勢的所謂「邊際產業」開始依次進行，這樣投資不僅不會影響本國優勢產業的既有出口，而且會因為投資國與東道國比較優勢差距變大和子公司的機械設備、原材料、中間產品進口和技術引進等因素，帶動母國已經縮減的產品部門出口規模擴大，即投資對貿易產生補充作用，形成一種對母國有利的「順貿易」方向投資。小島清主張國際投資與貿易之間存在互補關係的產業擴張模式，國際直接投資可以在東道國創造更多的貿易機會。

馬庫森認為國際貿易與國際直接投資之間是互補關係，即兩個國家之間的要素流動會增加兩國之間的商品貿易額。馬庫森首先提出六個假設，分別是：兩個國家的相對要素稟賦是相同的；兩個國家的生產技術是相同的；兩個國家有相同的需求曲線；

生產函數都是規模報酬不變的；生產的廠家之間是完全競爭的；兩個國家的國內要素市場都沒有扭曲。如果這六個假設都成立，則兩個國家都不希望和另外一個國家進行貿易。馬庫森保留第一個假設，然後分別對兩個國家的生產技術是相同的、有相同的需求曲線、生產函數都是規模報酬不變的、生產的廠家之間是完全競爭的這四個假設進行放鬆，進一步研究國際貿易和國際直接投資之間的相互關係：初始的貿易均衡時的生產要素價格並不是相等的，均衡情況下，每個國家在出口產品中密集使用的生產要素的價格都會相對高一些。因此，要素流動必然引起在出口產品中密集使用的生產要素的流入和在進口產品中密集使用的生產要素的流出。其結果，不僅會增加貿易基礎的要素比例，而且國際要素價格的差異引起的要素流動也會導致國家之間貿易額的增加。

20 世紀 80 年代以后，大量國內外相關研究結論，除了內部化理論和折中理論，以及融合了水平跨國企業的一般均衡貿易模型之外，一般都支持國際直接投資的順貿易特性，認為國際直接投資的增加不但沒有壓縮國際貿易的發展空間，反而對貿易有著明顯的促進和補充作用。觀點主要有：國外需求能夠通過提供某些重要的售後服務而被激發，因此國際直接投資與貿易之間存在正相關關係；在要素稟賦不對稱和規模報酬遞增的情況下，跨國公司的專有資產很難通過外部市場達成交易，會產生大量的公司內貿易，從而帶動母國的出口貿易。隨著要素稟賦變得日益相似，貿易動機並非源於成本最小化，而是由於規模報酬遞增和產品差異化。因此，國際直接投資將導致產業間、產業內、公司內貿易的同時並存和增長。

(三) 權變效應

值得一提的是，在替代或互補效應之外，國際貿易和國際直接投資之間還存在著權變關係。比如：投資與貿易之間替代還是補充與國際化投資程度有關，投資程度較低的產業隨著投資增多出口規模相應上升，但當投資超過一定規模後追加投資的促進效應就消失了；投資與貿易之間替代還是補充與對外直接投資的動機和類型有關，市場尋求型的會替代貿易，而生產效率尋求型的會促進貿易；投資與貿易之間替代還是補充，與投資為垂直方式還是水平方式有關；投資與貿易之間替代還是補充，與投資的短期或長期效應有關；投資與貿易之間替代還是補充，與所涉及的產業分類精細化程度有關。

總體上講，投資和貿易之間的關係屬於替代還是互補依賴於貿易和非貿易要素之間的合作關係，合作則互補，非合作則替代。

三、國際貿易與國際直接投資之間相互促進的內在機理

(一) 貿易影響國際直接投資的作用機制

伴隨著國際分工的不斷深化，國際貿易通過促使以公司「內部需求導向型」的「引致對外直接投資」而得以產生。由於公司內貿易額的發展為規模經濟的發展提供了重要的前提條件，使得更為細化的國際分工在成本承受能力範圍內成為可能，從而以國際分工為依託和條件、以公司內部需求為導向的對外直接投資得以發展。

发达国家跨国公司垂直贸易所获得的可观收益对后续的外国直接投资活动提供了持续激励。在传统产业间和产业内贸易逐渐精细化延伸到产品内贸易层面的背景下，垂直贸易模式对发达国家在产量、就业、要素收入分配和国家整体福利等方面都会产生显著的经济效应。

假设产品 A、B、C 的资本密集度递减，其中 B 产品既可以在发达国家生产，也能够在发展中国家生产，具体产量的分配依赖于不同国家比较优势的偏向和需求情况。此外，B 还具备技术上可分离生产的条件，可划分为资本密集型 B1 和劳动密集型 B2 两个生产环节，它们既可以都在一国完成，也可以先安排其中一个在国外生产，然后再进口，最终的选择取决于两种方式下各自成本的高低。

发达国家一般属于资本要素丰裕型，具有较高的资本—劳动比和工资—租金比，以生产和出口资本密集型或相对资本密集型的产品为主。在产品内贸易格局之下，原来由两国共同生产的产品 B 发生了产业内部的结构调整，B1 环节留在发达国家，B2 环节则被安排到劳动力资源相对丰富的发展中国家，其结果是发达国家专业化生产并出口 A 和 B1，同时进口 C；发展中国家专业化生产并出口 B2 和 C，进口 A。

发达国家的生产对象由劳动密集型产品 B 转移到资本相对密集的生产工序 B1，相当于发挥了固有的比较优势而规避了比较劣势，促进了资本丰裕的发达国家产品内部的专业化分工，使得生产 B1 的效率提高、成本下降，B1 的等产量线发生朝向原点的技术进步型位移，此时扩大的利润空间必然在短期内吸引更多的厂商加入，造成产品 B1 产量与贸易量的增加和相关产业的扩张。

但 B1 与仍然留在国内生产的 A 相比较，又属于劳动相对密集型产品，B1 产量的增加意味着需要更多的劳动要素来满足 B1 的生产。而在国内要素禀赋条件保持不变的情况下，产品 A 释放出的生产要素的资本—劳动比却较高，这种要素供求间的不平衡矛盾将直接导致资本对劳动的替代。此时劳动变得相对稀缺，其边际生产力得以提高，工资—租金比也相应获得提升，表现为发达国家内部工人平均工资水平的上升和整体劳动力就业情况的改善。

由于中间投入品价格的高低决定了发达国家产品内分工具体位置的安排，当中间品价格较低时选择把与之对应的生产环节放到具有比较优势的发展中国家生产，价格较高则自己专业化生产。而无论是自产还是代工，发达国家都主导着比较优势利益在全球范围内的分配，因此能够增进国家的整体福利。即使是对于开放的发达大国而言，一方面出口增加所导致的贸易条件恶化的负效应会因为强劲的世界需求（特别是发展中国家对于高精尖零部件的需求）而抵消，另一方面劳动密集型产品的产品内分工贸易（比如 B1 相对于 A）又能改善其贸易条件，从而保证了在产品内贸易环境中国家福利不会受损。

显而易见，产品内贸易所隐含的未来乐观预期和已实现的企业利润目标刺激了外国直接投资规模的进一步扩大。

（二）国际直接投资影响贸易收益的渠道

一方面，国际分工的细化和深度发展通过扩展企业在地理和空间上的原有边界来

利用原本無法利用的資源，以實現其發展貿易的功能。

另一方面，跨國公司的內部貿易對「外國直接投資促進國際貿易」提出了主觀要求，即跨國公司要想通過內部貿易的方式降低成本、增加利潤則必須以對外直接投資特別是垂直投資為基礎和前提。跨國公司垂直對外直接投資的必然結果是生產的內部化和隨之而來的貿易內部化，生產內部化本身就意味著建立在垂直一體化基礎上的生產工序間國際分工的存在。不同要素密集度的產品內分工對象對應著不同性質和程度的內部化收益，最終會對貿易收益產生差異化影響。

從勞動密集型中間投入品的影響來看，由於不同生產工序所反應的要素密集度是有差異的，專門用於研發和關鍵性零部件生產的要素，顯著區別於一般勞動密集型生產環節所需要素。因此，跨國公司可以根據比較優勢的要求，首先將劣勢產業中具有相對劣勢的勞動密集型工序進行垂直對外直接投資，然後再依次把具有相對優勢的生產環節逐一安排在海外子公司生產。隨著產業和產品工序的相繼對外直接投資，就自然形成了精細的產品內分工貿易現象。此時對外直接投資所涉及的勞動密集型生產環節的貿易收益主要來源於要素配置和規模經濟因素：發達國家把自己不具備比較優勢的生產環節集中到國外子公司生產，一方面使得部分生產要素從國內比較劣勢部門轉移到比較優勢部門，從而增加資本密集型產業或生產工序的供給，獲取貿易的比較優勢收益；另一方面也讓跨國公司的產品數量和種類擴大，有利於憑藉內部規模經濟和範圍經濟獲取平均生產成本降低的好處。

從資本密集型中間投入品的影響來看，資本密集型生產環節對外直接投資的貿易收益主要體現在規避匯率波動和內部轉移價格定價兩個方面。首先，不同國家的融資主體具有千差萬別的還貸能力和信用等級，這又使得國際借貸機構很難監督借款者的資金投向和收益狀況，難以抑制機會主義行為所導致的道德風險，更無法準確判斷壞帳的產生是源於過度投機虧損還是生產經營失敗，以至於在借款方不能夠提供足夠價值的抵押擔保資產的情況下，產生惜貸心理。因此，跨國公司在各生產環節利用和配置金融資源時，更傾向於採用股權投資的方式，即在國外建立分支機構和子公司，利用行政手段克服借貸市場供求關係的波動，把國際市場信貸流動內部化為母子公司之間和子公司之間的貨幣轉移，這樣不僅繞過了東道國的嚴厲資本管制政策的約束，避免了國際外匯市場匯率波動對貿易收益造成的損失和各國差異性稅收體制所可能產生的高額成本，而且克服了與道德風險相關的非理性投機行為和由此導致的信貸配給問題，從而保證了內部資本有效和及時的供給，為跨國公司全球化經營的順利開展提供了基本保障。其次，跨國公司在全球利潤最大化目標的指引下，為了達到逃避稅收、調節利潤、控制風險和轉移資產等目的，在母子公司之間或子子公司之間往往會採取一種針對中間投入品特別是資本密集型投入要素的內部轉移價格定價策略。比如，當預期東道國存在發生通貨膨脹的風險時，母公司就會提高子公司進口中間品的價格，同時降低其出口產品的售價，以虛增成本費用和壓低營業收入的方式盡量壓縮子公司的利潤空間，以求迅速從東道國抽出大量資本，從而實現資本密集型生產要素的保值；反之，當東道國存在通貨緊縮、本幣升值的預期時，母公司便會壓低子公司中間品進口的價格，提高其出口價格並高價待售，延緩交易過程，從而最大限度地擴張子公司

的利潤規模，實現資本品保值增值的目的。

從技術信息密集型中間投入品的角度講，它主要涉及由知識、技術、商譽和管理經驗等構成的高級無形中間投入品生產要素集。無形生產要素具有嚴重的隱蔽信息和公共品特性，信息一旦洩露，市場上任何個人或組織都可以近乎零成本地將其占為己有，故而市場行為主體之間非常容易出現「搭便車」的依賴心理，致使技術密集型投入品供給嚴重不足，市場結構趨向於賣方壟斷。因此，跨國公司用垂直一體化的分工策略生產技術信息密集型的生產要素，不僅可以最大限度地降低市場交易的不確定性風險，獲取交易成本節約的收益，而且可以通過許可證、技術出口等方式向發展中國家索取高額的壟斷利潤，顯著提高貿易收益。

除前述兩個方面外，基於東道國市場需求增長趨勢的國際直接投資的日益增加也直接促進了商品貿易規模的擴大。

四、貿易投資一體化背景下國際直接投資發展的新動向

隨著貿易投資一體化程度的不斷加深和產品內分工貿易模式的日益普及，跨國公司越來越註重將對外直接投資的目標集中於產品中附加值和增值潛力最高的研發環節和銷售與營運環節，從而出現了研發的全球化和銷售與營運的全球化。

研發的全球化方面，跨國公司對外直接投資主要存在兩種類型：一是以母國為基地的技術開發型，目的是為了適應東道國市場的特殊需求以及提高產品在東道國市場的競爭力，而對原有技術進行本土化改造，結果並不增加跨國公司的核心技術；二是以母國為基地的技術增長型，目的是直接利用東道國的技術和研發資源，提高跨國公司現有的技術水平。市場規模的大小、經營擴張的速度、基礎設施和人力資本條件，以及競爭對手的集中度高低等方面，成為影響跨國公司在研發全球化中選擇投資區位的重要因素。如今，發達國家、新興工業化國家或地區和發展中國家的經濟較發達城市都是眾多跨國公司海外投資設立研發部門的首選之處。

而在銷售和營運的全球化方面，跨國公司一般會把海外營銷和營運部門設立在那些金融市場健全、流通條件便捷和人文環境良好的發達國家或一些發展中國家的金融中心。

第二節　中國對外貿易與外商直接投資

在中國經濟規模以7%年均增速攀升的同時，中國對外貿易迅猛發展，吸收的外商直接投資也快速上升。據世界貿易組織統計，1980年中國對外貿易額只有380.4億美元，其中出口和進口額分別為180.99億美元和199.41億美元，均不到世界相應值的1%，中國在世界貿易中的影響微乎其微。但歷經30多年的發展，尤其是20世紀90年代后的迅猛發展，截至2015年年底，中國貨物貿易進出口總值24.59萬億元人民幣。其中，出口14.14萬億元；進口10.45萬億元，；貿易順差3.69萬億元。中國對外貿易的高速增長直接將中國提升至世界第二大貿易國、第一大出口國，使中國對世界貿易的影響日趨深化和廣化。

與此同時，得益於經濟開放和投資環境的改善，自20世紀90年代以來，流入中國的對外直接投資呈現快速增長態勢，1990年中國吸收的外商直接投資不足50億美元，但發展到2010年，已升高至1,057億美元，年均淨增加51.12億美元，年均增速18.60%。儘管2008年以後，受國際金融危機影響，對外直接投資流速有所下調，但仍有7.87%，而同期發達國家對外直接投資出現負增長，說明中國已經並將繼續成為海外投資者理想的投資場所。改革開放以來，中國外商直接投資依次經歷了探索階段（1978—1984年）、初步發展階段（1985—1991年）、高速發展階段（1992—1997年）、調整發展階段（1998—2000年）和穩步發展階段（2001年至今）五個不同發展時期。外商直接投資從無到有、從少到多、從小到大、從數量到質量，經歷30多年的發展，中國外商直接投資已經發展到比較成熟的階段。實際利用外資額從1985年的19.56億美元發展到2011年的1,160.11億美元，增加了近60倍，2011年實際使用外資額占GDP的比重已經達到1.5%。目前，中國已經成為僅次於美國的世界第二大利用外商直接投資的國家。外商直接投資對中國經濟的推動作用也有目共睹，經歷30多年的發展，外商投資企業已經從中國經濟中無足輕重的部分發展為三大支柱之一。見圖12.1。

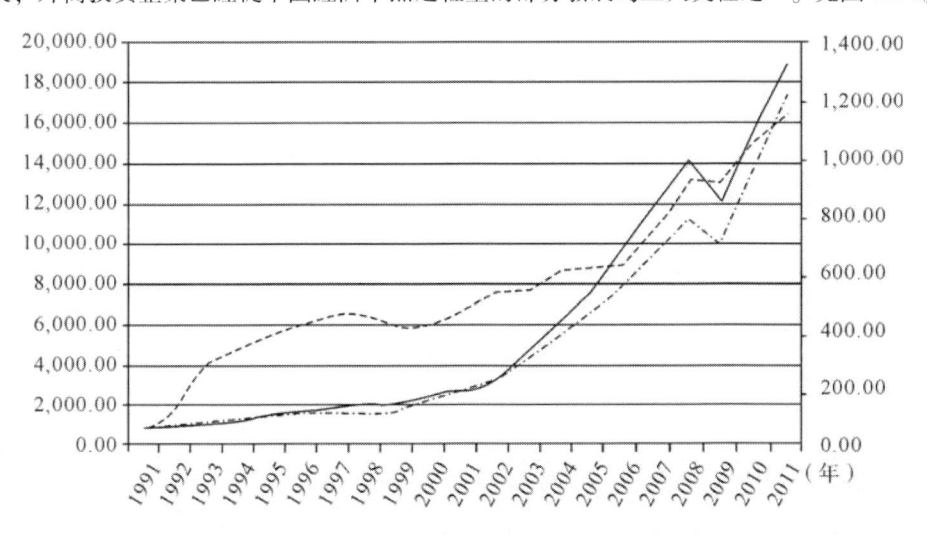

圖12.1　1991—2011年中國進出口與實際利用外商直接投資額變動趨勢

註：左縱軸表示貿易進出口額，右縱軸表示實際利用外資額。
數據來源：歷年《中國統計年鑒》。

一、外商直接投資在中國的發展特徵

（一）地域分佈特徵

1. 外商直接投資的來源地特徵

如表12.1所示，亞洲國家或地區在中國外商直接投資來源地中佔據重要的地位。

其中中國香港地區和日本一直處於中國對外直接投資來源地的前幾位，而中國香港地區一直是中國外商直接投資的最重要來源地。部分自由港對中國直接投資高速增長。非洲、大洋洲及太平洋島嶼對中國外商直接投資所占比重逐步增長。總體上看，中國前十大外商直接投資來源地基本保持不變並且比重相對集中。

表 12.1　　　　　　1995 年以來中國外商直接投資前十大來源地　　　　　單位：%

位次	1995 年 國家/地區	比重	2000 年 國家/地區	比重	2005 年 國家/地區	比重	2010 年 國家/地區	比重
1	香港	53.39	香港	38.07	香港	29.75	香港	57.28
2	日本	8.50	美國	10.77	維京群島	14.96	維京群島	9.88
3	臺灣	8.37	維京群島	9.41	日本	10.82	新加坡	5.13
4	美國	8.15	日本	7.16	韓國	8.57	日本	3.86
5	新加坡	4.92	臺灣	5.64	美國	5.07	美國	2.85
6	韓國	2.77	新加坡	5.34	新加坡	3.65	韓國	2.55
7	英國	2.42	韓國	3.66	臺灣	3.57	開曼群島	2.36
8	澳門	1.16	英國	2.86	開曼群島	3.23	臺灣	2.34
9	德國	1.03	德國	2.56	德國	2.54	薩摩亞	1.68
10	維京群島	0.80	法國	2.10	薩摩亞	2.24	法國	1.17
累計	–	91.51	–	87.57	–	84.40	–	89.10

數據來源：《中國統計年鑒》。

2. 外商直接投資在中國的分佈特徵

外商直接投資在中國各地區的分佈差異較大。

華東地區接受外商直接投資一直占據著比較重要的地位並且比重逐漸上升。華東地區的外商直接投資額的比重在 1995 年、2000 年、2005 年和 2010 年分別占到 36.64%、37.92%、5,1.66%和 52.19%，在 1995 年就超過了 1/3，並且在 2005 年以後超過一半。逐漸增加的比重表明華東地區對於外商直接投資的吸引力，華東地區已經取代華南地區而成為外商直接投資的第一選擇。

華南地區接受外商直接投資的比重逐漸下降。1995 年，華南地區接受外商直接投資額占到 38.02%，在所有地區中排名第一，高於華東地區的 36.64%。但是在此后，所占比重不斷下降，2000 年占到 31.19%，2005 年占到 21.37%，2010 年占到 18.31%。從 2000 年開始，所占比重低於華東地區。到 2010 年，華南地區大約僅為華東地區的 1/3。

前十大外商直接投資目的地省市基本保持不變且多為沿海省份。在 1995 年、2000 年、2005 年和 2010 年，一直處於前十大外商直接投資目的地的省市有九個，分別是廣東、上海、江蘇、山東、福建、北京、遼寧、浙江、天津，只是它們之間的排序有變動。這九個省市中，除了首都北京，其他八個省市都是沿海省市，體現了沿海對於吸引外商直接投資的優勢，外商直接投資更願意把資本投資在沿海省市。除了這九個省

市，另外一個省市在這四年分別是海南、海南、湖北和四川，體現了從沿海向內陸、從東部向西部轉移的趨勢。

(二) 產業分佈特徵

外商在華直接投資的產業流向呈現明顯的非均衡狀態。從 30 多年中國引進外資的歷程來看，外資在中國的產業分佈集中於第二產業，除 1993 年與第三產業持平以外，投向第二產業的外資占外資全部產業投資比重長期保持在 70% 以上，約是其他產業的 2 倍以上；在比重最大的第二產業中，又過於集中於一般加工業，且高污染的橡膠、塑料、化工、印染等行業外商投資比重最大；外資在第一產業的實際投資金額一直處於三個產業的最低。農、林、牧、漁業使用外資累計為 374.91 億美元，僅占 1.91%。而在中國農產品的主要產區，農業歷史悠久的中西部地區，外商直接投資中投資於種植業、林業、畜牧業項目較少，大規模投資於糧、棉、油等開發和加工生產的項目更是少見。近年來，隨著外商直接投資在中國的大幅增長，對第一產業的投資額有微弱增長趨勢，但其占全部利用外資的比重仍然很低，僅有 2% 左右。這個比重低於發展中國家第一產業吸收外資的平均水平，也低於世界其他地區水平，與中國農業大國的地位非常不匹配。《中國統計年鑑》數據顯示，截至 2013 年年底，外商直接投資於第一產業的比重約為 3%，投資於第二產業的比重約為 60%；投資於第三產業的比重約為 37%。第三產業引資額與第二產業的差距相當明顯，明顯低於 70% 的世界平均水平、75% 的發達國家水平以及 51% 的發展中國家平均水平。

可以發現，外資在中國第二產業過重的局面最近兩年開始有所變化。這一方面是由於從 2005 年起，國家開始加大和增強了產業結構調整和經濟發展方式轉變的力度；另一方面，從「十一五」開始，中國利用外資在產業指導、結構和稅收等政策方面做了相應的調整，這些政策和經濟手段導致外資流向第二產業的比重出現一定幅度的下降，第三產業吸收外資的比重明顯提高。但總體上外商直接投資主要集中於第二產業、其次是第三產業、第一產業最少的現象說明，中國所使用的外商直接投資產業分佈不盡合理，不利於中國產業結構的優化。外資結構的非優化傾斜，不但加大了中國三次產業結構之間的結構失衡，而且還影響了中國三次產業的國際競爭能力的迅速提高。

而從行業上看，製造業是吸引外資最集中的領域，截至 2013 年年底，製造業累計吸收的外商直接投資金額占全部外商投資金額的 47.28%，且主要集中在通信設備、計算機及其他電子設備製造業，電氣機械及器材製造業，通用設備製造業，化學原料及化學製品等行業；其次是房地產業，累計吸收的外商直接投資金額約占外商直接投資總額的 14.17%，占了第三產業所吸收的外商直接投資的一半，在一定程度上推動了中國房地產行業的高漲；隨后依次是租賃和商務服務業、批發和零售業、交通運輸、倉儲和郵政業、建築業。從中可以明顯看出，外資對中國服務業的拉動效應遠遠趕不上製造業，服務業應該仍然是中國擴大利用外資的重要領域。

(三) 投資方式特徵

隨著中國對外開放的不斷深化，外商直接投資的經營方式也發生了很大的變化。20 世紀 90 年代中期以前，由於中國相關法規的限制以及外商普遍持有觀望態度，外商

投資主要採取合資和合作方式。隨著中國投資環境逐步完善及市場前景日趨看好，外商獨資方式份額的增長速度開始加快，特別是進入20世紀90年代中後期，外商借著中國對外開放政策進一步寬鬆的大好時機，選擇了對自己極其有利的獨資方式快速搶占中國市場。進入21世紀初期，獨資方式的外商投資額首次超過合資和合作方式投資份額的總和，並以更快的速度繼續增長。通過調查發現，跨國公司在生產投資中，57%的跨國公司在生產方面傾向於獨資方式，37%的跨國公司願意與具備一定技術和生產資源或能力的企業合資。外商獨資項目實際利用外資金額占當年實際利用外資總額的比重由1988—1994年間的26.15%大幅度上升到2012年的83.82%，而同期合資和合作方式實際利用外資的比重則分別由47.64%和22.32%降至15.22%和1.36%。

獨資方式的外資以其飛速增長的絕對優勢壓倒了其他方式的外資，中國在短期內失去了很大的市場份額，卻沒有換來應有的經濟增長，其根本原因是獨資方式的外資並未向中國轉移更多的先進技術。據調查，70%以上的設備、原材料作為資本投入，而且主要從事勞動密集型的終端產品加工組裝，即使在上海，這類企業也占80%以上，這類投資技術檔次不高，先進技術、高新技術較少；另一類投資於成熟型先進技術範疇的產業，如轎車、通信設備等行業，外商確實轉讓了部分關鍵技術，但對核心技術封鎖甚嚴。

二、外商直接投資與中國外貿發展的關係

（一）來華直接投資提升中國貿易總量

從外商直接投資對貿易進出口的貢獻來看，外商直接投資對中國的出口貢獻率呈逐年遞增趨勢，2010年在中國製造業實現的49,023.76億元出口交貨值中，外資企業占72.44%。此外，在外資企業當年創造的工業銷售產值中，46.18%用於出口，高於內資企業的10.25%的出口率。2010年，外商投資企業進出口總值16,003.07億美元，占全國進出口總值的53.83%。同期，外商投資企業加工貿易進出口值占全國加工貿易進出口總值的83.36%。就出口結構而言，外資企業的出口主要集中在一些技術含量和附加值相對較高的行業，從而有力地拉動了中國經濟快速增長，在一定程度上促進了中國產業的更新換代。

外商直接投資的大量流入之所以能帶動中國進出口貿易的發展，這與來華直接投資動機偏向成本導向型有關。一般而言，國際直接投資的動機可分為以下幾類：一是市場導向型動機，這類直接投資以鞏固、擴大和開闢新市場為主要目的；二是成本導向型動機，這類直接投資以利用東道國相對廉價的生產要素、優惠引資政策，以降低生產成本、提高經營效率、增強國際競爭力為主要目的；三是資源導向型動機，此類直接投資以獲取長期穩定的戰略性資源的供應地為主要目的；四是技術知識導向型動機，該類直接投資則以獲取和利用東道國的先進技術、高效管理模式、新型生產工藝和新產品設計等方面為目的。

實踐中，跨國公司會根據東道國的特定比較優勢分割產品生產鏈，在全球範圍內優化與整合其資源，以達到利潤最大化的戰略目標。中國外資的來源地高度集中於周

邊國家和地區，這些國家和地區由於本土資源匱乏，勞動力價格偏高，而中國有廣闊的市場空間和大量鼓勵加工貿易發展的開放政策，於是這些投資國的跨國公司便把中國作為其海外生產基地和加工車間，先把生產和組裝環節轉移至中國，然后再以中國為出口口岸向歐美地區輸出，最后少部分返銷回本國。這導致流入中國的 FDI 明顯具有成本導向型和市場導向型特徵，其結果必然是中國貿易進出口總量特別是貿易順差額的大量增長。

但需要注意的是，亞洲地區的外資總體上技術含量有限，對中國技術引進吸收和貿易結構優化的促進作用較小，長期依賴於此類外資可能會陷入貧困化增長的陷阱。因此，積極探索吸引來自歐美發達國家和地區高技術密集型直接投資的方法與途徑，是中國未來利用外資工作的長期目標。

(二) 來華直接投資有利於中國出口競爭力的提高

伴隨著外資的大量流入，中國的出口結構也發生了巨大變化：1985 年初級產品和資源型製成品出口占全部出口的 49%，而到了 2011 年，初級產品和資源型製成品出口的比例已經下降到不足 10%；相反，非資源型製成品出口的份額上升到 90%以上，高技術產品出口占全部出口的份額從 1985 年的 3%上升到 2011 年的近 40%（UNCTAD，2012）。

外商直接投資對中國出口競爭力變化的作用來自其帶來的技術和管理，同時還有使中國能夠進入全球市場尤其是跨國公司母國市場的渠道。跨國公司所帶來的資源和市場進入渠道能夠彌補中國自有的資源和能力，並能夠提供中國所缺乏的為提高競爭力所需的某些要素。於是，中國能夠進入新的出口領域，並提高現有出口活動的業績。更重要的是，外商直接投資能夠為中國提供生產技術密集型和在世界貿易中具有活力的出口產品所必需的競爭性資產。這些資產通常是跨國公司專有的，成本很高並且是中國國內企業很難獨立獲得的。

因此，當跨國公司不願放棄其所有權優勢（如現代化技術等最新最有價值的競爭性資產）時，外商直接投資對於出口競爭力的重要性就凸顯出來。不管跨國公司以何種方式參與，當它們通過培訓、技能開發和知識轉讓等向其國外子公司或中國的非股權聯繫夥伴轉讓這些資產時，就開啟了進一步向其他企業擴散的大門，這意味著更多中國企業能夠發展出口，並使增強競爭力的要素植根於中國經濟之中。

(三) 中國外貿發展對外商直接投資的影響

第一，出口的增加可以顯著刺激國際直接投資的增長。當出口增加時，國際市場競爭對手通過對雙方競爭優勢和劣勢的分析可以發現投資於中國，不僅能夠充分利用中國相對低廉的勞動力成本優勢和比較完善的產品生產鏈與基礎設施條件，還可以更加深入中國廣闊的大陸市場生產本土化的產品以滿足中國人日益增長的多樣化需求。

第二，中國人均資本佔有量越大，越會抑制對外直接投資的規模。隨著中國貿易順差的逐年攀升，外匯儲備也日益增加，從而引起中國人均資本佔有量或資本勞動比的提高。由於來華直接投資大多出於節約成本和尋求市場的目的，而且大部分外商投資企業集中在勞動密集型行業從事加工貿易活動，對資本的需求不高，因此，資本勞

動比的提升對產業結構升級的促進作用對存量外資產生了擠出效應。

第三,進口的增加可以顯著刺激外商直接投資規模的擴大。跨國公司進入中國市場一般有貿易出口和投資建廠本土銷售兩種途徑。當后者貿易摩擦成本節約的收益大於前者時,跨國公司會積極地在中國開設分支機構從事生產活動,以代替母國的生產,從而刺激直接投資的增加。由於許多跨國公司子公司需要從母國引進先進的設備、技術和零部件,所以投資的增加又促進了進口的增加,進口數量的擴張又反過來刺激跨國公司子公司生產規模的擴大和母公司后續投資的增加,進口與投資之間呈現出同向增長的態勢。

第四,出口對外商直接投資的推動力比進口更大。進入中國市場並不是外商投資企業進入中國的主要原因,多數外商投資企業是在中國生產再向境外銷售,它們進入中國的主要目的是獲取廉價的生產要素,因此外商對華投資主要是供給驅動型的。可見,隨著中國經濟的進一步發展,外商投資的穩定性會大大降低,給中國經濟的持續穩定發展帶來隱患。

第三節 中國對外貿易與對外直接投資

對外貿易和對外直接投資均是一國參與全球生產網路的基本方式。自改革開放以來,尤其是加入世界貿易組織之后,中國對外貿易不僅規模快速擴大,而且結構也不斷優化。與此同時,中國對外直接投資在歷經多年緩慢發展后,於 21 世紀初迎來了高速增長。到 2014 年,中國對外直接投資流量已突破 1,000 億美元,蟬聯世界第三位;中國對外直接投資存量達到 7,000 多億美元,位居世界第八位。中國已逐漸形成「對外貿易—外商直接投資—對外直接投資」「三位一體」、全方位、多層次的對外開放新格局。在這種形勢下,分析中國對外貿易與對外直接投資的關係具有重要意義。

一、中國對外直接投資概述

(一) 中國對外直接投資的發展歷程

中國對外直接投資在 1949 年新中國成立后便有所萌芽,但一直到改革開放初期,中國對外直接投資的數額極其有限,且主要以國有專業外貿公司建立海外辦事處的形式存在,目的是便利向特定國家進行相關產品的出口。因此,新中國建立后到改革開放初期的中國對外直接投資基本上為小範圍的貿易型對外投資,其投資的規模幾乎可以忽略不計。[1]

在改革開放思想的指導下,國務院於 1979 年 8 月 13 日頒布了 15 項改革措施,其中第十三條明確提出允許「出國辦企業」。一些被賦予了「合法的法人資格」的專業外貿公司和省市國際經濟技術合作公司率先採取行動,利用長期從事外貿進出口業務

---

[1] 盧進勇.入世與中國利用外資和海外投資[M].北京:對外經濟貿易大學出版社,2001:319.

的海外渠道，在國外開設外銷點或海外代表處。1979 年 11 月，北京市友誼商業服務公司同日本東京丸一商事株式會社合資在東京開辦了「京和股份有限公司」，建立了中國對外開放以來第一家海外合資企業，標誌著中國企業跨國經營的開始。從整個 20 世紀 80 年代來看，中國對外直接投資的規模發展相當緩慢，但中國對外投資開始發生一些結構性變化，如投資的主體開始由外貿企業、對外經濟技術合作企業向大中型工業企業和綜合金融企業發展；投資覆蓋的範圍由 45 個國家和地區發展至 90 多個國家和地區，投資的東道國也由發展中國家和中國港、澳、臺地區擴展到部分發達國家；投資領域進一步拓寬，由前一時期的餐飲、工程承包、服務等行業進一步擴展到交通運輸、資源開發、旅遊餐飲及諮詢、機械製造加工等 20 多個行業。到 1990 年，中國對外直接投資存量達到 44.55 億美元，約占同期發展中國家對外直接投資存量的 3.16%，居於世界對外直接投資存量排名的第 25 位。[①]

1992 年以后到亞洲金融危機發生前，中國對外直接投資保持穩步發展。1992—1997 年間，中國的對外直接投資存量的年均複合增長率達到約 19.09%。之后，經歷連續兩年大幅下降后，中國對外直接投資開始復甦。到 2001 年年底，中國對外直接投資已遍布世界 140 多個國家和地區，其中重點投資的區域開始由港澳臺、北美向亞太、歐洲、非洲和拉美等地區轉移；投資主體和投資行業更為多元，其中的一個重要亮點是民營企業開始加入到中國對外直接投資行列中。

中國對外直接投資成為國內外學界高度關注的現象之一，源於 2001 年「走出去」戰略正式提出后的中國對外直接投資的高速增長。2002—2014 年，中國對外直接投資流量從 25.18 億美元上升至 2014 年的 1,060 億美元，年均複合增長率達到 37.5%，其占發展中國家和世界對外直接流量額的比重在 2002—2014 的 12 年間分別增加了約 3.4 倍和 16.9 倍（見表 12.2）。截至 2014 年年底，已有 1.85 萬家中國境內投資者在國（境）外設立了近 3 萬家對外直接投資企業，分佈在全球 186 個國家（地區），中國對外直接投資存量達到 7,295.85 億美元，占世界對外直接投資存量總額的 2.97%，位居世界第 8 位。中國對外直接投資已逐漸由零星的、區域性的存在成長為大規模的、世界範圍內的重要力量。尤其是 2014 年年底，中國對外直接投資額與中國吸引的外商直接投資額僅相差 53.8 億美元，雙向投資首次接近平衡，這是中國對外直接投資發展的一個重要里程碑，也是中國實施改革開放 30 多年來在經濟領域出現的關鍵變化之一。

表 12.2　2002—2014 年中國對外直接投資（OFDI）流量、存量與占比情況表

年份	中國 OFDI 流量（億美元）	占發展中國家 OFDI 流量比重（%）	占世界 OFDI 流量比重（%）	中國 OFDI 存量（億美元）	占發展中國家 OFDI 存量比重（%）	占世界 OFDI 存量比重（%）
2002	25.18	5.64	0.48	371.72	3.96	0.47

---

① 數據均來自聯合國貿易和發展會議數據庫（UNCTAD Stat）。網址為：http://unctadstat.unctad.org/wds/TableViewer/tableView.aspx?ReportId=88.

表12.2(續)

年份	中國 OFDI 流量（億美元）	占發展中國家 OFDI 流量比重（%）	占世界 OFDI 流量比重（%）	中國 OFDI 存量（億美元）	占發展中國家 OFDI 存量比重（%）	占世界 OFDI 存量比重（%）
2003	28.55	5.51	0.49	332.22	3.18	0.33
2004	54.98	4.84	0.60	447.77	3.69	0.38
2005	122.61	8.69	1.36	572.06	4.07	0.46
2006	211.6	8.72	1.48	750.26	4.01	0.48
2007	265.1	8.10	1.17	1,179.11	4.53	0.61
2008	559.1	16.52	2.8	1,839.71	7.13	1.11
2009	565.3	20.43	4.83	2,457.55	8.31	1.25
2010	688.11	16.35	4.69	3,172.11	9.1	1.49
2011	746.54	17.67	4.36	4,247.81	10.66	1.94
2012	878.04	19.95	6.52	5,125.85	11.14	2.14
2013	1,010	22.24	7.16	6,135.85	12.29	2.33
2014	1,160	24.78	8.57	7,295.85	15.10	2.97

註：以上數據根據聯合國貿易與發展會議數據庫（UNCTAD Stat）相關數據計算得到。

(二) 中國對外直接投資的發展特徵

伴隨著中國對外直接投資規模的不斷擴大，以及中國境內投資者對對外直接投資活動的理解日益深入，中國對外直接投資在近年來呈現出一些新的發展趨勢與特徵。

首先，中國對外直接投資遍布全球近八成的國家和地區，但投資地域高度集中。對外直接投資存量排名前20位的國家（地區）的存量占到中國對外直接投資總量的近90%，流向發展中國家的直接投資存量占到中國對外直接投資存量總額的八成以上，且流向「一帶一路」沿線國家的直接投資增長迅速，到2014年年底，已占到中國對外直接投資流量的11.1%。

其次，中國對外直接投資行業分佈廣泛，門類齊全。2014年，中國對外直接投資涵蓋了國民經濟的18個行業大類，按三次產業劃分，投資流量占比分別為1.3%、25.3%和73.4%；2014年年底三次產業存量占比分別為1%、24%和75%。投資存量規模超過1,000億美元的行業有4個，依次分別為：租賃和商務服務業、金融業、採礦業、批發和零售業，上述4個行業累計投資存量達6,867.5億美元，占中國對外直接投資存量總額的77.8%。

最后，中國對外直接投資主體進一步優化。有限責任公司是中國對外直接投資最為活躍的群體，在各類對外直接投資主體中占到70%左右；私營企業增長較快，已超過國有企業而成為中國對外直接投資第二大所有制群體；國有企業占比下降，位居第三位。從投資規模上看，在2014年中國非金融類投資流量額中，國有企業所占比重進

一步降至四成，有限責任公司的投資額已成為最重要的部分。

二、中國對外直接投資的制度演進及其與對外貿易的關係變遷

(一) 中國對外直接投資的制度演進

從先進工業化國家大量的對外直接投資實踐來看，影響一國對外直接投資發生與發展的因素很多，如一國的經濟發展水平、國內資源環境狀況、東道國市場和資源以及其他生產要素的吸引力。這些因素使得本國企業為了尋求自然資源、國外市場、戰略性資產和提升生產效率而進行自發的國際市場經營，進而導致對外直接投資行為的發生。與之相比，中國對外直接投資具有明顯差異。客觀上，中國是一個處於制度轉型期的新興經濟體，中國的市場化進程並非如發達國家那樣是自然演進的過程，而是源於政府有意識的漸進式推進。[①] 雖然國家不斷解除在經濟領域中的多種管制，不斷縮小計劃經濟體制的覆蓋範圍[②]，但政府仍在包括中國對外直接投資在內的多個經濟領域扮演重要角色，這決定了中國對外直接投資本身突出的「政府主導性」特徵[③]，也使得中國對外直接投資制度和政策對中國對外直接投資發展的影響至關重要。

在改革開放初期，中國經濟發展水平低，外匯極度短缺，通過擴大出口貿易賺取外匯和通過引進外資獲取資本來促進中國經濟發展成為中國對外開放的重點。1979年8月國務院頒布了《關於大力發展對外貿易增加外匯收入若干問題的規定》，其中第八條明確提出「要走出去做生意」，「在主要市場逐步建立貿易公司的常駐機構」，試圖通過推動一些具有進出口經營權的專業外貿公司和省屬經濟技術企業跨出國門進行海外投資來提振中國出口、增加外匯收入。從那時起，將中國對外直接投資作為擴大國內進出口的輔助手段的定位在整個20世紀80年代都未發生明顯改變。

1992年中共十四大正式提出社會主義市場經濟概念後，中國對外直接投資的地位大大提升。例如1997年中共十五大報告提出要「鼓勵能夠發揮中國比較優勢的對外投資，更好地利用國內國外兩個市場、兩種資源」。1999年，原外經貿部會同原國家經貿委和財政部一起發布了《關於鼓勵企業開展境外帶料加工裝配業務的意見》，鼓勵機械、電子及服裝加工等行業的優勢企業進行境外帶料加工裝配，以擴大出口來促進國內的產業結構調整。2000年，中共十五屆五中全會通過的《中共中央關於制定國民經濟和社會發展第十個五年計劃的建議》明確提出了實施「走出去」戰略，並於2001年將「走出去」戰略第一次列入五年計劃綱要，使其上升為國家戰略。

在「十五」計劃綱要中，「走出去」戰略被正式表述為「鼓勵能夠發揮中國比較優勢的對外投資，擴大國際經濟技術合作的領域、途徑和方式。繼續發展對外承包工程和勞務合作，鼓勵有競爭優勢的企業開展境外加工貿易，帶動產品、服務和技術出口。支持到境外合作開發國內短缺資源，促進國內產業結構調整和資源置換。鼓勵企

[①] 黃少安. 關於制度變遷的三個假說及其驗證 [J]. 中國社會科學, 2000 (4).
[②] 楊開忠, 陶然, 劉明興. 解除管制、分權與中國經濟轉軌 [J]. 中國社會科學, 2003 (3).
[③] 趙偉, 江東. ODI 與母國產業升級：先行大國的經歷及其啟示：多視野的考察與分析 [J]. 浙江大學學報 (人文社會科學版), 2010 (3).

業利用國外智力資源，在境外設立研究開發機構和設計中心。支持有實力的企業跨國經營，實現國際化發展」。從中可以看出，「走出去」戰略重點闡述了中國對外投資的內容，其中又主要鼓勵三類對外投資：其一是能夠發揮中國比較優勢的對外投資，主要是指到境外開展加工貿易，實現帶動出口的目的；其二是到國外合作開發資源的投資，主要為了獲得國內短缺的資源，實現帶動關鍵資源和能源進口的目的；其三是到境外進行研發的投資，主要是為了創新與技術進步。這意味著，「帶動出口」「獲得資源」和「技術進步」是當時實施「走出去」戰略的主要理由，也可視為實施「走出去」戰略的主要目的[1]，表明中國對外直接投資肩負著多重使命。因此，進入 21 世紀以後，特別是 2005 年以來，中國關於對外直接投資的戰略定位發生了顯著變化。

首先，中國賦予了對外直接投資更為多元的發展目標，粗放式的出口增長目標逐漸弱化。在「十一五」規劃綱要中，以前強調的開展境外加工貿易的「帶動出口」目標改為「促進產品原產地多元化」。在強調對外經濟協調發展、推動出口由貨物為主向貨物、服務、技術、資本輸出相結合轉變及培育對外貿易競爭新優勢的背景下，中國進一步肯定了對外直接投資在帶動進出口、帶動貨物貿易與服務貿易、加強國際產能合作等領域的重要作用，明確提出要通過「走出去」與「引進來」相結合帶動貿易增長，擴大與貿易夥伴的利益匯合點，促進對外經濟可持續發展。國民經濟和社會發展「十三五」規劃建議明確指出要增強對外投資和擴大出口結合度，培育以技術、標準、品牌、質量、服務為核心的對外經濟新優勢。

其次，中國越來越強調對外直接投資「獲得資源」和「技術進步」的功能。伴隨著中國工業化進程的推進，國內資源儲量和開採量與資源需求量之間的巨大缺口難以單純依靠進口解決。與此同時，激烈的國際競爭使得中國企業的經營能力和產品的競爭力面臨巨大挑戰，不斷提升自身的技術水平成為新時期中國企業努力的重要方向。因此，通過對外直接投資獲取自然資源和技術等戰略性資產、加快培育參與和引領國際經濟合作競爭新優勢的重要性日益突出。

隨著對外直接投資戰略地位的提升，中國加快了改革對外直接投資管理體制的步伐。2004 年 7 月，中國通過了《國務院關於投資體制改革的決定》，由此實現了境外投資管理由審批制向核准制轉變。從服務體系的構建和完善來看，中國商務部和其他有關部門在財政、稅收、外匯、保險、出入境和信息服務等方面先後出抬了一系列促進政策。如 2004 年國家發改委與中國進出口銀行共同建立了境外投資信貸支持機制，通過專門安排一定規模的境外投資專項貸款並提供出口信貸優惠利率來支持國家鼓勵的境外投資重點項目；2006 年發改委出抬的《境外投資產業指導政策》和《境外投資產業指導目錄》為中國對外直接投資企業提供了重要參考和積極引導；2008 年《中華人民共和國外匯管理條例》和 2009 年國家外匯管理局發布的《境內機構境外直接投資外匯管理規定》，為企業進行境外投資提供了更多融資便利。

在不斷推進對外投資體制改革的進程中，中國於 2014 年 5 月實施了《境外投資項目核准和備案管理辦法》，根據不同情況，中國對境外投資項目分別實行核准和備案管

---

[1] 姚枝仲，李眾敏. 中國對外直接投資的發展趨勢與政策展望 [J]. 國際經濟評論，2011 (2).

理。2015 年，中國根據加快培育外貿競爭新優勢和構建開放型經濟新體制的需要，強調要深化對外投資管理體制改革，實行備案為主的管理模式，提高對外投資便利化水平，建立促進走出去戰略的新體制。同時，為了健全走出去服務保障體系，中國強調要加快同有關國家和地區商簽投資協定、完善領事保護制度，提供權益保障、投資促進、風險預警等更多服務，發揮仲介組織作用，培育一批國際化的設計諮詢、資產評估、信用評級、法律服務等仲介機構。

(二) 中國對外直接投資與對外貿易的關係變遷

從中國對外直接投資政策和制度的演進過程可以看出，中國對外貿易與中國對外直接投資相互影響、相互促進，且在不同的歷史時期兩者關係有不同的表現。

第一，在改革開放的前 20 多年裡，中國對外直接投資主要作為服務出口、便利出口的重要手段而存在與發展，其對中國對外貿易尤其是對出口的促進作用不言自明。

第二，伴隨著中國對外貿易規模的擴大和貿易網路的構建，尤其是中國在 2009 年成為世界第一大貨物出口國、2010 年成為世界第二大貨物進口國的發展勢頭，使中國對外貿易又成為中國對外直接投資快速發展的重要推動力之一。中國對外貿易的發展不僅增進了企業對國際市場的瞭解和判斷，而且還有利於企業找到進入國際市場的通道並構建深入參與國際生產的網路，為中國對外直接投資進一步發展提供了物質基礎、知識和途徑。在中國對外貿易高速發展的時期，中國對外直接投資顯著提升，並在 2012 年成為對外直接投資流量排名世界第三的資本流出國。

第三，中國對外直接投資的快速發展進一步帶動了中國對外貿易規模擴大和結構優化。2005 年以後，對外直接投資政策不再單純地突出「帶動出口」的重要性，但是，對外直接投資與對外貿易的互動發展卻變得更加重要了。

在當前和未來一段時期，通過對外直接投資促進外貿競爭優勢不斷提升，帶動中國對外貿易穩步發展，將成為中國對外直接投資與對外貿易互動關係的重點。因此，中國強調要加快對外貿易與對外投資有效互動，加快推進簽訂高水平的投資協定，推動制定投資規則；大力推動中國裝備「走出去」，推進國際產能合作，提升合作層次；著力推動家用電器、機械裝備等行業有實力、有條件的企業加快境外產業合作，積極穩妥開展境外技術和營銷網路等領域的併購；深化國際能源資源開發和加工互利合作，穩步推進境外農業投資合作，帶動相關產品進出口；創新對外投資合作方式，支持開展綠地投資、聯合投資等，帶動中國產品、技術、標準、服務出口。

三、對外直接投資對中國對外貿易的作用

(一) 對外直接投資對中國對外貿易規模的影響

目前，中國的投資格局處於流向發展中東道國的順梯度對外直接投資和流向發達東道國的逆梯度對外直接投資並存，資源尋求、市場尋求、效率尋求和戰略資產尋求等多種投資動機共生的階段。在這一階段，就中國對外直接投資而言，不同類型對外直接投資對中國對外貿易規模的影響不盡相同。其中，以尋求東道國自然資源為主要目的，中國對外直接投資不僅有助於擴大資源進口貿易規模、保障中國國內能源與礦

產的供給安全,而且有利於帶動中國相關配套機器設備、零部件及相關實用新型技術出口到東道國,擴大有關產品出口貿易規模;以尋求海外市場為目標的對外直接投資則有助於增加中國原材料、中間產品、半成品和相關機器設備的出口,對擴大中國的出口貿易規模作用顯著;戰略資產尋求型對外直接投資通過尋求海外先進技術、設備、管理經驗等有形和無形資產,將提升中國技術貿易和服務貿易的發展,增加國際技術許可數量,提升國內企業和產品的競爭力,並將最終帶動國內出口貿易規模的增大;效率尋求型對外直接投資有助於在轉移國內已經或即將失去競爭力的產業的過程中帶動中國相關機械設備和部分生產要素的轉移,然后又以製成品的形式由東道國再度出口至本國,因此效率尋求型對外直接投資可以同時帶動國內出口和進口貿易發展,提升中國的對外貿易規模。在實證研究中,中國對外直接投資與中國對外貿易的互補關係在宏觀層面已經得到了廣泛證實。[1] 即使從微觀層面來看,具有不同投資動機的對外直接投資對企業出口的作用路徑和具體作用效果雖然不同,但大多數企業的對外直接投資,尤其是中國企業的商貿服務型對外投資和對高收入東道國的投資,對擴大企業出口均具有重要作用。[2]

(二) 對外直接投資對優化對外貿易結構的作用

對外直接投資對本國的對外貿易結構有重要影響。[3] 在當前階段,中國對外直接投資將通過多種路徑作用於中國對外貿易的產品結構、市場結構和主體結構。

1. 中國對外直接投資對優化對外貿易產品結構的作用

貿易結構的升級路徑與產業結構的升級路徑密切相關。當產業結構變化表現在產業間的結構轉化與升級時,進出口產品結構往往表現出跨行業的變化。當產業結構變化發生在產業內部時,出口的產品可能會向技術或資本密集的製成品方向擴大,也可能增加生產中所需的中間產品的進口,此時貿易結構的變化表現為同一行業內部不同產品進出口結構的變化,並呈現出產品質量垂直向上的發展路徑。[4] 因此,實現中國對外貿易產品結構升級的關鍵在於國內產業結構升級,即推動國內主體產業由勞動密集型逐漸向資本和技術密集型轉變,實現生產要素由劣勢產業逐漸向新興優勢產業聚集。

在這一過程中,中國對外直接投資發揮作用的路徑主要有兩個:一是借助戰略資產尋求型對外直接投資,帶動相關專利技術和高新技術產品進口,提升中國對外貿易的進口產品結構,同時通過引進戰略性資產提升國內研發、製造處於價值鏈較高層次產品的能力,進而推動中國的產業結構升級並促進對外貿易產品結構的高級化;二是通過效率尋求型對外直接投資,將國內逐漸喪失成本優勢的傳統產業轉移至成本更具競爭優勢的東道國,這樣不僅可以延長相關產業的生命週期,增加相關企業的利潤,而且有利於促進國內生產要素向更具比較優勢的傳統產業和新產業聚集,提升要素配置效率,帶動中國產業結構調整和貿易結構優化。

---

[1] 張春萍. 中國對外直接投資的貿易效應研究 [J]. 數量經濟技術經濟研究,2012 (6).
[2] 蔣冠宏,蔣殿春. 中國企業對外直接投資的「出口效應」[J]. 經濟研究,2014 (5).
[3] 陳俊聰,黃繁華. 對外直接投資與貿易結構優化 [J]. 國際貿易問題,2014 (3).
[4] 隋月紅.「二元」對外直接投資與貿易結構:機理與來自中國的證據 [J]. 國際商務,2010 (6).

2. 中國對外直接投資對優化對外貿易市場結構的作用

與中國對外貿易市場主要集中於發達市場的狀況不同，中國對外直接投資所在的東道國市場目前主要聚集在發展中經濟體。《2013年度中國對外直接投資統計公報》的數據顯示，2013年中國流向發展中經濟體的投資達到917.3億美元，占到當年流量的85.1%；2013年年底，中國對發展中經濟體的投資存量也占到存量總額的八成以上，達到83.2%。這意味著對外直接投資對中國大力開拓新興市場、優化對外貿易市場結構有重要作用。

一方面，中國在發展中國家的直接投資多以尋求資源、市場和提升自身的經營效率為主，這些類型的投資本身具有帶動中國與發展中經濟體中間品進出口貿易發展的特徵，有助於提升中國與發展中經濟體的貿易聯繫；另一方面，由於對外直接投資是一種更高層次參與國際分工、進入東道國市場的形式，它對東道國市場的嵌入更具有長期性和穩定性，也更容易加深對東道國市場的熟悉程度和提升建立生產與銷售網路的便利度，因此中國對外直接投資在發展中市場的聚集有助於增強中國投資者和貿易者對發展中東道國市場的信心，便利更多企業建立或強化自身與東道國市場的貿易聯繫，提升發展中國家和新興市場在中國對外貿易市場結構中的地位。

實際上，伴隨著中國對外直接投資的高速、持續發展，中國對外貿易市場結構已開始穩步改變。如2014年中國在對歐盟和美國進出口貿易保持穩定的同時，進出口企業開拓新興市場取得新成效。其中，中國對東盟、印度、俄羅斯、非洲和中東歐國家進出口增速均快於整體增速，中國對東盟的進出口額達到4,803.9億美元，占比達到11.2%。中國進出口市場結構更趨平衡。

3. 中國對外直接投資對優化對外貿易主體結構的作用

對外直接投資有助於中國加快形成在全球範圍內配置要素資源、佈局市場網路的具有跨國經營能力的綜合型貿易企業，提升對外貿易企業整體競爭優勢，優化對外貿易主體結構。

對外直接投資是中國企業直接接觸國際市場的重要方式，更是培育中國跨國公司的必由之路。一方面，通過對外直接投資，企業將自身置於競爭激烈的國際環境之中，面臨更為複雜多樣的產品和服務要求，這種來自國際經營環境中的競爭壓力和動力有助於倒逼企業不斷提升自身的生產、經營能力和國際競爭力；另一方面，在對外直接投資過程中，企業可以接觸國際先進技術、經營理念與管理方式，並在學習、模仿、消化和吸收的基礎上提升技術水平和管理能力，進而增強國際競爭能力。此外，通過示範效應和溢出效應，實施對外直接投資的企業在國際市場累積的知識、技術、管理經驗可以惠及相關行業內大企業和一些創新型、創業型及勞動密集型中小微企業，從而帶動更多企業提升自身現代化水平，激發企業活力和競爭力。這樣，通過對外直接投資，中國可以加快形成以跨國公司為重要載體的資本流動和商品流動格局，加速形成以跨國公司為主、多種所有制類型的企業共同發展的對外貿易主體新結構。

綜上所述，中國對外貿易與中國對外直接投資已形成良好的互動影響關係。充分發揮中國對外貿易對中國對外直接投資的基礎作用，同時充分利用中國對外直接投資對中國對外貿易的帶動提升作用，是實現中國對外貿易和對外直接投資在經濟「新常

態」背景下可持續發展，全面提高開放型經濟水平，推進以開放促改革促發展的重要路徑。

本章小結

1. 貿易投資一體化是跨國公司主導的產品內貿易和 FDI 之間所呈現出的雙向促進、互為高度融合、合為一體的經濟現象，是跨國公司進行全球資源配置的直接結果。

2. 發達國家跨國公司垂直貿易所獲得的可觀收益對后續的外國直接投資活動提供了持續激勵。在傳統產業間和產業內貿易逐漸精細化延伸到產品內貿易層面的背景下，垂直貿易模式對發達國家在產量、就業、要素收入分配和國家整體福利等方面都會產生顯著的經濟效應。

3. 中國的投資格局處於流向發展中東道國的順梯度對外直接投資和流向發達東道國的逆梯度對外直接投資並存，資源尋求、市場尋求、效率尋求和戰略資產尋求等多種投資動機共生的階段。在這一階段，就中國對外直接投資而言，不同類型對外直接投資對中國對外貿易規模的影響不盡相同。

思考題

1. 什麼是國際投資的替代效應和創造（互補）效應？
2. 闡述貿易與投資互動的內在機理。
3. 外商直接投資對中國貿易發展起到了什麼作用？
4. 外商在華直接投資與中國對外直接投資存在哪些異同？
5. 中國對外直接投資的特徵有哪些？它對中國外貿的發展產生了怎樣的影響？

案例分析

2008 年 6 月，中聯重科聯合其他出資人，以 2.71 億歐元成功收購全球混凝土機械行業排行第三的義大利 CIFA，一躍成為該行業的全球老大。作為國際一流的混凝土機械製造商，義大利 CIFA 的品牌效應和全球化銷售網路、技術工藝和服務體系等為中聯重科的發展注入了新的動力。中聯重科義大利專項事務代表毛文革表示，收購 CIFA 對中聯重科的研發、生產、採購和銷售都帶來了積極影響，「收購 CIFA，對於中聯重科產品質量和技術含量的提升是有很大幫助的，也為中聯重科在混凝土機械市場佔有率的不斷上升做出了非常大的貢獻。CIFA 的市場網路與中聯重科的市場佈局正好互補，特別是在南美、中東、北非和歐洲等地具有很高的市場佔有率，因此，通過併購 CIFA，中聯重科很好地完善了全球銷售網路。從供應鏈的角度來說，雙方共享了一些供應商資源，在價格、貨源和採購週期等很多方面分享了很多利好因素」。在不少人看來，中聯重科收購 CIFA 的案例已成為兩國經貿合作的成功典範，對促進兩國相互投資、拓展

互利合作產生了推動作用和示範效應。米蘭天主教聖心大學歷史和地緣經濟學教授托馬斯‧羅森達爾認為，這一寫入哈佛教材的經典案例為中國投資以積極姿態走進義大利敲開了大門，「這一次收購不但本身是成功的，而且還在不久之後引發了一系列來自中國的投資者在歐洲進行的類似併購。這些中國資本對於當時身處危機的國際市場包括中國市場本身起到了穩定器的作用。與此同時，這次收購也為越來越被認為是『利益輸送者』而絕非威脅的中國投資進入義大利打開了大門」。2013年9月9日，中聯重科再次收購 CIFA 剩餘的股權。收購完成後，CIFA 成為中聯重科全資附屬公司，有利於進一步提高公司內部資源的無縫整合，同時提高公司未來盈利水平。

（資料來源：趙妍. 中聯重科聯姻義大利 CIFA 收效明顯，中意經貿合作越發密切［OL］. 國際在線專稿，2015-06-05）

問題：

1. 中聯重科收購義大利 CIFA 屬於什麼類型的對外直接投資？這一事件對中聯重科的影響包括哪些方面？

2. 中聯重科收購 CIFA，可能將對中、意兩國的貿易產生怎樣的有利影響？

第十三章　中國對外貿易與金融發展

內容簡介

金融發展程度與對外貿易之間有著複雜的聯繫，金融發展對貿易規模、貿易結構以及貿易自由化水平都具有重要影響。自 1979 年實行改革開放以來，中國金融和對外貿易處在一個不斷深化的改革過程中，國家通過採取各種各樣的政策以金融發展帶動對外貿易發展。本章通過介紹金融發展的定義、中國金融發展的歷程以及中國金融發展的實際情況，對對外貿易與金融發展的關係進行全面的綜述與分析。

關鍵詞

金融發展；銀行國際化；跨境貿易人民幣結算

學習目標

1. 掌握金融發展的定義，並熟悉對外貿易中的金融需求；
2. 理解並掌握金融發展影響國際貿易發展的途徑；
3. 熟悉跨境貿易人民幣結算的發展狀況；
4. 瞭解中國金融發展影響對外貿易的具體情況。

案例導讀

為貫徹執行國家產業政策、外經貿政策、金融政策和外交政策，擴大中國機電產品、成套設備和高新技術產品出口，推動有比較優勢的企業開展對外承包工程和境外投資，促進對外關係發展和國際經貿合作，提供政策性金融支持，中國於 1994 年設立中國進出口銀行。中國進出口銀行總部設在北京。截至目前，在國內設有 22 家營業性分支機構；在境外設有巴黎分行、東南非代表處和聖彼得堡代表處；與 1,000 多家銀行的總分支機構建立了代理行關係。中國進出口銀行是中國外經貿支持體系的重要力量和金融體系的重要組成部分。

中國進出口銀行自成立之日起，就不斷調整貸款結構，重點支持高技術含量、高附加值的機電產品出口。如成立之初就向中國長城工業總公司亞太 1A 和亞太 2R 兩顆衛星發射提供融資擔保。1999 年以來，中國進出口銀行先後支持了地鐵成套設備、30 萬噸大型油輪等一大批高技術含量、高附加值產品的出口項目。同時，還將業務範圍擴大到支持高新技術產品出口和軟件出口，開辦了境外投資貸款，重點支持了一批石油資源開發和電力投資等「走出去」項目。

在中國進出口銀行出口信貸的支持下，中國製造的機電產品在國際市場的份額不

斷擴大，從 1993 年末的 24.7%提高到了 2003 年末的 51.9%，計算機、通信類和電子元器件出口大幅度增長，船舶出口增勢強勁，有十幾種機電產品出口數和金額名列世界第一，為優化中國出口商品結構發揮了重要作用。中國進出口銀行積極促進出口市場多元化戰略的實施，在防範風險的前提下，通過開辦出口信貸和對外優惠貸款業務，合理把握貸款投向，大力支持企業鞏固和發展傳統出口市場，開拓拉美、中亞、非洲等新興市場。目前，中國進出口銀行支持出口已達到 108 個國家和地區，為實施出口市場多元化戰略做出了積極貢獻。

（資料來源：羅逸之. 中國進出口銀行對出口的支持研究 [D]. 廣州：廣東外語外貿大學，2006.）

第一節　金融發展與對外貿易的關係

一、金融發展的定義

金融發展，廣義而言是指一國金融業整體水平的發展，金融機構以及金融市場的規模、金融資產占經濟總量的比重以及金融服務的效率都可以是金融發展的重要評價標準。其中金融機構指的是所有從事金融活動的機構，包括各種直接融資機構、間接融資機構以及其他一些提供金融服務的機構，或者特指包括銀行或從事貸款業務的金融活動仲介機構。金融資產包括貨幣性資產（現金和各種存款）、信用卡和非貨幣性金融資產（股票和證券）在內的多種資產。

在學術界，學者們從不同的角度建立了不同的標準體系來判定和衡量金融發展。一種傾向是從金融結構的變化和效率提升方面剖析一國的金融發展。其中，金融結構的變化是指金融市場上各種工具和金融機構的形式、性質和相對規模的短期或長期的變化，金融的效率則主要從資金、機構的使用率以及創造的價值上予以衡量。這兩個指標能夠在很大程度上反應一國金融發展的質量水平，因此得到了比較廣泛的採用。另一種觀點將金融發展定義為金融深化，即金融發展主要是金融機構、金融工具和金融資產規模的發展；還有觀點將金融發展定義為整個金融系統、部門的發展，包括制度上的發展和金融量上的發展。

也有學者從五個方面定義金融發展：一是便利風險的交易、規避、分散和共同分擔；二是提供甄別潛在的投資機會的信息和配置資源；三是監督經理人，促進公司治理；四是動員儲蓄；五是便利商品與勞務的交換。因此金融發展是指金融的功能不斷完善、擴充並進而促進金融效率的提高和經濟增長的一個動態過程。從這個角度上說，金融發展不僅僅表現為金融規模總量的增長，還表現為金融效率的提高和金融制度的完善，其中也包括匯率制度的完善和選擇。金融發展不僅是金融仲介的發展，還包括金融市場的發展。

二、金融發展與對外貿易的基本關係

金融發展與對外貿易在推動全球形成統一的大市場的過程中，形成了相互影響與

促進的關係。一方面，金融發展影響著國際貿易。金融發展會對一國的對外貿易政策、貿易規模、貿易結構、貿易競爭力等方面產生重要制約或促進作用，金融市場通過調節匯率、儲蓄率來控制投資與消費，通過政策調節來影響市場擴張和技術進步，從而影響進出口企業的發展情況，進而影響一國對外貿易和經濟社會的發展；另一方面，對外貿易增長也為一國的金融發展提供了廣闊的生存空間，對金融發展起到了重要的推動作用。對外貿易的發展對於金融運行質量的提高、金融創新步伐的加快、金融業走向國際化有著重要的意義。貿易自由化可以促進一國與國際經濟環境的接軌，增加本國企業的國際競爭力和對複雜多變的國際經濟環境的適應能力，從而為金融自由化創造條件；同時，一國開展對外貿易可以增加財政收入，提高國民生活水平，增加國家財富的累積，這些都是金融發展的基石。對外貿易還可以促進企業進行自我改進，深化專業分工，整合資源，促進國內產業結構調整和升級，形成規模經濟，促進國際經濟合作和技術交流，從而為金融發展提供物質基礎，同時對金融發展形成刺激，由此擴大金融市場。

除此以外，金融與貿易的互動關係還受到國際環境、經濟體制、經濟政策、政府行為以及宏觀經濟狀況等因素的影響，這些因素通過改變金融或貿易的體制、環境和主體構成與行為，間接影響金融發展或對外貿易，進而影響二者之間的制約和促進關係。以下列出金融發展與對外貿易相互影響的一般過程，見圖13.1。

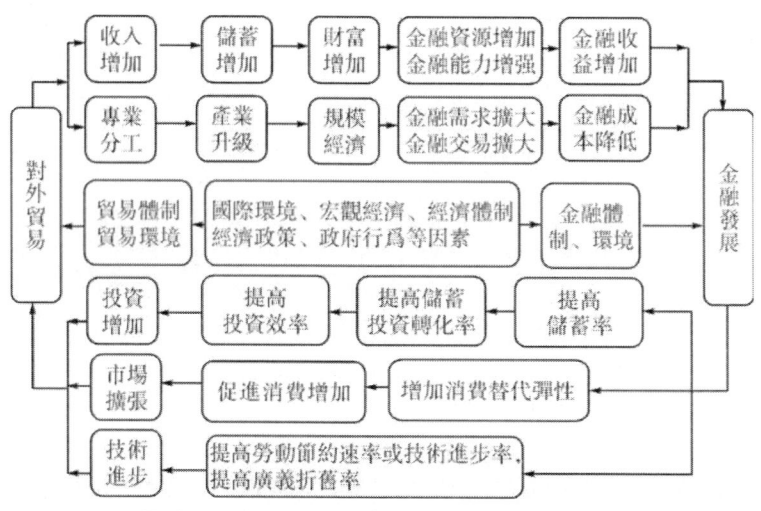

圖13.1　金融發展與對外貿易相互影響的一般過程

三、影響對外貿易的金融因素

金融發展程度對貿易的發展至關重要：完備而穩定的貨幣發行體系、良好的金融秩序、金融機構的金融服務等因素，都是保證對外貿易健康發展的重要條件。

（一）貨幣發行體系

貨幣是金融活動的基礎，維護貨幣價值是貨幣發行的重中之重。一國能否保持貨

幣價值的總體平穩或適度通貨膨脹，是檢驗一國金融體系發展水平的重要標準。為此該國需要擁有穩定的財政收入，有強大的印製和儲備貨幣的能力，有精準的經濟信息搜集能力，有明確的經濟發展、失業以及通貨膨脹目標，以及積極而有力的政策干預手段等。當然，國家應對外部各種衝擊、投機干擾，維持穩定的能力也是檢驗貨幣穩定水平的重要組成部分。

貨幣在國際貿易中執行計價和結算的功能，貨幣發行體系的穩定是對外貿易的基礎，所有國家保障本國的貨幣發行、流通與正常運行，使得整個國際貿易市場可以完成貨物與服務的交換，各國也可以通過調整貨幣發行量來控制國內經濟發展重點。可見，完善的貨幣發行體系、穩定的貨幣發行水平是影響對外貿易高效運行的重要因素。

(二) 金融市場的穩定

所謂金融穩定是指一個國家的整個金融體系不出現大的波動，金融機構、金融市場和市場基礎設施運行良好，可以抵禦各種衝擊而不會降低儲蓄向投資轉化效率的狀態。具體來講，有序的金融市場能夠提供優良的存貸款、債券、證券和保險等服務，民眾在其中不僅能夠享受快捷的金融服務，還能夠擁有公平而透明的價格。在良好的金融市場中，金融機構的數量和種類結構合理，能夠提供足夠規模的金融服務。除此之外，基於傳統金融產品的衍生產品也相當發達，民眾能夠獲得有關利率、證券、外匯的各種衍生產品，期權、期貨、掉期等其他國際通行衍生產品能在該國之內得到充分的使用。

金融市場與對外貿易的關係，實質上是金融與增長的關係。相比於金融市場不穩定的國家來說，金融市場較穩定的國家由於擁有更高的信譽及償還能力，信貸配給相對寬鬆，使得其在貿易產品的生產上有一定的比較優勢，進而可以促進出口；同時，金融市場發展較快的國家傾向於製成品的出口、初級產品或中間產品的進口，而金融市場發展較慢的國家則以初級產品或中間產品出口、製成品進口為主。可見金融市場會影響一國對外貿易的模式。

(三) 有力的金融監管

金融風險往往伴隨著金融活動而生，良好的金融體系應該能夠抵禦系統性金融風險。為此，金融監管部門能夠對存貸款、證券和保險的全過程可能產生的風險進行預防、監控，必要的時候能夠調動盡可能多的資源進行有效的干預。對於一些行為的模糊地帶，能夠提供合理有效的行為規範，以確保行為能夠不危及他人和社會的利益；對於違規的企業，應該能有有力的手段予以懲罰，還市場以公平。當然，監管的前提是監管部門不受任何利益的引誘，能夠真正做到為社會和民眾的最大福利而服務。這樣，在有效的金融監管之下，金融系統的良性循環就可以為對外貿易的發展提供高效的金融服務。

(四) 匯率制度

在金融發展的過程中，匯率制度的變化會對一國對外貿易產生重要影響。在實施資本項目自由化時，由於統一所有經常項目的匯率，使全部進出口交易都能以相同的

有效匯率進行，從而可以提高對外貿易的效率。從復匯率向單一匯率轉變的過程中，對進口的資本品和中間產品的鼓勵性匯率以及對出口商的歧視性匯率在逐漸減少，這些都有利於出口行業的發展。此外，從釘住匯率制到爬行釘住，再到逐漸加大波動幅度，直至最后實行完全浮動匯率制，這個過程也就是被高估了的匯率向外匯市場決定的均衡匯率回落的過程。儘管在實行完全浮動前，政府或中央銀行仍能對匯率進行干預，但相對於以前而言，匯率更接近於基本均衡匯率，這種變化對於出口行業的快速發展也具有重大的推動作用。

由於對外貿易往往伴隨著外匯交易，因此購買或出售外匯是否便利就成為影響對外貿易利潤的一個重要因素。一國的金融越發展，它所能累積的外匯就越多，所能提供的外匯買賣價格水平也會越趨於合理。從宏觀角度而言，一國匯率的穩定也有利於對外貿易長期穩定的發展：匯率不穩定會影響對外貿易的成本核算，增加對外貿易的風險，使進出口商對外報價不穩定，阻礙國際貿易的發展。匯率波動會引起商品價格的變化，從而影響一個國家的對外貿易水平。一國貨幣貶值有利於增加該國的出口，抑制進口。該國貨幣貶值后，以外幣計價的出口商品價格下降，從而引起國外居民增加對該國出口商品的需求，進而增加出口；同時以本幣計價的進口商品價格上升，迫使本國居民減少對外國產品的需求，從而抑制進口。從供給的角度分析，一國貨幣貶值，該國出口商出口同樣價值的商品，所得到的外匯可以換得更多的本國貨幣，也就是提高了盈利能力，從而有利於出口。反之，如果一國貨幣對外升值，即有利於進口而不利於出口，是因為該國出口商通過出口所獲利潤減少，這樣會影響出口商的出口積極性，或者迫使他們提高出口商品價格，這將影響本國出口商品在世界市場上的競爭力；一國貨幣對外升值，意味著國外產品相對於本國產品的價格降低，這會誘發本國居民增加對外國產品的需求，從而擴大進口。

(五) 政策性金融

政策性金融是在一國政府的支持和鼓勵下，在國家信用的基礎上，運用政策性融資手段，按照國家法規限定的業務範圍與經營對象，以優惠存貸利率或其他優惠條件，為貫徹、配合國家特定的經濟社會發展政策而進行的金融活動。因此政策性金融具有政策性、優惠性等特點，體現了一國政府對包括對外貿易在內的經濟社會活動的調節和干預。其中，針對對外貿易的政策性金融措施對對外貿易的發展有直接影響。以進出口政策性金融為例，作為專門服務於一國對外貿易的政策性金融形式，其主要作用既體現在通過提供出口信貸和出口信用保險（擔保），直接作用於出口商、進口商等，對進出口貿易的發展具有巨大的推動作用。同時，通過進出口政策性金融的直接資金投放，可以引導、吸引商業性金融從事符合政策目標或國家長遠發展戰略目標的新興產業和重點產業，促進相關產業的發展，優化對外貿易的商品結構。

實踐中，世界上許多國家都成立了專門的出口信貸機構，如進出口銀行、出口信用保險或擔保機構等。這些政策性出口信貸機構以較高的管理水平和營運效率，在支持本國成套設備等商品出口、扶持本國企業向外擴張等方面發揮了重要作用，較好地兼顧了政策性與效益性的統一。

（六）貿易結算與融資

　　貿易結算與融資通常是相伴相隨的。貿易結算是對國際貿易產生的債權債務的清償，是國際貿易實務中的重要環節，直接關係著貿易商品的價值實現，是保證國際貿易和一國對外貿易順利進行的重要條件。在進出口貿易中，貿易結算能否順利進行直接影響著出口商能否安全及時地收回貨款和進口商能否及時收到合同項下的貨物。同時，結算方式的恰當運用還可以緩解進出口商互不信任的矛盾，促使交易順利進行。例如，通過信用證結算，以銀行信用為基礎，由開證銀行承擔第一性付款責任，既可以減少出口商對發貨后能否收回款項的擔心，也可以減少進口商對先付款后能否收到符合合同規定的貨物的擔心，對進出口商雙方權益的實現具有保障作用。

　　貿易融資是指銀行為對外貿易企業開展貿易業務提供的資金融通便利，是促進進出口貿易的一種金融支持手段。根據《巴塞爾協議》第244條，貿易融資是指在商品交易中，銀行運用結構性短期融資工具，給予商品交易（如原油、金屬、穀物等）中的存貨、預付款、應收帳款等資產的融資。因此貿易融資的顯著特點是有真實的貿易背景，融資過程貫穿商品流通的各個環節，風險相對較低，有短期性、重複性、週轉快、流動性強等特點，對緩解貿易商的資金困難，加速其資金流通等具有重要作用。在當今的貿易實踐中，貿易融資還是企業採用最多的避險方式。應用出口押匯、打包放款、預支信用證等貿易融資方式，可以有效地幫助貿易企業合理安排裝運前和裝運后的現金流，同時，企業也可以提前鎖定收匯金額，規避匯率變動風險。

（七）風險控制服務

　　對外貿易在時間和空間上存在很大的不確定性，其週期長，可預知性低，比國內貿易面臨的風險更多更複雜，主要體現在信用、匯兌、價格、商業、運輸以及政治等方面的風險，因此如何分散或消除這些風險是促進對外貿易發展時必須思考的問題。一般而言，對外貿易中的風險可以歸納為幾大類別：經濟或商業風險、匯率風險、運輸風險和政治風險（國家風險）。國家風險一般包括徵收、戰爭和匯兌限制等，是對外貿易中最不可預期的風險。商業風險主要是由進出口商責任所造成的，常見的有收匯風險，如買家破產、拖欠貨款；經營風險，如產品滯銷、匯率波動；管理風險，如管理人員流失；項目風險，如應收帳款管理漏洞。具體而言，對外貿易中的風險主要包括信用風險、商業風險、匯兌風險、價格風險、運輸風險、政治風險及政策風險。針對這些風險，金融機構可以提供一系列可供選擇的服務項目，用於對沖或部分抵消風險帶來的損害。

　　一方面，對於交易的風險，貿易企業可以選擇保函、備用信用證等各種擔保形式來規避風險，通過金融仲介等也能在一定程度上解決貿易雙方的信用風險問題，同時使雙方資金融通更加便利；另一方面，對於貿易過程中不可預測的外部損失，貿易雙方可以選擇保險的方式來規避風險。受臺風、地震、交通事故等外部因素影響，對外貿易可能會出現貨物損失或交易時間的延遲，因此交易雙方可以選擇購買保險公司的保險來規避風險。另外，交易者還可以選擇購買由保險公司開發的其他保險產品，以防止對方企業破產、被清算或潛逃等帶來的經濟損失。雖然這些與嚴格意義上的保險

不同，但它們現在正日益發揮著越來越重要的作用。

此外，在對外貿易中，交易雙方還可以利用金融衍生工具如遠期合約、期貨合約等進行套期保值，規避貿易風險。同時，也可以通過標準化的外匯期貨合約來轉移與防範匯率變動的風險。隨著金融發展水平不斷提高，金融衍生工具的種類將進一步豐富，功能將更趨完善，這有利於轉移對外貿易中不確定的匯率和價格變動風險，從而促進其發展。

綜合政策性金融和商業性金融領域的貿易風險規避措施，可將對外貿易風險及其對應的金融服務歸納如表 13.1 所示。

表 13.1　　　　　　　　對外貿易風險及相對應的金融服務

經濟或商業風險	匯率風險	運輸風險	政治風險		
^	^	^	對外政策	內戰或暴動	經濟政策
進口商無力支付 進口商拒收貨物 出口方交貨不及時	浮動匯率制度下的匯率波動，固定匯率制度下的貶值風險	貨物的損壞或是滅失	戰爭或禁運	內戰或暴動	禁止外匯交易或是禁止本幣自由兌換
金融機構提供的可供選擇的金融服務					
向保險公司投保或是由國家提供出口信用保險、信用證、保理或福費廷、銀行保證	銀行提供套期保值，國家提供匯率風險擔保	向保險公司投保	國家支持的出口信貸機構或向保險公司投保		

資料來源：齊俊妍. 金融發展與貿易結構——基於 HO 模型的擴展分析［J］. 國際貿易問題，2006（7）：15－19.

第二節　中國的金融發展歷程

一、中國金融業體制的發展歷程

中國金融業體制的發展同中國的經濟體制改革歷程一樣，經歷了漸進式的改革過程。改革開放之初，中國金融行業（主要是銀行）普遍存在著結構單一、業務單一、管理單一、發展嚴重滯后的特點。中國人民銀行兼具中央銀行與商業銀行的雙重角色。既要管理貨幣發行、制定金融政策，又要從事各種業務性的金融工作，不利於規範化的金融市場的發展。當時企業幾乎不需要面對市場不確定因素，其融資事宜也由國家全權負責，商業信用大多沒有存在的必要，取而代之的是單一的銀行信用，商業金融喪失了活力。1978 年，中國各項存款總額僅為 2,984 億元，其中各項貸款僅為 1,850 億元，中國的金融業迫切需要改革和發展。

（一）金融體制改革的探索階段（1978—1983 年）

在 1984 年以前，中國經濟體制漸進式改革的重點是「增量改革」，即維持原有的

傳統國有經濟的運行方式，並依靠一些非國有制經濟發展經濟。從本質上看，這一時期基本延續了計劃經濟時期的金融體系，金融體系的運行主要是通過行政手段調控，金融機構直接為國家所有，金融資源的配置由政府計劃配置。改革初期的重點主要是擴大企業自主權，進行市場調節和資金調節。金融部門開始試行「存貸下放、計劃包干、差額管理、統一調度」的信貸資金管理制度，下放一定的信貸計劃管理權限，逐步恢復和建立了若干專業銀行和非銀行金融。1980年，為利用金融發展對外貿易，中國開始發放中短期設備貸款，支持技術改造，重點選擇主要的對外貿易出口行業——輕紡業，以此帶動經濟發展。同時開放商業信用，引導商業信用的票據化，並使商業信用有序、規範發展。

(二) 金融體制改革不斷深化（1984—1996 年）

1984 年中央通過了經濟體制改革的決議后，改革從增量改革開始深入到價格體制改革，實行生產資料價格雙軌制，逐步理順高度扭曲的生產資料價格體系，金融市場體系建設至此全面展開。

1985 年，關於建立金融市場的大討論結束后，金融市場的試點工作正式啟動。經過多年的發展，中國金融運行機制發生了根本性的變化，過去普遍存在的金融抑制有所鬆動，特別是金融機構的多樣化、金融工具的創新和金融市場的發展增強了儲蓄轉化為投資的渠道效應，金融深化進程有力地促進了中國外貿的發展。我們可以將本階段金融改革形成的主要特徵概括為以下幾點：

1984 年起，中國人民銀行不再承擔金融業務職能，轉為單一職能的中央銀行。在市場領域中，工、農、中、建四大國有商業銀行奠定了中流砥柱的地位，區域性銀行和外資銀行也有了一定程度的發展。同時，為保證國家重點扶持的產業與項目獲得充足的資金支持，中國還成立了政策性金融機構，實現了政策金融和商業金融的分離。如 1994 年成立的中國進出口銀行，就是為鼓勵中國產品出口創匯、保證中國出口企業利益而設立的。中國進出口銀行通過對出口信貸的專項支持以及對外進行優惠貸款、對外國政府貸款進行轉貸等政策性業務來支持中國重點行業的出口業務。中國還建立了政策性的出口信用保險公司，通過直接或間接設立的保險對進出口企業進行保護。1991 年上海證券交易所成立，1992 年深圳證券交易所和中國證監會成立，標誌著資本市場的初步形成，也標誌著非銀行金融部門邁出了重要的一步。1994 年開始，中國人民銀行降低了信貸門檻，啟動了外匯公開市場操作，將雙軌制匯率並軌為單一匯率。至 1996 年，以中國人民銀行為領導，政策性金融機構與商業性金融機構分離，以國有獨資銀行為主體，多種金融機構並存、分工協作的中國銀行業組織體系初步建立。

(三) 金融業體系的全面建立（1997 年至今）

首先是建立了較完善的貨幣市場，中國的貨幣市場主要包括同業拆借市場、銀行間債券市場和票據市場。1996 年 1 月建立全國統一的同業拆借市場，並第一次形成了全國統一的同業拆借市場利率，結束了市場分割、多頭拆借的局面，規範了各金融機構的拆借行為。1997 年 6 月，中國建立了銀行間債券市場，允許商業銀行等金融機構進行國債和政策性金融債券的回購和現券買賣。目前銀行間債券市場已成為發展最快、

規模最大的資金市場，並成為中央銀行公開市場操作的重要平臺。票據市場也在規範中穩步發展。其次，資本市場在規範中不斷發展。2001—2005 年，中國資本市場經歷了重大的轉軌時期，新一屆證監會開始著手完善監管體制。2006 年 5 月，股票市場開始試行股權分治改革，資本市場的融資和資源配置功能得到恢復，中國一大批公司成功上市，股票市場得到了飛速發展。

圍繞由管理型政府轉變為服務型政府的主題，中國在金融改革領域取得了一些成就。中國人民銀行於 1996 年 4 月啟動了人民幣公開市場業務。從 1998 年 1 月 1 日起，取消了原有的信貸規模管理方式，轉變為資產負債比例管理方法；同年，中央銀行對存款準備金率的制度進行了調整，合併存款準備金與備付金，並下調了存款準備金率。自此之後，中國金融政策工具有序使用，為宏觀經濟形勢調整和金融業有序運行提供了有力保障。

中國外匯管理體系也於 2005 年進行了又一次改革。人民幣從僅釘住美元變為釘住一籃子貨幣，波動幅度也大幅增加。目前，中國已經確立了「人民幣經常項目可兌換、資本項目外匯管制」的外匯管理體制，在保持對資本項目監管的情況下促進人民幣匯率有序地增加彈性。同時努力推進人民幣國際化，加快離岸人民幣市場建設，推動跨境人民幣結算業務的開展。

（四）跨境貿易人民幣結算的發展歷程

由於中國居民和非居民對人民幣用於國際結算有明顯需求，而且中國目前的對外貿易規模已相當大，不僅具有選擇結算幣種和定價能力的境內進出口企業對人民幣用於國際結算有強烈需求，那些希望從人民幣升值中獲取收益的境外出口商和在中國內地有相當規模的投資和人民幣收入的外資企業對使用人民幣進行國際結算也具有較大需求，因此中國國務院常務會議 2009 年 4 月 8 日正式決定，在上海、廣州、深圳、珠海、東莞等城市開展跨境貿易人民幣結算試點，從此邁開了人民幣走向國際化的關鍵一步。

自跨境貿易人民幣結算試點以來，人民幣結算業務經歷了前所未有的機遇和挑戰。從一開始的適應階段到后來的全面發展階段，中國跨境貿易人民幣結算的規模日益擴大，試點地區數量日益增多，這是人民幣走向國際化的關鍵一步。這將對中國對外貿易的發展產生深遠的影響，因為作為世界上第一大貿易國，如果能避開美元以人民幣來開展貿易結算，不僅能規避匯率風險，更能省去很多不必要的中間環節，大大提高開展對外貿易的效率。跨境貿易人民幣結算業務的開展大致經歷了萌芽期、探索期、啟動期、發展期四個階段。

1. 萌芽期（1968—1999 年）

1968 年 3 月，國務院首次批准了中國銀行提出的對港澳地區的進出口貿易使用人民幣結算的建議。在試點地區方面，國務院決定在 1969 年的廣州春季與秋季交易會中，增加英國、德國、法國等西歐國家作為試點；1971 年增加到 40 個國家和地區；1976 年增加到 120 個國家和地區。從貿易額方面，1970 年的廣州春秋交易會上，使用人民幣結算的貿易出口額為 5 億~6 億元，占出口總額的 50% 左右。但是 1978 年以後，中國開始改革開放，外匯監管體系逐漸增強，人民幣結算業務開始萎縮，1999 年，中

國銀行的境外代理行、海外聯行和港澳聯行的人民幣結算帳戶全部關閉。同時，為了減少外匯貶值風險，為了保護外匯儲備，國家規定不準攜帶人民幣出境，因此人民幣不能作為結算工具。萌芽期的人民幣結算業務是以后的跨境貿易人民幣結算的雛形。

2. 探索期（2000—2008 年）

由於中國與部分周邊國家和地區的邊境貿易比較頻繁，人民幣幣值相對穩定，中國港澳臺地區、俄羅斯、大湄公河次區域以及蒙古國都將人民幣視為硬通貨。在邊境貿易中，使用人民幣作為結算貨幣不僅可以減少交易成本，還能促進邊境貿易的高效發展，因此，20 世紀 90 年代，人民幣結算業務開始試用於邊境小額現鈔貿易。2000 年 5 月，中國簽署《清邁倡議》。在全球體系中，中國是最大的發展中國家，在亞洲區域裡，中國是起「穩定器」作用的大國，尤其是 1997 年爆發的亞洲金融危機后，中國在亞洲地區展現出大國風範，承諾人民幣不會貶值，因此人民幣的國際信譽提高。當時，可以使用人民幣作為結算貨幣的國家有越南、老撾、緬甸、俄羅斯、尼泊爾、蒙古、朝鮮等周邊國家和地區，中國港、澳、臺，馬來西亞、新加坡、泰國、韓國等國家或地區也可以使用人民幣作為邊境貿易的結算貨幣。到了 2005 年，在韓國、新加坡和泰國等國家，消費者可以直接使用銀聯卡進行付款，並可以在境外直接支取一定限額的外幣。在探索期裡，跨境貿易人民幣結算業務的開展一定程度上推進了中國邊境貿易的發展，為中國宏觀經濟的發展起到了不可忽視的作用。2006 年，菲律賓貨幣委員會統一在境內將人民幣作為儲備貨幣，可見人民幣在亞洲地區的主導地位。2008 年爆發的國際金融危機使得美元、歐元等國際結算貨幣的匯率變動巨大，中國的企業均不同程度地受到匯率風險的影響，中國的對外貿易形勢也日益嚴峻，不僅是國內企業，中國的貿易夥伴也希望選擇一種幣值相對穩定的貨幣作為結算工具，這就推動了跨境貿易人民幣結算規定的出抬。

3. 啓動期（2008—2010 年）

為了滿足市場的需求，2008 年 9 月 7 日，國務院下發的《關於進一步推進長江三角洲地區改革開放和經濟社會發展的指導意見》中明確指出「選擇有條件的企業開展人民幣結算國際貿易的試點」。2009 年 7 月 2 日，國務院常務會議決定在上海、廣州、深圳、珠海、東莞等城市正式施行《跨境貿易人民幣結算試點管理辦法》，標誌著跨境貿易人民幣結算業務正式開啓。在啓動初期，由於境外貿易夥伴對於人民幣結算業務的接受程度不同，人民幣結算業務的開展也面臨了挑戰。納斯達克前中國區主席、首席代表及亞太地區總監勞倫斯總結說：「目前，使用人民幣進行跨境結算的公司只占很少的一部分，儘管在接受調查的公司裡，其規模存在較大差距，但很明顯 2/3 的受訪公司在貿易結算中都沒有使用人民幣進行結算。讓人驚訝的不單是有如此大比例的公司都沒有使用人民幣進行跨境結算，更是因為在所有受訪公司中，無論規模大小，在其所有業務中使用人民幣進行跨境結算的比例都極其相近。儘管 62% 的受訪公司的年營業額都超過 10 億美元，但在受訪公司中，只有 35% 的公司在跨境交易中使用人民幣進行結算。」不過，跨境貿易人民幣結算業務也取得了一定的成績。首先，企業有效地規避了匯率風險；其次，簡化了財務核算過程，明確了進口企業的成本和出口企業的收益，節省了企業進行外幣衍生產品交易的有關費用；再次，節省了企業兩次匯兌所

引起的部分匯兌成本；最后，加快了貿易結算速度，提高了資金使用效率，有利於企業的高速運轉。

4. 發展期（2010年至今）

自2009年7月開展跨境貿易人民幣結算試點工作以來，人民幣資金結算、清算渠道便捷、順暢，人民幣出口退（免）稅及進出口報關政策清晰明確、操作流程便利，受到了試點企業的普遍歡迎。2010年6月17日，中國人民銀行、財政部、商務部、海關總署、稅務總局、銀監會發布擴大跨境貿易人民幣結算試點工作的通知，將境外地域由港澳臺、東盟地區擴展到所有國家和地區；增加北京、天津、內蒙古、遼寧、四川等18個省（自治區、直轄市）為試點地區；廣東省的試點範圍擴大到全省，增加上海市和廣東省的出口貨物貿易人民幣結算試點企業數量。2011年8月，中國人民銀行會同五部委發布《關於擴大跨境貿易人民幣結算地區的通知》，將跨境貿易人民幣結算境內地域範圍擴大至全國。2012年6月，中國人民銀行等六部委聯合下發了出口貨物貿易人民幣結算重點監管企業名單，跨境貿易人民幣結算業務全面推開，所有進出口企業都可以選擇以人民幣進行計價、結算和收付。2013年7月，中國人民銀行發布《關於簡化跨境人民幣業務流程和完善有關政策的通知》，簡化了經常項目下跨境人民幣業務辦理流程。近幾年跨境貿易人民幣結算業務發展迅速，成果顯著，結算規模日益擴大，使用人民幣計價和結算的地區與企業也不斷增加。

二、中國金融發展的總量描述

改革開放30多年來，中國金融業不斷改革創新發展壯大，金融機構和從業人員數量大幅增加，金融規模顯著擴大，保險機構、證券機構也呈現出快速發展勢頭，初步形成了銀行、證券、保險等功能相對齊全的金融機構體系。金融業由於其自身的特殊性，其迅猛發展對優化資源配置、支持經濟改革、促進經濟平穩快速發展等方面起到了巨大的作用。下面我們將從三個方面來分析中國金融發展的現狀。這三個方面是度量金融發展的四個指標，即：貨幣化比率、金融資產的多樣化、金融機構種類和數量。

（一）中國經濟貨幣化程度

經濟貨幣化程度是指一國國民經濟中用貨幣購買的商品和勞務占其全部產出的比重以及非貨幣經濟（包括自給自足的自然經濟、物物交換經濟和產品分配的計劃經濟）向貨幣經濟轉化的經濟過程。用貨幣化比率即廣義貨幣（M2）與國內生產總值的比率來反應一國經濟貨幣化程度，該比值越大，表明經濟貨幣化程度越高，也意味著貨幣和金融體系的作用範圍越大，貨幣的滲透力、推動力和調節功能越強。從表13.2和圖13.2可以看出，中國的貨幣化比率逐年穩步升高，從1978年的29.35%上升到2014年的193.00%。通常貨幣化比率超過1就能夠說明一國的貨幣化過程已完成。中國經濟貨幣化增速迅猛，已超過該值，表明中國貨幣化程度已達較高水平，但並不能說明中國金融化程度已超越許多發達國家水平。因為，一國經濟貨幣程度高，並不意味著一國金融發展的質量就達到相應的高水準；不僅如此，當一國經濟貨幣化程度超過一定規模之後，經濟貨幣的規模收益由規模遞增轉向規模遞減，經濟中的「泡沫」增多，

潛在的通貨膨脹壓力日趨加重。

表 13.2　　　　　　　　1978—2014 年中國貨幣化比率變化表

年份	M2（億元）	GDP（億元）	M2/GDP（％）	年份	M2（億元）	GDP（億元）	M2/GDP（％）
1978	1,070.00	3,645.20	29.35	1997	90,995.30	78,060.83	116.57
1979	1,350.00	4,062.60	33.23	1998	104,498.50	83,024.28	125.86
1980	1,721.30	4,546.60	37.86	1999	119,897.90	88,479.15	135.51
1981	2,231.60	4,891.60	45.62	2000	134,610.40	89,442.20	150.50
1982	2,670.90	5,323.40	50.17	2001	158,301.90	109,655.17	144.36
1983	3,190.60	5,962.70	53.51	2002	185,007.00	120,332.69	153.75
1984	4,440.20	7,208.10	61.60	2003	221,222.80	135,822.76	162.88
1985	5,196.60	9,016.00	57.64	2004	253,207.70	159,878.34	158.38
1986	6,721.00	10,275.20	65.41	2005	298,755.50	183,867.88	162.48
1987	8,349.70	12,058.60	69.24	2006	345,577.91	210,870.99	163.88
1988	10,099.60	15,042.80	67.14	2007	403,401.30	246,619.00	163.57
1989	11,949.60	16,992.30	70.32	2008	475,166.60	300,670.00	158.04
1990	15,293.40	18,667.80	81.92	2009	610,224.52	340,902.80	179.00
1991	19,349.90	21,781.50	88.84	2010	725,851.79	401,512.80	180.78
1992	25,402.20	26,923.50	94.35	2011	851,590.90	473,104.00	180.00
1993	34,879.80	35,333.90	98.71	2012	974,148.80	518,942.10	187.72
1994	46,923.50	48,197.90	97.36	2013	1,106,524.98	568,845.20	194.52
1995	60,750.50	60,793.70	99.93	2014	1,228,374.81	636,463.00	193.00
1996	76,094.90	70,142.49	108.49				

數據來源：各年《中國金融年鑒》、中國宏觀經濟數據庫，2009—2014 年 M2 數據根據中國人民銀行網站數據整理而得。

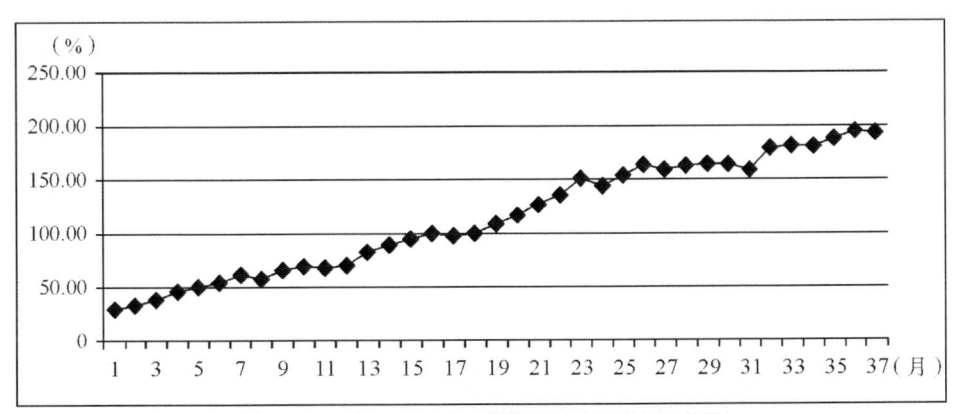

圖 13.2　1978—2014 年中國貨幣化比率變化趨勢圖

數據來源：各年《中國金融年鑒》、中國宏觀經濟數據庫，2009—2014 年 M2 數據根據中國人民銀行網站數據整理而得。

(二) 金融資產的多樣化

金融資產多樣化是從金融廣度的視角來考察金融深化發展的程度，它主要衡量一個國家全部金融資產的豐富程度以及金融工具的創新能力等。具體而言，金融資產主要包括流通中的現金、整個金融機構的存款總額（包括商業銀行、其他銀行及非銀行金融機構吸收的各項存款）、金融債券、保險單據或存款，以及整個金融機構的貸款總額（商業銀行、其他銀行及非銀行金融機構提供的各項貸款）、政府債券、企業債券、流通股股票及財政借款。中國經過30多年的金融業改革與發展，新的金融工具的規模不斷增加，尤其是債券、股票和保險市場，均有所增長。除此之外，中國的外匯、黃金市場也初見規模，投資功能逐漸增強，已形成一個主要由貨幣市場、債券市場、股票市場、外匯市場以及黃金市場構成的，具有交易場所多層次、交易產品豐富、交易機制多樣等特徵的金融市場體系。

(三) 金融機構數量和種類

金融機構數量和種類指標反應的是金融市場主體情況，從另一個方面衡量了金融深化發展的程度。中國的金融機構規模持續不斷擴大，根據2006年《中國金融年鑒》統計，中國共有3家政策性銀行、5家國有商業銀行、12家股份制商業銀行、113家城市商業銀行、242家外資銀行代表處、54家信託投資公司、70家財務公司、6家金融租賃公司及遍布城鄉的郵政儲蓄機構；證券金融機構包括104家證券公司、56家基金管理公司等；保險業包括6家保險集團和控股公司、98家保險公司、9家保險資產管理公司等。中國目前的金融機構體系是由多種金融機構與多種融資途徑構成的、功能交叉互補的綜合體系，具體表現在：以中國人民銀行為領導，以國有商業銀行為主體，政策性金融與商業性金融相分離，由銀監會、保監會、證監會進行分業監管。

三、中國的銀行國際化和跨境貿易人民幣結算的發展現狀

伴隨著中國的改革開放，以銀行為代表的中國金融業也逐漸經歷了國際化的歷程。中國快速增長的對外貿易業務不僅促進了出口押匯、打包放款、預支信用證等傳統貿易融資方式的發展，福費廷、國際保理、結構性貿易融資、供應鏈融資等融資產品，以及遠期結售匯、外匯掉期和境外人民幣無本金交割遠期等與貿易金融密切相關的衍生金融工具也得到了越來越廣泛的使用。與此同時，中國的金融機構和人民幣也在快速地國際化，出現了大量跨境人民幣結算的業務。下面具體介紹在對外貿易不斷發展的大背景下，中國銀行的國際化和跨境貿易人民幣結算的發展狀況。

(一) 中國的銀行國際化的基本情況

1. 地域發展

在20世紀80年代，中國只有中國銀行在海外有分支機構，中國工商銀行、中國建設銀行以及中國交通銀行都是在國內建立國際業務部來從事外匯業務。20世紀90年代以後，中國銀行業的國際化步伐越來越大，中國銀行、中國建設銀行、中國農業銀行、中國工商銀行、交通銀行五家銀行都在海外建立了分支機構。目前中國各家銀行在境

外的分支機構主要集中在金融中心，並沒有形成很大的覆蓋規模。對於那些業務量比較大的國家和地區，中國的銀行可以考慮建立更加密集的分支機構，比如美國、中國香港地區，如果在當地建立海外分支機構，對於處理國際貿易、投資以及外匯業務，都是明智的選擇。還有對於華僑群居的城市，中國的銀行也可以建立分支機構，因為當地的經濟發展程度、文化接受程度都可以適用於中國國內銀行組織，對於中國的銀行國際化發展有促進作用。目前，中國的主要貿易夥伴是美國、日本以及歐盟國家，然而中國的銀行分行和代理處卻集中在中國香港地區、新加坡等亞洲國家和地區，很難滿足大部分貿易夥伴的需求。中國應該加快推進銀行國際化的地域調整。

2. 組織戰略

要適應國際化發展，中國銀行首先要適應市場化。目前中國的國有銀行仍然存在產權不明晰的問題，產權改革是組織調整戰略的前提，內部組織體系、用人機制的調整，都是在產權明晰的基礎上進行的。除此以外，組織理論認為，M 型組織結構更適應企業的經營管理、風險控制以及信息處理。M 型組織是指事業部制組織結構，事業部是在公司統一領導下，按照產品、地區或顧客劃分的進行生產經營活動的半獨立經營單位。目前中國的銀行仍然在實行 U 型結構，即根據職能來實行部門化的一種組織設計形式。在這一組織形式下，人員和單位根據營銷和製造這樣的職能進行分組，每一個職能部門都要依靠其他部門才能經營下去。在這種情況下，組織要想有效運行就必須在部門間做大量的協調工作。組織結構的轉型需要一定的時間，西方銀行已經實現了 M 型組織結構的轉變。為了適應對外貿易綜合化的需求，在銀行的國際化發展進程中，中國的銀行業應該加快組織結構調整速度。除此以外，中國的銀行在經營側重點方面仍然有所偏差，一般比較重視風險控制部門和業務部門，對金融市場的改革投入力度不夠。在關注產品創新的基礎上，銀行也要注意到金融產品的創新是否適合銀行的國際化發展，進一步完善國際市場營銷部門的建立，以促進對外貿易的進一步發展。

(二) 跨境貿易人民幣結算的發展現狀

1. 跨境貿易人民幣結算量

自 2009 年開始實施跨境貿易人民幣結算業務以來，試點範圍擴大，結算業務快速增長，各項試點配套政策日趨完善。2010 年 12 月，出口試點企業從初期的 365 家擴大到 67,724 家。2010 年銀行累計辦理跨境貿易人民幣結算業務 5,063.4 億元。2011 年，跨境貿易人民幣結算業務 2.08 萬億元，同比增長 3.1 倍。2012 年，銀行累計辦理跨境貿易人民幣結算業務 2.94 萬億元，同比增長 41%。2013 年跨境貿易人民幣結算業務保持平穩增長，全年累計辦理業務 4.63 萬億元，同比增長 37%。見圖 13.3。

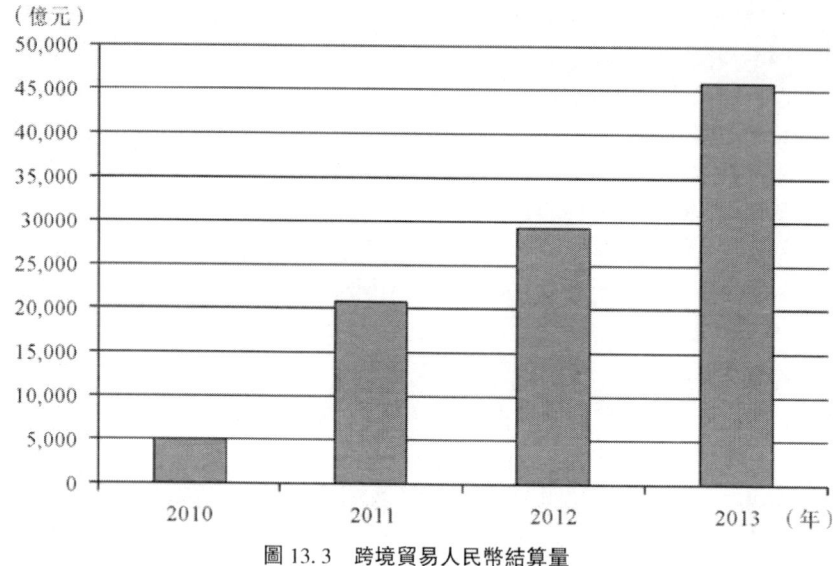

圖 13.3　跨境貿易人民幣結算量

數據來源：中國人民銀行 2010—2013 年的《貨幣政策執行報告》。

　　經過初步統計，2014 年上半年銀行累計辦理跨境貿易人民幣結算業務 3.27 萬億元，同比增長 59%。跨境貿易人民幣結算實收 1.23 萬億元，實付 2.04 萬億元。2015 年跨境貿易人民幣結算業務發生 7.23 萬億元，同比增長 54%。見圖 13.4。

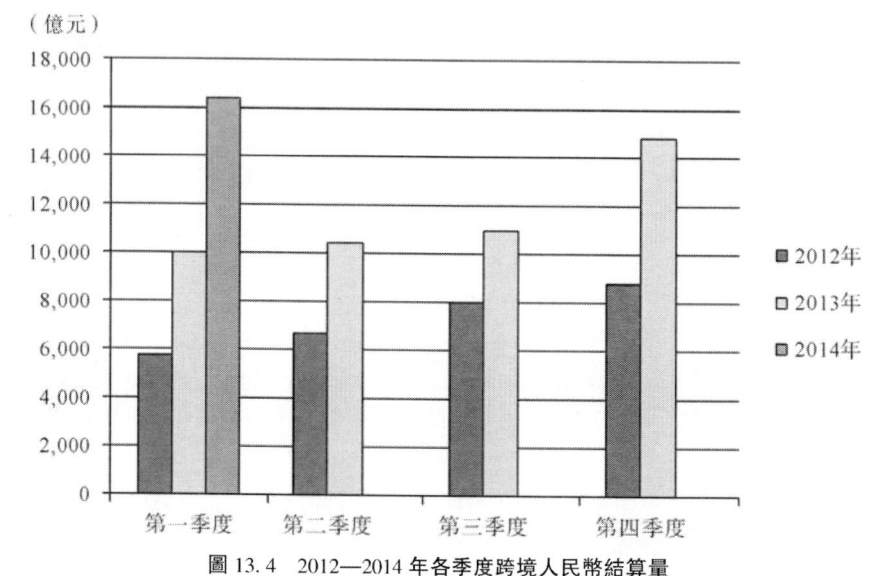

圖 13.4　2012—2014 年各季度跨境人民幣結算量

數據來源：中國人民銀行 2012 年第一季度至 2014 年第一季度的《貨幣政策執行報告》。

2. 跨境貿易人民幣結算的交易特點

(1)貨物貿易結算比重大於服務貿易及其他

對外貿易使用人民幣結算主要有三個部分：貨物貿易、服務貿易以及投資。根據中國人民銀行發布的各季度貨幣政策執行報告可見，自從開展跨境貿易人民幣結算業務以來，貨物貿易結算的比重較大，雖然服務貿易的結算量穩步上升，但總體上沒有貨物貿易結算的增長速度快。2010—2014 年各季度貨物貿易結算量與服務貿易及其他業務結算量對比如圖 13.5 所示，可明顯看出境外貿易人民幣結算業務主要集中在貨物貿易上，服務貿易及其他占比較小。

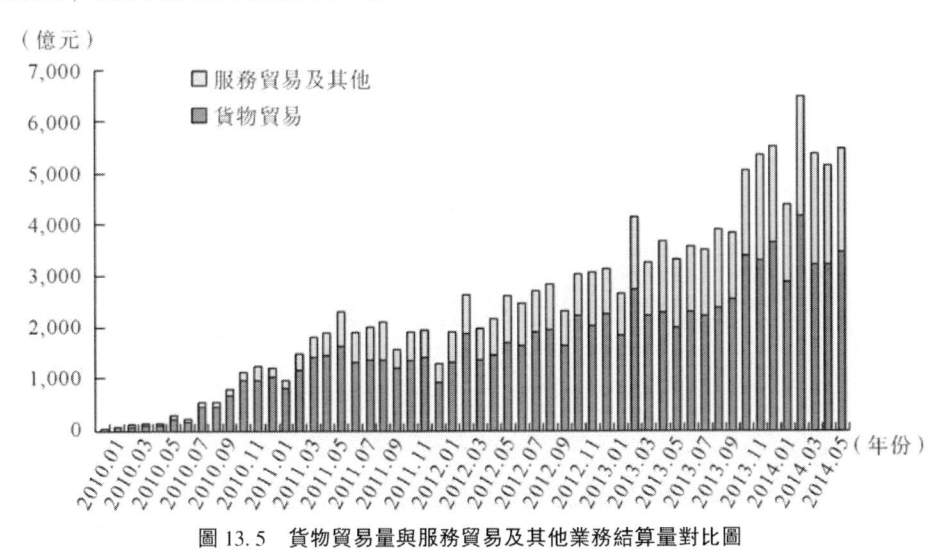

圖 13.5　貨物貿易量與服務貿易及其他業務結算量對比圖

如表 13.3 所示，2010—2013 年，貨物貿易結算金額占比由 92.79%降低到 2013 年的 65.22%，比例有所下降，但仍然占據總業務量的絕對地位。

表 13.3　　　　　　　　2010—2013 年中國貨物貿易人民幣結算情況

年份	銀行累計辦理業務量（億元）	貨物貿易結算金額（億元）	貨物貿易結算金額占比（%）	服務貿易及其他結算金額（億元）
2010	5,063.4	4,698.7	92.79	364.7
2011	20,800	14,556.6	69.98	6,243.4
2012	29,400	20,600	70.06	8,764.5
2013	46,300	30,200	65.22	16,100

數據來源：據中國人民銀行 2010—2013 年的《貨幣政策執行報告》相關數據整理而得。

(2) 人民幣結算總體規模偏小

2010 年，境外貿易人民幣結算總額為 5,063.4 億元，而當年的進出口總額為 258,212.3 億元，僅僅占進出口總額的 1.96%。雖然近幾年占比有所增加，但到了 2013 年，占比仍然沒有超過 25%，因此，跨境貿易人民幣結算業務的廣泛應用還是需要時

間。不過觀察近兩年的數據，境外貿易人民幣結算規模穩步增加，在未來有進一步發展的空間。如果保持這樣的增長速度，跨境貿易人民幣結算還是具有很大的發展潛力的。見表13.4。

表13.4　2010—2013年中國人民幣結算占進出口總額比重

年份	出口總額（億元）	進口總額（億元）	銀行累計辦理業務量（億元）	進出口總額（億元）	占比（%）
2010	137,154.10	121,058.20	5,063.4	258,212.30	1.96
2011	129,359.25	114,800.96	20,800	244,160.21	8.52
2012	123,240.60	113,161.40	29,400	236,402.00	12.44
2013	107,022.84	94,699.30	46,300	201,722.14	22.95

數據來源：根據中國人民銀行《貨幣政策執行報告》以及國家商務部網站相關數據整理而得。

(3) 境外地區以中國港澳地區為主

2009年出抬的《跨境貿易人民幣結算試點管理辦法》中限定中國港澳地區和東盟地區為試點地區，在2010年6月以后才將試點範圍擴大到世界上所有的國家和地區。在這將近一年的時間裡，就奠定了港澳地區在境外貿易人民幣結算業務中的決定性地位，再加上中國所處的地理位置的影響，港澳地區成為開展跨境貿易人民幣結算業務的主要地區。

第三節　金融發展對中國對外貿易的影響

在中國的經濟市場化過程中，金融總量開放度不斷提高，金融體系不斷完善，中國對外貿易的金融環境不斷改善，中國金融改革過程中的金融發展促進了中國對外貿易的發展。

一、金融支持政策對對外貿易的促進

金融支持是指不完全遵循通常的效率標準，而是根據某種特定的金融目標進行金融資源配置的信貸政策。金融支持的主要特點是成本軟約束和社會效率標準。金融支持外貿主要包括兩大方面：信貸歧視政策，即信貸資金分配過分集中和傾斜於國有外貿部門，而對非國有外貿部門設置很高的融資障礙；資金供給制及金融補貼政策，具體地說，就是金融部門按照政府意志給予國有外貿部門各種形式的利益補貼，如利息補貼、租金補貼、本金補貼等，這些都是由中國特殊的金融現狀決定的。在中國漸進式的改革中，政府發揮主導作用，採取了特殊的金融支持措施向國有外貿部門注資，以增強國有外貿企業的競爭力，抵禦激烈的國際市場競爭。

利用政策性金融支持，為出口企業提供融資便利，以提高本國產品競爭力，擴大本國企業國際市場佔有率，是國際通行的做法，也是順應當今世界貿易自由化趨勢和

面對日趨激烈的國際競爭，各國政府越發重視扶持本國企業的一種重要做法。就中國現實來說，國有大中型企業是中國國民經濟發展的關鍵，也是中國外貿出口的主要依託力量，中國要實現外貿產品升級和外貿發展轉型，必須高度重視國有企業的技術改造，推動國有大中型企業走上規模化、集約化和國際化發展道路。為此，需要有大量的資金投入。政策性金融為國有大中型企業提供出口資金支持，將是促進國有企業深化改革和幫助國有企業擺脫當前困境的一個重要方面。

為鼓勵產品出口創匯、保證出口企業利益，中國進出口銀行通過建立出口信貸支持、出口信用保險業務以及對外進行優惠貸款、對外國政府貸款進行轉貸等政策性業務來支持中國機電產品、成套設備和高新技術產品出口，對外承包工程與各類境外投資及政府貸款轉貸。中國出口信用保險公司則在積極創新產品的基礎上，通過提供短期出口信用保險業務、中長期出口信用保險業務、海外投資保險業務、與出口信用保險相關的信用擔保業務和再保險業務、應收帳款管理、商帳追收及進口信用保險業務、信息諮詢業務、信用保險項下的融資業務等，為中國對外貿易發展創造了有利條件。

另外，國有銀行商業化也是中國金融深化的一個重要內容，而國有銀行又與外貿企業發展密不可分。金融深化主要通過金融仲介和資本深化促進一國對外貿易，銀行作為重要的金融仲介機構，在國際貿易中自然起到了非常重要的作用。從加入世界貿易組織以來，為了實現入世承諾，中國銀行業進行了大刀闊斧的結構性改革，取得了突破性進展。首先通過大規模財務補充使得資本充足率、不良資產率、不良貸款撥備覆蓋率等關鍵財務指標得到了根本性改善；其次，通過積極引入國際戰略投資者，有效地提高了整體經營水平、風險管理與內控能力；再次，在完成內部階段性重組後，國有銀行紛紛實現資本市場上市，接受資本市場的檢驗，從而完善公司治理，提高經營效率。國有商業銀行的改革不但能夠增強其對外貿企業的融資功能，而且在入世後，外資銀行的進入也必然促使國內銀行強化金融服務功能，對外貿企業提供多樣化金融支持。

二、匯率改革對對外貿易的促進

匯率當然也對對外貿易的價格與收益產生了巨大的影響。中國每一次匯率改革，都對中國的進口和出口產生了較大的影響。2005 年 7 月 21 日，人民幣匯率機制進行市場化改革，從原來釘住美元的固定價格，變成了進行有調節、有管理的浮動匯率制，增加了外匯做市商制度等一系列的改革，並放寬了部分經常項目和資本項目外匯管理政策。這些改革對對外貿易影響甚大，為對外貿易融資市場發展和產品創新創造了更為寬鬆的環境。2015 年 8 月 11 日，人民幣匯率又一次進行了改革：進一步增加人民幣對以美元為主的一籃子貨幣的浮動彈性，同時以市場供求為基礎，維護人民幣匯率在合理均衡水平上的基本穩定。

隨著人民幣匯率彈性的增強，企業匯率風險壓力陡增，建立匯率風險防範機制、運用各種避險方式的主動性明顯提高，企業對匯率波動的應對能力逐漸增強。從不同涉外企業的實踐情況來看，較為普遍的匯率避險方式包括貿易融資、運用金融衍生品、改變貿易結算方式、提高出口產品價格、改用非美元貨幣結算、增加內銷比重和使用

外匯理財產品等。其中，貿易融資是企業採用最多的避險方式。加之貿易融資成本通常低於同期的人民幣貸款利率，從而進一步激勵了企業利用貿易融資規避匯率風險的積極性。為了規避匯率風險，中國開始設立境內遠期外匯市場。建立外匯遠期交易市場是國際上通行的規避匯率風險的方式，它能為外貿企業提供迴避和降低匯率風險的新手段。

三、人民幣國際化對對外貿易的促進

人民幣國際化進程對中國外貿發展有著深遠影響。首先，跨境貿易人民幣結算能夠減少結算環節，降低企業的匯兌風險，增強貨幣的使用效率，從而幫助中國產品快速進入市場，優化對外貿易結構，增強企業的競爭力，促進企業積極開拓海外市場；同時，直接投資人民幣結算業務的開展可以幫助企業運用人民幣到境外投資建廠，越過國家間的貿易壁壘，直接將產品投向目標市場，節約成本，幫助企業拿出更多的資金進行產品創新和結構升級，這也有利於改善中國進出口產品結構，增強出口產品的競爭力。

隨著跨境人民幣業務的發展，人民幣國際化的進程明顯加快。目前中央銀行已先后和周邊多個國家和地區簽署了貨幣互換協議，從而相互利用比較優勢，防範匯率風險，增加了人民幣流通到境外的途徑，保證了國際市場中人民幣的存量，擴大了人民幣的使用範圍，降低了利用美元進行結算的頻率，進而促使貿易夥伴國積極採用人民幣進行跨境結算，為外貿活動的開展創造穩定的外部環境。

2015年12月1日，國際貨幣基金組織正式宣布，人民幣2016年10月1日加入國際貨幣基金特別提款權，這對人民幣國際化具有重大意義。加入國際貨幣基金特別提款權意味著人民幣成為真正意義上的國際貨幣基金組織成員官方使用貨幣，可以大大提升人民幣在國際貨幣舞臺上的地位；同時，加入國際貨幣基金特別提款權可以增加人民幣在國際上的需求，助力人民幣完善和提高國際支付結算、金融交易、官方儲備等國際貨幣職能。對於貿易型企業來說，人民幣成為國際貨幣基金特別提款權籃子貨幣，有利於控制使用美元或第三方貨幣產生的匯率風險，促使企業穩定健康發展。

四、資本市場對對外貿易的促進

中國的資本市場自20世紀90年代以來迅速成長，取得了突破性進展。資本市場的跨越式發展體現在多個方面：首先，資產規模增長迅速，截至2007年年底，滬深兩市總市值超過32萬億元，首次超過國內生產總值；其次，上市公司結構不斷優化，通過改革發行上市制度，逐步建立了核准制和保薦人制度，市場化程度大為提高，從源頭上改善了上市公司的總體素質，大幅拓展了資本市場的廣度和深度；再次，針對機構投資者的政策措施，如允許國有企業資金入市，推動保險資金和企業年金入市，大力扶持基金發展、設立OFII制度等，初步形成了由基金、券商、OFII、保險資金、社保基金、企業年金及各類理財產品構成的多元化機構投資者隊伍。最后，法規體系不斷完善。已經形成以《公司法》《證券法》《證券投資基金法》為核心，各類部門規章和規範性文件為配套的證券監管法規體系和自律規則體系，對證券從業機構與人員的資

格准入、行為規範和主要業務環節等均有了明確的標準和制度。

　　資本市場能夠為企業在相對短時間內迅速募集到大量資金特別是現金流，從而保證企業能夠積極參與對外貿易業務。進入資本市場需要企業向社會提供更多、更有用的信息，從而使得社會資本特別是國際資本更容易參與到企業的業務中，從而帶動企業的國際化、擴大出口。良好的資本市場還有助於企業樹立更好的社會聲譽，從而使得企業可以憑藉良好的社會聲譽擴大對外貿易業務。

　　資本市場的設立為企業融資提供了更加廣泛的渠道，但至今為止，資本市場對外貿企業融資功能的發揮仍然有限，間接融資仍然是企業融資的主要手段。中國企業通過資本市場的直接融資僅占其融資總量的10%左右，銀行信貸仍是企業融資的主要渠道。受各種因素的影響，在主板市場上市的企業大都是國有企業，僅有那些產品成熟、效益好、市場前景廣闊的高科技產業和基礎產業類的少數中小型民營企業可以爭取到直接上市籌資或者通過資產置換借「殼」買「殼」上市的機會。由於中國資本市場創業投資體系不健全，缺乏完備的法律保護體系和政府扶持體系，影響創業投資的退出，中小企業直接融資的狀況並不十分理想，即難以進行股權融資。因此在現階段如何發揮資本市場的積極作用，同時多方位拓展金融創新和貿易融資的方式，全面滿足企業對外貿易的需求，將是未來金融發展的主要努力方向。另外，資本市場發達到一定程度後，企業可以輕鬆通過貸款融資，相當於企業面臨的出口成本減小，使得不出口企業開始進行出口，並且出口數量和種類也開始增加，從而實現了行業的對外貿易正向流動。

五、貿易結算及融資服務對對外貿易的促進

　　貿易結算及良好的貿易融資能夠為企業的進出口業務提供有力的支持。各種結算方式的靈活運用及信用證、保理等融資服務，都在很大程度上對企業的對外貿易提供了支持。貿易結算及融資服務對對外貿易業務開展的影響是顯而易見的，但長期以來中國的銀行還是以存貸款業務為主要業務，對對外貿易融資及其他中間業務普遍重視不夠，直至加入世貿組織一段時間以後，這一狀況才有了較大的改觀。入世以來，在外資銀行的促進與影響下，中資銀行大力進行制度創新、產品創新、技術創新、營銷創新和流程再造，戰略性地構建基於供應鏈管理需求的貿易金融服務平臺，全方位地滿足企業乃至供應鏈的金融需求。

　　1988年，真正意義上的國際貿易融資在中國開始起步，到1992年初見規模。1994年，中國對金融體制進行了一系列重大的改革，各家商業銀行逐漸得到與國有銀行等的競爭條件，並積極開辦國際貿易融資業務，業務範圍和品種逐漸增多，為中國對外貿易特別是出口貿易的發展提供了極大的支持。

　　目前，中國商業銀行國際貿易融資產品種類繁多，並且以傳統方式居多，對出口商提供的產品主要有：出口打包放款、信用證項下出口押匯、國際保理等多個品種，較好地滿足了出口商的需求，促進了中國出口貿易的發展。以保理業務為例，1992年中國銀行率先推出國際保理業務，隨後中國的工商銀行、建設銀行、交通銀行、光大銀行等多家金融機構也陸續推出此項服務，為中國出口企業提供了有效的風險保障和

融資支持。

本章小結

　　1. 金融發展包括金融結構、金融深化、金融系統的發展，它們對對外貿易的發展有著明顯的影響。金融發展能夠促進宏觀經濟增長，能夠促進人民收入增加、能夠促進貿易體制和貿易環境的改善，從貨幣發行體系、金融市場穩定、貿易結算業務、貿易融資業務、外匯業務等方面直接影響對外貿易。

　　2. 中國金融業經歷了銀行業探索、金融體制的深化、金融業體系的全面建立等幾個重要階段。中國金融業在貨幣化程度、金融資產的多樣化、金融機構數量和種類等方面有著長足的進步。中國的銀行國際化和跨境人民幣業務近幾年也獲得了巨大的發展。

　　3. 中國對外貿易受到金融支持、匯率改革、人民幣國際化、資本市場、貿易結算與融資服務等因素的促進。它們既在理論上促進了中國對外貿易的發展，又在現實中通過各項改革措施逐漸釋放對對外貿易的影響力。

思考題

1. 金融發展的定義是什麼？哪些基本因素能夠影響金融發展？
2. 對外貿易與金融發展有著怎樣的相互關係？
3. 中國的金融發展有哪些主要的階段？
4. 企業的融資約束與金融約束存在著怎樣的關係？
5. 企業有哪些金融手段能夠規避風險？

案例分析

（一）企業基本情況

1. 企業概況

　　Y 公司成立於 2002 年，是一家從事小麥研磨加工的國內知名企業，擁有 45,000 噸的倉容量、3,000 噸級的專用糧食碼頭，具有明顯的倉儲能力及交通運輸優勢。在引進歐、日生產設備的基礎上，通過持續的技術改進，Y 公司目前的軟、硬麥日加工能力達到了 450 噸，遠高於行業平均水平。堅實的儲運及生產技術基礎使其生產的系列面粉形成了六大知名品牌。

2. 貿易鏈條情況介紹

　　憑藉企業優良的產品和品牌優勢，Y 公司吸引了一大批國內外知名食品企業成為其貿易夥伴，其原有貿易鏈條主要是：

　　（1）採購端：結算以電匯轉帳為主，結算週期（賒銷帳期）一般在 30 天以內，最

遲不超過 120 天，資金結算歷史記錄情況良好；交易雙方物流流轉方式是船運和汽運，物流流轉時間為三天或五天一次，主要以借款人庫存量需求為主。

（2）銷售端：結算方式以電匯轉帳或銀行承兌匯票為主，一般採用月結方式，即當月零散出貨，月終結算，次月雙方核對，核對完成後開立發票，並確認應收款。合同約定的貨款結算週期一般是次月開始計算的。結算週期 45~120 天，雙方資金結算歷史記錄情況良好，物流流轉方式是船運和汽運，流轉時間在 10 天以內。

3. 與銀行合作情況

Y 公司以往是銀行傳統流動資金貸款客戶，銀行基於對其行業前景和企業自身經營發展趨勢的判斷，一直沒有放棄對該客戶的營銷維護工作。在鍥而不捨的堅持中，銀行終於找到了切入點，通過貿易融資業務帶給了客戶全新的體驗。2008 年，銀行又重新為 Y 公司辦理了小額的國內保理業務，向企業傳遞了銀行專業、高效辦理貿易融資業務的信號。

（二）融資需求

進口小麥是受進口配額限制的。而 Y 公司已解決了這個配額問題。在 2003 年該公司以一船 5.75 萬噸的美國小麥進口業務，開創了中國民營企業進口整船小麥的先河，也由此奠定了 Y 公司在廣東省進口小麥方面的行業優勢地位。

2009 年全國年進口小麥配額月 490 萬噸，其中 400 萬噸為國企配額，90 萬噸為非國企配額，其中廣東非國企配額約 30 萬噸。Y 公司及其關聯公司 GY 公司取得進口配額為 14 萬噸，約占廣東非國企配額的 46.7%，是全國獲得配額份額最多的民營企業。其他擁有配額的企業，為節省海運成本，也有意向通過 Y 公司代理統一組織小麥進口。

時下，為保護糧農種糧收益，鼓勵糧農種糧積極性，國家從 2009 年新糧食上市起較大幅度提高 2009 年生產的小麥最低收購價水平，導致國內小麥市場價格持續走高。而反觀國際市場，小麥價格下降、質量保持穩定。國內外小麥市場價格存在明顯的利差。

縱觀各種因素，進口成本低、品質好的國外小麥是多年一遇的商機。在機遇面前，問題通常也會接踵而至，如何落實大額付匯資金就是 Y 公司面臨的最大難題。

（三）業務方案

1. 樹立貿易融資品牌

Y 公司面臨著自有流動資金不足且無新增抵押物而難以獲得銀行新增融資的困境。銀行及時掌握了企業的情況，為其設計了「進口即期信用證+提單背書+進口押匯」的產品組合，在提供結算工具的同時，也為其落實了后續付匯資金。

本筆大宗貿易採購鏈條下融資，必然是以終端銷售、及時回籠貸款作為第一還款來源。對大額進口小麥，進口數量一般在 4 萬~5 萬噸，主要分為自用生產加工和代理進口兩種方式。銀行對此進行了分析，一是自用生產加工部分：Y 公司小麥加工銷售平均貨款銷售回籠為 3 個月；二是代理進口部分，即代理各大擁有進口配額的民營企業進口，考慮分批從港口托運到各個內河港口時間及承載量，該部分貨款銷售回籠平均為 3~4 個月。因此，銀行設定進口押匯的融資期限為 4 個月。

此外，銀行還向 Y 公司介紹和比較流動資金貸款與貿易融資在融資成本上的差距，

低成本、高質量、高效率的貿易融資很快被接納，並樹立了品牌。

２．專項調增授信額度

針對企業上述大宗貿易行為，貿易鏈條清晰，進口小麥分別為自用和代理兩部分，第一還款來源明確，開證時落實全套海運提單為銀行抬頭，進口貨物全額打包，物流風險可控。銀行為其新增了5,000萬元授信額度，轉向用於大宗進口小麥的交易。同時考慮到Y公司可能有遠期結售匯業務的需求，核定300萬元授信額度為衍生交易額度，使其在銀行的綜合授信額度達10,300萬元。該授信額度完全能解決Y公司全年進口融資需求。

３．掃清業務障礙

為在業務上加大對風險的控制，銀行提出：

（１）對使用新增授信額度開立進口信用證，進口開證保證金不低於10%；如需做進口押匯，另追加不低於10%的保證金。

（２）按不超過借款人業務辦理日前12個月在銀行貸款回行額的35%釋放授信額度。

（３）融資發放後，指定專人負責定期跟蹤核查進口商品狀態變化情況。

４．趁熱打鐵推產品

Y公司現有的面粉銷售模式，因不同客戶執行不同的結算方式，結算期限有長有短。最大的弊端是加大了在應收帳款管理方面的成本，應收帳款占用了週轉資金。

因此，銀行建議在銷售環節進行改變：把應收帳款讓渡或質押給銀行，由銀行代為管理，銀行可以通過出口發票融資、出口押匯、國內保理、國內發票融資等產品幫助該公司將應收帳款轉變成現金，重新投入生產。

（四）業務成效

2009年銀行為Y公司設計的融資方案取得了卓越的實效。開立進口信用證累計22,666,875美元、提單背書累計12,391,958.75美元、進口代付累計11,974,150.49美元、進口押匯累計發放4,110,667.26美元、外匯全年結算累計47,937,100美元。新增流動資金貸款2,000萬元、開立國內信用證累計800萬元，由國內信用證帶動賣方融資823萬元。

（資料來源：魏國雄．貿易融資經典案例精析［M］．北京：中國金融出版社，2010.）

問題：

1. 本案例中Y公司的貿易融資需求是什麼？
2. 本案例中銀行提供了哪些融資產品？
3. 本案例中銀行授信額度的調整起到了什麼促進作用？
4. 本案例的融資效果如何？為何會有如此大的效果？

第十四章　中國對外貿易摩擦

內容簡介

本章詳細介紹了貿易摩擦的分類和表現，並與相似概念進行了細緻的對比。在此基礎之上，分析了中國對外貿易摩擦的具體表現，展望了中國貿易摩擦的發展趨勢。接著從理論和實踐兩方面討論了中國與發達國家和發展中國家之間產生貿易摩擦的原因，最后探討了貿易摩擦對中國經濟發展和產業結構調整的影響。

關鍵詞

貿易摩擦；「兩反一保」；加工貿易；貿易不平衡

學習目標

1. 掌握貿易摩擦的內涵；
2. 瞭解中國對外貿易摩擦的具體表現；
3. 瞭解貿易摩擦產生的理論基礎；
4. 掌握貿易摩擦對中國各經濟領域的影響。

案例導讀

匯通網 11 月 10 日訊：根據海關上周日公布的數據，10 月中國出境貨物中鋼鐵的數量為 902 萬噸，減少了 20%。這是自今年 6 月份以來的新低，同時低於今年以來的月平均出境量 921 萬噸。香港 Argonaut 證券有限公司分析師 Helen Lau 在數據公布后表示，和 9 月份相比，上月鋼材出口的下滑反應了中國產品造成的貿易摩擦正在上升，這也表示中國已經連續四月出現整體出口下滑。東盟國家、歐洲以及美國近來都對中國的鋼材出口頗有怨言。

中國鋼鐵企業的產量占了全世界的近一半，而今年以來，出口的鋼鐵總量更是達到了歷史新高水平，因鋼鐵企業希望通過出口來轉移內需不足的壓力。全球鋼材市場正在被來自中國國有生產者和國家扶持的生產商所生產的鋼材覆蓋，這令包括美國鋼鐵協會在內的行業組織於上周就此提出嚴正抗議。

然而，過度出口壓低了價格，並增加了中國鋼企同印度、歐洲以及美國間的競爭，引發了他們認為貿易不公平的怨言。儘管中國 10 月份的鋼材出口月同比有所下滑，但中國的出口量年同比仍增長了 25%。

對中國鋼材進口的抵制，也正在世界範圍愈演愈烈。上周，美國商務部說其計劃對從 5 家中國公司進口的不銹鋼徵收 236%的稅。根據東南亞鋼鐵研究所的數據，有多

達20起案子都對中國的貨物提出了反傾銷抗議,其中7起來自東南亞。

北京萬達期貨公司的分析師鄭鴿指出,貿易摩擦以及海外需求疲軟導致外國降低了對中國產品的慾望,從而使中國的鋼材出口遭遇了逆風。同時,金融市場以及許多企業在10月1日至7日的關閉可能導致出口下滑。

(資料來源:http://finance.sina.com.cn/money/forex/hbfx/20151110/084123724933.shtml,2015-11-10)

第一節　中國對外貿易摩擦現狀

由於全球利益補償組織和均衡治理機制的缺失,貿易摩擦是國際貿易發展過程中必然產生的正常現象,只是在世界經濟發展的不同階段,其形式、範圍和對象會有所不同。從本質上來看,貿易摩擦就是各經濟體對國際經濟利益的爭奪過程。隨著中國逐漸成為貿易與經濟大國,以及國際貿易利益格局、利益關係的不斷變化,中國對外貿易所遭遇的貿易摩擦也愈來愈多,2010年中國貨物貿易總額約占全球的9.9%,但是全球卻有20.9%的反傾銷調查和16.9%的反補貼調查是針對中國出口產品的。2012年以來中國共遭受了8起貿易摩擦,中國已經連續17年成為遭遇貿易摩擦最多的國家。

一、貿易摩擦的界定

就字義而言,「摩擦」是指個人或黨派團體間因彼此利害矛盾而引起的衝突,因而貿易摩擦可以概括為在國際社會中建立經貿關係的經濟體之間為實現自身利益最大化而產生的矛盾或糾紛,以及為解決這種矛盾或糾紛而展開的各種政治、經濟和外交鬥爭。[1]

(一)貿易摩擦的內涵

1. 貿易摩擦的概念

伴隨著國際貿易摩擦案件的升溫態勢,國際貿易理論界對貿易摩擦的認識和理解也不斷加深。但由於貿易形式、措施與政策日新月異,貿易摩擦的表現層出不窮,目前學術界對於貿易摩擦概念尚缺乏統一明確的定義,主流的觀點包括以下幾類:

根據《辭海》的解釋,貿易摩擦是指資本主義國家之間劇烈爭奪世界市場的鬥爭行為。從本質上看,該定義剖析了貿易摩擦爭奪世界市場的目的,即資本主義國家基於獨占國內市場和爭奪國際市場的動機,在貿易領域進行激烈的資源爭奪,通過資本輸出、貨幣貶值、設置關稅和非關稅壁壘、給予出口商補貼等手段增強本國出口競爭力。但顯然,這種定義存在一定的局限性:其一,對國際貿易摩擦的主體限定過於狹隘。伴隨著全球化程度的加深,國與國之間的聯繫更為緊密,貿易摩擦不再僅僅存在於資本主義國家之間。現實的情況是,貿易摩擦的產生對象早已不局限於資本主義國

---

[1] 苗迎春. 中美經貿摩擦研究 [M]. 武漢:武漢大學出版社,2009:10.

家之間，資本主義國家和社會主義國家之間以及社會主義國家彼此之間的貿易摩擦已經不鮮見。可以預見的是，社會主義國家捲入的貿易摩擦在未來仍會持續爆發，甚至愈演愈烈。其二，貿易摩擦雖然呈現為一種經濟現象，但其背後的原因卻遠不局限於經濟原因，政治原因、文化原因、社會原因等都可能成為誘發貿易摩擦的導火索，因而單純地將貿易摩擦的爆發歸咎於經濟資源和市場的爭奪有失偏頗。

世界貿易組織對於貿易摩擦的解釋與貿易爭端類似，意指在國際經濟貿易活動中，當一方（通常為進口方）通過採取一定貿易壁壘的措施來阻止貿易雙方中的另一方（通常為出口方）產品出口時另一方提出抗辯並要求予以糾正，終止其貿易壁壘的措施甚至予以補償的行為及過程。「爭端」一詞雖然出自官方文件，具有一定權威性，但其僅被應用於世界貿易組織受理的貿易摩擦案件中，不具備普遍意義的代表性。

也有觀點認為，貿易摩擦是經濟摩擦的五種形式之一，特指其中的微觀經濟摩擦，即不同產業的摩擦。① 具體指為了本國的國家利益，為了本國的經濟、政治、軍事需要，為爭奪商品銷售市場而展開的限制進口和擴大出口的較量、衝突，甚至是激烈對抗。與《辭海》的定義類似，該觀點認為貿易摩擦的核心目標是採取各種方式、手段爭奪世界市場，差別在於后者還強調了貿易摩擦的實質是發展機遇和生存空間的爭奪戰。② 還有觀點認為，貿易摩擦是指存在國際經濟交流關係的兩個及兩個以上的國家，由於相互間國際貿易的不平衡導致一方經濟乃至社會利益受到嚴重損害而引發的爭端。該定義將貿易摩擦的根源指向了國際貿易的不平衡。③ 另一種較具代表性的觀點認為，國際貿易摩擦是國際社會中建立經貿關係的國家之間為實現自身福利最大化而產生的矛盾或糾紛，以及為解決這種矛盾或糾紛而展開的各種政治、經濟和外交鬥爭，它是國家之間利益衝突與碰撞的一種通常形式。此觀點利用廣義的經貿摩擦概念涵蓋了包括貿易、貨幣、匯率、投資、經濟制度和經貿政策等各個領域的經濟內容。④

綜上所述，國際貿易摩擦是指貿易當事國的一方基於某些理由，採取或意圖採取某些措施，從而引起貿易當事國之間由於貿易上的利害衝突而產生對立或紛爭的行為。

2. 貿易摩擦與其他相近概念的區分

作為國家之間貿易衝突的一種狀態，目前對貿易摩擦尚不存在統一的內涵界定，因而存在諸多相近概念。在國際貿易制度中，與貿易摩擦相近的概念主要有貿易壁壘、貿易保護、貿易救濟和貿易保障措施等，其中雖然存在相似之處，但各有側重，具體區分如表 14.1 所示。

表 14.1　　　　　　　　貿易摩擦與其他相近概念的區分

相近概念	定義
貿易壁壘	一切指在對外國商品的進口設置障礙或關卡、限制外國商品進口的各種法律和行政上的貿易措施，包括關稅壁壘和非關稅壁壘。

---

① 趙瑾. 全球化與經濟摩擦 [M]. 北京：商務印書館，2002：7.
② 王厚雙. 直面貿易摩擦 [M]. 沈陽：遼海出版社，2004：12.
③ 林學訪. 論貿易摩擦的成因與影響 [J]. 國際貿易，2007（5）：44.
④ 苗迎春. 中美經貿摩擦研究 [M]. 武漢：武漢大學出版社，2009：10.

表14.1(續)

相近概念	定義
貿易保護	在對外貿易中實行限制進口措施以保護本國商品在國內市場免受外國商品競爭損害的主張和政策。
貿易救濟	針對國際貿易中存在的不公平貿易行為或嚴重損害進口國利益的行為，一國所採取的維護本國利益的專門措施，主要包括反傾銷、反補貼和保障措施三種方式。
貿易保障措施	在公平貿易的條件下，WTO成員之間由於關稅減讓等承諾的存在，導致某種產品對一成員絕對或相對的進口激增，從而對該成員內部間接或直接競爭的相關產業造成嚴重損害或嚴重損害威脅的情況下，該成員政府為相關產業提供行政救濟的制度。

以上這些概念既屬於貿易摩擦的近義詞，又與貿易摩擦存在千絲萬縷的聯繫，即當貿易壁壘、貿易保護、貿易救濟或貿易保障措施的實施有違國際協定或慣例之嫌，相應行為引發了政府間的交涉甚至貿易戰爭時，則上述四種概念就會演變為「貿易摩擦」。

(二) 貿易摩擦的特點

1. 國際經濟交往中的貿易摩擦在所難免

回溯歷史，貿易摩擦與世界經濟的發展長期並存，往往在經濟衰退或對外貿易崛起時更加頻繁。其背后的邏輯不難理解：衰退的經濟難以抵禦自由貿易的衝擊，需求的萎縮導致爭奪市場的競爭白熱化，貿易保護主義重新抬頭，導致世界貿易額大幅萎縮，對國際貿易造成了致命打擊。

根據國際經驗，在經濟繁榮時期，一個國家在經濟崛起和出口迅速增長的過程中，通常也會遭遇較多的貿易摩擦案件。例如，在二戰後日本、韓國和臺灣經濟先后崛起的過程中，其所遭遇的貿易摩擦案件數量與經濟崛起前相比都呈現出了大幅增長的趨勢。中國的情況也不例外。雖然近年來伴隨著人民幣匯率走強等諸多原因，中國對外貿易增速已大幅回落，但中國在21世紀初對外貿易發展的黃金期曾面臨的大量貿易摩擦案件亦可說明問題。國際貿易摩擦的發生既有單邊性的，又有雙邊性的；不僅存在於發達國家彼此之間，也存在於發達國家與發展中國家以及發展中國家之間。貿易摩擦的加劇已經成為當今世界經濟發展過程中的顯著特徵之一。

2. 國際貿易摩擦受國際貿易理性與制度的約束

伴隨著經濟全球化趨勢的日益加深，各國經濟呈現出相互聯繫、相互依存的重要特徵，維護國際經濟總體相對穩定的態勢符合國際各方的利益。他國經濟高速增長對周邊國家甚至世界經濟發展的拉動作用日趨增強，世界各國也在他國經濟發展中受益匪淺。例如，中國在改革開放后，不僅是外國直接投資的主要接受國，而且正逐漸成為資本的輸出國，為世界各國帶來越來越多的商業機會。在解決越來越多的貿易摩擦時，世界各國達成了基本共識──貿易戰與戰爭一樣，對彼此的共同利益有百害而無一利，因此必須謀求在公平的法律框架下解決貿易摩擦。世界貿易組織爭端解決機制在解決貿易摩擦方面發揮了重要作用，利用世界貿易組織爭端解決機制可以避免在雙

邊談判中弱勢國家的被動局面。因此，在理性與制度的制約下，國家與國家之間的經濟摩擦一般不會演變為漫無節制的惡性競爭，這種貿易摩擦完全可以被控制在一定程度和範圍之內。

3. 法律不完備是持續產生貿易摩擦的重要原因

眾所周知，相對於國家法，國際法具有「軟法」的性質，是一種原則上沒有法律約束力但有實際效力的行為規則規範。由於其結構不完整、無須依靠國家強制保障實施的特性，國際法在法律效力和執行力方面往往不及依託於國家強制力執行的「硬法」即國家法，因而當前的國際貿易法律體系仍存在諸多空白、漏洞和模糊之處，很容易被貿易保護主義分子乘虛而入，加劇了貿易摩擦的頻繁產生。即使是一些比較成熟的法律制度，如世界貿易組織的部分協定，為了協調締約國之間的利益衝突，避免由於貿易自由化而引致國內經濟的衰退，其也不得不在協定中加設一些例外條款和彈性條款來緩和矛盾衝突，而這些例外條款則最容易成為被別有用心之人利用的「法律武器」，對於例外條款的認識和理解的分歧也容易招致貿易摩擦的產生和惡化。此外，由於法律因素具備了長期性和導向性，其對於貿易摩擦的引致作用可以通過間接影響經濟、政治和文化等多方因素而產生，因此法律的不完備對於貿易摩擦的產生有巨大影響。

4. 貿易摩擦直接破壞了國際貿易的秩序和發展

近年來，頻繁發生的國際貿易摩擦、迅速增加的摩擦案件數量，急遽擴大的摩擦領域，已經成為阻礙世界貿易進一步發展的重大問題。事實上，由於貿易摩擦導致的各種貿易保護措施都在不同程度上限制或禁止他國產品進入，致使出口企業喪失了大量國外市場份額，無法獲得預期收益，不僅影響其實際經濟利益，更有損企業日後的發展壯大。因此，貿易摩擦首先損害的是出口企業的實際利益，尤其是出口導向型企業的經濟利益。儘管貿易保護措施針對的是產品，卻能起到「以點帶面」的效果，即措施針對的是涉案的產品，但受到打擊的則經常是與涉案產品相關的整個行業，並進而影響相關上下游產業的發展。

(三) 貿易摩擦的分類

當前，金融危機及其對全球經濟造成的影響尚未完全消退，危機下各國提出反危機反衰退的經濟復甦戰略，正積極主動試圖恢復國家經濟、挽救世界經濟。同時，新貿易保護主義和保護行為卻十分猖獗，國際貿易摩擦形態日新月異。為此，從不同類別的角度全方面瞭解和認識貿易摩擦的類型有利於更好地甄別貿易摩擦，預先做好治理規劃。

1. 產品摩擦

產品摩擦是指貿易雙方因資源密集型產品、勞動密集型產品和資本密集型產品等有形產品以及服務、投資等無形產品貿易引起的摩擦。這是一種顯性的、物質層面的摩擦。此類摩擦常見的摩擦形態是反傾銷、反補貼以及美國的「特別保障措施」等。

2. 制度摩擦

制度摩擦是指貿易雙方因各自的貿易制度或政策不協調引起的摩擦。制度摩擦包

含微觀經濟層面的摩擦，如生產和流通領域的產業制度、貿易政策和勞工標準等；宏觀經濟層面的不協調制度，如匯率、國際收支平衡、市場經濟體制等引起的摩擦。中美貿易正在經歷這一越來越激烈的制度摩擦階段。從屬性來講，主權國家的經濟制度屬於國家核心利益範疇。制度摩擦是中美貿易的深層次隱性摩擦。

3. 戰略摩擦

戰略摩擦是指貿易雙方因國家核心利益、國家主權意識、國家安全意識、國家戰略目標、國家戰略規劃以及一系列戰略實施策略的差異或客觀衝突而引起的貿易摩擦。貿易雙方的國家戰略是固化在國家行為理念中不可撼動的神聖使命，它引導並維護著貿易雙方的整個貿易行為過程。作為貿易雙方的一個敏感因素，國家戰略也屬於國家核心利益的屬性範疇。

4. 文化摩擦

文化摩擦是指貿易雙方因民族文化、思想、觀念、行為、風俗、理念、習慣以及整體文化價值觀和世界觀的差異而引起的貿易摩擦。它藏匿於民族文化、觀念、意識及國家意識之中，規劃和支撐著國家戰略，有意或無意地指揮和控制著民族的整體行為和國家行為。文化摩擦，是貿易摩擦最隱蔽、最核心、最深層次的也是最容易被忽視的摩擦根源。

(四) 貿易摩擦的表現形式

近年來的國際貿易摩擦呈現了新的特徵和趨勢。國家援助措施替代了傳統的貿易限制措施成為國際貿易摩擦的新手段，新興產業和稀缺資源成為國際貿易摩擦的新目標，全球治理成為國際貿易的新保護傘，國家安全成為貿易摩擦的重要新借口，金融危機后的貿易摩擦愈加突出。

總體上，貿易摩擦的表現形式分為兩大類：傳統貿易壁壘和新貿易壁壘。前者是指關稅壁壘和傳統的非關稅壁壘，如高關稅、配額、許可證、反傾銷、反補貼和保障措施等，后者是指以技術性貿易壁壘為核心的包括綠色壁壘和社會壁壘在內的所有阻礙國際商品自由流動的新型非關稅壁壘。當前，傳統的和新型的非關稅貿易壁壘已經逐漸取代關稅壁壘，成為國際貿易自由健康發展的最大阻礙。

1. 傾銷與反傾銷

(1) 傾銷

傾銷是指一國的製造商或出口商將某種產品以低於正常價值的價格出口到另一國的貿易行為。現實中，國際傾銷通常表現為一個國家或地區的出口經營者以低於其國內市場正常或平均價格甚至低於成本價格向另一國市場銷售其產品的行為，目的在於擊敗競爭對手，奪取市場，因此給進口國相同或類似產品的生產者帶來損害。

(2) 反傾銷

反傾銷是指進口國主管當局根據受到損害的國內生產商的申訴，按照一定的法律程序對以低於正常價值的價格在進口國進行銷售的、並對進口國生產相似產品的產業造成法定損害的外國產品，進行立案、調查和處理的過程和措施。反傾銷是以前的關貿總協定和現在的世界貿易組織所承認的抵制不公平國際貿易行為的一種措施。

2. 補貼與反補貼

(1) 補貼

補貼是指一國政府或者任何公共機構提供的、為接受者帶來利益的財政資助以及任何形式的收入或者價格支持。補貼的形式多樣，包括政府的贈予、貸款和資產投入，潛在的資金或債務的直接轉移；政府預定的收入扣除或不徵收，即稅收方面的財政激勵；政府對非一般基礎設施提供貨物或服務，或購買相應貨物；政府向基金組織或信託機構支付或指示某私人機構執行上述所列舉的行為。

《補貼與反補貼措施協議》把補貼分為三大類——禁止性補貼、可申訴的補貼和不可申訴的補貼。

禁止性補貼在貿易實踐中又稱「紅箱補貼」，是指世貿組織反補貼協議下規定的禁止成員方給予或者予以維持的補貼行為。由於禁止性補貼直接扭曲了進出口貿易，反補貼協議對此類補貼以及維持此類補貼的行為予以最嚴厲禁止。

可訴性補貼在貿易實踐中又稱「黃箱補貼」。根據反補貼協議，可訴性補貼是指在一定範圍內允許實施，但如果在實施過程中對其他成員方的經濟利益產生了負面影響，因這類補貼措施而導致負面影響的成員方就可向使用這類補貼措施的成員方提出反對意見和申訴。

不可訴補貼又稱「綠箱補貼」。根據反補貼協定的規定，不可訴補貼是指不會招致其他成員方提起反補貼申訴的補貼行為。各成員方在實施這類補貼過程中一般不受其他成員方的反對，因而不會導致其他成員方採取相應的反補貼措施。

(2) 反補貼

反補貼協議規定，只有在補貼與損害二者之間存在因果關係的情況下，反補貼調查機關才可以採取反補貼措施。反補貼協議規定對於禁止性補貼和可訴性補貼可以採取的措施有兩種，一種是向世貿組織申訴，通過世貿組織的爭端解決機制經授權採取反補貼措施；另一種是進口成員根據國內反傾銷、反補貼法令，通過調查徵收反補貼稅。

3. 保障措施

在公平貿易條件下，由於關稅減讓等承諾的存在，可能導致在短期內某種產品對某一成員絕對或相對的進口激增，從而對該成員相似或直接競爭的內部產業造成嚴重損害或嚴重損害威脅。在此情況下，該成員可以通過對該種產品的進口採取數量限制、提高關稅等措施緩解內部產業受到的不利影響，使其加速適應新的競爭格局。保障措施是世貿組織規則允許的保護內部產業的一種行政措施，也是各成員政府依法維護本地產業利益的重要手段之一。

(1) 一般保障措施

一般保障措施是指進口國為了保護本國產業免受嚴重損害而對出口國採取的一種緊急措施。作為一種保護本國產業利益的行政手段，一般保障措施日益成為引人注目的貿易保護手段，其目的在於使締約國在特殊情況下免除其承諾的義務或協定所規定的行為規則，從而對因履行協定所造成的嚴重損害進行補救或避免嚴重損害的威脅可能帶來的后果。

（2）特殊保障措施

特殊保障措施是世界貿易組織成員利用特定產品的過渡性保障機制對特定成員的進口產品採取的措施。在現行世貿組織規則框架下，特殊保障措施包括兩類：一類是《農產品協議》中所規定的特殊保障措施，另一類是中國入世文件中所規定的保障措施。

4. 技術性貿易壁壘

技術性貿易壁壘是一國在實施貿易進口管制時通過頒布法律、法令、條例、規定，建立技術標準、認證制度、檢驗制度等方式，對進口產品制定過分嚴格的技術標準、衛生檢疫標準、商品包裝和標籤標準等，從而提高進口產品的技術要求，增加進口難度，最終達到限制進口目的的一種非關稅壁壘措施。

世貿組織《技術性貿易壁壘協議》將技術性貿易壁壘分為技術法規、技術標準和合格評定程序。技術法規是規定強制執行的產品特性或其相關工藝和生產方法，包括可適用的管理規定在內的文件，如有關產品、工藝或生產方法的專門術語、符號、包裝、標誌或標籤要求；技術標準是經公認機構批准的、規定非強制執行的、供通用或反覆使用的產品或相關工藝和生產方法的規則、指南或特性的文件；合格評定程序是指按照國際標準化組織的規定，依據技術規則和標準，對生產、產品、質量、安全、環境等環節以及對整個保障體系進行全面監督、審查和檢驗，合格後由國家或國外權威機構授予合格證書或合格標誌，以證明某項產品或服務符合規定的標準和技術規範。

5. 知識產權壁壘

知識產權壁壘又稱知識產權保護壁壘或知識產權貿易壁壘。它是指一國採取的與貿易有關知識產權保護的立法、行政、司法等方面的措施，違反世界貿易組織的《與貿易有關的知識產權協定》，構成貿易壁壘，從而阻礙了正常的國際貿易與國際投資。當知識產權排他性應用到跨國生產經營當中時，一國的知識產權保護政策就與進出口貿易聯繫起來了，於是成為各國重要的貿易政策之一。當知識產權固有的壟斷性超出了合理的範疇，扭曲了正常的國際貿易時，就成了知識產權貿易壁壘。從企業的角度看，知識產權壁壘是指在保護知識產權的名義下，憑藉其擁有的知識產權優勢，超出知識產權法所授予的獨占權或有限的壟斷權的範圍，不公平或不合理地行使知識產權，實行不公平貿易。

知識產權壁壘的主要表現形式有四種：第一，由專利權和標誌性權利構成的技術性貿易壁壘；第二，知識產權保護的濫用；第三，貿易的「內部化」和選擇性投資；第四，對平行進口的嚴格限制等。

6. 匯率爭端

匯率爭端主要是指兩國之間的匯率分歧，一國對另一國匯率的掣肘已經成為長期影響受制約國貿易發展和導致國際貿易摩擦的重要因素。以中國為例，中國外匯儲備龐大，不僅說明了中國財富的累積，同時也反應了人民幣美元化的事實，這一現實揭示的是人民幣的弱化而不是強化。人民幣幣值波動的原因是由美國等發達國家所主導的對中國中央銀行貨幣發行權的無形干預與中國政府的反干預手段之間的博弈，在中國人民幣定價機制不完善以及國際熱錢的衝擊等不利因素的影響下，人民幣的頻繁波

動導致人民幣匯率風險敞口不斷擴張，不僅會吞噬中國出口企業微薄的利潤，而且也會誘發大量「雙反」措施的出現，嚴重影響中國比較優勢行業的競爭力和國內產業結構的升級。

7. 國家安全壁壘

美國、歐盟等西方發達國家多年來以「國家安全」為名限制從發展中國家進口信息技術產品，用不合理的歧視性措施刁難發展中國家的相關企業，傷害美、歐與發展中國家之間的經貿合作，為其他行業和其他國家樹立了不正當的負面標杆。例如，美國國會通過的《2013年合併與進一步持續撥款法案》第516條要求美國各政府機構考慮購買信息技術系統時，必須諮詢執法部門，並就「網路間諜活動或破壞」的風險進行正式評估。評估必須包括「信息技術系統由中國擁有、主導或資助的一個或多個實體生產、製造或組裝相關的任何風險」。法案還規定，美國商務部、司法部、國家航空航天局和國家科學基金會不得利用任何撥款採購由中國政府擁有、管理或資助的一個或多個機構生產或組裝的信息技術系統。國家安全壁壘本質上屬於發達國家貿易保護主義新的具有隱蔽性的攻擊性武器。

8. 綠色貿易壁壘

綠色貿易壁壘也稱為環境貿易壁壘，是指為保護生態環境而直接或間接採取的限制甚至禁止貿易的措施。綠色壁壘通常是一國為保護本國生態環境和公眾健康而設置的各種保護措施、法規和標準等，也是對進出口貿易產生影響的一種技術性貿易壁壘。它是國際貿易中的一種以保護有限資源、環境和人類健康為名，通過蓄意制定一系列苛刻的、高於國際公認或絕大多數國家不能接受的環保標準，限制或禁止外國商品的進口，從而達到貿易保護目的而設置的貿易壁壘。

9. 社會貿易壁壘

社會貿易壁壘是指以勞動者勞動環境和生存權利為借口而採取的貿易保護措施。社會貿易壁壘由各種國際公約的社會條款（包括社會保障、勞動者待遇、勞動權利、勞動技術標準等條款）構成，它與公民權利和政治權利相輔相成。社會條款的本意是為了保護勞動者的權益，但被貿易保護主義者利用為削弱或限制發展中國家企業產品低成本優勢的手段，從而成為變相地阻礙發展中國家勞動密集型產品出口的貿易壁壘。

可見，區別傳統貿易壁壘與新貿易壁壘的主要標誌是：前者主要是從商品數量和價格上實行限制，更多地體現在商品和商業利益上，所採取的措施也大多是邊境措施；而后者則往往著眼於商品數量和價格等商業利益以外的東西，更多地考慮商品對於人類健康、安全以及環境的影響，體現的是社會利益和環境利益，採取的措施不僅有邊境措施，還涉及國內政策和法規。

二、中國對外貿易摩擦的具體表現

2008年下半年以來，由於美國次貸危機引發的全球性經濟衰退，導致世界範圍內貿易保護主義抬頭，在國際金融危機的衝擊下，各國或地區為了保證本國或地區利益的最大化，紛紛出抬形形色色的貿易保護措施。中國作為世界最大的貨物出口國，也由此成為世界貿易保護主義者的重點針對對象。

中國對外貿易遭遇的貿易摩擦不僅在數量上不斷增加，而且還出現了許多新的特點和發展趨勢。貿易摩擦已經從單純的企業間單一產品的爭議擴大到針對某一行業的爭端，由單純的貿易問題向宏觀體制、政治制度、國家利益層面延伸。從近年來中國出口貿易遭遇貿易摩擦的具體情況看，反傾銷等傳統貿易救濟措施仍然是中國遭遇貿易摩擦的主要形式，但是技術性貿易壁壘和知識產權保護等新型貿易摩擦對中國出口商品的影響越來越大，美國、歐盟、日本等發達國家和地區對中國的貿易摩擦開始更多地集中於知識產權保護、人民幣匯率制度、對外貿易差額、出口補貼和外商投資環境等更加隱蔽的層面；而以印度、阿根廷、土耳其等為代表的發展中國家和地區對中國發起的貿易摩擦則以傳統的貿易救濟措施為主，但是其發起頻率越來越高。

2013年，世界經濟仍處於深度調整期，圍繞制度、規則、市場、技術、資源的競爭日趨激烈。同時，全球貿易保護主義繼續抬頭，貿易限制措施增多。2014年2月17日世貿組織發布的全球貿易監督報告統計，2012年10月至2013年11月，各成員國共實施了407項貿易限制措施，占全球貨物貿易總額的1.3%。據中國商務部統計，2013年，中國出口產品共遭受92起貿易救濟調查，涉案總額高達36.6億美元。其中，反傾銷案件71起、反補貼案件14起、保障措施案件7起。美國對中國發起19起「337」調查①，較前年增加1起。貿易救濟措施、技術性貿易壁壘、進口限制等各類貿易壁壘措施對中國對外經濟貿易產生的影響進一步加深，中國企業所面臨的國際貿易和投資環境不容樂觀。②

（一）貿易摩擦數量上升，形式多樣

1.「雙反」調查層出不窮

當進口產品以傾銷價格或在接受出口國政府補貼的情況下低價進入國內市場，並對生產同類產品的國內產業造成實質損害或實質損害威脅的情況下，世界貿易組織允許成員方使用反傾銷和反補貼等貿易救濟措施，恢復正常的進口秩序和公平的貿易環境，保護國內產業的合法利益。「雙反」調查的法律依據主要包括世貿組織相關協定和相關國內法規。

自2004年加拿大首次對中國燒烤架產品發起「雙反」調查以來，中國已經成為全球遭受他國「雙反」調查最多的國家。據統計，中國受到的「雙反」調查數量在同期全球「雙反」調查數量中占比25%以上。其中，反傾銷調查成為雙反調查最主要的實施形式，中國也已連續20年占據全球遭受反傾銷調查最多的國家之位。僅2013年一年，中國主要貿易夥伴之一的美國對中國發起的反傾銷調查就有5起之多，產品涉及鋼鐵、食品、化工等多行業領域。③ 如表14.2所示。

---

① 根據美國《1930年關稅法》，美國國際貿易委員會可以對進口貿易中的不公平行為發起調查並採取制裁措施。由於其所依據的是《1930年關稅法》第337節的規定，因此，此類調查一般被稱為「337」調查。
② 中國商務部．國別貿易投資環境報告2014［R/OL］．http://gpj.mofcom.gov.cn.
③ 中國商務部．國別貿易投資環境報告2014［R/OL］．http://gpj.mofcom.gov.cn.

表 14.2　　　　　　　2013 年美國對中國產品發起反傾銷調查統計表

編號	生效立案日期	涉案產品（中英文）	涉案產品海關編碼
1	2013 年 5 月 20 日	預應力混凝土軌枕鋼絲（Prestressed Concrete Steel Rail Tie Wire）	7217108045，7217107000，7217108025，7217108030，7217090000，7229901000，7229905016，7229905032，7229905051，7229909000
2	2013 年 10 月 31 日	谷氨酸鈉（味精）（Monosodium Glutamate）	2922421000，2922425000，2103907200，2103907400，2103907800，2103908000，2103909091
3	2013 年 10 月 31 日	取向電工鋼（Grain-Oriented Electrical Steel）	7225110000，7226111000，7226119030，7226119060
4	2013 年 11 月 18 日	無取向電工鋼（Non-Oriented Electrical Steel）	7225508085，7225990090，7226925000，7226927050，7226928050，7226990180
5	2013 年 12 月 9 日	1，1，1，2－四氟乙烷（1，1，1，2-Tetrafluoroethane）	2903392020

　　在反傾銷調查有增無減的同時，中國遭遇的反補貼、保障措施和「特保」調查貿易摩擦案件數量也呈上升趨勢。自 2001 年加入世貿組織以來，中國市場對外開放的深度和廣度不斷提高，對外貿易額迅猛增長，使得一些國家尤其是發達國家的國內市場倍感壓力，紛紛對中國商品設定或公開或隱蔽的進口限制。反傾銷調查是這一時期多數國家最偏好的限制措施，其數量占據了「雙反」調查案件總量的 70% 以上。而該時期也是中國對外貿易摩擦的高發期，年均貿易摩擦案件可達 60～70 件之多。在 2008 年全球金融危機爆發后，中國對外貿易由於受全球經濟衰退影響，出口訂單大幅下滑，外貿整體遭遇嚴峻「寒冬」。即便如此，這一時期針對中國產品出口的貿易摩擦案件亦是有增無減。2009 年中國企業遭遇的貿易摩擦案件數量更是達到了有史以來的最高位 128 件。

　　不僅「雙反」調查的案件數量龐大，涉案金額也是日趨上升，其中 2009 年的貿易摩擦涉案金額就是 2006 年金額的五倍之多，其增速持續保持在高位狀態。即便是金融危機過後，由於西方國家自身經濟復甦的需要，貿易保護主義呈現抬頭趨勢，致使世貿組織其他成員針對中國的對外貿易摩擦案件仍頻頻湧現。見表 14.3。

表 14.3　　　1995—2013 年主要國家（地區）遭遇貿易摩擦救濟案件數量比較　　　單位：件

位次	國家（地區）	調查數量				實施數量			
		總計	1995—2001	2002—2007	2008—2013	總計	1995—2001	2002—2007	2008—2013
1	中國	960	260	282	418	619	178	179	262
2	韓國	371	154	91	126	237	73	71	93
3	臺灣	282	104	76	102	180	59	50	71
4	美國	276	107	72	97	172	57	48	67

表14.3(續)

位次	國家 (地區)	調查數量				實施數量			
		總計	1995— 2001	2002— 2007	2008— 2013	總計	1995— 2001	2002— 2007	2008— 2013
5	印度	265	99	71	95	170	51	50	69
6	印度尼西亞	223	88	53	82	139	38	42	59
7	日本	214	80	55	79	150	60	37	53
8	泰國	202	78	51	73	131	43	36	52
9	俄羅斯	160	66	35	59	129	55	28	45
10	巴西	150	70	29	51	118	53	24	41

資料來源: 根據1996—2014年商務部《國別貿易投資環境報告》數據整理匯編。

2. 技術與知識產權等無形壁壘花樣翻新

作為一種外源性的貿易限制措施，技術性貿易壁壘正逐漸成為越來越多的國家限制中國產品出口、保護本國產業的行政武器。以提高檢疫標準、增加檢測項目、繁瑣的通關程序為手段的技術性貿易壁壘對中國外貿發展的約束性正日益加強。近年來，至少有60%的中國出口企業不同程度地遭受了國外技術性貿易壁壘的限制，對中國出口總額的影響約在25%以上。除上述技術性貿易壁壘措施以外，發達國家還通過技術標準、衛生標準、知識產權、計量單位、電子數據交換等手段設置技術壁壘。自中國加入世貿組織以來，美國對中國發起的「337」調查呈現出逐年增多的趨勢，2013年中國企業遭遇的該項調查多達19起，已連續12年位居世界第一位，涉案領域大多集中在高科技產業並涉及專利等知識產權問題，巨額的賠償金額使中國高科技產業的持續發展和國際化在知識產權領域受到極大阻礙。

(二) 貿易摩擦範圍擴張，領域廣闊

近年來，一些國家設置特殊保障立法，對中國產品的封殺從單一商品發展到特定類別商品，涉案商品金額越來越大，參與設限的國家越來越多，貿易摩擦範圍呈由「點」到「線」、由「線」到「面」擴張之勢。此外，中外經濟摩擦還在向金融政策等深層次發展。「人民幣升值論」潮起潮落，始終未平。不少人認為中國經濟增長已對現存國際經濟格局構成重大挑戰，中國外貿強勢是導致某些國家企業倒閉、失業增加的主要原因。

一直以來，服裝、農產品等初級產品是中國遭受對外貿易摩擦的「重災區」。但近年來，伴隨著中國商品在國際市場上總體份額的上升，越來越多種類的產品相繼成為貿易摩擦糾紛的對象。在2008年前後，歐盟和美國相繼針對中國光伏產品發起了貿易調查和反補貼調查。而隨著中國鋼鐵產能的大量過剩，鋼鐵出口量急遽攀升，中美之間的鋼鐵貿易摩擦也愈演愈烈，美國針對中國鋼鐵產品的貿易救濟調查致使中國的鋼鐵產業蒙受巨大損失。中國的產業在國際舞臺上不斷發展的同時，也面臨著諸多國家的貿易摩擦的挑戰，且這種挑戰正逐步從單一的初級產品產業向製造業、高新技術產

業轉移。

(三) 貿易摩擦對象呈全球蔓延之勢

1. 發達國家是對華貿易摩擦措施的主要發起國

發達國家往往出於保護國內產業不受衝擊的目的，針對中國的傳統比較優勢產業的出口品設置高額的關稅壁壘或非關稅貿易壁壘。

2. 發展中國家對華貿易摩擦案件數量增勢顯著

隨著中國出口的快速增長和貿易大國地位的確立，國際上針對中國的貿易救濟措施也日益劇增，實施貿易救濟的國家不僅有歐美等發達國家，越來越多的發展中國家也參與到了對中國實施貿易救濟措施的行列中，且這些發展中國家大都是一些綜合實力較強的國家和區域性大國，如印度、阿根廷、土耳其、南非、秘魯、巴西、墨西哥、韓國、委內瑞拉等。中國與發展中國家的貿易摩擦，大部分為傳統的「兩反一保」貿易摩擦，並占據了中國貿易摩擦的極大比重。據中國貿易救濟信息網統計[1]，2008—2013 年間，中國遭遇各類貿易救濟措施共計 262 起，其中由發展中國家發起的案件超過 60%，主要來自印度、阿根廷、土耳其、南非、秘魯、巴西、墨西哥、韓國、委內瑞拉等發展中國家。中國與發展中國家的貿易摩擦正在逐步增多。

以反傾銷為例，20 世紀 90 年代之前，對中國發起反傾銷調查的國家主要是美、歐等發達國家和地區，而 20 世紀 90 年代以後，發展中國家開始紛紛效仿歐、美，對中國產品頻繁發起反傾銷調查，其數量占據對華反傾銷案件總數的一半以上。不斷對中國提出反傾銷的發展中國家遍及亞、非、拉三大洲。

三、中國對外貿易摩擦趨勢前瞻

中國商務部發布的數據顯示，2015 年，中國出口產品共計遭遇 22 個國家（地區）發起的貿易救濟調查案件 85 起，全年涉案金額 80 億美元，案件數量和金額較 2014 年均有所下降。但是，中國遭遇國外貿易救濟調查涉案數量和金額「雙降」的現象並不意味著貿易摩擦對中國對外貿易的影響趨緩，一些趨勢性轉變尤其需要關注。

(一) 摩擦手段由過去傳統貿易壁壘轉向新貿易壁壘

隨著經濟和對外貿易的發展，中國遭遇的貿易摩擦形式將更加多樣化。首先，反傾銷、反補貼依然是中國面臨的主要貿易摩擦形式；其次，中國入世保護期行將屆滿，但「非市場經濟待遇」問題懸而未決，相關貿易壁壘仍是限制中國產品出口的重要因素；最後，技術性貿易壁壘摩擦顯著上升，「企業社會責任管理體系」以及知識產權保護也被越來越多地用來阻止中國產品的出口。這些措施的交叉使用，將構成貿易摩擦化解上的巨大難題。

(二) 摩擦對象從發達國家向發展中國家蔓延

與發展中國家的貿易摩擦雖然在金額上無法與發達國家相比，但是在發生次數與

---

[1] 中國貿易救濟信息網. http://www.cacs.gov.cn/cacs/newlmzt/myjj.aspx? navid=C01.

頻率上卻大幅增加，在某些領域甚至超過了與發達國家貿易摩擦的次數。以反傾銷為例，根據世貿組織統計，1995—2004年6月期間，發展中國家對中國的反傾銷立案次數達244起，占中國遭受反傾銷立案總數386起的63.5%。由於競爭關係等因素，發展中國家與中國的貿易摩擦形勢不容樂觀。

（三）摩擦領域由低附加值產品擴大到高附加值產品

以不同時期歐美對華機電產品的反傾銷為例，20世紀80~90年代，隨著中國出口商品結構的升級，機電產品出口比重的擴大，機電產品遭遇的反傾銷開始增加。2002年中國機電產品在對美國和歐盟出口中分別占54.3%和55.9%，而同期，機電產品在美國和歐盟對華反傾銷數量也開始增加，並且比重不斷上升。機電產品對華反傾銷比重，美國由20世紀80年代的5.55%上升到近年的16.6%，歐盟由20世紀90年代的14.7%上升到近年的16.66%。而近年來愈演愈烈的知識產權摩擦多數集中在電子信息等高新技術產業領域。高科技、高附加值出口產品遭遇設限呈增長態勢。近三年來光伏、輪胎等工業製成品在全球主要出口市場連續遭遇貿易救濟調查后，涉及實用新型等專利糾紛的機電、輕工、醫藥等產品也頻繁遭遇美國「337」調查。

（四）摩擦態勢正從一般性貿易摩擦轉變為戰略性貿易摩擦

中國的對外貿易摩擦特別是與發達國家之間的貿易摩擦有可能在性質上發生重大變化。從世界貿易發展的進程看，當一個發展中的貿易大國崛起的時候，與傳統的發達國家之間產生戰略性貿易摩擦往往難以避免。在中國上升成為一個世界貿易大國后，一般性貿易摩擦就可能轉化成戰略性貿易摩擦。常見的反傾銷措施、反補貼措施和保障措施等在本質上只是解決一般性貿易摩擦的安全閥機制。這是因為，某個貿易救濟措施的影響和調整的範圍僅針對單個產品與單個產品所涵蓋的行業，難以糾正宏觀層面上產業結構調整過程中的貿易問題。戰略性貿易摩擦往往是通過一系列一般性貿易摩擦表現出來的。在戰略性貿易摩擦的條件下，一般性貿易摩擦會表現出強度提高、頻度增加、覆蓋面加寬的特徵。

第二節　中國對外貿易摩擦的成因

隨著全球化的深入推進，國家之間的聯繫更加緊密，利益關係也就更加複雜，導致貿易摩擦產生的原因也日益複雜化。中國遭遇的貿易摩擦既受世界政治經濟因素變化的影響，也和中國自身對外經貿關係中的一些不對稱因素密切相關。

一、貿易摩擦產生的理論基礎

從世界貿易發展歷史來看，自由貿易和貿易保護一直是經濟學家和政治家爭論的話題，貿易保護主義的理論主張不同程度地反應在世界各國不同時期的貿易政策當中，並伴隨著經濟週期的更迭而交替地使用，由貿易保護引發的國際貿易摩擦也隨著理論研究的深入而在具體範圍和實施手段上不斷擴展。從國際貿易理論的發展來看，貿易

保護理論是西方國際貿易理論史上最早的學說，即使是傳統的自由貿易理論在觀念上也沒有走向絕對自由，並不排斥必要的保護。從現實來看，從特定部門的雙邊貿易爭端到多邊的貿易摩擦問題，國際貿易關係經歷著前所未有的衝突。因此，從重商主義開始，為保護尋求理論依據的努力從來就不曾停止過，貿易保護理論的不斷發展為貿易摩擦提供了更貼近現實的理論解釋。

(一) 利益衝突論

一國在經濟實力快速崛起的階段，往往容易遭受其他國家頻繁的貿易摩擦。貿易保護主義有利於本國經濟的發展，尤其是當一個落後的國家逐漸強大到足以脫離對發達國家的依附時，發達國家會因為既得利益的受損而採取貿易保護主義直到落後國家完全崛起之後。

同時，貿易的后果可能是雙方利益間的零和博弈，而非自由貿易理論所預測的共贏。貿易交往中，由於雙方經濟發展階段、貿易開放水平和市場失靈程度的差異，當一國的福利水平提高時，其他國家的整體福利可能會受到損害，即一國福利水平的提高可能是建立在他國福利水平下降基礎之上的。

此外，利益集團通過遊說或政治獻金的方式來影響政府的政策制定，並根據自身利益最大化來選擇或決定對自己有利的貿易政策。貿易摩擦則是一國政府制定貿易政策時，國內政黨和利益集團間博弈的必然結果。具體則由三方面因素共同作用產生：政策制定者的目標、貿易保護中受益者與受害者所施加的影響、政策制定的監管者與貿易保護中的受益者和受害者之間相互作用的制度設置。

(二) 市場爭奪論

貿易摩擦的發生源於爭奪市場的需要。工業化進程較早的發達國家會採取各種各樣的手段和措施來掠奪其他國家的國內市場，以限制他國工業化的順利發展，而其他國家為了維護自身的利益和發展，也會與發達國家發生貿易摩擦甚至引起戰爭。同時，參與全球貿易的各國只要是在不完全競爭的情形下，就會憑藉戰略性貿易政策在世界市場中重新分配國際貿易中的既得利益。

(三) 產業保護論

貿易進口國總是傾向於制定較高的行業標準來對出口國產品施壓，其目的就是為了保護國內產業的發展。進口國的政策制定部門總是偏好於制定更加嚴格的標準從而達到保護本國產業的目的，因此出口國的產品往往可能因為該國的標準與進口國不同而達不到進口國的要求，結果導致貿易摩擦不斷。此外，當國家的經濟增長遇到「瓶頸」時，為了保證本國經濟的持續發展和保護國內的相關產業，往往會在貿易保護主義思想的驅使下而採取相應的保護措施和手段。

(四) 國際政治經濟學分析

國際政治經濟學分析是從國際關係或者國際安全的角度解釋貿易保護政策的產生，強調國家之間政治經濟利益的互動關係，認為國家的貿易政策僅僅是其對外政策的反應，制定貿易政策的最終目的在於增強與國家整體利益相關的競爭力。一國對外經濟

政策由它在國際政治體系中的地位決定。各國在選擇貿易政策時按照國家利益進行決策，並不僅僅依從效率或福利最大化原則，因而當國際政治經濟霸權變化、落後的貿易夥伴進步超過了某一臨界狀態時，原來的霸權國家就會有貿易保護的衝動，從而引起貿易摩擦的發生。

二、中國貿易摩擦的影響因素

(一) 世界經濟發展不平衡

第二次世界大戰結束以後至20世紀70年代，世界經濟初步形成了美、日、歐三足鼎立的局面。同時，發展中國家內部的經濟差距也逐漸擴大，形成了多樣化的國家類別。世界經濟格局的不斷演變使世界經濟處於不平衡發展的狀態，增加了貿易摩擦發生的可能性。

1. 各國間經濟發展不平衡是貿易摩擦的根本原因

全球經濟發展不平衡的最大根源在於不同經濟體之間經濟增長速度的差異，而且這種差異有不斷擴大的趨勢。1970—2012年，整體上來看，新興和發展中經濟體的經濟增長速度明顯快於發達經濟體：20世紀70年代開始，前者年均經濟增長速度高於後者2.05個百分點；進入20世紀80年代，新興和發展中經濟體的經濟雖然陷入低迷，但總體上仍比發達經濟體的經濟速度略高；進入21世紀以後，新興經濟體的經濟發展速度明顯加快，從2000年開始兩者的經濟發展速度差距擴大到年均4.2個百分點。

尤其是中國經濟在過去的十年間9%以上的增長速度堪稱一枝獨秀，印度經濟在過去的十年時間裡也保持了7%以上的高速增長，俄羅斯經濟增長速度接近5%，巴西也達到3.57%，超過了世界經濟的平均增長水平。與此相對應，同一期間日本經濟增速不到1%，處於長期的低迷狀態，歐元區和美國經濟相對要好一些，但是也同樣低於世界平均經濟增長速度。

全球經濟發展的不平衡性一直被認為是貿易摩擦發生並且次數不斷增多的重要原因。一方面，面對中國經濟快速增長，綜合國力不斷增強，而發達國家經濟增速減緩或衰退的局面，美、日、歐等國家和地區就把本國經濟發展中出現的困難歸咎於中國。例如，美國就極力主張和宣稱其巨額的貿易逆差是全球經濟不平衡的結果，指責中國過分強調出口對經濟的拉動作用，採取以鄰為壑的匯率政策，人為地增加美國出口商品的競爭力。處於比較劣勢的利益集團也遊說政府採取貿易保護主義措施，進而引發中美之間貿易摩擦不斷升級。這些發達國家擔心中國會在經濟和政治等領域與之抗衡，於是便提出了「中國威脅論」，不同程度地激化了發達國家與中國的貿易摩擦。另一方面，發展中國家雖然經濟增長速度較快，但為了維持高速的經濟增長和擔心發達國家的經濟制裁，也跟隨發達國家把中國當成頭號競爭對手，不承認中國的市場經濟地位。而非市場經濟國家地位要求中國出口產品必須以第三國國內市場價格為評判標準，這種「替代國制度」大大增加了對中國產品反傾銷調查的隨機性。

總之，錯綜複雜的國際經濟形勢、各國經濟發展的不平衡和相關產業保護上的不同步，共同導致了與中國貿易摩擦的數量顯著增多。

2. 世界經濟貿易頻繁波動刺激了貿易摩擦增多

從長期來看，世界經濟和貿易的波動比較頻繁。世界經濟在 1970—2012 年間平均增長速度達到 3.75%，但是年度增長速度卻呈現較大的差別，受經濟危機影響呈現出明顯的週期性波動。和世界經濟增長相似，同期的世界貿易平均增長速度基本在 7% 左右，世貿組織成立后到 2012 年世界貿易增速的均值為 8.13%。但是受到世界經濟週期性波動的影響，世界貿易的波動幅度比較大，2000 年增速達 12.33%，2009 年受金融危機影響則出現了負增長。世貿組織成員從自身的經濟利益出發，當經濟和貿易出現較大波動時，為了規避風險、轉嫁危機，挑起貿易摩擦也就在所難免。而貿易摩擦反過來又會導致貿易流向的變化，加劇全球經濟和貿易的失衡程度。按照國際貨幣基金組織的估算，貿易失衡是經常帳戶失衡的重要原因。而經常帳戶失衡又是衡量全球經濟失衡程度的重要指標，兩者之間相互影響，尤其是在全球經濟不景氣的情況下，會使問題變得更加複雜，貿易摩擦發生得也就更加頻繁。從目前世界經濟發展的形勢來看，不平衡將是全球經濟在未來相當長時間內的常態。只要不平衡存在，貿易摩擦就會頻繁發生，而且體制層面、政策層面等宏觀層面的摩擦會日益增多。

(二) 國際產業佈局與貿易結構的變化

1. 各國產業結構的調整

伴隨著世界經濟與貿易格局的調整，全球產業結構也加快了調整的步伐。20 世紀 90 年代以來，以電子信息為代表的高新技術產業和以農業為主導的戰略性產業的發展，使得國際產業結構調整和產業分工轉移不斷加速。在這一過程中，發達國家在一些勞動密集型產業上的競爭優勢逐漸消失，但是，由於這些「夕陽產業」國內調整和改造過程緩慢，對保護性的貿易政策具有「路徑依賴」，在受到發展中國家進口商品的衝擊時，會引起國內民眾的就業問題。而就業問題不單純是經濟問題，在選舉之年更會成為政治問題。因此，發達國家通常會以保護國內製造業就業為理由，實施貿易保護政策，進而很容易引發貿易摩擦。目前，中國與美國、歐盟等發達經濟體之間在勞動密集型行業和資本密集型行業內的貿易摩擦，其根本原因就在於此。

2. 產業結構與貿易結構趨同

從理論上來講，一旦國際產業實現了靜態和動態的結構性互補，則能實現貿易雙方的共贏；反之，國際產業結構出現靜態的同構和動態的不相匹配，就會發生貿易摩擦。

就目前全球發達國家和發展中國家的垂直分工而言，一方面，以美國為首的發達國家在新興產業上具有較大的比較優勢，但是隨著以中國為首的發展中國家產業結構進一步升級，其出口產品的技術含量越來越高，兩類國家之間產業結構的趨同性不斷深化，同類產品之間的衝突和競爭也越來越頻繁和激烈，貿易摩擦由初級產品向工業製成品和高新技術產品轉移，形成一種從低級產品到高級產品逐步升級的貿易摩擦格局；另一方面，與歐、美等發達國家和地區的產業結構呈現總體互補性相反，中國與其他發展中國家的產業結構特徵相似，存在著較強的替代關係。中國加入世貿組織后，憑藉自身的比較優勢，中國製造在國際市場上的份額迅速增加，價格低廉的產品

不僅湧入發達國家，也給發展中國家市場造成了嚴重的衝擊。由於發展中國家經濟處於起飛階段，經濟結構和產業結構相對不健全，大多數發展中國家和中國的出口產品一樣均比較單一，主要為勞動密集型產品和資源密集型產品，但其產能、規模以及勞動生產率與中國有一定的差距，中國的產品更具有競爭優勢，中國產品的出口自然會加劇與發展中國家在國際市場和其國內市場上的競爭。因此為了實現本國的經濟發展，保護本國產業免受來自中國產品的競爭，發展中國家便利用世貿組織所允許的反傾銷等手段來保護自己國內的產業。可見，相似的出口產品結構和相互競爭的產品也是導致貿易摩擦的一個重要成因。

總之，由於產業結構的調整和升級所帶來的這種貿易出口結構的趨同，造成了激烈的市場競爭，成為中國和發達國家以及發展中國家之間產生貿易摩擦的直接原因。

(三) 來華外商直接投資與貿易不平衡

最近十幾年來，國際貿易增速一直高於世界經濟增速，但是不同類型國家之間貿易增長速度出現了嚴重的分化。進入 21 世紀之後，發展中經濟體的貿易發展迅猛，2000 年發展中經濟體貿易額增速為 27.3%，貿易量增速為 14.5%。而同期發達經濟體這兩項指標僅為 7.3% 和 12.6%，均遠遠低於發展中經濟體。在美國金融危機爆發之后，2012 年發達經濟體貿易額下降 26.5%，貿易量增速下降 19.4%，同期發展中經濟體的兩項指標分別為 28.4% 和 11.3%。可見，發展中經濟體貿易增長速度要高於發達經濟體，而當發生經濟危機時，發達經濟體的對外貿易所受到的不利影響又遠高於發展中經濟體。因此，在發達國家經濟和貿易發展普遍低迷的環境下，中國作為常年擁有大量貿易順差的最大發展中經濟體，很容易成為發達經濟體通過貿易摩擦方式轉嫁其自身經濟危機的對象，貿易摩擦由此增多。

隨著經濟全球化和高新技術日新月異的發展，跨國公司在世界範圍內配置資源、組織生產的成本越來越低，使得對外直接投資的規模日益擴大，全球專業化分工越發精細，導致全球產業結構的大調整和國際分工格局的巨大變遷。這不僅為各國的比較優勢發揮提供了更多的機會，也讓國家之間的相互依賴程度不斷提高。於是，許多來自歐美發達國家和東南亞新興工業化國家的跨國公司充分利用中國相對低廉的勞動力成本優勢，通過直接投資的方式在中國大量投資建廠，開展加工製造，從母國進口原材料、零部件和機器設備，在中國進行加工組裝，然后出口到世界各地。

在此貿易生產格局之中，一方面，東亞的日本、韓國等發達經濟體在對中國進行直接投資的同時，也將原本屬於母國對歐美國家的貿易順差部分或全部轉嫁給了中國，造成中國外貿順差和盈餘的規模不斷增加；另一方面，由於加工過程中產品增值，加工貿易的出口額總是大於進口額，外商投資企業主導的加工貿易方式本身也產生了大量貿易順差。以美國為例，其后果便是美國長期巨額的經常項目逆差，這意味著資本項目的巨額順差同時存在。中國人持有美元資產的數量遠大於美國人持有中國資產的數量，美國成為巨大的負債國，經濟中受中國影響和制約的因素增加。因此，鑒於對來自中國貿易逆差的長期擔憂，美國有內在動力採用各種貿易制裁手段來抵抗中國大量具有比較優勢產品的進口，以求緩解貿易赤字的壓力，從而使貿易摩擦不可避免。

貿易不平衡成為中國對外貿易摩擦不斷增多的主要原因之一。

(四) 中國出口商品結構和區域結構不合理

　　1. 出口商品結構不合理

　　中國的出口商品結構在改革開放之後經歷了不斷調整的過程，並得到了明顯的升級優化，其表現為工業製成品在出口商品中的比例不斷提高，中國出口的商品不僅與發展中國家產生直接的競爭，與發達國家之間的競爭也越來越多。中國出口商品結構不合理的根源在於加工貿易是中國開展對外貿易的主要方式，最初的加工貿易出口以勞動密集型產品為主，隨著外商直接投資在加工貿易領域中的比例不斷擴大，機器設備、電子產品和高新技術產品等資本密集型或技術密集型產品在加工貿易中的比重日益增大。因此，國外對華貿易摩擦的焦點開始從勞動密集行業向資本技術密集行業轉移。

　　然而，無論中國出口的紡織品、服裝、玩具等傳統的勞動密集型產品，還是機電、計算機等資本技術密集型產品，它們在中國的加工都集中在勞動密集環節，僅有的部分高科技、深加工產品也存在加工過程短暫、增加值不高等問題，真正體現技術水平的高新科技設備和中間投入品出口很少。加工貿易低技術加工環節最為直接的影響就是中國可以充分利用廉價的勞動力從而使出口產品形成較強的價格競爭力。中國出口產品附加值不高、產品差異化水平不大、價格競爭力強的特點，很容易引起進口國的關注與警惕，因此加劇了中國產品遭遇貿易摩擦的可能性。

　　2. 出口地域結構過於集中

　　長期以來，中國一直在推行貿易「市場多元化」戰略，但是對外貿易地理方向集中的現象一直沒有根本的改變。從出口市場的地域結構來看，中國產品主要出口到亞洲、北美和歐盟三大地區。如果進一步細分，歐盟、美國、中國香港、日本和東盟等主要的貿易夥伴則是中國產品出口的集中地。中國對美國、歐盟、日本、中國香港和東盟五個國家和地區的出口占中國總出口的80%左右。高度集中的出口地域結構導致中國對美國、歐盟等主要對華貿易救濟調查發起國和地區的貿易依存度較高，而它們對中國的貿易依存度則較低，這種不對稱使中國對主要貿易夥伴缺少相應的制約能力。

　　國際貿易摩擦的出現源於貿易國之間福利均衡的變動，分析貿易國間福利均衡的變化應從貿易國間的貿易依存關係著手。貿易依存關係的不對稱意味著兩國在經貿關係中實際地位的不平等，那麼當貿易利益格局進行動態調整時，對外貿易依存度高的中國將明顯地處於不利地位，中國將遭遇到更多的貿易摩擦便在意料之中了，這也與中國近年來連續成為貿易救濟調查的最大受害者這一事實相吻合。貿易依存關係不對稱度越高，貿易摩擦發生的頻率越大。

(五) 貿易與母國失業

　　產業的國際轉移不僅帶來了貿易的失衡，也導致了就業機會的轉移。產業轉移的規律呈現出一種梯度推進的特徵：從勞動密集型行業開始，隨後逐漸轉向資本密集型行業，最後才是資本—技術密集型行業。可見，產業轉移是按照要素稟賦結構提升的基本路徑，依次按照勞動、資本、技術和知識要素的密集程度實現轉移的。於是，隨

著跨國公司將勞動密集型的加工製造環節轉移到勞動成本更低的中國，原本在母國就業的非熟練勞動要素的就業機會也被同步轉移給了中國的非熟練勞動力。這部分母國失業群體由於受教育程度和技術水平相對較低，重新就業的機會較少，最終可能對母國造成巨大的就業壓力。比如，美國政府和商界人士普遍認為美國高失業率的根源就是美中之間貿易逆差，中美之間貿易不平衡是美國經濟問題的罪魁禍首。因此，美國國內企業不斷對中國商品提起反傾銷或「特殊保障調查」的申請，美國國會則通過法案限制中國商品的進口，美國總統也經常就人民幣匯率問題、知識產權保護問題對中國挑起貿易戰。隨著中歐之間貿易順差的增加，歐盟對中國的反傾銷調查也在不斷增加。

經濟的低迷、海外投資的增長和赤字的擴大，加之如影隨形的失業威脅，必然導致發達國家貿易保護主義思潮抬頭，並成為中國貿易摩擦現象產生的重要原因。

(六) 發展模式的衝突

中國的國有經濟力量比較強大，國家對國有企業、戰略性資源的調控到位，對宏觀經濟運行的調控也比較深入。這種計劃經濟與市場經濟相結合的模式被證明是符合中國國情並行之有效的。尤其是在金融危機發生後，中國的發展模式更是受到了廣泛的認同。

但是，在具體的對外經濟貿易過程中，一些國家在處理對外併購、國際貿易等問題時，對中國企業存在偏見，認為中國企業背後得到政府強有力的補貼和支持，在國際經貿關係中處於不平等的競爭地位。這些歧視性的觀念成為產生對華貿易摩擦的重要原因。

隨著世界對中國發展模式認同度的提高，很多發展中國家似乎正在放棄美國的自由經濟模式而轉向重視國有經濟的中國發展模式。如果中國發展模式最終被實踐證明是可持續的，那麼就會在不久的將來在更廣泛的範圍內對美國模式構成巨大的威脅。而且這種威脅並不僅僅來自中國綜合實力的提升，而且來自中國的成功發展經驗：「北京共識」是實現和平崛起的工具，是更適合中國、印度等新興經濟體的經濟發展模式，並將逐步成為其他發展中國家學習的榜樣。

如果其他發展中國家也效仿中國推行這種發展模式，將會對發達國家主導的現存體制、對外援助、對外投資和貿易等體製造成衝擊和影響，原有的經濟秩序和規則將會被改變。中國對外奉行的互利共贏的發展戰略，將會對西方發達經濟體構成潛在的威脅。這也就成為中國和這些經濟體之間產生貿易摩擦的潛在因素。

總之，儘管在世貿組織的推動下，消除貿易壁壘成為國際貿易自由化的目標和趨勢，但是國家利益始終是國家間經濟往來所追求的核心利益，經濟往來必然伴隨著經濟貿易利益的爭奪、國家經濟主權和安全的維護及國際市場競爭。如果在經濟往來中出現利益失衡，貿易摩擦就會不可避免地發生。而在世界政治經濟格局變革的過程中，中國利用全球產業結構調整和自身對外開放的契機，通過外向型的經濟發展模式努力實現和平崛起，並為其他發展中國家提供了有效的發展經驗。在中國綜合實力迅速提升的過程中，中國的一舉一動都會受到國外的監督與評估，任何與貿易有關的政策變

動都可能引起全球競爭對手的反應。因此，涉及中國的貿易摩擦持續增多是世界政治經濟格局變化中的必然過程，這也是每一個崛起的新興大國都必須要經歷的過程。

第三節　中國對外貿易摩擦的影響

一、貿易摩擦效應的理論分析

貿易摩擦的影響分為正面影響和負面影響，其影響內容主要表現為兩種情形：一是對貿易量和貿易對象範圍的影響，二是對貿易摩擦雙方福利效應的影響。

當某個國家要想扶持某個行業時就會採取相應的政策，進而會導致與別國貿易摩擦的發生，產生負面效應，包括對雙方貿易量、福利水平、相關產業和人員就業、打擊相關地區和企業的發展以及引發對外貿易糾紛等多方面的不利影響。

一般來說，貿易摩擦對貿易雙方的貿易往來的負面影響主要表現為減少貿易雙方的貿易量以及縮小貿易雙方的商品範圍，造成一國出口量下降，從而引起投資和消費的萎縮，對經濟產生一定的負面影響。如果雙方都執行最優關稅稅率，則規模相同的國家發生關稅戰會兩敗俱傷，而規模不同的國家發生關稅戰則是規模大的一方受益而規模小的一方受損。在以反傾銷、反補貼、保障措施為主要手段的情況下，貿易摩擦往往會導致交易成本的提高、產業結構的扭曲、規模經濟優勢的喪失，使資源配置效率大大降低。

從貿易摩擦對發起國和受害國福利效應的影響來看，研究中存在兩種觀點：一種觀點以美國學者 Gros 為代表，認為貿易摩擦會使所有國家的福利都惡化，沒有國家可以獲利；另外一種觀點的代表人物是 Johnson，認為發起貿易摩擦的國家福利水平會增加，相應的另一國的福利水平則會惡化。

國際貿易摩擦也有正面效應，主要包括：第一，貿易摩擦可帶動國內產業結構調整升級，培養競爭優勢產業；第二，貿易摩擦可促進一國的對外投資，加大投資力度；第三，貿易摩擦可促進「引進來」戰略的實施，促進國內經濟發展；第四，貿易摩擦可促進出口結構的調整，實施產品差異化和貿易地理方向市場多元化戰略；第五，貿易摩擦可擴大內需；第六，貿易摩擦可暴露出外貿依存度過高的缺點；第七，貿易摩擦可促進技術標準體系的認證；第八，貿易摩擦可加強企業社會責任感建設。

二、中國與發達國家之間貿易摩擦的影響

(一) 貿易摩擦影響了中國經濟的穩定發展

隨著經濟全球化的深入發展和世界範圍內產業結構的調整升級，貿易摩擦的焦點正在發生轉變：傳統的微觀摩擦已逐漸轉向宏觀制度摩擦。各國之間在宏觀經濟政策和制度方面的差異和分歧，越來越成為貿易摩擦的導火索，中國與發達國家之間的貿易摩擦也不例外。目前，發達國家正就人民幣升值和資本市場開放問題對中國施加壓力。如果中國與發達國家之間特別是與美國之間的貿易摩擦繼續升級，中國宏觀經濟

政策的獨立性乃至國內經濟的穩定發展就會面臨前所未有的威脅。

(二) 貿易摩擦阻礙了中國比較優勢的發揮和先進技術的引進

貿易摩擦制約了中國與發達國家之間雙邊貿易關係的正常發展。不僅中國自身具有國際競爭力的產品因為發達國家的貿易保護而無法順利出口換匯，減少了外匯儲備的規模，對高新技術產品的進口產生不利影響，更重要的是發達國家對中國高技術的出口嚴格限制也制約了中國技術進步的速度和知識創新的能力。

以美國為例，其對華技術出口突出表現出以下幾個特徵：第一，中國一直是美國出口管制政策的焦點，飛機和飛機發動機、航空電子設備、導航系統、通信設備等9大類產品被列為「可能增強中國軍事實力」的產品和技術，被禁止出口到中國。第二，美國在高技術行業對華出口過少，且明顯低於對印度等國出口，對中國存在明顯的技術出口歧視。計算機配件、電話電報、電訊設備在美國對華出口中所占份額分別為0.9%、1.7%和0.4%，在對印度出口中的份額則為1.8%、3.1%和2.4%，其他產品均具有此規律。15種高技術產品共占美國對印度出口總額的18.1%，顯著高於對中國出口的10.6%；第三，與此同時，卻有大量高能耗、高污染的低端產品被出口到中國。

可見，美國對華出口的整體結構變遷不利於中國經濟發展。在美國出口優勢越大的行業，對中國的出口占對世界總出口的比重越小；而在中國出口優勢較大的行業，對美國的出口占對世界總出口的比重卻越大。

(三) 貿易摩擦不利於中國產業結構的優化

一方面，發達國家針對中國採取的貿易保護措施大多集中在新興的、出口潛力巨大的產業，這勢必會制約中國新興產業的成長，加大中國產業結構調整的難度。

另一方面，與發達國家的貿易摩擦會制約中國傳統加工貿易的發展。在中國出口貿易中，加工貿易佔有相當大的比重。許多出口企業使用來自發達國家的進口原料生產出產成品之後，再以國外品牌出口，企業所賺取的只是加工費，在產品的整個利潤中僅佔有很小的比重。一旦發生貿易摩擦，中國這種「指令性」的生產加工活動將面臨極大的被發達國家取消生產車間身分的風險，最終導致大批工廠關閉和工人失業的嚴重后果。

(四) 貿易摩擦降低中國對增量外商直接投資的吸引力

低成本的生產要素、豐富的自然資源和長期穩定的優惠政策等良好投資環境，吸引了外資越發積極地將中國作為全球生產基地和加工車間，於是中國出口額中有一半以上都來自外資企業。在此情況下，許多發達國家和地區針對中國出口產品所採取的歧視性貿易政策和措施，如在反傾銷調查中拒絕將中國視為「市場經濟國家」、不給企業以差別稅率等，將使得部分生產相關產品的外資企業同樣陷入困境。這必然會影響外商投資該行業繼而投資中國的積極性。

三、中國與發展中國家貿易摩擦的影響

中國和發展中國家的貿易摩擦日趨升溫，對中國的經濟造成了很大的影響。儘管

中國與發展中國家貿易摩擦的案件數量和金額目前還相對較小，但從長遠看，其負面影響特別是戰略影響遠大於中國與發達國家的貿易摩擦。

(一) 發展中國家對中國的貿易制裁過於嚴厲，沉重打擊了中國相關出口地區產業的發展

比如，1996—2004年，埃及對中國生產的11種商品徵收反傾銷關稅，其中對6種產品的反傾銷關稅是100%至300%。墨西哥對中國產品徵收的反傾銷關稅更高。2004—2005年，墨西哥對來自中國的26種商品徵收了反傾銷稅，其中有19種產品的反傾銷稅是105%~533%，對中國產的鞋類產品曾經有過高達1,105%的反傾銷稅率。發展中國家對中國產品徵收的奇高的反傾銷關稅，嚴重影響了中國相關出口地區和產業的發展。以印度對中國綢緞實施反傾銷為例，2005年，四川這一絲綢出口第一大省對印度的絲綢出口下降了25%、出口金額下降50%，對四川絲綢業打擊沉重。

(二) 貿易轉移效應失靈，中國可能要丟失一部分國際市場

一般來說，由於中國出口商品和歐美等發達國家和地區互補性較強，所以一直以來對歐美等發達國家的出口依存度都比較高。但是隨著中國與歐美等發達國家貿易摩擦的升級，中國將從這些地區喪失大部分的市場，這時候中國需要把大部分市場轉移到亞、非等發展中國家和地區。但由於當今全球經濟一體化，亞非市場和歐美市場具有很強的關聯。中國很多產品在歐美市場遭受反傾銷后，如果在亞非地區再次遭受反傾銷措施，那就意味著中國可能面臨全球市場的丟失。

(三) 容易引發貿易摩擦的「蝴蝶效應」

由於大多數發展中國家生產力發展水平相近，產品結構相似，因此，當某個發展中國家對中國某類產品發起反傾銷調查時，常導致其他發展中國家擔心中國該類產品轉而進入該國，也追隨著對中國進行反傾銷調查，其結果令中國的產品被發展中國家拒於門外。比如1990年，南非對華自行車實行反傾銷后，歐盟、加拿大、阿根廷、美國、波蘭、馬來西亞也相繼分別於1991年、1992年、1994年、1995年、1997年和2002年對華自行車實行反傾銷。此外，如果一個發展中國家對中國的一種產品採取了反傾銷措施，那麼也會引發這個國家對中國其他相關產品的反傾銷調查。比如，至2004年年底，南非共對中國發起31起反傾銷調查，涉及輕工、土畜產、醫保、紡織、五礦等各類產品，其中大部分都被徵收了高額反傾銷稅，迫使中國多種產品退出南非市場。

(四) 貿易摩擦引起中國國內的就業壓力增加

與發達國家相比，中國與發展中國家間的貿易爭端涉案金額不是很大，但其對特定行業的就業影響深刻。中國與發展中國家的貿易品大多為附加值不高的製造業產品，從業人員素質不高，很多是一些城鎮下崗職工及農村多餘勞動力，而這些人員正是中國的隱性失業大軍。從短期看，貿易摩擦發生后，如不能及時解決，會造成這批人集體失業，部分人的生活會陷入困境。中韓「大蒜之戰」后，很多以種植大蒜為生的農民沒有了收入來源，一大批加工業人員相繼下崗。從長期看，雖然發展中國家對此的影響沒有與美、日、歐摩擦的影響大，但由此引起的轉移效應和連帶效應也是不可忽

視的。

（五）貿易摩擦導致中國在發達國家市場的份額下降

中國與發展中國家爭奪發達國家市場的貿易摩擦加劇，發展中國家會加大力度與中國爭奪各自在發達國家的市場份額。由於中國的出口市場主要在發達國家，如果中國與發展中國家在這一塊市場的爭奪中失利的話，就會威脅到中國的對外貿易利益。

本章小結

1. 國際貿易摩擦是指貿易當事國的一方基於某些理由，採取或意圖採取某些措施，從而引起貿易當事國之間由於貿易上的利害衝突而產生對立或紛爭的行為。

2. 廣義的國際貿易摩擦包括貨物貿易摩擦、技術貿易摩擦和服務貿易摩擦，而狹義的國際貿易摩擦指貨物貿易摩擦，其表現形式只包括「兩反一保」，即傾銷與反傾銷的摩擦、補貼與反補貼的摩擦和有關保障措施的貿易摩擦等傳統的貿易壁壘。

3. 貿易摩擦已經從單純的企業間單一產品的爭議擴大到針對某一行業的爭端，由單純的貿易問題向宏觀體制、政治制度、國家利益層面延伸。

4. 貿易摩擦的影響分為正面影響和負面影響，其影響內容主要表現為兩種情形：一是對貿易量和貿易對象範圍的影響，二是對貿易摩擦雙方福利效應的影響。

思考題

1. 簡述貿易摩擦的特點、分類與表現形式。
2. 中國貿易摩擦的具體表現形式有哪些？
3. 簡述產生貿易摩擦的理論基礎。
4. 中國與發展中國家和發達國家之間的貿易摩擦有什麼異同？
5. 貿易摩擦對中國的經貿發展會產生怎樣的影響？

案例分析

2015年1月21日，美國商務部宣布初裁結果，並於當天發表聲明說，初步認定中國出口到美國的乘用車輪胎和輕型卡車輪胎存在傾銷行為。被美方強制應訴的兩家企業佳通輪胎股份有限公司和賽輪金宇集團股份有限公司，稅率分別為19.17%和36.26%，平均稅率為27.72%，全國統一稅率為87.99%。基於傾銷幅度的初裁結果，美國商務部將通知美國海關對中國出口的上述產品徵收相應的保證金。

中國橡膠工業協會認為，美國商務部的此項反傾銷初裁決定，損害了中國輪胎製造業和美國消費者的利益，對中、美兩國都沒有任何積極意義。該協會在聲明中稱：「在過去3年中，美國輪胎製造業獲得了超過38億美元的高額利潤，中國輪胎對美出

口根本就沒有損害美國輪胎製造業的利益。而美國這一決定是在沒有一家美國公司根據美國貿易法律申請損害賠償的情況下對他國企業發起的『雙反』調查，這在過去的中美貿易關係中是前所未有的。」中國橡膠工業協會對美國商務部的這項決定表示堅決反對，並將組織中國輪胎企業在美國國際貿易委員會進行積極抗辯。

君合律師事務所張冬梅律師告訴財新網記者，目前該案處於「雙反」初裁階段，美國商務部下一步還會安排核查，在 2 月中旬中國農曆春節前，將會完成所有調查工作，並做出終裁決定。在美國商務部做出終裁的 45 天之後，美國國際貿易委員會將做出損害終裁。損害終裁如果能證明損害是實際存在的，那麼商務部就會給海關發送徵稅令，對受到「雙反」調查的產品就會開始徵稅了。

根據 WTO 的反傾銷協定，傾銷是同一產品在不同國家市場上的價格歧視。除了傾銷之外，反傾銷調查的另外一個重要因素是「損害」，只有傾銷行為對國內產業造成了損害，才可以採取反傾銷措施。應美國鋼鐵工人聯合會和另一家勞工組織申請，美國商務部於去年 7 月 15 日對從中國進口的上述產品發起反傾銷和反補貼（「雙反」）調查，初步認定相關產品傾銷幅度為 45.8%～87.99%、補貼幅度高於 2%，有可能對中國出口至美國的乘用車輪胎和輕卡輪胎徵收懲罰性關稅。

去年 11 月 25 日，美國商務部公布對原產於中國的乘用車輪胎反補貼調查初裁結果。中國被強制應訴企業佳通輪胎（福建）有限公司稅率 17.69%、固鉑輪胎（昆山）有限公司稅率 12.50%，退出應訴的山東永盛橡膠集團公司的稅率為 81.29% 的懲罰性稅率，全國其他涉案企業的稅率為 15.69%。

山東永盛橡膠集團公司出口部的高先生告訴財新記者，美國商務部對該公司反補貼稅率的初步認定就已經高於 80% 了，不管是中方還是跟永盛合作的美方貿易公司，都無法接受這個稅率。經雙方協商之後，山東永盛橡膠集團有限公司在 2014 年 10 月 7 日正式退出「雙反」強制應訴行列。而永盛對美國商務部反補貼調查的「不合作」，導致其在 11 月的反補貼初裁中受到 81.29% 的關稅懲罰。

「我們公司從 10 月份開始，對美國的發貨量就減少了，11 月份就完全停止發貨了。」小高告訴財新網記者。同時，他表示，因為對美業務的終止，公司加大了對歐洲市場的投入。「因為美國啟動了『雙反』調查，導致很多不願意承受高稅率的公司都把視線轉向了歐洲市場。現在，歐洲市場這塊蛋糕有點不夠分了。」

君合律師事務所的李潤澤律師強調：「在『雙反』調查中，時限是一個非常重要的存在。」她說，企業在確定其有資格應訴反傾銷調查之後，如果有意願參與調查，應當在公告規定的期間內提交應訴登記材料。一旦錯過規定的期限，企業便不能參加隨後所有的反傾銷調查程序。這意味著企業「不合作」，因此最終會得到全國稅率即最高稅率。據財新網記者瞭解，目前共有 85 家中國輪胎企業參與了反傾銷調查應訴，它們最後可能被執行 27.72% 的平均稅率。

美國商務部將於 2015 年 6 月 12 日做出本案反補貼和反傾銷調查終裁，美國國際貿易委員會將於 7 月 27 日做出損害終裁。若傾銷、損害終裁均為肯定性的，則美國商務部將於 8 月 3 日發布反補貼稅令。

（資料來源：田園. 美國商務部初裁中國產輪胎存在傾銷行為 [EB/OL]. 財新網,

2015-01-23）

問題：

1. 結合案例，試分析美國為什麼要針對中國的比較優勢行業進行貿易保護？

2. 中國企業如何利用 WTO 規則在貿易摩擦中盡可能地保護自身利益不受損害？請談談你的策略。

第十五章　中國的貿易強國之路

內容簡介

　　本章首先介紹國內外學術界對貿易強國基本特徵的界定標準和關於貿易強國衡量指標體系的建構，其中重點介紹中國商務部提出的關於貿易強國的具體標準和中國不同階段的實現目標；其次，本章對比中國與主要貿易強國在貿易規模、經濟水平、貿易結構、貿易方式、貿易主體和國際貿易話語權等方面存在的差距。最後，本章提出中國從貿易大國到貿易強國要遵循的四大基本原則，即開放型發展原則、包容性發展原則、貿易的多元平衡發展、可持續發展原則。在遵循這四大基本原則基礎上，分別從貿易發展方式、貿易發展動力、貿易區域佈局、貿易結構轉型、貿易主體優化、貿易機制創新、全球治理能力七大方面分析邁向貿易強國的路徑。

關鍵詞

　　貿易強國；貿易大國；開放型；貿易發展方式；路徑

學習目標

1. 理解並掌握貿易強國的基本特徵；
2. 瞭解中國與主要貿易強國的差距；
3. 能正確認識有效促進中國從貿易大國向貿易強國轉變的基本原則和主要路徑。

案例導讀

　　德國政府強調：「聯邦政府應始終將發展對外貿易放在重要的地位加以考慮」，號召要使德國經濟「走向世界」。貿易活動主要由企業自主進行，政府的職能重點在於實行宏觀調控，同時在保證企業外貿充分自主前提下，主要以下幾方面努力促進對外貿易的發展。①建立並扶持以出口為主的企業集團和大財團。尤其是促進以化學、鋼鐵、電器、汽車和航空、石油加工、機械製造等工業重頭產品的企業集團和財團。《公司法》中規定：禁止設立資本額低於 50 萬德國馬克的股份公司；加強大企業之間的合併和對小企業的收購、兼併，同時對這些收購和兼併提供金融信貸支持。德國中小企業大多從屬於實力雄厚的大公司，而這些大企業集團和財團日益向多樣化和跨國經營發展，成為德國「走向世界」的先鋒。②綜合運用財政、金融等經濟手段鼓勵出口。實行優惠稅率或免稅，給予出口津貼、發放出口信貸、建立國家擔保出口的貸款制度，以及對遭遇風險的出口商給予補償，多次運用匯率槓桿促進出口貿易。③積極參與國際經濟組織的活動，並通過國家間簽訂雙邊和多邊互惠協定，為本國企業擴大對外貿

易創造有利條件。德國加入了國際清算組織、歐洲經濟共同體等國際互惠組織，並在其中起著舉足輕重的作用。④引導企業引進先進技術，更新出口商品結構。消化、吸收引進的先進技術和開發新產品，促使生產能力迅速提高，促進對外貿易發展。⑤建立外貿服務機構，為企業走向世界服務。這些機構大致有三類：進出口銀行、外貿保險公司、外貿商情諮詢機構。總之，由於德國政府在上述各方面的宏觀調控，以及國內國際環境中比較有利因素的綜合作用，德國對外貿易發展很快，成為世界的外貿大國和貿易強國。

（資料來源：鄂人. 西方七國知識辭典［M］. 武漢：湖北人民出版社，1997）

世界貿易組織宣布，2013 年中國貨物進出口總額 4.16 萬億美元，已經躍居世界第一貨物貿易大國地位。然而中國貿易發展總體仍呈現「大而不強」的主要特徵，其表現為：貿易條件沒有得到根本改善；在國際分工價值鏈中仍處於「微笑曲線」的底端；在國際貿易利益中獲得的貿易利益非常有限；價格競爭依然是中國參與國際競爭的主要方式；外資仍占據中國對外貿易的主體地位，本土企業競爭力有限，等等。2008 年爆發國際金融危機以來，全球經濟進入了「再平衡」調整期，國際貿易競爭越來越激烈，國內外環境資源約束也更加突出。后金融危機時期，世界經濟也開始進入大變革大調整的新週期，迫切需要從戰略上謀劃中國對外貿易的長遠發展。2010 年，商務部在廣交會上舉行全國轉變外貿發展方式報告會，首次發布《后危機時代中國外貿發展戰略》，提出到 2030 年要初步實現貿易強國目標。成就來之不易，前路並不平坦，中國距離成為真正的貿易強國還相差甚遠。唯有加快從貿易大國邁向貿易強國，才能更好地服務於「兩個一百年」奮鬥目標，實現中華民族偉大復興的「中國夢」。

第一節　貿易強國的基本特徵

與「貿易大國」這個概念相比，「貿易強國」是一個內涵更豐富的國家貿易競爭概念。目前，學術界對貿易大國已形成共識：貿易大國指進出口貿易總額較大，在世界貿易中占據重要地位並居於世界前列，對世界貿易有重要影響的國家。然而，國內外學術界對貿易強國的定義還沒有形成統一的認識和明確的界定標準。何謂「貿易強國」？貿易強國具有哪些基本特徵？學術界是仁者見仁，智者見智。本節將對國內和國外關於貿易強國特徵和量化指標體系的相關研究進行一個基本介紹，在此基礎上對貿易強國的主要特徵進行歸納總結。

一、國內外關於貿易強國特徵的認識

中國學者研究貿易強國主要是從 2000 年開始的，伴隨著貿易強國目標的明確[①]，

---

① 黨的十六大提出全面建設小康社會，2020 年實現中國人均國內生產總值比 2000 年翻兩番，達到中等收入國家水平的目標。與此相適應，中國商務部（當時稱為「對外經濟貿易合作部」）提出了到 2020 年實現從貿易大國到貿易強國的轉變的目標。

中國學者對貿易強國的研究角度不但多樣化，而且不斷深化。

國內學者對貿易強國特徵的界定可以分為三大類：一類分析強調國家的宏觀經濟特徵，一類分析強調國家中觀層面的產業結構特徵，一類分析則強調國家的微觀主體特徵。此外，不少學者從上述三大層面對貿易強國特徵進行了全面界定。具體而言：

從宏觀視角來分析貿易強國特徵的文獻，主要對一國的經濟規模、貿易規模、國家在制度建設方面的話語權、國家對國際市場價格和國際資本市場的影響力等進行界定。這類文獻指出：貿易強國往往經濟高度發達；對外經濟貿易規模大；在世界經濟中影響力強，輻射面廣，在某種程度上影響著世界貿易和國際市場價格的變化以及國際資本流動的方向；在對外經濟貿易活動中，佔有明顯的競爭優勢；對外開放度大等。例如，餘芳東、寇建明（2001）在對1999年商品和服務進出口貿易額居世界前8位國家（即美、德、日、英、法、加、意、荷）主要對外經濟貿易指標的比較研究中發現，這些貿易大國基本都具備上述貿易強國的特徵。郝志功（2006）認為貿易強國包括四個層次的強勢國家對外貿易實力：國家對外貿易總量在國際市場上占據主導地位；國家的產業經濟全球化和貿易科技含量與世界其他貿易強國同步；區域經濟、金融與貿易一體化的引領者和組織者；貿易強國與富國互動共進。朱啓松（2006）則非常強調貿易強國在國際分工和貿易規則方面的影響力，指出：貿易強國不能單純就貿易談貿易，貿易與經濟密不可分；要看這個國家是否在國際分工體系中占據了上層乃至核心地位；不僅是貿易規則的參與者，更重要的是貿易規則的制定者。趙晉平（2005）認為，貿易強國至少應具備三個條件：第一，應該是一個貿易大國，貿易對本國經濟和世界經濟的影響比較大；第二，貿易發展對本國經濟和世界經濟增長是一個穩定拉動的因素，而不會造成大起大落；第三，對要素分配的控制力或影響力強，也就是說，在整個貿易的結構中，掌握決定利益分配的關鍵因素。

從中觀產業結構視角分析貿易強國特徵的文獻，主要從一國的產業結構特徵進行界定。這類文獻指出：貿易強國的服務業占據主導地位；工業製成品以高科技製品為主，處於世界產業價值鏈的高端。如何新華、王玲（2000）在提出「對外經濟貿易強國」概念時指出，貿易強國都擁有以服務業為主的產業結構，貿易依存度高，穩定的匯率，良好的貿易條件，高水準的金融服務業。國內不少學者也強調中觀服務業占據主導地位是貿易強國的顯著特徵（曲如曉，2005；趙仁康，2007）。還有不少學者強調貿易強國處於全球產業價值鏈的高端（汪毅夫，2005；趙晉平，2005）。

從微觀視角分析貿易強國特徵的文獻，主要從一國企業特徵進行界定。這類文獻指出：貿易強國應擁有一批屬於本國的大跨國公司；擁有一批擁有知識產權和相當高的國際知名度的產品品牌，擁有關鍵技術、知識產權及國際銷售渠道；出口企業具有較高的國際市場競爭能力和較高的企業管理水平等特徵。楊聖明（2011）指出，貿易強國的主要標準可歸納為三條，即世界貿易中進入前5位、貿易品的科技含量高、跨國公司成為貿易經營的基本主體。汪毅夫（2005）認為，貿易強國至少應具有以下標誌：①外貿增長方式從數量增長型轉為質量效益型；②本國企業掌握、控制出口產品的關鍵技術、知識產權、品牌及國際銷售渠道；③出口產品以高附加值產品為主；④工業製成品以高科技製品為主；⑤出口企業具有較高的國際市場競爭能力、較高的

企業管理水平、較高的參與國際合作的能力、較高的抵禦國際市場風險的能力；⑥出口企業或出口企業工會具有對抗國外反傾銷的能力。

國外學術文獻中雖然沒有明確提出所謂貿易強國的概念，但不少研究從其內容看也可以歸並為貿易強國這一研究範疇。關於貿易強國的衡量標準，國外學者主要從貿易開放度、貿易規模和結構、在全球經濟治理中的話語權等角度進行分析，例如 Robert T. Kudrle（2012）以 OECD 為例分析全球經濟治理中的話語權問題，Jay Squalli 和 Kenneth Wilson（2011）對貿易開放度的測度方法進行研究，Olivier Cattaneo et al.（2010）、Robert C. Feenstra 和 Shang-jin Wei（2010）等從價值鏈角度分析中國在全球貿易中的地位。2011 年哈佛大學發布了《經濟複雜度報告》，該報告通過定義、計算和比較世界 126 個國家和地區的經濟複雜度指數，勾勒出當今貿易強國的基本特徵，即出口結構中包含的生產性知識的規模達到世界前列。

綜合上述分析可以發現，國內學者關於貿易強國的內涵界定差異較大，關注貿易強國的宏觀特徵的學者通常從更廣義的角度界定貿易強國，如強調國家的「綜合國力」「經濟實力」「貿易規模」「貿易規則制定」等。關注企業微觀特徵的學者則主要從企業貿易競爭力的角度來界定貿易強國特徵，如產品競爭力、品牌競爭力等。從貿易競爭力角度界定貿易強國的內涵較小，而從經濟強國角度界定貿易強國標準的內涵最廣，貿易強國的標準與經濟強國的標準已經有很大程度的重合。國外文獻關於貿易強國的內涵界定標準相對具體，國外對於貿易強國的標準界定主要強調一國在國際貿易體系的利益分配上。

結合國內外對貿易強國特徵的認識可以認為，貿易強國是出口的商品和服務的高級生產要素含量高，以價值型貿易為主體，能在國際貿易中獲得主要利益，無論在世界貿易活動的總量，還是在產品與服務的科技含量、質量、產品品牌的知名度上都占據世界前列，會對世界經濟發展產生重大影響的國家或經濟實體。具體而言，貿易強國有如下幾大基本特徵：

（1）國家綜合實力強。貿易強國通常經濟高度發達，經濟基礎和資本實力雄厚，科學技術發展程度高，在經濟、社會和政治等方面都能產生顯著的國際影響力。

（2）國際貿易規模大，影響力強，輻射面廣。貿易強國一定也是貿易大國，它們在某種程度上影響著世界貿易和國際市場價格的變化以及國際資本流動的方向。

（3）貿易結構合理。貿易強國中高新技術產品和服務貿易所占比重大，進出口商品結構均以高附加值產品為主。

（4）國際競爭力強。貿易強國在國際分工中總體上應處於較高的地位，在國際分工的「微笑曲線」中處於兩端的位置；擁有較高數量的跨國公司數目；擁有眾多的自主知識產權和自主品牌的產品；國際貿易微觀主體企業具有較高的企業管理水平、較強的參與國際合作的能力、較強的抵禦國際市場風險的能力。

（5）在國際貿易規則制定中，具有較強的話語權和定價權，是國際貿易規則的主要參與者和制定者，能夠分享更多的貿易利益。

二、貿易強國衡量指標體系的建構

貿易規模的大小、貿易競爭力的強弱都是相對而言的，而科學的研究起點是設立一套合理的評價指標體系來評價貿易發展的業績。然而，對貿易強國的測度會涉及很多定性、定量指標，如何將這些指標整合到一個指標體系中，以及如何獲取相關的數據則是關鍵。關於貿易強國的衡量指標體系，目前國內主要形成了如下的系列研究成果：

何新華、王玲（2000）給出了7個判斷一國是否為貿易強國的具體指標，分別為：商品進出口貿易額居世界前20位、服務貿易進出口額居世界前20位、在各類商品進出口中居前10位頻率最高的20個國家之一、世界貿易組織成員、區域性貿易組織成員、貿易競爭力、貿易區域多元化標準。魏浩、申廣祝（2006）認為貿易強國的衡量指標主要有：貿易條件、貿易結構、貿易主體、貿易內容、貿易差額、貿易品牌、貿易市場。孫杭生（2006）提出，貿易強國的指標體系應該包括貿易規模指標、核心競爭力指標、貿易結構指標、盈利指標、貿易環境條件。還有一些學者構建了更為系統的貿易強國評價指標體系。如洪濤、朱振榮（2011）基於理論和實踐層面的雙重考慮構建的貿易強國評價指標體系，由10個一級指標和26個二級指標組成，並以雷達圖的形式具象化地加以反應。其中10個一級指標包括：市場份額佔有率、人均貿易額、產品競爭力、國際收支平衡、貿易多元化、經濟規模及人均國內生產總值、產業結構、匯率穩定性、貿易條件和跨國投資。陳澤星（2006）建立了一個由4個二級指標（出口優勢指數、出口穩定指數、出口規模指數、出口潛力指數）和16個三級指標組成的綜合性貿易業績評價指標體系，該評價方法主要應用於一國或一個地區的貿易業績分析研究，可全面考察出該國或該地區特定時期貿易發展的客觀水平。

中國商務部在2010年發佈的《后危機時代中國外貿發展戰略》中則明確提出中國推進貿易強國進程建設的數量、質量和評價指標，以及中國實現這些指標的階段性目標安排。

具體而言，數量指標包括以下三大方面：①保持並鞏固出口貨物貿易規模居世界第一的地位。貿易增長速度不僅將高於未來世界貿易發展的平均水平，而且仍將可能與中國GDP保持同向增長，增長速度也將可能高於GDP若幹個百分點。②在規模份額上，保持國際市場份額穩步提高。中國佔世界貨物貿易出口的比重將從目前的接近9%穩步提高到2015年的10%以上，到2020年達到12%以上，不斷鞏固貨物貿易出口世界第一的地位。進口貨物規模穩步提高。佔世界貨物貿易進口的比重2015年達9%，2020年達到11%，不斷鞏固貨物貿易進口世界第二的地位。③在服務貿易方面，將中國服務貿易在世界中的位次提升至前三位之內。2010—2015年，中國服務貿易要闖入世界前三名，2015—2020年，要進一步鞏固中國在全球服務貿易中的地位。

質量指標包括以下六大方面：①擁有若幹世界頂級的跨國公司和一大批中小型跨國公司。立足於培育若幹中國本土的世界頂級跨國公司，在2015年之前，爭取有4~5家跨國公司進入世界100強，15~20家跨國公司進入發展中國家100強；到2020年之前，爭取有8~10家跨國公司進入世界100強，25~30家跨國公司進入發展中國家100強。培育一大批中國本土的中小型跨國公司，爭取2010—2015年增加500家左右的中

小型跨國公司，達到 4,000 家；2016—2020 年力爭達到上 8,000 家甚至上萬家。②擁有一批世界級品牌。要力爭在 2010—2015 年間，中國有 1～2 家入選全球 100 強；2016—2020 年，爭取有更多家入選全球 100 強。③逐步占據國際標準高地。2010—2020 年逐步占據技術產品、環境、勞工、社會等標準的國際高地；國家標準採用國際標準的採標率進一步提高，到 2015 年提高到 65%，到 2020 年提高到 85%；廣泛參與原有標準的修改和新標準的制定，推動中國更多的產品標準成為世界標準，全面推進國際相互認證認可。④逐步把握規則主導權。其中包括在多邊貿易規則中掌握主動權，力爭與自身實力相匹配的主導權；積極參與以自由貿易區為核心、多種形式的區域優惠貿易安排。⑤力爭戰略性資源產品定價主導權，由「價格追隨者」變為「價格制定者」。⑥推進貿易自由化、市場化、國際化進程。推進人民幣自由化、市場化、國際化進程。促進人民幣全面可自由兌換並逐步成為世界貿易結算、流通和儲備貨幣。

從以上分析可以看出，貿易強國的衡量標準主要包括以下兩大方面：數量標準和質量標準。其中，數量標準主要包括經濟總量及人均 GDP 水平、貿易規模和貿易市場佔有率、世界 500 強公司數等指標；質量標準主要包括貿易結構和貿易效益、是否擁有世界級品牌、是否擁有國際話語權等。數量標準和質量標準分別從兩個層面提出了貿易強國的衡量標準。進一步的研究表明，在貿易強國衡量標準的兩個層次上，如果僅僅能夠達到數量標準而無法達到質量標準，則只能停留在貿易大國的層次，而無法進入貿易強國的層次。因此，中國貿易強國衡量指標的建構必須包括以上兩個部分，並對各個分指標進行逐一評估。這些指標體系主要包括：經濟基礎、貿易規模、貿易結構、知識競爭力（包括全球競爭力、世界 500 強公司數、世界級品牌和知識產權等）、貿易競爭方式、國際分工利益、國際話語權等。

第二節　中國與貿易強國的差距

美國、加拿大、英國、法國、德國、日本是當今世界的幾大貿易強國。本節將結合上一節提出的貿易強國的數量和質量兩大類指標體系，依次對中國與這些貿易強國在經濟水平、貿易規模、貿易結構、知識競爭力、貿易競爭方式、國際分工利益、國際話語權等方面的數據進行分析，對比中國與這六大貿易強國的主要差距。

一、經濟基礎

反應一國經濟基礎的指標較多，其中國際收入、人均國民收入和全球化指數是三大主要常見指標。

國民收入水平是一個國家在一年之內商品和服務業最終發展的綜合評價指標，也是概括經濟發展狀況的重要指數之一。從國民經濟總量來看，由於經濟的高速增長，中國在世界經濟總量中所占的份額迅速提高。1978 年中國 GDP 總量僅為 1,500 億美元，僅占世界 GDP 總量的 1.8%，排名第 10 位。2000 年，中國保持了經濟高速增長，GDP 占世界經濟的份額增加到 3.7%，但落後於日本、德國、英國、法國等傳統發達國家，排名第 6

位。進入 21 世紀后，中國國內生產總值的年均增速進一步加快，到 2010 年，中國的 GDP 總額達到 5.93 萬億美元，占世界 GDP 比重達 9.4%，經濟總量先后超過法國、英國、德國、日本，成為僅次於美國的世界第二大經濟體（見表 15.1、表 15.2）。

表 15.1　　　　主要貿易強國與中國的 GDP 規模和份額對比

國家	2010 年 排序	GDP（萬億美元）	份額（%）	2000 年 排序	GDP（萬億美元）	份額（%）	1978 年 排序	GDP（萬億美元）	份額（%）
美國	1	14.59	23.1	1	9.9	30.7	1	2.28	27.1
加拿大	10	1.58	2.5	8	0.72	2.2	7	0.21	2.6
德國	4	3.28	5.2	3	1.89	5.9	3	0.72	8.5
法國	5	2.56	4.1	5	1.33	4.1	4	0.5	5.9
英國	6	2.25	3.6	4	1.48	4.6	5	0.33	3.9
日本	3	5.46	8.6	2	4.67	14.5	2	0.98	11.7
中國	2	5.93	9.4	6	1.2	3.7	10	0.15	1.8

資料來源：世界銀行數據庫。

表 15.2　　　主要貿易強國和中國的經濟增長倍數和增長率（1978—2010 年）

國家	1978—2010 年 增長倍數（倍）	年均增長率（%）	2000—2010 年 增長倍數（倍）	年均增長率（%）
美國	2.26	2.75	1.17	1.6
加拿大	2.11	2.53	1.2	1.87
德國	1.68	1.74	1.49	4.07
法國	1.72	1.82	1.12	1.13
英國	1.94	2.24	1.15	1.42
日本	1.78	1.94	1.07	0.7
中國	17.74	10.06	2.71	10.48

資料來源：世界銀行數據庫。

雖然中國的經濟總量已得到巨大提升，但從人均國民總收入看，中國在世界上的經濟發展水平仍不高。從世界銀行公布的 2010 年 213 個國家和地區的人均國民總收入看，中國的人均國民總收入為 4,260 美元，在世界上名列第 121 位（如果按購買力平價排序，則列第 118 位）[①]，2012 年中國排名上升到第 94 位。按照世界銀行的標準，中國已經屬於中等收入國家。這對於中國來說已經是一個很大的進步，經過 30 多年的改革開放和高速經濟增長，中國已經從一個貧窮落后的低收入國家發展成為一個中等收入的發展中國家。但是，這個中等收入是從排序上看（排在第 100 位，處於中間位

[①]　資料來源：世界銀行數據庫。

置),從實際收入水平上看,還不到世界平均水平(9,097美元)的一半。2010年,主要貿易強國的人均國民總收入均接近或超過4萬美元,而中國人均收入還僅僅為4,260美元。顯然,就人均收入而言,中國與貿易強國的差距依然非常顯著(見表15.3)。

表15.3　　　　主要貿易強國和中國人均國民總收入和排名

國家	排名	人均國民總收入(美元)
美國	18	47,140
加拿大	27	41,950
德國	24	43,330
法國	26	42,390
英國	32	38,540
日本	28	42,150
中國	100	4,260

資料來源:世界銀行數據庫。

全球化是當代世界經濟的重要特徵之一,也是世界經濟發展的重要趨勢。全球化主要體現為經濟全球化、社會全球化和政治全球化等各個方面。表15.4顯示了中國與主要貿易強國在經濟全球化、社會全球化和政治全球化方面的差距。

表15.4　　　　主要貿易強國和中國的全球化指數對比(2012年)

國家	經濟全球化指數 分值	社會全球化指數 分值	政治全球化指數 分值	全球化綜合指數 分值	綜合排名
美國	60.83	76.24	92.47	74.88	35
加拿大	76.05	88.72	94.16	85.53	15
德國	72.52	82.16	93.15	81.53	22
法國	72.41	85.65	98.21	84.12	18
英國	77.73	85.5	96.43	85.54	14
日本	45.84	64.57	88.91	64.13	55
中國	51.25	48.09	68.7	59.37	73

資料來源:KOF瑞士經濟學會。

從表15.4中數據可以看出,中國在全球化綜合指數排序中仍遠落後於主要貿易強國。在主要貿易強國中,日本全球化綜合指數排位較為靠後,處於第55位,但仍明顯領先於中國的世界排位(第73位)。進一步從全球化的主要指標看,中國的經濟全球化指數為51.25分,稍稍高於日本的45.84分,但較英國、加拿大、德國、法國和美國等其他貿易強國仍有顯著差距。這些國家經濟全球化指數都高於60分,其中全球化指數最大的是英國,為77.7分。從社會全球化看,中國社會全球化大大落後於所有主要貿易強國,僅為48.09分,該指數僅比社會全球化最高的加拿大的一半強些,與社

全球化靠后的日本（分值為 64.57 分）也存在較大差距。政治全球化往往隨著一國經濟全球化加強而提升，從瑞士經濟學會的統計數據看，中國的政治全球化指數遠遠落后於各主要貿易強國。

由此，無論是從反應人均收入還是從更為綜合地反應中國經濟基礎的全球化指標看，中國要邁向貿易強國，無論在經濟、政治還是社會等層面都有待加強。

二、貿易規模

貿易規模主要反應在貿易額和市場份額兩大指標上。

（一）貨物貿易額和市場份額

隨著對外開放的不斷發展，中國對外貿易也獲得了歷史性突破，中國對外貿易在世界貿易中所占的比例逐年上升，世界排名也逐年提升。特別是自從 2000 年以來，中國對外貿易增速在世界貿易中所占比例的排名以每年上升一位的速度提升。中國進出口總額占全球貿易市場的份額從 2000 年的 3.6%、2005 年的 6.7%、2007 年和 2008 年的 7.7%，逐步上升到 2009 年的 8.7%，2010 年已經達到 9.7%（見表 15.5）。2013 年，中國進出口總額占全球貿易市場的份額進一步上升到 12%，並開始超越美國，成了名副其實的第一貨物貿易大國。與加拿大、法國、德國、日本、英國、美國相比，在貨物貿易上，近年來中國無論是出口額、進口額還是進出口總額均呈現出相對較好的增長態勢。

（二）服務貿易額和市場佔有率

中國對外貿易仍是以傳統的商品貿易為主，服務貿易發展相對滯后。據 2011 年《世界貿易組織》報告估計，2010 年中國向世界商業服務出口額達到 1,702 億美元，位居世界第五，占到世界商業服務出口份額的 4.6%；同期，中國從世界商業服務進口額達到 1,922 億美元，位居世界第四，占到世界商業服務進口份額的 5.5%，這與排在世界商業服務貿易第一位的美國相比，還有相當大的差距。2010 年美國向世界商業服務出口額高達 5,150 億美元，占到世界服務出口份額 14.1%，同年美國從世界商業服務進口額高達 3,579 億美元，占到世界服務進口份額的 10.2%（見表 15.6）。另根據經合組織公布的數據，與加拿大、法國、德國、日本、英國、美國等發達國家的服務貿易進出口額相比，中國 2000—2010 年服務貿易的進口額和出口額僅高於加拿大和日本，與美、德兩國差距甚大，在數量上明顯不占優勢。製造業產品依舊占據中國對外貿易的主體，服務業貿易比重非常有限，2012 年服務業貿易仍僅占中國出口份額的 8.7%、進口的 14.4%。2013 年中國服務貿易赤字達到 1,185 億美元，是全球服務業最大的貿易赤字國。[1] 可見，中國服務貿易的國際競爭力仍較為低下，與貿易強國在服務貿易領域有顯著的差距。

---

[1] 數據來源：商務部網站。

表 15.5　主要貿易強國和中國貨物貿易額及占全球貿易市場份額比較

單位：億美元，%

國家	2000年 出口	2000年 進口	2000年 總額	2005年 出口	2005年 進口	2005年 總額	2007年 出口	2007年 進口	2007年 總額	2008年 出口	2008年 進口	2008年 總額	2009年 出口	2009年 進口	2009年 總額	2010年 出口	2010年 進口	2010年 總額
美國	7,819 12.10	12,593 18.70	20,412 15.50	9,011 8.60	17,327 16.00	26,338 12.30	11,482 8.20	20,204 14.10	31,686 11.20	12,874 8.00	21,695 13.10	34,569 10.60	10,560 8.40	16,053 12.60	26,613 10.50	12,781 8.40	19,681 12.80	32,462 10.60
加拿大	2,766 4.30	2,448 3.60	5,214 4.00	3,605 3.40	3,224 3.00	6,829 3.20	4,207 3.00	3,902 2.70	8,109 2.90	4,565 2.80	4,190 2.50	8,755 2.70	3,167 2.50	3,299 2.60	6,466 2.60	3,872 2.50	4,015 2.60	7,887 2.60
德國	5,518 8.50	4,972 7.40	10,490 8.00	9,709 9.30	7,771 7.20	17,480 8.20	13,212 9.40	10,550 7.40	23,762 8.40	14,462 9.00	11,851 7.20	26,313 8.10	11,200 8.90	9,263 7.30	20,463 8.10	12,688 8.30	10,671 6.90	23,359 7.60
法國	3,276 5.10	3,389 5.00	6,665 5.10	4,634 4.40	5,041 4.60	9,675 4.50	5,596 4.00	6,309 4.40	11,905 4.20	6,159 3.80	7,155 4.30	13,314 4.10	4,846 3.90	5,601 4.40	10,447 4.10	5,205 3.40	6,058 3.90	11,263 3.70
英國	2,854 4.40	3,481 5.20	6,335 4.80	3,845 3.70	5,137 4.70	8,982 4.20	4,391 3.10	6,229 4.40	10,620 3.80	4,597 2.90	6,330 3.80	10,927 3.30	3,529 2.80	4,829 3.80	8,358 3.30	4,047 2.70	5,575 3.60	9,622 3.10
日本	4,792 7.40	3,795 5.60	8,587 6.50	5,949 5.70	5,159 4.80	11,108 5.20	7,143 5.10	6,222 4.40	13,365 4.70	7,814 4.80	7,625 4.60	15,439 4.70	5,807 4.60	5,520 4.30	11,327 4.50	7,698 5.10	6,926 4.50	14,624 4.80
中國	2,492 3.90	2,251 3.30	4,743 3.60	7,620 7.30	6,600 6.10	14,220 6.70	12,205 8.70	9,561 6.70	21,766 7.70	14,307 8.90	11,326 6.90	25,633 7.90	12,016 9.60	10,059 7.90	22,075 8.70	15,778 10.40	13,951 9.10	29,729 9.70

註：表格中%分別為各國貨物出口額、進口額和貨物進出口總額占當年世界貨物貿易出口、進口額和總額的比重。

數據來源：依據《國際貿易統計年鑒》2011年數據計算整理。

表 15.6　主要貿易強國和中國服務貿易額及占全球貿易市場份額比較

單位：億美元，%

國家	2000年 出口	2000年 進口	2000年 總額	2005年 出口	2005年 進口	2005年 總額	2008年 出口	2008年 進口	2008年 總額	2009年 出口	2009年 進口	2009年 總額	2010年 出口	2010年 進口	2010年 總額
美國	2,736 18.5	2,032 14.0	4,768 16.2	3,526 14.1	2,706 11.4	6,232 12.8	5,105 13.3	3,650 10.1	8,755 11.7	4,760 14.1	3,343 10.4	8,103 12.3	5,150 14.1	3,579 10.2	8,729 12.2
加拿大	393 2.7	436 3.0	829 2.8	544 2.2	649 2.7	1,193 2.5	664 1.7	880 2.4	1,544 2.1	575 1.7	776 2.4	1,351 2.0	663 1.8	894 2.6	1,557 2.2
德國	797 5.4	1,358 9.3	2,155 7.3	1,606 6.4	2,101 8.9	3,707 7.6	2,558 6.7	2,884 8.0	5,442 7.3	2,258 6.7	2,525 7.9	4,783 7.2	2,299 6.3	2,563 7.3	4,862 6.8
法國	821 5.5	644 4.4	1,465 5.0	1,215 4.9	1,060 4.5	2,275 4.7	1,654 4.3	1,403 3.9	3,057 4.1	1,420 4.2	1,260 3.9	2,680 4.1	1,400 3.8	1,257 3.6	2,657 3.7
英國	1,186 8.0	969 6.7	2,155 7.3	2,041 8.2	1,585 6.7	3,626 7.4	2,822 7.3	1,947 5.4	4,769 4.1	2,283 6.7	1,575 4.9	3,858 5.8	2,272 6.2	1,564 4.5	3,836 5.4
日本	694 4.7	1,052 7.2	1,746 5.9	1,021 4.1	1,224 5.2	2,245 4.6	1,464 3.8	1,674 4.6	3,138 4.2	1,259 3.7	1,470 4.6	2,729 4.1	1,376 3.8	1,552 4.4	2,928 4.1
中國	301 2.0	359 2.5	660 2.2	739 3.0	832 3.5	1,571 3.2	1,464 3.8	1,580 4.4	3,044 4.1	1,286 3.8	1,581 4.9	2,867 4.3	1,702 4.6	1,922 5.5	3,624 5.1

註：表格中%分別為各國服務貿易出口額，進口額和進出口總額占當年世界服務貿易出口額，進口額和總額的比重。

數據來源：依據《國際貿易統計年鑑》2011年數據計算整理。

三、貿易結構

(一) 貨物貿易結構的國際比較

從國際貿易商品的分類看,製成品(SITC 的 5~8 類商品)的技術含量高於初級產品(SITC 的 0~4 類商品);在製成品中,深加工產品(主要指 SITC 的 7~8 類商品)的技術含量普遍高於原材料的製成品(SITC 的第 5 類商品)。因此,借助一國進出口商品的結構可以初步瞭解一國貿易商品的技術含量,進而對一國貿易發展的技術進步情況有一個初步把握。

表 15.7　　　　主要貿易強國和中國貨物貿易結構的比較　　　　單位:%

國家	年份	工業製成品			
		製成品總體 SITC5 到 SITC8(扣除 SITC68)	化學品及有關產品 SITC5	機械及運輸設備 SITC7	其他製成品 SITC6 和 SITC8(扣除 SITC68)
美國	2000	82.7	10.1	52.6	20
	2005	81	13.3	47.8	19.9
	2010	67.2	14.6	34.6	18
加拿大	2000	62.4	5.4	39.3	17.8
	2005	57.8	7.2	33.3	17.2
	2010	47.2	8.5	25.6	13.1
德國	2000	83.1	12.4	49.1	21.6
	2005	85.7	13.3	50	22.4
	2010	79.5	13.8	44.6	21.1
法國	2000	79	13.3	43.3	22.4
	2005	80.6	15.8	41.9	22.9
	2010	78.3	17.6	39.2	21.5
英國	2000	74.6	11.7	41.4	21.5
	2005	75.3	14.4	38.5	22.5
	2010	68.3	17.1	31	20.2

表15.7(續)

國家	年份	工業製成品 製成品總體 SITC5 到 SITC8（扣除 SITC68）	化學品及有關產品 SITC5	機械及運輸設備 SITC7	其他製成品 SITC6 和 SITC8（扣除 SITC68）
日本	2000	93.8	7.1	68.8	17.9
日本	2005	92.1	8.6	64.4	19
日本	2010	88.3	9.7	57.9	18.8
中國	2000	87.8	4.8	32.8	50.2
中國	2005	91.3	4.6	46.1	40.7
中國	2010	92.4	5.4	48.8	38.3

註：依據 COMTRADE 數據計算整理而得。

表15.7顯示，中國與主要貿易強國的出口商品結構總體上相似，製成品在出口商品中占絕對主體地位，3/4以上的出口產品為工業製成品。進一步分析工業製成品出口的貿易結構可以發現，中國與主要貿易強國類似，機械和運輸設備都是最重要的出口產品，該類產品的出口比重2000—2010年基本都超過40%。其中，日本的機械和運輸設備類產品的出口比重最高，雖然這類產品的出口比重在不斷下降，但2010年該類產品的出口比重仍高達57.9%。相比於其他主要貿易強國，中國在SITIC6和SITC8類產品中所占的比重最高。該類產品除了個別產品屬於資金、技術密集型產品外，絕大多數屬於勞動密集型產品。從動態看，雖然中國SITC6和SITC8類的勞動密集型出口比重在不斷下降，但與主要貿易強國相比，差距仍然十分突出。

(二) 服務貿易結構

依據《服務貿易總協定》的服務貿易分類，可以對中國與主要貿易強國的服務貿易結構進行對比分析（見表15.8）。

表 15.8　2010年主要貿易強國和中國服務貿易結構

單位：億美元,%

國家	交通運輸	旅遊	通訊	建築	計算機和訊息服務	金融保險	版稅與許可證費用	其他商業服務
美國	711.2	1,325.93	105.41	68.43	138.3	725.61	958.07	1,004.76
	13.1	24.4	1.9	1.3	2.5	13.3	17.6	18.5
加拿大	116.56	157.11	29.59	2.59	48.93	77.04	38.13	182.36
	16.9	22.7	4.3	0.4	7.1	11.1	5.5	26.4
德國	575.54	346.42	54.08	116.19	163.05	178.79	142.35	744
	24.2	14.6	2.3	4.9	6.9	7.5	6.0	31.3
法國	359.16	462.74	44.35	62.78	13.99	35.97	101.41	326.03
	25.0	32.2	3.1	4.4	1.0	2.5	7.1	22.7
英國	317.32	305.12	74.08	28.57	115.19	587.99	142.51	734.17
	13.3	12.8	3.1	1.2	4.8	24.7	6.0	30.9
日本	389.53	132.24	7.3	106.6	10.52	48.78	266.8	425.47
	27.5	9.3	0.5	7.5	0.7	3.4	18.9	30.1
中國	342.11	458.14	12.2	144.95	92.56	30.58	8.3	612.42
	20.0	26.8	0.7	8.5	5.4	1.8	0.5	35.8

註：表中絕對值為各國服務各行業的出口額，單位為億美元；%分別為各國各行業占服務貿易的比重。

數據來源：依據《國際貿易統計年鑒》2011年數據計算整理而得

表 15.8 顯示，中國與主要貿易強國在服務貿易結構上存在顯著的差異。中國的服務貿易結構主要體現為運輸、旅遊、建築和其他商業服務等勞動密集型的服務行業。其中，其他商業服務占 35.8%、旅遊占 26.8%、交通占 20.0%，但在知識密集型行業的金融保險僅占 1.8%，而更能反應一國服務知識含量的版稅和許可證費用收入更是僅占 0.5%。在主要貿易強國的版稅和許可證費用中，美國和日本在該項的占比都超過 17%，德國、法國、英國和加拿大也都超過 5%。在金融保險部分，英國占比最高，達到 24.5%，美國和加拿大在 10%以上。即使是作為製造業強國的德國，其金融保險占服務業的比重也達到了 7.5%。法國和日本在該項目的比重相對靠後，但中國與它們仍有一定差距。可見，在服務貿易結構上，中國仍主要依賴勞動密集型的服務行業，在反應知識和技術密集型的金融保險、版稅和許可費等領域與主要貿易強國差距非常顯著。

四、知識競爭力

知識經濟時代，知識競爭已經成為當今國際競爭的主要競爭方式。20 世紀 90 年代中期，知識資本對經濟合作組織 29 個成員的國內市場總值的貢獻率已經達到 34%。科學技術逐漸成為第一生產要素，成為知識經濟的重要基礎。一國知識型競爭可以通過較為綜合的全球競爭力指數和知識經濟指數、研究人員數、全球品牌和知識產權等方面體現。

依據世界經濟論壇《全球競爭力報告 2012—2013》，中國的排名在經過五年穩定上升後，2012 年下降了三個位次，排第 29 位。在反應全球競爭力的具體分類指標上，雖然基礎設施排位開始超過美國，占第 31 位，但創新和成熟度排位仍然靠後，2012 年中國該項排位為第 34 位。主要貿易強國除了法國為第 18 位，其餘均在前 10 位。其中，日本創新和成熟度位居全球第 2 位，德國為第 4 位。在另一項反應技術水平的效率指數方面，中國處於第 30 位。主要貿易強國除了法國處於第 18 位，其餘都位於前 11 位，其中美國效率指數位居全球第 2 位（見表 15.9）。這種狀況反應了中國國際競爭力的薄弱。

表 15.9　　2012 年主要貿易強國和中國的全球競爭力指數排名

國家	總指數 排名	總指數 數值	基礎設施 排名	基礎設施 數值	效率 排名	效率 數值	創新與成熟度 排名	創新與成熟度 數值
美國	7	5.47	33	5.12	2	5.63	7	5.42
加拿大	14	5.27	14	5.71	6	5.41	21	4.74
德國	6	5.48	11	5.86	10	5.27	4	5.57
法國	21	5.11	23	5.52	18	5.04	18	4.96
英國	8	5.45	24	5.51	4	5.5	9	5.32
日本	10	5.4	29	5.3	11	5.27	2	5.67
中國	29	4.83	31	5.25	30	4.64	34	4.05

資料來源：世界經濟論壇《全球競爭力報告 2012—2013》。

從知識創新能力看，依據世界銀行2013年報告世界主要國家和地區的知識經濟指數排名數據，中國知識經濟指數與主要貿易強國存在顯著差距。主要貿易強國的知識經濟指數都超過8，而中國僅為4.37。在反應知識經濟指數的各項分類指標中，無論是經濟激勵機制、創新指數、教育還是信息與通信技術，中國都遠遠落後於主要貿易強國。其中，經濟激勵機制指數，中國僅為3.79，最高的加拿大則高達9.52，中國距離排名相對落後的日本7.55也仍然有很大差距。在創新指數上，中國為5.99，法國為8.66，其他主要貿易強國都超過9；在教育指數上，中國為3.93，英國為7.27，其他主要貿易強國則均超過8；信息和通信技術方面，所有主要貿易強國均超過8，英國最高，達到9.45，中國僅為3.79（見表15.10）。

表15.10　　　　　　2012年主要貿易強國和中國知識經濟指數

國家	知識經濟指數	經濟激勵機制	創新	教育	訊息和通訊技術
美國	8.77	8.41	9.46	8.7	8.51
加拿大	8.92	9.52	9.32	8.61	8.23
德國	8.9	9.1	9.11	8.2	9.17
法國	8.21	7.76	8.66	8.26	8.16
英國	8.76	9.2	9.12	7.27	9.45
日本	8.28	7.55	9.08	8.43	8.07
中國	4.37	3.79	5.99	3.93	3.79

資料來源：世界銀行2013年報告。

表15.11對比了主要貿易強國和中國的百萬人中研究和技術人員數量。2000年中國百萬人中研究和技術人員僅為546.57人，僅相當於同年美國的1/12，與主要貿易強國中百萬人研究和技術人員較少的法國相比，也不到其20%。2005年中國百萬人研究和技術人員較2000年增加了308.87人，但仍未超過1,000人。2009年中國百萬人研究和技術人員達到1,198.86人，同年，日本為5,189.28人，美國為4,673.21人，加拿大為433.73人，英國、法國和德國都接近4,000人。總之，雖然從動態看，中國研究和技術人員數量與主要貿易強國差距在縮小，但從絕對值看兩者之間差距仍非常大。

表15-11　　　　　　每百萬人中研究和技術人員數　　　　　　單位：人

國家	2000年	2005年	2009年
美國	4,599.11	4,633.46	4,673.21
加拿大	3,520.58	4,236.20	4,334.73
德國	3,131.48	3,297.14	3,780.09
法國	2,914.08	3,319.97	3,689.78

表15-11(續)

國家	每百萬人中研究和技術人員數		
	2000 年	2005 年	2009 年
英國	2,896.93	4,129.37	3,946.94
日本	5,150.89	5,385.04	5,189.28
中國	546.67	855.54	1,198.860

資料來源：世界銀行 WDI 數據庫。

根據《財富》雜誌 2012 年 7 月 9 日公布的排名，2012 年中國大陸入選世界 500 強的企業數已經達到 79 家，遠遠超過了日本（68 家）、德國（32 家）、法國（32 家）、英國（26.5 家）和加拿大（11 家）的水平。雖然就數量指標而言，中國企業在這方面的差距正在不斷縮小，但就中國企業的具體實力而言，中國企業在技術水平、創新能力、營銷渠道等方面仍與上述國家存在一定差距。比如根據世界品牌實驗室公布的《世界品牌 500 強》榜單，2009—2011 年中國入選世界品牌 500 強的企業大致在 20 家上下，基本趨勢穩中有升，說明中國企業已經越來越關注自己的品牌形象，並在世界品牌的打造上取得了一定成績。同時，連續 3 年進入世界品牌 500 強入選數最多的 10 個國家行列，說明中國的出口產品正在逐步從低端產品向高端產品邁進，在世界上的影響力正在逐步擴大。[1] 因此，就品牌數量而言，中國與美國、德國等世界貿易強國的差距並不大，但是，在入選的世界 500 強品牌中，中國的排名相對比較靠後，也反應了中國品牌競爭力還有待於進一步提高的事實（參見本章附表：主要貿易強國和中國的世界 500 強）。

從中國的專利申請看，無論是居民還是非居民，專利申請數量都有很大的提升（見表 15.12）。

表 15.12　　　　　　　　　　專利申請數量　　　　　　　　　單位：件

國家	居民專利申請數量			非居民專利申請數量		
	2000 年	2005 年	2010 年	2000 年	2005 年	2010 年
美國	164,795	207,867	241,977	131,100	182,866	248,249
加拿大	4,187	5,183	4,550	35,435	34,705	30,899
德國	51,736	48,367	47,047	10,406	11,855	12,198
法國	13,870	14,327	14,748	3,483	2,948	1,832
英國	22,050	17,833	15,490	10,697	10,155	6,439
日本	384,201	367,960	290,081	35,342	59,118	54,517
中國	25,346	93,485	293,066	26,560	79,842	98,111

資料來源：世界銀行 WDI 數據庫。

---

[1] 世界品牌實驗室網站. http://www.worldbanklab.com.

表15.12中數據顯示，2010年中國居民專利申請數量是293,066件，比2005年的93,485件上升了3.13倍，比2000年上升了124.5倍。中國非居民專利申請在2010年為98,111件，比2005年增加了18,269件，增幅為23%；比2000年增加了71,551件，增幅為269%。雖然比起美國，中國無論是在居民專利申請數量還是在非居民專利申請數量方面都有很大差距，但2005年以來中國已經在絕對值上超過了其他貿易強國。從知識產權看，依據世界知識產權組織發布的《2014年世界知識產權指數》報告，2013年，中國專利申請量已經占全球的32.1%，超過美國和日本，總量接近美、日兩國的總和。從專利申請總量來看，中國已經成為當之無愧的創新大國。但若進一步對比專利的具體內容，中國創新層次還比較低，在被授予的專利中，發明專利不足1/6，外觀設計超過30%。同年，日本的發明專利授權量占總量的比重超過3/4，外觀設計所占比重不到16%。這充分說明，中國科技創新與發達國家差距仍然顯著，仍需要下更大功夫提高中國企業核心技術創新能力。

顯然，與貿易強國的企業相比，中國企業總體自主創新的能力仍然很弱。無論是反應綜合的全球競爭力指數，還是具體在知識經濟排名、每百萬人中研究和技術人員數、核心品牌數、核心知識產權等方面都有很大的差距。

五、貿易競爭方式

一國在國際市場上的競爭可以是低價競爭，也可以是主要依靠產品技術含量和產品質量提升的競爭。依據2011年哈佛大學發布的《經濟複雜度報告》中的經濟複雜度測算方法，日本、德國位居世界前兩名，美國位居第13，排在韓國之後，中國尚未進入前20位，位居第29。顯然，這與基於出口規模的排名相差很大，對中國而言尤其如此。

目前針對中國競爭方式的研究基本都顯示，從出口價格、出口產品品質來看，相對於歐美等發達國家和地區，中國主要採用價格型競爭。為了進一步對比主要貿易強國和中國的競爭方式，可以根據產品在目標市場的價格和市場佔有率排序的分位數將一國產品在國際市場的競爭路徑分為九大類，即高價—高佔有率、高價—中佔有率、高價—低佔有率、中價—高佔有率、中價—中佔有率、中價—低佔有率、低價—高佔有率、低價—中佔有率、低價—低佔有率。詳細測算1995—2009年中國和主要發達國家在這9類產品的競爭方式，結果顯示，低價格—高市場佔有率是中國20世紀90年代以來產品在國際市場上的主要競爭方式，占出口額平均比重為64.1%；其次是中價格—高市場佔有率，占24.2%，而高價格—高市場佔有率僅占7%。這三種競爭方式合計平均占中國出口額的95.3%。中國在國際市場上的產品競爭主要以低端價格為主，走高端價格競爭的產品雖然得到了較快發展，但高端產品占出口額的比重仍小於10%。比較而言，發達國家的產品競爭主要是依賴中高端價格和高價—高佔有率競爭路徑。發達國家無論是採用高價—高佔有率競爭還是中價—高佔有率競爭的產品出口額比重整體上都遠高於中國同類競爭方式的比重（見表15.13、表15.14）。

表 15.13　　　中國出口產品的九類國際競爭方式占當年出口額的比重　　　單位:%

競爭方式 年份	HP-HS	HP-MS	HP-LS	MP-HS	MP-MS	MP-LS	LP-HS	LP-MS	LP-LS
1995	2.47	1.53	0.27	15.70	0.88	0.15	76.0	1.68	0.25
1996	2.72	0.71	0.42	16.27	2.09	0.25	74.3	1.89	0.18
1997	3.24	0.76	0.33	16.43	1.40	0.17	74.0	2.26	0.20
1998	3.18	0.86	0.38	15.37	1.67	0.19	75.2	1.64	0.15
1999	3.22	0.74	0.31	16.90	1.27	0.18	74.4	1.61	0.15
2000	8.28	1.04	0.24	26.20	1.54	0.26	59.8	1.20	0.16
2001	9.66	0.91	0.22	28.60	1.24	0.19	56.7	1.12	0.13
2002	10.7	0.68	0.2	26.60	1.19	0.14	58.2	1.05	0.12
2003	9.42	0.62	0.17	29.10	0.99	0.13	57.6	0.88	0.10
2004	7.61	0.54	0.11	31.30	0.85	0.14	57.5	0.88	0.11
2005	12.7	0.62	0.14	26.10	0.91	0.12	57.7	0.78	0.08
2006	7.69	0.40	0.10	30.10	0.82	0.08	58.8	0.02	0.09
2007	7.63	0.53	0.11	27.60	0.75	0.09	61.1	1.11	0.09
2008	9.13	0.70	0.10	29.20	1.00	0.07	57.9	0.73	0.08
2009	7.40	0.53	0.12	27.30	0.78	0.09	61.8	0.68	0.07
平均	7.00	0.74	0.21	24.18	1.16	0.15	64.1	1.17	0.13

註：數據為筆者依據 COMTRADE 數據庫測算而得；表中縮寫的含義是：HP-HS（高價—高佔有率）、HP-MS（高價—中佔有率）、HP-LS（高價—低佔有率）、MP-HS（中價—高佔有率）、MP-MS（中價—中佔有率）、MP-LP（中價—低佔有率）、LP-HS（低價—高佔有率）、LP-MS（低價—中佔有率）、LP-LS（低價—低佔有率）。

表 15.14　主要貿易強國和中國產品國際競爭路徑的比較

單位：%

競爭方式	1995 年 美國	1995 年 日本	1995 年 德國	1995 年 中國	2000 年 美國	2000 年 日本	2000 年 德國	2000 年 中國	2005 年 美國	2005 年 日本	2005 年 德國	2005 年 中國	2009 年 美國	2009 年 日本	2009 年 德國	2009 年 中國
LP–HS	32.8	15.4	17.5	76.0	29.8	14.3	20.5	59.8	39.9	21.3	19.9	57.7	28.3	19.7	22	61.8
MP–HS	38.8	49.6	43.3	15.7	41.8	44.4	37.4	16.4	36.1	46.2	37.4	26.1	42.3	40.7	38.1	27.3
HP–HS	20.7	29.8	31.1	2.47	21.0	35.5	33.8	8.3	15.9	27.5	35.5	12.7	21.0	33.8	33.7	7.4

註：表中數據為筆者依據 COMTRADE 數據庫測算而得。

六、國際分工利益

長期以來，中國憑藉豐裕的勞動力要素和廉價的勞動力成本，專業化從事全球價值鏈分工中的加工裝配等勞動密集型環節，成為「世界工廠」。加工貿易依靠其「大出大進，兩頭在外」的特徵而成為中國融入全球價值鏈分工的主要模式。在此模式下，中國貿易規模迅速擴張，並累積了大量貿易順差。而這背後是中國貿易企業獲取的極為有限的組裝費和加工費。典型的例子是：美國蘋果公司設計 iPhone，多數元件和軟件由其他國家生產，然后在中國完成組裝，然后按最終單價約 179 美元出口到美國，再由蘋果公司分銷。減去從美國進口額的約 11 美元的零部件，中國對美國貿易順差 19 億美元；而事實上，根據亞洲開發銀行的調查數據，一部美國人開發研製的蘋果手機，批發價是 178.96 美元，其中日本、德國、韓國分別獲得 34％、17% 和 13.5%的分成，中國只獲得 3.6%，約 6.5 美元。按此計算，中國應對美國逆差約 4,800 萬美元（Xing 和 Detert，2010）。事實上，類似的現象早就出現了。1996 年 9 月 22 日《洛杉磯時報》刊登的文章《芭比娃娃與世界經濟》詳細分解了玩具「芭比娃娃」的價格構成（Tempest，1996）。「芭比娃娃」是在中國「生產」的，但原材料卻來自其他國家和地區，中國只完成了產品的組裝這一環節。香港企業從內地按 1 美元的價格進口玩具「芭比娃娃」，加上 1 美元的管理費用，按 2 美元的單價出口到美國。「芭比娃娃」在美國的零售價為 9.99 美元。在香港企業支付的這 1 美元中，內地僅獲得 35 美分的勞務費，其餘 65 美分用於進口原材料。

因此，相對於中國不斷增長的貿易規模，中國出口貿易規模和貿易獲利能力的錯配是全球價值鏈分工給中國對外貿易發展帶來的極大挑戰。

七、國際話語權

「冷戰」結束后，中國加快了「與國際接軌」和「參與經濟全球化」的步伐，國際地位的上升和經濟的迅速崛起為中國主動爭取國際話語權提供了前提條件。然而，無論是在商品價格的定價中還是在國際規則的制定中，中國的國際話語權都沒有得到相應程度的提升。一方面，缺乏開放、完善、高效的金融市場，缺乏必要的戰略儲備，導致中國在國際商品交易中長期受制於人；另一方面，對於一些國際規則的被動接受也充分暴露出中國對於國際議題設置能力的不足。成為貿易大國並不意味著可以對中國經貿形勢高枕無憂。貿易強國的表現是擁有定價權和規則制定權，這方面中國的差距還比較大。中國需要獲得定價權和規則制定權。

由上可見，雖然就大部分數量指標而言，中國與世界貿易強國的差距正在不斷縮小，部分指標已經位於世界前列，但是，如果進一步考慮質量指標的話，中國不合理的貿易結構、長期依賴低價貿易競爭方式、缺乏核心品牌和知識產權、較低的外貿效益以及在國際話語權方面的弱勢地位，無不顯示中國從貿易大國走向貿易強國尚面臨漫漫長路。為此，必須適應新形勢新要求，努力鞏固外貿傳統優勢，加快培育競爭新優勢。這一切都有賴於中國經濟增長方式和貿易增長方式的根本轉變。

第三節　中國從貿易大國邁向貿易強國的路徑

　　經過改革開放 30 多年的對外經貿發展，中國成為世界貿易大國是當之無愧的。但需要清醒地認識到，中國的貿易大國地位離世界貿易強國的地位還有相當大的距離和努力空間。中共十八大報告提出「全面提高開放型經濟水平，強調適應經濟全球化新形勢，必須實行更加積極主動的開放戰略，完善互利共贏、多元平衡、安全高效的開放型經濟體系」。十八屆三中全會進一步指出「適應經濟全球化新形勢，必須推動對內對外開放相互促進、引進來和走出去更好結合，促進國際國內要素有序自由流動、資源高效配置、市場深度融合，加快培育參與和引領國際經濟合作競爭新優勢，以開放促改革」。「十三五」規劃綱要強調，要以「一帶一路」建設為統領，豐富對外開放內涵，提高對外開放水平，協同推進戰略互信、投資經貿合作、人文交流，努力形成深度融合的互利合作格局，開創對外開放新局面。為此，中國要以十八大以來的改革開放精神為指導，以培育新優勢為重點，以提高綜合效益為目標，以互利共贏為宗旨，加快調整進出口戰略，要以新的視野、新的思維謀劃新的發展路徑，制定新的行動路線圖，實現貿易大國向貿易強國轉變，更好地服務於「兩個一百年」奮鬥目標和「中國夢」。

一、邁向貿易強國的戰略性選擇

　　在當今世界經濟和中國經濟社會發展現狀及趨勢下，必須以國際眼光和全球視野謀劃中國的對外貿易發展戰略，繼續堅持以開放為路徑，深入參與國際分工，充分利用兩種資源、兩個市場，不斷提升在產業鏈、價值鏈中的地位，在國際競爭與合作中尋求互利共贏並爭取利益最大化，以充分發揮對外貿易拉動國民經濟增長的引擎作用，提高中國的國際影響力。

（一）指導思想

　　中國邁向貿易強國的戰略應在深入貫徹中共十八大以來的各項精神的基礎上，認真落實黨中央、國務院的決策部署，充分發揮市場配置資源的決定性作用和更好地發揮政府作用，主動適應經濟新常態，統籌考慮和綜合運用國際國內兩個市場、兩種資源，著力調整優化貿易結構、轉變外貿發展方式，提升中國外貿在全球價值鏈中的地位，提高外貿增長的質量和效益，實現外貿持續健康發展，推動中國由貿易大國向貿易強國轉變，為國民經濟和社會發展做出更大貢獻。

（二）基本原則

　　1. 堅持開放型發展原則

　　對外開放成就了中國成為世界經濟貿易大國。中國要成為貿易強國就必須建立開放型改革觀念，重視國內市場與國際市場的完全融合，實現「國內市場國際化，國際市場國內化」。通過不斷拓展開放的廣度和深度，廣泛參與國際分工與合作，充分利用

國際要素資源，不斷提升在產業鏈、價值鏈中的地位，這將有助於中國產業結構轉型升級，有助於貿易結構的優化，有助於提高「中國製造」的國際競爭力，有助於提升「中國創造」的水平，有助於在國際競爭與合作中尋求互利共贏並爭取利益最大化，充分發揮對外貿易拉動國民經濟增長的引擎作用，提高中國的國際影響力。

2. 遵循包容互利發展原則

包容性是聯合國千年發展目標中提出的觀念之一。在國際貿易領域中，包容性發展就是要使國際貿易帶來的利益惠及所有貿易夥伴，實現互利共贏，特別是要惠及欠發達國家；要轉變經濟發展方式，實現經濟增長與資源環境的協調和諧發展，使經濟增長產生的福利惠及所有人群尤其是弱勢群體。只有通過包容性發展，形成利益共同體，才能從政治、經濟和國家安全等方面為中國貿易強國發展戰略提供良好的國際保障環境。

3. 遵循貿易的多元平衡發展原則

多元平衡是完善開放型經濟體系必須始終把握的內在特徵。同20世紀90年代相比，目前多元化的內涵也在向深度拓展。長期來中國許多經濟矛盾和衝突大都源於發展的不協調和不平衡。要解決這些矛盾和問題，必須把握和處理好發展與平衡的關係。這種平衡包括以下幾大方面：

（1）內需和外需平衡

任何一種長期過度依賴內需或外需的經濟都是存在風險的，都有其弊端。尤其作為一個開放型經濟大國，一定是內外需兼顧、協調、平衡，才能獲得穩定持續發展。拉動內需或外需是經濟發展進程中的階段性選擇，必須依據國情和世情的具體狀況而定，絕不能成為長期不變的政策。尤其是2008年金融危機發生後，美歐等發達經濟體市場容量和需求結構出現調整，通過國際市場釋放過剩產能的空間縮小，中國經濟發展的內外再平衡壓力陡增，必須加快構建擴大內需長效機制，提高經濟內生發展動力。堅持以內需為主導，完善多元平衡的開放型經濟體系必然成為中國經濟發展的長期戰略方針。

（2）出口和進口的平衡

中國在擴大出口的同時，要更加關注進口與出口貿易的平衡發展，不僅要重視出口市場多元化，也要強調進口市場多元化，發揮進口對國民經濟的促進作用。

（3）貨物貿易與服務貿易平衡發展

中國已是貨物貿易大國，但仍然是服務貿易小國，且多年來一直處於逆差狀態，應進一步擴大服務領域開放，促進服務貿易出口，大力發展服務外包，優化貿易結構。

（4）雙邊、多邊和區域貿易合作平衡發展

雙邊、多邊和區域作為中國對外經貿合作的「三大支柱」，應協調平衡發展，以推進貿易自由化進程，獲取更多的貿易自由化產生的紅利。既要加快實施自由貿易區戰略，逐步構築高標準自由貿易區網路，同時也要深入實施市場多元化戰略，在鞏固傳統市場的同時，努力擴大對新興市場尤其是「金磚國家」市場的開拓，進一步加強與周邊國家和廣大發展中國家的經貿合作。

4. 堅持可持續發展原則

由於中國正處在工業化和城鎮化加速發展階段,傳統的高消耗、高排放、低效率的粗放型增長方式尚未根本轉變,導致國家整體資源和環境形勢不斷惡化,經濟發展受到極大的制約,維持經濟增長和環境保護之間的平衡面臨巨大挑戰。儘管中國在擴大出口規模上取得了空前的成功,但貿易發展仍以數量擴張的粗放型增長方式為主,效益不高,競爭不強,對外部能源、原材料市場依賴不斷增加,面臨的國際市場價格風險、供應風險越來越大。因此,轉變貿易增長方式,大力發展低碳貿易、綠色貿易,建立貿易可持續發展機制,是中國實現貿易強國的必由之路。

(三) 戰略目標

鞏固貿易大國地位,推進貿易強國進程。努力提高新興市場、中西部地區、一般貿易、服務貿易和品牌產品在中國外貿中的占比,力爭到2020年,外貿傳統優勢進一步鞏固,競爭新優勢培育取得實質性進展。著力優化國際市場佈局,推進市場多元化;著力優化國內區域佈局,推動東、中、西部協調發展;著力優化外貿商品結構,提升出口附加值和技術含量;著力優化經營主體結構,促進各類企業共同發展;著力優化貿易方式,推進對外貿易轉型升級。

大力推動中國外貿由規模速度型向質量效益型轉變,努力實現五個轉變:一是推動出口由貨物為主向貨物、服務、技術、資本輸出相結合轉變;二是推動競爭優勢由價格優勢為主向技術、品牌、質量、服務為核心的綜合競爭優勢轉變;三是推動增長動力由要素驅動為主向創新驅動轉變;四是推動經商環境由政策引導為主向制度規範和營造法治化國際化經商環境轉變;五是推動全球經濟治理地位由遵守、適應國際經貿規則為主向主動參與國際經貿規則制定轉變。

二、中國邁向貿易強國的具體路徑

在遵循邁向貿易強國的四大基本原則的基礎上,我們需要擬定出更加清晰的行動路線圖,這些行動路線包括貿易發展方式、發展動力、區域佈局、開放重點、貿易主體、制度創新和國際協調及治理等方面。

(一) 調整產業結構,走低碳、綠色貿易之路

在經濟全球化迅速發展的進程中,全球環境形勢日益嚴峻,對世界經濟的持續發展和國際關係構成新的嚴重挑戰。在解決環境問題的國際努力中,全球貿易環境議程成為各國角力的熱點領域。全球多邊體制正在孕育新的貿易規則,以便貿易和環境目標相互支持,推動貿易可持續發展。粗放的貿易增長方式不但導致經濟效益低下,同時也加劇了環境的惡化。嚴峻的現實告誡我們,加快轉變經濟發展方式和轉變貿易發展方式,走低碳經濟、綠色貿易之路,已刻不容緩。

從中國國內看,近30多年來,隨著大量傳統產業向中國轉移,中國已成為世界上許多產品包括高耗能、高污染產品的主要生產基地。轉變貿易發展方式的根本途徑是增強自主創新能力和自主研發能力,擴大具有自主知識產權、自主品牌的商品的出口,大幅度提高出口產品的知識含量和附加值,提高高新技術產品在總出口中的比重,控

制高能耗、高污染產品的出口，鼓勵進口先進的技術設備和國內短缺資源，實現貿易與環境和諧發展，經濟效益與社會效益相統一，建立資源節約型和環境友好型社會。

結構調整是一個緩慢過程，不是一個部門所能解決的，應舉全國之力，通過制度安排和政策引導來實現。當前，應當梳理並完善政策，重點應放在政策和法規的協調上，清除不利於產業結構升級的政策，如排斥生活性服務業發展的政策和做法、歧視廢舊物資回收利用的政策、變相激勵過度開採的出口退稅政策、最低價中標政策等，切實實現產業結構的優化升級。

(二) 以技術創新為動力，提高出口商品競爭力

面對國內外新形勢和經濟發展的新要求，技術創新發展應成為新時期中國對外貿易戰略的一個重要支點。為了實現良性循環，關鍵在於「創新」，要在引進技術的創新上狠下功夫。要大力鼓勵創新后的高新技術在商品化之後再出口，要堅持「進出結合，以進帶出」，充分利用技術引進來促進技術創新和高新技術商品出口。盡可能增加對機電工業科研開發的投資；加強引進技術的吸收、消化和創新；加速創新技術的商品化；重視生產技術革新和組織管理革新；支持企業建立自主營銷網路，將貿易鏈延伸到境外批發和零售終端，增強渠道控制力，提高貿易附加值；鼓勵企業開展國際通行的質量管理體系、環境管理體系和產品認證，積極參與各類國際標準、技術標準的制定。

加快運用現代技術改造傳統產業，提升勞動密集型產品質量、檔次和技術含量，推動傳統產業向中高端邁進。利用資本市場大力支持傳統產業收購兼併。著力構建以企業為主體、市場為導向、產學研貿相結合的技術創新體系。加大科技創新投入，支持企業原始創新。鼓勵企業以進口、境外併購、國際招標、招才引智等方式引進先進技術，促進消化吸收再創新。支持國內企業通過自建、合資、合作等方式設立海外研發中心。鼓勵跨國公司和境外科研機構在中國設立研發機構。支持企業、行業組織參與國際標準制定，大力推動中國標準國際化，支持通信等領域的技術標準在海外推廣應用。

(三) 進一步優化國內和國外兩大市場的空間佈局

儘管多年來實施市場多元化戰略取得了積極進展，但目前市場集中度依然較高，尤其對發達傳統市場依賴程度維持在較高水平，由此帶來的市場風險也較大，包括貿易摩擦、資源控制、經濟波動和需求銳減對中國國內經濟形成的衝擊等。在新的時期，中國應繼續實施市場多元化戰略。為確保中國對外貿易的持續穩定發展，亟須進一步優化發展空間佈局，特別是國際市場佈局和國內區域佈局。

在優化國際市場佈局方面，除了鞏固與歐、美、日、港等傳統市場的進出口保持平穩增長外，我們要進一步推進與新興經濟體、「金磚國家」、發展中國家等市場的進出口發展；大力開拓新興市場，培養、擴大周邊市場，尤其應綜合考慮資源儲量、人口規模、市場份額、戰略地位等因素。2013 年中國提出了「一帶一路」對外開放新戰略，這是中國對外開放在空間上的重要戰略佈局，是中國繼對外開放從「東向」「南向」到以「西向」開放為主體的對外開放發展新戰略。「一帶一路」對外開放發展戰略的實施，將進一步拓展中國對外經貿發展的空間，優化中國對外貿易的市場結構。本著求同存異、互利共贏的原則，中國還要進一步積極推進自由貿易區戰略，加快商

簽自由貿易協定，擴大自貿區規模，深化區域合作，建立比較穩定的進出口市場，確保雙邊貿易穩定持續發展。

在優化國內區域佈局方面，按照國家對重點產業佈局和產業轉移的總體部署，形成有利於發揮地區比較優勢、產業鏈合理分工的新局面。目前中國東部十省市占中國進出口總額的比重一直保持在80%以上，而廣大中西部地區所占比重很低。我們需要改變對外貿易的國內區域發展極不平衡的現狀。在新的格局中，一方面可以明顯提高東部地區的發展質量和效益，鼓勵沿海地區發展高端產業，發展高增值環節和總部經濟，合理有序地將勞動密集型傳統產業、加工造環節向中西部地區轉移，加快中西部地區發展，加強東部地區的帶動、擴散、輻射效應；另一方面，中西部地區應充分利用自身優勢，加強與東部省市合作，積極承接產業轉移，形成新的經濟貿易增長點。與此同時，中國要加快邊境城市、邊境口岸、邊境經濟合作區建設，擴大與周邊地區的經貿往來。這樣，中國東部、中西部依託各自優勢，實行協調聯動、錯位發展，形成各具特色、優勢互補的對外貿易新格局。

（四）擴大開放服務領域，做大做強服務貿易

改革開放以來，尤其是加入世界貿易組織以來，中國逐步開放服務市場，為境外服務商提供了包括金融、電信、建築、分銷、物流、旅遊、教育等在內的廣泛的市場准入機會。最近10多年來，中國採取諸多措施發展服務產業和服務貿易，但多以具體產業、領域和方式為著眼點，國家宏觀層面服務貿易發展戰略導向仍不清晰。發展服務貿易是擴大對外開放、拓展發展空間的重要著力點，有利於穩定和增加就業，調整經濟結構，提高發展質量效率，培育新的增長點。因此，有必要針對中國服務貿易發展宏觀思路進行頂層設計。

1. 深化服務業利用外資領域的開放

服務業利用外資領域的開放，除了繼續擴大利用外資規模、優化服務業利用外資結構外，還應著力破除中國服務業利用外資的「玻璃門」和「彈簧門」，大門要開，小門也要開，推動服務業開放從准入后國民待遇向准入前國民待遇轉變。通過有序開放金融、教育、文化、醫療等服務業領域，要為外商投資、民營企業和國有企業營造進入門檻、開展生產經營的公平競爭環境。

2. 推動服務業發展和服務貿易便利化

培育服務新業態，加強研發服務、技術轉移等科技服務業發展。穩定和拓展旅遊、運輸、勞務等傳統服務業出口；擴大金融、物流等服務業對外開放；重點培育和擴大通信、金融、會計等新興服務貿易，提升服務業國際化水平，提高服務貿易在對外貿易中的比重。推進國內服務市場健全制度、標準、規範和監管體系，促進專業人才和專業服務跨境流動便利。積極發展服務外包。

3. 把參與區域經濟合作為深化服務業開放的重要渠道

有選擇地與中國發展水平相近的地區建立自由貿易區框架，以此推動中國服務貿易自主有序漸進開放，不失為中國規避與發達國家優勢服務正面競爭、有效推進服務貿易開放的可行選擇。今后中國在參與自由貿易區談判中，應適時探索自由貿易協定

談判從肯定列表向否定列表即負面清單轉換，重點研究與中國發展水平相近、服務產業具有明顯互補優勢的特定國家採用負面清單列表開放模式，引入准入前國民待遇，推動中國開放戰略升級，打造中國升級版的自由貿易區，形成以自由貿易區的服務業開放推動國內經濟制度改革格局，形成開放與改革良性互動的經濟紅利。

(五) 積極培育貿易主體優勢，提升貿易競爭力

一方面，通過積極培育本土跨國公司，支持有實力的領軍企業實施全球化經營戰略；培育有高端供應鏈體系的貿易流通企業參與全球範圍內資源優化配置；推進各類貿易主體經營、管理、商業模式創新，在擴大消費背景下強化加工貿易企業分銷商的功能，由出口轉內銷；實現貿易主體由外商投資企業為主導逐步向民營企業廣泛參與的多極化方向發展，實現對外貿易主體結構升級。

另一方面，鼓勵行業龍頭企業延長產業鏈，提高國際化經營水平；推動優勢企業強強聯合、跨地區兼併重組和對外投資合作；加快形成一批在全球範圍內配置要素資源、佈局市場網路的具有跨國經營能力的大企業。鼓勵創新型、創業型和勞動密集型中小微企業發展，支持企業走「專精特新」和與大企業協作配套發展的道路。支持有創新能力的外向型民營企業發展。

此外，要加快培育外貿品牌。研究建立出口品牌統計制度。引導企業加強品牌建設。推動有條件的地區、行業和企業建立品牌推廣中心，推介擁有核心技術的品牌產品。鼓勵企業創立品牌，鼓勵有實力的企業收購品牌，大力培育區域性、行業性品牌。支持企業開展商標和專利的國外註冊保護，開展海外維權。採取多種方式，加大中國品牌海外推介力度。

(六) 全面深化改革，加強中國貿易制度創新

1. 以自由貿易區建設改革為突破口

中國已經進入全面深化改革的發展時期。中國（上海）自由貿易試驗區的建立是順應全球經貿發展新趨勢、提高對外開放水平的重大舉措。上海自貿區的建立是以開放倒逼改革的一條有效途徑，將加快政府職能轉變和行政體制改革的進程，通過全方位的制度創新釋放出巨大的改革紅利。通過深化中國（上海）自由貿易試驗區改革開放，在全國複製推廣改革試點經驗，以此為突破口創新貿易制度環境。推進廣東、天津、福建三個新設自由貿易試驗區的建設，做好中國上海自由貿易試驗區擴區等工作，並逐步擴大試點範圍，形成各具特色的改革開放高地。

2. 完善外貿政策協調機制

加強財稅、金融、產業、貿易等政策之間的銜接和配合，完善外貿促進政策和體系。根據安全標準、環保標準、社會責任等要求，依法完善商品進出口管理。加強外貿行政審批事項下放后的監管體系建設，強化事中事後監管。優化通關、商檢、退稅、外匯管理方式等，加快海關特殊監管區域整合優化，支持跨境電子商務、外貿綜合服務平臺、市場採購貿易等新型貿易方式發展。

3. 積極探索開放平臺轉型升級的新途徑

將國家級經濟技術開發區、國家高新技術產業開發區、海關特殊監管區域等各類

園區打造成為中國高端製造、物流、研發、銷售、結算、維修中心。加快外貿轉型升級基地建設,培育一批綜合型、專業型和企業型基地。加快貿易促進平臺建設,培育若幹個國際知名度高、影響力大的國家級會展平臺,打造重點行業國際知名專業展會。培育一批進口促進平臺,發揮其對進口的促進作用。加強培育有國際影響力的證券、大宗商品及金融衍生品市場,提升參與國際市場競爭的能力。加快國際營銷網路建設,鼓勵企業在境外建設展示中心、分撥中心、批發市場、零售網點等。

4. 加大貿易便利化改革力度

深入研究世界貿易組織推動貿易便利化進程的各項舉措,根據中國實際和世界貿易組織貿易便利化規則,加大貿易便利化改革力度,通過制度創新提高貿易便利化水平。加強海關與有關部門的協調,加快貿易便利化措施複製推廣工作進度,完善創新制度配套銜接,實現制度協同效應。圍繞「五位一體」總佈局和服務構建開放型經濟新體制,堅持依法行政,維護公平正義,堅持安全與便利並重,優化口岸管理機制,轉變職能實現方式,推進口岸綜合治理體系和治理能力現代化,力爭到2020年,形成既符合中國國情又具有國際競爭力的大通關管理體制機制。

七、加強國際貿易協調機制,提升國際經貿規則話語權

作為世界最大的貿易國,在邁向貿易強國的發展道路中國際摩擦在所難免。有效的防治路徑是建立健全應對貿易摩擦的部門協調機制,加強貿易摩擦和貿易壁壘預警機制建設,強化貿易摩擦預警信息公共服務,積極提供法律技術諮詢和服務,指導相關行業和企業應對貿易摩擦。維護世界貿易組織在全球貿易投資中的主渠道地位,積極推動多邊貿易談判進程,促進多邊貿易體制均衡、共贏、包容發展,形成公正、合理、透明的國際經貿規則體系,充分利用世界貿易組織規則,有效化解貿易摩擦和爭端,堅決反對各種形式的貿易保護主義。分析評估國外貿易投資法律、政策及措施,調查涉及中國的歧視性貿易壁壘措施並積極應對。依法發起貿易救濟調查,維護國內產業安全和企業合法權益。推進全球經濟治理體系改革,推動引領多邊、區域、雙邊國際經貿規則制定。繼續深入參與多邊貿易體制運作,廣泛參與出口管制國際規則和管制清單制定。積極參與全球價值鏈合作,加強貿易增加值核算體系建設,建立健全全球價值鏈規則制定與利益分享機制。

中國作為一個發展中國家,要實現從世界貿易大國向貿易強國的轉變,既面臨機遇,也存在挑戰,任重而道遠。從國家視角來看,現階段中國應該走傳統勞動密集型產業和新型自主創新型產業相結合的對外貿易發展戰略,以充分發揮出中國各地區和行業自身傳統的比較優勢與新型的競爭優勢。中國對外貿易的未來發展戰略需要立足於中國自身的比較優勢和要素稟賦優勢,並緊跟和參與世界科技創新的前沿,既需要在一些發達省份和城市著力培養自主創新型競爭優勢,也需要注重發揮出更多省份傳統的勞動密集型外貿發展的比較優勢和要素稟賦優勢。這樣才能更好地平衡中國內部和外部發展的需要。

只要中國堅持以科學發展觀為指導,通過不斷提升中國的動態比較優勢,培育新的競爭優勢,加快轉變貿易發展方式,實現均衡協調和可持續發展,貿易強國目標就

一定能實現，對外貿易必將在實現中華民族偉大復興「中國夢」進程中寫下屬於自己的壯麗篇章。

本章小結

1. 中國學者界定的貿易強國的內涵差異較大，一些貿易強國的標準側重於貿易競爭力角度，一些貿易強國標準內涵較廣，有的貿易強國的標準則與經濟強國的標準有很大的重合。國外文獻關於貿易強國的內涵界定標準相對具體，主要強調一國在國際貿易體系的利益分配。然而這些研究都未明確一國邁向貿易強國的具體目標。中國商務部 2010 年對貿易強國從數量和質量維度進行了明確的界定，全面概括了貿易強國的主要特徵以及中國實現這些特徵的階段性目標，因此具有較強的指導性，可以作為中國邁向貿易強國的重要指南。

2. 雖然就大部分數量指標而言，中國與世界貿易強國的差距正在不斷縮小，但考察貿易的質量指標，中國不合理的貿易結構、較低的知識競爭力、微薄的貿易分工利益以及在國際話語權方面的弱勢地位，無不顯示出中國從貿易大國走向貿易強國尚有一段漫漫長路。而這一切首先需要中國從經濟增長方式和貿易增長方式的轉變方面去著手改變。

3. 中國邁向貿易強國的戰略應堅持四個基本原則，即開放型發展、包容型發展、平衡發展和可持續發展。重點要從以下六大方面選擇邁向貿易強國的具體發展路徑：調整產業結構，走低碳、綠色貿易之路；以技術創新為動力，提升中國出口商品競爭力；進一步優化國內和國外兩大市場的空間佈局；擴大開放服務領域，做大做強服務貿易；加速各類貿易主體和加工貿易的轉型升級；以上海自由貿易區建立為突破口，加速推進中國全面深化改革，助推貿易強國實現。

思考題

1. 衡量貿易強國的主要指標有哪些？
2. 試分析貿易強國的主要特徵。
3. 試對比分析中國與貿易強國的主要差距。
4. 闡述中國邁向貿易強國的戰略選擇。
5. 闡述中國從貿易大國向貿易強國轉變的具體實施路徑。

案例分析

日本如何在 20 世紀 70 年代初一躍而成為貿易強國？

20 世紀 60 年代以來，日本貿易高速增長，在短短 20 年餘年時間一舉成為世界經

濟第二大強國，也成為主要的貿易強國。日本究竟是如何實現這一轉變的？讓我們一起看看在這一時期日本政府和企業實施的主要舉措。

1945—1955 年是日本經濟的恢復發展時期。這一時期，日本政府確立了「貿易立國」的發展戰略。為了有效貫徹實施「貿易立國」的發展戰略，日本政府對本國的貿易活動進行了全面的干預。在進口方面，通過嚴格的外匯管制，使所有的外匯支出均服務於國民經濟的增長和出口貿易的擴大。在出口方面，除了通過金融、稅收和保險等措施直接推動本國出口貿易發展外，還利用技術投資產業組織等產業政策措施。至 1955 年，主要經濟指標除外貿一項外，全部恢復到甚至超過戰前的最高水平。

20 世紀 50 年代中期以來，世界第三次科學技術革命以空前的規模和速度，把科學技術水平推向新的高峰，開創了科學社會化和社會科學化的新紀元。在這一關鍵時期，日本確立了外向型經濟發展戰略，制定了「科技立國發展戰略」。日本政府調整國內產業結構，選擇計算機技術的開發和合成材料技術的開發等產業作為振興日本工業的突破口。通過大量引進國際尖端技術，日本廣泛運用國際科技成果。為了突破技術瓶頸的制約，提高勞動生產率和資源利用率，日本企業在大力引進外國先進技術的同時，還強化了吸收消化和創新的工作，使其產品生產在技術進步的推動下大大提高了投入產業化。日本企業通過努力調整投入品，降低生產成本，以更為廉價的投入物緩解成本的壓力。與此同時，日本企業還強化經營管理，提高投入效率。繼福特生產方式之後，日本企業根據自身條件和環境走出了一條「日本式」生產方式之路。為了從根本上改變日本產品在國際市場的形象，日本企業在導入「戴明循環管理法」的基礎上，創出了以質量管理活動小組為中心的獨特的管理方式，提高產品質量和檔次，強化出口產品的非價格競爭能力。有效控制成本，同時又重視提高產品質量，強化了非價格競爭能力，日本推動了出口商品結構不斷升級和附加值的提高。這一時期，工業生產大幅度躍升，年均增長率在 10% 以上，一躍而成為僅次於美國的世界第二經濟強國。這是日本對外貿易高速增長的時期，其貿易結構也由傳統的輕紡產品為主轉變為以重工業和化學工業等高附加值的產品為主。

（資料來源：強永昌. 戰后日本貿易發展的政策與制度研究 [M]. 上海：復旦大學出版社，2001）

問題：

1. 日本在二戰后到 20 世紀 70 年代之間實施哪些關鍵舉措使日本快速邁入貿易強國行列？

2. 中國能從日本建設貿易強國的經驗中學習和借鑑什麼？

3. 有人說現在中國的貿易發展似乎在重複日本的貿易發展軌跡，你如何看待這一問題？

附表　　　　　　　　　　主要貿易強國和中國的世界500強

排名 2011年	排名 2010年	企業名稱	國家	營業額（百萬美元）	利潤額（百萬美元）	資產額（百萬美元）	雇員人數（人）
3	1	沃爾瑪	美國	446,950	15,699	193,406	2,200,000
4	4	英國石油公司	英國	386,463	25,700	293,068	83,400
5	5	中國石油化工集團公司	中國	375,214	9,452.9	277,297	1,021,979
6	6	中國石油天然氣集團公司	中國	352,338	16,317	481,073.5	1,668,072
7	7	國家電網公司	中國	259,141.8	5,678.1	351,380.8	1,583,000
8	10	雪佛萊	美國	245,621	26,895	209,474	61,189
9	12	康菲石油公司	美國	237,272	12,436	153,230	29,800
10	8	豐田汽車公司	日本	235,364	3,591.3	372,520.2	325,905
11	11	道達爾公司	法國	231,579.8	17,069.2	212,984.8	96,104
12	13	大眾公司	德國	221,550.5	21,425.5	329,282.6	501,956
13	9	日本郵政控股公司	日本	211,018.9	5,938.8	3,550,396	237,000
16	29	意昂集團	德國	157,057.1	-3,085.4	198,473.7	78,889
19	20	通用汽車公司	美國	150,276	9,190	144,603	207,000
21	24	戴姆勒股份公司	德國	148,138.8	7,879.7	192,319.7	271,370
22	16	通用電氣公司	美國	147,616	14,151	717,242	301,000
24	19	伯克希爾—哈撒韋公司	美國	143,688	10,254	392,647	270,858
25	14	安盛	法國	142,711.8	6,012.3	947,869.2	96,999
26	15	房利美	美國	137,451	-16,855	3,211,484	7,000
27	25	福特汽車公司	美國	136,264	20,213	178,348	164,000
28	27	安聯保險集團	德國	134,167.5	3,538.7	832,823	141,938
29	31	日本電報電話公司	日本	133,076.9	5,923.5	235,655.1	224,239
30	26	法國巴黎銀行	法國	127,460	8,412.2	2,551,527	198,423
31	28	惠普	美國	127,245	7,074	129,517	349,600
32	30	美國電話電報公司	美國	126,723	3,944	270,344	256,420
33	38	蘇伊士集團	法國	126,076.5	5,566	277,070.2	240,303
35	70	瓦萊羅能源公司	美國	125,095	2,090	42,783	21,942
37	37	麥克森公司	美國	122,734	1,403	33,093	37,700
38	40	日立	日本	122,419.4	4,397.1	114,469.2	323,540
39	32	家樂福	法國	121,734.1	515.9	62,228.8	412,443
41	58	JX控股公司	日本	119,258.1	2,160.6	81,312.8	24,236
42	48	日產汽車	日本	119,166.3	4,324.3	134,565.5	157,000
46	21	美洲銀行	美國	115,074	1,446	2,129,046	281,791
47	47	西門子	德國	113,348.9	8,561.9	139,883.7	360,000
50	41	威瑞森電信	美國	110,875	2,404	230,461	193,900
51	36	摩根大通	美國	110,838	18,976	2,265,792	260,157

附表(續)

排名 2011年	排名 2010年	企業名稱	國家	營業額(百萬美元)	利潤額(百萬美元)	資產額(百萬美元)	雇員人數(人)
53	46	匯豐銀行控股公司	英國	110,141	16,797	2,555,579	305,984
54	77	中國工商銀行	中國	109,039.6	32,214.1	2,458,988	408,859
55	111	蘋果公司	美國	108,249	25,922	116,371	63,300
56	57	CVS Caremark 公司	美國	107,750	3,461	64,543	163,000
57	52	國際商業機器公司	美國	106,916	15,855	116,433	433,362
58	43	法國農業信貸銀行	法國	105,155.7	-2,044	2,237,760	87,451
59	61	樂購	英國	103,839.3	4,484.4	81,132.8	406,088
60	39	花旗集團	美國	102,939	11,067	1,873,878	266,000
61	53	康德樂	美國	102,644.2	959	22,845.9	31,900
62	71	巴斯夫公司	德國	102,194.1	8,604.1	79,423.5	111,141
63	62	聯合健康集團	美國	101,862	5,142	67,889	99,000
64	45	本田汽車	日本	100,663.5	2,678.4	143,178.9	187,094
66	50	松下	日本	99,373.2	-9,779.6	80,226.7	330,767
67	72	法國興業銀行	法國	98,463.5	3,316.2	1,533,775	159,616
69	79	寶馬	德國	95,692.3	6,786.8	160,247.8	100,306
72	65	麥德龍	德國	92,745.9	877.4	44,125.3	249,953
73	68	法國電力公司	法國	90,806.2	4,185.3	300,825.2	156,168
74	81	日本生命保險公司	日本	90,782.5	2,848.4	621,863.3	72,822
75	76	克羅格	美國	90,374	602	23,476	339,000
76	88	慕尼黑再保險公司	德國	90,137.4	976.1	321,433.1	47,206
77	108	中國建設銀行	中國	89,648.2	26,180.6	1,951,356	329,438
78	85	好市多	美國	88,915	1,462	26,761	128,000
79	54	房地美	美國	88,262	-5,266	2,147,216	4,890
80	63	美國富國銀行	美國	87,597	15,869	1,313,867	264,200
81	87	中國移動通信集團公司	中國	87,543.7	11,702.5	184,821.1	216,677
84	127	中國農業銀行	中國	84,802.7	18,859.5	1,855,351	447,401
85	90	標致	法國	83,304.8	817.6	89,571	209,019
86	80	寶潔公司	美國	82,559	11,797	138,354	129,000
87	73	索尼	日本	82,237.2	-5,783.6	161,590.5	162,700
89	75	德國電信	德國	81,554.2	774.5	159,096.3	235,132
91	139	來寶集團	中國	80,732.1	431.3	19,830.3	14,000
92	122	ADM 公司	美國	80,676	2,036	42,193	30,700
93	132	中國銀行	中國	80,230.4	19,208.3	1,879,578	289,951
94	84	美源伯根公司	美國	80,217.6	706.6	14,982.7	9,850

附表(續)

排名 2011年	排名 2010年	企業名稱	國家	營業額(百萬美元)	利潤額(百萬美元)	資產額(百萬美元)	雇員人數(人)
96	141	日本明治安田生命保險公司	日本	77,463.4	2,187.8	361,300	38,176
97	89	東芝	日本	77,260.5	933.5	69,655.4	210,000
98	93	德國郵政	德國	76,306.6	1,617.1	49,865.1	423,502
100	—	中國建築工程總公司	中國	76,023.6	1,108	82,362.3	188,480
101	162	中國海洋石油總公司	中國	75,513.8	8,836	114,161.7	98,750
102	176	國際資產控股公司	美國	75,497.6	37.3	2,635.7	904
103	97	法國BPCE銀行集團	法國	75,081.6	3,733.4	1,477,978	117,381
104	146	德意志銀行	德國	74,425.3	5,745.3	2,809,655	100,996
105	92	沃達豐集團	英國	74,051	11,098.8	223,042.4	86,373
106	—	馬拉松原油公司	美國	73,654	2,389	25,745	24,210
107	104	沃爾格林公司	美國	72,184	2,714	27,454	211,500
109	44	美國國際集團	美國	71,730	17,798	555,773	57,000
110	119	博世公司	德國	71,599.9	2,427.7	70,907.9	302,519
111	—	中國鐵道建築總公司	中國	71,443.4	489.3	68,963	291,598
112	95	中國中鐵股份有限公司	中國	71,263.4	1,034.8	74,472,9	294,761
113	168	中國中化集團公司	中國	70,990.1	1,177.5	41,021.4	47,545
114	160	大都會人壽	美國	70,641	6,981	799,625	67,000
115	125	三菱商事株式會社	日本	70,491.9	5,748	152,996	63,058
116	101	家得寶	美國	70,395	3,883	40,518	263,145
118	110	美可保健公司	美國	70,063.3	1,455.7	16,962.8	22,650
119	120	微軟	美國	69,943	23,150	108,704	90,000
120	106	塔吉特公司	美國	69,865	2,929	46,630	365,000
121	115	巴克萊銀行	英國	68,949.5	4,820.9	2,430,189	149,700
122	138	蒂森克虜伯公司	德國	68,790.7	-1,798.8	58,510.9	180,050
123	114	波音公司	美國	68,735	4,018	79,986	171,700
124	107	萊茵集團	德國	68,344.9	2,511.2	120,295.3	72,068
126	103	輝瑞制藥有限公司	美國	67,932	10,009	188,002	103,700
127	118	東京電力公司	日本	67,751.3	-9,899.6	188,824.2	52,046
128	464	德國巴登—符騰堡州銀行	德國	67,431.4	122.4	484,342.4	12,231
129	113	中國人壽保險(集團)公司	中國	67,274	1,048.3	311,031.2	133,783
130	—	上海汽車集團股份有限公司	中國	67,254.8	3,127.9	50,624.9	115,932
131	59	英國勞埃德銀行集團	英國	67,048.1	-723.1	1,508,519	98,538
132	148	三井物產株式會社	日本	66,512.1	5,503	109,526.3	44,937

附表(續)

排名 2011年	排名 2010年	企業名稱	國家	營業額（百萬美元）	利潤額（百萬美元）	資產額（百萬美元）	雇員人數（人）
133	137	百事公司	美國	66,504	6,443	72,882	297,000
134	133	日本永旺集團	日本	65,989.1	846.1	50,036.3	266,130
135	109	美國郵政	美國	65,711	-5,067	23,413	601,601
138	123	強生	美國	65,030	9,672	113,644	117,900
140	116	州立農業保險公司	美國	64,305.1	845	196,543	65,395
141	121	法國電信	法國	62,955.5	5,415.8	124,744.5	171,949
142	145	東風汽車集團	中國	62,910.8	1,321.1	36,869.8	161,377
143	100	蘇格蘭皇家銀行集團	英國	62,797.9	-3,201.6	2,342,122	148,600
144	157	三菱日聯金融集團	日本	62,706.1	12,428.7	2,659,961	83,491
145	153	日本第一生命保險	日本	62,461.5	257.8	406,765.6	60,305
147	124	戴爾	美國	62,071	3,492	44,533	108,050
148	64	英杰華集團	英國	61,754.3	360.7	485,525.8	36,562
149	142	歐尚集團	法國	61,698.5	1,126.3	36,974.3	269,188
150	135	Wellpoint 公司	美國	60,710.7	2,646.7	52,018.8	37,700
151	131	Seven & I 控股公司	日本	60,668.2	1,645.7	48,064.2	51,888
152	149	中國南方電網有限責任公司	中國	60,538.3	755.4	83,090.8	301,539
153	140	力拓集團	英國	60,537	5,826	119,545	67,930
155	202	卡特彼勒	美國	60,138	4,928	81,446	125,099
156	152	陶氏化學	美國	59,985	2,742	69,224	51,705
158	163	雷諾	法國	59,272.2	2,908.8	94,690.2	128,322
160	182	邦吉公司	美國	58,743	942	23,275	34,000
161	155	聖戈班集團	法國	58,560.3	1,785.3	60,025.6	194,658
162	91	英國保誠集團	英國	58,527	2,388.8	425,225.2	22,896
163	150	聯合技術公司	美國	58,190	4,979	61,452	199,900
165	197	中國第一汽車集團公司	中國	57,002.9	2,297.4	34,034.7	91,014
166	158	富士通	日本	56,582.3	540.9	35,798.6	173,000
167	228	美國康卡斯特電信公司	美國	55,842	4,160	157,818	126,000
168	199	丸紅株式會社	日本	55,604.3	2,180	62,346.7	32,445
169	229	中國五礦集團公司	中國	54,509.1	753.7	36,636.6	115,137
170	167	卡夫食品	美國	54,365	3,527	93,837	126,000
172	201	日本伊藤忠商事株式會社	日本	54,093.7	3,805.9	79,086.9	70,639
173	195	英特爾公司	美國	53,999	12,942	71,119	100,100
177	166	聯合包裹速遞服務公司	美國	53,105	3,804	34,701	310,010
179	185	德國聯邦鐵路公司	德國	52,808	1,834	67,240.2	284,319

附表(續)

排名 2011年	排名 2010年	企業名稱	國家	營業額（百萬美元）	利潤額（百萬美元）	資產額（百萬美元）	雇員人數（人）
180	173	新日本制鐵株式會社	日本	51,812.1	740.5	59,853.1	60,508
181	240	宏利金融	加拿大	51,547.8	220.4	453,931.4	26,000
182	130	法國國家人壽保險公司	法國	51,521.1	1,212.3	416,768	4,800
183	192	萬喜集團	法國	51,385.4	2,647.8	78,644.8	183,320
184	165	百思買	美國	51,116	-1,231	16,005	167,000
187	178	拜耳集團	德國	50,790.4	3,434.4	68,504.8	111,800
189	193	南蘇格蘭電力	英國	50,610.5	315.6	31,456.6	19,489
190	169	美國勞氏公司	美國	50,208	1,839	33,559	204,767
191	189	日本三井住友金融集團	日本	49,967.4	6,567.3	1,738,462	64,225
194	221	中國中信集團有限公司	中國	49,338.7	5,648.2	520,663	155,333
195	223	保德信金融集團	美國	49,045	3,666	624,521	50,104
197	212	寶鋼集團有限公司	中國	48,916.3	1,866.7	75,281.2	104,463
199	233	日本出光興產株式會社	日本	48,828.1	815.3	32,597.7	8,243
200	217	法切萊公司	法國	48,747.9	-13.9	41,792.3	227,996
201	187	賽諾菲	法國	48,746.5	7,915.8	130,044.2	1,137,719
202	175	法國威立雅環境集團	法國	48,485.9	-681	65,441.6	258,400
205	250	中國兵器工業集團公司	中國	48,153.9	597.8	41,621	279,563
206	270	亞馬孫	美國	48,077	631	25,278	56,200
207	180	默沙東	美國	48,047	6,272	105,128	86,000
209	216	MS&AD保險集團控股有限公司	日本	47,684	-2,146.3	176,679.7	36,929
211	177	洛克希德—馬丁公司	美國	46,692	2,655	37,908	123,000
212	256	可口可樂公司	美國	46,542	8,572	79,974	146,200
213	188	美國快捷藥方控股公司	美國	46,128.3	1,275.8	15,607	13,120
214	203	三菱電機股份有限公司	日本	46,094.3	1,419.3	41,220.8	117,314
216	211	中國交通建設股份有限公司	中國	45,958.7	1,220.6	59,175.8	101,257
217	252	美國太陽石油公司	美國	45,765	-1,684	11,982	10,483
218	206	法國布伊格集團	法國	45,669.4	1,487.8	45,339.2	130,827
219	209	法國國營鐵路公司	法國	45,587.4	173.8	54,609.1	245,090
220	214	日本KDDI電信公司	日本	45,241	3,021.9	48,663.9	19,680
221	222	中國電信集團公司	中國	45,169.8	556.9	103,883.2	491,447
224	204	佳能	日本	44,630.8	3,119.3	51,101.5	198,307
226	275	ENTERPRISE PRODUCTS PARTNERS公司	美國	44,313	2,046.9	34,125.1	6,900
231	194	英國葛蘭素史克公司	英國	43,907.3	8,434.5	63,850.6	97,389

附表(續)

排名 2011年	排名 2010年	企業名稱	國家	營業額(百萬美元)	利潤額(百萬美元)	資產額(百萬美元)	僱員人數(人)
232	208	美國西夫韋公司	美國	43,630.2	516.7	15,073.6	178,000
233	346	中國華潤總公司	中國	43,439.5	1,881.7	94,169.5	350,524
234	293	神華集團	中國	43,355.9	5,671.7	99,604.2	176,500
236	224	東京海上日動火災保險公司	日本	43,263.8	76	198,571.5	30,831
237	215	思科公司	美國	43,218	6,490	87,095	71,825
238	227	中國南方工業集團公司	中國	43,159.5	176.1	41,484	232,134
239	200	住友生命保險公司	日本	43,085.9	1,367.8	292,094.9	42,953
241	265	德國大陸集團	德國	42,415.6	1,727.2	33,805.7	163,788
242	328	中國平安保險(集團)股份有限公司	中國	42,110.3	3,012.4	363,111.6	175,136
245	198	西爾斯控股集團	美國	41,567	-3,140	21,381	293,000
246	276	中國華能集團公司	中國	41,480.6	25.5	119,667.7	142,370
247	244	住友商事	日本	41,300.9	3,174.7	87,831.4	72,087
248	245	漢莎集團	德國	41,219.9	-18.1	36,457.6	120,055
249	226	沃特迪士尼公司	美國	40,893	4,807	72,124	156,000
250	311	中國航空工業集團公司	中國	40,834.9	930.4	81,946	480,147
251	267	江森自控有限公司	美國	40,833	1,624	29,676	162,000
252	234	三菱化學控股	日本	40,631.8	449.4	38,575.2	53,979
253	257	軟銀	日本	40,559.2	3,973.7	59,549.2	22,710
255	268	森科能源公司	加拿大	40,230.8	4,351.7	73,454.8	13,026
256	231	日本鋼鐵工程控股公司	日本	40,104.2	-464	48,702.8	54,133
257	225	法國維旺迪集團	法國	40,063.1	3,727.8	72,340	58,138
258	343	中國郵政集團公司	中國	40,023.3	3,084.7	676,889.7	889,307
259	239	電裝公司	日本	39,953.7	1,131	43,846.6	126,036
260	351	斯倫貝謝公司	美國	39,540	4,997	55,201	113,000
261	218	摩根士丹利	美國	39,376	4,110	749,898	61,899
262	232	西斯科公司	美國	39,323.5	1,152	11,385.6	46,000
263	261	聯邦快遞	美國	39,304	1,452	27,385	255,573
268	255	雅培公司	美國	38,851.3	4,728.4	60,276.9	91,922
269	279	河北鋼鐵集團	中國	38,722.4	198.3	50,236.6	131,977
270	285	杜邦公司	美國	38,719	3,474	48,492	70,000
271	241	日本電氣公司	日本	38,461.9	-1,396.5	31,083.7	109,102
272	242	弗朗茨海涅爾公司	德國	38,023.3	292	21,689.4	46,688
275	320	怡和集團	中國	37,967	3,449	58,297	330,000

附表(續)

排名 2011年	排名 2010年	企業名稱	國家	營業額(百萬美元)	利潤額(百萬美元)	資產額(百萬美元)	雇員人數(人)
276	287	普利司通	日本	37,942.9	1,291.8	34,806.9	143,124
277	325	谷歌	美國	37,905	9,737	72,574	32,467
278	263	美國阿美拉達赫斯公司	美國	37,871	1,703	39,136	14,350
280	297	中國冶金科工集團有限公司	中國	37,612.6	-399.6	57,229	160,399
282	262	加拿大皇家銀行	加拿大	37,233	4,917.5	757,001	68,480
283	417	美國聯合大陸控股有限公司	美國	37,110	840	37,988	87,000
284	280	霍尼韋爾國際公司	美國	37,059	2,067	39,808	132,000
287	384	CHS公司	美國	36,915.8	961.4	12,217	8,922
288	251	英國森特理克集團	英國	36,859.5	675	30,416.1	39,432
289	274	哈門那公司	美國	36,832	1,419	17,708	40,000
290	181	高盛集團	美國	36,793	4,442	923,225	33,300
292	289	中國人民保險集團股份有限公司	中國	36,549.1	802	92,969.8	98,609
293	327	賀利氏控股集團	德國	36,405.9	429	5,287.8	13,323
294	264	美國英格雷姆麥克羅公司	美國	36,328.7	244.2	9,146.5	15,500
295	326	首鋼集團	中國	36,117.1	212.8	58,414.2	120,371
296	230	美國超價商店公司	美國	36,100	-1,040	12,053	130,000
298	331	中國鋁業公司	中國	35,839.2	76.4	63,015.6	183,301
299	273	日本三菱重工業股份有限公司	日本	35,727.4	310.8	48,176.8	68,887
300	364	甲骨文公司	美國	35,622	8,547	73,535	108,000
301	295	關西電力	日本	35,607	-3,068.2	91,411.7	32,961
302	283	森寶利	英國	35,566.6	954	19,719.3	101,900
306	314	日本NKSJ控股	日本	35,342.7	-1,168.5	108,086.8	35,764
308	302	達美航空	美國	35,115	854	43,499	78,392
310	309	Medipal控股公司	日本	34,832	147.5	15,488.7	11,194
312	282	美國利寶互助保險集團	美國	34,671	365	117,131	45,000
313	—	全球燃料服務公司	美國	34,622.9	194	3,697.2	1,798
316	303	日本瑞穗金融集團	日本	34,394.3	6,136.5	2,009,729	56,109
317	258	美國紐約人壽保險公司	美國	34,393.5	557.3	213,280.2	13,658
318	431	中國航空油料集團公司	中國	34,352.4	170.5	5,855.9	9,326
319	376	Plains All American Pipeline公司	美國	34,275	966	15,381	3,800
320	306	法國郵政	法國	34,267.7	664.6	259,753.4	268,822
321	341	武漢鋼鐵(集團)公司	中國	34,259.5	664.4	35,311.3	129,805

附表(續)

排名 2011年	排名 2010年	企業名稱	國家	營業額（百萬美元）	利潤額（百萬美元）	資產額（百萬美元）	僱員人數（人）
322	344	迪奧	法國	34,244.1	1,778.4	66,482	84,497
323	296	美國教師退休基金會	美國	34,079	2,388.4	420,069.8	7,699
324	308	法國航空—荷蘭皇家航空集團	法國	34,001.4	-1,114.1	36,443.4	101,222
326	398	交通銀行	中國	33,871.6	7,847.6	732,630.6	90,149
327	269	安泰保險	美國	33,779.8	1,985.7	38,593.1	33,300
328	290	斯普林特Nextel公司	美國	33,679	-2,890	49,383	40,000
329	358	科斯莫石油	日本	33,671.8	-115	20,358.2	8,247
330	458	冀中能源集團	中國	33,660.8	132.1	19,160.2	137,524
331	281	阿斯利康	英國	33,591	9,983	52,830	57,200
332	284	新聞集團	美國	33,405	2,739	61,980	51,000
333	371	中國聯合網路通信股份有限公司	中國	33,336.1	218.4	72,850.9	215,954
334	278	德國中央合作銀行	德國	33,279.1	535.3	527,013.7	27,825
335	299	加拿大鮑爾集團	加拿大	33,276.6	1,128.4	250,978.5	32,616
338	310	加拿大喬治威斯頓公司	加拿大	32,734.7	642	20,946	142,000
339	291	通用動力	美國	32,677	2,526	34,883	95,100
340	305	好事達	美國	32,654	788	125,563	37,300
341	405	中國國電集團公司	中國	32,580	-91.5	105,403.1	139,109
342	324	德國艾德卡公司	德國	32,530.7	195.9	8,069.5	306,000
343	313	HCA公司	美國	32,506	2,465	26,898	174,500
344	319	美國運通公司	美國	32,282	4,935	153,337	62,500
345	337	泰森食品	美國	32,266	750	11,071	115,000
346	367	江蘇沙鋼集團	中國	32,096.8	483.7	27,118.9	44,927
347	323	東日本旅客鐵道株式會社	日本	32,070.2	1,377.2	85,809.5	71,729
348	372	迪爾公司	美國	32,012.5	2,799.9	48,207.4	61,300
349	430	中國鐵路物資股份有限公司	中國	31,991.1	155.5	10,067.9	9,114
350	—	鈴木汽車	日本	31,817.1	682.5	27,983	54,484
351	352	華為投資控股有限公司	中國	31,543.4	1,815.3	30,709.1	140,000
352	415	墨菲石油公司	美國	31,446.3	872.7	14,138.1	5,893
353	374	施耐德電氣	法國	31,128	2,530.6	46,590.8	137,535
354	253	夏普	日本	31,103.6	-4,763	31,771.2	56,800
355	356	菲利普—莫里斯國際公司	美國	31,097	8,591	35,488	78,100
356	355	日本中部電力	日本	31,020.4	-1,167.7	68,633.6	30,194
358	301	英國電信集團	英國	30,734.3	3,193.9	38,268.9	89,015

第十五章　中國的貿易強國之路

附表(續)

排名 2011年	排名 2010年	企業名稱	國家	營業額（百萬美元）	利潤額（百萬美元）	資產額（百萬美元）	雇員人數（人）
359	481	美國全國保險公司	美國	30,697.8	-793.1	141,250.4	32,096
360	345	英美資源集團	英國	30,580	6,169	72,442	100,000
362	362	和記黃埔有限公司	中國	30,022.9	7,196.6	92,777.1	250,000
363	335	PHOENIX PHARMAHANDEL 公司	德國	30,022.7	306.8	9,702.5	23,850
365	485	中國建築材料集團有限公司	中國	30,021.9	656.5	32,969.6	126,385
366	482	Tesoro 公司	美國	29,927	546	9,892	5,374
367	435	中國機械工業集團有限公司	中國	29,846.3	630.6	26,794	96,356
368	365	3M 公司	美國	29,611	4,283	31,616	84,198
369	375	中國大唐集團公司	中國	29,603.2	-132.5	96,207	102,876
370	450	聯想集團	中國	29,574.4	473	15,860.7	27,000
371	381	阿弗瑞薩控股公司	日本	29,550.9	83.6	13,094	10,713
373	129	英國法通保險公司	英國	29,366.1	1,163.9	507,819.1	9,138
377	294	德國商業銀行	德國	29,235.6	887.1	859,166.8	49,215
379	368	愛信精機	日本	29,182.5	702.9	25,204.6	78,212
381	363	時代華納	美國	28,974	2,886	67,801	34,000
382	411	米其林公司	法國	28,808.8	2,032.8	27,118.9	108,340
384	399	中國遠洋運輸（集團）總公司	中國	28,796.5	-651.8	52,229.4	72,897
385	401	麥格納國際	加拿大	28,748	1,018	14,679	108,275
386	288	BAE 系統公司	英國	28,623.8	1,988	35,905.9	87,000
389	499	昭和殼牌石油公司	日本	28,496.7	289.9	15,710.4	5,947
390	—	中國電力建設集團有限公司	中國	28,288.6	354.4	38,535.9	200,309
391	378	歐萊雅	法國	28,286.1	3,390.5	34,869.2	68,886
392	382	威廉莫里森超市連鎖公司	英國	28,276.4	1,104.6	15,560.5	94,114
393	366	中糧集團有限公司	中國	28,189.7	728.5	41,264	98,300
395	260	美國諾斯洛普格拉曼公司	美國	28,058	2,118	25,411	72,500
397	446	河南煤業化工集團有限責任公司	中國	27,919.2	223.4	27,370.3	203,732
400	377	富士膠片控股株式會社	日本	27,803.6	554.2	33,296.9	81,691
402	475	中國化工集團公司	中國	27,706.7	100.1	39,355	138,553
403	393	多倫多道明銀行	加拿大	27,589.5	5,968.5	691,198.4	75,631
404	348	阿爾斯通	法國	27,417.3	1,006.8	41,351.5	85,449
406	401	DirecTV 公司	美國	27,226	2,609	18,423	26,350

附表(續)

排名 2011年	排名 2010年	企業名稱	國家	營業額(百萬美元)	利潤額(百萬美元)	資產額(百萬美元)	僱員人數(人)
407	383	大眾超級市場公司	美國	27,178.8	1,492	11,268.2	111,500
409	425	加拿大豐業銀行	加拿大	27,090.9	5,244.9	579,311.2	75,362
410	403	麥當勞	美國	27,006	5,503.1	32,989.9	420,000
411	433	達能	法國	26,860.8	2,323.4	36,905.5	101,885
413	416	T&D控股	日本	26,648.7	339	156,308.5	20,982
414	—	安富利公司	美國	26,534.4	669.1	9,905.6	17,600
415	396	Tech Data公司	美國	26,488.1	206.4	5,785.4	8,283
416	—	天津市物資集團總公司	中國	26,410.9	25.4	11,981	6,164
417	390	梅西百貨	美國	26,405	1,256	22,095	171,000
418	307	Maruhan株式會社	日本	26,333	314.9	4,080.7	12,427
419	412	Onex公司	加拿大	26,168	1,327	29,446	246,000
420	418	巴登—符滕堡州能源公司	德國	26,126.2	-1,205.9	46,506	20,959
421	385	來德愛	美國	26,121.2	368.6	7,364.3	70,650
422	409	住友電工	日本	26,081.8	745.5	25,183.1	194,734
424	387	國際紙業	美國	26,034	1,341	26,993	61,500
425	408	中國電子信息產業集團有限公司	中國	26,022.5	203	23,003.3	127,822
426	484	浙江物產集團	中國	25,833.1	96.1	8,298.9	17,401
427	426	日本菸草	日本	25,758.6	4,064	44,567.4	48,529
428	357	馬自達汽車株式會社	日本	25,748.9	-1,364.5	23,285.6	37,617
431	389	Travelers Cos公司	美國	25,446	1,426	104,602	30,600
432	432	金巴斯集團	英國	25,417.6	1,168.7	14,660.8	471,108
433	—	中國華電集團公司	中國	25,270	-21.6	83,549.7	109,280
434	463	中國船舶重工集團公司	中國	25,144.5	836.7	55,693.3	170,361
436	453	小松集團	日本	25,099.2	2,115.6	28,202.8	44,206
437	392	史泰博	美國	25,022.2	984.7	13,430.6	69,662
439	465	美鋁公司	美國	24,951	611	40,120	61,000
440	—	山東魏橋創業集團有限公司	中國	24,905.5	1,127.6	13,000.3	141,299
441	414	西北互助人壽保險公司	美國	24,861	645.1	189,644.8	4,842
442	386	雷神公司	美國	24,857	1,866	25,854	71,000
444	—	哈里伯頓公司	美國	24,829	2,839	23,677	68,000
445	424	英美菸草集團	英國	24,687.9	4,962	42,151	56,265
446	419	住友化學	日本	24,670.2	70.8	28,402.4	29,839
447	—	山西煤炭運銷集團有限公司	中國	24,533.4	224.2	17,686.2	103,745

第十五章　中國的貿易強國之路

附表(續)

排名 2011年	排名 2010年	企業名稱	國家	營業額(百萬美元)	利潤額(百萬美元)	資產額(百萬美元)	雇員人數(人)
448	456	渣打集團	英國	24,488	4,849	599,070	86,865
450	467	中國太平洋保險(集團)股份有限公司	中國	24,429	1,285.8	90,659.7	82,456
451	—	中國電力投資集團公司	中國	24,399.8	-118.8	79,921.5	121,716
452	413	帝國菸草公司	英國	24,378.9	2,883.2	47,623.4	38,200
453	439	途易	德國	24,355.6	33.3	18,104.8	73,707
454	423	美國禮來公司	美國	24,286.5	4,347.7	33,659.8	38,080
455	—	Marquard & Bahls 公司	德國	24,258.4	40.3	5,251.3	4,214
456	443	艾默生電氣	美國	24,234	2,480	23,861	133,200
457	379	萬通互惠理財	美國	24,226.4	877.4	195,380.5	9,500
458	491	西方石油公司	美國	24,216	6,771	60,044	11,300
460	—	山東能源集團有限公司	中國	24,131.3	1,558.5	28,444	270,791
461	429	理光集團	日本	24,107.7	-564.4	27,824	109,241
462	—	鞍鋼集團公司	中國	24,089	247.3	43,169.7	227,887
463	438	美國航空	美國	23,979	-1,979	23,848	80,100
466	—	赫斯基能源公司	加拿大	23,622.8	2,248.6	31,852.7	4,726
467	447	神鋼集團	日本	23,616.5	-180.5	26,245.9	35,496
469	478	Suzuken 公司	日本	23,556	102	11,814.2	15,155
471	—	野村控股	日本	23,452.7	146.7	433,851.6	35,764
472	495	大和房建	日本	23,415.2	420.5	25,353.6	27,130
473	468	福陸公司	美國	23,381.4	593.7	8,270.3	43,087
475	—	浙江吉利控股集團	中國	23,355.7	90	16,718.6	37,800
477	388	山田電機	日本	23,246.2	737.6	11,398.2	14,006
478	442	TJX 公司	美國	23,191.5	1,496.1	8,281.6	168,000
479	462	費森尤斯集團	德國	22,973	959.4	34,172.5	149,351
480	455	拉法基集團	法國	22,970.3	824.5	52,865.5	60,925
481	434	日本郵船	日本	22,896.2	-922.3	25,792.8	28,498
482	457	三菱汽車	日本	22,889.6	303.1	16,058.7	30,777
483	—	綠地控股集團有限公司	中國	22,872.9	965.8	29,895.4	27,816
484	—	新興際華集團	中國	22,832.3	242.6	10,194.1	77,512
485	406	加拿大永明金融集團	加拿大	22,831.2	-202.2	214,172	15,000
487	—	美國固特異輪胎橡膠有限公司	美國	22,767	343	17,629	73,000
488	449	施樂公司	美國	22,626	1,295	30,116	139,650
490	—	開灤集團	中國	22,519.3	107.2	9,175.4	71,987

423

附表(續)

排名 2011年	排名 2010年	企業名稱	國家	營業額(百萬美元)	利潤額(百萬美元)	資產額(百萬美元)	雇員人數(人)
491	497	德國復興信貸銀行	德國	22,496.1	2,875.5	642,422.1	4,765
492	444	貝塔斯曼集團	德國	22,426.6	646.6	23,561.5	100,626
494	—	國際航空集團	英國	22,390.4	742.5	25,645.3	56,791
495	470	索迪斯	法國	22,262.4	625.7	16,429	391,148
496	—	東京煤氣公司	日本	22,217.9	583.4	22,653	16,528
497	473	美國家庭人壽保險公司	美國	22,171	1,964	117,102	8,562
498	—	招商銀行	中國	22,093.8	5,588.4	444,069.1	45,344
499	437	英國國家電網	英國	22,066.8	3,248.1	75,641.3	25,645
500	—	萬寶盛華	美國	22,006	251.6	6,899.7	31,000

參考文獻

外文文獻

[1] BALASSA B. Trade Liberation and Reveled Comparative Advantage [J]. The Manchester School of Economic and Social Studies, 1965.

[2] MELVIN J R. Trade in Producer Services: A Heckscher-Ohlin Approach [J]. Journal of Political Economy, 1989.

[3] CATTANEO, OLIVIER, GARY GEREFFI, CORNELIA STARLITZ. Global Value Chains in a Postcrisis World: A Development Perspective [J]. World Trade Review, 2012 (11).

[4] FEENSTRA, ROBERT C, SHANGJIN WEI. China's Growing Role in World Trade [C]. University of Chicago Press, NBER Conference Report, 2010.

[5] KUDRLE, ROBERT T. Governing Economic Globalization: The Pioneering Experience of the OECD [J]. Journal of World Trade, 2012 (46): 695-732.

[6] RODRIK D. What is So Special about China's Export [R]. NBER Working Paper, 2006.

[7] SQUALLI, JAY, KENNETH WILSON. A New Measure of Trade Openness [J]. The World Economy, 2011 (34): 1745-1770.

[8] XING YUQING, DETERT, NEAL. How the iPhone Widens the United States Trade Deficit with the People's Republic of China [R]. Asian Development Bank Institute (ADBI) working paper series, 2011: 257.

中文文獻

[1] 中共中央宣傳部. 習近平總書記系列重要講話讀本 [M]. 北京: 學習出版社, 人民出版社, 2014.

[2] 胡錦濤. 在慶祝中國共產黨成立90周年大會上的講話 [M]. 北京: 人民出版社, 2011.

[3] 鄧小平文選: 第三卷 [M]. 北京: 人民出版社, 1993.

[4] 馬克思恩格斯選集 [M]. 北京: 人民出版社, 1956.

[5] 馬克思恩格斯全集: 第26卷 [M]. 北京: 人民出版社, 1973.

[6] 馬克思恩格斯全集: 第25卷 [M]. 北京: 人民出版社, 1975.

[7] 習近平. 關於《中共中央關於全面深化改革若幹重大問題的決定》的說明 [N]. 人民日報, 2013-11-16.

[8] 遲福林. 市場決定 [M]. 北京：中國經濟出版社, 2014.

[9] 郗忠全. 中國對外貿易概論 [M]. 大連：東北財經大學出版社, 2013.

[10] 楊清震. 中國對外貿易概論 [M]. 北京：清華大學出版社, 2009.

[11] 桑百川. 中國市場經濟理論研究 [M]. 北京：對外經濟貿易大學出版社, 2005.

[12] 徐志宏, 秦宜. 中國特色社會主義理論體系概論 [M]. 北京：中國人民大學出版社, 2013.

[13] 裴長洪. 全面提高開放型經濟水平的理論探討 [J]. 中國工業經濟, 2013 (4).

[14] 孫玉琴. 中國對外貿易史 [M]. 北京：清華大學出版社, 2013.

[15] 徐復. 中國對外貿易概論 [M]. 3版. 天津：南開大學出版社, 2012.

[16] 曲如曉. 中國對外貿易概論 [M]. 3版. 北京：機械工業出版社, 2012.

[17] 高新才, 咸春林. 開放型經濟：一個文獻綜述 [J]. 經濟問題探索, 2012 (3).

[18] 張國慶. 進一步提高對外開放水平 [J]. 國際貿易, 2011 (3).

[19] 李明武, 袁玉琢. 外向型經濟與開放型經濟辨析 [J]. 生產力研究, 2011 (1).

[20] 楊聖明. 走向貿易強國的理論創新 [M]. 北京：經濟科學出版社, 2011.

[21] 楊承訓. 中國特色社會主義經濟學 [M]. 北京：人民出版社, 2009.

[22] 孔令龍. 提高開放型經濟水平，形成參與國際經濟合作和競爭的新優勢 [J]. 宏觀經濟管理, 2008 (1).

[23] 薛榮久. 中國開放型經濟體系探究 [J]. 國際貿易, 2007 (12).

[24] 王紹熙. 中國對外經濟貿易理論和政策 [M]. 北京：中國商務出版社, 2006.

[25] 曾志蘭. 中國對外開放思路創新的歷程——從外向型經濟到開放型經濟 [J]. 江漢論壇, 2003 (11).

[26] 胡鞍鋼, 常志霄. 構建開放型經濟 推進西部大開發 [J]. 中國經貿導刊, 2000 (18).

[27] 袁文祺, 王建民. 重新認識和評價對外貿易在中國國民經濟發展中的作用和地位 [J]. 國際貿易, 1982 (1).

[28] 張建平, 師求恩. 中國對外貿易概論 [M]. 北京：機械工業出版社, 2008.

[29] 陳文敬. 中國自由貿易區戰略及未來發展探析 [J]. 理論前沿, 2008 (17).

[30] 文洋. 新形勢下中國自由貿易區戰略 [J]. 理論視野, 2014 (2).

[31] 謝銳, 賴明勇. 中國自由貿易區建設：演變歷程、特點與趨勢 [J]. 國際經貿探索, 2009 (4).

[32] 馮小芳, 徐杰. 實施更加主動的開放戰略，全面提高開放型經濟水平 [J]. 經濟研究參考, 2013 (71).

[33] 李俊, 郭周明. 中國服務貿易發展戰略重點、主要任務與政策建議 [J]. 國

際商務研究，2013：194．

［34］張麗君，陶田田，鄭穎超．中國沿邊開放政策實施效果評價及思考［J］．民族研究，2011（2）．

［35］郭熙保，陳志剛．論后危機時期中國外貿發展方式轉變——基於世界經濟結構調整的視角［J］．經濟學家，2013（5）．

［36］崔日明，張志明．中國對外貿易新型競爭力發展戰略研究［J］．經濟學家，2014（2）．

［37］李向陽．跨太平洋夥伴關係協定：中國崛起過程中的重大挑戰［J］．國際經濟評論，2012（2）．

［38］胡錦濤．高舉中國特色社會主義偉大旗幟，為奪取全面建設小康社會新勝利而奮鬥——在中國共產黨第十七次全國代表大會上的報告［J］．求是，2007（21）．

［39］胡錦濤．堅定不移沿著中國特色社會主義道路前進，為全面建成小康社會而奮鬥——在中國共產黨第十八次全國代表大會上的報告［J］．求是，2012（22）．

［40］習近平．中共中央關於全面深化改革若幹重大問題的決定——在中國共產黨第十八屆中央委員會第三次全體會議上的工作報告［J］．求是，2013（11）．

［41］習近平．加快實施自由貿易區戰略，加快構建開放型經濟新體制［EB/OL］．http：//fta. mofcom. gov. cn，2014-12．

［42］尹翔碩．中國對外貿易改革的進程和效果［M］．太原：山西經濟出版社，1998．

［43］楊聖明．經濟全球化與外貿體制建設［M］．南京：江蘇人民出版社，2000．

［44］江小涓．中國對外貿易理論前沿Ⅲ［M］．北京：社會科學文獻出版社，2003．

［45］黃靜波．中國對外貿易政策改革［M］．廣州：廣東人民出版社，2003．

［46］朱冬梅．對國有外貿企業改革的思考［J］．經濟縱橫，2001（8）．

［47］張皓．中國現行外貿代理制的機制缺陷及其完善對策［J］．決策借鑑，2001（4）．

［48］石廣生．中國對外經濟貿易改革和發展史［M］．北京：人民出版社，2013．

［49］楊逢珉．中國對外貿易概論［M］．北京：中國商務出版社，2009．

［50］黃漢民，錢學峰．中國對外貿易［M］．武漢：武漢大學出版社，2010．

［51］王紹熙．中國對外貿易概論［M］．北京：對外經濟貿易大學出版社，2003．

［52］朱國興．中國對外貿易經濟體制改革［M］．北京：對外經濟貿易大學出版社，1995．

［53］孫玉琴．中國對外貿易體制改革的效應［M］．北京：對外經濟貿易大學出版社，2005．

［54］鄔忠全．中國對外貿易概論［M］．大連：東北財經大學出版社，2006．

［55］許心禮．中國外貿體制改革的回顧與思考［J］．財經研究，1990（1）．

［56］唐海燕．中國對外貿易創新論［M］．上海：上海人民出版社，2006．

［57］汪洋．加強涉外法律工作［EB/OL］．http：//theory. people. com. cn/n/

2014/1106/c40531-25984255.html,2014.

[58] 鄧敏,王清.改革開放30年:中國外貿法律法規的回顧與展望[J].國際貿易問題,2009(2).

[59] 唐任五,馬驥.中國經濟改革30年:對外開放卷[M].重慶:重慶大學出版社,2008.

[60] 翁國民.貿易救濟體系研究[M].北京:法律出版社,2007.

[61] 高永富,餘先予,陳晶瑩.國際貿易法學[M].北京:北京大學出版社,2007.

[62] 戴志強.中國對外貿易法律制度發展進程述評[J].時代經貿,2006(6).

[63] 鄧敏.WTO規則下中國貿易政策變化的趨勢及其影響[J].國際商務,2006(6).

[64] 沈四寶,王秉坤.中國對外貿易法[M].北京:法律出版社,2006.

[65] 鄧敏.國際貿易實務與融資[M].成都:西南財經大學出版社,2005.

[66] 鄧敏.通貨緊縮國際傳導:基於國際經濟視角的研究[M].成都:西南財經大學出版社,2006.

[67] 中華人民共和國反傾銷條例[M].北京:中國法制出版社,2004.

[68] 中華人民共和國反補貼條例[M].北京:中國法制出版社,2004.

[69] 中華人民共和國保障措施條例[M].北京:中國法制出版社,2004.

[70] 石廣生.中國加入世界貿易組織知識讀本[M].北京:人民出版社,2002.

[71] 江小涓,楊聖明,馮雷.中國對外經貿理論前沿Ⅱ[M].北京:社會科學文獻出版社,2001.

[72] 左大培.中國對外貿易戰略選擇[J].戰略與管理,2000(4).

[73] 張鴻.中國對外貿易的動態優勢變化與外貿增長方式的轉變[M].北京:人民出版社,2010.

[74] 薛榮久.對外貿易法修訂研析[J].國際經貿探索,2004(4).

[75] 餘敏友,王追林.改革開放30年來中國對外貿易法制的建設與發展[J].國際貿易,2008(11).

[76] 裴長洪.中國對外貿易65年的基本線索:變革與增長[J].中國經濟史研究,2013(3).

[77] 郭克莎.對中國外貿戰略與貿易政策的評論[J].國際經濟評論,2003(5).

[78] 谷克鑒.中國對外貿易發展中的競爭政策選擇[J].中國社會科學,2000(3).

[79] 傅自應.中國對外貿易30年[M].北京:中國財政經濟出版社,2008.

[80] 盛斌.國際貿易政策的政治經濟學:理論與經驗方法[J].國際政治研究,2006(2).

[81] 黃靜波.WTO貿易政策規範及其擴展與中國貿易政策[J].中山大學學報:社會科學版,2000(3).

[82] 陳憲,殷鳳.服務貿易:國際特徵與中國競爭力[J].財貿經濟,2008(1).

[83] 魏浩,張二震.對中國現行外貿政策的反思與重新定位[J].國際貿易問題,2004(11).

[84] 朱希偉,金祥榮,羅德明.國內市場分割與中國的出口貿易擴張[J].經濟研究,2005(12).

[85] 中國稅收基本法規匯編:1949.10—1999.9[M].北京:中國財政經濟出版社,1999.

[86] 朱文暉.從出口退稅看中國外貿改革[J].廣角鏡,1996(1).

[87] 裴平.匯率並軌對改善中國進出口狀況的效用[J].經濟研究,1994(11).

[88] 林桂軍.放寬進口限制,合理調整匯率,促進出口增長[J].國際貿易問題,1996(8).

[89] 李東生.確立統一的進口管理體制[J].國際貿易,1997(1).

[90] 孟憲剛.努力建立符合國際慣例的進口管理體制 保護和促進國內產業發展[J].經濟工作通訊,1997(4).

[91] 李媛,張弛.WTO框架下中國對外貿易制度調整與重構[M].沈陽:東北大學出版社,2005.

[92] 陳文玲.推動服務貿易發展的政策選擇[J].國際貿易,2009(4).

[93] 對外經貿大學國際科技與金融戰略研究中心課題組.全球技術貿易格局中的中國技術貿易政策[J].中國科技論壇,2006(2).

[94] 劉渝琳.加入世貿組織的產業選擇對中國對外貿易的影響[J].國際貿易問題,2003(6).

[95] 曲鳳杰.優化結構與協調發展——發展服務貿易與轉變中國外貿增長方式的戰略措施[J].國際貿易,2006(1).

[96] 文興,鄧宇峰.技術性貿易壁壘對中國對外貿易的影響及對策[J].沈陽農業大學學報:社會科學版,2010(23).

[97] 中華人民共和國海關總署[DB/OL].http://www.customs.gov.cn/tabid/400/Default.aspx

[98] 中華人民共和國商務部[DB/OL].http://www.mofcom.gov.cn/article/tongjiziliao/

[99] 中國服務貿易指南網[DB/OL].http://tradeinservices.mofcom.gov.cn/c/index.shtml

[100] 陳亮.貿易便利化視角下的中國海關制度改革與管理創新[D].南京:南京大學,2012:35-48.

[101] 段景輝,黃丙志.貿易便利化水平指標體系研究[J].科學發展,2011(7).

[102] 方寧霞.APEC貿易便利化的進程與分析[D].天津:南開大學,2007:5-6.

[103] 方曉麗,朱明俠.中國及東盟各國貿易便利化程度測算及對出口影響的實證研究[J].國際貿易問題,2013(9).

［104］中華人民共和國國務院. 中國（上海）自由貿易試驗區總體方案［Z］. 2013.

［105］何明珂. 貿易便利化與過境運輸［M］. 北京：國家知識產權局知識產權出版社, 2008：317-328.

［106］黃豔. 中國在貿易便利化領域的進展及對策建議［D］. 北京：對外經濟貿易大學, 2005.

［107］匡增杰. 基於發達國家海關實踐經驗視角下的促進中國海關貿易便利化水平研究［J］. 世界貿易組織動態與研究, 2013（1）.

［108］李斌, 段婭妮, 彭星. 貿易便利化的測評及其對中國服務貿易出口的影響［J］. 對外貿易大學學報, 2014（1）.

［109］李翠. 貿易便利化的法律協調［D］. 重慶：西南政法大學, 2010.

［110］李婷, 楊丹萍. 貿易便利化對中國出口貿易的影響研究［J］. 科技與管理, 2014（3）.

［111］梁煥磊. 中國貿易便利化狀況及推進措施研究［D］. 北京：對外經濟貿易大學, 2010.

［112］劉萍. WTO 中有關貿易便利化的條款分析［D］. 北京：中國政法大學, 2007：20-23.

［113］上海市人民政府. 中國（上海）自由貿易試驗區管理辦法［Z］. 2013-09.

［114］石良平, 黃丙志. 貿易便利化與上海國際貿易中心建設［M］. 北京：中國海關出版社, 2011.

［115］孫衷穎. 區域經濟組織的貿易便利化研究［D］. 天津：南開大學, 2009.

［116］田忠法, 汪明. 貿易便利化——中國外貿法體系新坐標［J］. 世界貿易組織動態與研究, 2005（3）.

［117］王冠鳳, 郭羽誕. 促進上海自貿區貿易自由化和貿易便利化發展的對策［J］. 現代經濟探討, 2014（2）.

［118］王少輝. 中國貿易便利化與通關管理問題研究［D］. 北京：首都經貿大學, 2014：26-33.

［119］謝鳳燕. 國際貿易貨物的報關與通關［M］. 成都：西南財經大學出版社, 2009.

［120］謝鳳燕. 現代海關管理［M］. 成都：西南財經大學出版社, 2003.

［121］謝娟娟, 岳靜. 貿易便利化對中國—東盟貿易影響的實證分析［J］. 世界經濟研究, 2011（8）.

［122］徐佳寧. 中國—東盟直接投資便利化研究［D］. 南寧：廣西大學, 2013.

［123］嚴波. 世界海關組織與 WTO 在貿易便利化中的角色分析［J］. 世界貿易組織動態與研究, 2007（1）.

［124］楊莉. WTO 貿易便利化改革經濟影響的研究綜述［J］. 首都經貿大學學報, 2007（3）.

［125］楊莉. 中國貿易便利化改革的成本與利益分析［M］. 北京：經濟管理出版

社，2011.

[126] 張魯青. 中國的貿易便利化建設 [J]. 生產力研究，2009 (7).

[127] 張瑜. 提升中國貿易便利化水平的研究 [D]. 烏魯木齊：新疆財經大學，2010.

[128] 朱曉菲. WTO 貿易便利化規則研究 [D]. 重慶：西南政法大學，2008：9-12.

[129] 陳虹. 中國對外貿易結構與產業結構的關係研究 [D]. 長春：吉林大學，2011.

[130] 陳元. 中國外貿發展對國內外經濟的影響與對策研究 [M]. 北京：中國財政經濟出版社，2007.

[131] 郭麗紅. 對外貿易結構與產業的實證研究 [D]. 長沙：湖南大學，2004.

[132] 金哲松. 中國貿易結構與生產結構偏離的原因分析 [J]. 中央財經大學學報，2003 (3).

[133] 黃蓉. 中國對外貿易結構與產業結構的互動關係研究 [D]. 上海：上海社會科學院，2012.

[134] 李玲玲，張耀輝. 中國經濟發展方式轉變測評指標體系構建及初步測評 [J]. 中國工業經濟，2011 (4).

[135] 汪素芹. 中國經濟發展方式轉變與外貿發展方式轉變相互影響的實證分析 [J]. 國際貿易問題，2014 (1).

[136] 翟士軍. 中國對外貿易概論 [M]. 北京：北京大學出版社，2014.

[137] 張小濟. 區域經濟一體化的核心：中日韓之間貿易和投資關係 [J]. 國際貿易，2003 (1).

[138] 張誼浩. 匯率變動對產業內貿易影響的一個分析模型 [J]. 世界經濟文匯，2003 (3).

[139] 冼國明，楊銳. 跨國公司的內部資本市場 [J]. 世界經濟，2001 (5).

[140] 盧峰. 當代服務外包的經濟學觀察：產品內分工的分析視角 [J]. 世界經濟，2007 (8).

[141] 邱斌，唐保慶，孫少勤. FDI、生產非一體化與美中貿易逆差 [J]. 世界經濟，2007 (5).

[142] 許培源，胡日東. 直接投資引致的美中貿易逆差：經驗研究 [J]. 技術經濟，2008 (3).

[143] 唐海燕，張會清. 中國在新型國際分工體系中的地位——基於價值鏈視角的分析 [J]. 國際貿易問題，2009 (2).

[144] 牛海霞，羅希晨. 中國加工貿易污染排放實證分析 [J]. 國際貿易問題，2009 (2).

[145] 楊清，曹宗平，董詮. 產品內分工的發展與跨國公司的 FDI 行為——一個 FDI 理論的認識視角 [J]. 當代財經，2008 (4).

[146] 張小蒂，孫景蔚. 基於垂直專業化分工的中國產業國際競爭力分析 [J]. 世

界經濟，2006（5）.

[147] 曹亮. 國際商務與服務貿易 [M]. 北京：人民出版社，2005.

[148] 陳憲，程大中. 國際服務貿易 [M]. 北京：高等教育出版社，2003.

[149] 何茂春. 國際服務貿易：自由化與規則 [M]. 北京：世界知識出版社，2007.

[150] 劉慶林. 國際服務貿易 [M]. 北京：人民郵電出版社，2004.

[151] 盧進勇，虞和軍，朱晞顏. 國際服務貿易與跨國公司 [M]. 北京：對外經濟貿易大學出版社，2001.

[152] 饒友玲. 國際服務貿易：理論、產業特徵與貿易政策 [M]. 北京：對外經濟貿易大學出版社，2005.

[153] 尹翔碩. APEC 的服務貿易發展 [M]. 天津：南開大學出版社，2005.

[154] 尹忠明，姚星. 中國服務貿易結構與經濟增長的關係研究——基於 VAR 模型的動態效應分析 [J]. 雲南財經大學學報，2009（5）.

[155] 鄭吉昌. 國際服務貿易 [M]. 北京：中國商務出版社，2004.

[156] 國家統計局. 2014 年中國科技統計年鑒 [M]. 北京：中國統計出版社，2014.

[157] 李詩，李計廣. 中國對外經濟貿易概論 [M]. 北京：北京師範大學出版社，2008.

[158] 蘇科伍. 新編中國對外經濟貿易概論 [M]. 上海：上海財經大學出版社，2013.

[159] 王玉清. 國際技術貿易 [M]. 北京：對外經濟貿易大學出版社，2013.

[160] 張軍旗. WTO 監督機制的法律與實踐 [M]. 北京：人民法院出版社，2002.

[161] 史煒. 中國入世各產業開放時間表與對策 [M]. 廣州：羊城晚報出版社，2001.

[162] 張幼文. 跨越時空：入世后改革開放的新階段 [M]. 上海：上海社會科學院出版社；北京：高等教育出版社，2001.

[163] 鄧力平，張定中. 入世：理性透視 [M]. 合肥：安徽人民出版社，2000.

[164] 全毅. 中國入世：體制改革與政策調整 [M]. 北京：經濟科學出版社，2001.

[165] 吳百福. 進出口貿易實務教程 [M]. 上海：上海人民出版社，2000.

[166] 石玉川. 國際貿易術語的解釋與應用 [M]. 北京：對外經濟貿易大學出版社，2003.

[167] 韓經綸. 國際貿易基礎理論與實務 [M]. 天津：南開大學出版社，2000.

[168] 陳哲. 進出口業務案例解析 [M]. 北京：對外經濟貿易大學出版社，2004.

[169] 張蔚，徐晨. 國際投資學 [M]. 北京：北京大學出版社，2002.

[170] 楊念梅. 國際技術貿易教程 [M]. 北京：北京航空航天大學出版社，2008.

[171] 陳鑫. 中國國際貿易與外商直接投資相互影響研究 [D]. 蘇州：蘇州大學，

2013.

［172］陸亞琴. 外商直接投資在華的發展歷程、特點及經濟效應分析［J］. 蘭州商學院學報，2011（8）.

［173］尹忠明，胡劍波. FDI 在中國的情況及對策探討［J］. 經濟問題，2009（12）.

［174］王子軍，馮蕾. 外商直接投資與中國出口競爭力——對中國按不同技術類別細分的製成品出口的實證分析［J］. 南開經濟研究，2004（4）.

［175］王少平，封福育. 外商直接投資對中國貿易的效應與區域差異：基於動態面板數據模型的分析［J］. 世界經濟，2006（8）.

［176］王立好. 外商在華直接投資貿易效應的實證分析［D］. 上海：復旦大學，2009.

［177］財政部會計資格評價中心. 財務管理［M］. 北京：中國財政經濟出版社，2009：228-229.

［178］陳清萍，鮑曉華. 融資約束、金融發展與中國企業出口產品質量——基於銀行信貸和商業信貸的雙重視角［J］. 現代財經，2014（5）.

［179］劉海洋，孔祥貞，谷宇. 中國企業通過什麼途徑緩解了出口融資約束［J］. 財貿經濟，2013（1）.

［180］孫靈燕，李榮林. 融資約束限制中國企業出口參與嗎［J］. 經濟學（季刊），2011（11）.

［181］趙靜敏. 金融發展對中國對外貿易的作用機理與傳導途徑研究［D］. 徐州：中國礦業大學，2010.

［182］齊俊妍. 金融發展與貿易結構——基於 HO 模型的擴展分析［J］. 國際貿易問題，2005（7）.

［183］白欽先，徐愛田，歐建雄. 各國進出口政策性金融體制比較［M］. 北京：中國金融出版社，2003.

［184］李秀娟. 中外貿易摩擦與中國對外經貿戰略調整［D］. 南京：南京理工大學，2003.

［185］李金亮. 中國與發展中國家貿易摩擦研究——基於引力模型的測算和分析［D］. 杭州：浙江工商大學，2011.

［186］馬登科，張昕. 中國與發展中國家貿易摩擦的現實考量及應對策略［J］. 鄭州航空工業管理學院學報，2008（8）.

［187］項純楠. 中國對外貿易摩擦的成因分析及應採取的對策研究——基於貿易依存關係的視角［D］. 北京：外交學院，2012.

［188］尤宏兵. 中國與發展中國家貿易摩擦再透視［J］. 經濟問題探索，2010（3）.

［189］閆克遠. 中國對外貿易摩擦問題研究——基於結構的視角［D］. 長春：東北師範大學，2012.

［190］陳文敬，趙玉敏. 貿易強國戰略［M］. 北京：學習出版社，2012.

［191］陳麗麗. 邁向貿易強國的戰略研究［M］. 成都：西南財經大學出版社，2006.

［192］黃錦明. 中國邁向貿易強國的理論與對策研究［M］. 杭州：浙江大學出版社，2007.

［193］強永昌. 戰后日本貿易發展的政策與制度研究［M］. 上海：復旦大學出版社，2001.

［194］李坤望，蔣為，宋立剛. 中國出口產品品質的變動之謎——基於市場進入的微觀解釋［J］. 中國社會科學，2014（3）.

［195］李鋼，李俊. 邁向貿易強國：對外經濟貿易戰略的深化與升級［M］. 北京：人民出版社，2006.

［196］洪濤，朱振榮. 貿易大國向貿易強國跨越［M］. 北京：經濟管理出版社，2011.

［197］劉旭. 邁向貿易強國之路：加快轉變外貿增長方式研究［M］. 北京：中國計劃出版社，2007.

［198］曲如曉. 中國成為貿易強國的戰略路徑［J］. 經濟理論與經濟管理，2005（9）.

［199］孫杭生. 中國確立貿易強國地位的指標體系研究［J］. 價格理論與實踐，2006（5）.

［200］施炳展. 中國出口增長的三元邊際［J］. 經濟學（季刊），2010（4）.

［201］楊聖明. 中國走向貿易強國的新戰略——馬克思國際價值理論中國化探索［J］. 中國社會科學院研究生院學報，2011（4）.

［202］汪毅夫. 貿易大國走向貿易強國的政策選擇［J］. 中國對外貿易，2005（4）.

［203］趙蓓文. 實現中國對外貿易的戰略升級：從貿易大國到貿易強國［J］. 世界經濟研究，2013（10）.

［204］中華人民共和國國民經濟和社會發展第十三個五年規劃綱要［EB/OL］. http://sh.xinhuanet.com/2016-03/18/c_135200400.htm.

國家圖書館出版品預行編目(CIP)資料

中國對外貿易概論 / 劉敏、顧磊 主編. -- 第一版.
-- 臺北市：崧燁文化，2018.08
　　面；　　公分
ISBN 978-957-681-436-5(平裝)
1.國際貿易 2.中國
558.52　　　　107012346

書　名：中國對外貿易概論
作　者：劉敏、顧磊 主編
發行人：黃振庭
出版者：崧燁文化事業有限公司
發行者：崧燁文化事業有限公司
E-mail：sonbookservice@gmail.com
粉絲頁　　　　　　網　址：
地　址：台北市中正區重慶南路一段六十一號八樓 815 室
8F.-815, No.61, Sec. 1, Chongqing S. Rd., Zhongzheng
Dist., Taipei City 100, Taiwan (R.O.C.)
電　話：(02)2370-3310　傳　真：(02) 2370-3210
總經銷：紅螞蟻圖書有限公司
地　址：台北市內湖區舊宗路二段 121 巷 19 號
電　話：02-2795-3656　傳真:02-2795-4100　網址：
印　刷：京峯彩色印刷有限公司（京峰數位）

　　本書版權為西南財經大學出版社所有授權崧博出版事業股份有限公司獨家發行電子書繁體字版。若有其他相關權利需授權請與西南財經大學出版社聯繫，經本公司授權後方得行使相關權利。

定價：750 元
發行日期：2018 年 8 月 第一版
◎ 本書以POD印製發行